ROBERT MCLELLAN (1907–85) was one of Scotland's leading 20th century playwrights. Most of his early comedies were first performed by Curtain Theatre in Glasgow, including the celebrated debut of *Jamie the Saxt* in 1937 with actor Duncan Macrae in the title role: one of the acknowledged landmarks in Scotland's theatrical renaissance. In the Second World War McLellan served as a gun control officer with the Royal Artillery during which time he turned to writing poetry and short fiction until resuming his stage writing career in 1946. Throughout the post-war years he continued to win significant popular success with revivals of his pre-war comedies and a steady series of new stage works, notably *The Flouers o Edinburgh*, *Young Auchinleck* and *The Hypocrite*, as well as plays, stories and verse for radio and television. His final mainstream stage debut was in 1967. The best of McLellan's plays confirmed classical expression in Scots as a compelling idiom for the contemporary stage and gave a new and subtle sense of depth of context to Scotland's national drama. After marriage in 1938 he settled on the Isle of Arran, later serving for nine years on the island's District Council. He was president of the District Councils' Association for Scotland, 1962–4.

DOUGLAS GIFFORD is Emeritus Professor of Scottish Literature at the University of Glasgow and Honorary Librarian of Walter Scott's Library at Abbotsford. He writes widely in the field of Scottish literature since 1707 and has edited and co-edited several general studies including *The History of Scottish Literature, Volume 3* (1988), *A History of Scottish Women's Writing* (1997), *The Polar Twins* (1999) on links between literature and history, and *Scottish Literature* (2002).

DONALD CAMPBELL is one of Scotland's outstanding playwrights and poets, best known for plays such as *The Jesuit* (1976) and *The Widows of Clyth* (1979). He has written several works on Scottish theatre history, notably *A Brighter Sunshine* (1983) and *Playing for Scotland* (1996), as well as numerous contributions to television and radio.

DR ALASTAIR CORDING undertook his PhD on Scottish Drama at the University of Glasgow. He was Director of Strathclyde University's Drama Centre and is an actor and playwright, best known for his stage adaptations of the three novels of Grassic Gibbon's *A Scots Quair*, of Alasdair Gray's *Lanark*, and of Dickens's *David Copperfield*.

COLIN DONATI is a poet with pamphlet collections published by Kettillonia and Red Squirrel Press. In 2006 he embarked on a complete Scots translation of Dostoevsky's *Crime and Punishment*, extracts from which can be found in *Chapman*, *Edinburgh Review*, and the Itchy Coo anthology *The Smoky Smirr o Rain*. He is also a printmaker, songwriter and musician.

Robert McLellan:
Playing Scotland's Story

Collected Dramatic Works

Edited by COLIN DONATI

With an introduction by DOUGLAS GIFFORD
and appreciations by DONALD CAMPBELL
and ALASTAIR CORDING

Luath Press Limited

EDINBURGH

www.luath.co.uk

To Kathleen, the family and Heather

First published 2013

ISBN: 978-1-906817-53-4

Supported by the National Lottery

LOTTERY FUNDED

through the Heritage Lottery Fund.

The paper used in this book is recyclable. It is made from low-chlorine pulps produced in a low-energy, low-emissions manner from renewable forests.

Printed and bound by
CPI Antony Rowe, Chippenham

Typeset in 8.5 point Sabon
by 3btype.com

For permission to perform any of these plays, apply to:
John McLellan
Largiemhor Croft, Whiting Bay, Isle of Arran, KA27 8QP

CONTENTS

6

Thanks are gratefully accorded to Margaret
McSeveney, Eliza Langland, Molly Rorke,
Graeme Mearns, Robin Mason, and Joy
Hendry for help and advice; to the
Hawthornden International Retreat for
Writers for the month of time and space for
reflection; to the Arran Theatre and Arts
Trust and Gavin MacDougall for their
patience; and to Kirsten Graham and
Jennie Renton for final invaluable editorial
support. Thanks due in addition to the
National Library of Scotland, the Scottish
Theatre Archive, Brodick Heritage Museum
and Argyll and Bute Library Service are also
gratefully given at the end of this book.
CD

CHRONOLOGY

LIFE AND WORKS		GENERAL EVENTS	
1907	Robert McLellan born 28 January, second of three children to Elizabeth (née Hannah) and John McLellan at Linmill Farm in Clyde Valley; father working as printer's compositor in Glasgow soon founds own business, Allander Press, in Milngavie	1907	Abbey Theatre visits Glasgow with plays by Yeats and Synge
		1909	Glasgow Repertory founded in bid to end Scotland's theatrical dependence on London (folds after outbreak of war in 1914)
1910	elder sister killed by motor car at Linmill Roadend, aged six	1910	'People's Budget' of Lloyd George
		1911	Graham Moffat's Scots comedy *Bunty Pulls the Strings* (aka *The Causey Saint*) box office smash hit in London after rejection by Glasgow Rep
1912	school in Milngavie	1912	Scottish Unionist Party formed
1914	birth of younger sister, renowned public artist in stained glass, Sarah McLellan (Pritchard)	1914	Home Rule Bill passed at Westminster then dropped
		1914–18	First World War
1918	Bearsden Academy; contributes light verses to school magazine	1915	Glasgow rent strikes
		1919	troops occupy Glasgow (January); British Drama League founded in response to popular rise in amateur drama movement
		1920	CM Grieve *Northern Numbers*
1921	correspondence with émigré poet Charles Murray	1921	Anglo-Irish Treaty establishes Irish Free State; Scottish National Players founded as non-professional touring company
		1923	first BBC transmission stations in Scotland (Glasgow and Aberdeen); John Brandane *The Glen is Mine*
		1924	collapse of Britain's first Labour Government
1925	enrols as undergraduate at University of Glasgow (Moral Philosophy)	1925	Hugh MacDiarmid (CM Grieve) *Sangschaw*
		1926	Scottish Community Drama Association (SCDA) constitutes independently of British Drama League; nine-day General Strike; MacDiarmid *A Drunk Man Looks at the Thistle*
		1927	Edinburgh Castle National War Memorial complete; BBC National Programme introduces 'modified service' for Scotland (21 August)

LIFE AND WORKS		GENERAL EVENTS	
1928	mother dies of pneumonia (October); McLellan abandons university studies	1928	Tron Theatre Club (RF Pollock); Fife Miners Players tours Joe Corrie's *In Time o' Strife*; National Party of Scotland founded
1928–33	meets future wife Kathleen Heys from Grindleton, Lancashire, while rambling in Lake District; active in Milngavie Literary and Debating Society; play accepted by John Brandane for Scottish National Players but not performed	1929	abolition of Parish Councils; first 'talkies' in cinema
		1931	James Bridie (OA Mavor) *The Anatomist* on London stage; Ramsay MacDonald 'government of national emergency' wins general election
		1932	Grace Ballantine founds Curtain Theatre (opens January 1933)
		1933	hunger marches in Britain; Hitler appointed chancellor in Germany
1934	first play performed *Jeddart Justice* (Curtain, 8 January); *Tarfessock*; Bone and Hulley publishes *Jeddart Justice* in its Grampian Plays Series	1934	Lewis Grassic Gibbon (JL Mitchell) *A Scots Quair*
1935	*The Changeling* (Clydebank Little Theatre, January); *Cian and Ethlin* (Curtain)	1935	death of Mitchell in England; Edwin Muir *Scottish Journey*; Saltire Society founded
1936	*Toom Byres*		
1937	*Jamie the Saxt*; travels south briefly (circa this time?) to write for English film company	1937	Scottish Office moves from London to Edinburgh
1938	(1 October) marries Kathleen in Glasgow: honeymoon in High Corrie on Isle of Arran where the couple settle	1938	Glasgow Empire Exhibition
1939	*Portrait of an Artist* (Curtain, February) with set featuring paintings by sister; writes first 'Linmill' story	1939	Dundee Rep founded; Curtain Theatre disbands
		1939–45	Second World War
1940	completes *Torwatletie*; birth of daughter Kathleen; *The Smuggler* (Whiting Bay Drama Club); enlists with Royal Artillery (during the war McLellan serves on the Humber, Faroes, Channel Islands and South East Coast of England)	1940	Glasgow Unity Players founded
		1941	'Red Clydesider' Tom Johnston appointed Secretary of State for Scotland (February); Clydebank blitz (14–16 March)
c.1943	writing poetry; meets poet Hans Djurhuus (1883–1951) in Tórshavn while stationed on Faroe Islands; learns about Faroese language movement	1943	Bridie opens Citizens' Theatre
1945	after VE day composes *The Carlin Moth* in attic of mansion near Southwold; demobilisation	1945	VE Day (7 May); Attlee Government
1946	*The Cailleach* completed; begins work on *The Flouers o Edinburgh*; *The Carlin Moth* on radio; first production of *Torwatletie* (Unity)	1946	Robert McLeish *The Gorbals Story*; Joan Littlewood's Theatre Workshop active in Glasgow; James Crampsey becomes BBC producer of drama in Scotland; Committee for the Encouragement of Music and the Arts (CEMA, founded 1940) becomes Arts Council of Great Britain

LIFE AND WORKS	GENERAL EVENTS
1947 joins League of Dramatists (nominated by Bridie)	1947 Edinburgh International Festival inaugurated: its exclusion of Scottish companies prompts fringe productions by Unity of McLellan's *Torwatletie* and Gorki's *The Lower Depths*; Ena Lamont Stewart *Men Should Weep*
1948 *Torwatletie* in London (Embassy Theatre); Citizens rejects *Flouers o Edinburgh*; McLellan vetos Citizens' plan to play *Jamie the Saxt* at first British Festival of Repertory in London; gives *Flouers* to Unity	1948 Lyndsay's *Ane Satyre of the Thrie Estatis* at second Edinburgh Festival (Tyrone Guthrie)
1949 birth of son John	1949 bid by Clann Albainn Society to resettle derelict crofts on Scoraig peninsula (later suggests idea for McLellan's *The Road to the Isles*); launch of National Covenant for Home Rule
1950 first win at SCDA finals (*The Changeling*); Gaelic translations of *The Changeling* and *The Cailleach*; becomes accredited member of Scottish Beekeepers' Association	1950 Bridie opens first Scottish College of Drama; Stone of Scone taken from Westmister Abbey (Christmas Day)
1951 *Flouers o Edinburgh* adapted for radio; *Mary Stewart* produced as part of Glasgow's Festival of Britain celebrations	1951 death of Bridie (January); Stone of Scone requisitioned to London despite petition; Festival of Britain; Attlee loses snap general election
1952 starts writing for BBC schools radio; chairs informal Scottish sub-committee of League of Dramatists	1952 Arts Council withdraws support for Glasgow Unity; Scots protest investiture of Queen Elizabeth as 'the second' of that name
1953 first full radio play commissioned (*As Ithers See Us*, 1954)	
1954 *The Road to the Isles*	1954 end of post-war rationing
1955 elected to Arran District Council as representative for Corrie and Sannox (May); begins push to establish secondary schooling on the island	
1956 Arts Council of Great Britain Poetry Award for *Sweet Largie Bay*	1956 Elvis Presley; first Independent Television franchises; decline in community drama underway
1957 *An Tàcharan* (Gaelic version of *The Changeling*) on radio; Edinburgh Festival production of *The Flouers o Edinburgh*	1958 Dounreay nuclear plant operational
1959 *Rab Mossgiel* on BBC television (Scottish service); BBC rejects *Kirstan and the Vikar*	1959 'Paperback Bookshop' in Edinburgh (Jim Haynes)
1960 first series of Linmill stories on BBC radio	1960 first flyting of Hamish Henderson and MacDiarmid in *The Scotsman*
1961 visits Denmark; chairs Scottish branch of Society of Authors at time of heated debate over proposal to constitute independent Scottish committee; Robin Richardson becomes literary agent	1961 US nuclear armaments arrive in Firth of Clyde (Holy Loch)
1962 death of father; elected President of District Councils' Association for	1962 Edinburgh Festival International Writer's Conference; *Doctor Finlay's Casebook* on BBC TV

LIFE AND WORKS

Scotland (DCAS); *Balloon Tytler* on
radio; Edinburgh Festival premieres
Young Auchinleck; explores
collaboration with US composer
Irvin Graham on idea for Boswell
musical ('A Man of Feeling')

1963 in his first DCAS presidential address
McLellan speaks out against
impending cuts to Scotland's railway
network (Beeching) and proposed
Westminster abolition of District
Councils; attends Festival Drama
Conference at McEwan Hall;
denounces Moral Rearmament
movement as witness in court for
Calder and Kesselaar
(9 December, see General Events)

1964 writes pageant for Burgh of
Kirkintilloch (April–July); resigns
from Arran District Council and
DCAS (October)

1965 BBC television adaptation of *Young
Auchinleck* (Pharic MacLaren);
Arran Burn

1966 signs contract to write book *The Isle
of Arran*

1967 drafts television study 'Progress to
Extinction' on island depopulation
(March); Lyceum production of *The
Hypocrite*; takes step back from
mainstream theatre

1968 accepts Civil List Pension

1969 suggests Mary Queen of Scots
masque for Edinburgh Festival
(Holyrood Palace) and Ledlanet

1970 completes pageant for Burgh of
Dumbarton (performed 1972); drafts
play on the English Lake Poets; John
Calder publishes *Jamie the Saxt* and
The Hypocrite; *The Isle of Arran*
published

1971 withdrawal from writing after strain
on health

1972 elected Honorary Vice-President of
newly-formed Lallans Society

1974 elected Honorary Vice-President of
newly-formed Scottish Society of
Playwrights

1975 first *Flouers o Edinburgh*
production with full Scottish cast
(Bill Bryden)

1977 Duncan Glen publishes fine imprint
of *Sweet Largie Bay* and *Arran
Burn*; London Film Festival screens
film of Linmill story *The Donegals*
(Michael Alexander)

GENERAL EVENTS

1963 The Beatles; Traverse Theatre opens;
Edinburgh authorities lose case in
obscenity suit filed against John
Calder and Anna Kesselar for
'happening' at McEwan Hall Drama
Conference; Calder begins Ledlanet
Nights

1964 oil discoveries in North Sea

1965 Edinburgh Corporation purchases
Royal Lyceum theatre

1966 Tom Fleming resigns from Lyceum

1967 death of Duncan Macrae (March);
SNP wins Hamilton bye-election; Arts
Council of Great Britain creates
semi-autonomous committees for
Scotland and Wales

1968 Theatres Act abolishes Lord
Chamberlain's role as official censor;
Edward Heath 'Declaration of Perth'

1969 start of Giles Havergal's tenure at
Citizens

1971 Stewart Conn *The Burning*

1972 Jimmy Reid 'right to work'
campaign in Glasgow shipyards; *The
Great Northern Welly Boot Show*

1973 John McGrath *The Cheviot, the Stag
and the Black Black Oil*; Roddy
McMillan *The Bevellers*; Hector
MacMillan *The Rising*

1976 Donald Campbell *The Jesuit*

1977 The Sex Pistols; Tom McGrath and
Jimmy Boyle *The Hard Man*

LIFE AND WORKS		GENERAL EVENTS	
1978	awarded OBE; filmed interview at home for BBC TV *Spectrum*; film version of *The Daftie*	1978	John Byrne *The Slab Boys*
1979	*The Donegals* on television	1979	inconclusive referendum on Scottish devolution; Thatcher Government
1981	first volume of uncompleted edition of plays (Calder)	1981	Alasdair Gray *Lanark*
		1982	7:84's retrospective 'Clydebuilt' season
1985	dies 27 January suddenly at home	1985	year-long Miners' Strike collapses
		1986	*Chapman* magazine (Joy Hendry) launches printed debate on Scottish theatre
		1987	Liz Lochhead *Mary Queen of Scots Got Her Head Chopped Off*
		1989	foundation of Arran Theatre and Arts Trust
1990	Canongate collects *Linmill Stories* as single cycle (minus 'The Cat')	1990	Glasgow nominated European Capital of Culture; fall of Margaret Thatcher
		1993	Suspect Culture (David Greig)
		1997	referendums win devolution for Scotland and Wales
		1999	Donald Dewar elected First Minister
		2006	launch of National Theatre of Scotland
2007	centenary year revival of *The Flouers o Edinburgh* (Pitlochry); first London production of *Jamie the Saxt* (Finborough); re-issue of *Linmill Stories* (Luath)	2007	Arran Theatre and Arts Trust inaugurates annual McLellan Festival
2013	*Playing Scotland's Story: Collected Dramatic Works*		

In 1937 the emasculated wit of Noel Coward sounded faintly ridiculous under the thunder from Central Europe.
Jamie the Saxt *opened the flood-gates of Jacobean wit.*

DUNCAN MACRAE (on the debut of *Jamie the Saxt*)

EDITORIAL PREFACE

Colin Donati

ROBERT MCLELLAN's career as a dramatist spanned four crucial decades in the story of the rise of Scottish theatre up to the advent of the 1970s. No playwright did more to create touchstone plays on Scottish subjects for Scottish actors on a Scottish stage in a time of gradual creative revival for the country's theatrical institutions. No writer then or since has represented aspirations for Scottish self-expression in the theatre arts with greater popular effect.

This edition of McLellan's dramatic works, coming almost thirty years after his death in 1985, represents the full span of that career for the first time. It gathers in one single volume all of his full-length stage comedies, the main complement of his one-act plays, some rare works in a purely serious mode (such as *The Cailleach*), and his verse, most of which was written in dramatic form or commissioned for broadcast. Two of the titles represented here also comprise examples of his radio drama. (I have given a full list of works, including as yet unpublished radio plays, in the first appendix.)

Four of the later plays in this collection, *Mary Stewart*, *The Road to the Isles*, *Rab Mossgiel* and *Young Auchinleck*, are published here for the first time, and *The Hypocrite*, first produced in 1967, is given with the inclusion of a passage of action missing from its flawed 1970 edition.

When a full collection of McLellan's writing was first seriously mooted in 1970, his own proposed list of contents grouped the plays according to genre. In a drafted note to his publisher, McLellan placed historical 'portrait' plays in one volume, period comedies in a second, and short works (including stories) in the third. That proposed edition sadly was never realised. After posthumous publication of *Linmill*

Stories in 1990 he perhaps became more remembered for his fiction; yet McLellan was always first and foremost a dramatist, a writer for the living voice, and any appreciation of his art is incomplete without that recognition. This present volume gives his playwriting its due place in his canon. Apart from the division of one-act plays and verse into separate sections, the work is presented in chronological order of composition.

And yet, by the same token, the first thing to be noted about McLellan is how wonderfully readable he is. These are plays written to be read as well as to be performed, and his clear, approachable and marvellously balanced Scots, written with such natural expressive verve, can easily be enjoyed by anyone who has even a passing acquaintance with the Scots voice. Readers wishing occasional prompts in vocabulary or idiom can also browse the partially illustrative glossary given at the back of the book.

Critical acclaim for McLellan's drama has tended to rest on the early comedies, particularly his two best-known and most frequently revived plays *Jamie the Saxt* and *The Flouers o Edinburgh*. This gathering finally offers readers the opportunity to begin to enjoy and appreciate his theatre writing as a whole. Fine contributions by Douglas Gifford, Alastair Cording, and playwright Donald Campbell (whose own stage work follows in a direct modern line of influence) all help to place McLellan in the wider context of Scotland's theatrical renaissance and provide invaluable perspective on that achievement. My own chronology lists some of the details of his life and times.

One of McLellan's hallmarks was his canny historical instinct. Even in period comedies, where strict historical detail is not *de rigueur*, he was careful to tie his drama to specific offstage moments, sometimes even to the minute. (Note how *Torwatletie* and *The Flouers o Edinburgh* for one stand like defining book-ends on the era of Jacobite defeat.) He also has a distinctive ability to make 'historical' settings feel utterly present and recognisable, giving his plays an emotional texture that has nothing to do with mere reconstruction of the past. It works, of course, because of the crafty focus on characterisation, or what Hugh MacDiarmid, in a review of the

1946 production of *Torwatletie*, called 'human essentials [that] have not changed in the interval'. That ultimately poetic sense of atmosphere is also important, I think, in those rare works he set in the 'actual' present, such as *The Road to the Isles*.

One effect of the authenticity, to quote actor Duncan Macrae, is that McLellan's history is never 'propagandist'. Writing in 1953 about *Jamie the Saxt*, Macrae (who famously played the king) rightly perceived how its characters were 'so objectively observed, that even the introduction of religious controversy conveys no taint of bigotry'. That refreshingly unobtrusive non-sectarian tenor in McLellan's writing was important throughout his career, as I think this book shows, structurally established from the first in the wonderfully thrawn inversion of the 'Romeo and Juliet' topos in *Toom Byres* answering satirically on stage the distant dance of court politics around the Reformation. Unless otherwise specified, the notes in this volume, most of which give brief context to some of the historical detail, are my own; as of course are all errors, oversights or infelicities.

In later life, McLellan felt frustration at being chiefly associated with his earliest comedies and his later achievements certainly deserve to be more widely appreciated (the way *Mary Stewart*, written after he saw Ena Lamont Stewart's *Men Should Weep*, holds a mirror up to Scottish misogyny and provides the dark political converse to *Jamie the Saxt*; how allegorical conflict between father and son in *The Flouers o Edinburgh* is made more emotionally complex in *Young Auchinleck*; how *Young Auchinleck* and *The Hypocrite* stand covertly in tune with cultural trends in the 1960s). Yet there is no doubt that some of his best work was written remarkably early, during his prolific and experimental period with Glasgow's Curtain Theatre in the 1930s. The one-act debut plays *Jeddart Justice* and *The Changeling* established from the outset his ability to evoke whole social worlds – what Donald Campbell calls his 'sense of community' – with seamless concision. Notable too is how the first four full-length plays in this collection, bridging the two acts of Union, make intelligent fun out of ways in which outside control over traditionally independent communities becomes paradoxically more intrusive as the political 'centre' grows more distant. I believe that the shrewd transitions and quietly orchestrated parallelism of *Toom Byres*, *Jamie the Saxt*, *Torwatletie* and *The Flouers o Edinburgh*, printed here together and in order for the first time, reveals them to stand, whether by design or by default, as Scotland's first great dramatic tetralogy.

The rediscovery of past writers has become something of a fixture in Scotland's cultural life, but there are good reasons why publication now of McLellan's drama is more than simply an important addition to our cultural library. Of all the literary arts, a play is far more than merely words on a page. The one domain above all others in which writers and critics cannot ignore the country's Scots centre of linguistic gravity, even after centuries of anglicisation, is in the theatre. No matter where one stands on 'the language question', McLellan's constructive paradigm was always to have written most comfortably and naturally from the Scots side of the Scots/English spectrum. Between the polar opposites of the poets Muir and MacDiarmid on whether the tongue was viable in modern literature (see Douglas Gifford's introduction) McLellan as *dramatist* steered a middle course. In language that was no more and no less than common currency in the communities in which he grew up, and showing the essential 'other side of the coin' to MacDiarmid, he simply wrote fully-textured Scots plays without iconoclasm as though a seasoned tradition in classic Scots drama was already an established fact.

There is much more that could be said. Whether or no Scottish drama today develops in consonance or in departure, McLellan's plays stand as a unique and invaluable creative bridge between past and present. Modern plays such as Tom McGrath's *The Hard Man* may exploit familiar creative tensions in the language spectrum to very different effect; nevertheless, the linguistic compass lines will always trace back – in almost every aspect – to *The Flouers o Edinburgh*.

Colin Donati
September 2013, Leith

INTRODUCTION
Robert McLellan and Theatre in Scotland

Douglas Gifford

I AM HONOURED by the request to write a brief introduction to this first ground-breaking collection of the plays of Robert McLellan. The production of *Robert McLellan: Playing Scotland's Story* is the work of the Arran Theatre and Arts Trust, whose enthusiasm in recent years has done so much to promote McLellan's achievements through its annual festival, its schools programme, and its playwriting competition.

Robert McLellan would have been the first to admit that in many ways he did not fit easily within the troubled world of Scottish drama of the '30s and '40s. His dedication to the cause of an indigenous Scottish theatre, asserting its national Scottish vitality against the claims of commerce and London, exploring Scottish history, character and politics from before the Union of 1707 to the present – and insisting throughout that Scots language was the legitimate and indispensable articulation of national identities – led to his constant difficulties in presenting his plays (for stage, radio, and television) from the one-act re-working of a Border-reiving tale *Jeddart Justice* in 1934 to the extended satire on Scottish bigotry in *The Hypocrite* of 1967.

To understand the inspirations behind this complex playwright, poet, and fiction writer we might begin with his divided upbringing – which, as with Walter Scott with Edinburgh and the Borders, gave him two sources of inspiration. He was born near Lanark in 1907, but grew up in Glasgow. His mother Elizabeth went from Milngavie back to her parents' farm at Linmill, Kirkfieldbank, near the falls of Clyde, for her son's birth; Robert constantly returned to the farm, fascinated by the older world and landscape of the Clyde Valley,

and particularly by the range of characters, eccentric, tough, grotesque even – and their hard, rich Scots tongue. This world McLellan would wonderfully remember from a boy's perspective in *Linmill Stories*, collected in the Canongate Classics series in 1990. (This love of rural Scotland lies behind his move to High Corrie in the island of Arran in 1938, where he lived till his death; again we note in this island decision his assertion of independence from immediate connection with the artistic mainstream.) As a boy and young man, however, beyond this lay the bigger world of Glasgow, with school in Bearsden Academy and then Glasgow University.

From university on he was committed to his aims of using Scots language for drama, poetry and fiction. And to understand his passion for defending what he saw as the educationally and culturally neglected speech of the ordinary people of Scotland, we have to widen the picture to look briefly at McLellan's place in what was happening to culture in Scotland generally. This was the period of the 'Scottish Renaissance', that resurgence of poetry and fiction of writers such as Hugh MacDiarmid, Neil Gunn, Lewis Grassic Gibbon, Catherine Carswell, and Naomi Mitchison. This revival of arts and letters brought the revaluation of Scottish history, character, language and psychology to the fore, seeking to find sources and roots for Scottish identity in order to rediscover new directions for cultural growth. To say that there was lively dissension amongst its colourful and strong proponents – and critics – is an understatement; the out-standing example being the conflicting views regarding the ways forward in literature and language of MacDiarmid and Edwin Muir, the latter seeing Scots as redundant and anachronistic in the future of English-speaking culture, and Scottish culture as having lost its sense of being a national culture as opposed to being an outpost of English and British culture generally.

Unsurprisingly, such debates were echoed in the development of drama during the revival. Scottish drama was for too long the Cinderella event of Scottish culture, suffering the prohibitions of the Scottish Reformation, which destroyed the texts of an inestimable amount of native plays, as well as later burning down theatres. Sir

David Lindsay's mid-16th century *Ane Satyre of the Thrie Estaitis*, one of Europe's greatest morality plays, remains to show us that Scots could use their language to magnificent purpose, and with an intermingling of comedy, song, dance with serious moral and political content which has endured through the ages, through Allan Ramsay's *The Gentle Shepherd* of 1725 down to John McGrath's *The Cheviot, the Stag and the Black, Black Oil* (1973) and Liz Lochhead's *Mary Queen of Scots Got Her Head Chopped Off* (1987) in the 20th century. The enduring influence of McLellan can be seen in these and many other contemporary productions which show love and respect for the varieties of Scots language, urban and rural, and its rich poetic potential – and its wider possibilities, as shown in Lochhead's and Edwin Morgan's translations into Scots of European classics such as *Tartuffe* (Lochhead, 1985), *Cyrano de Bergerac* and *Phaedra* (Morgan, 1992, 2000).

But these modern successes were yet to come. How would Scottish theatre play its part in renaissance after the dreary domination of adaptations of Scott's novels during the 19th century? Following the example of James Barrie's exploitation of pawky yet complex portrayals of Scottish character, successfully exhibited on the London stage, James Bridie dominated developing drama in Scotland, through the Glasgow Repertory Theatre and the new Scottish National Players – but also with his burgeoning West-End London career. All this established him as the key figure in Scottish drama till the 1950s, with his reputation on the London stage, and his influential connections with government-funded bodies such as CEMA (Council for the Encouragement of Music and the Arts), in 1942 the forerunner of the British Arts Council.

There is no doubting Bridie's outstanding talent, both as dramatist and organiser. Plays such as *The Anatomist* (1931), *The Holy Isle* (1942) and *Mr Bolfry* (1943) show a commitment to the aims and ideals of the Scottish Renaissance, with their serious exploration of Scottish history and issues of character and ethics. Bridie's founding of the Citizens' Theatre in 1943 and his work towards establishing a drama school in Glasgow, demonstrate a genuine desire to further theatre arts in Scotland.

That said, he is often identified as the head of opposition to the other kinds of developing drama in Scotland, notably in Unity Theatre and the rapidly developing Scottish Community Drama Association. At the head of these was the prolific dramatist Joe Corrie, with plays like *In Time of Strife* (1928) showing his passionate belief in plays of social protest against the exploitation of the working classes. Bridie, with his West-end audience perhaps in mind, and his desire to encourage professional theatre, was not in sympathy with what he saw as the amateurism of the SCDA movement; and when Bridie and friends acquired the Atheneum theatre to become their Citizens' Theatre, it was at the expense of Unity Theatre, who had to move out, to make way for the première of *The Holy Isle*. When the Arts Council then cut Unity's grant, Bridie was, wrongly or rightly, seen as the background influence.

These are battles of long ago; but the follower of contemporary Scottish drama will recognise that their contending allegiances and values have hardly disappeared. They are genuine differences of opinion, their values believed in sincerely on both – or all – sides. And it is worth recalling just a few of these tensions in Scottish theatre to understand where McLellan's important place lies. With his fierce independence, he places somewhere between Bridie's movement for professional Anglo-Scottish theatre and Corrie's social protest. Indeed, he shares with Bridie so many of the aims of the Scottish Renaissance, being inspired as was Bridie by the plays of John Brandane in the 20s, like *The Glen is Mine* (1923). If Bridie explored dualisms of Scottish character in *The Anatomist*, or traditional polarities of Good and Evil in *Mr Bolfry*, then McLellan explored related antisyzygies of character in *Jamie the Saxt*, and the nastier side of hypocritical religion in *The Hypocrite*. Bridie admired McLellan and the Curtain Theatre (and the wonderful performance of actor Duncan Macrae as the 'foolish' king) for their celebrated production of *Jamie* in 1937; but he foresaw the difficulties of survival for a small company dependent on subscriptions and shaky in the rapid turnover of personnel and administration. With the outbreak of war Curtain Theatre disappeared.

Where McLellan differed from Bridie lay

in two main areas – of vision as to where Scottish theatre should be aiming, and in language. When the Citizens rejected McLellan's *The Flouers o Edinburgh* in 1947 McLellan interpreted this as Bridie's betrayal of indigenous Scottish theatre, attacking what he saw as Bridie's importation of English actors out of tune with Scottish drama.

With the passage of time both writers came to seem out of kilter with the direction of Scottish theatre. With hindsight, and despite the proliferation of Scots comedies and popular theatre in the '50s, we can see that it was to be the tradition of Unity Theatre, carried on by the Glasgow Worker's Theatre Group and their politically radical review *UAB Scotland* (i.e. Unemployment Assistance Board, 1939) with its opening poetic cry of anguish about a Scotland of broken community, rotten housing, disease, and unemployment, and Joe Corrie's dramas of social protest which would come through most strongly. Robert McLeish's *The Gorbals Story* (1946) and Ena Lamont Stewart's *Men Should Weep* (1947) maintained the anger; and as one of the most powerful strands in Scottish theatre this continued to thrive in the work of John and Tom McGrath, Bill Bryden, Sue Glover and Rona Munro, one of the most recent striking examples being Gregor Burke's *Black Watch* (2006).

Hindsight also shows neither McLellan or Bridie were to be forgotten however, and that contemporary Scottish theatre now calls on many sources for its inspiration. In the year that *Ane Satyre of the Thrie Estaitis* was so successfully adapted for the Edinburgh Festival, re-introducing audiences to Scottish drama's mingling of satire, clowning, dance and song, as well as to the richness of older Scots, plays by Corrie, Eric Linklater, McLellan and McLeish were all performed. Playwrights such as Alexander Scott and Alexander Reid kept the place of rich Scots in drama in work for the Citizens, such as Scott's *Right Royal* and *Untrue Thomas* in 1950 and 1952, and Reid's plays of 1958 *The Lass wi' the Muckle Mou* (reworking the Border ballad story of McLellan's *Jeddart Justice*) and *The Warld's Wonder*. And when modern Scottish drama revived in the '70s with plays like John Bryden's *Willie Rough* (1972), John McGrath's *The Cheviot,The Stag and The Black, Black Oil* (1973),

Donald Campbell's *The Jesuit* (1976), Tom McGrath's *The Hard Man* (1977), we can surely see that the emphases on and valuing of Scottish history and character which was to be found in McLellan and Bridie, together with the implicit demand for social justice in Corrie and McLeish, merged to produce plays descended from both traditions. And McLellan's inheritance of rich Scots presented through a fine dramatic choreography and poetry is surely alive and well when we consider Liz Lochhead's *Mary Queen of Scots got her Head Chopped Off*, or Gregory Burke's wonderful stage movement in *Black Watch*.

McLellan's work has received shamefully little critical attention. With the exception of a fine academic text of *Jamie the Saxt* edited by RDS Jack and Ian Campbell in 1970, and the first volume of the projected *Collected Plays* from publisher John Calder in 1981 with an introduction by academic, poet and playwright Alexander Scott (with five plays – but without a further volume appearing, so that the collection remained incomplete), together with a dedicated version of the magazine *Chapman* in 1986, and brief discussion in a few histories of Scottish playwrights and theatre, McLellan's dramas – and his short stories and poems – have been neglected, far more than the other great Scottish playwright of the Renaissance, James Bridie. Just as Bridie was producing fine historical period pieces such as *The Anatomist*, with its sophisticated recognition of the ambiguities in the character and morality of the infamous Doctor Knox of the Burke and Hare body-snatching scandals, equally McLellan was exploring the ambiguities and moralities of even older Scotland and its historical protagonists – and arguably with even greater depth. And of course McLellan was also richly developing a central strand of the Scottish Renaissance's programme for rediscovering and asserting Scottish identity, that of the importance of revitalising the Scots language. Here McLellan showed himself to work at the heart of the Renaissance movement's programme; his utterly confident use of an authentic older Scots, based on his Clyde Valley roots, gave the discourse of his plays and poems – and outstandingly, his stories – an authority which revealed Scots as a crucial way of articulating profound national experience, which could not always be said of some of the linguistic rediscoveries of other Renaissance writers.

This introduction has only sketched some of the background to McLellan's work. Later, fellow playwright and poet Donald Campbell gives a fuller and more appreciative assessment than any I can offer, while drama producer Dr Alastair Cording contributes an informative and inclusive overview of the individual plays. My remaining comments are merely speculations regarding the overall nature of McLellan's genius – and perhaps regarding the independence and integrity which kept him from ever being part of the business of production and networking in mainstream theatre. There is no doubting his inborn dramatic sense; perhaps, however, there were other considerations which kept him from fulfilling his massive potential, not just for theatre, but for poetry and prose.

One of my most vivid and enduring memories of theatre is that of the 1982 revival of McLellan's *Jamie the Saxt*. With its astonishing combination of masterly command of the intrigues and intricacies of one of the most restless and significant periods in Scottish history with outstanding dramatic choreography, articulated through effortlessly rich period Scots language, it immediately established itself in my mind as a masterpiece of Scottish theatre. McLellan's *Jamie* may not have exploited song and dance as explicitly as others, but in its controlled movement of its huge and complex cast of historical characters it found its own choreography. In the opening act the apparently naïve and gawky young king is isolated, surrounded by what seem an impossible array of different foes, from the ruthless Boswell and followers, to bigoted Church reformers and English spies, and even his own Queen. Yet McLellan, with consummate skill, shows the wisest fool in Christendom effectively dividing and eventually ruling his opponents, with the changing positions of characters and power throughout enacting a weird combination of chess-board cunning and dance, till in the end the boy-king has not just trumped

his foes, but gained the throne of England as well.

This, together with its partner play, *Mary Stewart,* showed McLellan as deeply familiar with the nuances of Scottish history. Yet despite this rich sense of the past, McLellan did not choose to develop historical drama beyond these linked periods on mother and son. Yes, he explored history and its manners in literature and language in *The Flouers o Edinburgh*, mocking Anglicisation and lamenting the passing of an older Scotland; yes, he tackled the difficult areas of the characters and psychology of Robert Burns and James Boswell, in *Rab Mossgiel*, his radio play of 1959, and *Young Auchinleck* in 1962; and several of the plays of complex community divisions and loyalties, such as *Toom Byres* in 1936 and *Torwatletie* in 1946, are indeed period pieces, using the days of Border cattle-reiving and the aftermath of Jacobite rebellion for their action. Outstandingly, his last play, *The Hypocrite* of 1967, is set in the 18th century – but its satire is timeless, its Holy Willie figure, the warped yet successful Reverend Skinner, as relevant to modern moral hypocrisy as to times past.

Re-reading the range of McLellan's work, I gradually became aware of an underlying pessimistic ethos. There are precious few heroes or heroines. None of his major protagonists, James Sixth, Mary Stewart, Burns or Boswell, are held up as exemplars of goodness or the right use of power – all have fatal flaws, from James's vindictiveness towards witches to Boswell's randy petulance. Scottish history and culture is seen as damaged, older society rough and raw, newer fashions of action and speech pretentious in their Anglicised affectation. And when McLellan deals with modern Scotland, his disenchantment with Scottish society in its changing becomes very clear, as in *The Road to the Isles* (1954) and *Sweet Largie Bay* (1956). The first shows well-meaning back-to-the-land idealists discovering reality, while posh pretentiousness triumphs, and the second expresses through achingly sad poetry the way in which an island community is betrayed by its false dreams. Taken as a whole, McLellan's plays convey an overall sadness regarding what he sees as Scotland's change for the worse. Apart from the occasional triumphant comedy of the one-act plays, and some early work like *Toom Byres*, most end with very qualified prospects for their more attractive characters, and several close in darkness – as in the bleak ending to *The Hypocrite*, where Skinner, symbol of negative Scotland, triumphs.

I believe it can be argued that McLellan's wonderful *Linmill Stories*, re-issued prior to this volume, of a boy growing up in the Clyde valley, hold the key to his essential view of Scotland. Written at various times through his life, these 24 sharp, unsentimental, yet profoundly poetic stories of an older rural world, of tough yet loving grandparents, and the farm life of a past age, show McLellan returning again and again to an almost Wordsworthian view of the child as father of the man. Irish labourers beat each other almost to death; kittens, birds and horses are savagely treated; dafties and servants suffer dreadfully. Yet somehow this harsh world is viewed through the eyes of the youngster as magical – in ways which persuade the reader. His lonely adventures at the great waterfalls of Clyde, his moments of epiphany with animals from robins to horses, and overwhelmingly his sense of an ordered, if often violent world, imply a distancing from the Glasgow to which he had to return every Autumn. These understated, meticulously observed accounts of a lost rural Scotland in its changing seasons, told from a child's perspective, yet somehow conveying the grimness and beauty of adult life, in the most successful and unforced Scots I have encountered anywhere, are classics of the Scottish short story. Yet they are more than this; together with the haunting play of the unattainability of ideal beauty, *The Carlin Moth* of 1947, and with *Sweet Largie Bay*, and his BBC commissioned long poem of 1966, *Arran Burn*, they express to me a longing for an unreachable Scotland of memory and vision. If there is some truth in this, it would go a long way to explain McLellan's separation of himself from mainland Scotland, his flinty integrity and unwillingness to compromise regarding his vision. It would also suggest that no one genre could contain this vision, and explain why the plays varied so widely in kind and period, and why poetry and fiction were needed to convey the deepest of his ideas.

For me, McLellan remains a lonely figure, never quite at one with his country or his art. His work has a dry recognition of Scotland's endless self-betrayals; yet along with that I think there is also a kind of existential acceptance that this country's cantrips and tragedies are typically human. He remains for me one of the most elusive and intriguing of Scottish writers.

I love historical plays, because you get the chance to write pure Scots without seeming artificial.
ROBERT MCLELLAN

ROBERT McLELLAN
A Sense of Community

An Appreciation

Donald Campbell

THE FIRST TIME I encountered the work of Robert McLellan, the experience quite literally changed my life. It was the autumn of 1956 and I had gone with my parents and some visiting relatives to see Duncan Macrae play the title role of *Jamie the Saxt* at the Royal Lyceum Theatre in Edinburgh.

No one who witnessed that performance could possibly forget it – and I know I never will. Macrae's superb use of gesture, his detailed study of character, his unique, compelling diction and his tremendous stage presence all combined to produce a performance of such theatrical power that it has remained in my imagination ever since. Just as impressive, however, was the effect that the play itself had on the entire audience. From beginning to end, *frissons* of excitement sped through the auditorium, creating a marvellous feeling of release which everyone seemed to share. Entertaining as it was, *Jamie the Saxt* gave us something more than mere entertainment – it gave us liberation.

I did not see the play again until 1982, in a production by the Scottish Theatre Company. This was a fine, accomplished piece of theatre, no doubt technically superior to the 1956 version. Ron Bain played the Macrae role with his customary verve and exploited the comic possibilities of the part with great skill. The supporting cast, too, was in every respect superior to what it had been in 1956, revealing aspects of the play that had eluded me previously. Yet, somehow, I was disappointed. The play was still full of richness and colour, of course, and it was marvellous to hear McLellan's dialogue being spoken on the stage once more. But there was no feeling of release, no sense of liberation, none of the magic I had experienced in 1956.

Part of the reason for this, of course, is that I am no longer sixteen years old and know a little bit more about play making than I did then. It is equally true that Scottish drama has not stood still over the past thirty years, that some of McLellan's battles have been won and it is no longer unusual to hear Scots – not even Robert McLellan's beautifully lyrical, witty and intelligent Scots – being spoken in the theatre. If there was no more to it than that, however, further comment would be superfluous. Much more importantly, the fact is that Robert McLellan's drama has been affected adversely – and, I hope and believe, temporarily – by a sea change that has taken place in our theatre in the years since Duncan Macrae played King Jamie.

It was a different time, and certainly a very different theatre. Apart from the fact that audiences were much larger – the Lyceum has more than halved its capacity since then – it was a totally different kind of audience. Theatre-going was still considered an essentially popular pastime (at least, in Edinburgh) and people had a clearer idea of what to expect from a play. All the actors would be English – or would appear to be – and all the dramatic concerns and perspectives would be firmly rooted in the English middle class. (One of the amusing ironies of my theatre-going experience is that whereas previously a largely working-class audience watched middle-class plays, working class concerns now dominate the attention of a mainly middle-class audience!) People saw nothing unusual or untoward in this. Aware of the 'otherness' of drama, no one really believed that a play had – or indeed, needed to have – anything at all in common with everyday living. For this audience, a visit to the theatre was nothing more than a pleasant way of spending an evening.

Nowadays, everything has changed. That popular audience, which once thronged our theatres on a weekly basis, has disappeared and now receives its ration of drama from other sources. Without going into the many reasons for this, it cannot be denied that the great majority of our population never goes to the theatre and, indeed, would never even think of doing so. In fact, it is no exaggeration to say that – with the exception of pantomime – large numbers of the present generation have never so much as seen a live performance of a play in their lives. However regrettable that may be, it is a hard fact that has to be faced – particularly when considering Robert McLellan's drama.

Everything that Robert McLellan wrote for the stage must be seen in the context of that popular audience. He identified with that audience, he loved it, he wrote for it. Some years ago, Chris Parr, then Artistic Director of the Traverse, expressed a wish to produce a McLellan play and asked me if I would talk to Robert about it. I did so, but Robert was reluctant and full of excuses – he was too old, he hadn't been well, he didn't have any ideas, etc. Carried away by my own enthusiasm for the notion, I pressed him about it, suggesting a revival rather than an original play, perhaps a stage version of one of his radio plays – and offering to act as his go-between during the production. He still wasn't having any, and I can still recall his final word on the matter. He shook his head and told me, with that slow, good-natured smile of his, that 'for me, the Traverse isn't really a theatre.' He wasn't being unfair to the Traverse or disdainful of the work that was being done there. (He admired what he'd heard of it – although, as far as I know, he was never inside the place – and he was always eager for news of the writers and actors that the Traverse was promoting.) He was simply telling the truth. For Robert McLellan, a theatre was a large auditorium crowded with people from all walks of life; it wasn't a room full of theatre buffs, where you needed a membership card to get in. He had nothing against such an audience: he just didn't know how to relate to it.

If he'd been younger or in better health, he might have made the effort to learn – but I doubt it. The truth is that he just wasn't interested and never would have been. Although many people – including some for whom I have the profoundest respect – have claimed that McLellan was a great playwright, I must say that I strongly disagree. This judgement, I need hardly say, is not made out of any lack of admiration – there are few writers I have admired more – but because I believe that such a description does a grave disservice to McLellan's art. Whatever else he was – and I'll come to that presently – Robert McLellan was *not* a great *playwright*.

Indeed, there is a sense in which he was no kind of playwright at all. His dramaturgy was simple to the point of naivety, and he had none of the true

playwright's enthusiasm for the act of acting. Once, while discussing my play *The Jesuit*, he took me to task for writing the part of Ogilvie in English, claiming that he could have written the part in Scots. When I pointed out that Ogilvie's English is a dramatic device and tried to explain what I was aiming at, he immediately lost interest. Although he used similar devices on occasion – notably, Queen Anne's Danish accent in *Jamie the Saxt* – I received the impression that he regretted the necessity. As for actors, Robert just didn't understand them: I don't think he ever truly appreciated the extent to which an actor is a creative artist in his or her own right. He talked of Macrae with a curious mixture of admiration and scorn and confessed to me that he had once threatened to have an actress fired for not speaking a Scots word in the 'proper' – i.e. McLellan – manner. I think Robert's ideal actor would have had to be a combination of mind reader and puppet.

His hatred of cuts, rewrites and any kind of alteration to his script, was legendary. In his younger days, he was involved in many bitter rows with managements over such matters. He was working in very difficult circumstances, of course, and had many problems that the present generation of playwrights can only guess at. Very possibly, his objection to cuts stemmed from his suspicions regarding the spirit in which they were required, rather than the principle of cutting itself. Nevertheless, it remains true that he considered that a play was finished the moment he had put the final touches to the script. He had no interest in the practical demands of the theatre and would never have accepted the principle that a play is never complete until it has come through the fire of rehearsal to take its place before an audience.

Robert McLellan wasn't a playwright, he was something else – something different, something special: he was a superb lyric poet who happened to have the additional gift of a theatrical imagination. Any true under-standing of McLellan's art must take in his poetic sensibility, and failure to do so has led to much confusion about his aims. In 1982, for instance, at least one reviewer of the Scottish Theatre Company's production of *Jamie* appeared to believe that the play was intended to be some kind of historical documentary, an attempt to re-create dramatically a world that no longer exists.

Haud on, though. I hae thocht o something else. Yer news has gien me hairt. Dae ye no see? It'll strengthen my poseetion in regaird to the English Croun. What the English want, Sir Jamie, efter aa thae years o wonerin whaur to turn in the event o their Queen's daith, is a settled succession. They'll hae that nou gin they hae me.

Is it really possible that King James Sixth spoke like that? More to the point, can it be seriously being suggested that Robert McLellan thought that the King spoke like that? Of course he didn't. He wasn't concerned with presenting a picture of 'what might have been if only', but rather with clothing this particular historical character with his own enthusiasms. Many years after *Jamie the Saxt* was written (1937), Stewart Conn gave the same character the same kind of treatment, but from an altogether different point of view. Writing of his play, *The Burning* (1971), Conn has explained that the play 'did not spring from any predisposition on my part towards Scots historical drama, but from what struck me as the theatrical potential of the theme, and its relevance today' Although McLellan obviously had a greater interest in history, the artistic intention behind his work is in no way dissimilar.

Every McLellan play is distinguished by three important features: a sense of community which continually reaches out to the audience; a fascination with history, particularly its comic aspects; and, most importantly, a deep love of Scots language and joyful relish in its use. To some extent, I have already dealt with the first feature. With the disappearance of a genuinely popular audience from our theatres, this sense of community is not nearly so evident in a performance of a McLellan play. But this is true only where the professional theatre is concerned. In the amateur world, McLellan is received with much greater understanding. This is to be expected, not only because it is where McLellan began – his youth coincided with the upsurge in enthusiasm for amateur drama in the '20s – but because amateur companies attract a following that is much more open to his appeal, one that is largely indifferent to the trends and prejudices of the professional theatre. Such an audience will inevitably have less scope for misunderstanding McLellan's aims and enthusiasms.

This is particularly true when one considers McLellan's approach to history. Although he paid great attention to historical detail, this was done in a spirit of comic exploitation rather than serious celebration of the past. In *The Flouers o Edinburgh*, for instance, there is the following short exchange in Act One. Captain Sydney Simkin is announced to the company of Lady Athelstane and Charles Gilchrist, the anglicised younger son of Lord Stanebyres.

LADY A. It isna my custom, sir, to entertain officers o the English army.

CHARLES. (*in a shocked undertone*) The British Army, my lady.

SIDNEY. I beg your pardon, sir?

CHARLES. I said 'The British Army', sir.

SIDNEY. Oh yes. Of course you're Scotch. Quite. I apologise, ma'am. You were saying?

LADY A. (*as if Charles had never spoken*) I was saying, sir, that it isna my custom to entertain officers o the English Army, but ye're weill come if a freind sent ye.

In passages such as this – which occur fairly frequently in McLellan's work – there is, of course, a serious purpose. He reminds his audience that there was a time when Scots was the normal speech of the aristocracy. McLellan's main intention, however, is to make a good-humoured joke at the expense of the English and the Anglo-Scots. He enjoyed such jokes himself and knew that his audiences enjoyed them. Similarly, in *Torwatletie*, McLellan is not making a political point when he has the Laird tell his daughter Ailie that she is wrong about 'the German King'.

Once again, McLellan is simply giving voice to a feeling that he knows he has in common with his audience, not making propaganda. (On the subject of politics, I think it needs to be said that this came well down McLellan's artistic priorities.) That speech, however, does raise another important point about his work, in that it carries an echo of a speech from another, much earlier Scots play. In most of the stage versions that have been made of Scott's *Heart of Midlothian*, the following lines are spoken by Peter Plumdamas:

I dinna ken muckle about the law, but I
ken, when we had a king, and a
chancellor, and Parliament-men o' our
ain, we could aye peeble them wi stanes
when they werna gude bairns – but
naebody's nails can reach the length o'
Lunnon.

There can be little doubt that McLellan's
drama was indirectly influenced by the
stage versions of Scott that he saw as a boy,
when they still enjoyed a measure of
popularity. As in the Scott plays, McLellan
goes in for large casts, a distinctive sense of
time and place, and characters who are
deliberately theatrical in conception. Most
of McLellan's men – Stanebyres, Wanert
Willie, even King Jamie – have something in
common with the Laird of Dumbiedykes,
Baillie Nicol Jarvie and Davie Deans, while
most of his women have something of
Diana Vernon, Jeanie Deans or Madge
Wildfire about them. Indeed, so great does
that Scott influence seem to have been that
it was difficult to recognise any other. I do
know that he enjoyed the work of Sean
O'Casey, Eugene O'Neill and (particularly)
J.M. Synge, but these authors appear to
have had little influence over his own work.
The only other direct influence I can discern
comes from a very unexpected quarter – the
West End of London.

In 1927, when McLellan was in his early
20s, a play by L. Alien Harker and F.R.
Pryor enjoyed a huge success at the
Kingsway Theatre and on subsequent
provincial tours. Set in 19th century
Edinburgh, *Marigold* reads like a prototype
for a Robert McLellan play and, when it
arrived in Scotland, it enjoyed an even
greater success than it had had in London.
Such a success, in fact, that five years later,
an actor called Graham Pockett put
together a professional company to tour the
play exclusively in Scotland. This tour
coincided with the beginning of McLellan's
writing career – which began with the one-
act play, *Jeddart Justice*, in 1934 – and his
approach to the theatre. In one fundamental
respect, however, McLellan's writing was
completely unaffected by *Marigold*, the
Scott plays or, indeed, any other influence.
That is in his use of the Scots language.

Now, a writer may have any number of
reasons for using Scots in his work. Hugh
MacDiarmid, for instance, used Scots
largely (if not wholly) to express complex

and difficult ideas which he had found to be
virtually inexpressible in Standard English –
or, indeed, any other tongue. The motives of
Lewis Grassic Gibbon, on the other hand,
had more to do with atmosphere and style:
Scots words and idioms aided the rhythms
of his narrative and evoked the sights and
sounds of his native Mearns. For Robert
Garioch, Scots was an important element of
the poetic persona he created for himself.
For many a lesser writer, of course, the issue
is much simpler – often enough, the Scots
language is used merely as a device for
proclaiming Scottishness, slipping on like a
costume, a kind of linguistic kilt.

None of these motives apply to Robert
McLellan. Neither as intellectual as
MacDiarmid, nor as sensual as Gibbon,
with none of Garioch's subversive pawkiness
and absolutely no need for any kind of
literary masquing-gear. McLellan used Scots
for no other reason than simple love of the
language. 'We all know that Scots can be
loud and rough and funny,' he once said to
me, 'but why don't people realize that it can
be tender and lyrical and beautiful, too?'

There is nothing in the least sentimental
about this devotion, which is based on
McLellan's determination to cherish the
simple, wholesome values that his use of the
language implies. This single, dominating
theme of everything McLellan ever wrote is
the correlation that exists between the
honesty of vernacular speech and the accep-
tance of an honest code of behaviour. This
theme is not nearly so evident in his stage
plays as it is in his work for radio, particu-
larly in that marvellously evocative series of
short stories, *Linmill*. There is some evidence,
however, which suggests that, given the
chance, he might well have promoted this
theme more seriously on the stage.

In what is possibly the most interesting of
his shorter plays, *The Carlin Moth* (1946),
McLellan turned away, not only from
comedy but from prose dialogue. This
poetic drama, with its sinister atmosphere
and supernatural narrative, explores the
conflict between fact and fantasy in a most
penetrative fashion. A young crofter receives
a visitation from a spirit, in the guise of a
moth. The moth changes form to become
the idealized lass of his dreams, but when a
real lass comes into the picture, the form
changes once more to become a grotesque
old witch. It is a case of fact fouling fantasy
and, in the final speech of the play, the

Carlin Moth herself sums up this conflict most powerfully, using the image of the salmon's last journey home from the sea.

They canna set against the bliss they fin
A lang held dream o ecstasy sae sweet
That aa their bliss is dule, their journey vain.
The pouer to bigg a braw world in his
   brain,
Marks man the only craitur that can greit.

Although first produced on radio, *The Carlin Moth* was originally written for the stage. Conditions that prevailed in the theatre of the '40s, however, ensured that the chances of such a play reaching the stage were, to put it at its highest, extremely remote. Such conditions do not apply today – as a matter of interest, it was *The Carlin Moth* that I had in mind when I suggested a revival of one of his plays at the Traverse – and it would be interesting to see what one of our contemporary directors would do with the piece. This is equally true of the work that I consider to be his finest achievement: the dramatic poem, *Sweet Largie Bay*. First broadcast in 1956, this is a 'play for voices', with much in common with Dylan Thomas's *Under Milk Wood*, which was – as a matter of pure coincidence – written at much the same time.

The setting of *Sweet Largie Bay* is both contemporary and fictional – although it does not take too much imagination to see the parallel between the fictional Largie and the actual island of Arran, where McLellan spent more than half of his life. In many ways, *Sweet Largie Bay* is a celebration of Arran, told not in terms of history and geography (as he was to do, ten years later, in his television poem, 'Arran Burn') but in terms of its people, three generations of island crofters and their women. As in *The Carlin Moth*, the conflict between fact and fantasy is once more present, but here it is given an application that is altogether more complex and more social.

Each of the three main characters has his version of this conflict to resolve, but it is in the case of the youngest, Johnnie, that the crunch really comes. Johnnie's romance with the island girl, Jeannie, is destroyed by the temptations of Pam, a nubile typist on holiday from the city. Here, the resolution of the conflict is the exact opposite of *The Carlin Moth* – not fact fouling fantasy, but fantasy fouling fact. At the end of the play-poem, Johnnie finds that

he has lost not his dreams, but the reality of the island.

Did I doom the dumb sheep for a crease in
   my breaks
And the grun that grew me for a mim-
   moued mainner?
Did I spurn my breed and leave its last
   bride virgin
For the tuim glamour o a manna mainland,
A dream-life in a toun o airy castles
Rowed aff a reel in a shadda show warld
Or bogle on a bubble o thin gless?
Whan the snaw lies white and deep in the
   Largie corries [...]
Will it be my faut that the brae is barren?

It is this reality that Robert McLellan worked to defend, not only in his prose and his poetry, but in these large-scale stage comedies, too. In the theatre, McLellan chose to work within a popular tradition in order to support and develop that tradition, not simply for its own sake, but because he believed that this represented something of value. When this is fully understood, McLellan's work will be given the recognition it so richly deserves. The publication of his Collected Plays will do much to ensure that such recognition will be forthcoming.

I began this essay by saying that Robert McLellan changed my life – but I am by no means the only Scottish playwright who can make that claim. The fact that McLellan resisted the lights of London to plough his own furrow in Scotland has acted as an example and an inspiration to so many of us. The growing corpus of Contemporary Scottish Drama is a testament to that, as is the emergent vigour of the indigenous Scottish Theatre.

From a purely personal point of view, however, I would like to end by saying that I count it as a great privilege to have known and to have enjoyed the friendship of Robert McLellan. In so many ways he remains an inspiration to me still.

(A version of this appreciation first appeared in *Chapman* Magazine, Spring 1986.)

When he speaks English, the Scot loses contact with the national elements of his unconscious
ROBERT MCLELLAN

TOOM BYRES

A Comedy of the
Scottish Border in Three Acts
1936

To Kathleen

CHARACTERS

SIR ANDREW KER of KINNELKNOCK.
LADY MARGARET   *his wife.*
PEGGY   *his daughter.*
TAM   } *his sons.*
JOHNIE
LANG AIKY   } *retainers.*
SNORING JOCK
JEANIE ROOLE   *a serving maid.*

WALTER SCOTT of HANGINGSHAW.
MARY   } *his sisters.*
ELSPETH
NIMBLE WILLIE   } *retainers.*
DULE-TREE DICK

SIR ROBERT SCOTT of DRUMFORD
   the keeper of Threepdale.
MAISTER PETER LICHTBODY   *a lawyer.*
GANGREL JAMIE   *a wandering piper.*

Toom Byres was first performed on 1 May
1936 by the Curtain Theatre Company at
the Lyric Theatre, Glasgow, in a production
by Grace Ballantine with the following cast:

SIR ANDREW	J Smith Campbell
LADY MARGARET	Jean Faulds
PEGGY	Jessie C Morton
TAM	Graham Anderson
JOHNIE	Brown Derby
LANG AIKY	George House
SNORING JOCK	Robert C Gaston
JEANIE	Mary Muir
WAT	James Keddie
MARY	Janie Stevenson
ELSPETH	Elvira Airlie
NIMBLE WILLIE	Charles Howie
DULE-TREE DICK	John Stevenson Lang
SIR ROBERT	Eric H Wightman

MAISTER PETER	John Morton
GANGREL JAMIE	James C Hastie

The setting of the play is Threepdale, on the
Scottish Border, in the early years of the reign
of King James the Sixth.

ACT 1	*A room in the Tower of Kinnelknock.*
ACT 2	*A room in the Tower of Hanginshaw.*
ACT 3	*Same as in Act One.*

ACT ONE

*A room in the Tower of Kinnelknock. Left,
centre, a huge open fireplace. Left, upstage,
a small door leading to an inner room. In
the back wall two narrow windows. In the
right wall, downstage, a curtained opening
leading to the main staircase of the tower.*

    *The walls are curtained except above the
fireplace, and above and below the
windows. In these places the bare
stonework is unhidden. On the back wall,
midway between the windows, are weapons
arranged ornamentally. Below these is a
large table. A dark wooden settle stands
against the right wall, upstage. Above this
hang leather jerkins, spurs, sword-belts, etc.
Armchairs and a long stool before the fire.*

    *When the curtain rises the shutters of the
windows are open, and we see beyond the
grilles to a fiery red evening sky. The room, lit
only by this red gloaming and by the glow of
the great fire, has a shadowed, eerie quality.*

    *Jeanie Roole enters, closes the shutters,
lights a rush taper at the fire and applies it
to the various candles on the table. Peggy
enters while she is at work.*

JEANIE (*starting*). Oh! Dear me, is't yersell,
Miss Peggy? My hairt gied sic a ding. It's sic
an eldritch, eerie nicht.
PEGGY. Ay, it's a queer ane. I dinna mind
sic a dour reid sky eir afore.
JEANIE. It isna juist the sky. It's an
oonchancie nicht athegither. Aa the birds
and beasts are restless. The craws are
wheelin roun the touer, and Kate frae the
byres says the horses were stampin in the
stable and the kye were ill to milk. The
bluid hounds hae been howlin, tae, and a
houlet[1] cried a whilesin, a bad sign that on
a Friday nicht and it no richt daurk. And
that isna aa. The watter kelpie was
skrechin, doun at the Linn.

---

[1] owl

PEGGY (*starting to work on a piece of embroidery*). It wad be an otter whistlin, like as no. Wha wis tellin ye aboot it?

JEANIE. Gangrel Jamie.

PEGGY. Oh, the piper carle. Is he in?

JEANIE. He cam in juist efter milkin-time, wi his teeth chitterin and his een poppin oot. Puir auld body, he had gotten a sair fricht.

PEGGY. He didna see the kelpie, did he?

JEANIE. Na, but there's nae dout he heard it, and nae otter aither, for it skrecht and yowlt and yammert fit to mak yer bluid jeel.

PEGGY. Are ye shair he hasna been listenin to his ain auld squeaky pipes?

JEANIE. Oh, Miss Peggy, gin ye'd seen him whan he cam in ye wadna be makin a fule o the auld craitur. He was shakin aa ower, and as white as a risen corp.

PEGGY. My mither wad gie him a dram, then. That's what the auld deil's been efter, likely, though I winna say he michtna hae gotten a sair fricht tae. His heid's faur ower fou o auld wives' clavers aboot ghaists and bogles, and witches fleein across the mune on brume-shanks. It's a woner he can gang ootbye at aa, ein i' the daylicht.

JEANIE. It isna aa auld wives' clavers, Miss Peggy. He warks mony a miracle wi a seik beast, and he isna aye wrang whan he says there's something i' the wind.

PEGGY. Sae he thinks there's something i' the wind the nicht?

JEANIE. Ay. He says it was juist on sic a nicht as this that the faither o young Wat Scott o the Hanginshaw ran his sword through yer uncle Sir Robert o the Dinlay Mains at the Deid Man's Ford!

PEGGY. Oh he says that, daes he, the claverin auld haver! There's eneugh bad bluid atween the faimilies ower that affair withoot him and his like aye stammin it ben oor throats. Can he no let folk forget what's dune and bye wi? There's my brithers Tam and Johnie: ye canna lift the name o Scott but thay stert talkin aboot slittin throats, and my faither canna look at a hird o kye on Scott grun but he wants to drive it hame i' the daurk til his ain byres. Ye can tell Gangrel Jamie frae me that gin he mentions that auld affair again he'll get naither brose nor bannock, but a shut yett and a hungry wame whan he caas at Kinnelknock.

JEANIE. I'm shair the auld man didna ettle ony hairm, Miss Peggy.

PEGGY. Na, but he's daein hairm, wi his clash and clavers! And ye and yer like encourage him, for ye tak ilka chance ye get o miscaain Wat o the Hanginshaw. Ye ken it pleases my faither and my brithers, and ye think ye're daein weill for yersells, but let me mind ye that it wasna young Wat that killed my uncle Robert, but his faither auld Wat, that's in his grave this seeven year. And my uncle Robert desairved aa he gat!

JEANIE. Oh, Miss Peggy, what a thing to say!

PEGGY. I'll say what I like. If I canna hae respect for Wat Scott i' the haa, I'll hae it i' the kitchen. Ye suld ken better, the lot o ye, than lift his name, and it's effrontery on yer ain pairt, kennin what ye dae, to mention him to me.

JEANIE. I didna ken, I mean…

PEGGY. Ye didna ken what?

JEANIE. I didna ken, I mean, I kent, I kent he had lost his heid ower ye.

PEGGY. But ye didna ken I had lost my heid ower him?

JEANIE. Na, I didna mean that, but…

PEGGY. But what?

JEANIE. Weill, I thocht mebbe ye hatit him, and him a Scott.

PEGGY. I see. Weill, I naither like him nor mislike him, but he did me the honour to come here seekin me, and though he foun the yett shut and was fired on by my faither, he'll hae respect frae me and frae them aboot me. Dae ye hear?

JEANIE. Ay, Miss Peggy.

PEGGY. Gae to the kitchen, then, and mind what I hae said.

(*Johnie enters*)

JOHNIE. What's wrang here?

PEGGY. Naething. Dae ye hear, Jeanie?

(*Jeanie leaves*)

JOHNIE (*sitting in an armchair and beginning to polish a sword-belt*). What has she been daein noo? (*Struck by the thought*) Ye haena foun her stealin the gun-pouther for Lang Aiky again, hae ye?

PEGGY. The pouther's aa richt, though as faur as I can see, Johnie, Lang Aiky micht as weill waste it as the like o yersell.

JOHNIE. But he juist lichts it for the fun o seein it blare up.

PEGGY. And ye dinna? Hoo mony notches hae ye gotten i' the haunle o yer pistol noo?

JOHNIE. Dinna be smert. I'll mebbe hae a notch i' the haunle yet, and it'll be for that deil frae the Hanginshaw.

PEGGY. Ye'll hae to creep up whan his back's turnt, then.

JOHNIE. Will I?

PEGGY. Ay, that ye will.

JOHNIE. We'll see sune, mebbe.

PEGGY. Ye arena for gaun to the Hanginshaw reivin, shairly, wi oor byres aa as fou as they can haud, and the winter comin on?

JOHNIE. Dinna be feart o that. Ye hae to watch whaur ye gang reivin nooadays, wi Scott o Drumford the Keeper o the Dale.

PEGGY. Then what for hae ye been shairpenin yer sword?

JOHNIE. There's to be a futebaa match at Dalefute the morn.

PEGGY. I see. Gin ye dinna win ye'll be for fechtin.

JOHNIE. Ay, and gin they dinna win they'll be for fechtin.

PEGGY. It's a woner ye bother wi the baa at aa.

JOHNIE. Oh, there's nae hairm i' the baa, gin it brings oot the folk ye want a lick at.

PEGGY. The Scotts are to be oot, then?

JOHNIE. Juist that.

PEGGY. Then gin I were ye I wad bide at hame. Gin ye rin across young Wat ower aften he micht gie ye waur nor a broken heid.

JOHNIE. It wasna young Wat that gied me the broken heid. It was Dule-Tree Dick. Young Wat aye taks gey guid care I dinna win near him.

PEGGY. That's a lee.

JOHNIE. It's nae lee.

PEGGY. It is, and weill ye ken it.

JOHNIE. Ach, ye wad think the Scotts were the saut o the yirth, the wey ye talk. Ye're a disgrace to yer name.

PEGGY. I whiles think the name isna muckle to be prood o.

JOHNIE. It's a better name than Scott.

PEGGY. It daesna cairry sae muckle grun.

JOHNIE. Ach, grun! I wadna tak the name o Scott for aa the grun in Scotland.

PEGGY. Ye'll neir hae the chance to tak the name o Scott.

JOHNIE. Eh?

PEGGY. Whauras I micht.

JOHNIE. Oh, ye micht, micht ye? My faither wad stairve ye to daith i' the dungeon afore he wad let ye be seen wi the blaggard.

PEGGY. I micht be oot and awa lang eir my faither heard o't.

JOHNIE. He wad catch ye and fetch ye back if he had to caa doun ilka stane o yer jo's auld tummlet-doun touer, and leave the haill clan inside it to the craws and weasels!

PEGGY. Gin talk could reive and slauchter, Johnie, ye'd be a gey terror.

JOHNIE. We'll see the morn if it's aa talk.

(*Lady Margaret enters*)

LADY MARGARET. Rise oot o that chair, Johnie. Yer faither's comin in. (*She places a glass and bottle on the table*) Hae ye heard the bluid-hounds, Peggy?

PEGGY. Ay.

LADY M. I dinna like whan they're restless. It bodes nae guid. And that Kate ane's left the door o the milk-hoose open, and the cats hae gotten at the cream. They're aa faur fonder o listenin to Gangrel Jamie's clavers than o lookin to their wark.

PEGGY. I hear he was sayin he heard the kelpie.

LADY M. Ay, onything for a dram. But he didna get it.

JOHNIE. Did he no? He was haein ane whan I gaed to the kitchen for this clout.

LADY M. Dae ye tell me that! Naething's safe. I declare I'll hae to hide the jaurs. It wad be Jeanie Roole, the bissom. I'll gie her a tellin this meenit.

(*She hurries out*)

PEGGY. Clype.

JOHNIE. Ay.

(*He goes to the table*)

PEGGY. What are ye efter?

JOHNIE. I heard the kelpie tae.

PEGGY. Ye'd better leave it. He'll see the mark on the gless.

JOHNIE. Na na, he winna.

(*He is taking a drink from the bottle when his father enters*)

SIR ANDREW. What's this? (*Johnie chokes and splutters*) God, ye wad think it was molten leid. Put it whaur ye foun it, and gin I catch ye at it again I'll gar ye drink it till it rins oot at yer lugs. Listen: wha's on the look-oot frae the touer the nicht?

JOHNIE. Lang Aiky.

SIR A. Weill, he hasna gaen awa up yet. I heard him i' the kitchen wi the lassies and that auld gaberlunzie piper. Wha was on the look-oot till sun-doun?

JOHNIE. Snorin Jock.

SIR A. Is he doun yet?

JOHNIE. I dinna ken.

SIR A. Is it no yer job to ken? Hae ye no been telt to see that they cheynge?

JOHNIE. Ay.

SIR A. Then dae what ye're telt efter this! Gar them cheynge this meenit!

(*Johnie hastens out*)

SIR A. Weill, my hinny, fill a gless for yer faither.

PEGGY. Was Tam in afore ye cam up?

SIR A. Ay, but I haena seen him. He'll be seein to his dugs.

PEGGY. Was he in the hills?

SIR A. Ay, up at the heid o the Watter somewhaur. I dinna richt ken.

PEGGY. Wad he bring ocht hame?

SIR A. It isna likely he'll hae muckle. There's a lot o watter lyin. But here he's. (*Tam enters*)

TAM. Whaur's my mither?

PEGGY. Doun i' the kitchen. Ye'll be wantin some meat?

TAM. Ay, I'm stervin.

PEGGY. I'll see aboot it. Hoo did ye fare?

TAM. Ach, middlin. A wheen hares.

SIR A. Whaur were ye?

TAM. Ower the Souter Fell. G'on, Peggy, get the lassies stertit. I want something hot.

PEGGY. It winna be lang.

(*She leaves*)

TAM. Dae ye ken wha we met the day?

SIR A. Wha?

TAM. Young Scott o the Hanginshaw.

SIR A. Whaur?

TAM. Juist ablow the ford on the Souter Burn.

SIR A. Whan was this?

TAM. Airly on.

SIR A. And was there ony steer?

TAM. Na, he gaed doun on the ither side.

SIR A. Was he alane?

TAM. Na. He had twa o his men.

SIR A. And was there ocht said?

TAM. Ay, that's the queer thing. He said 'I'll be ower to see yer sister the nicht.'

SIR A. He said what!

TAM. 'I'll be ower to see yer sister the nicht.'

SIR A. The damnt scut! And did ye no flee at him? Did ye dae naething, ye gommeril?

TAM. The burn was in spate. We couldna cross.

SIR A. Couldna cross!

TAM. Na, we couldna cross!

SIR A. The young deil! Ower to see yer sister the nicht! He wadna daur.

TAM. What dae ye think he was drivin at?

SIR A. Drivin at? Naething. He was trying to raise some fecht in ye. And ye couldna cross! I'd hae crossed gin I'd haen to soom for't!

TAM. I tell ye the burn was in spate!

SIR A. Ach!

TAM. Ye dinna think she's mebbe been seein him ahint yer back?

SIR A. Eh? Seein him ahint my back! My God, she'd better no!

(*Peggy enters*)

PEGGY. What's wrang?

SIR A. Here, hae ye been haein ony dealins ahint my back wi that young blaggard frae the Hanginshaw?

PEGGY. Wat Scott?

SIR A. Ay, Wat Scott!

PEGGY. Na. What wey?

SIR A. Are ye shair?

PEGGY. Ay. What maks ye ask?

TAM. I met him the day.

PEGGY. Ye met him. Were ye fechtin?

SIR A. Na, they werena fechtin!

TAM. He said he wad be ower to see ye the nicht.

PEGGY. Ower to see me?

TAM. Ay.

PEGGY. He's been makin a fule o ye.

TAM. I'm no sae shair.

PEGGY. What dae ye mean?

TAM. We'll see.

SIR A. Ye're shair ye haena haen ony word wi him?

PEGGY. I haena been oot o sicht o the touer here for months.

TAM. Ye dinna hae ony to gang atween ye. What aboot the gaberlunzie i' the kitchen?

PEGGY. Gangrel Jamie? It's his first caa here sin the airly simmer.

TAM. Weill, it's gey queer.

SIR A. Ach, it's been juist a brag. That's the Scotts aa ower. Brag, brag, brag.

(*Lady Margaret enters*)

LADY M. Yer supper's ready, Tam. Ye'd better tak it at ance.

TAM. Ay.

(*He leaves*)

LADY M. Whaur's Johnie?

SIR A. Awa to cheynge the gaird.

LADY M. Is't no cheynged yet? Dear me. Things arena richt the nicht, Andra. I dinna feel at ease. That houlet i' the Dule Tree's been at it again.

SIR A. Ach, wumman, sit doun and content yersell. Ye and yer clavers aboot houlets.

LADY M. I dinna like it, Andra. It has sic an eldritch soun.

SIR A. Tell Johnie aboot it. It'll gie him a grand chance to use his pistol.

LADY M. That wadna be luckie.

SIR A. Na.

LADY M. What was Tam sayin?

SIR A. Oh, naething. Naething.

LADY M. Had he a guid day?

SIR A. Middlin. Middlin. A wheen hares.

(*Johnie enters*)

SIR A. Hae ye gotten them cheynged, then?

JOHNIE. Ay.

SIR A. Was Snorin Jock aye there whan ye gaed up?

JOHNIE. Ay.

SIR A. Sleepin, likely?

JOHNIE. Ay.

SIR A. I kent it.

LADY M. I woner ye hae Jock on the look-oot at aa, Andra.

SIR A. Ach, i' the daytime it daesna maitter.

LADY M. I think ye suld hae someane else.

SIR A. And what wad I dae wi Jock? He's useless wi the beasts.

LADY M. Ye could gie him to me. He could scrape the pats and cairry sticks and watter.

SIR A. Ye hae yer lassies, hae ye no?

LADY M. Ay.

SIR A. Then what mair dae ye want? I need aa the men I can lay my haunds on.

(*Lang Aiky enters*)

AIKY. Sir Andra?

SIR A. What is't?

AIKY. I'd like ye to come up on to the touer.

SIR A. Is there ocht the maitter?

AIKY. I dinna ken. There hae been birds risin on the muir, and there's a gey steer amang thae beasts on the laigh grun at the watter-side.

SIR A. God's truith!

JOHNIE. I'll come tae.

SIR A. Bide ye whaur ye are!

(*Sir Andrew leaves with Lang Aiky*)

LADY M. I kent there wad be something the nicht.

PEGGY. What can it be?

JOHNIE. Reivers!

LADY M. It winna be the English, shairly!

JOHNIE. The Scotts, mair likely.

LADY M. Noo, Johnie, what hae I aye telt ye?

JOHNIE. Ah weill, wha else could it be?

PEGGY. There are plenty it micht be, gin it's ony.

JOHNIE. Wha?

PEGGY. Elliots. Airmstrangs. Maxwells.

JOHNIE. Ah!

PEGGY. But it'll juist be a dug loose, likely.

LADY M. I hope sae. I hae seen aa the reivin I want to see. Ye and Johnie are mebbe ower young to mind, but we were sair putten oot the last time we were herrit. There wasna a beast left ower the haill braidth o the Watter, and ilka thack gaed up in a bleize. We had aa the weemen and bairns o the Dale i' the kitchen for days, and haurdly abune a kist o meal to feed them wi. And yer faither gat a clowt on the shouther that kept him to his bed for weeks. It was a sair, sair time.

PEGGY. And it wasna the Scotts, Johnie.

LADY M. Na, it was the English. But the Scotts were at the back o't, for they had been ower the Border reivin twa nichts afore.

JOHNIE. Sae there ye are.

(*Sir Andrew returns*)

SIR A. Johnie, gae doun to Willie o the big byre and tell him to bring thae beasts frae the watter-side into the barmkyn.[2] And hae the yetts steekit, and men postit to watch them. Big Andra'll see to't.

JOHNIE. What's wrang?

SIR A. Naething. Dae what ye're telt. An oh, tell Snorin Jock I want to see him.

(*Johnie leaves*)

LADY M. What's the maitter, Andra?

SIR A. There's something wrang amang thae beasts. They're gey restless. And the nicht isna settled. There's something i' the wind.

LADY M. I telt ye. I dinna like to hear that houlet.

SIR A. Ach, that houlet! It's been aboot the place for years.

LADY M. I dinna like whan it cries frae the Dule-Tree.

SIR A. Na. I woner if Tam saw onything oot o the wey whan he cam in. But he wad hae said, shairly. (*Snoring Jock enters*) Oh, ay. I hear ye were sleepin on the touer the nicht.

JOCK. It was past my time for comin doun.

SIR A. Past yer time. What does that maitter? Gin I hear o ye daein it again ye'll hae the dungeon to sleep in. Whan did ye faa asleep? Was aa richt till sun-doun?

JOCK. Ay.

SIR A. Ye saw or heard naething oot o the wey? Were the beasts quait on the watter-side?

JOCK. There were nae beasts on the watter-side.

SIR A. Eh! Whaur were they?

JOCK. I' the gress aside the wuid.

SIR A. God ay! There is something wrang! Mither, fetch oot my gear!

JOHNIE (*on his way upstairs*). Faither! Faither! (*He enters breathlessly*) Faither, we're herrit! The byres are toom!

SIR A. Eh! What! Herrit?

JOHNIE. I tell ye the byres are toom!

SIR A. Toom! Whaur's Willie?

JOHNIE. Upside-doun i' the beyn at the sooth yett!

SIR A. Drount!

JOHNIE. I dinna ken.

SIR A. Did ye no pou him oot?

JOHNIE. Na.

---

2 Fortified enclosure.

SIR A. Let him bide, then, the damnt fule, and mak ready for the hot-trod![3] Come on, ye'll get firin yer pistol noo! Buckle on his sword, mither. (*He starts to prepare himself for the pursuit. To Jock*): And ye, ye stippit big gommeril, hae the beacon lichtit on the touer! Mak it bleize like the lowe o hell! Or no, haud on. They canna be faur awa, and the licht wad haste them on. Nae lichts, and quait as ye can, but warn the Watter! Ower first to Cuddy o the Kinnel Mill and Hob o the Mains, syne up to Souter Tam and Willie o the Burnheid! And there's Reid Dan o the Houlet Hirst and aa the coopers i' the Sauchie Wuids! And Dan's Willie o the Watterfute! Warn him whan ye come doun! Hae them aa at the turn o the Watter as fast as horse or fute'll tak them! I'll be waitin wi the bluid-hounds! And mind: nae lichts, nae noise. We'll catch them yet, whaeir they be, and by God we'll gie them cauld steil! G'on, see! (*Jock hastens away*) They maun hae kent the place weill. They maun hae watchit for days. Mither, fetch my spurs.

(*Lady Margaret leaves Johnie and attends to her husband. Tam enters*)

SIR A. Tam, we're herrit!

TAM. Herrit! Hoo can we be herrit?

SIR A. We're herrit, I tell ye! The byres are toom! Did ye see nocht amiss when ye cam in? Did yer dugs no warn ye?

TAM. God, they did mak a steer, but I thocht it was the smell o the meat frae the kitchen.

SIR A. The smell o the meat! Whaur did ye put them?

TAM. I' the loose-box i' the stable.

SIR A. And the horses are aa richt?

TAM. Ay.

SIR A. That's aye something. They haena been sae smert aither. Weill, haste ye oot! Fin as many men as ye can and set watch on aa the fords o the Kinnel!

TAM. Doun or up?

SIR A. Doun. The Watter-Slack and the Deid Man's Ford and the Laird's Lowp. And the Black Rack and the Dunkin. And the Reivers' Dub. And quick's the word!

JOHNIE. I'll dae it, faither. I'm ready.

SIR A. Bide ye wi me! Come on, see, Tam!

TAM (*strapping on his gear*). I'll stert the noo.

SIR A. G'on, then! Ye'll hae to traivel like the wind!

TAM. I'm ready.

(*He goes to his mother and kisses her*)

---

3 Pursuit to hunt down raiders.

LADY M. Noo, Tam, be carefou. Come safe back.

TAM. Ay, ay.

(*Peggy has approached to take farewell*)

LADY M. Ye're forgettin Peggy.

TAM. To hell wi Peggy! It's her jo that's taen oor kye!

(*He leaves*)

LADY M. What did he say?

SIR A. Dinna heed. I dout he's richt. Noo, mither, whan we're aa oot ye'll baur the doors weill, and open only to a weill kent tongue. And show nae lichts. Keep awa frae the winnocks. I'll leave Lang Aiky on the touer, and gin ye need help he'll fire the beacon. And dinna worry. We'll be back. (*He has completed his preparations. He steps forward and kisses her*)

SIR A. Come on, then, Johnie. But kiss yer mither.

JOHNIE. Ach, I'm no a wean.

SIR A. Kiss yer mither whan ye're telt!

(*Johnie obeys*)

LADY M. Oh, Johnie, laddie, watch hersell. Andra, look efter him weill.

(*Jeanie Roole enters suddenly in great agitation*)

JEANIE. Sir Andra! Sir Andra!

SIR A. What noo!

JEANIE. I foun Big Andra i' the milk-hoose, gaggit and tied wi raip!

LADY M. I' the milk-hoose! Whaur?

JEANIE. I' the big kirn!

SIR A. God's truith! On, Johnie, doun ye gae! Noo mind, mither: nae lichts, and baur the doors. (*Looking at Peggy*) Someane'll pey for this nicht's wark!

(*He follows Johnie out*)

JEANIE. Oh, my leddy, I gat sic a stoun. I thocht it was some queer big beast.

LADY M. He maun hae been there whan I chased oot the cats. Peggy, gie me a drap i' the fute o that gless. I'll hae to baur the doors.

PEGGY (*doing as requested*). There. Bide ye here. I'll see the doors baured.

LADY M. Ye micht, lass. I couldna gang doun there the noo. I couldna face it.

PEGGY. It's aa richt, mither. Sit ye quait.

(*She leaves*)

LADY M. Jeanie, that houlet was a warnin.

JEANIE. And the bluid-hounds.

LADY M. Ay.

JEANIE. They mak ye think o daith.

LADY M. Dinna talk aboot daith, lassie, and the laddies mebbe awa to't. I whiles woner if property and poseetion are worth aa the dule they bring. Ye dinna ken whan yer hame micht be herrit, and yer young anes taen awa.

JEANIE. It's the God's truith.

LADY M. Johnie's sic a laddie. It isna lang sin he was playin aboot the flair wi chuckie stanes frae the Watter, and chasin the doos aa ower the barmkyn yaird.

JEANIE. I hear the horses!

LADY M. They're leavin. But dinna touch the shutters! Sir Andra daesna want ony lichts to be seen.

JEANIE. Oh? Werena they stippit, leavin the horses ahint them?

LADY M. The stable was mebbe ower near the kitchen.

JEANIE. It wasna ony nearer nor the milkhoose.

LADY M. Jeanie, dinna mention that milkhoose again.

JEANIE. I forgot. I woner wha they were.

LADY M. Tam said something, and Sir Andra seemed to ken tae, but dinna say a word to Peggy. I think they blame the Scotts for it.

JEANIE. Young Wat frae the Hanginshaw?

LADY M. I dout it, though hoo he could dae it I dinna ken. They're mebbe wrang.

JEANIE. He's a bad ane, eh?

LADY M. Ay, but I whiles think oor Tam's juist as bad. They maun be awa noo, though. Aa's quait again. It'll be a weary, waukrife nicht.

JEANIE. Ay.

LADY M. Tam's sae reckless he wad daur the Deil. Gin this is young Hanginshaw's wark I dout ane or the ither'll meet an ill end afore mornin. But wheest! (*Peggy enters*) Are the doors aa baured, then?

PEGGY. Ay.

LADY M. And did ye tell the lassies to keep awa frae the shutters?

PEGGY. Ay.

LADY M. Weill, I hope we'll be aa richt. I'm gled Lang Aiky's wi us. Ye dinna seem worrit yersell.

PEGGY. Worryin'll dae nae guid. We'll juist hae to wait.

LADY M. I suppose sae, but it's hard to settle. It'll be a while afore I feel safe aboot the doors again.

JEANIE. Ay. To think o it aa gaun on juist through the waa frae's.

LADY M. Ye wad hae heard gin ye hadna been haein sic a shindy wi auld Jamie. What was it ye were aa squealin at?

JEANIE. Oh, we were haein a tair wi him aboot the kelpie, and he was tellin us aboot ae time it chased him.

PEGGY. I woner wha the kelpie was that he heard the nicht.

LADY M. Eh?

PEGGY. Someane's gien him that fricht he gat. Whaur was he, dae ye ken, afore he cam here? Wad he be ower frae the Hanginshaw airt?

JEANIE. He was at the Watterfute last, he said.

PEGGY. He was warkin up the Watter, then?

JEANIE. Ay, I think sae.

PEGGY. We'll hae him up, then, Jeanie. We'll mebbe learn something frae him. I ken wha my faither thinks is at the back o't. Tell him we want him here.

(*Jeanie goes to the door, hesitates a little, afraid, then leaves hurriedly*)

LADY M. Yer faither did seem to ken something.

PEGGY. My faither kent naething.

LADY M. Ah weill, we'll ken sune eneugh, likely. What is't ye're efter wi Gangrel Jamie?

PEGGY. We'll hae to ask aboot that fricht he gat. And he'll can tell gin he saw ony men on his traivels, awa frae their ain doors.

LADY M. Mebbe. Here he comes.

(*Jeanie enters with Gangrel Jamie, who bows to the ladies*)

PEGGY. Come awa in, Jamie. There's something we want to ask ye. Sit ower here. Whaur did ye come frae the day?

JAMIE. Frae the Watterfute, juist. I dinna traivel as faur i' the day as I ance did.

PEGGY. Na, ye're growin on.

JAMIE. Ay.

PEGGY. Whan were ye last at the Hanginshaw?

JAMIE. The Hanginshaw? Weill, let me see. I was at the Plewlands the nicht afore last, and afore that at the Inglestane, and afore that I had a nicht oot bye wi anither puir body at the Reivers' Dub. It wad be five, ay, five nichts sin I was at the Hanginshaw.

PEGGY. And they didna tell ye they were comin here to lift oor kye?

JAMIE. Weill, ye see, I didna see young Wat. He wasna at hame that nicht.

LADY M. And whaur was he, dae ye ken?

JAMIE. Doun at the mooth o the Threep efter saumon, his sisters said.

LADY M. Saumon wi fower legs, likely. (*Jamie chuckles*)

PEGGY. Noo, mither, there's nae need for that. Tell me, Jamie: ye didna see ony men

aboot the place the day, that didna belang
here?

JAMIE. Weill no, I canna say I did. Na,
nane that didna belang.

PEGGY. Nane o the Scotts?

JAMIE. Na, nane o the Scotts.

PEGGY. And what's this they tell me aboot
ye hearin the kelpie?

JAMIE. It's the God's truith, Miss Peggy. I
heard the kelpie this very day.

PEGGY. Whauraboots?

JAMIE. Ye'll mebbe ken the bit ablow the
Linn on the Kinnel, whaur the banks rise
heich and straucht abune the black watter,
and the trees growe ower on aither side and
shut oot the sky?

PEGGY. The Saumon Hole. Ay.

(*Lady Margaret starts to look fearfully into
the dark corners of the room*)

JAMIE. The very same. Ye see, I gang there
aye i' the passin, for there's mony a luggie[4]
lost i' the Kinnel by the lassies frae the
byres faurer up here, and aye whan they
hae jumpt the Linn they're washt to the still
watter at the side o the Hole.

PEGGY. I see. Sae that's whaur the luggies
gang?

JAMIE. Ay.

PEGGY. And what aboot the kelpie?

JAMIE. Weill, I was raikin amang the big
stanes wi my lang wan, and the waesome
rummle o the Linn deivin my lugs, whan aa
at ance…

LADY M. Ay, ay, Jamie, stop the noo. Peggy,
I canna listen to aa that the nicht again. It's
mair nor I can thole. I think I'll gang to the
kitchen and hae meat and drink lookit oot
for the men comin back, and there's nae
sayin whan they micht be, gin they come at
aa. Are ye shair the doors are baured?

PEGGY. Ay, ay, ye hae nocht to fear.

LADY M. Weill, I'll awa. Ay, Jeanie, come ye
wi me. My, but the place is quait. On,
Jeanie. Doun ye gae.

JEANIE. I'm feart, my leddy. I hae juist haen
mind o Big Andra i' the kirn.

LADY M. Dinna frichten ither folk wi him,
then! Doun ye gae, see!

PEGGY. I'll gang doun wi ye, mither. Let
her bide. Come on.

LADY M. Tak my haund, then.

PEGGY. Aa richt. Come on.

(*She leads her mother out. Gangrel Jamie
chuckles eerily*)

JEANIE. What are ye lauchin at, ye auld

deil? Ye arena cannie. (*Pause*) What's that!
(*She goes towards the windows and listens,
turning her head upwards*) It's that houlet
again! It maun be fleein ower the touer! It's
a woner Lang Aiky daesna frichten it awa.
(*Jamie chuckles again*) Ay, lauch, but ye
werena lauchin whan ye cam in the nicht.
(*Peggy enters. Jeanie is startled*) Oh!

PEGGY. What's wrang wi ye?

JEANIE. Miss Peggy, I'm feart. The houlet's
cryin again, and fleein ower the touer.

PEGGY. Sit doun, ye hae naething to be feart
o. (*Taking up her embroidery again*) Gae on
wi yer story, Jamie. Ye were sayin ye were
lookin for luggies i' the Saumon Hole?

JAMIE. Ay.

PEGGY. And what then?

JAMIE. Weill, I was raikin amang the big
stanes wi my lang wan, and the waesome
rummle o the Linn deivin my lugs…

PEGGY. Ay ay, we heard that.

JAMIE. Whan aa at ance the place daurkent
ower. The Hole grew black as midnicht mirk.

PEGGY. And hoo dae ye account for that?
There was naebody aboot?

JAMIE. There was nae mortal there.

PEGGY. Na? Weill?

JAMIE. The place daurkent ower. The Hole
grew black as midnicht mirk.

PEGGY. Ay?

JAMIE. I raised my een to the trees abune
me, to see what was keppin oot the licht.
There was an eerie nicher! And a plitch-
platch i' the watter at my feet! My hairt
stude still. Whan I lookit doun to the Hole
again there was nocht to be seen bune rings
o ripples, spreidin oot and ower frae the
hairt o't, and lappin on the stanes at the
edge. Then, aa at ance, it raise abune the
rummle o the Linn!

PEGGY. What?

JAMIE. A skrech!

JEANIE (*looking fearfully into a dark
corner*). Oh!

JAMIE. A lang yerlish yowl!

(*Lady Margaret is heard screaming below*)

JEANIE. Oh!

PEGGY. What's that!

(*They look towards the door. Jeanie
screams. Walter Scott of the Hangingshaw
steps quietly and gravely into the room.
Gangrel Jamie chuckles again, hysterically*)

PEGGY (*quietly*). Wat Scott!

(*Wat bows*)

PEGGY. What hae ye dune wi my mither?

WAT. She's lockit i' the kitchen wi the
lassies, likely. She'll come to nae hairm.

---

4 Wooden bucket.

PEGGY. Ye couardly blaggard! Were ye feart to face her tae?

WAT. I thocht it micht be less akward withoot her.

PEGGY. And what's yer will here?

WAT. I cam to seek yersell.

PEGGY. Oh. And dae ye think I'll juist walk doun the stair and oot at the door wi ye withoot a thocht for the hame ye hae herrit or the fule ye hae made on my faither? Or did ye gang to aa the bother o drivin aff his kye for the sake o a bit crack wi me at the fire here anent the wather? Dae ye think ye winna pey for this nicht's wark? Dae ye no ken that my faither winna rest noo till the Touer o Hanginshaw lies level wi the grun?

WAT. There'll be Scotts i' the Touer o Hanginshaw, Peggy, whan yer faither's makin moul for the mowdies.

PEGGY. Are ye shair o that? Isna there a Keeper i' the Dale? Dae ye think, though he is a Scott and kin to ye, that he winna hae to answer to the King at Stirlin gin he daesna hae ye put to the horn and houndit oot to sterve in the hills?

WAT. The King at Stirlin's a bit laddie yet,[5] wi naething in his heid bune Latin and Greek.

PEGGY. Isna there the Earl o Arran,[6] that wins aa his pouer in the Three Estates wi praisints o grun? Dinna ye think he'll be gled to mak an offer o the Hanginshaw to ane o his Papist freinds?

WAT. He's ower thrang herryin the Protestant Lords. They hae faur mair grun than I hae.

PEGGY. Sae ye think the steer'll aa blaw ower? Ye think, mebbe, that I'll fin oot noo whan ye're comin coortin by lookin to see if the byres are toom?

WAT. I thocht, mebbe, that gin ye gaed back wi me the nicht to the Hanginshaw I wadna hae to toom the byres here again.

PEGGY. Sae I hae juist to cheynge my shune and snood mysell and come wi ye?

WAT. I didna hope for that.

PEGGY. What dae ye mean?

(*Dule-Tree Dick enters*)

DICK. Laird?

WAT. What is't?

DICK. Nimble Willie was in frae the barmkyn. He says the weemen i' the kitchen are warkin the shutters back and forrit, and the lichts are flashin oot and in. Will I stop it?

WAT. Na, leave them alane. But we'll hae to hurry. We hae a lang wey to gang afore we're safe the nicht.

PEGGY. Ay, ye'd better rin. My faither micht be back afore midnicht.

WAT. Peggy, twa days efter I met ye at the last fair in Dalefute I cam here to seek ye in silly velvet claes. Yer faither cocked a pistol at my heid. It isna my faut that I caa this time in reiver's gear.

PEGGY. I'm shair ye hae foun this caa mair to yer taste.

WAT. The caa isna ower yet.

PEGGY. Weill, I'm pleased to hae seen ye, and nae dout ye'll win oot the wey ye cam in.

WAT. My sisters ettle to see ye at the Hanginshaw, and gin we're to win there the nicht we'll hae to hurry. The horses are ready, Dick?

DICK. Ay.

PEGGY. Ye're gaun ower faur!

WAT. Will ye come, or will I hae to cairry ye?

PEGGY. Ye wadna daur!

WAT. I wad daur the Deil in hell!

(*Peggy suddenly rushes through the door on the left, but Wat manages to insert a foot before she can close it. He follows her into the room. A scream is heard, and he returns carrying her, in his arms. He reaches the main door and is about to go downstairs. Peggy has fainted*)

DICK. Laird?

WAT. What is't?

DICK. Will I bring this ane tae?

WAT. Please yersell.

(*He leaves with Peggy. Dick rushes towards Jeanie, who squeals and kicks, and gathers her into his arms. He follows Wat out. Gangrel Jamie chuckles again*).

CURTAIN

ACT TWO

A room in the Tower of Hangingshaw. In the left wall a narrow window. In the extreme left of the back wall a short flight of stone steps leading to the dining-room of the Tower. In the back wall, right, a door issuing from the main staircase. In the right wall a huge open fireplace.

The furniture and trappings have the same general character as in the room described at the beginning of the previous act.

It is the forenoon of the day following the events already recorded, and a beam of

---

[5] Aged 16.

[6] Captain James Stewart (d. 1596).

*sunlight slants across from the narrow
window. The fire imparts a glow to the
shadowed places.*

*When the curtain rises the room is empty.
Wat, still wearing the costume of the
previous evening, but showing little sign of
his night's travels, enters by the main
doorway and removes his harness. Mary, his
elder sister, enters from the left.*

WAT. Oh, it's yersel, Mary. Is she doun yet?

MARY. She's haein her breakfast. She'll be
doun the noo.

WAT. What is she like? Is she angry, dae ye
think?

MARY. She's tryin her best to look it.

WAT. She'll be aa richt, then?

MARY. Oh, I dinna ken, Wat. Ye shairly
dinna ettle her no to mak some show o bein
affrontit. Ye'll hae to be carefou hoo ye
speak to her. I wad advise ye to keep richt
oot o her wey for a while.

WAT. Ach, the suner I hae it oot the better.

MARY. Ye'll be silly gin ye try to force her.

WAT. Mebbe. What dae ye think o her?

MARY. Oh, she's braw. But she looks gey
pleased wi hersell.

WAT. Pleased wi hersell?

MARY. She has the upper haund noo, ye ken.
She'll mebbe play ye for a gey lang while.

WAT. That winna worry me.

MARY. And what aboot her faither?

WAT. He daesna maitter.

MARY. Ay, but what'll ye dae gin he gangs
to Sir Robert o the Drumford?

WAT. I'm hopin he winna dae that. Ye ken
hoo he and Sir Robert hate the sicht o ane
anither. There's a chance he'll be ower
prood to ask for Sir Robert's help.

MARY. Sir Robert wad be sair affrontit,
though, gin he foun ye had brocht awa
Peggy, for he's boastit mony a time in his
drams that he wad hae ye for a guid-son
himsell.

WAT. That'll keep him frae lettin the affair
be kent gin he daes fin oot.

MARY. But he wad still hae ye for the liftin.
Ye say ye drave aff some o the Kinnelknock
kye?

WAT. We drave aff ilka beast i' the place.

MARY. That wasna very wyce-like. Ye
shairly arena bringin ony to the barmkyn
here?

WAT. They're aa in the Hellsgill.

MARY. And wha'll look efter the milk kye?
They canna be left there.

WAT. Sir Andra has his milk kye back. I telt
Nimble Willie to let them faa ahint. Sir

Andra gaed efter the milk kye and lost
Willie athegither.

MARY. As sune as he's back he'll ken aboot
Peggy, then?

WAT. He kens by this time.

MARY. Then he winna be lang till he's here?

WAT. He's on his wey noo. He left
Kinnelknock efter sunrise.

MARY. Is he bringin ony men?

WAT. Ilka man on the Kinnel.

MARY. He'll be for fechtin, then?

WAT. We're aa ready for him. He'll sune see
it's useless. Then we'll sit doun to oor bit
bargain.

MARY. What bargain can ye mak?

WAT. I'll gie him back his beasts gin he lets
me hae Peggy.

MARY. Guid God. Ye arena blate, Wat.
(*Dule-Tree Dick enters*)

DICK. Laird?

WAT. Ay?

DICK. There are five horsemen comin doun
aff the Black Moss.

WAT. The Black Moss! That's a queer airt
to tak frae the Kinnel.

DICK. They arena frae the Kinnel. Auld
Andra's men hae been watchit sin they left
the touer.

WAT. Wha can be comin frae the Black
Moss, then?

DICK. It's hard to tell.

WAT. Ye're shair there are juist the five o
them?

DICK. Juist the five.

WAT. And they winna hit the Hellsgill?

DICK. They're ower faur sooth.

WAT. And wha'll be here first? Hoo near is
auld Andra?

DICK. He's ower the Reivers' Dub and on
to the muir. He winna be lang noo till he's
doun on the Threep. But the five frae the
Moss'll be here afore him.

WAT. Try to fin oot wha they are, then, and
tell me gin they come ower near. And ye're
ready for auld Andra?

DICK. We're ready for the haill clan.

WAT. Dinna be ower quick to fecht, though.
We dinna want onyane hurt.

DICK. Guid God, Laird, we canna juist lie
doun to them!

WAT. Ye'll bide inbye and wait for orders!

DICK. Aa richt.

WAT. Richt, then. And let me hear gin the
five frae the Moss come near the touer. Gin
they dinna let them gang in peace.

DICK. Aa richt.

WAT. Awa, then.

(*Dick leaves*)

MARY. Can ye be shair they arena frae the Kinnel, Wat?

WAT. I wad feel mair at ease gin I thocht they were. I dinna want the haill Border to ken o the affair. But wheesht!

(*Elspeth, Mary's younger sister, enters from the left with Peggy*)

MARY. Will ye sit ower here?

PEGGY. I suppose I'll hae to sit whaur I'm telt, gin yer maisterfou brither's to be here.

WAT. Ye can hae ony chair i' the room, or mebbe ye wad raither sit on the flair.

MARY. Wat! Ye shairly didna bring Miss Peggy here to show her hoo ill-mainnered ye could be.

ELSPETH. Dinna heed him, Miss Peggy. He's aye impiddent like that whan we hae strange leddies in the hoose. We're freindly wi Sir Robert o the Drumford and his dochters, and aye whan they caa he fair affronts us.

MARY. Mind ye, they think he's clever, and worship the grun he walks on. I'm gled there's someane sees juist what he's worth.

PEGGY. I hae seen Sir Robert o the Drumford's dochters ance or twice. Is there no ane that the lassies i' the byres caa Lang-Nebbit Nannie?

WAT. There's someane frae the Kinnel they caa Prood Peggy!

ELSPETH. And there's Munelicht Wat!

MARY. And Wat the Lifter!

WAT. And there's Kinnelknock's Tam caaed Fire the Braes, and Kinnelknock's Johnie caaed Johnie the Laddie, and Sir Andra himsell caaed Andra the Flyter!

PEGGY. Ye're gaun ower faur!

WAT. We'll gang a bit faurer! Mary. Elspie. Ye'll leave us for a while by oorsells!

PEGGY. They'll dae nae sic thing!

MARY. Ye'll dae nae guid this wey, Wat.

WAT. I'll dae things in my ain wey! Gae inbye the noo!

(*Mary and Elspeth go out, left*)

WAT. Weill then, Peggy, we haena been very freindly this mornin, and it isna to be wonert at, but ye'll acknowledge that ye haena been ill treatit.

PEGGY. I haurdly think ye desairve ony credit for no throwin me into the dungeon.

WAT. Naither dae I desairve ony blame for bringin ye here. What else could I hae dune to win a word wi ye?

PEGGY. Ye tried to tryst me ance through Gangrel Jamie.

WAT. And ye were ower prood to come!

PEGGY. Wad ye hae haen me rinnin aff against my faither's will to mairry a man I haurdly kent, and a Scott at that?

WAT. It's aye yer faither! What wey daes he keep hairpin aye on an auld faimily grudge?

PEGGY. Yer faither killed his brither.

WAT. Ye acknowledged ae day in Dulefute that he did it in a fair fecht.

PEGGY. Mebbe, but my faither daesna think sae.

WAT. It's ye I want to mairry, no yer faither!

PEGGY. Gin I had gaen aff wi ye, man, he wadna hae restit till he had ye sterk and stiff!

WAT. Dae ye think I couldna hae held my ain wi him?

PEGGY. I dout it, and ye shairly hadna the effrontery to think I was sae fond o ye that I wad cut mysell aff frae my faimily to come and bide shut up wi ye in this daurk jile?

WAT. Mebbe it was gey presumptious. Suppose yer faimily hadna been against me, though. Wad ye hae taen me then?

PEGGY. What daes that maitter noo?

WAT. I'm thinkin I'll mebbe be able to talk yer faither roun.

PEGGY. That ye winna, though ye talk till doomsday!

WAT. Dinna be sae shair. I hae aye thae beasts I brocht awa.

PEGGY. Dae ye think he winna win them back?

WAT. He'll hae a gey job.

PEGGY. Sae ye think he'll bargain for me?

WAT. Weill he micht. He'll ken weill the worth o abune fifty heid o guid healthy stock.

PEGGY. It's a woner ye can thole the thocht o pairtin wi them.

WAT. Ay, it shows I'm mebbe no in my richt senses. Gin I dae win him roun, though, what will ye say?

PEGGY. I'll say what I say noo, and that's that I wad suner hae ane o the halflin laddies that muck the Kinnelknock byres.

WAT. There's nae accountin for tastes.

PEGGY. And there's nae accountin for the thickness o some folk's heids! Dae ye think I hae as little self respect as gie ye my consent efter bein cairrit awa frae hame wi the beasts frae the byres? Dae ye think the folk o the Dale wad ken I hadna been forced into it against my will? And dae ye think they wadna lauch at my faither as lang as he allooed ye to leive?

WAT. Damn ye and yer faimily pride! Dae ye think the folk o the Dale could lauch ony mair at yer faither than they dae at praisint?

PEGGY. He'll mebbe hae the last lauch yet. Wait till he fins oot that I'm here.

(*Dule-Tree Dick enters*)

DICK. Laird?

WAT. Ay. Haud on. (*Goes to the steps, left, and shouts*) Mary! Elspie! (*To Peggy*) Ye'll paurdon me.

(*He leaves with Dick. Mary and Elspeth enter from the left*)

MARY. Weill? What wey is he awa oot?

PEGGY. Ane o his men cam for him.

MARY. Oh. Yer faither'll be here, mebbe. It'll be gey akward.

PEGGY. It winna be my faut.

MARY. We ken that.

ELSPETH. Yer faither'll be gey sair angert?

PEGGY. It wad be queer if he was pleased.

ELSPETH. He'll be for caain doun the touer, then?

PEGGY. It isna likely, wi me in it.

MARY. Wat aye thinks o thae things.

ELSPETH. I wad be gey sorry gin ye had to gang hame, Miss Peggy. Baur Sir Robert o the Drumford and his dochters we dinna hae mony freinds here. Wat's aye in sic a steer wi the neibors that we're keepit shut up in the touer here for the maist pairt o the year.

PEGGY. I didna think that onyane wha had to leive wi his doors aye baured could keep sae close wi the Keeper o the Dale.

MARY. Weill, ye see, it isna that Sir Robert daesna ken what a deil Wat is, though he pretends aye to shut his een to aa that gangs on. He's bidin his time, juist.

PEGGY. Oh?

ELSPETH. Ay. He's waitin till he has him richt in his grip for something bye the ordinar.

MARY. Then he'll mairry him aff to Lang-Nebbit Nannie.

PEGGY. Oh?

ELSPETH. Ay.

MARY. Sae ye see, atween Sir Robert that wants him to hae Nannie, and yer faither that winna let him hae yersell, what has the puir lad to dae?

PEGGY. Shairly, as faur as I'm concerned, I hae some say mysell?

MARY. Ay, but yer faither wadna let him near ye.

ELSPETH. Sae ye see, there was naething else for it.

PEGGY. Naething else for it! Hoo wad ye like yersell to be liftit wi a drove o kye?

ELSPETH. I wish there was the chance!

MARY. There arena mony lads wad hae the spunk to lift a lass like that.

PEGGY. I hope no.

ELSPETH. Ye're gey weill aff and dinna ken it. That's what I think.

(*Wat enters hastily*)

WAT (*to Peggy*). I dout ye'll hae to gang up to yer room again. Ye'll hae that lass wi ye that Dick brocht awa. Ye'll hae to be lockit in for a while.

ELSPETH. I'll gang alang wi her, Wat.

WAT. Na, bide ye here. She'll hae to gang up withoot ye.

PEGGY. Suppose I dinna?

WAT. Did ye enjoy the last cairry sae weill that ye want anither?

PEGGY. My faither's here.

WAT. Yer faither isna here.

PEGGY. He is.

WAT. It daesna maitter if he is or no. Awa to yer room.

PEGGY. Gin I dae gang to my room what guid will it dae?

WAT. It'll tak ye oot o the wey the noo, and that's aa I want. Are ye gaun?

(*Peggy hesitates for a moment, then leaves by the main door*)

WAT. Follow her, Elspie, and lock the door ahint her. Fetch me the key at ance. G'on.

ELSPETH. Is her faither here?

WAT. Dinna heed the noo. Lock the door. Hurry.

(*Elspeth leaves*)

MARY. Is it Kinnelknock?

WAT. I wish it was. It's Sir Robert o the Drumford.

MARY. Sir Robert o the Drumford! And Kinnelknock on his wey! What'll ye dae?

WAT. I'll manage somehoo.

MARY. What can hae brocht Sir Robert here. He canna hae heard.

WAT. It's haurdly possible.

MARY. Shairly no. Then what'll hae brocht him?

WAT. Spite, likely. Juist damnt spite.

(*Elspeth returns with the key*)

WAT. Is that the key?

ELSPETH. Ay.

WAT. And the door's lockit?

ELSPETH. Ay.

WAT. Richt. Sir Robert o the Drumford's here. Ye'll be juist yer ordinar. He maun fin oot naething. Ye'll hae some meat for him as sune as ye can, Mary, and we'll offer it whan we want him oot o the wey for Kinnelknock. Whan he's takin it ye'll play on the virginals, Elspie. Ding awa as hard as ye can. And gie him plenty to drink. Fill him up. Dae ye hear?

MARY. Ay.

WAT. Richt, then. I'll gang doun to meet him. He'll be here the noo.

(*He leaves by the main door*)

MARY. We're in a pickle noo.

ELSPETH. What wad he dae gin he foun oot?

MARY. He wad tak a fit.

ELSPETH. He'll see that the beasts are aa lockit in the barmkyn, and the men ready for a fecht.

MARY. Oh, that's naething new. It's what'll happen whan her faither comes.

ELSPETH. Ay.

MARY. We'll hae to stert him drinkin richt awa. We'll hae oot the brandy.

(*She brings a bottle from an awmrie*)

ELSPETH. We'll hae him singin afore he kens whaur he is.

(*She fetches glasses*)

MARY. We'll try.

ELSPETH. Will there be juist himsell comin up?

MARY. I dinna ken.

ELSPETH. His men i' the kitchen'll be a nuisance tae.

MARY. Dick'll see to them aa richt.

ELSPETH. I hope sae. Wheesht!

MARY. Here he's!

ELSPETH. There's someane wi him!

MARY. Ay.

(*Wat enters with Sir Robert Scott of the Drumford and Maister Peter Lichtbody*)

WAT. Ay, Sir Robert, they'll be richt gled to see ye. (*To his sisters*) Sir Robert's on his wey hame frae Lindsay's o the Knowe. He spent the nicht at Randy Meg's on the Back Hill o Dinlay, sae he'll be ill slept and gey hungry.

SIR R. Ye're richt, lad, ye're richt. I had a cauld bed and a puir breakfast, and it's ill traivellin wi sleepy een and a toom wame. But ye'll sune sort me, Mary, eh? And ye tae, Elspie? I declare ye're bonnier ilka time I caa. But while I hae mind, this is Maister Peter Lichtbody the lawyer. Miss Mary Scott. (*Peter bows and Mary curtsies*) She's braw and she keeps a grand table. What mair could a man want. And young Miss Elspie, the Flouer o Threepdale. (*Peter bows and Elspeth curtsies*) As guid as she's bonnie, and a queer sister for a deil like Wat here.

PETER. Mphm. Mphm.

MARY. And hoo are the leddies at the Drumford, Sir Robert?

SIR R. Oh, fine. Fine. Leddy Scott has a touch o the rheumatics whiles, wi the cauld wather comin on, and it maks her a thing crabbit. But ane canna grummle. She's growin on.

MARY. And Jean and Nannie?

SIR R. Aye pesterin their faither for a bit jaunt to the Hanginshaw to see Wat Scott's sisters, but I'm whiles no very shair it's the sisters they want to see. Eh, Wat?

WAT. Na?

SIR R. He daesna like to be quizzed, eh? Ah weill.

MARY. Ye'll hae a dram, then, Sir Robert, while I see aboot yer meat? (*Filling glasses*) It isna aften we see ye at this time o the day.

SIR R. Na, I'm gey seldom here sae airly. Yer deil o a brither didna lippen to hae me, aither, for there isna a beast aboot the grun. Ye didna think I was comin to lift yer kye, Wat?

WAT. I aye keep on the safe side.

SIR R. Weill, I winna speir ower muckle into the maitter, but it looks gey bad. It looks gey bad.

MARY. Hoots awa, Sir Robert, ye ken hoo carefou we maun be ower here. It's the warst airt for liftin on the haill Border. (*Offering glass*) Maister Lichtbody?

PETER. Thank ye. Thank ye.

SIR R (*also supplied*). Weill, weill. My best respects.

PETER. Best respects.

(*They drink*)

SIR R. That's better. Eh, Peter?

PETER (*taking his lips from his glass*). Ay.

MARY. I maun gang, then, and see what I can fin for ye to eat.

SIR R. Ay, lass, for we're ready for it. The air was gey shairp on the Moss.

MARY. Look to their glesses, then, Elspie. (*She goes out left*)

SIR R. That's a lass for ye, Peter. Eh, man?

PETER (*again interrupted in his drinking*). Ay.

ELSPETH. Anither gless, Sir Robert?

SIR R. Losh, lassie, sit ye doun. Leave the bottle at oor elbows here, and we'll fill awa in oor ain time. Yer brither's gey quait the day, eh? I'll fill a gless for him tae.

WAT. I haena yer heid for't, Sir Robert. It's ower airly for me.

SIR R. Dae ye hear that, Peter? Weill, weill, ony time o the day daes for the like o us. Anither gless, man.

PETER. Juist a drap. Juist a drap.

SIR R. Tosh, man, dinna be blate. Here see. Yer guid health.

PETER. Guid health.

(*They drink*)

SIR R. But we haena telt Wat what wey we were at the Knowe.

PETER (*interrupted in his drinking*). Na.

SIR R. Ye'll lauch at this, Wat. Ye ken hoo the Lindsays o the Knowe and the Elliots o Greenshaw hae been fleein at ilk ither's throats for the last fifty year?

WAT. Ay. I hear they had some sort o stramash efter the last meet7 on the Middle Mairch.

SIR R. That's the very affair we were ower aboot. There was a Lindsay killed and twa Elliots. It had to stop. I couldna let that sort o thing gang on and bide the Keeper. But we hae settled it noo for guid. Eh, Peter?

PETER (*as before*). Ay.

WAT. For a while, mebbe. Ye canna stop an auld feid in a day.

SIR R. We had settled it, I tell ye. Settled it for guid. And hoo dae ye think, eh?

WAT. Sent the heids o the faimilies to the Edinburgh tolbooth?

SIR R. Hoots, man, what guid wad that dae? Nane at aa. Na na, that wasna the wye. Eh, Peter?

PETER (*as before*). Na.

SIR R. What dae ye think, then, eh?

WAT. I dinna ken.

SIR R. Intermairriage.

WAT. Eh!

SIR R. Intermairriage. Eh, Peter?

PETER (*as before*). Ay.

SIR R. I gaed to them and frichtent the life oot o them. I telt them it was a hangin maitter: that they micht aa be put to the horn and cleaned oot o the country. Then I said, ye see, that it micht be keepit frae gaun ower faur gin they drew up a bond o agreement to be laid afore the Lords o the Cooncil. And what was in the bond, eh? Peter there kens the rigmarole. Look at him. Dinna be drappin aff to sleep, noo, Peter. (*Peter grunts*) He's aye noddin. But the bond. Man, ye'll lauch. There were twa dochters on the Lindsay side, ye see, and twa sons o Elliot's, and fower dochters on the Elliot side, and three sons o Lindsay's. It didna even up, ye see, but gey near it. Auld Lindsay's three sons cam aff best, for they hae fower lassies to pick frae. Ye see the notion? They'll be mairrit aff, and gin the

twa faimilies can fecht efter that I'll be sair dumfounert. Eh?

WAT. Ay, it's a notion.

SIR R. A notion. It was an inspiration!

ELSPETH. But shairly it's gey hard on them aa, Sir Robert. Dae they ken ane anither?

SIR R. My tawpie, they hate the sicht o ane anither. But they'll dae what they're telt or forfeit their grun, and their heids tae, some o them.

ELSPETH. And their ages? Dae their ages fit in?

SIR R. Deil the fear. That's the lauchable thing. Lindsay's twa dochters are weezent auld runts, and Elliot's sons are bits o laddies. Aboot the ithers we dinna ken yet. It isna juist settled hoo they'll be paired. We hae left a wheen blanks in the bond, to be filled in whan they hae focht the maitter oot. I wad gie a lot to be there whan the steer was on.

WAT. They'll win oot o it somewey.

SIR R. Na, na, they winna. There isna a loophole. Peter there kens hoo to write a bond. God, look at him. He's aff. He was smert, I'm tellin ye, whan it cam to the tochers. There are blanks for a wheen o them tae, yet, but it warks oot like this, that the less the lad likes the lass he taks, the mair siller gangs intil his pooch. Auld Lindsay'll hae to haund ower a gey bribe wi his twa atrocities. What dae ye think o it, eh?

ELSPETH. I think it's a shame.

SIR R. A shame! Lassie, ye're ower young to understaun. There's nae ither wey o endin thae feids. And they canna gang on. I'm ill-likit at Coort the noo. I was ower close wi some o Morton's8 freinds afore Arran gat his neb in wi the young King. They watch me like hawks. The least stramash that I didna settle, and I wad be a dune man. Sae, Wat, ye deil, watch yer step wi auld Kinnelknock, or ye'll hae me mairryin Elspie here to Johnie the Laddie, and ye to yon prood sister o his. Hoo wad ye like that, eh? That maks ye think? What wad ye say to Johnie the Laddie, my hinny?

ELSPETH. I dinna ken him. He micht dae fine.

SIR R. Dae fine, eh? Na na, there are bigger troot in the burn than Johnie. Eh Wat? Ye arena sayin muckle.

---

7 Seasonal truce days on which March Wardens attempted, often without great success to settle disputes.

8 James Douglas, Earl of Morton (see also *Mary Stewart*) had lately been deposed as Regent and executed on charges pressed home by Arran (1581).

WAT. Na, ye mak a body think.

SIR R. Ye dinna like the thocht o Kinnelknock's dochter, eh? Ye hae yer mind in anither airt? Weill, bide at hame on the munelicht nichts. Be content wi the beasts in yer ain byres.

(*Mary enters*)

MARY. Weill then, Sir Robert, it's ready for ye as sune as ye like to come through.

SIR R. Fine, lass, fine. Peter, ye lazy deil, wauken see and hae something to eat.

PETER. Eh?

SIR R. Come on, man, there's some meat for ye. Look at him, eh? That maks him jump.

PETER. I dout I owe ye an apology, Miss Scott, but I didna sleep a wink last nicht.

SIR R. Listen to him. Man, ye needna apologise to Mary there. She's been oot o the room aa the time. But come on.

WAT. Ye'll paurdon me gin I dinna jeyn ye, Sir Robert. I had a bite no long syne, and I hae a wheen maitters to attend to in the barmkyn.

SIR R. Ah, weill, we'll lat ye gang gin we hae the lassies wi us. They're mair to oor taste. Eh, Peter?

PETER. Mphm. Ay.

SIR R. Man, ye're a dry auld stick. But come on, Elspie. (*Elspeth goes out, left*) Mary?

MARY. I'll follow ye the noo, Sir Robert. I want a word wi Wat.

SIR R. There's some conspeeracy here, I dout. Eh?

MARY. Ye're faur ower suspeecious, Sir Robert.

SIR R. Mebbe. Mebbe. Dinna be lang, though, or I'll be oot for ye.

(*Sir Robert and Peter follow Elspeth. Dick and Nimble Willie appear at the main door*)

MARY. They're here!

WAT. Richt, then. Fill the pair o them as fou as they'll haud. And keep them crackin. G'on, noo, or he'll woner what's keepin ye. We'll be aa richt yet. Dinna fear. (*Mary follows the others*) They're here, Dick.

DICK. Ay. Sir Andra wants a word wi ye.

WAT. Haud on the noo, though. We'll hae to cheynge aa oor plans. Willie, ye'll tak the beasts oot o the Hellsgill and drive them ower to the Reivers' Dub, whaur Sir Andra'll meet them on his wey back. Ye can mak a show o fechtin, but let him hae his beasts back. And see that there's nae bluidshed. Ye'll tell the men.

DICK. Laird, what's cam ower ye? Ye dinna

need to let him hae the beasts back because auld Drumford's here. Ye shairly arena feart?

WAT. I'm speakin to Willie. Ye ken what to dae, then, Willie?

WILLIE. I dinna ken what wey ye gaed to aa the bother o drivin the beasts aff.

WAT. Ye'll see later on what I'm efter. Dae what ye're telt the noo.

WILLIE. The men winna like it.

WAT. Tell the men I gied the order, and I want it cairrit oot. Awa wi ye. (*Willie leaves*) And ye, Dick: ye'll wark the same dodge. Gin I dinna manage to talk Sir Andra roun, and he tries to herry the barmkyn, ye'll let him get the better o ye.

DICK. Laird, ye're daft! What will we dae gin he tries to smeek us oot o the touer?

WAT. He winna try that, or he'll smeek his dochter oot tae. Try no to be stippit. Noo aboot oor ain beasts. Whan auld Andra's up here ye'll tell ane o yer men to tak my horse and the lassies' twa pownies and hide them doun i' the Dell. Then gin they raid the barmkyn ye'll let them hae ilka beast in it, and in parteecular Sir Robert's five horses. Dae ye hear?

DICK. I'm beginnin to think ye hae something up yer sleeve efter aa.

WAT. Dinna ye fash aboot what's up my sleeve. Ye're ower thick i' the heid. What aboot Sir Robert's men? Will they bother ye?

DICK. They're aa gey near as fou as wilks.

WAT. Richt, then. Fetch up auld Andra. Hae ye disairmed him?

DICK. Ay. What aboot my ain horse? Can I no hae it taen doun the Dell tae?

WAT. Ye'll hae them aa wantin their horses, damn ye! Yer horse winna be lang awa.

DICK. I hope no.

WAT. Awa, then. Fetch the auld deil up.

(*Dick leaves. Wat re-assumes his harness, looks to the priming of his pistol, and loosens his sword. Sir Andrew enters with Dick*)

SIR A. Whaur's my dochter?

WAT. Richt, Dick.

(*Dick leaves*)

SIR A. Whaur's my dochter, I'm askin ye?

WAT. Doun i' the dungeon wi a jug o rain watter and a bit soor bannock. Whaur did ye think she wad be?

SIR A. Ye damnt young scut! I'll rin ye through for this!

WAT. See here, Kinnelknock. I hae the upper haund here.

SIR A. Ye winna hae't for lang. Gin I dinna hae my dochter and my beasts back at ance there winna be a stane o yer touer left staunin. I'll fire it, I tell ye. I'll smeek ye aa oot like bees frae a byke!

WAT. Ye ken ye canna touch the touer wi yer dochter in it.

SIR A. Na. My God, Hanginshaw, ye'll pey for this! Wait! Wait till I hae ye in my grip! Ye winna hae the chance o a rat wi a dug!

WAT. Ye shairly didna come up here to rant like an auld wife? Ye'll win naewhaur wi the bluster. I hae yer dochter and I hae yer beasts. Ye canna touch the touer, and ye'll hae a gey job gin ye try to raid the barmkyn. That's straucht. Noo hae ye ocht to say?

SIR A. I'll gang to the Keeper o the Dale! I'll hae ye put to the horn!

WAT. The Keeper's a Scott, and he winna forget hoo ye houndit my faither efter the affair at the Deid Man's Ford.

SIR A. The day's bye noo whan Sir Robert can shield his ain. Gin he daesna listen to my plaint he'll be supplantit. I ken hoo the wind blaws at Coort.

WAT. And what if I mairry yer dochter afore ye hae seen him?

SIR A. Ye canna dae that withoot her consent.

WAT. Suppose I hae that?

SIR A. What? Never!

WAT. Ye dinna ken. A cauld nicht on a hard stane flair can wark a gey cheynge in a body.

SIR A (approaching threateningly). Ye messan! I'll choke ye!

WAT (drawing his sword). Staun whaur ye are or I'll rin ye through! Dae ye no ken whan ye're warstit? Noo see here. Ye hae brocht aa this on yersell. The auld feid wad hae restit gin ye hadna been sae damnt thrawn. I wantit to mairry yer dochter, and she wad hae taen me gledly, but ye wadna let bygaens be. Whan I caaed to speir for her, weirin nae airms bune a bit fancy sword, ye fired a pistol at my heid. Weill, I'm speirin for yer dochter again, and this time ye'll mebbe see me in a better licht. For ae thing, I hae ye defenceless at the end o a guid serviceable wappen; for anither, I hae a grand drove o kye I can offer ye gin ye gie yer consent; and I hae yer dochter onywey. Noo what dae ye say? Will ye let bygaens be, and tak yer kye awa hame wi ye?

SIR A. Hanginshaw, I'm an auld man growin, but I hae twa sons. Gin I dinna win

at ye for this day's wark, ane or the ither o the laddies will.

WAT. Sae that's aa ye hae to say?

SIR A. Aa bune this. As sune as I win oot to my horse I'm gaun to ride hard for the Drumford, and gin there's a hair o my dochter's heid hairmed afore I win back wi the Keeper, I'll drap ye afore his een! As for the beasts, I'll gie my son Tam the order to herry yer barmkyn at ance!

WAT. Suppose I keep ye here.

SIR A. Ye can please yersell. The Keeper'll be sent for onywey.

WAT. And ye think he'll help ye?

SIR A. He'll hae to.

WAT (going to the door). Richt, then. Oot wi ye! And dae yer warst. Dick!

(Sir Andrew glares at Wat as if about to speak, but leaves. Wat approaches the corridor, left, and listens there. Music can be heard faintly from the dining-room. Dick enters)

WAT. Is he oot?

DICK. Ay.

WAT. Weill, I'll hae to bide here in case Sir Robert hears the steer. He maunna win oot o the touer afore the yaird's cleared and the Kinnel men are on their wey awa. It's gaun to be gey akward, but this is what I propose to dae. Gin he hears the stramash, and maks to gang oot and interfere, we'll tak him through by the harness-room door. Ye'll hae a wheen men there fechtin; let ane or twa weir the Kinnel mark, and whan he's into the thick o't ye'll let him hae a clowt on the heid frae ahint. Dinna be ower sair, but put him oot o the wey for a while. Whan he comes roun we can blame it on ane o the men frae the Kinnel. Ye'll manage that, eh?

DICK. Ay ay. (A couple of shots ring out at a distance) They hae stertit!

WAT. Richt, then. Awa til't. Hoo aboot Sir Robert's men?

DICK. They're senseless.

WAT. Keep an ee on them, though.

DICK. Ay, ay.

(Dick leaves. Three more distant shots are heard. Wat dons his steil-cap[9] and paces restlessly backwards and forwards, occasionally listening at the end of the corridor. Shots become frequent. Mary enters by the main doorway)

MARY. What's gaun on, Wat?

WAT. What wey hae ye left him?

---

9 'metal headpiece' (ms).

MARY. I cam roun by the kitchen. He thinks I'm seein aboot mair meat.

WAT. Dinna bide, though. (*Shots and shouting are heard*) They're raidin the barmkyn. Will he hear?

MARY. I dout sae. I heard the first twa shots.

WAT. Then gae back in aside him! Gin he hears ocht rin oot afore him and warn me. I hae aa thocht oot. Dinna worry. But wheesht! They're comin! Awa see! Quick! (*Mary leaves hastily by the main door*)

WAT. Sir Robert! Sir Robert!

SIR R (*in the corridor*). Hullo! Hullo!

WAT (*with sword in one hand and pistol in the other*). We're bein raidit!

SIR R (*entering, followed by Elspeth*). What's wrang?

WAT. We're bein raidit! Men frae the Kinnel! Thank God ye're here!

SIR R. Ye lippent on this!

WAT. Need ye woner? It's the auld feid!

SIR R. God's truith! If this is kent I'll be ruint! Is it Kinnelknock himsell?

WAT. I dinna ken. His son Tam's there.

SIR R. The young upstert! Let me oot at him! My God, I'll sort him!

WAT. Ye'll hae to be carefou. Dae they ken ye?

SIR R. They'll ken me weill eir lang.

WAT. They mebbe winna heed ye. They micht fire.

SIR R. Na, na, they winna.

WAT. Wait, though. They're gey thick at the main door. Ye wad hae nae chance there. I'll tak ye oot by a side door and roun.

SIR R. Quick, then. But whaur's my harness?

WAT. It's oot on the stair here.

(*Wat and Sir Robert leave. Mary has now appeared at the end of the corridor, left. The shots are slightly louder and more frequent, and there is a distant noise of shouting and of the stampeding of cattle*)

ELSPETH. We're in a bonnie pickle noo.

MARY. Ay.

ELSPETH. I dout Wat's dune for this time.

MARY. We'll see.

ELSPETH. The kye are loose, shairly.

MARY. Ay.

ELSPETH. Sir Robert'll stop it.

MARY. It's likely.

ELSPETH. Will he bring auld Kinnelknock in?

MARY. Kinnelknock's awa to the Drumford.

ELSPETH. For Sir Robert!

MARY. Ay. Dick telt me whan I was comin roun frae the kitchen.

ELSPETH. Wha'll be in chairge, then?

MARY. The Tam ane, likely.

ELSPETH. Oh, ay. (*Going to the window*) There's nocht to be seen frae here.

MARY. We'll hae to bide, though, in case the lawyer waukens.

ELSPETH. Ay. It didna tak lang to settle him.

MARY. He's ower saft for hard traivel. He was dune athegither. (*More shots are heard*) Peggy'll woner what's gaun on.

ELSPETH. Ay. She'll win hame noo aa richt. We'll catch it whan Sir Robert hears aboot her.

MARY. He'll be mad.

ELSPETH. Will he can dae ocht?

MARY. To Wat?

ELSPETH. Ay.

MARY. Plenty. But he'll haurdly hae the face to force Nannie on him noo.

ELSPETH. Na.

MARY. That'll mebbe mak him aa the sairer, though.

ELSPETH. He daesna like Kinnelknock.

MARY. Na, but he has nocht against Kinnelknock this time.

ELSPETH. He winna try a bond o agreement, then?

MARY. Ane o thae things they were talkin aboot whan they sat doun to their meat?

ELSPETH. Ay.

MARY. There's to be blame on baith sides for the like o that.

ELSPETH. It'll be the Edinburgh tolbooth, then?

MARY. I dout sae, and the grun'll gang.

ELSPETH. Shairly no.

MARY. It weill micht.

ELSPETH. He's aye won oot afore.

MARY. He canna win out aye.

(*Wat enters*)

WAT. Weill, that's that. Hoo's the lawyer body? I had forgotten him.

MARY. He's sleepin. He drappit aff ower his plate.

ELSPETH. Whaur's Sir Robert?

WAT. He's sleepin tae.

MARY. Wat! What hae ye dune wi him?

WAT. He gat a bit clowt on the heid to keep him oot o the wey.

ELSPETH. The puir auld man!

MARY. Are ye shair he isna hurt?

WAT. He's hurt, aa richt, but no muckle.

MARY. And what'll ye say whan he comes roun?

WAT. He winna for a while yet, and then ye'll nurse him and coddle him for aa ye're worth. He daesna ken wha gied him the clowt.

(*Shots are still being fired, but they are fainter*)

ELSPETH. And hoo's the fecht gaun?

WAT. They winna be lang noo till they're richt awa.

ELSPETH. Wi the kye!

WAT. Ay. We're daein nocht to hinder them. Whan Sir Robert comes roun he'll think we hae been herrit.

MARY. But he'll ken aa i' the lang rin, Wat.

WAT. No juist aa. And he'll feel gey sair at Kinnelknock for raidin the touer wi him in it. It's a gey affront that for the Keeper o the Dale to swalla.

MARY. But he'll ken ye stertit it aa by bringin awa Peggy.

WAT. He'll mebbe look faurer back nor that, to the day whan I gaed to speir for her and was shot at.

MARY. Look here, Wat, they telt me aboot the bond o agreement atween the Lindsays and the Elliots. Ye shairly arena aimin at the like o that for us?

WAT. What wey no? What else is there for it?

MARY. It's aa richt for ye.

ELSPETH. Ay.

MARY. Ye'll hae what ye want.

WAT. Look here, ye can grummle whan ye ken what ye're grummlin at. Gin ye fin ocht wrang wi the Kinnelknock lads whan ye hae seen them I'll win ye oot o the thing somehoo.

(*Dule-Tree Dick enters*)

DICK. They're airtin awa frae the barmkyn noo, Laird.

WAT. Richt. Has onyane been hurt?

DICK. Ane or twa hae gotten a bit dunt, but naething muckle.

WAT. And hoo's auld Drumford?

DICK. Wheezin awa yet.

WAT. He'll come roun, though?

DICK. I think sae.

WAT. God, I hope sae.

MARY. Whaur is he?

DICK. In the harness-room.

ELSPETH. We'll gang doun, then, Mary. The puir auld man. It's a shame.

MARY. Ay.

WAT. Haud on yet. Dick, hae the horse and twa pownies brocht up frae the Dell noo. Hae them saiddlet and ready to traivel. And ye can hae oot a barrel o yill for the men. I ken they dinna like to throw awa a fecht.

(*Dick leaves*)

ELSPETH. What's the horse for, and the twa pownies?

WAT. Dinna heed. Here's the key o that room Peggy's in. Fetch her doun. Whan she's wi me ye can baith gang doun and see Sir Robert. Dinna bring him roun ower sune, though, and mind that he maun fin naething oot. Awa, Elspie.

(*Elspeth leaves*)

MARY. What are ye efter wi Peggy?

WAT. That's my affair.

MARY. I dinna like this bond o agreement notion.

WAT. What hae ye against young Kinnelknock?

MARY. I haurdly ken him.

WAT. Wait till ye dae, then, afore ye mak up yer mind against him.

MARY. Ye had aye plenty to say against him yersell.

WAT. That was juist the auld faimily ill will.

MARY. I dinna think it's very fair, Wat.

WAT. Damn it, dae ye baith want to be auld maids?

MARY. There wad be nae fear o that gin ye didna keep us shut in aye!

WAT. Wheesht! (*As Peggy enters with Elspeth*) Leave us.

(*Mary and Elspeth leave*)

PEGGY. I heard fechtin.

WAT. Ay.

PEGGY. Hae ony o my folk been hurt?

WAT. I dinna think sae.

PEGGY. And whaur's my faither? What's been gaun on? Wha won?

WAT. Yer faither's awa back wi his beasts, gey pleased wi himsell. He didna seem to be worrit aboot ye at aa.

PEGGY. That isna true.

WAT. Na. Weill, the truith is, Peggy, that yer faither's awa to the Drumford for the Keeper, because he saw he could dae naething to win ye oot o the touer. But yer brither Tam raidit the barmkyn, and he's awa back to Kinnelknock wi ilka beast that was in it.

PEGGY. And whan is my faither likely to be back wi the Keeper?

WAT. He'll be back the morn's morn at the sunest.

PEGGY. And what dae ye ettle to dae wi me noo, then?

WAT. I'm gaun to see ye pairt o the wey hame.

PEGGY. Oh?

WAT. Juist that.

PEGGY. Sae ye're bate?

WAT. It looks like it.

PEGGY. Ye haena taen lang to gie in.

WAT. Na.

PEGGY. I thocht ye had mair spunk nor this.

WAT. I daursay ye did.

PEGGY. Or mebbe ye think I'm mair bother nor I'm worth.

WAT. Mebbe.

PEGGY. Man, ye arena blate! What did ye bring me here at aa for? Did ye no ken ye wad hae my folk ower efter me at ance? Did ye no ken ye wad hae to fecht for me?

WAT. I focht for ye, I tell ye! Yer brither Tam bate me!

PEGGY. My brither Tam! A laddie younger nor yersell. And ye the reckless reiver! The terror o the Dale! Certies, but the folk'll lauch. And hoo will I face them? Tell me that! What can I say to them aa? Its a bonnie disgrace this!

WAT. Ye wantit to gang hame, damn it! Ye hae wantit hame aa mornin!

PEGGY. What else could I say bune that I wantit hame? Ye shairly didna ettle me to gie in to ye afore ye had settled wi my faither?

WAT. Eh? Listen, Peggy, we could manage yet. We could be awa and mairrit afore yer faither won back.

PEGGY. Then the Keeper could dae naething, and yer skin wad be saved!

WAT. I'll save my skin gin I send ye hame!

PEGGY. The Keeper'll ken ye brocht me awa! He'll hae ye for that!

WAT. He'll mebbe think ye hae compensation in the kye yer brither's liftit!

PEGGY. I see ye hae it aa thocht oot. Ye dinna tak ony risks. And last nicht I thocht ye wad hae daured the Deil. Man, ye haena the spunk o a rabbit!

WAT. We'll say nae mair aboot it, then.

(Dule-Tree Dick enters)

DICK. They're ready, Laird. Dae ye want baith o the pownies?

WAT. Ay. Yer ain lass'll hae to gang back tae.

DICK. Back? To Kinnelknock? What wey that?

WAT. Because her mistress is gaun back.

DICK. She winna be pleased at this.

WAT. Eh? Whaur is she?

PEGGY. I left her in my room.

WAT. Gae up to that room and fetch her doun.

(Dick leaves)

WAT. Dick's won oot better nor I hae, it seems.

PEGGY. He mebbe has mair spunk.

WAT. Gey likely.

PEGGY. But she'll gang back. I'll see to that.

WAT. She winna gang back gin she daesna want to.

PEGGY. She'll gang back gin she's telt!

WAT. We'll see.

(Dick enters with Jeanie Roole, who keeps close behind him)

PEGGY. We're gaun hame, then, Jeanie.

JEANIE. Hame?

PEGGY. Ay. (To Wat) At ance, if ye please.

JEANIE. I'd suner bide here.

PEGGY. Ye'll come hame whan ye're telt!

JEANIE (edging up to Dick, who puts a hand on her shoulder). I winna!

WAT. Ye haena taen lang, Dick.

DICK. It daesna aye pey to belang to the gentry, Laird.

WAT. Sae it seems.

PEGGY. Very weill, Jeanie, ye can bide!

WAT (to Jeanie). Mak yersell at hame i' the kitchen, then. Ae powny, Dick. (Dick and Jeanie leave) I dout ye winna see my sisters afore ye gang. They're lookin efter some o the men that were hurt. But ye'll mebbe see them some ither time.

PEGGY. It isna likely.

WAT. There are some o their things in the entry that ye can weir. It's a cauld day.

PEGGY. It was caulder last nicht.

WAT. Nae dout, but ye'll be on a powny the day, sae ye winna hae me to keep ye warm.

PEGGY. I'm waitin to start!

WAT. Ay. (Going to the door) Dick!

(Dick enters)

DICK. They're at the door.

WAT. Ay. (To Peggy) Ye'll mebbe gang oot on to the stair heid. I want a word wi Dick afore I leave. (Peggy leaves) I'm ridin doun wi her to the ford, whaur she can jeyn her brither Tam. I winna be lang till I'm back. Gin Sir Robert comes roun afore I'm here tell him I'm aye fechtin yet. And dinna let him see ower mony men aboot the touer. Dae ye ken hoo he is?

DICK. He's mainin awa like an auld coo in cauf, wi cauld watter clouts ower his heid.

WAT. The langer he mains the better, but I'll hurry back. Bide ye whaur my sisters can caa ye.

(He leaves. Dick stands at the door for a second, then turns into the room and fills himself a drink from the bottle. He has just finished drinking when Mary enters, in haste)

MARY. Wat! Wat! (Seeing Dick) Whaur's my brither, Dick?

DICK. He's awa oot wi Kinnelknock's Peggy.

MARY. Thank God for that. Sir Robert's on his legs again. He's on his wey up. What'll we say to him?

DICK. Say nocht. Leave him to me.

MARY. Na, na. Gae ye to the peep-hole. Dinna be here. I'll hae to slip awa tae.

(*Dick leaves quickly by the main door, and Mary by the corridor, left. Sir Robert enters by the main door leaning wearily on Elspeth and holding a cloth to his head. Elspeth leads him to a chair*)

ELSPETH. There there, noo, Sir Robert. Ye'll be aa richt in a whilie.

SIR R. It isna the bit dunt, lassie. It's the disgrace.

ELSPETH. I wadna fash aboot that. What disgrace is there?

SIR R. It's little ye ken. There isna ane aboot the Coort but'll lauch like to rive his ribs. I'm feenished, I tell ye. I'm a dune man.

ELSPETH. Hoots awa, Sir Robert. Ye're takin the haill maitter over muckle to hairt.

SIR R. I'm feenished, I tell ye. What Keeper could afford to be warstit like this?

ELSPETH. Dinna think o't, then.

SIR R. Hoo can I help thinkin o't?

ELSPETH. Try juist to rest.

(*Mary enters carrying another cloth and a bowl containing water*)

MARY. Is the cauld oot o that clout yet, Sir Robert?

SIR R. Ay, it's a thing warm noo.

MARY. And hoo dae ye feel?

SIR R. A wee thing better, mebbe.

MARY. We'll cheynge it again, then. Sit back.

(*Elspeth removes the old cloth and Mary applies a fresh one*)

MARY. Hoo is that?

SIR R. Better. A lot better. Hae ye seen Wat yet?

MARY. He isna back in yet. I think he maun hae gaen efter them, mebbe to try to turn them at the ford.

SIR R. They're richt awa, then?

MARY. I dout sae.

SIR R. I haena been eir sae sair affrontit.

MARY. Sit still, though.

SIR R. I'll mak them suffer for it.

MARY. Ay, ay.

SIR R. I'll hae them hangit.

ELSPETH. Ay, they desairve it.

SIR R. I'll hae that Tam ane's heid on the toun yett at Dalefute!

MARY. Sir Robert, ye're ower restless! I canna haud the clout on gin ye winna sit still!

SIR R. I ken. I ken.

MARY. Try, then.

SIR R. Ay, ay.

(*Dule-Tree Dick enters*)

DICK. Miss Mary?

MARY. Ay?

DICK. Can I hae a word wi ye?

SIR R. What's this? What hae ye to say that I canna hear?

DICK. Naething.

SIR R. Then say it here.

MARY. What is it, Dick?

DICK. I think ye'd suner hear it ootbye.

SIR R. She'll hear it in here! Hasna she telt ye that? Hoo daur ye presume, ye thrawn big gommeril, to treat me like a thowless bairn?

MARY. Sit still, Sir Robert!

SIR R. I winna sit still! (*A shot is heard*) That was a shot! There's some joukery-poukery here! What is it, I'm askin?

DICK. That's oor affair.

SIR R. I'll be the judge o that!

MARY. What is it, Dick?

DICK. It daesna maitter.

SIR R. It daes maitter, I tell ye! I winna be floutit to my face. (*Two more shots are heard*) What's gaun on, I'm askin? Dae ye want a raip roun yer neck?

MARY. For God's sake say what's wrang, Dick!

DICK. Auld Kinnelknock's here. He wants to see the Laird. He winna gang awa.

SIR R. Eh? What! Kinnelknock! Fetch him up! Fetch him up at ance! By God, I'll hae him answer for his wark the day! Dae ye hear? Fetch him up! What are ye staunin glowerin for?

MARY. Fetch him up, Dick.

(*Dick leaves*)

SIR R. By God, he'll hae a fricht! He daesna lippen to meet me.

MARY. This winna help yer heid, Sir Robert.

SIR R. Tach, my heid's better!

MARY. It canna be better yet.

SIR R. It's better, I tell ye! Will ye leave me alane? I'm no warstit yet. I hae him reid-haundit, richt in my grip. He'll gang straucht to the Drumford gin I hae the men and horses. Here he is! Watch his face! By God, it'll drap! (*Sir Andrew enters*) Weill sir, the young Laird's ootbye, but mebbe I'll dae in his place.

SIR A. It was ye I cam for.

SIR R. Eh!

SIR A. I was on my wey to the Drumford whan I met the men ye pairtit frae this mornin on the Back Hill o Dinlay. They telt me ye had gaen oot o yer wey to come here.

SIR R. And what wey, sir, were ye on yer wey to the Drumford?

SIR A. I wantit yer help.

SIR R. My help! To herry the barmkyn here! Dae ye ken, sir, that whan I gaed oot to end the stramash I was clowtit ower the heid by ane o yer men?

SIR A. He couldna hae kent ye.

SIR R. And whan did it become lawfou to brek byres? Hoo dae ye accoont for yer men bein here at aa? Explain yersell, sir!

SIR A. We were efter oor ain kye.

SIR R. Eh!

SIR A. Hanginshaw herrit Kinnelknock last nicht.

SIR R. What!

SIR A. And cairrit awa my dochter. He had her in the touer here whan I left for the Drumford.

SIR R. Yer dochter! In the touer here! Whan did ye leave for the Drumford?

SIR A. Juist whan my son Tam stertit the raid.

SIR R. And I was here! By God, this'll tak some accoontin for. (To the girls) Dae ye hear this, eh? Is this the truith? Is this the truith, I'm askin? Whaur's this man's dochter? Answer me, will ye?

MARY. She's awa somewhaur wi Wat.

SIR A. Eh!

SIR R. Quait, sir! Sae it's true. She has been here. I see it. I see it. And what wey did yer brither fetch her here, may I ask?

SIR A. He wantit to mairry her. I wadna hear o't.

SIR R. What! I dinna believe it! It's a lee, I tell ye!

SIR A. It's the God's truith!

SIR R (to the girls). And what dae ye say to that, the pair o ye? Eh? What? Naething! Sae that's the wey o't. Certies, but I hae sair mistaen ye! Ho, but ye're a pair o leein jauds! I see it aa noo. I see it aa. Ye fill me wi drink and feed and flaitter me, and aa to let me win oot and tak a clowt ower the heid! To think o sic black deceit ahint sic bonnie een! The warst weezent auld beldam wha eir stuck preens in a cley corp couldna hae haen waur in her black hairt!

SIR A. Damn it, Drumford, fin oot whaur my dochter is! I want her back!

SIR R. Haud ye yer tongue, sir! Gin yer dochter's gaen aff o her ain free will what richt hae ye to meddle?

SIR A. She hasna gaen aff o her ain free will! I warnt her against him; I daured her to see him!

SIR R. And what, I wad like to ken, was yer objection to the match?

SIR A. Ye ken that as weill as I dae.

SIR R. The auld feid, eh?

SIR A. Juist that.

SIR R. Sae ye keep it up?

SIR A. As faur as Hanginshaw's concerned. His faither killed my brither.

SIR R. And what wey, sir? What wey? Wasna yer brither efter his bluid for an aulder affair, that he had nae haund in?

SIR A. Nae haund in! He was in it to the hilt! His guid-faither killed my uncle Tam in a fecht at the Dunkin, and he was praisint!

SIR R. His guid-faither, sir, was my faither, and ye'll mebbe ken what wey he killed yer uncle Tam! Yer uncle Tam, sir, killed my faither's cousin, Will Scott o Mossend, at a fair ae day in Peebles in the year fifteen hunder and twenty-eicht!

SIR A. And didna that same Will Scott o Mossend murder Andra Ker o Waundelheid in a closs in the Hiegait o Edinburgh in the year fifteen hunder and twenty-fower?

SIR R. Did ye say murder, sir? Did ye say murder?

SIR A. I did!

SIR R. Draw and defend yersell, sir! (They start to fence. Wat enters)

WAT. What's gaun on here?

MARY. They're behavin like bairns! (Sir Andrew turns to Wat)

SIR A. What hae ye dune wi my dochter, Hanginshaw?

SIR R. I'll dae the speirin, sir! Put yer sword in its scabbard! (To Wat) Ye herrit Kinnelknock last nicht?

WAT. Ay.

SIR R. And brocht awa this man's dochter?

WAT. Ay.

SIR R. Against her will?

WAT. She didna seem ill pleased.

SIR A. It's a lee!

SIR R. Quait, sir! She was in the touer here whan the raid stertit this mornin?

WAT. Ay.

SIR R. And ye gart yer men clowt me sae that ye wad hae time to redd yersell baith o the lass and the raiders?

WAT. Ay, juist!

SIR R. Ye hae the effrontery to acknowledge it to my face?

WAT. What wad ye hae dune yersell?

SIR R. Nae impiddence, sir! I winna hae it! Whaur is the lass noo?

WAT. On her wey wi her brither to Kinnelknock.

SIR R. Sae yer scheme gaed agley?

WAT. Weill, ay, in a wey.

SIR R. In a wey. Hoo that?

WAT. I didna think sae muckle o the lass whan I'd haen a richt look at her.

SIR A. What!

WAT. I had made up my mind to send her back afore ye cam.

SIR A. Ye damnt young deil oot o hell!

SIR R. Tak yer haund frae yer hilt, sir! (*To Wat*) Dae ye staun there and tell me, ye young blaggard, that ye hae ridden and reivit and herrit, and gart the Kinnel rise to the hot-trod, and aa that ye could hae a bit look at a lass ye fancit? I suppose, noo that ye ken she isna to yer taste, ye'll be for cairryin oot anither sic ploy elsewhaur? And doutless, sin ye're sae damnt hard to please, it winna be lang afore ilka touer i' the Dale's a bit tummlet humplock o reekin stanes!

WAT. Ye need hae nae fear o me comin to the Drumford!

MARY. Wat!

SIR R. Oho, sir, sae ye wad insult me! Ye may save yer braith. I hae faur mair respect for my lassies, plain though they may be, than mairry aither o them aff to a hairtless, thack-burnin, byre-brekin reiver, born to end his days mooldin on the end o a towe raip, wi the corbies fechtin for his twa blae een, and the rats growin fat on his flaish!

SIR A. Damn it, Drumford, it's my dochter that's been affrontit!

SIR R. Ye hae gotten yer dochter back, sir! Wasna that what ye wantit?

WAT. He has mair nor his dochter back! He has aa my kye!

SIR A. It'll tak mair nor the kye to wipe oot the affront!

SIR R. And hoo, sir, dae ye propose to wipe it oot?

SIR A. Wi ilka drap o the young blaggard's bluid!

SIR R. Sae ye're oot for bluid, are ye? Ye're oot for bluid?

SIR A. Ay, and I'll hae it!

SIR R. Ye mak unlawfou threats, sir, to my face?

SIR A. Gin ye werena kin to him, Drumford, ye wad mak the same threat yersell!

SIR R. Oho, sae I'm shieldin my kin?

SIR A. Juist that!

SIR R. It rins in my mind, sir, that the blame for this affair daesna lie aa in the ae quarter. Yer men herrit the barmkyn here the day!

SIR A. They were efter their ain!

WAT. They drave aff my kye tae, and Sir Robert's five horses!

SIR R. What! God, Kinnelknock, ye hae landit yersell noo!

SIR A. Hoo were they to ken whause horses they were?

SIR R. They shairly ken the beasts frae their ain stables. They had nae richt to touch a horse that didna belang to them. And I wad remind ye, forbye, that last nicht's affair wasna for yersell to settle. Ye suld hae brocht yer complaint to me, wi an accoont o what was liftit. Ye hae put yersell i' the wrang, sir!

SIR A. Guid God, shairly the blame lies wi the ane that stertit it aa!

WAT. Wha stertit it aa? Hae ye forgotten hoo ye fired on me whan I caaed to speir for yer dochter?

SIR A. A didna fire straucht eneugh!

SIR R. Quait, sir! It seems, I dout, that this'll be a maitter no easy to settle. I'll hae to think it weill ower. It has the seeds o future bother gin it isna strauchtent weill oot.

SIR A. It has that, Drumford! Ye winna strauchten it oot by coontin kye. Gin ye dinna put a raip roun his neck ye'll hear mair aboot it!

SIR R. Is that a threat to him, sir, or to me?

SIR A. To baith!

SIR R. Oho! Dae ye no ken that I hae the pouer to hae ye sent whaur ye can dae nae hairm?

SIR A. I hae twa sons!

SIR R. Damn it, sir, I'll hae yer sons put oot o the wey tae!

SIR A. I hae twa guid-brithers wi fower sons the piece!

SIR R. Sae the auld feid's to gang on!

SIR A. Juist that!

SIR R. Ye damnt thrawn auld savage, I winna hae it! I'll hae men brocht doun frae the North! I'll herry the Kinnel frae heid to fute! I'll cairry fire and sword to ilka touer, byre and biggin! I'll daurken the skye wi the reek o their thacks! I'll wipe oot ilka man! Or no. Haud on. I hae it! Hoho, I hae a notion noo! Ye want to wipe oot the affront to yer dochter, sir? Ye want to wipe oot the

affront? Weill, weill, weill, we'll manage that! We'll manage that!
(*Peter appears on the left, walking unsteadily and rubbing his eyes*)
SIR R. Come awa ben, Peter! I hae juist haen mind o ye! I'll need ye, man! I'll need ye! We hae wark to dae thegither! God, but ye're pugglet!
SIR A. See here, Drumford, what's in yer mind?
SIR R. Ye'll learn, sir, whan I'm ready to tell ye! And dinna think ye winna dae my will. I'll be in a poseetion to enforce it. (*To Wat*) And ye, ye thochtless, inconseederate young blaggard, I'll hae ye brocht up to scratch tae, to say naething o yer twa leein, fause-hairtit hissies o sisters there! Noo listen: I'll want an accoont frae baith o ye o the stock yer grun cairrit afore aa this stramash stertit, and o the wey maitters staun noo. I'll need it whan I come to strauchten the maitter oot wi Peter here. We'll leave this den o ineequity noo, Peter, and win awa hame to the Drumford. Kinnelknock, hoo mony horses hae ye here wi ye?
SIR A. Three.
SIR R. I'll hae them, then, and that'll be twa ye owe me. Hoo mony horses hae ye, Hanginshaw?
WAT. Ae horse and a powny.
SIR R. I'll hae them tae. The powny'll dae for Peter. Whaur are my men?
WAT. I' the kitchen. Ower drunk to ride, likely.
SIR R. Gae doun and see. Tell them to staun bye. And hae yer horse and powny brocht to the door. (*Wat leaves*) Kinnelknock, see that yer three horses are haundit ower.
SIR A. I'll need them mysell!
SIR R. Ye can walk. Hae yer horses haundit ower at ance or I'll hae ye grippit and brocht to the Drumford! Gin my men arena sober I'll seek help frae Hanginshaw! Dae ye hear?
(*Sir Andrew hesitates, glaring angrily, then leaves abruptly*)
SIR R. Come on, Peter, we'll gang noo. Can ye manage on yer ain shanks?
PETER. I owe the leddies an apology, I dout.
SIR R. Ye owe them naething o the sort! They're a pair o hairtless impostors! Come on, see. (*Leading Peter to the door*) Damn it, man, I dinna ken hoo ye can be sae thowless i' the middle o the day, whan ye're aye sae cunnin wi the cairds at midnicht.
(*Sir Robert and Peter leave*)
MARY (*after a long pause*). Weill, it's been a thrang mornin.

ELSPETH. Dae ye think Wat's won his ain wey?
MARY. It looks gey like it, and I'm gey ill pleased. I hope whan he gets her he'll think she's worth aa the bother she's been.
ELSPETH. I thocht ye likit her.
MARY. Mebbe I did, but will I like her brither Tam, and will ye like her brither Johnie? Frae ocht we hae heard o them frae Wat ye wadna match aither o them wi a byre-lassie.
ELSPETH. Ye shairly didna aye believe aa Wat said?
MARY. Suppose they're no as he said. Suppose they're aa ye could wish for. Think hoo akward it'll be whan we come to meet them. They'll tak us for grantit richt at the stert.
ELSPETH. There can be takin for grantit on baith sides, shairly?
MARY. It'll be a queer stert for a coortship that.
ELSPETH. I daur say it will. I dinna ken.
MARY. Ye haena haen muckle chance to ken. That's what's wrang here. Wat's been efter his ain ends aye, and hasna gien us a thocht. The place has been mair like a jile nor a hame, wi the neibors aa against us aye on accoont o his reivin and fechtin.
(*Wat enters, glances at each of his sisters in turn, and senses hostility. He throws off his harness and looks at Mary, this time defiantly*)
WAT. That's that, then.
MARY (*dropping her glance and lifting the cloths which remain from the scene with Sir Robert*) Bring the bowl, Elspie.
(*Elspeth lifts the bowl and follows Mary into the corridor, left, without giving Wat a look. He stares after them as they go*).

CURTAIN

ACT THREE

We are back to the room which was the scene of Act One. The shutters are open, and we see beyond the grilles to the luminous sky of a day in late autumn. A fire burns brightly in the hearth.
The table which in Act One stood against the back wall is now further forward, and is covered with writing materials. There are two chairs behind it.
Snoring Jock is asleep in a chair by the

fire. Lady Margaret enters from the left, gaily dressed as for some special occasion.

LADY M. Jock! Jock, ye useless craitur, wauken see!

JOCK. Eh?

LADY M. What are ye daein in here?

JOCK. I was sortin the fire.

LADY M. And hae ye nocht to dae elsewhaur? Hae ye taen the barrel o yill to the gaird-room?

JOCK. Ay.

LADY M. And liftit doun the cheese frae the tap shelf in the big press?

JOCK. Ay.

LADY M. And brocht the aipples ower frae the Mains?

JOCK. Ay.

LADY M. And pleukit the deuks?

JOCK. Ay.

LADY M. And scourt aa the pewther?

JOCK. Ay.

LADY M. Hoo mony raiks o watter hae ye brocht in the day?

JOCK. Eicht.

LADY M. Then ye'd better steer yersell and fetch in mair. Weill ye ken eicht winna lest aa day. And see that there's plenty o wuid and peats. And whan the veesitors come dinna let them see ye in thae dirty claes. Bide oot o sicht. Can ye no keep yersell clean?

JOCK. No whan I hae pats to scrape.

LADY M. Ye could weir an apron.

JOCK. I'm no a lassie.

LADY M. Sae ye're grummlin yet! Dinna let Sir Andra hear ye at it the day. He's in nae mood to be angert.

(Sir Andrew enters from the right, uncomfortable in fashionable clothes)

SIR A. What's this, eh?

LADY M. I was tellin him no to anger ye the day.

SIR A. What has he been daein?

LADY M. Naething.

SIR A. It's aa he's guid for. Strauchen up, see! Square yer shouthers! Stick oot yer chist! Hae ye nocht to dae at aa?

LADY M. He has watter to cairry.

SIR A. See to't, then, ye thowless big lump! Awa wi ye! *(Jock leaves)* Are the bairns near ready yet?

LADY M. Peggy'll be in the noo.

SIR A. What sort o mood is she in?

LADY M. She's the same yet. Quait and dour-lookin.

SIR A. God's truith. She's that damnt kittle ye dinna ken what to mak o her. And what aboot Tam?

LADY M. I dout he'll gie ye some bother, Andra. I dinna think he's makin himsell ready.

SIR A. Whaur is he?

LADY M. I dinna ken.

(Peggy enters from the left, gorgeously dressed and beautifully groomed)

SIR A. Peggy, will ye fin Tam? Tell him I want him.

(She goes out, right, without speaking)

SIR A. I'll hae to hae it oot wi him, ance and for aa. Is Johnie ready?

LADY M. He was ready a while syne, and gaed awa ootbye. I hope he daesna stert playin futebaa wi the laddies at the Mains, or he'll fyle his breeks and stockins. He's aye in the glaur whan I want him to keep clean.

SIR A. Could ye no hae keepit him in?

LADY M. He gaed awa whan my back was turnt.

SIR A. Damn it, ye're a thowless lot

(Tam enters, with Peggy following. He is dressed as in Act One)

TAM. Ye wantit to see me?

SIR A. What wey are ye weirin thae claes?

TAM. What's wrang wi them!

SIR A. Hae ye no been telt to dress for veesitors?

TAM. I winna be here whan they come.

SIR A. And whaur will ye be, dae ye think?

TAM. Ootbye.

SIR A. Ye'll be in the jougs, I tell ye, gin ye dinna dress yersell this meenit!

TAM. I'd raither be in the jougs than sign my name to Drumford's bond!

SIR A. Damn it, hae ye nae sense? Hoo aften hae I to tell ye that yer life winna be worth a groat gin ye dinna sign? I winna staun bye ye, mind. He'll dae what he likes wi ye.

TAM. Gin I'm no here he can dae naething.

SIR A. Oh, but ye'll be here!

TAM. Dae ye think sae?

SIR A. Mak ae move to gang ootbye afore they come and I'll hae ye grippit!

TAM. Wha'll grip me?

(Lang Aiky enters)

AIKY. They're roun the turn o the Watter noo, Sir Andra.

SIR A. Draw yer sword, Aiky, and haud the door!

(Tam, Sir Andrew and Lang Aiky draw their swords almost simultaneously. Tam backs into the room and stands at bay)

LADY M. Tam!

SIR A. Put back that sword! Dae ye think ye

can fecht yer wey past ilka man i' the touer? Hae ye nae gumption at aa?

TAM. I hae what ye haena, and that's some spunk!

SIR A. Ye're juist a thrawn young fule!

TAM. I'll be that thrawn I winna sign the bond!

SIR A. Ye'll sign it if I hae to staun ower ye wi a pistol!

TAM. I'll let ye fire the damnt thing!

PEGGY. Ye're juist bein stippit, Tam.

TAM. It's aa richt for ye! Ye'll hae wha ye're efter!

PEGGY. That isna true!

TAM. Ye'll sign the bond, though!

PEGGY. There's naething else we can dae.

TAM. Na, no whan the heid o the faimily hasna the guts o a flee!

LADY M. Tam! That's nae wey to talk to yer faither!

TAM. What wey daes he hae to gie in to Scott o the Drumford? Arena the men on the Kinnel fit to haud the touer against aa the Scotts on the Border?

SIR A. Hae I no telt ye that the Protestant Lords hae grippit the young King,[10] and that Drumford's back into favour again. It isna juist Drumford we hae against us noo. It's aa the pouer o the Three Estates. Gin ye dinna gie in we'll be broken. Dae ye want yer mither and sister houndit oot o their hame? Dae ye want to spend the rest o yer life in the Edinburgh tolbooth?

TAM. What hae I dune that he can put me in the tolbooth?

SIR A. Ye raidit the Hanginshaw wi him in it.

TAM. Hanginshaw cam here first.

SIR A. That daesna maitter. Twa blacks dinna mak a white. He can put Hanginshaw in the tolbooth tae.

TAM. Hanginshaw stertit it.

SIR A. That's juist whaur Drumford says ye're wrang.

TAM. What stertit it, then?

SIR A. Will Scott o Mossend afore ye were born.

TAM. There ye are! A Scott!

PEGGY. Sir Robert isna concerned wi wha stertit it. He wants to mak an end o't.

TAM. I'm talkin to my faither!

LADY M. Be quait, Peggy.

SIR A. Tam, ye ken I didna want this thing.

I wadna hae shirkit a hard fecht gin I'd thocht we could win oor ain wey in the end. But the dice was loadit ower sair against us.

PEGGY. And it's faur ower late noo to talk aboot fechtin.

TAM. Ye haud yer tongue!

LADY M. Ay!

PEGGY. Weill, he's juist gaun to mak the haill affair aa the mair rideeculous gin he sterts a shindy whan they're aa here!

LADY M. That's true, Tam.

TAM. She's feart we dinna behave oorsells in front o her jo!

SIR A. Dinna heed her, man! Be quait, see, Peggy! See here, Tam. Think the thing weill oot. Are ye gaun to risk daith and the loss o the Kinnel grun, that's been in the faimily noo for twa hunder year, because ye're askit to mairry a lass ye haena seen?

TAM. She's a Scott.

SIR A. There's been mony a braw lass afore this in the Scott faimily.

TAM. Ye wadna hae said that a fortnicht syne.

SIR A. It's mebbe true, for aa that.

TAM. Mebbe, but is it true that this Mary ane's braw? For aa I ken she micht be as ill-faured as Black Aggie o the Houlet Hirst.

LADY M. Peggy says she's braw.

TAM. We aa ken what Peggy's efter!

SIR A. Look here, Tam, gin ye dinna like the Mary ane ye can hae the ither. Johnie'll tak the ane ye leave.

PEGGY. Suppose they baith want Johnie?

SIR A. Haud ye yer tongue, will ye! (*Pause*) Come on, Tam. Mak up yer mind.

TAM (*hesitating*). I winna sign till I hae seen them.

SIR A. Aa richt. Ye'll dress yersell, then?

LADY M. Ay, go'n, Tam.

TAM. Aa richt.

(*He leaves*)

SIR A. Richt, then, Aiky. See whaur they are noo.

(*Lang Aiky leaves*)

SIR A. Ay weill. Ye dinna look very plaisint, Peggy.

PEGGY. It winna be a plaisint affair.

LADY M. Ye dinna look very plaisint yersell, Andra.

SIR A. Na. I'll hae a gey job keepin my haund frae my hilt when that young blaggard crosses the door. I canna say I blame Tam for bein thrawn a wee.

(*Lang Aiky returns*)

AIKY. They're gey near forrit noo.

---

10 The Ruthven Raid of August 1582 in which Arran was also captured. It was headed by William Ruthven, Earl of Gowrie. See *Jamie the Saxt*, Act 2 (p.71).

SIR A. Is Drumford in front?

AIKY. Ay, and Hanginshaw's juist on his tail.

SIR A. Richt, then. (*Aiky leaves*) I'll awa doun, then, and see to the stablin.

LADY M. Gin ye see Johnie send him up.

SIR A. Ay.

(*He leaves*)

LADY M. I hope the lassies'll mak a guid job o the denner. They say Sir Robert's gey fond o his meat.

PEGGY. What will it maitter if the denner chokes him?

LADY M. Come come, noo. I think it's aa warkin oot for the best. And ye likit young Wat o the Hanginshaw weill eneuch at ae time.

PEGGY. I dinna noo.

LADY M. Weill, ye're gey contrary, that's what I think. (*Johnie enters*) Ay, come in, Johnie. Let me see ye. Whaur hae ye been? Turn roun.

JOHNIE. I was ower in the wuid.

LADY M. Yer back's aa moss and bits o stick. Come here till I dicht ye. What were ye daein to get intil a mess like that?

JOHNIE. I fell aff a hazel.

LADY M. What wey did ye hae to gang efter nuits wi yer guid claes on? Turn roun again. Strauchten yer jaicket. Staun still, see!

JOHNIE. Ach leave me alane!

LADY M. Let me see yer haunds.

JOHNIE. I washt them whan I cam in.

LADY M. Aa richt, ye'll dae. Noo mind yer mainners wi the young leddies, and be respectfou to Sir Robert o the Drumford. Dinna staun fidgetin. Did ye see them comin?

JOHNIE. Ay, I had juist time to jouk in afore them.

LADY M. And hoo did the young leddies please ye?

JOHNIE. I hadna a richt look.

LADY M. Weill, ye'll sit here, see, wi the young ane aside ye. Ye'll be there, Peggy, wi young Wat. Tam'll be ower there wi the Mary ane. And Sir Robert and Maister Lichtbody at the table. That'll be aa richt, I think. Eh?

PEGGY. I suppose sae.

LADY M. I hope Tam winna be lang. Are ye comin doun wi me to meet them at the door?

PEGGY. I'll bide here wi Johnie. I'll meet them sune eneuch.

LADY M. Peggy, for guidness sake dinna be stiff wi them. Gin it has to be we maun juist mak the best o't.

PEGGY. I'll be aa richt, but I'm no gaun doun to meet them at the door.

LADY M. Ay ay, then. Aa richt. Weill, I'll awa. Is my goun sittin straucht?

PEGGY. Ay, ye're aa richt.

LADY M. Will my hair dae?

PEGGY. There's naething wrang wi ye!

LADY M. Ay weill.

(*She leaves*)

JOHNIE. Will it tak lang, this bond business? Young Hob o the Mains'll hae aa the best trees strippit.

PEGGY. I dout ye'll hae to put the thocht o the nuits richt oot o yer heid. Ye'll hae yer new lass to look efter.

JOHNIE. Is she to be here for lang?

PEGGY. Till the efternune, I think.

JOHNIE. And will I hae to bide here aa the time?

PEGGY. I dout sae.

JOHNIE. Guid God.

PEGGY. The suner ye get used to her the better. She'll be yer wife afore the simmer.

JOHNIE. They'll aa hae a grand lauch at me noo.

PEGGY. Ye arena the only ane they'll hae a lauch at. But wheesht, they're here! (*She goes to one of the windows*) Here they are. Dae ye want to see them?

JOHNIE (*going to the other window*). What ane's mine?

PEGGY. The ane walkin in front o young Hanginshaw.

JOHNIE. In the broun cloak?

PEGGY. Ay.

(*He stares intently. Tam enters, his change of costume almost completed*)

TAM. Johnie, fasten this thing at the back! Quick! (*Johnie continues to stare, unheeding*) Johnie!

JOHNIE. Ach wheesht!

(*He goes on staring*)

PEGGY. I'll fasten it.

TAM. What is he gapin at?

PEGGY. The twa lassies.

TAM. Are they there?

PEGGY. Ay. Staun still, though!

TAM. Let me see.

JOHNIE. They're inside noo.

TAM. Damn it. Hurry up, Peggy.

PEGGY. Turn roun, then!

TAM. What are they like, Johnie?

JOHNIE. I juist lookit at the ane.

TAM. What ane?

JOHNIE. My ane. The young ane.

TAM. Wha said ye were to hae the young ane?

JOHNIE. My faither.

TAM. He said I was to hae my pick.

JOHNIE. He said I was to hae the young ane. Gin I dinna hae the young ane I winna sign the bond!

PEGGY. Oh haud yer tongue, Johnie! Ye'll hae the young ane. Tam, I wish ye wad staun still!

TAM. It feels ticht at the neck.

PEGGY. I canna help that.

TAM. Daes it look aa richt?

PEGGY. Ay.

TAM. Will my shune dae?

JOHNIE. They're comin up!

PEGGY. My mither wants ye to sit ower there, see, Tam!

TAM. Aa richt.

(*They take up their positions, standing. Sir Andrew enters with Sir Robert Scott of Drumford, Maister Lichtbody, and Wat*)

SIR A. This is my faimily, Sir Robert.

SIR R. I see.

SIR A. Ay. This is Peggy, my auldest.

(*Bow and curtsy*)

SIR R. A braw lass, Sir Andra.

SIR A. My son Tam.

(*Bows*)

SIR R. A strappin big lad.

SIR A. My son Johnie.

(*Bows*)

SIR R. A steerin ane, I dout. Ay ay. Weill, I daursay ye aa ken Wat o the Hanginshaw. (*Bows and curtsy*) And this is Maister Peter Lichtbody the lawyer. (*Bows and curtsy*) I sit wi Maister Lichtbody at the table, I suppose?

SIR A. Ay.

SIR R. Weill, look oot yer papers, Maister Lichtbody, and we'll be able to mak a stert whan the leddies come in. I'll see the maitter through at ance, Sir Andra, for nae dout we'll aa be mair at ease whan it's bye wi.

SIR A. Ay, weill, mebbe.

SIR R. Here they come, I think.

SIR A. Ay.

(*Lady Margaret enters with Mary and Elspeth*)

LADY M. Weill, here are the young leddies. Ye baith ken Peggy. (*Curtsies*) And this is my aulder son Tam. Miss Mary Scott. (*Bow and curtsy*) And Miss Elspie. (*Bow and curtsy*) And this is my younger son Johnie. (*Johnie bows first to Elspeth and then to Mary. Both curtsy in turn*) Weill, we'd mebbe better aa sit doun. Johnie, attend to Miss Elspie. Tam.

(*Johnie offers a chair to Elspeth, and Tam one to Mary. Wat attends to Peggy and Sir Andrew to Lady Margaret. Sir Robert and Peter sit down at the table*)

SIR R. Weill, ye aa ken what we're here for, sae I'll gang straucht aheid withoot wastin ony braith. The suner it's aa ower the better. Afore we come to the bond, hooever, I hae a document here that gies an accoont o the stock cairrit by the properties o Kinnelknock and Hanginshaw baith afore and efter the reivin that stertit on the twenty-second o last month. I hope ye'll aa gie this yer close attention, for it'll crap up later on whan we come to the maitter o the lassies' tochers. Are ye listenin? I'll take the kye first. At Kinnelknock, on the twenty-second, afore the reivin, as follows: Eicht milk kye, seeven cauves, fowerteen yeld kye, eicht queys, sixteen stots and twa bulls. Is that richt, Sir Andra?

SIR A. That's richt.

SIR R. Listen, then. At Kinnelknock, at the praisint date, as follows: Twenty milk kye, fifteen cauves, thirty yeld kye, nineteen queys, thirty-seeven stots and five bulls. Is that richt?

SIR A. That's richt.

SIR R. The poseetion is, then, that the Kinnelknock grun cairries in excess o its richtfu stock, at the praisint date, as follows: Twelve milk kye, eicht cauves, sixteen yeld kye, eleeven queys, twenty-ane stots and three bulls. And that tallies wi the stock at the Hanginshaw afore the reivin. Is that richt, Hanginshaw?

WAT. Ay, but what aboot the horses?

SIR R. I'm comin to the horses. Are ye baith agreed aboot the kye?

SIR A. Ay.

WAT. Ay.

SIR R. Horses, then. At Kinnelknock, afore the reivin, as follows: Ae stallion, eicht mears, fower fillies, five geldins, twa cowts and a brood powny. It that richt, Sir Andra?

SIR A. Ay.

SIR R. At Kinnelknock, efter the reivin, as follows: Three stallions, seeventeen mears, ten fillies, six geldins, five cowts, ae brood powny and ae geldin powny. Is that richt?

SIR A. Did ye say seeventeen mears?

SIR R. Ay.

SIR A. That's richt.

SIR R. The poseetion is, then, that the Kinnelknock grun cairries in excess o its richtfou stock, at the praisint date, as follows: Twa stallions, nine mears, six fillies, ae geldin, three cowts and a geldin powny. And that tallies wi the stock at the Hanginshaw afore the reivin. Is that richt, Hanginshaw?

WAT. Na.

SIR R. Eh! What's wrang wi't?

WAT. I had ten mears and twa geldin pownies. Yer list maks me a mear and a powny short.

SIR R. Eh? That's queer. There maun be some mistake.

WAT. Ay, there's a mistake.

SIR R. And hoo wad ye accoont for it?

WAT. It's juist that ye hae forgotten to send back the mear and the powny that ye took awa frae the Hanginshaw efter the raid.

SIR R. Bless my sowl, ay! Dear me. Ye ken, I hae been in sic a steer this last week or twa that I haena haen mind to attend to a thing.

WAT. Ye wad see that ye gat back the twa horses Sir Andra owed ye, though.

SIR R. Weill, Sir Andra did send them ower, noo that ye mention it. Dinna stert on thae irrelevant maitters the noo, though, or we'll win naewhaur. I tak it that as faur as maitters staun atween yersell and Sir Andra the lists I hae read oot are richt in every parteecular?

WAT. Ay.

SIR R. Weill, I propose, Sir Andra, to let ye keep the stock ye hae liftit frae the Hanginshaw, for I conseeder ye less to blame for the affair nor Wat here.

WAT. Eh!

SIR R. Juist haud yer tongue the noo, sir! I was sayin, Sir Andra, that I propose to let ye keep the stock ye hae liftit frae the Hanginshaw, and I hae entert a clause in the bond to that effect. Ye may regaird it as a jeynt tocher o the twa Hanginshaw lassies, wha are to mairry yer sons.

WAT. Hae my byres and stables to bide toom?

SIR R. Sir Andra will doutless let ye hae yer stock back gin ye mak him a guid offer in ready siller.

WAT. And has there to be ane tocher wi his dochter?

SIR R. I hae made nae proveesion in the bond for ony sic thing.

WAT. By God, Drumford, gin ye werena sae weill in at Coort again I ken whaur I wad gang for the beasts I need!

SIR R. Nae dout! Nae dout! But reivin isna possible for the praisint, sae ye'll juist bide quait and save yer braith! We're ready for the bond noo, I think. Maister Lichtbody, will ye read it oot? There's nae need for me

to tell ye aa, I hope, that ye'll be askit to sign yer names to this, and maun therefore gie it yer closest attention. It'll be gey dreich for the young anes, I dout, but that canna be helpit. Stert, then, Peter.

PETER (in a loud official tone). At Kinnelknock, the seeventeenth of October, fifteen hunder and eichty-twa, betwixt honourable persons, that is to say Andra Ker of Kinnelknock, knicht, for himsell, and takin the burden upon himsell for the remnant of his kin freinds servants assisters and pairt-takars, with assent and consent of Thomas Ker his elder son and apparent heir and Johnie Ker his second son, and Walter Scott of Hanginshaw for himsell, and takin the burden upon himsell for the remnant of his kin freinds servants assisters and pairt-takars, anent all quarrels debates and controversies whatsoever that are or hae been in ony bygaen time betwixt the said pairties precedin the day and date hereof, in mainner form and effect as efter follows.

SIR R. Noo listen.

PETER. The foresaid Walter Scott shall, God willin, on the last Sunday of the praisint month, within the Pairish Kirk of Dalefute, efter the forenune sermon, in the praisince of the said pairties and ithers bein there praisint, bind and obleege himsell, his kin freinds servants assisters and pairt-takars, to tak in all time comin a true plain and avowit pairt with the said Sir Andra and his foresaids in all and sundry their honest and lawful actions against all Deidly, the authority alane exceptit.

SIR R. Mind that! The authority alane exceptit! That's me! Go'n, Peter.

PETER. Likewise the said Sir Andra shall, God willin, bind and obleege himsell, his kin freinds servants assisters and pairt-takars, to tak a true plain and avowit pairt with the said Walter and his foresaids, in all and sundry their honest and lawful actions against all Deidly, the authority alane exceptit.

(Johnie fidgets)

LADY M. Johnie!

SIR R. Ay ay, my lad, sae ye're wearit already? That winna dae, I dout. Dae ye understaun what's bein said?

JOHNIE. Ay.

SIR R. I hae my douts. But it's the next bit that maitters. Listen weill, noo. G'on, Peter.

PETER. On a date nae later than the last day of Mairch next the foresaid Walter Scott shall, God willin, complete and solemnize the holy bond of matrimony with Margaret Ker, lawful dochter of the said Sir Andra, in the face of the holy kirk.

SIR R. I hae gien ye aa a month or twa, ye see, to acquant yersells. Richt.

PETER. On a date nae later than the last day of Mairch next the foresaid Thomas Ker shall, God willin, complete and solemnize the holy bond of matrimony with Mary Scott, lawful sister of the said Walter, in the face of the holy kirk.

SIR R. It's ye noo, Johnie. Listen.

PETER. On a date nae later than the last day of Mairch next the foresaid Johnie Ker shall, God willin, complete and solemnize the holy bond of matrimony with Elspeth Scott, lawful sister of the said Walter, in the face of the holy kirk.

SIR R. Did ye hear that?

JOHNIE. Ay.

(*Lady Margaret dabs her eyes with a handkerchief*)

SIR R. Haud on, then. We arena dune yet.

PETER. And the foresaid Walter Scott by thir praisints resigns to the said Sir Andra, his heirs and executors, the twelve milk kye, eicht cauves, sixteen yeld kye, eleven queys, twenty-ane stots, three bulls, twa stallions, nine mears, six fillies, ae geldin, three cowts and ae geldin powny, liftit by the said Sir Andra frae the Hanginshaw on the twenty-third of September, fifteen hunder and eichty-twa, and on the day and date hereof in the possession of the said Sir Andra at Kinnelknock.

SIR R (*to Wat, who is choking with anger*). That's that, my lad! Noo feenish it, Peter.

PETER. For the shair observin keepin and fulfillin of the promises herein and every pairt thereof the said pairties bind and obleege themsells to ane anither, and are content and consent that this praisint contract be registert in the books of oor sovereign's Cooncil, and decernt to hae the strength of a decree of the lords thereof. In witness of the whilk the foresaid Andra Ker of Kinnelknock knicht and Walter Scott of Hanginshaw subscribe thir praisints with their haunds, likewise the foresaids Margaret Ker, Thomas Ker, Johnie Ker, Mary Scott and Elspeth Scott subscribe thir praisints with their haunds, in mainner as follows, day year and place foresaid, afore thir witnesses, Robert Scott knicht of Drumford, Keeper of Threepdale, Peter Lichtbody, notarie public, and Margaret Ker, mither of Margaret Ker abune written,

and lawful spouse of the said Sir Andra. Sic subscribitur.

SIR R. Thank ye, Peter. Noo dae ye aa understaun it? Hae ye aa followed it? Is there ony pairt o't ye wad like read ower again?

WAT. Guid God!

SIR R. Quait, sir! Am I to tak it, then, that nane o ye hae ony douts? Ye're aa quite shair ye hae the gist o't?

SIR A. Ay.

SIR R. Richt. I'll caa oot yer names in order, and ye'll come forrit and sign. Are ye ready for them, Peter?

PETER. Ay.

SIR R. Richt. Sir Andra! (*Sir Andrew signs*) Hanginshaw! (*Wat signs*) Ye'll shake haunds, then. (*They do so, grimly*) That's richt. Freinds for life. Mphm. Peggy! (*Peggy signs*) This time, I dout, there maun be mair nor a haundshake. Hanginshaw, ye maun kiss yer bride-to-be. (*Wat kisses Peggy formally*) That's richt. Tam!

(*Tam goes to the table, hesitates, casts a last furtive, speculative look at Mary, then signs with a flourish*) Mary! (*Mary signs*) Thank ye. Tam, ye'll follow Hanginshaw's example. (*Tam kisses Mary, deliberately*) I see ye're gey gleg i' the uptak. Johnie!

(*Johnie hesitates*)

LADY M. I dout Johnie'll hae to hae his haund guidit, Sir Robert.

SIR R. That's aa richt, my leddy. Peter, ye'll guide this laddie's haund.

PETER. Ay.

(*He does so*)

SIR R. That's richt. Ye'll hae to learn to write yer ain name, though, my mannie. Elspie! Dinna tell me ye'll need her haund guidit tae.

ELSPETH. Na. My name's aa I can manage, though.

SIR R. It's aa that's needit. (*Elspeth signs*) Thank ye. Come on, then, Johnie.

(*Johnie advances towards Elspeth shyly, hesitates, gives her a sudden, bashful kiss, and retires quickly to his place*)

SIR R. Haha, eh, ye managed that withoot ony help. A braw couple, Sir Andra. Three braw couples, eh? (*Sir Andrew remains solemn*) Ay. Weill, weill, we want juist my leddy's name noo, and my ain and Peter's, and we're dune. My leddy, will ye sign noo? (*Lady Margaret, who has been in the half tearful, half laughing state common to mothers at weddings, goes to the table and signs*)

SIR R. Thank ye. Thank ye. I hope ye winna regret it. I'm shair it maun be a comfort to ye to see aa yer bairns sae weill settled. (*Lady Margaret dabs her eyes in silence*) Mphm. Weill then, Peter, I'll sign noo, then ye can fill in yer ain name and aa the faldarals. (*He signs*) There then, that's that. Feenish it aff, Peter. Weill, Sir Andra, it didna tak sae lang efter aa.

SIR A. Na.

LADY M. I dout, Sir Robert, that the denner winna be ready for a while yet.

SIR R. Hoots, my leddy, that's aa the better. It'll gie the young anes a chance to acquant themsells afore they hae to sit doun at the table. We aulder anes could mebbe leave them for a while, eh?

LADY M. Ay shairly, Sir Robert. Andra, ye maun tak Sir Robert and Maister Lichtbody up the stair and gar them drink the bairns' guid health.

SIR R. A kindly thocht, my leddy. A kindly thocht. I'm shair Peter there's as dry as a bane. Are ye feenished, man?

PETER. Ay, juist.

LADY M. Weill, Sir Robert, gin ye'll paurdon me I'll gang awa doun and see hoo the denner's daein.

SIR R. Shairly, my leddy. Shairly.

(*Lady Margaret curtsies. Sir Robert, Peter and Wat bow low. The others bob and beck. Lady Margaret leaves*)

SIR A (*at the door*). Weill, then, Sir Robert, gin Maister Lichtbody's ready.

PETER. I'll juist gether up the papers.

SIR R. Come on, then, man. (*To the young people*) Weill, I hope to see ye aa at the table on the best o tairms wi ane anither.

(*Bows, bobs, becks and curtsies as Peter and Sir Robert leave with Sir Andrew*)

WAT. The wee runt! By God, he enjoyed himsell! There'll be some reivin at the Drumford noo to pey for this!

PEGGY. It seems ye arena weill pleased wi yer bargain!

WAT. Eh!

PEGGY. Ye didna ettle me to cost ye yer kye and horses!

WAT. Na, I didna!

PEGGY. Sae I'm ower dear at the price!

WAT. I hae signed my name, hae I no?

PEGGY. Ye micht hae dune it wi a better grace!

WAT. Damn it, there's nae pleasin ye at aa!

MARY. Wat!

WAT. Ach to hell!

(*He leaves in a rage. All stand in consternation. Peggy goes out, left, on the verge of tears*)

ELSPETH. Oor Wat's an ill-tempered deil!

MARY. We'd better mak ready to gang hame wi him, Elspie. He's speylt everything. Come on.

(*She makes for the door*)

TAM (*barring her way*). Haud on, Miss Mary. Ye canna gang hame like this.

MARY. Weill, I feel sae ashamed. Whaur has he gaen?

TAM. He'll juist hae gaen oot to the yaird to cuill his temper. He was gey unceevil.

MARY. He was gey unceevil.

TAM. Dinna worry aboot that. Oor Peggy wad mak a saunt sweir. She's aye rubbin folk the wrang wey.

ELSPETH. It wasna Peggy's faut.

TAM. She didna help maitters ony. But what daes it maitter?

MARY. It maitters. It's gaun to be gey akward gin they canna agree efter signin the bond.

TAM. Weill, they hae plenty o time.

MARY. I dout they'll need it aa.

TAM. I daursay, but they're bound to come thegither in the end. They hae chased ane anither for mair nor twa year.

MARY. Ay, that's the queer thing. To think that they stertit it aa.

TAM (*impulsively*). Weill, Miss Mary, I hope we'll hae mair sense.

MARY (*bashfully*). I hope sae, Maister Tam. (*Pause*)

TAM. Shall we gang ootbye for a bit dauner, then? It's a braw day.

MARY. Weill, mebbe. Wad ye like to gang oot, Elspie?

ELSPETH. Weill, I dinna ken. Na, I think I'd suner bide here.

MARY. Aa richt.

TAM. Shall we gang, then?

MARY. Weill, ay. I wad like to hae a look roun. I haena seen my powny sin it cam here, and I'm shair its missin me.

TAM. I'll tak ye to the stable, then?

MARY. Ay, if ye please.

JOHNIE. Yell fin yer powny weill groomed and in grand fettle, Miss Mary.

MARY. Thank ye, Maister Johnie.

(*She leaves with Tam. Bows and curtsies*)

ELSPETH. Sae it's ye that looks efter the pownies, Maister Johnie?

JOHNIE. There's juist the twa, Peggy's and yer sister's. I aye lookit efter Peggy's, ye see.

ELSPETH. Sae ye haena ane o yer ain?

JOHNIE. A powny! I ride a horse!

ELSPETH. Dae ye?

JOHNIE. Ay, what did ye think? Did ye no see me at the Hanginshaw on the day o the raid?

ELSPETH. Were ye there?

JOHNIE. Was I there! Dae ye think I wad let Tam and my faither gang awa reivin and no gang wi them?

ELSPETH. Weill, mebbe no. And dae ye mean to say ye fecht wi big reugh characters like Dule-Tree Dick and Nimble Willie?

JOHNIE. What wey no?

ELSPETH. Ye'll hae a sword and pistol, then?

JOHNIE. Ay, wad ye like to see them?

ELSPETH. Weill, I dinna ken. I aye feel frichten't o pistols. But I wad like to see yer sword.

JOHNIE. Richt, it's here. (*He goes to the rack above the settle and brings down a sword and belt*) Here it's, see.

ELSPETH. It's gey big. Daes it no trail alang the grun.

JOHNIE (*buckling it on*). Na, look, it hings clear. I think it fits gey weill.

ELSPETH. It'll fit ye better in a year or twa.

JOHNIE. It's the claes that mak it look silly.

ELSPETH. I daursay the claes dae mak a difference. Has it ony bluid on it?

JOHNIE. I haena haen it lang yet. It's ane my faither gied me juist last week. But God peety the man that meets me in a fecht noo. Feel hoo shairp it is.

(*He rubs his finger across the blade, inviting Elspeth to do likewise*)

ELSPETH. Ooh ay.

JOHNIE. Eh?

ELSPETH. Ay.

JOHNIE. I hae cut through a lance haunle wi ae stroke o't.

ELSPETH. Ye maun hae a gey strang airm.

JOHNIE. Feel my muscle.

ELSPETH (*doing so*). Ooh ay.

JOHNIE. Hard as airn, eh?

ELSPETH. Ay. (*Feeling her own muscle*) I hae nane at aa.

JOHNIE. Let me feel.

ELSPETH. Dinna tickle, though.

JOHNIE. Na. (*He touches her arm gently*) Ooh, it's as saft as a scuddie.

(*He presses his finger into it*)

ELSPETH. Ah, dinna!

JOHNIE. I didna hurt ye, shairly?

ELSPETH. A wee bit.

JOHNIE. They aye say I dinna ken my ain strength.

ELSPETH. Wha aye say?

JOHNIE. My mither and Jock and the folk aboot the doors.

ELSPETH. Oh ay.

JOHNIE. See here, Elspie, come on up on to the touer. Some o the ithers micht come in here. Come on, eh?

ELSPETH. Weill, for a wee while.

JOHNIE. Ay.

ELSPETH. Leave yer sword, though.

JOHNIE. Ay. (*He replaces the sword on the rack*) Come on.

(*They leave. Pause. Wat enters. He hesitates for a moment, then takes a seat. Peggy enters from the left and makes to cross the room to the main doorway. Wat rises and intercepts her*)

WAT. A meenit, Peggy.

PEGGY. Weill?

WAT. Look here, this is damnt silly. We're to be mairrit sune. What sense is there in us aye flytin?

PEGGY. Ye think mair o yer kye and horses than o my feelins!

WAT. That isna true! Arena my byres and stables toom? Hae I no signed awa the haill o my stock for ye?

PEGGY. What else could ye hae dune? Didna Sir Robert force ye?

WAT. Dae ye think Sir Robert or onyane else could hae forced me to dae what I didna want?

PEGGY. He frichtent ye into sendin me hame the day ye had me at the Hanginshaw.

WAT. Gin I hadna kent he wad draw up the bond we wad hae been at the Hanginshaw yet!

PEGGY. Hoo could ye ken that?

WAT. He had juist come frae the Knowe. He had been drawin up a bond atween the Lindsays and the Elliots.

PEGGY. Sae it's ye we hae to thank for aa this!

WAT. Dae ye think I wad hae let yer brither Tam drive aff my beasts gin I hadna wantit to put him in the wrang? Dae ye think he could hae dune it gin my men had focht?

PEGGY. Oh dear me na, nae men are a match for the Hanginshaw deils! But for aa that ye hae taen a gey sleekit wey o winnin what ye wantit! Ye're the warst leein blaggard on the Border! Ye wad stop at naething to win yer ain wey! Ye hae thocht o naebody bune yersell! Nae dout, though, ye thocht that whan Sir Robert drew up the bond he wad let ye hae yer kye and horses back! Gin ye had kent he wad be as smert as yersell I daursay the bond wad hae gaen

bye the brod! Kye and horses are aa ye
think aboot!

WAT. Damn it, Peggy, the kye and horses
dinna maitter. The Border's hotchin wi
them. They're there for the liftin.

PEGGY. Ye ken gey weill ye can dae nae
liftin noo! Sir Robert's ower strang for ye!

WAT. He thinks that.

PEGGY. Then what wey did ye affront me
afore aa the ithers whan he gaed oot o the
room?

WAT. Ye're gey quick to tak affront! Ye
shairly didna ettle me no to be angert at
haein to sign awa the haill o my stock?

PEGGY. I thocht ye said the loss o yer stock
didna maitter!

WAT. It daesna maitter noo, but it was gey
hard to thole at the time.

PEGGY. Juist that! Ye couldna hide yer
anger oot o conseederation for me! Had I
no juist consentit to mairry ye? I suppose it
was ower muckle to expect that ye suld
seem pleased!

WAT. Is that what's worryin ye? Mebbe I wad
hae seemed mair pleased gin yer consent
hadna been sae hard to force oot o ye!

PEGGY. It wasna my faut that it had to be
forced!

WAT. Whause was it? Ye shairly could hae
gien it lang eir this!

PEGGY. Whan?

WAT. Ye could hae gien it the day ye were
at the Hanginshaw.

PEGGY. Efter bein liftit like a coo! Dae ye
think I hae nae pride?

WAT. And whaur's yer pride noo?

PEGGY. I'm in the same poseetion as yersell
and yer sisters!

WAT. Weill, I hope ye're pleased. Ay, greet.

PEGGY (*meeting his gaze defiantly*). I'm no
greetin.

WAT. Ye're gey near it.

(*They attempt to stare each other out.
Suddenly Peggy turns away and sits down.
She has her tears under control. Wat stands
watching her. Eventually she bows her head
and sobs brokenly. Wat advances to her*)

WAT. Peggy. (*She rises and faces him, still
looking defiant*) This damnt nonsense is
lestin faur ower lang. (*He steps forward,
puts his arms round her, kisses her and steps
back. Peggy stares at him for a moment
then slaps his face. He stands looking at her
with an expression of astonished rage, tears
of anger gathering in his eyes*) Ye thrawn ill-
tempered jezebel! Ye hae feenished it noo!
I'll teir the bond to bits!

PEGGY. Wha's gey near greetin noo?

WAT (*shaking with rage*). Gin ye were a
man I wad fell ye to the flair!

(*She backs away from him, really afraid.
He stands seething inwardly, his eye in a
fixed stare. Peggy watches him closely.
Lady Margaret appears at the door*)

LADY M. The denner's ready.

(*Wat pays no attention. Peggy motions her
mother out of the room*)

PEGGY (*softly and rather fearfully*). Wat.
(*Pause*) Wat. We'll hae to gae doun noo,
Wat. The denner's ready. (*Pause*) Wat. (*His
eyes become alert. She approaches him*)
Wat...

(*He suddenly kisses her, almost roughly*).

CURTAIN

JAMIE THE SAXT
or
English Siller
A Historical Comedy in Four Acts
1937

To Robin Richardson

CHARACTERS

In the order of their appearance:

RAB
apprentice to Nicoll Edward.
MISTRESS EDWARD.
BAILIE MORISON
an Edinburgh shipping merchant.
HER GRACE QUEEN ANNE OF SCOTLAND
formerly Princess Anne of Denmark.
MARGARET VINSTAR
a lady-in-waiting.
THE LAIRD LOGIE
a gentleman of the King's chamber.
THE LORD ATHOLL.
THE LADY ATHOLL.
HIS GRACE KING JAMES
the Sixth of Scotland.
BAILIE NICOLL EDWARD
an Edinburgh cloth merchant.
THE LORD SPYNIE
a gentleman of the King's chamber.
JOHN MAITLAND of THIRLSTANE
the Lord Chancellor.
THE LORD OCHILTREE.
LODOVICK STEWART
Duke of Lennox.
SIR ROBERT BOWES
*resident ambassador from her Majesty
Queen Elizabeth of England.*
SIR JAMES MELVILLE.
FRANCIS STEWART
Earl of Bothwell.
JOHN COLVILLE
an accomplice of Bothwell's.
ROBERT BRUCE
a preacher.
THE EARL OF MORTON.
The Earl of Morton's fair daughter.
Sir Robert Bowes' English servant.

Jamie the Saxt was first performed by the
Curtain Theatre Company at the Lyric
Theatre, Glasgow, on 31 March 1937:

RAB	Charles Howie
MISTRESS EDWARD	Janie Stevenson
BAILIE MORISON	John Morton
THE QUEEN	Pearl Colquhoun
MARGARET VINSTAR	Moira Clark
LOGIE	John Pollock
ATHOLL	John Hollinsworth
THE LADY ATHOLL	Mary H Ross
THE KING	JDG Macrae
NICOLL EDWARD	Jack Maguire
SPYNIE	Douglas Fraser
MAITLAND	Ian McLaren
OCHILTREE	Robert C Gaston
LENNOX	Brown Derby
SIR ROBERT	Guy Mitchell
BOTHWELL	R Duglas Robin
COLVILLE	John Pollock
BRUCE	John Stevenson Lang
MORTON	Bert Ross
MELVILLE	J Smith Campbell
THE GIRL	Nan Calder
THE STRANGER	EW Avery
PRODUCER	Grace Ballantine
STAGE DIRECTOR	JB Russell
STAGE MANAGER	Ian Dow
LIGHTING AND SOUND	
	WH Nicolson
SCENIC DESIGN	Douglas N Anderson
DÉCOR	Betty Henderson

The first professional production, directed
by Matthew Forsyth for the Citizens' in
Glasgow, opened on 31 March 1947.

Scene locations as given in David Moysie's
Memoirs of the Affairs of Scotland with
dates according to the custom of the day.[1]

ACT ONE	The Kingis ludging in Nicoll Eduardis hous in Nithreis Wynd, Edinburgh, vii Februar, 1591. *Evening.*
ACT TWO	The Kingis chalmer in the palace of Halyroudhous, Edinburgh, xxiv July, 1593. *Morning.*
ACT THREE	The Kingis chalmer in the palace of Halyroudhous, Edinburgh, xi August, 1593. *Early Morning.*

---

[1] In which the year ended on 24 March.
Legislation which set the current date for
New Year in Scotland was enacted in 1600.
England did not follow suit until 1752.

ACT FOUR   Nicoll Eduardis hous in
            Nithreis Wynd, Edinburgh, xv
            September, 1594. *Late
            afternoon.*

ACT ONE

The Kingis ludging in Nicoll Eduardis hous
in Nithreis Wynd, Edinburgh, vii Februar,
1591.[2] *Evening.*

*A room in the house of Bailie Nicoll
Edward. In the middle of the left wall a
huge open fire-place. In the middle of the
back wall a door leading to the dining-room
and kitchen apartments. In the back right-
hand corner a door leading in from a
turnpike staircase. In the middle of the right
wall a window.*

*Armchairs beside the fire. Against the
back wall, to the left of the middle door, an
awmrie, and to the right of the door a
compter. By the window a low bench. In the
centre of the floor a table with paper, pens,
ink and candlesticks. A chair behind the
table. It is late afternoon, and the room
derives most of its light from the fire. The
lower half of the window is shuttered, but
in the shutters is a large hole which enables
people in the room to put their heads out
and view the wynd below.*

*Mistress Edward enters from the dining-
room. She carries a lit candle which she
places on the table. She sorts the fire then
moves to the window and looks out
through the shutter-hole. She moves to the
table and starts to peer furtively at the
papers on it. Rab, apprentice to Nicoll
Edward, comes up the turnpike stair from
the booth below. Mistress Edward retreats
hastily from the table.*

RAB (*outside*). Mistress Edward!

MRS E. What is't?

RAB (*entering*). Bailie Morison's doun in the
booth. He wants to ken if the King's back
frae the hunt.

MRS E. And did ye tell him no?

RAB. Ay, but he hasna gaen awa. I think he
ettles to be askit up.

MRS E. Nae dout. He canna bide awa frae the
door whan we hae the King here. He
hates to see his Grace in ony hoose bune his
ain. What is he wantin? His supper, nae
dout, and a nicht's drinkin wi royalty.

RAB. Wheesht! He's comin up!

MRS E. Mercy me! Doun wi ye, then.
(*Rab leaves*)

MORISON (*outside*). Mistress Edward!

MRS E. Ay, Bailie, come in. (*He does so*) Dae
ye want to see Nicoll? He's oot wi the King.

MORISON. I ken. I want ye to let me bide
here till they come hame. There's a ploy afute
i' the Toun. The King maun hear aboot it.

MRS E. Can ye no ride oot to meet him?

MORISON. I maun dae naething to cause
suspeecion. Gin I were seen gaun through
the ports[3] it micht haste maitters on.

MRS E. Is it something bye the ordinar?

MORISON. Weill, Mistress Edward, ye'll
ken fine, yer guid man bein a Bailie himsell,
that I maun gaird aye my tongue weill in
maitters that affect the Toun.

MRS E. Oh, is it some Toun maitter. I warn
ye Bailie, that the King daesna like to be
deived wi the clash o the Toun whan he
comes in hungert frae the hunt. Can ye no
gang to the Toun Gaird? Hae ye seen the
Provost?

MORISON. The Provost's at Leith for the
horse-racin, and it's a maitter that the Toun
Gaird couldna settle. It micht, I may tell ye,
mean a cry at the Cross for the haill Toun
to rise.

MRS E. Bailie! Dinna tell me it's anither o
Bothwell's ploys! He canna ettle to attack
the King here?

MORISON. My guid wumman, ye need fear
naething like that. Bothwell's mebbe at
haund, but he daurna come near the Toun.
It's ower weill gairdit against him.

MRS E. And there's nae hairm ettled to the
hoose here?

MORISON. It's naething like that.

MRS E. I'm gled to hear it. But the Toun
micht hae to rise, ye say?

MORISON. It micht, and again it micht no.
It'll depend on the King.

MRS E. Weill, it's a blessin he's a peacable
man, and fonder o his books nor o fechtin.
Ye maun sit doun, Bailie, and I'll licht a
wheen maur caunles, for the gloamin's
weirin on.

MORISON (*sitting*). Thank ye.

MRS E (*lighting the candles on the table*).
We're leivin in steerin times.

MORISON. Ay.

MRS E. I haurdly sleep at nichts, wi the
King here. It's a great responsibeelity.

MORISON. Ay, it's aa that.

MRS E. Yon was an awfou nicht doun at
the Palace.[4] I hear ye were in the thick o't.

---

3 The city gates.

4 Palace of Holyrood, 28 December 1591.

---

2 1592 in the modern style (see previous note).

MORISON. Ay, I was gey thrang for a while.

MRS E. Ye suld hae seen the marks on Nicholl's shouthers wi the clowts he gat. And frae some o his ain Toun's-folk, he said. It's his opeenion that some wha suld hae been fechtin for the King were on the side o Bothwell.

MORISON. Weill, Mistress Edward, I wadna woner but he's richt.

MRS E. I'm shair he is. It gars ye woner what the country's comin to, that the like o Bothwell, that's been put to the horn for brekin oot o the Castle jeyl,[5] can fin freinds in this Toun to help him herry the King in his ain Palace! Did ye see the wrack they made o't? I was doun wi the Queen and some o the leddies the ither day, to see hou faur they had gotten wi the sortin o't, and it fair gart my hairt stoun to see the bonnie wuid-wark sae sair hasht. It'll cost a hantle o guid siller afore it's aa as it was, and the King can ill afford it, puir laddie. I may tell ye, Bailie, in confidence, that it'll be a gey lang while afore Habbie Tamson the jeyner's peyed for the wark he's daein doun there the nou.

MORISON. Oh that's nae news to me, Mistress Edward. Habbie Tamson the jeyner isna the only man i' the Toun that has an accoont wi the King, though some o us are faur mair loyal nor mention the maitter.

MRS E. Ye're richt, Bailie, ye're richt. Mony a braw bale o fine claith his Grace has haen frae Nicoll that we dinna mention, and nae dout ye hae pairtit yersell wi mair nor ae bonnie nick-nack frae Flanders.

MORISON. Weill, mebbe, mebbe. But I'm sayin naething.

MRS E. I ken, I ken. And it daes ye credit. And efter aa, what's a wheen bales o claith, or a bit fancy kist, atween loyal subjects and their Sovereign. It's mair shame on the corbies at Coort that rob him o ilka bawbee o the Croun rents. But shame on me, Bailie! Ye'll hae a dram?

MORISON. Sin ye speir, Mistress, I'll tak it gledly. The reik o that witch they were burnin at the Cross the day gat fair doun my thrapple.

MRS E (pouring a drink). Ay, it was gey thick for a while, and it maks an unco stink. I woner ye canna gar them dae aa the burnin on the Castle Hill.

MORISON. For shame, Mistress Edward, and ye a Bailie's wife! Ye ken fine the folk maun be weill warnt no to meddle wi the Deil, and the burnins on the Castle Hill are ower faur oot o the wey to bring the warnin hame. There hae been ower mony o thae auld beldams at their dirty wark this year.

MRS E. Weill, Bailie, ye're mebbe richt. But drink that up.

MORISON (accepting drink). Thank ye. Yer guid health.

MRS E. Aa the same, it isna the puir auld craiturs o witches I blame, sae muckle as the like o Bothwell that sets them on. Gin ye had heard o aa the spells he's gart them wark against the King, Bailie, ye'd be fair dumfounert.

MORISON. Mistress Edward, naething ye ken aboot their spells wad dumfouner me. I was at their trials i' the Tolbooth.

MRS E. Ay, ay, Bailie, but there's a lot that didna come oot at their trials. There's a lot cam oot whan they were brocht afore the King himsell that maist folk dinna ken. The King can sort them. He just speirs and speirs at them, and be they air sae thrawn, afore lang he has them roun his pinkie.

MORISON. Ye'll paurdon me, but he shairly hasna speirt at ony o them here?

MRS E. Oh ye woner hou I ken. Dae ye see thae papers?

MORISON. Ay.

MRS E. Dae ye see the writin?

MORISON. Ay.

MRS E. It's aa in the King's ain haund. And what dae ye think it's aboot?

MORISON. What?

MRS E. Witches!

MORISON. Shairly no!

MRS E. I tell ye it's aboot witches. It's a book he's writin[6] and ilka ill notion he worms oot o them efter they're put to the torture, he writes doun there in ink. Bailie, there are queer things in that book.

MORISON. I daursay. Hae ye read it?

MRS E. Me! Read! Na na, Bailie, ye ken fine I'm nae scholar. But I ken what's in the book for aa that, for there's mony a nicht efter supper whan we'll sit ben there and talk, and aye the talk's aboot the book, and the next chapter, and what he's gaun to write. And it's queer talk, some o it. The things thae beldams dae, wi taids and cats and cauves' heids, to say naething o deid men's innards, wad fair gar ye grue.

MORISON. It's a woner he isna feart to meddle wi the craiturs. Ye wad think he micht bring himsell to hairm.

---

[5] 22 June 1591.

[6] The *Daemonologie* (1597).

MRS E. Na na, Bailie, that's whaur ye're wrang. He says they can dae nae hairm to him wi their spells, because he's the Lord's anointit. And it's a guid thing, or Bothwell wad hae haen him lang eir this. (*Sound of chatter from the Wynd below*) But what's that? I hear a steer. (*She has a look through the shutter-hole*) It's the Queen's Grace hersell, and ane o her leddies, wi the Duke o Lennox and the young Laird Logie. My Lord Lennox is takin his leave, it seems, and I'm no surprised. The mair he bides awa frae the King the nou the better.

MORISON. Deed ay. It's a peety he canna bide awa frae the Queen tae. He's aye at her tail. And she daesna seem to discourage him ony. I sair dout, though I'm sweirt to think it, that she's no aa she sould be.

MRS E. Hoots toots, Bailie, if my Lord Lennox is saft eneugh to gang trailin ahint her aa day ye canna say it's her faut.

MORISON. I wadna gin it were the first affair. Hae ye forgotten her ongauns wi the Earl o Moray?

MRS E. Ah weill nou, Bailie, there was mebbe something in that. Ther's nane but has a saft side for the Bonnie Earl.

MORISON. I ken ane wha hasna.

MRS E. And wha's that?

MORISON. My Lord Huntly.[7]

MRS E. And wha cares for the like o him! But wheesht!

(*Her Grace Queen Anne, Lady Margaret Vinstar and the Laird Logie appear on the turnpike stair. The Queen stands within the doorway, with the others behind her. Mrs Edward curtsies and the Bailie bows low*)

THE QUEEN (*speaking with a Danish accent*). Ah, Mistress Edward, ye hae a veesitor! Guid ein, Bailie. Ye are weill, eh?

MORISON. Yer Grace, I canna grummle.

THE QUEEN. Grummle, eh?

MORISON. I'm haill and hairty.

THE QUEEN (*doubtfully*). Ah, I see. That is guid. And Mistress Morison? She is weill, eh?

MORISON. Ay, yer Grace, she's weill tae.

THE QUEEN. And the bairns?

MORISON. They're weill tae.

THE QUEEN. Ye are aa weill tae, eh?

MORISON. Ay, yer Grace, juist that.

THE QUEEN. See, the last time I see ye I couldna speak. I speak nou. Logie he say I hae a guid Scots tongue in my heid afore lang.

LOGIE. Yer Grace, ye talk like a native already.

THE QUEEN. Ah Logie, ye flaitter me. But Bailie. My Leddy Vinstar. Ye haena met her. She is my freind frae Denmark. Margaret, this is the Bailie Morison. He is a magistrate o the Toun. He is gey, what ye say, kenspeckle. And he is gey weill-aff. He has mony ships that sail to Flanders. Eh, Bailie?

MORISON. Weill, ane or twa.

THE QUEEN. Ane or twa. He disnae ken. But he kens fine. He daesna like to, what ye say, blaw his ain horn, eh?

MRS E. He has fower, yer Grace.

THE QUEEN. He has fower. Ye see, he maun hae muckle gowd. But Mistress Edward, we maun gang and mak ready for supper. My Lord and Leddy Atholl. They come the nicht, eh?

MRS E. Ay, yer Grace, they suld be here ony meenit.

THE QUEEN. Ony meenit. Guid. And his Grace?

MRS E. He isna back frae the hunt yet, yer Grace.

THE QUEEN. Na. Weill, I gang. The Bailie. Daes he bide for supper, eh?

MORISON. Yer Grace, ye'll paurdon me, but I canna.

THE QUEEN. No bide. That is a peety. But I maun gang. Guid ein, Bailie, and tell Mistress Morison I send her my guid thochts.

MORISON (*bowing*). Guid ein, yer Grace, I will that.

THE QUEEN. We leave Logie. He trail ahint Margaret ower muckle.

LOGIE (*bowing as Margaret curtsies*). I couldna dae that, yer Grace.

(*The Queen and Lady Margaret go up the turnpike stair. Mrs Edward makes a belated curtsy as they go*)

MRS E. Weill, Laird, I maun gang and see that the lassies hae the supper ready to serve. Ye'll keep the Bailie company till the King comes?

LOGIE. Shairly, Mistress, for I see he has a stoup o wine aside him.

MRS E. That's richt. Help yersell.

LOGIE. Thank ye.

(*Logie and the Bailie bow as Mrs Edward, with a slight bob, withdraws into the dining-room*)

LOGIE (*helping himself*). Sae ye're waitin for the King, Bailie? Dinna tell me ye hae turnt a coortier.

---

7 At that moment hunting down Moray on the foreshore of the Fife coast at Donibristle.

MORISON. Dinna fash, Laird. I hae mair to dae nor hing aboot the coat-tails o lassies frae morn till nicht.

LOGIE. The coat-tails o the King pey better, mebbe?

MORISON. I'm no the King's teyler, Laird, but I dout if they dae.

LOGIE (*laughing*). Weill said, Bailie. But I didna suggest it was the want o siller that's brocht ye til his Grace. There's sic a thing as warkin yer neb in for the sake o pouer.

MORISON. There's sic a thing as wantin to dae his Grace a service, Laird.

LOGIE. And what service hae ye come to dae the nicht?

MORISON. He'll learn whan he comes.

LOGIE (*with a change of manner*). Bailie, whause side are ye on.

MORISON. What!

LOGIE. Are ye for the King or Bothwell?

MORISON. Hou daur ye ask me that, ye brazen scoondrel!

LOGIE. Come come nou, Bailie, ye needna tak it ill. Ye'll ken that ein aboot the Coort there's mony a man whause colours arena kent, and weill, Bailie, I ken ye're a guid douce member o the Kirk, and maun hae a haillsome hatred o the Papists.

MORISON. And what if I hae?

LOGIE. Isna Bothwell Protestant?

MORISON. He may caa himsell that, but in my opeenion a man wha meddles wi witches has nae richt to the name. And whan it comes to that, isna the King Protestant himsell?

LOGIE. He's gey chief wi the Papist Huntly, Bailie, and in the opeenion o maist o yer Kirk freinds, a man wha meddles wi idolators has nae richt to the name aither. Shairly, Bailie, as a pillar o the Kirk, ye maun be sair grieved that the King can hae freinds amang the Papists?

MORISON. I thocht ye were Protestant yersell, Laird.

LOGIE. Weill?

MORISON. Is it no clear? Gin ye can serve the King and be Protestant, as weill can I. But here are my Lord and Leddy Atholl.

(*Lord and Lady Atholl enter from the turnpike stair*)

LOGIE (*bowing*). Guid ein, my Lord and Leddy.

ATHOLL. Guid ein, Laird. Ah Bailie, ye're there.

(*The Bailie bows. Lady Atholl bobs, smiling*)

LADY A. The King isna back yet? I suppose her Grace is up the stair?

LOGIE. She gaed up no a meenit syne.

LADY A. Weill, I'll leave ye. But whaur's my Lord Lennox, Logie? Wasna he alang wi ye this efternune?

LOGIE. My Lord Lennox took his leave at the door. He thinks the Queen'll hae mair peace to her meat gin he bides awa.

LADY A. Oh, sae the King's growin jealous?

LOGIE. Ay, he preached her a lang sermon in the bed last nicht.

LADY A. Dear me, I maun hear aboot that. (*She bobs hastily and hurries upstairs*)

LOGIE. Weill, Bailie, are ye scandalised?

MORISON. I'm beginnin to think his Grace hasna mony freinds aboot his ain Coort, Laird.

LOGIE (*to Atholl*). Ye see, my Lord. Watch what ye say in front the Bailie. He's a loyal man for the King.

ATHOLL. Dear me, Bailie, ye shairly resent his traffic wi the Papists. I thocht ye were haill-hairtit for the Kirk.

MORISON (*huffed*). Gin ye'll paurdon me, my Lord, I'll tak mysell ben the hoose. (*He withdraws into the dining-room*)

LOGIE. And that's that.

ATHOLL. Sae the Toun's loyal?

LOGIE. Ay, but there's little in it. They wad be aa for Bothwell gin it werena for his witchcraft. It's a peety he didna stey in jeyl and staun his trial for it, insteid o brekin oot and rinnin wild.

ATHOLL. I daursay, Laird, but Bothwell's like the rest o's. He wad suner hae a haill skin nor risk his life to a trial. What were ye sayin aboot the Queen and Lennox?

LOGIE. The King has the notion that they're mair nor friends. Someane's been clypin.

ATHOLL. The Chancellor again?

LOGIE. Nane else. He had an audience in here last nicht.

ATHOLL. I kent it. God, he's an auld tod! He gat redd o the Bonnie Earl in juist the same wey. I tell ye, Logie, it's time his wings were clippit. Whan ony bune himsell begin to win favour he sterts his trickery and oot they gang. And aa the time he feathers his nest. Whaneir there's a lump o grun gaun beggin wha gets it? My Lord the Chancellor. It wad seiken ye. It hairdly peys to attend the Coort at aa.

LOGIE. Weill, my Lord, he could be redd oot the morn.

ATHOLL. Hou that? He has the King roun his fingers and the Papists at his back.

LOGIE. We could bring in Bothwell.

ATHOLL. And Bothwell wi the Toun against him for his witchcraft! Na na, Laird. There's nae gaun that gait.

LOGIE. The Toun hates Papery tae, my Lord. Gin the traffic wi the Papists gangs ower faur the Toun'll cheynge its front.

ATHOLL. I daursay, but hou faur will the traffic wi the Papists gang? The King looks aye to the English Queen for siller. He'll get nane as lang as the Papists are at Coort.

LOGIE. There's as muckle gowd in Papist Spain as there is in Protestant England.

ATHOLL. But he daurna touch the Spanish gowd!

LOGIE. Juist that! The Toun wad flee to Bothwell's side at ance, witchcraft or no. I tell ye, my Lord, the tide'll sune turn. And whan it daes we suld be ready, at Bothwell's back!

ATHOLL. Ye seem to be a freind o his.

LOGIE. I hate the Chancellor.

(*Sounds of yelling and cheering from the wynd below*)

ATHOLL. Ay, weill, we'll see. But there's the rabble in the wynd. His Grace maun be back frae the hunt.

(*Mistress Edward enters with a jug of steaming spirits and some stoups*)

MRS E (*bobbing*). Guid ein, my Lord Atholl. (*Atholl bows*) Ye're juist in time. His Grace is in the wynd. (*She places the jug and stoups on the compter and goes to the window*) Dear me, it's turnt gey quick daurk. I hope the Toun Gaird's here in time the day, for the rabble herrit the booth twa days syne, and we lost twa bales o claith. (*She pokes her head out of the shutter-hole, looks for a moment and continues*) I canna richt mak oot, wi the wind blawin at the links, but Nicoll maun hae tummlet in a moss-hole. He's thick wi glaur.

(*She pokes her head out again*)

LOGIE. He'll be a braw sicht at the table. Her Grace'll be scunnert the nicht again.

ATHOLL. It's Nicoll that peys for the meat, Laird, sae what can she dae?

MRS E (*withdrawing her head from the shutter-hole*). They're in nou. They'll be gey cauld and tired. But what were ye sayin to the Bailie, the pair o ye? He's sittin ben there like a clockin hen.

LOGIE. He couldna thole oor licht conversation.

MRS E. He says there's some ploy afute i' the Toun. But here they come.

(*The three group themselves and wait, listening. His Grace King James enters with*

Lord Spynie and Bailie Nicoll Edward. *Logie and Atholl bow low. Mrs Edward curtsies elaborately. The King walks in, loosening his jerkin at the neck, and falls plump into a chair. Nicoll Edward and Spynie also loosen their jerkins. Bailie Morison appears at the door of the dining-room, unheeded*)

THE KING (*entering, almost exhausted*). Ay weill, here we are. (*Falling into his chair*) God, I'm wabbit!

MRS E (*running to the compter for the jug and stoup*). Here, yer Grace, hae a guid lang dram.

THE KING. Thank ye. And gie ane to Nicoll, for I'm shair he needs it. Yer guid health.

MRS E. Thank ye. (*Passing Nicoll*) Oh Nicoll, ye're a sicht! (*Starting to fill another stoup*) Ye'll hae a dram, Lord Spynie?

SPYNIE. I will that. (*Taking the stoup*) Thank ye.

MRS E (*facing Nicoll with the jug in one hand and a stoup in the other*). Nicoll, what in aa the warld were ye daein to get intil a mess like that?

NICOLL (*impatiently*). Gie me a dram. I had a bit tummle.

THE KING (*taking his nose out of his stoup*). By God he had that! My guid wumman, ye gey near lost yer man the day.

MRS E. Lost my man?

THE KING. Ay lost yer man! It's a woner his neck wasna broken. He gaed clean ower his horse's heid on Corstorphine Craigs.

MRS E. Oh Nicoll, what hae I aye telt ye! Ye will hunt, and ye can nae mair sit on a horse nor flee in the air. Drink that up, see, and then cheynge yer claes.

NICOLL (*taking his stoup and raising it to his lips*). Ach I'm ower hungry.

MRS E. Oh but ye'll hae to cheynge. Ye canna sit doun aside the leddies like that. Yer Grace, I'm shair he maun cheynge his claes?

THE KING (*with his nose in his stoup*). Eh?

MRS E. I'm shair he canna sit doun like that?

THE KING (*coming up for a breath*). Like what? Whaur?

MRS E. He canna gang in for his supper aa glaur.

THE KING. Hoot, wumman, dinna be hard on him. He's stervin o hunger.

(*He buries his nose again*)

MRS E. But he'll fair shame us.

NICOLL (*having emptied his stoup in one long draught*). Eh?

MRS E. I say ye'll shame us.

NICOLL. Dinna blether, wumman. Fill up my stoup again. (*Suddenly noticing Bailie Morison*) But dear me, I didna ken we had the Bailie in the hoose.

(*All turn and look at Bailie Morison*)

MRS E. Oh ay, Bailie Morison cam to see ye, yer Grace, aboot some Toun maitter.

THE KING. Weill, Bailie, it'll hae to wait. Man, I woner at ye. Ye hae a Provost, Bailies, Deacons and a Gaird and ye come rinnin aye to me whan onything gangs wrang. What is it this time? Has there been anither coo stolen frae the Burgh Muir?

MORISON. Na, yer Grace, it's naething like that.

THE KING. Oot wi't, then. God, ye hae a gey lang face. It's naething bye the ordinar, shairly? (*Eagerly*) Ye haena foun anither witch?

MORISON. Na.

THE KING. Then what's the maitter?

MORISON (*indicating by his manner that the presence of the others makes him reluctant to speak*). Weill, yer Grace, there's mebbe naething in it.

MRS E. I'll leave ye, yer Grace, and hae the supper served in case *I'm* in the wey.

(*She curtsies and leaves, giving the Bailie a resentful look*)

THE KING. Come on Bailie, oot wi't. They're aa in my Cooncil here bune Nicoll, and he's a Bailie like yersell.

MORISON. There are horsemen getherin in Hackerton's Wynd. They're gaun to ride for Dunibrissel at the chap o seiven.

THE KING. What! Hou did ye fin that oot?

MORISON. I was brocht word frae the yill-hoose in Curror's Close. Some o the men were heard talkin.

THE KING. Whause men were they?

MORISON. My Lord Ochiltree's.

THE KING. Sae that's the wey o't? Whaur's Ochiltree the nou?

MORISON. At his ludgin in the Schule Wynd.

THE KING. Richt. Gae to the Captain o the Toun Gaird and tell him to shut aa the ports. Let naebody leave the Toun. Hurry. I'm gled ye cam. (*The Bailie bows and hurries out*) Logie, ye'll fin Ochiltree and gar him come to me. (*Logie bows and hurries out*) Atholl, did ye ken o this?

ATHOLL. Na, yer Grace.

THE KING. Did ye see naething?

ATHOLL. No a thing.

THE KING. Ochiltree rade oot o the Toun this mornin. Whan did he come back?

ATHOLL. I dinna ken.

THE KING. Hae ye been i' the Toun aa day?

ATHOLL. I cam up frae the Abbey aboot an hour syne.

THE KING. Ye wad come in by the Nether Bow?

ATHOLL. Ay.

THE KING. And ye saw nae horsemen?

ATHOLL. Ane or twa, but nane bandit thegither.

THE KING. Were they Ochiltree's?

ATHOLL. Some o them.

THE KING. I kent it! Atholl, ye'll fetch the Chancellor! At ance! (*Atholl bows and hurries out*) God, Nicoll, did ye see his face the nou? He hates the Chancellor like pousin. Spynie, ye'll haud the door, and see that nane pass in bune the anes I hae sent for. (*Spynie bows and leaves*) The doors in the wynd'll be gairdit, Nicoll?

NICOLL. Ay, but ye shairly dinna lippen to be hairmed here?

THE KING. Na, na, but I'm takin nae risks.

NICOLL. What is it that's wrang?

THE KING. Dinna heed the nou. Ye'll tell yer guid wife to let the supper stert withoot me.

NICOLL. Ye'll hae to tak a bite, though.

THE KING. Later on, I tell ye.

NICOLL. The mistress'll be gey vexed.

THE KING. I canna help it, Nicoll. Tell her I maun be left alane. Awa wi ye.

(*Nicoll retires to the dining-room. The King is obviously agitated. Spynie enters*)

SPYNIE. Yer Grace?

THE KING. Ay?

SPYNIE. Her Grace wad like to ken if ye're gaun ben for supper.

THE KING. Tell her to stert withoot me.

(*The Queen enters as he speaks*)

THE QUEEN. What, eh? Ye no come ben for supper?

THE KING. Na, I'm no gaun ben for supper! Stert withoot me!

THE QUEEN. What is it that is wrang?

THE KING. Naething!

THE QUEEN (*meaningly*). It is Ochiltree, eh?

THE KING (*angrily*). Hou in aa the warld did ye fin that oot?

THE QUEEN. Spynie. He tell me.

THE KING. Then he suld hae his lang tongue cut oot by the rute! Spynie!

(*Spynie enters*)

SPYNIE. Ay, yer Grace?

THE KING. Try to learn to keep yer mooth shut!

SPYNIE. Eh?

THE KING. Dinna gang tellin the haill hoose what's gaun on!

SPYNIE. I hae telt naebody bune her Grace.

THE KING. Ye had nae richt to tell her Grace! Gin I want her to ken what's gaun on I'll tell her mysell! Oot wi ye!

(*Spynie bows and leaves*)

THE QUEEN. That was nae wey to talk! Ye insult me! What wey suld I no ken what the ithers, they ken? Gin ye dinna tell me I will gang awa! I will stey at Lithgie and no come near!

THE KING (*pushing her persuasively*). See here, Annie, awa ben and tak yer supper.

THE QUEEN. Haunds aff! Oh I am angert! I ken what it is! Ye are feart I fin oot! Ochiltree he ride to Dunibrissel!

THE KING. No if I can help it!

THE QUEEN. What wey for no? What is wrang at Dunibrissel that Ochiltree he want to gang? The Earl of Moray. He maun be in danger! Ochiltree is his freind!

THE KING. Dinna shout, then!

THE QUEEN. I shout if I like! I yowl!

(*Spynie enters*)

SPYNIE. Yer Grace?

THE KING. What is it nou?

SPYNIE. My Lord the Chancellor.

(*Maitland of Thirlstane enters. Spynie retires*)

MAITLAND. Ye sent for me.

THE KING. Ay, Jock, the cat's oot o the bag nou!

MAITLAND. What!

THE KING. Ochiltree's back in the Toun! He's raisin men! He means to ride for Dunibrissel!

MAITLAND. He maun be stoppit! Hae ye sent for him?

THE KING. Ay.

MAITLAND. Then threaten him wi the gallows if he leaves the Toun! Hae ye ordert the Toun Gaird to shut the ports?

THE KING. Ay.

MAITLAND. Then we'll manage yet. Hou mony ken what he's efter?

THE QUEEN. I ken what he is efter!

MAITLAND. Eh!

THE QUEEN. He ride to help the Earl o Moray!

MAITLAND. Come come nou, yer Grace, what makes ye think that?

THE QUEEN. He is the Earl his freind!

MAITLAND. But what maks ye think the Earl's at Dunibrissel?

THE QUEEN. It is the Earl, his mither's hoose! He gang there aff and on!

MAITLAND. And what hairm can come to him there?

THE QUEEN. I dinna ken. But I ken ye baith hate him. I ken yer freind Huntly hate him. I ken Huntly is awa north! And ye dinna want Ochiltree to gang! Ye hae some plot!

MAITLAND. Hoots, ye're haverin!

THE QUEEN. Hoo daur ye say like that! I am the Queen!

THE KING. Ay, Jock, watch hou ye talk to her.

THE QUEEN. Ye are a bad ane! Jamie he hate the Bonnie Earl for he is jealous. What wey is he jealous? Because ye tell him lees! Ye dae the same last nicht. Ye say the Lord Lennox he luve me and I trail my skirt!

MAITLAND. Sae he daes and sae ye dae!

THE QUEEN. It is aa wrang! It is barefaced! But I ken what ye are efter. Ye mak Jamie hate me for ye want to bide at Coort! Ye ken I want Jamie to send ye awa! And ye will gang yet!

THE KING. He'll gang whan I say.

THE QUEEN. He will gang if ye say or no! He is aye ahint the bother, frae the very stert. Whan ye wantit to mairry me he say no! He say mairry the Princess o Navarre! What wey? Because the English Queen she think I wasna guid Protestant and pey him siller!

MAITLAND. That's a lee!

THE KING. Na, na, Jock, she has ye there.

MAITLAND. It's a lee aboot the siller.

THE QUEEN. It is nae lee!

MAITLAND. It is a lee!

THE QUEEN. Jamie, ye let him say like that!

THE KING. Hoots awa, there's nae need for me to interfere. Ye can haud yer ain fine.

THE QUEEN. Haud my ain. Oh, ye are hairtless! But I say he will gang!

THE KING. Na na, he's needit.

(*Spynie enters*)

SPYNIE. Yer Grace. My Lord Ochiltree.

(*Ochiltree enters. Spynie retires*)

THE QUEEN. My Lord, at Dunibrissel? What is wrang?

OCHILTREE. Yer Grace, Huntly left the Toun this mornin wi mair nor a hunder o his men, to mak for the Leith races. He didna gang near them! He crossed the Firth at the Queen's Ferry and rade for Dunibrissel! And the Bonnie Earl's there wi haurdly a man!

THE QUEEN. I kent!

OCHILTREE. There's mair to tell! I gaed to cross mysell, to see what was wrang, and was held up at the Ferry! I was telt that the King and Chancellor had ordert that nae boats were to cross!

THE QUEEN. See! I was richt! It is a plot!

MAITLAND. Sae ye cam back here and stertit to raise yer men, eh?

OCHILTREE. I did, and I'm gaun to ride for Dunibrissel if I hae to fecht my wey oot o the Toun!

MAITLAND. That's juist what ye'll hae to dae, my Lord! The ports are shut against ye!

THE QUEEN (to Maitland). Ye will let him gang!

THE KING. Haud ye yer tongue, see!

THE QUEEN. I winna haud my tongue! I will tell Lennox! I will tell Atholl!

THE KING. Stey whaur ye are!

THE QUEEN. I winna!

(She rushes out)

THE KING. Spynie! Haud the door!

SPYNIE (entering after a short lapse of time and bowing). Did ye speak, yer Grace?

THE KING. Ye thowless gowk! Did I no tell ye to haud the door?

SPYNIE. I'm haudin the door. Ye shairly didna want me to stop her Grace.

THE KING. Gae oot o my sicht! (Spynie retires with dignity) Jock, what'll we dae?

MAITLAND. Naething. Let them come.

OCHILTREE. Ye'll hae a lot to answer for, yer Grace. Huntly wasna held up at the Ferry!

THE KING. Huntly had a warrant to bring the Earl to me!

OCHILTREE. Oh, sae ye hae tricked me! Yer Grace, I'll nair forgie ye if the Earl comes to hairm. I gart him come to Dunibrissel sae that I could tak Huntly ower and end the feud atween them. Huntly was to cross wi me the morn withoot his men. Nane were to ken bune the three o's and yersell. Ye hae taen a gey mean advantage o yer knowledge!

THE KING. Man, Ochiltree, we didna issue a warrant against the Earl for naething!

OCHILTREE. What has he dune?

THE KING. He was haund in gluve wi Bothwell in the last attack on the Palace!

OCHILTREE. That isna true!

THE KING. It is! He was seen at the fute o the Canongait whan the steer was at its warst!

OCHILTREE. Wha telt ye that? Some o the Chancellor's bribed freinds!

THE KING. Ye'll see them whan they come forrit at the Earl's trial!

OCHILTREE. What wey hae they no come forrit afore this?

THE KING. Because they had to be brocht!

OCHILTREE. Ye hae tortured them! They wad say onything!

THE KING. Hoots awa, man, there's nae need to wark yersel intil a rage!

MAITLAND. Yer freind'll hae a fair trial! What mair can ye ask?

OCHILTREE. If I thocht he wad leive to see his trial!

THE KING. Guid God, man, hae ye no my word for it! (Suddenly alarmed) What's that! (The door of the dining-room opens and the Queen enters with Lennox and Atholl)

LENNOX. What's wrang at Dunibrissel?

OCHILTREE. Huntly has a warrant to bring in the Bonnie Earl!

LENNOX. What for?

THE KING. For bein a fause-hairtit traitor haund in gluve wi Bothwell!

LENNOX. Yer Grace, that isna true!

THE KING. It is!

LENNOX. Ye canna prove it!

MAITLAND. Gin we dinna prove it, Lennox, he'll come to nae hairm! He'll hae his trial afore the Lords o the Session!

LENNOX. His trial! Ye sleekit hypocrite! Ye ken as weill as the rest o's that he winna see the licht o anither day! Didna his wife's faither the Guid Regent send auld Huntly to the scaffold![8] Huntly's been cryin for revenge for years!

MAITLAND. Ach havers!

LENNOX. I tell ye it's murder, though hou ye'll be the better for't I dinna ken!

ATHOLL. He'll hae bargaint for a gey guid lump o the Earl's grun!

MAITLAND. Hou daur ye say it! Ye young blaggard, I hae a damnt guid mind to rin ye through!

OCHILTREE. Ye're in the praisence o the Queen!

THE KING. Ay, Jock, haud doun a wee.

MAITLAND. Hae I to staun here and listen to snash like that! By God, the government o this country's a gey thankless job! (To the Lords) Certies, but ye're a bonnie lot! We fin oot that a man's a fause-hairtit traitor, thick as a thief wi ane that has time and again tried to tak the life o the King, but daur we bring him to his trial? Na na, his freinds at Coort wad stop us! My Lords, ye're guilty o rank black disloyalty!

THE KING. Weill said, Jock! Ye're traitors,

_____

[8] The elder Huntly's embalmed corpse was tried and 'executed' on a posthumous charge of rebellion by the 1st Earl of Moray in 1562. See *Mary Stewart*, note 8.

ilka ane o ye! Ye wad hae yer King gang
ilka day in terror o his life! What kind o
country's this, that Bothwell's alloued to
leive? Has he no made sic a wrack o the
Palace that I canna bide in it? Has he no
haen aa the witches in Lothian raisin storms
on the watter whan I was crossin ower wi
Annie there frae Denmark? Has he no haen
dizzens o them stickin preens in my cley
corp, and brewin pousins for me oot o
puddock's bluid? And ye mak a steer,
certies, because we hae sent oot a warrant
against ane o his closest freinds!

LENNOX. By God, yer Grace, if it's
Bothwell ye're feart o ye'll hae to gang in
terror nou! Ilka man in Toun or Kirk'll rin
to his side at ance, if Huntly kills the
Bonnie Earl the nicht! I tell ye ye winna
move a fute frae yer door withoot bein spat
on by the rabble! The wrath o the Almichty
God'll be cried doun on yer heid by ilka
preacher i' the country! They'll thump their
Bibles to some tune nou!

THE KING. Let them thump! They canna
rant mair against me nor they dae at
praisent! I daurna put my fute inside a kirk
but they're at my throat for bein freindly wi
the Papist Lords! But dae they eir cry curses
doun on Bothwell? Na na! He's oot for the
life o the King! He's a favourite! But I'll
waste nae mair braith. Gin Toun or Kirk
winna help me against Bothwell the Papist
Lords will! Jock, hou mony are there i' the
Toun nou?

MAITLAND. Errol's here, wi Hume and
Angus.

THE KING. Hae they ony men?

MAITLAND. Scores.

THE KING. Then tell them to staun bye the
Toun Gaird gin ony try to force the ports!
Lennox, Ochiltree and Atholl, ye'll gang til
yer ludgings and bide there till ye hae leave
to move!

OCHILTREE. Yer Grace, ye'll regret this!

THE KING. Is that a threat?

OCHILTREE. It's nae threat to yersell, but if
Huntly kills the Bonnie Earl I winna rest till
I hae split his croun!

THE KING. The Deil tak ye, man, is there
nae Coort o Session? Gin there are ony
wrangs they can be richtit there! Awa wi ye,
and steer a fute frae yer ludgin gin ye daur!
Jock, ye'll see that my orders are cairrit oot!

MAITLAND. I will that!

THE KING. Awa then. (*Maitland goes to the
door, then turns, waiting*) Weill, my Lords?
(*The Lords stand for a moment, glaring in

anger, then Ochiltree turns and bows to the
Queen. Lennox and Atholl follow his
example. Maitland seeing that the Lords are
leaving without trouble, hurries downstairs.
The Lords go to the door. Ochiltree and
Atholl follow Maitland. Lennox turns to the
King*)

LENNOX. Yer Grace, ye tak evil coonsel
whan ye listen to the Chancellor!

THE KING. I wad tak waur gin I listened to
yersell!

LENNOX. Ye'll see yet!

(*He leaves*)

THE QUEEN. It is dune. Frae this nicht
dinna speak. Dinna touch. Dinna come
near. I hae supper in my ain room.

THE KING. Awa for God's sake and tak it,
then!

(*She stands staring at him. Tears gather in
her eyes. She turns suddenly and hurries out*)

THE KING. Spynie! (*Spynie enters*) Is Logie
there?

SPYNIE. Ay.

THE KING. Has he haen onything to eat?

SPYNIE. He's juist dune, I think.

THE KING. Let him haud the door, then.
We'll gang ben and hae a bite wi Nicoll and
the Mistress, then I'll hae a quait nicht at
my book. The Queen's awa up the stair wi
a sair heid.

(*Rab pokes his head in at the door*)

RAB. Yer Grace?

THE KING. Ay, Rab, what is it?

RAB. There were nane o yer gentlemen
aboot the door. It's Sir Robert Bowes the
English ambassador.

THE KING. What! Guid God, hae I to get
naething to eat the nicht at aa! Send him in,
Spynie. (*Spynie leaves. Rab is about to follow*)
Rab? (*Rab turns*) Is the wynd quait?

RAB. Ay, yer Grace.

THE KING. Are, there gairds at aa the
doors?

RAB. Ay.

THE KING. Awa, then.

(*Rab leaves. Spynie enters with Sir Robert
Bowes*)

SPYNIE (*bowing elaborately*). Sir Robert
Bowes.

(*He leaves*)

THE KING. Weill, Sir Robert, this is a queer
time o the day for a veesit, but ye're weill
come for aa that.

(*He holds out his hand. Sir Robert kisses it*)

SIR ROBERT. Most Gracious Sovereign, if I
call early you are gone to the chase, and if
late you have retired to your literary labours.

THE KING. Sir Robert, that soonds like a rebuke. I hope ye dinna mean to imply that naither the sport o the chase nor the airt o letters is a proper employment for a sovereign?

SIR ROBERT. I would suggest, your Majesty, that they must be held subordinate to the arts of war and government, compared with which they are but recreations.

THE KING. Na na, Sir Robert, I dinna haud wi ye there! Hae ye neir thocht, Sir Robert, that it's the weill governt country that kens the maist peace, and the ill the maist bluidshed?

SIR ROBERT. That, your Majesty, can hardly be denied.

THE KING. Then daes it no follow, Sir Robert, that the airt o government precedes the airt o war, for gin the tane is weill practised the tither isna needit?

SIR ROBERT. Undoubtedly.

THE KING. But the practice o guid government, Sir Robert, entails great wisdom?

SIR ROBERT. Most certainly.

THE KING. And whaur can we fin wisdom, Sir Robert, if no in books, that cairry aa the wisdom o the ages? And arena books, Sir Robert, the ootcome o the airt o letters?

SIR ROBERT. They are, your Majesty, indisputably.

THE KING. Then I hae ye nou, Sir Robert, for the airt o letters maun precede the twa ithers, and is therefore a proper employment for a sovereign. But the airt o letters daesna exercise the body, and for that there can be nae better practice, Sir Robert, nor the sport o the chase. The chase demands strength and courage, like the airt o war, and it keeps ane in grant fettle in case war suld arise, but it kills naebody and costs less. Nou there ye are, Sir Robert. I hope ye're convinced.

SIR ROBERT. I am, your Majesty, completely.

THE KING. I'm gled to hear it, and if ye want to improve in debate, Sir Robert, ye suld hae a warstle wi the Logic. Tak a guid look at the Socratic method. Socrates spent his haill life haein arguments, and he wasna bate ance.

SIR ROBERT. I have no doubt, your Majesty, that you will follow most worthily in his distinguished footsteps. But I hope you will meet a less untimely end.

THE KING. Deed ay, Sir Robert, I hope sae, for there's nae king but has his faes. I suppose ye hae some maitter to discuss?

SIR ROBERT. Indeed your Majesty, I have. It hath come to the knowledge of the Queen my mistress that certain of your Lords do harbour Jesuit priests, whose practice is to woo your subjects from the true religion with gifts of Spanish gold.

THE KING. Dear me, Sir Robert. Hou did this come oot?

SIR ROBERT. A certain fellow, your Majesty, a Papist, suspected of traffic with the Cardinal of Spain, was taken prisoner at the Port of London. In his possession were certain papers, your Majesty, which he did attempt to swallow on his way to jail.

THE KING. Guid God, Sir Robert, he's been a gey glutton. And hou did he fare?

SIR ROBERT. His meal, your Majesty, was interrupted, and when the rescued papers were assembled they were traced to the hand of one James Gordon,[9] a Jesuit, who resides in secret at the castle of the Lord Huntly.

THE KING. Weill, Sir Robert, it's a serious maitter. Hae ye brocht the bits o paper wi ye?

SIR ROBERT. Alas, your Majesty, no. They have been retained in London.

THE KING. What! Ye shairly dinnae ettle us, Sir Robert, to believe ony chairge against the Lord Huntly till we hae seen the prufe!

SIR ROBERT. Such proof as there was, your Majesty, was sufficient to convince the Queen my mistress. Surely you do not doubt her shrewdness in these matters?

THE KING. Sir Robert, we dinna dout her shrewdness in ony maitter, but she'll shairly see hersell that we can tak nae action against the Lord Huntly on the strength o a secondhaund story!

SIR ROBERT. Your Majesty, I think she doth expect you to accept her royal word. It is her wish that you banish the Lord Huntly from your presence, and adopt a more rigorous attitude towards the whole of your Papist subjects.

THE KING. I see. Sir Robert, I'll be plain wi ye. We welcome aye oor dear sister's royal advice for the better government o oor puir afflictit country, but she'll paurdon us, shairly, if we whiles think we ken hou the wind blaws here a wee thing better nor hersell. She's at us aye to herry and harass the Papists, but she daesna ken, mebbe, that we hae great need o them at times, and at

---

9 Banned Jesuit debater who feigned departure into exile by sea from Aberdeen. Huntly was his nephew.

nane mair nor the praisent. The great affliction o Scotland the nou isna idolatory! It's the Earl o Bothwell! And we maun bide as close wi the Papist Lords as if they were oor very Brithers, till the traitor's heid's on the spike o the Palace yett! Nou listen, Sir Robert. Gin oor dear sister were to mak us anither praisent o some siller, sae that we could fit oot a weill furnisht body o men to bring the blaggard to the gallows, something micht be done aboot the ither maitter then!

SIR ROBERT. Your Majesty, the question of money was raised in my dispatch.

THE KING (*eagerly*). Eh?

SIR ROBERT. The Queen my mistress hath instructed me to say, your Majesty, that until her wishes concerning the Papists are regarded, she can make no further grant to your exchequer.

THE KING. The Deil tak her for an auld miser!

SIR ROBERT. Your Majesty!

THE KING. Hoots man, dinna bridle up at me! By God she isna blate! She wad gar me leave mysell helpless against a man that's been oot for my bluid for the last year or mair, juist because twa or three Papists here hae written letters to their freinds abroad! And aa this, certies, withoot the promise o a bawbee! By God, Sir Robert, I woner at yer effrontery in comin up the nicht!

SIR ROBERT. Your Majesty, if you have ought to answer when you have considered the matter further, you will be pleased to send for me! Till then, I pray, you will allow me bid farewell!

(*He bows*)

THE KING. Sir Robert, the suner ye're doun the stair the better. Ye hae held me frae my meat for naething! Spynie!

(*Logie enters*)

LOGIE (*bowing*). My Lord Spynie's haein his supper, yer Grace.

THE KING. Ay weill, Logie, show Sir Robert doun the stair. I'm gaun for mine.

(*He goes into the dining-room. The two who remain suddenly assume the manner of conspirators. Sir Robert beckons Logie aside from the door. He takes a letter from his tunic*)

SIR ROBERT. This letter is for the Lord Bothwell. Will you see it safely delivered?

LOGIE (*looking furtively at each door in turn*). Shairly, Sir Robert.

SIR ROBERT (*handing over the letter*). The Queen my mistress will reward you well.

(*He leaves quietly. Logie hurriedly places the letter in an inner pocket and follows him*).

CURTAIN

ACT TWO

The Kingis chalmer in the palace of Halyroudhous, Edinburgh, xxiv July, 1593. *Morning.*

The King's bed-chamber in Holyrood House. In the left wall, downstage, a small door leading to a dress-closet. Upstage from this a large window in a deep recess. In the middle of the back wall a wide fire-place. Right of this a large door leading to the King's audience-chamber. In the right wall, downstage, a small door leading to the Queen's bed-chamber.

Against the back wall, left of the fire-place, a large four-poster bed with elaborate hangings. Left of the bed a carved kist, and right an armchair. By the right wall, upstage from the door of the Queen's chamber, a table with a chair behind it.

A narrow shaft of sunlight slants across from a slight opening in the drawn curtains of the window. There is no fire in the grate. The hangings of the bed are drawn close.

The Queen enters stealthily from her chamber, tiptoes to the bed, listens, and keeks through the hangings. She tiptoes to the door of the audience-chamber. She opens it quietly. She admits Lady Atholl with the Earl of Bothwell and John Colville. The men carry drawn swords. The Queen and Lady Atholl retire silently to the Queen's chamber. Bothwell and Colville stand expectantly beyond the fire-place from the bed.

The clock in the steeple of the Canongait Tolbooth strikes nine. The King parts the curtains at the far side of the bed and emerges in his nightshirt. He sits on the edge of the bed and rubs his eyes. He rises, parts the window-curtains, and looks out.

THE KING (*yelling*). Spynie!

(*Starting to loosen his nightshirt he goes into his closet. Colville makes to move. Bothwell restrains him*)

BOTHWELL. He canna win oot that wey. It's his dressin-closet.

(*A shot is fired somewhere within the Palace. A brawl is started. More shots follow, accompanied by shouts and the noise of clashing weapons. The King rushes in from his dressing-closet, naked, but carrying his shirt. As he comes round the foot of the bed he sees Bothwell. He halts, hastily wrapping his shirt round his loins)*

THE KING. Bothwell!

(He runs to the Queen's door. It is locked)

THE KING *(pulling at the handle)*. Annie! Annie! Open the door! Let me in! Annie!

(He receives no reply. He turns at bay. Bothwell steps to the foot of the bed, facing him with his sword held threateningly)

THE KING *(yelling at the pitch of his voice)*. Treason! Treason!

BOTHWELL. Ay, ay, my bonnie bairn. *(Moving round and forcing the King back into the chair beside the bed)* Ye hae gien oot that I ettle to tak yer life. It's in this haund nou!

THE KING *(crouching back in the chair fearfully, almost in tears)*. Ye traitor, ye hae shamed me. Strike and be dune wi't! I dinna want to leive another day.

(Lennox, Ochiltree and Atholl appear at the door of the audience-chamber. Bothwell and Colville suddenly drop their threatening manner and start to act a pre-arranged part. The King's bearing changes. A note of hopeful excitement creeps into his voice)

THE KING. Come on Francie, feenish what ye hae stertit! Tak yer King's life. He's ready to dee!

BOTHWELL *(dropping elaborately on his knees)*. Maist Gracious Sovereign.

COLVILLE *(likewise)*. Maist Clement Prince.

THE KING *(almost jubilant)*. Na na, ye hypocrites, ye needna kneel! Ye were for rinnin me through!

BOTHWELL. We submit oorsells maist humbly to yer royal mercy.

THE KING. Ye leears, ye're cheyngin yer tune because the Lords are here! What are ye daein in my chalmer at aa? Hou did ye win past the gairds? Arena yer swords drawn nakit in yer haunds?

BOTHWELL *(holding his sword by the blade and kissing the hilt)*. Yer Grace, my sword is at yer service. *(Presenting it)* Tak it, and strike my heid frae my shouthers gin eir I hae wished ye ill.

THE KING *(shrinking back from the sword)*. Did eir ye hear sic rank hypocrasy! My Lords, ye hae him reid-haundit for high treason! Hack him doun! *(None makes any move to obey)* Come on Lodovick! He cam in here wi bluidy murder in his hairt! Hae I to ask ye twice to redd me o him?

LENNOX. He hasna ettled ony ill, yer Grace.

THE KING. What! Nae ill! Atholl! Ochiltree! *(Neither responds to his appeal. A note of fear creeps into his voice)* Sae ye're aa against me.

OCHILTREE. Yer Grace, ye need fear nae ill to yer person.

THE KING. Dae ye think I dinna ken what that means? Hae I no heard it afore! Ye're for lockin me up, are ye, like the auld Lords at Ruthven![10] Ye think to haud me in yer pouer and rin the country for yer ain ends! I tell ye thae days are bye! I'm a bairn nae langer! I'm twenty-seiven year auld, and I hae mair sense nou nor submit to ye! Gin I dinna sign yer enactments what can ye dae? Threaten to kill me? Ye ken ye daurna! The haill country wad turn against ye!

BOTHWELL. Yer Grace, ye hae sair mistaen us.

THE KING. Rise up aff yer knees, man, and end this mockery! Ye hae come to gar me gie ye back yer grun! But ye may threaten till ye're blue i' the face! I winna heed ye!

BOTHWELL *(having risen at the King's order)*. Ye'll hae to! Ye haena a freind!

(Ochiltree and Atholl guard the door. Bells in the Town and Canongait can be heard ringing in alarm)

THE KING. Dae ye think the Toun'll let ye tak me? Hearken to the bells! In ten meenits ye'll be pouerless!

BOTHWELL. The bells can ding till they crack for aa the help the Toun'll gie ye! The Kirk and the Guilds are for me! And ye haena a freind i' the Palace that isna weill tied wi towe.

THE KING. I hae freinds elsewhaur wha winna fail me!

BOTHWELL. If it's Huntly ye mean his haunds are fou! Atholl's seen to that!

THE KING. Atholl, I micht hae kent it! Yer wife's[11] turnt yer heid! She's been up to naething but mischief sin the day I sent her faither to the gallows!

ATHOLL. She has nae haund in this maitter!

THE KING. Then what are ye efter? Ye're for the Kirk, nae dout. Ye want Huntly and the ither Papists put to the horn!

ATHOLL. What wey no! They're traitors! They hae plottit wi Spain!

THE KING. They hae grun that lies gey near yer ain!

---

[10] See *Toom Byres*, note 10.

[11] Mary Ruthven, daughter of the leader of the Ruthven Raiders.

ATHOLL. They hae grun that suldna belang to them!

THE KING. Juist that! It suld belang to yersell!

ATHOLL. It micht, gin it hadna been for Maitland! What richt has he to dae the sharin?

THE KING. He's Chancellor and daes the will o the Cooncil!

ATHOLL. Then Chancellor and Cooncil maun be cheynged!

THE KING. Hou daur ye say it!

LENNOX. Yer Grace, we want to save ye frae yer supposed freinds!

THE KING. Supposed freinds! Ay, Lodovick, I hae some supposed freinds, some that I cherish like brithers and lavish wi ilka favour at a King's command. And what dae they dae? Hing aboot the tail o Annie's skirt, and try their best to turn her heid!

LENNOX. It's a lee!

THE KING. A lee! Can I no believe my ain een? I catch ye wi yer heids thegither ilka time I turn a corner!

LENNOX (gripping his hilt). Gin ye werena King I wad rin ye through!

OCHILTREE (to Lennox). My Lord, we arena here to threaten his Grace's life!

THE KING. What are ye here at aa for?

OCHILTREE. It's weill ye ken! We had a freind slauchtert in cauld bluid! Justice hasna been dune against his murderers!

THE KING. Justice has been dune! Twa o Huntly's men were beheidit!

OCHILTREE. And Huntly himsell? It was he wha dang the Bonnie Earl doun!

THE KING. He was put in jeyl for it!

OCHILTREE. For seiven days! Then he was all--oued oot!

THE KING. He was let oot on a caution!

ATHOLL. And he didna pey it!

THE KING. Ye canna blame me for that!

OCHILTREE. He suld hae been keepit in! He suld hae been sent to the gallows at ance!

THE KING. That was a maitter for the Lords o the Session!

OCHILTREE. Juist that! It was a maitter for Maitland and the rest o his freinds, and they made shair he cam to nae hairm! I tell ye Maitland suld feel the towe on his thrapple tae! It was he wha sent oot Huntly to bring the Earl in!

THE KING. He did it wi my authority!

OCHILTREE. Efter fillin yer heid wi lees! And he did it kennin weill what the upshot wad be!

LENNOX. He wasna the only ane wha kent what the upshot wad be!

THE KING. Eh!

LENNOX. Ye had yer ain reasons for winkin at the murder!

THE KING. By God, Lodovick, gin I werena pouerless ye wad swallow that! The Bonnie Earl was my best freind till he jeynt wi Bothwell there!

LENNOX. Ye turnt against him afore that! And it was Maitland's faut again! He telt the same lees aboot the Bonnie Earl as he daes aboot me!

THE KING. They werena lees!

OCHILTREE. I tell ye they were, and he'll pey for them dearly!

THE KING. He's peyed eneugh! He was banisht frae the Coort!

OCHILTREE. He's on his wey back nou! Ye sent for him twa days syne!

THE KING. Whaur was I to turn? There wasna ane o ye I could depend on! Even Logie was plottin ahint my back, and he hadna been in jeyl for't for twa days whan ye alloued him to brek oot!

LENNOX. It was ane o her Grace's leddies that let him oot![12]

THE KING. Wha put her up to't? Ye were aa in the plot!

LENNOX. We were aa against Maitland!

THE KING. My only freind!

LENNOX. Yer warst fae!

THE KING. He hasna betrayed me to traitors! Ye're a queer lot to miscaa Jock! But I winna gie in to yese! I'll set my haund to naething! And gin Bothwell wants his grun back he'll hae to staun his trial for witchcraft!

BOTHWELL. That's juist what I'm here to dae!

THE KING. What!

BOTHWELL. I'm willin to staun my trial as sune as ye like.

THE KING. Then by God I hae ye nou! I hae eneugh evidence to hae ye brunt twice ower!

BOTHWELL. The evidence o tortured auld weemen!

THE KING. The evidence o vicious auld beldams wi the merk o the Deil's cloven fute on their skins!

BOTHWELL. Brunt on wi a reid-hot airn!

THE KING. Stampit on by the Deil himsell! And there's Ritchie Graham[13] the wizard!

---

[12] Margaret Vinstar. Cf. 'The Laird o Logie' in Scott's *Minstrelsy* (Child, 182).

[13] Key testifier for the State against Bothwell. See also note 19.

I hae clear prufe that ye warkit a spell wi him to pousin me! He confessed the haill ploy!

BOTHWELL. Efter haein his legs torn gey near aff him!

THE KING. What wey no? The Deil gies strength to his ain! It's aye the warst that hae to be maist rackit to confess!

BOTHWELL. We'll see what the new Lords o the Session think o that!

THE KING. The what!

BOTHWELL. We're gaun to cheynge Coort, Cooncil, Session and aa!

THE KING. I tell ye ye shanna! I'll let ye dae yer warst!

BOTHWELL (threatening with his sword). Then by God we'll dae it!

THE KING (shrinking back). Ye blaggard! Tak yer sword awa! Ye daurna kill an anointit King!

BOTHWELL. It's been dune afore this! Think o yer faither!

THE KING. A gey wheen gaed to the gallows for that!

BOTHWELL. Then think o yer mither![14] Nane hae suffert for that yet!

THE KING. Hae ye forgotten the steer it rase?

BOTHWELL. Weill I micht, whan her ain son let it pass!

THE KING. What dae ye mean by that, ye leear?

BOTHWELL. Ye could hae saved her gin ye'd tried! The English wadna hae daured beheid her gin they'd thocht ye'd tak a firmer staun!

THE KING. I did aa I could!

(A murmur outside indicates that the people of the Town and Canongait are gathering below the window)

BOTHWELL. Ye did naething but bluster wi yer tongue in yer cheek! Ye were feart to offend them in case ye lost yer claim to the succession! Ye're that greedy for the English Croun ye wad sell yer sowl to the Deil for it! Colville, see what's gaun on oot bye.

THE KING. The folk o the Toun are here to save me! Let me on wi my sark. (Concealed from the others, and the audience, by the bed, he hurriedly pulls on his shirt) I'm gaun to the winnock.

BOTHWELL. Ye're no gaun to the winnock till we hae everything settled.

THE KING. They're here to save me! (Moving from the bedside) I'm gaun to the winnock!

BOTHWELL (sword in hand). Mak ae move and I'll cut ye into collops!

COLVILLE. I see Hume the Provost and auld Sir Jamie Melville!

BOTHWELL. Keep back, then!

LENNOX. Wha else are there?

COLVILLE. Juist the rabble o the Toun.

THE KING. The Toun Gaird'll sune be doun!

BOTHWELL. The Toun Gaird's thrang elsewhaur! We hae seen to that! Ye'll hae to come to tairms to save yer face!

THE KING. Whaur are the Bailies?

BOTHWELL. The Bailies are roun at the yett wi the Preachers! They're waitin to be askit in to tak pairt in the agreement!

THE KING. Oh ye deil, to bring the Preachers in! They'll tell the haill story in aa their kirks! Ye'll shame me afore the haill country! Kill me! Kill me! I tell ye! I winna face them!

OCHILTREE. Yer Grace, they needna ken ye were threatent!

THE KING. They ken Bothwell's here! They kent he was comin!

LENNOX. They think he cam to seek his paurdon!

THE KING. I winna hae them in, I tell ye!

BOTHWELL. Ye'll hae to!

(The noise below the window increases. There is a little shouting and scuffling within the Palace)

THE KING. There's help comin!

BOTHWELL. I tell ye ye hae nae chance!

THE KING. Whaur's Spynie?

BOTHWELL. Spynie's on gaird at the yett, for us!

THE KING. Anither traitor!

BOTHWELL. I tell ye ye haena a freind!

(The noise below the window increases further)

COLVILLE. Ye'd better hurry! The croud's growin bigger!

OCHILTREE. I dout he'd better gang to the winnock.

BOTHWELL (closing on the King threateningly). Listen, then. Ye'll hae to grant Colville and mysell remission and gie us back oor grun!

LENNOX (likewise having drawn). And Maitland maun be keepit frae the Coort!

ATHOLL (likewise). And Huntly maun be put to the horn!

THE KING (shouting through his terror). It's for me to say what's gaun to happen!

BOTHWELL. Ye'll say what's gaun to happen! But ye'll say what we tell ye!

OCHILTREE. Come on, yer Grace, put a face on it.

LENNOX. Ay, come on!

ATHOLL. Time's rinnin short!

COLVILLE. We'll hae to dae something sune! They're aa cryin up!

BOTHWELL (*sheathing his sword and gripping the King by the shoulders*). Gin ye dinna gie in I'll cairry ye ower to the winnock juist as ye are!

THE KING (*almost in tears*). Aa richt. I'll gie in the nou. But by God wait!

BOTHWELL (*to Atholl*). Whaur are his breeks?

THE KING. They're in the closet.

BOTHWELL. Fetch his breeks, Lennox.

LENNOX (*indignantly*). My Lord, ye forget yoursell!

OCHILTREE. I'll fetch them.

(*He goes into the dressing-closet*)

COLVILLE. They're cryin for the Queen tae!

OCHILTREE (*coming in from the closet*). This is the only pair I can fin.

BOTHWELL. They'll dae. Help him into them.

COLVILLE (*to Bothwell*). They want the Queen, my Lord!

LENNOX. I'll fetch her.

THE KING. See that! He wadna fetch my breeks, but he'll gang for Annie!

LENNOX. I wasna ordert to gang for Annie!

(*As he leaves there is a sudden knock at the door of the audience-chamber*)

BOTHWELL. See wha that is, Atholl.

(*Atholl opens the door of the audience-chamber. Spynie enters*)

THE KING (*to Spynie*). Ye fause-hairtit traitor!

BOTHWELL. Haud yer tongue and put yer claes on!

THE KING. He'll hing for this yet! I want my doublet.

BOTHWELL. Colville, fin the rest o his claes.

(*Colville goes into the closet. To Spynie*) My Lord, hae ye everything in order?

SPYNIE. Ay. Mar and Glamis pat up a bit fecht, but they're awa oot the Lang Gait nou wi their tails atween their legs.

BOTHWELL. Wha else is against us?

SPYNIE. Melville and the Provost are ablow the winnock wi the Toun rabble, but they haena mony o their ain men.

BOTHWELL. Will the rabble gie ye ony bother?

SPYNIE. Na, they juist want to ken if the Queen's safe.

THE KING. They want to ken if *I'm* safe!

(*Colville comes in from the closet with a doublet and belt*)

BOTHWELL. Gin ye dinna bide quait ye'll be strippit again! Keep him thrang, Colville. (*To Spynie*) Are the Bailies and the Preachers ready?

SPYNIE. They're eatin their heids aff at the yett.

BOTHWELL. Richt, we'll hae them brocht in. Atholl, put them in the ither chalmer and haud them there till we're ready.

(*Atholl leaves*) Ochiltree, gae oot and treat wi Melville and the Provost. Try to keep them quait. The less steer we hae the better.

(*Ochiltree bows to the King and follows Atholl*) Back to the yett, then, Spynie. Wha's haudin the coortyaird?

SPYNIE. Morton. He has it weill in haund.

BOTHWELL. Richt, then.

(*Spynie leaves. Lennox enters with the Queen*)

THE KING (*to the Queen*). Oh here ye are! What wey was yer door lockit?

THE QUEEN. It is my ain door. I lock it if I like.

THE KING. Ye maun hae kent they were comin!

THE QUEEN. What if I dae! I telt ye I dinna want Maitland, and ye for bring him back!

THE KING. Ye sleekit jaud. Ye fause-faced jezebel!

(*There is a sudden crash of broken glass from the window*)

LENNOX. They're throwin stanes at the winnock!

BOTHWELL. We'll hae to hurry! Yer Grace, gae ower and cry doun that ye're safe, but say ae word o bein threatent and I'll hack ye doun!

(*There is another crash, and a stone lands on the floor*)

THE KING. Guid God, look at that! Dae ye want to hae me staned?

BOTHWELL. They'll stop whan they see ye.

THE KING. Lennox, gae ye first!

BOTHWELL. It's ye they want, no Lennox!

THE KING. I tell ye I'll be staned.

BOTHWELL (*drawing*). Ower to the winnock!

(*The King jumps hastily into the window recess. The murmur below gives way to a profound silence*)

PROVOST (*from below the window*). Are ye aa richt, yer Grace?

THE KING (*shouting loudly*). I dinna ken yet, Provost.

PROVOST. Dae ye need help? Say the word

and I'll ding the doors doun and redd ye o ilka traitor near ye!

THE KING. Hou mony men hae ye?

PROVOST. Abooth three score.

BOTHWELL. Tell him I hae fower hunder!

THE KING (to the Provost). Dinna stert ony steer the nou, then. We're in nae danger.

MELVILLE (also from below). Whaur's the Queen?

THE KING. She's safe ahint me, Sir Jamie.

MELVILLE. Gar her come forrit. We want to see her.

(The murmur rises again)

THE KING (to Bothwell). They want to see Annie.

BOTHWELL (to the Queen). Yer Grace, staun forrit aside him. Gie them a wave and a smile.

(The Queen goes to the window. There is a great outburst of cheering)

LENNOX. That shows whause side they're on.

(As the cheering dies a little Melville's voice is heard again)

MELVILLE. Can we come in?

BOTHWELL. What daes he say?

THE KING. He wants to come in.

BOTHWELL. Tell him to meet Ochiltree at the yett. He can bring the Provost in tae.

THE KING. Gae roun to the yett wi the Provost and meet my Lord Ochiltree. He'll bring ye in.

BOTHWELL. And tell the rabble to gang awa hame.

THE KING. I winna!

BOTHWELL. They can dae ye nae guid! Send them awa hame oot o the wey! If they fecht they'll juist be slauchtert!

THE KING (shouting to the rabble). The rest o ye maun gang awa peaceably and quaitly ilka ane til his ain hame. Ye can dae naething but mischief bandit thegither wi weapons in yer haunds. Yer King and Queen are in nae danger. Bothwell's here, but he cam in aa humility to seek his paurdon. He's gaun to staun his trial for witchcraft. (A murmur of dissent arises. There are shouts of "Hang the Papists!")

MELVILLE. They dinna want to gang yet. They want to bide and hear what's what.

THE KING (to Bothwell). They want to bide.

BOTHWELL. Tell them to gang roun to the Abbey Kirkyaird and bide there till we hae come to tairms.

THE KING. Ye can dae nae guid makin a steer ablow the winnock. We hae grave maitters o state to discuss. Gin ye're ower anxious for oor safety to leave us yet gae awa roun to the Abbey Kirkyaird[15] and bide there for hauf an hour. By that time we'll mebbe hae a proclamation to mak, for we're haein in the Bailies and the Preachers. (There is a great burst of cheering at the mention of the Bailies and the Preachers. The King shouts through it) See that they dae as they're telt, Provost, and then mak haste to come in.

(The King and Queen come from the window. The noise of the rabble gradually dies away)

THE KING (to Bothwell). The haill Toun seems to ken what ye're here for! It's weill seen ye hae the Preachers in yer plot!

BOTHWELL. I tell ye I hae aa ahint me bune the Papists!

THE KING. Ye micht hae keepit the Toun frae kennin! They'll be haudin me up to ridicule in their silly sangs! Ye'll destroy the authority o the Croun!

(Atholl enters from the audience-chamber)

ATHOLL (to Bothwell). I hae the Bailies and the Preachers here.

BOTHWELL. Richt. (To the King) Sit doun ower there and stop haverin. (He indicates the chair beside the table) Look as dignified as ye can. Hou mony are there, Atholl?

ATHOLL. A dizzen athegither, but they hae chosen three spokesmen.

BOTHWELL. Hou mony Preachers?

ATHOLL. Ane, juist. Maister Bruce, I think.

THE KING. Guid God, we'll suffer for oor sins nou!

BOTHWELL. Haud yer tongue, will ye! Bring them in, Atholl.

(Atholl leaves)

BOTHWELL (to Lennox). My Lord, dinna staun sae near her Grace or Maister Bruce'll be scandalised. Will ye sit doun, yer Grace? Attend her, Colville.

(As Colville escorts the Queen to the chair beside the bed Atholl admits the Bailies Edward and Morison and the Preacher Robert Bruce. All bow to the Queen as they enter. Bothwell, Lennox and Colville step into the background)

THE KING (before they have finished bowing). Here ye come. Hech, sirs, but ye're a bonnie lot. Ye mak a conspeeracy against the Croun, and get an ootlawed traitor to dae yer dirty wark.

---

[15] Immediately adjacent to the palace. The King's address from the window was witnessed by Melville (depicted in the crowd) who described the scene in his *Memoirs*.

BRUCE (*straightening up*). Oor cause is the Lord's!

THE KING. I tell ye it's the Deil's! Whan did the Lord stert to mak use o meddlers wi witchcraft?

BRUCE. It isna even for a King to speir at weys abune his comprehension!

THE KING. Damn ye, man, what isna abune yer ain comprehension is weill within mine!

BRUCE. Curb yer profane tongue and dinna provoke the wrath o the Almichty God! It wad fit ye better to gang doun on yer knees and gie Him thanks for yer delivery, for it maun hae been charity faur abune man's that shieldit ye frae hairm this day!

THE KING. It was my royal bluid that shieldit me frae hairm!

BRUCE. And wha gied ye that?

THE KING. Wha eir it was, he gi'd nane to yersell!

BRUCE. He ordaint me a Preacher in His haly Kirk!

THE KING. Havers! Ye were ordaint by the Moderator o yer Assembly!

BRUCE. He had the Lord's authority!

THE KING. He had the authority o the ranters wha electit him to office, a wheen delegates frae yer district presbyteries! And wha electit them? In the lang rin it was the congregations o yer kirks, folk frae the wynds and closses o the touns and the cot-hooses o the landward pairishes! I tell ye yer Moderator daes the will o the rabble! He has nae mair claim to the Lord's authority nor the souter wha puts tackets in his shune!

BRUCE. He acts accordin to the Book!

THE KING. The Book maun be interpretit! What richt has he to claim infallabeelity?

BRUCE. He seeks the guidance o the Lord in prayer!

THE KING. Ony donnart fule can dae that! Afore a man can claim authority in speeritual maitters he maun hae ae thing that yer Moderator hasna! He maun hae the pouer by Divine Richt to enforce his decrees! Nou whause poseetion cairries that wi't? No yer Moderator's, I tell ye, but yer King's!

BRUCE. A king's pouer is temporal!

THE KING. It's temporal and speeritual baith! A king's the faither o his subjects, responsible for the weilfare o their minds and bodies in the same wey as ony ordinary faither's responsible for the weilfare o his bairns! He is, I tell ye, for his bluid rins awa back through a lang line o kings and patriarchs to its fountain-heid in the first faither o mankind! And the first faither o mankind was Adam, wha gat his authority straucht frae the Lord, wha made him in His ain eemage, efter His ain likeness!

BRUCE. Ye forget that Adam sinned and fell frae grace! There was nae salvation till the Saviour cam! And He investit his Authority in His twelve Disciples, whause speeritual descendants are the Preachers o the Kirk!

THE KING. What richt hae ye to say that? Yeir heids are aa that swalt wi conceit that I woner ye acknowledge ony God at aa!

BRUCE. We acknowledge God afore the King, and in his Kingdom we hae authority and ye haena!

THE KING. Ye can hae nae authority withoot the pouer to enforce it! God didna grant ye that!

BRUCE. He grantit it this very day, whan he lent the Kirk the help o His servant Bothwell!

THE KING. Guid God, sae it's God's wark to rise against the Croun! Shairly gin I'm King by God's grace, as ye acknowledged yersells at my coronation, it maun be His will that I suld hae allegiance!

BRUCE. Ye hae oor allegiance in temporal maitters, but whan ye use yer authority to hinder the wark o the Kirk we own nae allegiance bune to God Himsell!

THE KING. And hou hae I hindert the wark o the Kirk? Damn it, it isna fower days sin the Three Estates gied ye aa ye could ask for! Ye had an inquisition ordert against seminary priests, and a statute passed against the Mass! And yer stipends were aa exemptit frae taxation! What mair dae ye want?

BRUCE. We want ye to acknowledge oor independence o the Temporal Pouer! We canna haud an Assembly withoot yer consent! And we want an act o attainder passed against the Papist Lords![16]

THE KING. Oho! An act o attainder! What can be mair temporal nor that?

BRUCE. In this case it concerns the weilfare o the Kirk!

THE KING. Juist that! I hae ye confoundit oot o yer ain mooth! Ye're in the horns o a dilemma! Gin the Kirk suld be independent o the Temporal Pouer it daesna need acts o attainder! Gin it daes it canna be independent o the Temporal Pouer! Ye're flummoxed, I tell ye!

---

[16] Decree without trial abolishing rights to life and property. See *Torwatletie* (note 7) and *Flouers o Edinburgh* (note 1).

BRUCE. Whan the Temporal Pouer interferes wi the weilfare o the Kirk it's for the Kirk to interfere wi it! Ye hae favoured the warst enemies o the Kirk and o Scotland baith, and gin ye winna cheynge yer coorse it maun be cheynged for ye! The Papist Lords hae plottit to betray us to the Spaniard and force us back into the daurkness o idolatry! They wad hae us bend oor knees to the graven eemage and gie oorsells to mummery and ritual! It canna and it shanna be! They maun be cleaned oot o the country rute and branch, wi fire, sword and the gallows!

BOTHWELL. Amen. We can caa that maitter settled, then, I think.

THE KING. It isna settled! It canna be settled here! It's a maitter for my Cooncil.

BOTHWELL. We had come to tairms, I think, afore oor reverent freind was brocht in. Gin I were ye I wadna stert the haill thing ower again.

THE KING. Yer reverent freind! (*Turning to the others*) Ye wad think butter wadna melt in his mooth, and afore ye cam in he was dictatin to me at the peynt o the sword!

NICOLL. Weill, yer Grace, I wad haud my tongue aboot it. It canna be helpit nou.

THE KING. Na! It canna be helpit nou! But it could hae been gin it hadna been for ye and ithers like ye! Ye suld think shame o yersell, man, turnin against me wi a lot o grun-greedy Lairds and bumptious fanatics o Preachers! What hairm hae I ere dune the like o ye?

NICOLL. Ye hae dune nae hairm yersell, but ye hae been sair misguidit by yer coonsellors! For yer ain sake they maun be cheynged!

THE KING. Ye turn gey presumptuous nou ye hae me pouerless! Misguidit by my coonsellors, forsooth. It'll be a bitter day this if I hae to sit helpless and listen to advice on the government o my country frae a wheen Toun Bailies that keep twa-three hauf-sterved kye on the Burgh Mair and dae a bit tred ahint a coonter!

MORISON. Ye're gey weill indebtit to some o the same Toun Bailies!

THE KING. Sae it's the siller that's botherin ye! Hae I no promised that ye'll baith be peyed back aa I owe ye?

NICOLL. I haena gien the siller a thocht!

THE KING (*indicating Morison*). Na, but he has, and he's been peyed back mair nor ony o ye! Glamis the Treasurer sent him some o the Croun plate no a fortnicht syne!

MORISON. Twa cups and an ashet! They werena worth fower thoosand punds Scots! Ye owe me aboot eleeven thoosand!

THE KING. Ye'll be peyed, I tell ye, gin ye'll juist hae patience!

MORISON. I'll hae gey need o patience if Maitland and Glamis are to bide in office! They squander aa yer rents amang themsells and their freinds!

THE KING. It isna for the pat to caa the kettle black! Ye're aa oot for what ye can get!

NICOLL. Yer Grace, ye wrang *me* if ye think that! But ye ance acceptit my hospitality, and I'm grieved to think it suld hae been in my hoose that the murder o the Bonnie Earl was planned!

THE KING. There was nae murder planned!

NICOLL. There was by the Chancellor!

THE KING. Havers!

ATHOLL. It's the truith! He did it for a lump of grun in the Carse o Stirlin that he bargaint for wi Huntly!

THE KING. Wha telt ye that? Ye're sic a glutton for grun yersell that ye canna see past it! The Chancellor gied oot a warrant on my instructions! He had nae thocht o the Earl's daith or the Carse o Stirlin aither!

ATHOLL. He's efter aa the grun he can lay his haunds on!

LENNOX. He tried to steal the very grun that was settled on her Grace whan she mairrit ye!

THE KING. Her Grace! What hae ye to dae wi her Grace's affairs? (*To Bruce*) There's a target for ye, Maister Bruce, gin ye want to rant against ineequity at the Coort! Gie *him* a taste o yer fire and brimstane! Tell him to fin a wife o his ain!

LENNOX. Her Grace is praisent!

THE KING. It'll dae her guid!

THE QUEEN (*rising*). I am affrontit! (*To Lennox*) Tak me awa!

(*There is a sudden knock at the door of the audience-chamber and Ochiltree enters. Sir James Melville can be seen in the doorway behind him*)

OCHILTREE (*to the King*). I hae Sir Jamie Melville here, yer Grace.

BOTHWELL. Whaur's Hume the Provost?

OCHILTREE. He was feart to come in whan he kent oor strength. He's for fleein the Toun.

BOTHWELL. That's him settled, then. We'll hae in Sir Jamie.

(*Ochiltree motions in Sir James, who immediately approaches the Queen as she stands hesitant before her chair*)

MELVILLE (*bowing over the Queen's hand*

and kissing it). Yer Grace, I'm glad to see ye safe. Is his Grace aa richt? (*He turns and looks round. When he sees the King he approaches him with elaborate courtliness*) Yer Grace, I thank God wi aa my hairt for yer delivery. (*He kisses the King's hand*) I had thocht ye were in peril o yer life.

(*The Queen quietly resumes her seat*)

THE KING. Ye werena faur wrang, Sir Jamie. That blaggard wad hae killed me gin it hadna been for the steer ye made ablow the winnock.

OCHILTREE. That isna true! (*To Melville*) He's been cairrit awa by the excitement. My Lord Bothwell cam in juist to seek his paurdon and offer to staun his trial.

THE KING. He cam in here to gar me cheynge my Officers o State!

BOTHWELL. And wi aa respect to Sir Jamie we're gaun to dae it!

THE KING. There ye are! Ye hear him! They hae aa been at it!

OCHILTREE. We thocht it time to save ye frae evil coonsel!

BRUCE. And to turn ye frae the Papists to the service o the Kirk!

THE KING. Listen to that! That's hou he thinks he suld address his King. He treats me like some trollop on his stule o repentance that's haen a bairn on the wrang side o the blanket!

BRUCE. Ye're guilty o a blacker sin nor that, for ye're on yer wey to beget Prelacy and Papery!

THE KING (*shouting wildly*). For God's sake dinna stert again! Save yer braith for the Saubbath!

MELVILLE (*shocked*). Yer Grace! I'm grieved to hear ye sae faur forget yersell as to tak the name o the Lord in vain!

THE KING. Guid God, sae ye hae come to preach at me tae!

MELVILLE. Gin ye mean I'm in the plot against ye, yer Grace, ye're faur wrang. Ye ken I hae been aye a loyal subject, firm against feids and factions, and thrang for the establishment o order, but I'm an aulder man nor ye are, and hae served yer puir mither afore ye, and I wad be wantin in my duty as a coonsellor gin I didna reprove ye whan ye uttered a word that wasna seemly, or behaved in a wey that didna befit yer exaltit state. And this muckle I will say, though I hae nae haund in this mornin's wark, that the Lords here praisent hae mair in their favour nor the faction o the Papists.

THE KING. The auld sang, Sir Jamie. The auld sang. But cairry on. We hae the haill mornin.

(*As his speech proceeds the Lords gradually sit, obviously wilting*)

MELVILLE. Gin we were to listen for a haill week, yer Grace, ye couldna hear ower muckle guid advice! And I think I may weill claim to be able to advise ye, for I hae served in mony a coort abroad as weill as at hame here, and gien a lang life's study to the warks o the warld's great scholars. The foremaist o a prince's aims, yer Grace, suld be the advancement o the true releegion, for gin we neglect God we canna prosper. Therefore ye suld show a guid example, first in yer ain person, for it's on ye as his Sovereign that ilka man's ee is fixed, and second by yer choice o coonsellors and freinds, for gin the men ye maist favour are godly and richteous, there can be nae fear in the minds o yer subjects that their Prince is corrupt. And nou I maun tak a liberty that I hope ye winna resent, for ye're a scholar yersell, and ye'll ken what Theopompis answert when he was askit hou a king micht best rule his realm. He said, 'By grantin liberty to ony man that luves to tell him the truith'. Yer Grace, I'm gaun to tell ye the truith nou. Ye hae brocht aa yer troubles on yersell by yer ill choice o freinds. Ye hae spent yer days wi idolators, and offendit the maist o yer subjects. Nae king can afford to dae that, for as Plutarch said to the Emperor Trajan, 'Gin yer government daesna answer the expectation o yer people, ye maun be subject to mony dangers'.

THE KING. Mebbe ye dinna mind, Sir Jamie, what the Senate o Rome said to Trajan?

MELVILLE. I can think o naething that's contrar to my drift.

THE KING. Weill, Sir Jamie, it's a peety, for it telt him to be "Sparin o speeches". Haha, eh! Man ye can be gey dreich. (*There is another knock at the door of the audience-chamber. The Lords rise again*) Guid God, wha's there nou? The chalmer's that fou we'll sune no hae room to draw a braith.

(*The Earl of Morton enters*) What's wrang, Morton?

(*Morton bows to the King but addresses Bothwell*)

MORTON. My Lord, I couldna bide ootbye anither meenit. The Danish Ambassadors are growin oot o haund. They hae heard the steer and think her Grace is in peril.

BOTHWELL. Whaur are they?

MORTON. Lockit in their chalmers. They hae been jabberin awa in Danish for the last hauf hour. They're tryin to ding the doors doun nou.

THE QUEEN (rising). I will gang.

BOTHWELL. Ye micht, yer Grace. Sir Jamie, wad ye like to escort her? My Lord Lennox canna leave us yet.

MELVILLE (as Lennox bridles up in anger). I'm aye at her Grace's service.

(He bows stiffly to the King, offers his arm to the Queen and escorts her from the room. All bow as she leaves except the King)

BOTHWELL. My Lord Morton, ye'd better bide. Nou that his Grace has heard Sir Jamie he'll be in a proper mind to settle his affairs.

THE KING. Ye're aa gaun to settle them for me, it seems, sae juist gae straucht aheid. I'm gaun for my breakfast.

BOTHWELL (intercepting him). Ye can hae yer breakfast whan we hae come to tairms! There are folk waitin ootbye to ken what's what!

THE KING. Aa richt, then. Oot wi yer proposals. But mind that onything ye settle here'll need the ratification o my Cooncil or the Three Estates.

BOTHWELL. Colville, hae ye that document?

COLVILLE. Ay, my Lord.

BOTHWELL. Read it oot, then.

LENNOX. What document's this?

BOTHWELL. It's a list o the tairms o the agreement we're gaun to mak wi his Grace.

LENNOX. Whit! It wasna shown to us!

BOTHWELL. Ye'll hae yer chance nou to discuss it. Richt, John.

COLVILLE (reading from a parchment). We that are here assembled propose that his Grace suld set his haund to the articles herein subscribed: Ane: That remission be grantit to Bothwell, his freinds and pairt-takars, for all attempts against his Grace's person in ony bygaen time, and promise made never to pursue him or his foresaids for ony bypast fact, as likewise to repossess them in their lands and hooses.

THE KING. What aboot the blaggard's trial for witchcraft? Has he to be gien back his grun if he's foun guilty?

BOTHWELL. That's a different maitter! This concerns oor attempts against yer person. It'll mak shair that whan I'm cleared o witchcraft there'll be nae trials for treason.

THE KING. Whan ye're cleared! Ye winna be cleared, I tell ye! Ye'll be brunt at the stake!

BOTHWELL. We'll see whan the time comes!

THE KING. It'll hae to come sune! Ye'll hae to staun yer trial afore I sign this!

BOTHWELL. I'm gaun to staun my trial at ance! Gin I'm foun guilty ye can teir this up.

THE KING. Dae ye hear him, the rest o ye! He's gien his promise!

OCHILTREE. He gied his promise afore we brocht him in, yer Grace.

THE KING (obviously pleased). Oho, sae that's the wey o't. Weill weill. Gae on wi yer rigmarole, Colville. Wha wrote it for ye, for it's nae lawyer's job?

COLVILLE. I wrote it mysell!

THE KING. I thocht as muckle.

BOTHWELL. Come on, then.

COLVILLE. Twa: That the Three Estates suld be summoned to meet in November, and an act passed in his and their favours for their greater security.

THE KING. 'His and their favours.' What dae ye mean?

COLVILLE. Bothwell's and his foresaids.

THE KING. And wha are his foresaids?

COLVILLE. It means me.

THE KING. Juist that (To the others, drily) It means himself. G'on, then.

COLVILLE. Three: That during that time—

THE KING. What time?

COLVILLE (furiously). The time atween nou and the paurliament in November!

THE KING. Ye suld hae said sae. Weill?

COLVILLE. That during that time his Grace suld banish from his praisence the Chancellor, the Maister of Glamis, the Lord Hume and Sir George Hume, and likewise ony that belang to their faction.

THE KING. Oho, ye deil, I see nou what ye're efter! Ye're gaun to staun yer trial at ance because ye'll hae the Coort o Session fou o yer ain men!

BOTHWELL. Better that nor fou o the Chancellor's men!

THE KING. Ye sleekit scoondrel! Gin they dinna fin ye guilty they'll mak a mockery o justice!

OCHILTREE. We'll see that the trial's a straucht ane, yer Grace!

THE KING. Ye'll be useless, I tell ye! Ye're in the blaggard's haunds!

BOTHWELL. We haena the haill day to waste! Gae on wi the readin, Colville!

THE KING. Ay ay, let's hear the rest.

COLVILLE. Fower: That frae henceforth the Earl of Bothwell, his freinds and pairt-takars, suld be esteemed as guid and lawfou subjects, and shown sic favour as if they had never offendit.

THE KING. Lawfou subjects! God, it's lauchable. And what else?

COLVILLE. That's aa there is.

LENNOX. What!

ATHOLL. Guid God!

OCHILTREE. What aboot the murder o the Bonnie Earl?

BRUCE. What aboot the Kirk and the Spanish plots?

THE KING. I telt ye he didnae care a rap for the rest o ye!

BOTHWELL. Gin ye'll juist listen, my lords and gentlemen.

THE KING. Ay ay, leave me oot! I dinna coont!

BOTHWELL. Oh haud yer tongue! Gin ye'll juist listen, ye'll see that aa the ither maitters follow frae the anes set doun in Colville's document. I haud the Palace. Ilka gaird in it nou's a proved servant o my ain. I haud the Toun tae. I hae it bristlin wi fower hunder men frae the Borders. But for the sake o savin his Grace's face and preservin the dignity o the Croun I maun hae my paurdon cried at the Cross. Agree to that, my Lords, and I'll help ye to keep the Chancellor's faction frae the Coort. Ye'll be able to dae what ye like then.

LENNOX. Ay ay, my Lord, but there's naething o that in yer document! Hou can we be shair that ye'll support us? Oor wants suld be doun in writin tae!

BOTHWELL. Shairly that's a maitter for yersells. There's naething to hinder ye frae drawin oot yer ain tairms whan ye like. But my paurdon comes first. The folk o the Toun ken I'm here. Gin they dinna hear that I'm paurdont they'll be restless and ye'll hae nae hope o a quait settlement.

LENNOX. I wish I could trust ye.

BOTHWELL. Ye'll hae to. What has my reverent freind o the Kirk to say?

BRUCE. I dout I maun consult my colleagues ootbye.

BOTHWELL. The suner ye dae it the better, then.

THE KING. Guid God, hae I to be keepit here aa mornin! I'm stervin, I tell ye!

BOTHWELL. Sterve for a while langer! What dae the Bailies say?

NICOLL. I dout we maun consult oor colleagues tae.

MORISON. I dout sae.

THE KING. Awa and dae it, then, and gar them agree sune, for Francie's richt, deil and aa as he is. The suner the folk are pacified the better. They maun believe I'm reconciled to the blaggard, or they'll think he's forced my haund. Lennox, ye'll see that they're sent hame frae the Abbey Kirkyaird. Let them ken there'll be a proclamation at the Cross the morn. Nou awa oot o here, the haill damt lot o ye! I maun fin my shune and gang for something to eat. I'm sae sair hungert I wad sell my sowl for a bowl o parritch!

BRUCE. Yer Grace, ye hae juist been saved withoot skaith frae serious jeopardy! I wadna be sae flippant!

THE KING. Gae oot o my sicht, see!

(*Lennox leaves the chamber. Bruce bows stiffly and follows him. All but Bothwell proceed to do likewise. Morton is last. As he makes his bow the King addresses him*): Morton, the gentlemen o my chalmer are aa thrang daein Bothwell's wark, sae ye'll mebbe bide and help me to settle my domestic maitters. Francie, *ye* needna bide. I hae seen eneugh o ye this mornin.

BOTHWELL. I had hoped for a bit crack wi ye, yer Grace. I haena seen ye for a lang time.

THE KING. Ye can see me efter I hae haen my meat!

BOTHWELL. Very weill, yer Grace.

(*He bows elaborately*)

THE KING. Awa, ye hypocrite. (*Bothwell leaves*) Morton, ye were on gaird in the coortyaird. Did ye see ocht o Sir Robert Bowes?

MORTON. Na, yer Grace.

THE KING. He hasna been doun frae the Toun, then!

MORTON. No that I ken o.

THE KING. The auld tod's lyin low. Gin he hadna a haund in this mornin's wark I'm nae judge o villains. We'll see hou sune he shows his face. Nou what aboot yersell? I thocht I could coont aye on loyalty frae ye. What turnt the like o ye against me?

MORTON. The murder o the Bonnie Earl.

THE KING. Tach, the Bonnie Earl. He's been deid thir twa years.

MORTON. I was a freind o his faither's.

THE KING. Aa richt, then, dinna stert. Awa and see aboot my breakfast.

(*Morton bows and leaves. The King, who is still in his stocking soles, goes into his dressing-closet. As he does so a pretty fair girl of about sixteen enters by the Queen's door. She pauses, listening and looking around, as though searching for someone. The King enters with his shoes in his hand*)

THE GIRL. I thocht I heard my faither.

THE KING. Yer faither?

THE GIRL. The Lord Morton.

THE KING. And what are ye daein here?

THE GIRL. I'm a new leddy-in-waitin to the Queen. I cam to tak the place o the Danish leddy that ran awa to mairry the Laird Logie whan he brak oot o jeyl.

THE KING. I see. And whan did ye come?

THE GIRL. Last nicht. And I didna sleep a wink wi aa the comin and gaun in the Queen's chalmer, and this mornin there was a maist awesome steer, and sic a dingin and bangin on doors wi mells and hammers, and sic a clashin o swords and firin o pistols, as I neir heard in aa my life afore, and I could fin nae ane to look efter me, and was sae sair frichtent I could hae grat. I dae sae wish that I could fin my faither.

THE KING. Did he ken ye were comin last nicht?

THE GIRL. Na, for whan we cam til the Toun yestrein my mither gaed to speir for him at his ludgin, and he hadna been near it for twa days.

THE KING. He wad be awa on some errand for the King, likely.

THE GIRL. Ay, mebbe.

THE KING. Or for the Earl o Bothwell?

THE GIRL. Weill, I dinna ken. Mebbe he was.

THE KING. He wasna a loyal man for the King, then, aye?

THE GIRL. Na, he said the King was whiles ill coonselt.

THE KING. Ye haena seen the King?

THE GIRL. Na.

THE KING. Ye'll hae heard aboot him, though?

THE GIRL. Oh ay.

THE KING. And what hae ye heard?

THE GIRL. That he's faur frae braw, and weirs the maist horrid auld claes. And he's a gey glutton, and sweirs and drinks ower muckle. But he's a great scholar and writes poetry.

THE KING. Ye'll no hae heard ony o his poetry?

THE GIRL. Oh ay. My mither said that gin I were to gang til the Coort I suld ken the King's poetry. I hae some o his sonnets aff by hairt.

THE KING. And what dae ye think o them?

THE GIRL. Ah weill, they're ower clever for me. They're fou o pagan gods I neir heard tell o.

THE KING. He'll mebbe tell ye aa aboot them ae day himsell. But yer faither gaed through that door no twa meenits syne. He's awa to see aboot the King's breakfast.

THE GIRL. The King's breakfast?

THE KING. Ay. Tell him I'll be in for it as sune as I hae on my shune.

THE GIRL (incredulously). Are ye the King?

THE KING. Are ye disappeyntit?

THE GIRL (in an awed whisper). Yer Grace. (She curtsies elaborately and steps backwards a few paces towards the door of the audience-chamber) I didna ken. (She curtsies again and steps backwards to the door. With a further final curtsy she backs out into the audience-chamber. The King stares after her and scratches his head).

CURTAIN

ACT THREE

The Kingis chalmer in the palace of Halyroudhous, Edinburgh, xi August, 1593. Early morning.

The King's bed-chamber in Holyrood House. The window-curtains are drawn close, but the curtains of the bed are open and the bed-clothes undisturbed. A fire is burning, and there are lit candles on the table.

The King, cloaked and booted for travelling, is sitting writing. He glances up now and again furtively, as though listening for every sound.

Suddenly he appears to hear something from the direction of the Queen's chamber. He rises silently from his chair and backs away towards the door of the audience-chamber, concealing the letter he has been writing. The Queen's door opens and the Earl of Morton's daughter, wearing a cloak over her nightgown, enters on tiptoe. She carries a shaded lantern. She closes the door quietly. The King comes forward to her. They speak softly.

THE KING. Did Lesley manage oot?

THE GIRL. I dinna ken yet. I took him doun to the covert causey, but he'll hae to bide there till the mune's daurkent afore he can cross the coortyaird. The gairds are aa on the alert.

THE KING. Guid God, I hope he'll manage through. He suldna hae left his horse in the stables. If he's catchit wi that letter they'll stop me tae. Is there nae word frae the ithers at aa yet?

THE GIRL. They're gaun to bring their horses to St Mary's Wynd. Ye maun gang through the Abbey Kirk nave and oot by the abbot's door, syne through the kirkyaird to the back yett. Twa o them'll meet ye there.

THE KING. Could they no hae met me nearer haund?

THE GIRL. Na. Ogilvy has to rattle at the winnock wi stanes whan ye're to leave, then mak for the wynd by the North Gairdens. He daesna want to tak the same gait as yersell in case he's seen.

THE KING. And what aboot the Erskines?

THE GIRL. Ane o them'll hae to haud the horses, and the ither twa hae the porter at the yett to deal wi.

THE KING. They micht hae foun some ither wey. It'll be gey frichtsome crossin that kirkyaird in the daurk.

THE GIRL. It's faur frae daurk, yer Grace. It's that bricht wi the mune ye'll hae to hide gey low ahint the heid-stanes.

THE KING (shivering). I wish it was aa ower. Is her Grace sleepin soun?

THE GIRL. Ay. Aa wad be as quait as the grave gin it werena for the gairds.

THE KING. Dinna mention graves! I'll see eneugh o them the nicht! Has there been nae steer frae Bothwell or the Lords?

THE GIRL. Na. They had sic a nicht wi the drams that they'll sleep till denner-time the morn.

THE KING. Listen weill, then, and be as quait as ye can.

(The Girl, placing her lantern on the floor, goes to the window. The King sits down again and goes on with his letter. As he concludes it and is drying the ink the clock on the Canongait steeple strikes three. Both start at the first note)

THE KING. That's three. They're late.

(Immediately he has spoken there is a faint commotion from somewhere beyond the interior of the Palace) What's that?

THE GIRL (rushing over to him on tiptoe). It's frae the ither end o the coortyaird!

THE KING. It maun be Lesley!

THE GIRL. Oh what a shame!

THE KING. The thowless gommeril! Wheesht!

(The commotion continues. There are a few distant shouts and sounds of people running backwards and forwards. Suddenly there is a rattle of stones on the window)

THE GIRL (excitedly and rather loudly). That's Ogilvy!

THE KING (picking up his letter quickly). I'll hae them dished yet! Come on!

(The Girl picks up the lantern and moves with the King quickly to the Queen's door.

Voices are heard suddenly from the Queen's chamber)

THE GIRL. She's wauken!

THE KING. Guid God Almichty! (Pulling her back from the Queen's door) Sh! Oh, what'll I dae?

THE GIRL. Try the ither door! Ye micht win through!

THE KING. It's ower weill gairdit, I tell ye!

(The Girl hurries over to the door of the audience-chamber)

THE GIRL. It's yer ae chance! Hurry! She micht come in!

(Voices are heard again from the Queen's chamber. The King hurries over beside her)

THE GIRL. Tak ye the lantern! I'll bide here! (She gives him the lantern and opens the door. More stones rattle on the window) There's the rattle again. Oh, man, hurry!

(The King hurries out nervously. The Girl closes the door quietly, looks anxiously at the door, hesitates, blows out the candles and goes behind the window-curtains. The Queen enters with Lady Atholl. Both have cloaks over their nightgowns and the Queen carries a candle)

THE QUEEN. The bed! It is toom! He is gaen!

LADY A. I'm shair I heard him.

THE QUEEN. And wha else? He daesna speak wi himsell! Look for the Earl Morton his dochter! See if she sleep!

(Lady Atholl hurries out again. The Queen goes to the door of the dressing-closet holds up the candle, and looks in. There is a knock at the door of the audience-chamber)

THE QUEEN (turning). Come in.

(Sir James Melville enters wearing a long nightgown and cowl. He carries a candle)

MELVILLE. Paurdon me, yer Grace, but I wonert if his Grace was safe. There's been a steer in the coortyaird.

THE QUEEN. The bed! He is awa!

MELVILLE. Awa! But whaur can he be?

THE QUEEN. I want to fin oot!

(Lady Atholl enters)

LADY A. Morton's dochter's gaen tae! She isna in her bed!

THE QUEEN. I kent it! He luve her!

LADY A. But whaur are they?

THE QUEEN. They hide! Ablow the bed! Look!

LADY A. But there was a steer in the coortyaird! They maun hae gaen oot!

THE QUEEN. Sir Jamie! Look ablow the bed!

(Sir James goes down on his knees to look below the bed. Two pistol shots are heard from beyond the window)

THE QUEEN (*looking towards the window*). They bang pistols!

(*Sir James rises quickly from his knees. Lady Atholl rushes over and draws the curtains from the window. Bright moonlight reveals the Girl*)

LADY A (*startled*). Oh!

THE QUEEN. Aha! She is foun! Come oot! (*The Girl steps forward*) Whaur is his Grace?

THE GIRL. I dinna ken.

THE QUEEN. Sir Jamie? Hae ye lookit?

MELVILLE. He isna there, yer Grace.

THE QUEEN (*to the Girl*). Whaur has he gaen?

THE GIRL. I dinna ken.

THE QUEEN. Ye dae ken! Ye lee! Whaur has he gaen? The Queen speirs! Answer!

THE GIRL. I winna!

THE QUEEN. Oho! Ye winna! I will hae ye in the jougs! I will hae ye tied to the Tron! I will hae yer lugs cut aff.

MELVILLE. Yer Grace—

THE QUEEN. Be quait! I speir! I maun be answert! Whaur has he gaen?

MELVILLE. There's mair noise ootbye!

(*There is some shouting from beyond the audience-chamber. All turn to listen. As they do so the King enters, facing outwards, and closes the door quickly. He turns round to mop his brow and draw a breath of relief, and becomes aware of the others*)

THE QUEEN. Aha! Ye are here! Ye are catchit!

MELVILLE. What's wrang, yer Grace?

THE QUEEN. It is for me to speir!

THE KING (*in an intense whisper*). Awa to yer bed and leave me alane!

THE QUEEN. I bide till I hear aa! I will hae it oot! (*Pointing to the Girl*) She hide ahint yer curtains! I hear her speak! I hear ye baith speak whan I wauken! What daes she dae in here?

THE KING (*still whispering, almost pleadingly*). Dinna shout and wauken the haill Palace!

THE QUEEN. Na! Let nane ken that the King his Grace is catchit wi ane o the Queen's leddies! The Preachers micht ding bang on their big books! They micht peynt fingers!

MELVILLE (*soothingly*). Ye'd better explain yersell, yer Grace.

THE KING (*still keeping his voice low*). Haud ye yer tongue! Ye're doitit! The lassie's young eneuch to be my dochter! She was helpin me in maitters o state!

THE QUEEN. Maitters o state! Yer dochter! Huh!

THE KING (*losing his temper and raising his voice*). Awa to yer beds whan ye're telt! I'm no gaun to be talked to like a bairn! What dae ye think I'm daein wi my ootdoor claes on? Daes it look as if I'm up to ony o yer Lennox ploys? I'm gaun to Falkland, I tell ye! I'm gaun to win my freedom!

THE QUEEN. Ye were for takin her!

THE KING. Dinna be stippit! She's in her nichtgoun!

THE QUEEN. She is here and no in bed!

THE KING. She was helpin me to win my wey oot!

THE QUEEN. Ye canna fin yer ain wey oot! Ye need help frae a new lassie! It is lees! She is wi ye aye! She is here afore! I hear souns in the nicht ower and ower again! I thocht! I ken nou! (*Almost weeping*) Oh Sir Jamie, I am wranged! He shame me! The folk! They will talk! They will sing sangs! (*Turning suddenly on the Girl*) Awa! Awa or I will claw yer een oot! I will teir aff yer hair! I will scratch!

(*She rushes towards the Girl, who retreats behind the King*)

THE KING. Leave her alane! Rin, lass!

(*The Girl hurries out by the Queen's door. The King intercepts the Queen by holding her with his free hand*)

THE QUEEN. Let me past!

THE KING (*swinging his lantern threateningly*). Haud aff, see!

THE QUEEN (*retreating*). Oh ye blaggard, ye wad ding me wi yer licht!

THE KING. Staun at peace, then!

THE QUEEN. Oh ye are hairtless! Ye dinna care if I am hurt! Ye say to me like dirt! Ye gar me staun at peace as if I am a cuddy! (*Turning sobbingly to Sir James for comfort*) Oh Sir Jamie, it is the hin end! He luve her mair nor me!

(*Melville takes her in his arms*)

MELVILLE (*to the King*). Yer Grace, ye hae gaen ower faur!

THE KING. Tak her awa oot o here.

MELVILLE. Man, ye wadna talk like that gin ye kent o her condeetion! It's time yer een were opened! (*To Lady Atholl*) My Leddy, tak her Grace till her bed. Gae awa nou, yer Grace, and hae a guid greit. Ye're sair ower wrocht.

THE QUEEN. Oh I am dune!

MELVILLE. Ay ay, yer Grace. That's richt, my Leddy. Tak her awa.

LADY A (*leading the Queen out*). Come nou, yer Grace.

(*The Queen, still sobbing, leaves with Lady Atholl*)

THE KING (*puzzled by Melville's manner*). What's come ower ye?

MELVILLE (*going to the table*). We'll licht the caunles, I think. I maun hae a talk wi ye.

THE KING. Leave the caunles alane! The curtains are open! (*Putting his lantern on the table and rushing over to draw the curtains*) Damn it, ye'll sune hae the haill Palace doun on us! What's come ower ye, I'm askin?

MELVILLE (*lighting the candles*). We'll win faurer, yer Grace, gin ye'll juist calm yersell and sit doun. I hae something to tell ye that'll hae a maist momentous effect on yer poseetion as a monarch. Something, I micht venture to say, that'll cheynge the poleetical situation in ilka realm o Christendom.

THE KING. Eh?

MELVILLE. Sit doun.

(*The King, as though hypnotised, sits on the chair beside the bed*)

MELVILLE. Yer Grace, ye'll ken I play my pairt in the affairs o the Coort wi dignity and reserve, and haud mysell aloof frae the clavers o the kitchen and the tittle-tattle o the Queen's leddies, but in my poseetion as heid gentleman o her Grace's chalmer there's mony a private maitter comes to my notice that I canna athegither ignore, though I hope I keep aye in mind the fact that my poseetion's preeviliged, and gaird ilka secret mair nor it were my ain. Nou if her Grace and yersell enjoyed the intimacy and mutual affection that belang o richt to the holy state o matrimony I wad be spared my praisent predeecament, for nae dout she wad be gey prood to tell ye o the maitter hersell, but to the sorrow o yer subjects ye hae baith gaen the gait that leads to dout and suspeecion, and there's a brek atween ye that can only be mendit by an auld servant like mysell. Yer Grace, I'm gaun to tell ye something that suld gar ye sweir anew the solemn vows ye took at yer nuptials, something that suld gar ye turn again to the bonnie lass ye brocht wi ye frae Denmark, whan yer hairt was lichter nor it is nou, and yer ee was bricht wi luve.

THE KING (*intensely excited*). Sir Jamie! Is it a bairn?

MELVILLE. Yer Grace, ye may lippen for an heir in the coorse o the comin year.[17]

THE KING (*soberly*). It's what I hae hoped for wi aa my hairt. (*Pause*) But I'm sair

bothert wi douts, Sir Jamie. (*Bitterly*) If I could juist be shair I'll be the faither!

MELVILLE. Yer Grace!

THE KING. Dinna be an auld wife! Ye ken as weill as mysell that the bairn micht belang to Lennox!

MELVILLE. That's juist whaur ye're wrang, yer Grace! I ken it's yer ain!

THE KING. Hou i' the Deil's name can ye ken that?

MELVILLE. Juist listen weill and I'll explain. It taks a lang experience o life, yer Grace, to gie a man a knowledge o human nature, and in that respect I hae the better o ye.

THE KING. Ay ay, ye're auld eneugh to be my faither! I ken that!

MELVILLE. Juist that, yer Grace, but I was young ance, and in my early days I had mony an opportunity for insicht that daesna come the wey o maist men, parteecularly in regaird to the weys o weemen, for was I no ambassador frae yer mither to her Majesty in England?

THE KING. Ye're tellin me naethin I dinna ken! Come to the peynt! Hou dae ye ken the bairn'll be mine?

MELVILLE. I'll tell ye gin ye'll juist hae patience.

THE KING. Hou can I hae patience? I hae tried to leave and couldna win past the gairds, and my freinds ootbye hae been catchit! Bothwell'll be in ony meenit! Hou dae ye ken the bairn'll be mine, I'm askin?

MELVILLE. Weill, yer Grace, I'll come to the peynt, but it's a gey kittle maitter to explain in juist ae word.

THE KING. For God's sake try yer best! Oot wi't?

MELVILLE. Ye see, whan her Grace fand Morton's dochter in yer chalmer here she was gey upset.

THE KING. And what aboot it?

MELVILLE. Weill, yer Grace, hae ye eir afore kent her flee intil sic a rage as she did at that lassie, or rack her bonnie breist wi sic mains and sabs? There was mair nor her pride hurt. (*With great point*) She was jealous! Nou think yer Grace. Wad she hae felt like that gin she hadna kent ye were the faither o her bairn?

THE KING (*after a long pause, reflectively*). Ye're richt, Sir Jamie. Ye're richt. I see it nou. (*Contritely*) Puir sowl, I haena been guid to her. Nae woner she turnt against me. She gaed daffin wi some o the Lords, mebbe, but then she was neglecktit. I didna pey her eneugh attention.

---

[17] Henry, born 19 February 1593/4.

MELVILLE. And a bonnie lass, yer Grace, lippens aye for attention.

THE KING. Sir Jamie, I sweir I'll mak amends. I'll stert aa ower again. I'll coort her like a laddie. (*Pause*) But I'm over sair beset the nou. I'm hemmed in wi faes. I can hae nae peace till I win my freedom.

MELVILLE. Ye'll win yer freedom, yer Grace, whan ye show that ye hae nae mair thocht o haein traffic wi the Papists.

THE KING. Wha eir thocht o haein traffic wi the Papists? I'm soond in doctrine. I wadna thole the Papists for a meenit gin they werena my ae hope against Bothwell!

MELVILLE. Naen o the Lords wad hae jeynt wi Bothwell gin ye had keepit the Papists at airm's length frae the stert!

THE KING. Havers! Hauf o them jeynt because o their spite at the Chancellor!

MELVILLE. And had they no just cause? Did the Chancellor no wrang the Bonnie Earl? (*More meaningly*) And has he no wranged my Lord Lennox and her Grace?

THE KING. I dinna ken, Sir Jamie. I woner.

MELVILLE. Maitland has filled yer heid wi lees aboot them.

THE KING. Sir Jamie, I had soond gruns for my suspeecion. I hae seen them thegither in mony a compromisin poseetion.

MELVILLE. Ye were neglectin her, yer Grace. She maun hae led him on juist to anger ye.

THE KING. That was nae excuse for him! He was gey eager to be led!

MELVILLE. Let me ask ye this, yer Grace. Hae ye eir foun my Lord Lennox in her Grace's chalmer in the middle o the nicht?

THE KING. Eh!

MELVILLE. I dout there are soond gruns for suspeecion on mair sides nor ane, yer Grace.

THE KING. Sir Jamie, I sweir there's naething in it. The lass was helpin me to win my wey past the gairds. I haena gien her a thocht.

MELVILLE. Yer Grace, gin ye ettle folk to gie a generous interpretation to yer ain ploys, ye maun be ready to be generous yersell.

THE KING (*diplomatically*). Ye're richt, Sir Jamie. Ye're richt. I maun be generous. I'll mak amends. Listen. The Palace seems quait again, but the steer canna hae blawn ower. Bothwell winna be lang. Dae ye think ye could win at Lodovick withoot bein seen? Try to win him roun. Tell him that I ken I hae wranged him. Say I'll dae aa in my pouer to win back his freindship. Ask him to come in.

MELVILLE. I'll try, yer Grace.

THE KING. Haud on, though. I hae thocht o something else. Yer news has gien me hairt. Dae ye no see? It'll strengthen my poseetion in regaird to the English Croun. What the English want, Sir Jamie, efter aa thae years o wonerin whaur to turn in the event o their Queen's daith, is a settled succession. They'll hae that nou gin they hae me.

MELVILLE. They'll hae to be shair that baith King and heir are soond in their releegion, yer Grace.

THE KING. Hae nae fear o that, Sir Jamie. Ance I can redd mysell o Bothwell I'll win my wey clear o the Papists. Man, I wad dearly luve to see her English Majesty's face whan she hears what ye hae telt me the nicht. It'll be a bitter dose for her to swallow, that's a barren stock hersell. Whan ye hae waukent Lodovick, Sir Jamie, try to win through to Sir Robert Bowes. I wad sweir he's been in towe wi Bothwell, but I neir thocht till this meenit to challenge him till his face. He winna daur acknowledge it. He'll hae to tak my side. And I'll mebbe gie him a hint o hou the wind blaws. Man, that wad tickle him up.

MELVILLE. It wad be a queer time i' the mornin, yer Grace, to inform a foreign ambassador that there's an heir on the wey.

THE KING. I want Sir Robert here! I want to play him against Bothwell! Awa and fetch him whan ye're telt! (*A guard beyond the door of the audience-chamber is heard making a challenge*) It's Bothwell nou! Hurry oot! Gae through the Queen's chalmer!

MELVILLE. But I'll hae to gang the ither wey to win at my claes!

THE KING. Dae without yer claes! It canna be helpit! Lodovick'll lend ye something! (*He opens the door of the Queen's chamber*) Hurry!

(*Sir James goes into the Queen's chamber. There is a scream, then a sound of voices, then silence as the King closes the door. He hurriedly removes his cloak and seats himself in the chair beside the bed. The door of the audience-chamber opens and Bothwell appears, incompletely dressed, and carrying two letters*)

BOTHWELL (*as he opens the door*). He's here. Haud ye the door, Atholl, and keep Colville quait. (*Turning into the chamber*) Ay ay, yer Grace, sae ye're haein a quait sit-doun by the fire. Wad ye no feel mair at ease wi yer buits aff?

THE KING. I didna hear ye chappin.

BOTHWELL. I had thocht frae thir twa letters that ye micht be weill on yer wey to Falkland.

THE KING (*restraining a motion of his hand towards the inside of his doublet*). What twa letters?

BOTHWELL. Ane directit to my Lord Hume, that was taen frae Lesley in the coortyaird. The ither directit to my Lord Huntly, that was foun at the end o the ither chalmer. Ye let it drap, nae dout, whan ye were frichtent by the gairds.

THE KING. Sae ye hae read them?

BOTHWELL. I canna deny it, and what I hae read reflects on yer Grace's honour. Ye're for slippin awa, are ye, withoot settin yer haund to oor agreement?

THE KING. What's to hinder me frae gaun nou? Ye hae gotten what ye wantit! Ye hae frichtent the Coort o Session into lettin ye gang skaithless for aa yer North Berwick ploys!

BOTHWELL. I stude my trial and was cleared!

THE KING. Trial! It was nae trial! It was naething but perjury frae stert to feenish! There wasna a lawyer or a witness that wisna feart to speak against ye! Ye had men airmed to the teeth in ilka closs in the Hie Gait! The Tolbooth was like an airmed camp!

BOTHWELL. The case was focht on its merits! Craig[18] my coonsel tore the chairge to shreds!

THE KING. The Prosecution wasna free to speak oot, or Craig wad hae him raised! The gowk havert the maist illogical nonsense I eir heard in aa my life! Him and his Uvierus! Wha was Uvierus to be coontit an authority? A doctor wha maintained the auld error o the Sadducees in denyin the existence o speerits! Uvierus, forsooth! I could hae quotit some authorities! What aboot the Daemonomanie o Bodinus, that's fou o witches' confessions? What aboot the fowerth book of Cornelius Agrippa, that's fou o descriptions o their rites and curiosities? What aboot Hemmingius and Hyperius, that gie ye accoonts o ilka black airt there is, dividit into the fower heids o Magic, Necromoncy, Sorcery and Witchcraft? And yer coonsel had the impiddence to deny speerits athegither, and say that witchcraft was a delusion in the minds o crazed auld weemen! But by God wait! I'm writin a book mysell, and I'll tak gey guid care to controvert him on ilka peynt he pat forrit!

BOTHWELL. I dout yer book'll be ower late to mak ony difference to yesterday's verdict.

THE KING. Verdict! It gars my bluid beyl! Ritchie Graham suld nair hae been brunt![19] He suld hae been keepit in the Castle jeyl till yer ain trial was ower! He wad hae damned ye!

BOTHWELL. His evidence was brocht forrit!

THE KING. It hadna been taen doun richt! It was aa muddlet! He suld hae been there to clear up aa the obscurities!

BOTHWELL. Weill, yer Grace, it was yer ain coort that brunt him.

THE KING. It suld hae brunt ye tae! Ye're a plague! Ye hae been a constant terror to the country sin ye first brak oot o the jeyl! Certies, but yer witchcraft has led ye a bonnie dance! Ye wad neir hae been in bother at aa gin ye had left it weill alane!

BOTHWELL. I hae been cleared, damn ye!

THE KING. Ye tried to hae me drount, I tell ye! Ye tried to pousin me! And for what, Francie? For what? Did the pouer ye had on the Cooncil whan I was in Denmark wi the Chancellor gang til yer heid?[20] Did ye think that gin I didna come back ye wad hae it aa yer ain wey? Ye're a cauld-bluidit, schemin ambeetious scoondrel!

BOTHWELL (*angrily, with his hands on his hilt*). Dinna let yer tongue cairry ye awa wi it!

THE KING. Tak yer haund frae yer hilt, man! Yer threats cairry nae terrors nou! I ken juist hou faur ye can gang! What hae ye dune wi Lesley and the Erskines? What's happened to Ogilvy? Gin they hae come to hairm I'll gar ye suffer!

BOTHWELL. They're lockit up!

THE KING. Then ye'll let them gang! It's nae crime to be loyal to yer King!

BOTHWELL. They haena been loyal to me!

THE KING. And wha are ye to demand loyalty? Ye mebbe haena been foun guilty, but ye arena an anointit King! I'm gaun to Falkland, I tell ye, and ye hae nae richt to stop me!

BOTHWELL. I hae a richt to stop ye till ye hae signed oor agreement! I was to be

---

[18] Thomas Craig, advocate for Bothwell at the nine-hour trial.

[19] Last day of February 1591/2.

[20] Bothwell and Lennox shared caretaker rule of Scotland while the King was abroad, October-May 1589–90.

paurdont for treason gin I was acquittit o witchcraft!

THE KING. Ye promised if ye were acquittit to bide awa frae the Coort!

BOTHWELL. If I was gien my grun back! And if the Bonnie Earl's murder was avenged![21]

THE KING. Ye deil, ye mean to stey for ever!

BOTHWELL. I'll stey till then!

THE KING. We'll see what the ithers hae to say aboot that!

BOTHWELL. We'll see what they say aboot thir twa letters!

THE KING. God, ye're the Deil himsell! (*Atholl enters hurriedly*)

ATHOLL (*to Bothwell*). Lennox is here!

BOTHWELL. Eh!

THE KING. Fetch him in! Fetch him in, I tell ye! (*Lennox appears as he speaks. Colville, very drunk, staggers in behind him*)

BOTHWELL (*to Atholl, who looks to him for guidance*). Let him be. Bide ye ootbye, Colville!

COLVILLE. I want to hear watsh gaun on.

BOTHWELL. Pitch him oot, Atholl.

COLVILLE (*to the King, as Atholl grips him*). Hang the Papistsh!

(*Atholl heaves him out. He then closes the door, remaining on guard but inside*)

LENNOX (*ignoring Bothwell and turning to the King*). Yer Grace, I heard a steer in the coortyaird and made haste to dress mysell. I thocht ye micht need me.

BOTHWELL. My Lord Duke—

LENNOX. I spak to his Grace!

THE KING. That's richt, Lodovick! Gar him keep his place! He's been staunin there talkin like God Almichty!

LENNOX. What is he daein here?

BOTHWELL. I'll tell ye, my Lord.

THE KING. Ye'll haud yer tongue! Lodovick, I had planned to gang to Falkland to win oot o his wey. Ane or twa o the loyal men in the Palace Gaird were gaun to meet me in St Mary's Wynd wi horses. I thocht it wad be better to slip awa withoot ony steer. I didna want ony bluidshed. But that blaggard fand oot! He winna let me leave!

LENNOX (*to Bothwell*). Ye promised to leave his Grace alane gin ye were acquittit at yer trial!

BOTHWELL. He hasna signed the articles o remission! I was promised back my grun!

THE KING. He says he's gaun to stey till we avenge the Bonnie Earl!

LENNOX. Juist that! He has nae intention o leavin the Coort at aa! My Lord, ye needna think we're blin. Colville's ower fond o his dram to mak a guid conspeerator. He's been braggin o his appeyntment to the new Privy Cooncouncil!

THE KING. Eh!

LENNOX. He's to be yer Grace's new Lord Secretary!

THE KING. Guid God, the deil can hardly put pen to pairchment!

BOTHWELL. He's as guid a clerk as ony at the Coort!

THE KING. He's an illeeterate ignoramous! And what's to be yer ain office, whan we're on the subject? Hae I to staun doun and offer ye *my* job?

LENNOX. He's to be Lord Lieutenant, wi Atholl as his depute!

THE KING. A bonnie mess they'd mak atween them! They'd be for herryin and reivin aa ower the country!

ATHOLL. We'd be for keepin yer promise to the Kirk and houndin doun the Papists!

THE KING. Ye'd be for grabbin aa the grun ye could lay yer haunds on! Wha dae ye think ye are, the pair o yese? Dae ye think that ilka Lord and Laird's gaun to staun bye and see the like o ye twa divide the haill country atween yese? There wad be wars, slauchters, spulzies and commotions whaureir ye gied a tuck o the drum or a blaw o the trumpet! And wha wad pey for yer men? The Croun, think ye? What wad the Burghs hae to say to that? Dae ye think they're gaun to pey taxes to let ye twa rin aboot reivin?

ATHOLL. We'll hae the Kirk ahint us!

THE KING. What'll the kirk avail against the Lords and the Burghs? I tell ye, Francie, ye hae shot ower the merk! Ye suld hae been content wi remission! Ye micht hae gotten that!

BOTHWELL. Ye arena at Falkland yet, yer Grace!

THE KING. And wha'll gar me bide nou? The Toun, think ye, or the ither Lairds? Lodovick, fin Ochiltree and Morton!

BOTHWELL. Haud on, my Lord! Ye dinna ken the haill story! Tak a look at thir twa letters.

(*He hands them towards Lennox*)

THE KING (*leaning forward and seizing them*). Gie them to me, ye blaggard!

BOTHWELL. Ye see, my Lord, he daesna

---

[21] Huntly was rehabilitated in February 1603 through a state-sanctioned marriage bond.

want ye to ken their contents. They were
for my Lords Huntly and Hume, nae less.

THE KING. And what wey no? Ye made a
jeyl o my Palace! Had I nae richt to try and
win oot? I wrote to the only freinds I thocht
I had!

LENNOX. Yer Grace, I dinna blame ye.

BOTHWELL. By God, Lennox, ye hae turnt
yer tabard!

LENNOX. I staun whaur I stude aye! I didna
bring ye in to usurp royal authority!

BOTHWELL. Ye thocht ye micht usurp it
yersell, nae dout!

LENNOX. I had nae thocht bune to save his
Grace frae Maitland!

BOTHWELL. What aboot Maitland's
freinds, the very men he's for jeynin wi at
Falkland!

LENNOX. He needna jeyn them gin he can
fin freinds nearer haund! Yer Grace, I'll
fetch the ither Lords.

BOTHWELL (*drawing*). Ye'll bide whaur
ye are!

(*Lennox is about to draw when he hears
Atholl drawing also. He pauses with his
hand on his hilt*)

THE KING. Ye murderin blaggards! Ye cut-
throat scoondrels.

(*There is a knock at the door of the
audience-chamber. All turn. The door opens
and Melville enters, clad in nightgown,
cloak and boots. He looks in alarm at
Bothwell and Atholl, who hasten to sheathe
their weapons*)

THE KING. Ye see, Sir Jamie, ye're juist in
time! They were for hackin Lodovick doun!
Hae ye brocht Sir Robert Bowes?

MELVILLE. He'll be doun as sune as he can
dress, yer Grace.

BOTHWELL. Eh! What gart ye gang for Sir
Robert?

MELVILLE. I gaed at his Grace's order!

BOTHWELL. Ye auld meddler! Hou did ye
pass the gairds?

MELVILLE. Yer gairds didna see me! They
had been ower thrang in St. Mary's Wynd!

(*Morton suddenly appears at the door of the
audience-chamber and shouts to someone
beyond, "They're here! Hurry!" All turn
and look towards him. Sir James hastens to
explain*): Yer Grace, I took the liberty, whan
I cam in, to wauken the ither Lords.

(*Morton, dressed in shirt and breeches, and
carrying a naked sword, turns into the room*)

MORTON. What's gaun on?

THE KING. Come in, my Lord. I want ye.

MORTON (*startled*). What's that!

(*A sudden thump has been heard. All look
towards the door. There are mutterings and
exclamations and Ochiltree enters, in shirt
and breeches, holding his brow with one
hand and his sword in the other*)

LENNOX. What's wrang wi ye?

OCHILTREE. Wha's been fechtin? There's a
deid man oot there! I tummlet ower him!

THE KING. It's that deil Colville lyin drunk!
Are ye hurt, my Lord?

OCHILTREE (*rubbing his brow*). I gat a gey
sair dunt.

THE KING. Ye'll hae to keep yer freinds in
better order, Bothwell!

BOTHWELL. I'm no my brither's keeper!

THE KING. It was ye that brocht the
blaggard here! (*To Ochiltree and Morton*)
My Lords, he winna leave the Coort! He
threatens to bide and tak office!

OCHILTREE. What! That was nae pairt o
the bargain, my Lord.

BOTHWELL. It was! Ye brocht me in to
avenge the Bonnie Earl!

OCHILTREE. Ye were brocht in to force his
Grace's promise! Ye werena brocht in to
cairry it oot!

BOTHWELL. And wha'll dae it gin I dinna
bide? He'll rin back to the Papists at ance!

OCHILTREE. We hae his Grace's promise
that he'll keep them frae the Coort!

BOTHWELL. He was for sneakin aff this
very nicht to Falkland! He had written to
Huntly and Hume!

OCHILTREE. I dinna believe it!

LENNOX (*to Ochiltree*). Ye canna blame
him! He had to fin freinds somewhaur!

BOTHWELL. He promised to hae nae mair
to dae wi the Papists!

LENNOX. He didna ken he was to hae nae
freedom. He had yer ain promise to leave
the Coort!

BOTHWELL. Whan I was paurdont and
gien back my grun!

MORTON. Yer paurdon was cried at the
Cross!

BOTHWELL. What guid will that dae if he
ance slips through my fingers?

MORTON. Ye canna haud him in yer pouer
aye! There maun be some respect for the
Croun! Yer paurdon was promised afore
witnesses! They'll mak shair ye're gien yer
grun back!

BOTHWELL. They'll mak shair! By God it's
likely! They'll be ower thrang featherin
their ain nests!

OCHILTREE. My Lord, ye dae us wrang!

BOTHWELL. Ye ken I'm richt! (*To the*

others) Ye wantit Maitland oot o the wey because his freinds had ower muckle pouer, but ye hadna the guts to force his Grace's haund yersells! Ye had to bring me in! And nou I hae dune it ye're for houndin me oot! Ye're feart that gin I bide I'll hae to share in the favours!

MORTON. Ye hae come oot o't gey weill, my Lord! Ye hae won yer acquittal!

BOTHWELL. Hae I to thank ye for that? I had to staun my trial for't!

MORTON. Ye were shair o the verdict! The Tolbooth was packed wi yer men.

BOTHWELL. By God it was juist as weill! There isna ane o ye wad hae liftit a finger to help me gin I had been foun guilty! Ye're a lot o sleekit, avareecious rats!

MORTON (*gripping his sword fiercely*). Ye're gaun ower faur!

BOTHWELL. Ay ay, Morton, and ye're the warst o them! I ken what's gart ye cheynge yer tune! Ye lippen for his Grace's favour as the price o yer dochter!

MORTON (*drawing*). Ye messan! Tak that back!

BOTHWELL (*likewise*). Ye ken it's the truth! (*They start to fence*)

THE KING (*keeping well out of danger*). Rin him through, Morton! Hack him to bits!

MELVILLE. Stop them!

ATHOLL (*drawing*). Leave them alane!

LENNOX (*turning on Atholl*). Staun ye back! (*Ochiltree steps over between Bothwell and Morton and strikes up their swords*)

OCHILTREE. My Lords! Haud doun! (*Spynie enters hurriedly*)

SPYNIE. For God's sake quaiten doun! Here's Sir Robert Bowes! (*All attempt to look respectable*)

THE KING. Whaur is he?

SPYNIE. At the faur door o the ither chalmer. I could hear the steer.

THE KING. Will he hae heard it, think ye?

SPYNIE. I dout sae.

THE KING. Dear me. (*Pause*) Ay weill, bring him in. (*Spynie turns in the doorway*) Watch he daesna trip ower Colville. He's lyin drunk at the door.

SPYNIE. Very weill, yer Grace. (*He leaves*)

MELVILLE. It's the wark o Providence. We micht aa hae been slauchtert.

THE KING. The credit's yer ain, Sir Jamie. It was ye wha gaed for him. (*Spynie enters with Sir Robert Bowes*)

SPYNIE (*bowing*). Sir Robert Bowes.

(*He leaves and closes the door*)

THE KING. I'm sorry to hae sent for ye at this time o the mornin, Sir Robert, but yer praisence is needit.

SIR ROBERT (*bowing*). Your Majesty, it is indeed early, and the morning is cold. Your business must be urgent.

THE KING. It's treason, Sir Robert! Naething less! There are some here that wad usurp my authority! Bothwell here threatens to haud me in his pouer! He winna let me leave for Falkland!

SIR ROBERT. Indeed! My Lord Bothwell, I am astoundit!

THE KING. Dinna let on to be astoundit at onything he daes! Weill ye ken he's been a terror to me for the last twa year! He raidit Falkland ance! He's raidit the Palace here twice! He cam intil my very chalmer a fortnicht syne wi his sword in his haund to gar me gie him back his grun! And nou he threatens to bide on and tak office!

SIR ROBERT. My Lord, you are ambitious! But surely, your Majesty, you can use your royal authority? Have you not power to send him to the gallows? Or do your Lords, too, turn traitor?

THE KING. To tell ye the truth, Sir Robert, it was the ither Lords that brocht him in.

SIR ROBERT. Your Majesty, I feared it. I have been aware, indeed, of the recent events at your Court, for I follow your fortunes closely, and I make bold to say that the pardon of an outlawed traitor, who hath violated the royal chamber and threatened the royal person, is an act that would be unheard of in an ordered Christian realm. It is an act, your Majesty which the Queen my mistress, secure in her English Court, and accustomed to the obedience and devotion of her subjects, will hear of with profound amazement.

THE KING. Oh ay, Sir Robert, stert to craw. I could keep order tae gin I had the siller. She can afford to keep a guid gaird.

SIR ROBERT. Her ability to do so, your Majesty, may be due to her shrewdness in the administration of her revenues.

THE KING. It weill micht, Sir Robert! We ken she cuts gey close to the bane!

SIR ROBERT. I fear some insult!

THE KING. Ye needna tak offence, Sir Robert! Ye hae juist as muckle as said that I canna look efter my rents! And ye may feign astonishment at this blaggard's impiddence, and talk aboot yer royal mistress's amazement, but I'll hae ye to understaun that I hae my douts aboot baith her and yer ain guidwill in the maitter. Bothwell here gaed ower the Border whan he was first put to the horn! He was alloued by yer royal mistress to gang skaithless! Is it richt, Sir Robert, for ae country to harbour anither's ootlaws?

SIR ROBERT (*uneasily*). Your Majesty.

THE KING. Ye needna stert to hum and haw! Weill ye ken the deil was gien encouragement! I whiles woner if he wasna gien siller tae, for he keeps a bonnie band o airmed reivers weill filled wi meat and drink! I tell ye, Sir Robert, I winna staun it muckle langer! Yer royal mistress lets on to be freindly, but if aa the help she can gie me against traitors is to hae ye comin in crawin aboot the devotion o her English subjects I'll look for an alliance to some ither country!

SIR ROBERT. Your Majesty!

THE KING. I will, I tell ye! I'm a Protestant! I staun for Episcopacy! But suner nor hae my country dividit into factions and wastit wi feids I'll look for help to Spain and my Papist Lords!

MELVILLE. Yer Grace!

THE KING. Haud ye yer tongue! Sir Robert, what hae ye to say to that?

SIR ROBERT. I would ask, your Majesty, if such an alliance would be acceptable to your subjects. (*Cunningly*) Must I remind you of your present situation?

THE KING (*as if deflated*). Deed, Sir Robert, ye're richt. I had forgotten. I was cairrit awa.

SIR ROBERT. Your Majesty, your outburst is forgiven. It was due, no doubt to your eagerness to excel in argument.

THE KING. Ye're richt again. I aye let my tongue rin awa wi me. Sir Robert, ye winna mention my lapse to her Majesty?

SIR ROBERT. You may rely on my discretion.

THE KING. Thank ye, Sir Robert. (*With a change of manner*) Weill, we haena gotten muckle faurer forrit.

SIR ROBERT. Your Majesty, if you will advise me of the matter in which you seek my guidance, I shall do what I can.

THE KING. Weill, Sir Robert, ye ken what happened a fortnicht syne. I was set on by Bothwell and ane o his ootlawed freinds and the ither Lords stude bye them. Efter they had threatnt me wi daith they brocht in the Bailies and the Preachers. I had to promise this blaggard his paurdon for treason gin he was acquittit for witchcraft.

BOTHWELL. Ye promised to avenge the murder o the Bonnie Earl and hound doun the Papists for the Spanish plots!

SIR ROBERT (*soothingly*). My Lord, may I speak with his Majesty?

(*Bothwell and Sir Robert eye each other keenly*)

BOTHWELL. Very weill, Sir Robert.

SIR ROBERT. Your Majesty, I fail as yet to see the point at issue. You do intend, of course, to keep your promise?

THE KING. What wey should I? It was extortit!

SIR ROBERT. I sympathise. Your position was unfortunate. But your promise was given, and before representatives of your governing assembly. It will be to your credit to fulfil it.

THE KING. Nae dout, Sir Robert. Nae dout. But Bothwell promised to leave the Coort!

LENNOX. And he threatens to bide!

SIR ROBERT. My Lord!

BOTHWELL. The agreement hasna been signed yet! His Grace was for fleein to Falkland the nicht withoot haein dune it!

SIR ROBERT. But surely, my Lord, you can rely on your King's honour?

BOTHWELL. He had written to Huntly and Hume!

THE KING. I had to dae something to win my freedom! I wasna gaun to let the blaggard haud me aye in his pouer! Sir Robert, it was my last resort. I wadna hae dune it gin he had left me alane.

SIR ROBERT (*soothingly*). Your Majesty, I understand. My Lord Bothwell, your promise to leave the Court was no doubt witnessed by others?

THE KING. It was witnessed by the Lords here praisent!

SIR ROBERT (*airily*). Then, your Majesty, my Lords, there is no difficulty. Let all the promises be kept.

BOTHWELL. Gin I leave the Coort, I tell ye, they'll aa turn against me! I'll be put to the horn again!

SIR ROBERT. My Lord Bothwell, you must be content with his Majesty's assurance, given before witnesses, that your pardon will not be overlooked. No other course can be entertained. Your continued presence at his Majesty's Court will be distasteful to the Queen my mistress, who will lend his Majesty whatever support may be necessary for the enforcement of your obedience.

(*He eyes Bothwell meaningly*)

BOTHWELL (*bowing*). Very weill, Sir

Robert. We dinna daur offend her Majesty o England.

(*The King stares in turn at Bothwell and Sir Robert, puzzled, then exchanges a knowing look with Sir James Melville*)

SIR ROBERT. The matter, your Majesty would appear to be settled, but if I may take the liberty to make a suggestion it is that at a more convenient hour you should summon to your Court the magistrates and clergymen who were present on the occasion of your surprise, put the agreement then projected into writing, and append the necessary signatures. That, no doubt, would allay my Lord Bothwell's fears for his freedom and property.

THE KING. Sir Robert, it sall be dune. And I thank ye wi aa my hairt for yer intervention.

SIR ROBERT (*bowing*). Your Majesty, whilst you are the ally of the Queen my mistress to serve you is my duty.

MELVILLE. If I may be permittit to speak, yer Grace, I suld like to say to Sir Robert that neir in aa my lang experience o coorts and diplomats hae I seen sic a taiglet situation strauchtent oot wi sic economy o effort. Sir Robert, it was maisterly.

SIR ROBERT. Such praise from one so renowned in the art of diplomacy, Sir James, affords me profound gratification. But the hour is yet early, and I would fain to my slumber. Most Gracious Sovereign, I take my leave.

(*He kisses the King's hand*)

THE KING. I hope ye sleep weill, Sir Robert. I could dae wi my bed mysell.

SIR ROBERT (*bowing towards Lennox*). My Lords. (*Bowing to Sir James*) Sir James. (*Turns to bow to the company in general when he reaches the door*): Farewell.

THE KING. Atholl, tak the lantern and shaw Sir Robert oot.

(*Atholl lifts the lantern from the table and opens the door*)

SIR ROBERT (*bowing*). My Lord, I thank you.

(*Atholl bows in reply and follows Sir Robert out. The Lords stand silent, regarding Bothwell curiously*)

THE KING. Francie, ye may tak yer leave.

BOTHWELL (*who has been staring sullenly at the door since the moment of Sir Robert's departure*). By God, the lot o ye, ye'll hear mair o this!

(*He marches out*)

THE KING (*almost gleefully*). Oho, did ye hear him? Did ye see his face? Did ye watch him wi Sir Robert? There was something atween thae twa! There was, I tell ye! The blaggard's in English pey! Whaneir Sir Robert gied him a glower he was as meek as a mouss! I see it aa! I see it aa nou! My Lords, ye hae been gulled! Yer haill plot against me was an English trap! They hae gotten juist what they wantit, the Papists banisht frae the Coort and the Kirk brocht in at the back door!

LENNOX. The English had naething to dae wi't!

THE KING. Man, Lodovick, can ye see nae faurer nor the peynt o yer neb! What gart Bothwell lie sae low whan Sir Robert put him in his place? Was it like him? Dae ye think for a meenit that gin he hadna dependit on Sir Robert's pooch he wad hae stude there helpless? Did ye no hear what he said? 'We dinna daur offend her Majesty o England.' What wey that? Ye ken the blaggard wad daur gey near onything! Has he no daured baith God and the Deil wi his treason and witchcraft? There's but ae thing he wadna daur, I tell ye, and that's to be in want o siller!

MELVILLE. Yer Grace, there's mebbe something in what ye say, but ye suldna hae threatent Sir Robert wi a Spanish alliance!

THE KING. What wey no? That's what gart him come doun aff his midden tap and stert to the business in haund! Sir Jamie, ye may think he was clever, but he was dancin to my tune aa the time! I telt ye he wadna daur tak the blaggard's side! That was the wey I sent ye for him!

MELVILLE. I thocht it was for something else, yer Grace.

THE KING (*momentarily crestfallen*). God, I forgot. (*Rallying quickly*) But that can keep. I won the peynt at issue. I did, I tell ye. (*Turning quickly to the Lords*) My Lords, are ye pleased wi yersells? It maun gie ye great satisfaction to ken that whan ye thocht ye were savin yer King frae the consequences o his ain folly ye were daein the English will!

OCHILTREE. English or no, yer Grace, it was oor ain will tae!

THE KING. Sae ye think ye hae won what ye want? Ye think that ance I'm redd o Bothwell I'll juist dae what Sir Robert orders? We'll see, my Lords. We'll see. Yer agreement'll hae to be ratified by a Convention o the Three Estates. Dae ye think it michtna be cancelled?

MELVILLE (*about to start a homily*). Yer Grace—

THE KING (*continuing rapidly*). What wey no? It'll be cancelled as faur as Bothwell's concerned, or I'm dune wi the lot o ye! I hae ye sortit tae, I tell ye! There isna ane o ye that wants Bothwell to bide, and whan he gangs I hae ye back whaur ye startit!

OCHILTREE. Yer Grace, if I hae to sign the agreement the morn I'll tak my leave. I hae my conscience to think o.

(*He bows stiffly and walks to the door*)

THE KING. Come back! (*Ochiltree turns*) Sae ye're gaun to Bothwell?

OCHILTREE. That will depend, yer Grace, on hou ye keep yer word.

(*He bows again. The King speaks as he leaves*)

THE KING. Awa ye upstert! (*Whimsically*) But there's something likeable aboot Ochiltree tae, mind ye.

MELVILLE. Yer Grace, he's neir been kent to brek a promise, yet he's but a Lord, and ye're a King. And was it no the renowned Isocrates himsell wha said, "Princes suld observe their promises, mair nor ither men their solemn aiths"?

THE KING. Ye auld humbug, that was in a letter I ance gat frae the English Queen!

MELVILLE. It was apt, yer Grace, sae I thocht I wad quote it.

THE KING. Apt, say ye! It was impiddent! I tell ye, Sir Jamie, ye're ower fond o moralisin at my expense! Ten meenits o ye is juist aboot as bad as hauf an hour wi ane o the Preachers.

MELVILLE. Yer Grace, I regret my offence, but there's anither remark o Isocrates to the effect—

THE KING. Ay ay, Sir Jamie. "Dinna repute them freinds wha praise whateir we dae, but raither thae wha modestly rebuke oor fauts." Ye're aye at that ane. Awa to yer bed wi ye! Ye're ower auld to be staunin aboot wi haurdly ony claes on. And whan I think o't, I'll mak ready mysell.

(*He starts to take off his boots*)

MELVILLE (*bowing*). Guid nicht, yer Grace.

THE KING. Ye mean guid mornin. It'll sune be fower o'clock.

MELVILLE. Yer Grace, ye aye hae the last word. (*Bowing again*) Guid mornin.

(*He leaves. The King starts to take off his clothes and makes towards his dressing-closet. Morton steps forward*)

MORTON. Weill, yer Grace, I'll tak my leave tae.

THE KING (*turning*). Na, Morton, haud on. I want a word wi ye. (*Retreating into the closet as he speaks*) Lodovick, there's something else I had forgotten. Ye micht fin Spynie and tell him to see that his gaird daesna ill-use Lesley or Ogilvy or the three Erskines. Tell him they maun hae their freedom.

LENNOX. Very weill, yer Grace.

(*He stands quickly aside, to be out of the King's view, and motions to Morton. Morton joins him*)

LENNOX. Morton, he'll be speirin at ye. Watch what ye say.

(*Morton nods. Lennox leaves*)

THE KING (*from the closet*). Ye micht pou doun the claes, Morton, and draw the curtains.

(*Morton arranges the King's bed, drawing the hangings around it except on the side near the fire. The King enters in his nightshirt*)

THE KING (*secretively*). Did Lodovick steik the door?

MORTON (*looking*). Na.

THE KING. Dae it nou then.

(*Morton closes the door and returns to the King, who has seated himself in the chair by the bed*)

THE KING. My Lord, I'm sair bothert aboot yer dochter. Ye see, the lass took my fancy. She was sae fresh and winsome and sae keen to learn, and weill, ye ken hou I like to haver awa aboot the ancient mythologies and the auld pagan gods and siclike, and ye ken hou little interest yersell and the ithers hae in maitters like that, save for Sir Jamie, and he aye likes to dae the talkin himsell.

MORTON. I ken, yer Grace.

THE KING. Weill, her Grace has been steerin up bother. She has a gey jealous disposeetion, ye see, and she's inclined to let her imagination rin awa wi her. I dout, my Lord, it'll be better for yer dochter's sake if ye tak yer awa, though, mind ye, my Lord, I'll tak an interest in her. (*Eagerly*) I'll see her weill endowed. There'll be some grun gaun when this steer's bye, for that deil Atholl needs his wings clippit, and weill, a nod's as guid as a wink to a blin horse. My Lord, ye'll hae it dune? I'll sairly miss her, but she wad hae nae pleisure here.

MORTON (*bowing*). Very weill, yer Grace, it sall be dune. Sall I shut ye in and blaw oot the caunles?

THE KING (*slipping into bed*). Ye micht, my Lord.

(*Morton closes the hangings and blows out the candles*)

MORTON. Are ye aa richt, then?

THE KING. Cauld a wee, but I'll sune warm up. Guid mornin, my Lord.

MORTON. Guid mornin, yer Grace.

(*He goes out and shuts the door. The chamber is still lit dimly by a faint glow from the fire. Pause. The King suddenly draws aside the hangings, emerges from the bedclothes and sits on the edge of the bed. He rises and walks to the door of the Queen's chamber. He opens it. He listens for a moment. He pokes in his head*)

THE KING (*calling urgently*). Annie!

(*He passes through and closes the door.*)

CURTAIN

ACT FOUR

Nicoll Eduardis hous in Nithreis Wynd, Edinburgh, xv September, 1594. *Late afternoon.*

The room which was the scene of Act One. The shutters are wide open, giving a view of the opposite side of the wynd in the light of a sunny afternoon in autumn.

Mistress Edward is sitting on a bench at the window, working on a piece of tapestry attached to a frame. Rab appears at the door behind her, carrying a large earthenware jar, a basket and a couple of hares. His clothes are soiled with dust and straw. He puts down his jar and basket and holds up the hares.

RAB. See what I hae gotten!

MRS E (*turning, slightly startled*). Losh, laddie, ye suldna come creepin up ahint folk's backs like that! Ye gart me jag my finger! Whaur did ye fin thae?

RAB. Doun on the Muir. They lowpit oot whan the men were scythin the corn. I gat the tane wi a stane and the tither wi a stick. Feel their hin legs. They're burstin wi flaish.

MRS E. Ay, they're braw anes. Ye maun hae been gey quick.

RAB. Quick! Dae ye see that ane? That's whaur the stane gat it, at sax yairds and it lowpin for its very life!

MRS E. Yer stane's made an unco merk.

RAB. It gart it rowe alang the grun like a cairt wheel! And see this ane. There's whaur I gat it wi the stick. I gied ae breinge and clapt it on the mooth!

MRS E. Ye haena left mony o its teeth in.

RAB. Wha'll want its teeth? It's the flaish on its banes that maitters.

MRS E. Ay ay. Haud them awa though. I

dinna want my claes aa bluid. Had the men their fill o yill and bannock?

RAB. There was plenty o bannock, but the yill sune gaed. It's gey drouthy wark, it seems, wi the stour in their thrapples. Auld Tam frae the stables says his tongue's like leather.

MRS E. It's been like that sin eir I mind. Awa to the kitchen wi yer things and syne back til the booth.

RAB. Ay (*Picking up his jar and basket*) Mistress Edward, dae ye think I'll be alloued oot airly the nicht?

MRS E. What dae ye want oot airly for?

RAB. Twa o Bothwell's men hae been brocht to the Nether Tolbooth for makin coonterfeit siller. Their hoose was fou o thirty shillin pieces that they'd struck oot o souther.

MRS E. Dear me, they'll catch it for that. Wha are they?

RAB. Johnstones, o a Border clan. They were brocht in by some o the Maxwells. They're to be hurlt through the Toun tied to the wheels o a cairt, and syne hangit on the Castle Hill. Dae ye think I'll be alloued oot in time to see it?

MRS E. Nou Rab, ye needna ask me that. Ye'll hae to hear what yer maister says.

(*Nicoll enters as she speaks*)

NICOLL. What's this?

MRS E. He wants oot in time to see a hangin.

RAB. The twa men o Bothwell's that struck siller oot o souther. They're to be hurlt through the Toun.

NICOLL. We'll see. We'll see. Were ye oot at the hairst?

RAB. Ay.

NICOLL. And hou's it gaun?

RAB. They were scythin the last rig whan I cam awa. ·

NICOLL. Is aa that's cut stookit?

RAB. Ay.

NICOLL. Grand. The wather can dae what it likes nou. Weill, lad, ye can tak yer supper in yer pooch and gang to the hangin whan the booth's lockit. And let it be a lesson to ye neir to wrang yer maister, be he King, Lord, or Toun Merchant. Whaur did ye fin thae hares?

RAB. At the hairst.

MRS E. He gat the tane wi a stane and the tither wi a stick.

NICOLL. Grand. Tell the lassies to gie ye a dram.

MRS E. Nou, Nicoll.

NICOLL. Hoots, the lad desairves it. Awa wi ye.

(*Rab leaves*)

MRS E. Sae Bothwell's up to his tricks again?

NICOLL. Ay, but he's gaen ower faur this time. He'll hae nae sympathy nou. Gin ilka body wi a toom pooch were to stert makin his ain siller there wad be nae profit in tred at aa.

MRS E. I suld think no. And that's the man the Preachers are sae fond o. I dinna understaun them at aa.

NICOLL. Wait. I'll let them ken what I think o them. Maister Bruce is comin up in a wee while to hae a talk aboot raisin siller for the raid against the Papists. Aa the Preachers want his Grace to stert it afore the winter comes on, and his Grace aye puts them aff by sayin he canna afford to pey for the sodgers. I dout they want me to mak him anither advance.

MRS E. Weill, Nicoll, I wadna dae it.

NICOLL. Dinna fear. I'll watch mysell.

MRS E. Weill, watch yersell. Ye're aye ower saft.

(*Rab enters suddenly*)

RAB. Guess wha's here!

MRS E. Wha?

RAB. Her Grace, wi the Laird Logie and the Danish leddy!

MRS E. Oh dear me, and I'm sic a sicht! O, Nicoll! O, what'll I dae?

NICOLL. Tach, wumman, ye're aa richt. Fetch them up, Rab.

(*Rab leaves hurriedly, and Nicoll goes to the door. Mistress Edward pushes the tapestry aside, straightens her dress, pats her hair, and prepares to curtsy*)

NICOLL (*at the door*). Weill, weill, weill. (*The Queen appears with Logie and Margaret Vinstar behind her*) Come awa in yer Grace. Sae ye're back frae Stirlin? (*The three enter. Appropriate bows, bobs and curtsies, some of them during the ensuing dialogue*)

MRS E. Yer Grace, this *is* a surprise!

THE QUEEN. We thocht we wad caa in for a meenit in the passin. We canna bide lang. We shanna sit. But ye are pleased to see us, eh?

MRS E. Yer Grace, ye hae dune us an honour.

NICOLL. Ye hae that.

MRS E. And my Leddy Vinstar.

THE QUEEN. Na na, Vinstar nae mair!

MRS E. Oh I forgot!

NICOLL. Ay, Laird, sae ye brak oot ae jeyl and landit yersell in anither.

MRS E. What things men say! Dinna heed

him, Leddy Margaret. But I thocht, weill, ye se—

THE QUEEN. Ye woner to see them back at Coort, eh?

MRS E. Ay weill, I thocht the Laird wad still be in his Grace's black books.

THE QUEEN. Na na. I missed my Margaret and wantit her back, sae I twistit him roun my finger. Logie is paurdont.

MRS E. I'm gled to hear it. Laird, did we no lauch the nicht ye won doun ower the jeyl winnock. We wonert what wad happen to my Leddy Margaret, though, for smugglin in the towe raip, and whan we heard that she had rin awa to jeyn ye we gey near rived oor ribs. Was his Grace no gey angert?

THE QUEEN. He was, gey. But whan he gat redd o Bothwell and wantit the Chancellor back at the Coort I said no. I said that gin he didna allou Margaret back wi her Logie he wad hae nae Chancellor. And what could he say?

MRS E. And the Chancellor's back? Times hae cheynged, eh?

THE QUEEN. Mistress Edward, it is different aathegither. There is haurdly an auld face left. Atholl is put to the horn, Ochiltree is oot wi Bothwell, and Spynie is in jeyl, puir man. Logie has been gey luckie.

NICOLL. He has that.

THE QUEEN. Weill, ye see, he mairrit my Margaret, and the rest didna. But the Chancellor, Mistress Edward, ye suld see. He is a cheynged man. He licks my shune like a dug. And he taks pains.

MRS E. Pains?

THE QUEEN. Ay, and they are gey sair. He will talk and talk and then, aa at ance, he will twist his face and girn and haud his back. Puir man, I feel sorry, but it gars me lauch.

NICOLL. I suld think sae.

THE QUEEN. Ay. Jamie his Grace says it is the judgement o the Lord on him for his wickedness.

MRS E. I daursay, for he was a bad ane. But ye haena said onything yet aboot the big event in yer ain life.

THE QUEEN (*coyly*). Ah, Mistress Edward, haud yer tongue.

MRS E. Is the young Prince keepin weill. What is he like?

THE QUEEN. Ah weill (*shrugging humorously*) he is like his faither.

MRS E (*forgetting herself*). Aw. (*Recovering*) But ye had a grand christenin. We had a wild day o't in the Toun here. Aa the prentice laddies were dressed up like heathens, wi their faces blackent and feathers in their bannets, and we had ballad-singers and jougglers and tummlers and aa sorts, and ye suld hae seen the bane-fires at nicht. They were bleizin frae aa the hill-taps like staurs in the lift. It was a sair day for the Preachers. They werena pleased.

THE QUEEN. Huh! The Preachers! They made a sang at Stirlin tae. They were flytin at the Lords for dressin up in weemen's claes.

MRS E. They hate to see folk enjoyin themsells.

THE QUEEN. Ye are richt. They wad hae us aye wi lang faces. They say we are ower licht-hairtit at the Coort, and that we maun hae lang prayers mornin and nicht, and lang graces afore and efter meat. They say it in their kirks to the rabble. It is gaun ower the merk.

NICOLL. Weill, yer Grace, I wadna heed them.

THE QUEEN. Naither I dae. I gang my ain wey.

MRS E. Ye're quite richt, yer Grace. I hear the young Prince gat some gey grand praisents.

THE QUEEN (brightening). Oh Mistress Edward, it wad hae taen awa yer braith. Frae the States o Holland there was a gowden box, and inside, written in gowden letters, a promise to pey the young Prince a yearly pension o a thoosand guilders.

MRS E. A thoosand guilders! Dear me.

THE QUEEN. It is a lot. And gowden cups! Oh Mistress Edward, the wecht! Sir James Melville stude aside me to tak the heavy things, and he could hardly haud them. And there were precious stanes frae my ain country, and mair gowden cups, and a fancy kist, staunin on legs, frae her Majesty o England.

MRS E. Mercy me, he's a luckie bairn. And he has a gey hantle o titles for ane no oot o his creddle.

THE QUEEN. Titles! What a rigmarole! I hae it aff by hairt. 'The richt excellent, high and magnanimous Frederick Henry, Henry Frederick' — he is a caa'd efter my faither ye see, and the faither o her Majesty doun bye, and we hae it baith weys to please everybody… but I am wanert aff. 'Frederick Henry, Henry Frederick, by the grace o God Baron o Renfrew, Lord o the Isles, Earl o Carrick, Duke o Rothesay, Prince and Great Steward o Scotland.'

MRS E. It's a gey lang screed that.

THE QUEEN. It is ower muckle. I caa him 'Wee Henry'.

MRS E (laughing). Aye it'll be a lot mair convenient. But I thocht ye wad hae caa'd him by yer ain faither's name.

THE QUEEN. Na na, we caa him by the English name, for some day he will be English King.[22] But Mistress Edward, we canna bide. We hae to see the Provost. Ye maun come to the Palace, some day sune, and see Wee Henry for yoursell.

MRS E. Yer Grace, I'll tak ye at yer word.

THE QUEEN. Dae. We sall be pleased to see ye. (Bobbing) Bailie, I bid ye guid efternuin.

NICOLL (bowing). Guid efternuin, yer Grace. I'm sorry ye canna bide. And I'm sorry his Grace isna wi ye.

THE QUEEN. Huh! He is doun the Coogait, at the printers'.

NICOLL. Aye at books yet.

THE QUEEN. Aye at books. (Bobbing) Mistress Edward, fare ye weill.

MRS E (with a curtsy). Fare ye weill, yer Grace. (Bobbing) And ye, my Leddy. (Bobbing) And ye tae, Laird. See and bide oot o jeyl this time.

NICOLL. My Leddy Margaret'll see to that.

LOGIE (bowing). My wild days are bye nou, Mistress Edward. Guid efternuin, Bailie.

NICOLL. I'll come doun.

(He follows the visitors out. Mistress Edward watches them go, then takes a seat at the window. She sits staring reflectively at her lap, and wipes her eyes as a few tears gather. She rises and looks out of the window. She waves as the Queen turns into the wynd. She sits again, giving her eyes another wipe. Nicoll enters)

NICOLL. What's wrang wi ye?

MRS E. I was haein a wee bit greit.

NICOLL. What aboot?

MRS E. I was juist thinkin.

NICOLL. What?

MRS E. Weill her Grace is sae cantie the nou. I was thinkin what a peety it is that the Lord God haesna seen fit to gie us the blessin o a bairn tae.

NICOLL. Hoot, wumman, think o yer age.

MRS E. Ay, but still.

NICOLL. Tach!

(Rab enters)

RAB. Here's Bailie Morison!

NICOLL. Eh! What daes he want?

---

22 England's acceptance of a title 'Henry I of Great Britain' was never tested. Cf. *Road to the Isles*, note 6.

RAB. He wants to see ye.

NICOLL. Nae dout. Fetch him up. (*Rab leaves*) He can keep his neb oot o naething. He'll hae heard that I hae Maister Bruce comin up.

MRS E. Watch him, then. I hope he saw her Grace leavin. It'll gie him something to tell his wife.

MORISON (*outside*). Are ye there, Nicoll?

NICOLL. Ay, Bailie, come in.

(*Bailie Morison enters, with Rab behind him*)

MRS E. Guid efternune, Bailie.

MORISON. Guid efternune, Mistress Edward.

RAB. Can I gang nou?

NICOLL. Hae ye lockit the booth?

RAB. Ay.

NICOLL. Awa then.

(*Rab shoots off. Mistress Edward goes to the awmrie for a bottle and glasses*)

NICOLL. Sit doun, Bailie.

MRS E. Ye'll hae a dram?

MORISON. Weill ay, I will, thank ye. It's gey drouthy wather. I saw her Grace leavin the nou.

MRS E (*pouring drinks*). Oh ay, she aye taks a rin up if she's onywhaur near.

MORISON. Ay, ye seem to be gey weill ben. (*Accepting drink*) Thank ye. Yer guid health.

NICOLL (*also served*). Guid health.

MRS E. Thank ye.

(*She bobs and leaves by the dining-room door*)

MORISON. I hear ye hae Maister Bruce comin up?

NICOLL. Ay.

MORISON. It'll be aboot siller for the raid against the Papists?

NICOLL. Ay weill, I canna say ye're wrang.

MORISON. And hou dae ye staun?

NICOLL. Weill Bailie, I dout I can dae nae mair. His Grace is ower deep in my debt as it is.

MORISON. That's my poseetion tae, in a wey.

NICOLL. In a wey, eh?

MORISON. Weill, ye see, I could afford to lend him mair gin he could offer guid security.

NICOLL. Sae could I. But whaur will he fin that?

MORISON. Think. Hae ye no heard aboot the christenin praisents that were brocht to the young Prince?

NICOLL. Damn it, Bailie, we canna tak the bairn's christenin praisents!

MORISON. I see nae hairm in it.

NICOLL. It isna richt.

MORISON. Man, it's oor ae chance o gettin a bawbee o oor siller back. There's eneugh gowd, frae what I hear, to cover baith what he owes us the nou and a new advance as weill. In fact, Nicoll, it wad be a grand stroke o business.

NICOLL. He wadna hear o't.

MORISON. Weill—

NICOLL. Na na. Ye ken he's faur frae eager to stert the raid. He jumps at ony excuse that comes to haund. Poverty's as guid a ane as ony.

MORISON. Mebbe. And mebbe no. I think the maitter's worth some thocht.

(*Mistress Edward comes to the door*)

MRS E. Paurdon me, Bailie. Nicoll, here's Maister Bruce.

NICOLL. Haud on, then. He's aye rantin against self-indulgence. Gie me yer gless, Bailie. (*He lifts the bottle and the two glasses*) Fetch him nou.

(*He hurriedly hides the bottle and glasses as Mistress Edward goes for Bruce*)

NICOLL (*as Bruce appears*). Come in, Maister Bruce. Come in. I hae Bailie Morison here.

(*Mistress Edward retires and closes the door*)

MORISON (*half rising*). Nicoll, if ye hae business to discuss I had mebbe better leave ye.

BRUCE. My business micht concern ye tae, Bailie, sae dinna leave on my accoont.

NICOLL. Bide still, man. Maister Bruce, will ye sit doun?

BRUCE (*sitting*). Thank ye.

NICOLL. It's been grand wather for the hairst.

MORISON. Deed ay. I haena seen the Muir wi sic bonnie raws o stooks on't for mony a lang year.

BRUCE. The Lord has filled yer girnels, Bailie, as a sign and a portent. He wad hae ye return his liberality in the service o His cause.

MORISON. Ay?

NICOLL. Hou that, Maister Bruce?

BRUCE. Oor temporal ruler, as ye weill ken, is pledged to haud a raid against the Papist lords, but he says he hasna the siller to pey for the men. That may be the truith, my freinds, and it may no, but gin the siller were brocht forrit he wad hae to stert.

NICOLL. Ay, Maister Bruce, and what dae ye propose?

BRUCE. Ye'll ken, Bailie, that the Croun has a richt to command men frae ilka Lord, Laird and Burgh in the country, but ye'll ken tae that maist men dinna rise, and that thae wha dae mak a gey scattered force. What I propose is this: that whan it's resolved to haud the raid forrit, and proclamation's made to that effect, ony that want to bide at hame suld be grantit exemption gin they pey for the sodgers to tak their place.

NICOLL. Na, Maister Bruce, it winna dae. The kind that dinna rise when there's a proclamation are juist the very kind that tak a lang time to pey their debts. The winter wad be on lang afore the siller was collectit.

BRUCE. I had thocht, Bailie, that wi this ither siller as security, an advance micht be made to the Croun at ance.

NICOLL. Na.

MORISON. Na.

BRUCE. Think weill, my freinds, afore ye harden yer hairts. The cause I ask ye to serve is the cause o the Kirk, and gin ye dinna serve it weill ye canna prosper. For hasna the Lord said, "If ye walk contrar unto me I sall walk contrar unto ye also. I will lay bare yer fields, and mak yer cities waste, and bring the haill land unto desolation"?

NICOLL. Ay ay, Maister Bruce, but we arena in the Kirk the nou. This is a maitter o business. Ye ask us to mak an advance to the Croun, but the Croun's gey deep in oor debt as it is, and the security ye offer is worth naething. Hauf o the siller ye talk aboot wadna be peyed unless a body o airmed men was sent oot to fetch it.

MORISON. And I dout if the ither half wad pey the Croun's praisent debts.

NICOLL. It canna be dune, Maister Bruce.

MORISON. Weill, Nicoll, I wadna say that. There micht be some ither wey.

NICOLL. There's nae ither wey, I tell ye. The poseetion's hopeless frae the stert. If his Grace had his hairt in the raid it wad be a different maitter, but ye ken hou he led the last ane. Whaneir he gat near the Papists he pitched his camp till they had time to retreat, and the Hielands are braid eneugh to let that sort o ploy gang on for years. The haill truith o the maitter is, Maister Bruce, that he winna lead the raid wi ony hairt till he has houndit doun Bothwell, and that ye winna let him dae.

BRUCE. He can dae that whan he has first served God and the Kirk! Bothwell's soond in his releegion!

(There is a faint commotion from far beyond the window)

NICOLL. He has nae scruples whaur siller's concerned. Listen to that! Twa o his men are bein hurlt through the Toun for makin coonterfeit thirty shillin pieces!

BRUCE. It's anither o the Chancellor's fause chairges! Bothwell has naething to dae wi the men!

MORISON. What's that!

(Rab can be heard on the staircase shouting 'Bailie Edward! Maister!')

NICOLL. It's Rab!

(Rab enters breathlessly)

RAB. There's a fecht on at the Nether Bow Port! Johnstones and Maxwells! The Johnstones raidit the Nether Tolbooth to let their twa freinds oot, and the Maxwells that brocht them in cam doun the Hie Gait to stop it! The Toun Gaird's tryin to clear the causey!

NICOLL. Guid God! Help me on wi my gear, Rab!

(Nicholl and Rab hurry out through the dining-room door. Bailie Morison goes to the window. The commotion grows)

MORISON. Here's his Grace, fleein for his life, wi the Chancellor pechin ahint him! (Bruce goes over beside him) I believe he's comin here!

(Mistress Edward enters from the dining-room)

MRS E. What's aa the steer? I'm shair Nicoll daesna hae to gang fechtin! He'll be slauchtert! It isna richt!

(The King is heard on the staircase shouting "Nicoll Edward! Nicoll, ye deil!")

MORISON. It's his Grace.

(The King enters in disarray)

THE KING. Mistress Edward, gie me a dram! I hae been gey near shot doun, hackit to bits, and staned to daith!

(Mistress Edward hastens to pour him a drink. Nicoll appears at dining-room door, strapping on his gear)

NICOLL. What's wrang, yer Grace?

THE KING. What's wrang! Yer Toun isna safe! That's what's wrang! It's fou o Border reivers fleein at ilk ither's throats!

(Rab comes in behind Nicoll with his pistols)

RAB. It's the Johnstones, yer Grace! They were tryin to brek doun the doors o the Nether Tolbooth and let oot Bothwell's twa men!

THE KING. Bothwell! I micht hae kent it! There'll be nae peace in the country till the blaggard's ablow the grun! (Accepting a glass from Mistress Edward) Thank ye, Mistress Edward. (The Chancellor appears

at the door, breathing heavily) Ay, Jock, come in and sit doun. Gie him a dram tae, guid wumman, for he's worn oot.
(*Maitland slumps into a chair, and Mistress Edward goes to fetch him a drink. The Town Bell begins to ring*)
NICOLL (*completing his preparations*). There's the Town Bell, thank God. It'll bring the men up frae the hairst. Hurry oot, Rab. Bailie Morison, dinna staun there gawpin. Come on hame for yer gear.
MRS E. Oh Nicoll, watch yersell.
NICOLL (*leaving quickly*). Ay ay.
(*Rab and Bailie Morison follow him out*)
MRS E (*dabbing her eyes*). Oh I hope he'll be aa richt.
THE KING. Ay ay, Mistress, he'll be aa richt. He's as strang as a bull. Are ye comin roun, Jock?
MAITLAND (*busy with his glass*). Gie me time.
MRS E (*suddenly remembering*). Her Grace was here no lang syne. I woner if she'll be aa richt.
THE KING. Her Grace, eh? Whaur did she gang?
MRS E. She left to gang to the Provost's.
THE KING. There's nae need to worry then. The fechtin's aa ablow the Tron.
MRS E. I think I'll gang up to the mooth o the wynd and hae a look, though. It micht be better.
THE KING. Watch yersell, then.
MRS E. Ay, ay.
(*She goes out in a state of agitation*)
THE KING. Weill, Maister Bruce, what are ye staunin glowerin at? Can the like o ye dae naething? Or are ye sae thick wi Bothwell that ye want his freinds to win?
BRUCE. Ye hae nae richt to blame Bothwell! Ye hae nae prufe that the men are his!
THE KING. Havers! The Johnstones were aye ahint him. They were in his gaird whan he held the Palace last year, and they were alang wi him in the spring whan he cam wi Ochiltree to Edmonstone Edge. Gin it hadna been for my Lord Hume he micht hae mairched them on the palace again. And that's the man ye try to shield.
BRUCE. I try to defend him frae the persecution o his enemies! He was first put to the horn on a fause chairge, and whan he was adjudged guiltless, he gat nae remission! And that in spite o yer promise, written by yer ain haund, that he wad be shown sic favour as if he had neir offendit!
THE KING. My promise was cancelled by

the Three Estates! And he has little to complain o, the Lord kens. For a man wha's committit sae mony treasons he's been gey weill used. He was paurdont. He was to be alloued to draw his rents. Aa that was askit was that he suld leave the country!
BRUCE. He left the country! He gaed to England!
THE KING. To lie low and plot anither raid! Ye talk aboot brekin promises, Maister Bruce, but if Bothwell has his match in the haill o Christendom he'll be gey ill to fin!
BRUCE. His match is praisent in this very room!
THE KING. Jock! Did ye hear that?
MAITLAND (*busy with his glass*). Gin I werena auld and dune I wad split his croun!
BRUCE. I spak the truth, Maitland, as weill ye ken! Didna the King promise that ye and Hume suld be keepit frae the Coort?
THE KING. Guid God, ye canna object to Jock here! He's a dune auld man.
BRUCE. And Hume? Is he dune?
THE KING. Ye ken he's convertit! I argued him roun mysell. He's as guid a Protestant as there is in the country.
BRUCE. He's like aa the ithers ye hae aboot ye, a hypocrite that wad raither ye spent the revenues o the Croun on his ain profligate pleisures nor in the service o God's Kirk! But I tell ye, Jamie Stewart, King though ye be, that gin ye dinna rouse yersell to dae the wark that the Lord has committit to yer haund, the Kirk shall rise in its strength and act withoot ye!
THE KING. The Kirk'll dae what it's alloued to dae, and nae mair. I'm aye its heid yet!
BRUCE. The Lord is its heid, and ye are but a member, and gin ye hinder its wark ye sall be weedit oot!
THE KING. Ye canna weed me oot aither! There can be nae excommunications withoot my consent! And as for the Papist raid ye canna grummle. I hae promised to stert it whaneir I can fin the siller.
BRUCE. The want o siller's an excuse! Ye ken that gin the folk o the Burghs wad rise to support ye ye wad be for fleein at Bothwell's throat at ance! Ye wad sune fin the siller for that!
THE KING. By God I wish I could! I wad sune fin the men, ay though ye thumpit the brods o yer pulpits till they brak into bits! Rant against me hou ye like, uphaud Bothwell as muckle as ye will, gin I ance fin the siller I'll hound the blaggard doun!
BRUCE. Ye little ken the pouer o the Kirk!

There isna a man i' the haill country that wad daur follow ye against the will o the Preachers!

THE KING. The will o the Preachers! Siller's a mair potent motive nor the fear o hell!

BRUCE. Nae dout, amang the unbelievers at the Coort, but I tell ye that to the congregations o the Kirk the will o the Preachers is the will o God! Tak warnin afore it be ower late! Gin ye delay ower lang wi the raid against the Papists the Kirk itsell sall summon the godly to the fecht! Frae ilka pulpit in the country the cry sall gang forth, that the hour appeyntit has come at last, and the sword o the Lord is to be girdit on!

THE KING. Huh! They'd look a bonnie lot! Eh, Jock can ye see them? (*Maitland snorts*) Weill I ken what they'd be like, Maister Bruce: a rabble o puir gowks airmed wi heuks. And nae dout yersell and Andrew Melville wad lead them?

BRUCE. They wad be led by my Lord Bothwell.

THE KING. Oho, ye dell!

MAITLAND (*pushing back his chair and gripping his hilt*). Watch what ye say, sir! Yer words micht cost ye dear!

BRUCE. Ye daurna touch me, and ye ken it! The folk o the Toun wad stane ye!

MAITLAND (*stepping forward and drawing*). I wad tak the risk!

BRUCE. Tak it, and may the Lord accurse ye! May aa the maledictions that fell upon Judas, Pilate, Herod and the Jews, aa the troubles that fell upon the city o Jerusalem, aa the plagues and pestilences that ever— (*He breaks off, as Maitland seems suddenly to be seized with pain. The Town Bell stops ringing*)

MAITLAND (*writhing back into his chair and dropping his sword*). Oh. Oh. Oh. (*The King and Bruce stare at him in amazement. Mistress Edward enters hurriedly from the staircase*)

MRS E. Yer Grace! (*Noticing Maitland*) Guidness gracious, what's wrang?

THE KING. That deil's been cursin Jock. It's brocht on his pains.

MRS E (*reproachfully*). Oh, Maister Bruce.

THE KING. I'll hae him tried for witchcraft! Leave him. He'll sune come roun. Sit up, Jock and tak anither moothfou. That's richt. Are ye feelin better?

MAITLAND. Gie me time.

MRS E. Yer Grace, my Lord Lennox and Nicoll are bringin a man doun the wynd.

THE KING. A man, eh?

MRS E. Ay, by the scruff o the neck. Here they are nou.

(*They look to the door. Lennox enters*)

LENNOX (*to Nicoll outside*). Bring him in, Nicoll.

(*Nicoll enters leading a stranger by the shoulder. Lennox steps forward and hands the King a letter*)

LENNOX. Yer Grace, hae a look at that.

THE KING (*indicating the stranger*). Wha's this?

LENNOX. It's Sir Robert Bowes' new English servant.

THE KING. And what's this? Whaur did ye fin it?

LENNOX. I was in the Hie Gait whan the steer stertit. Juist whan it was at its heicht a man made to ride up the Toun frae the Black Friar's Wynd and was dung aff his horse by a stray shot. This man ran forrit and rypit his pooches. It was that he was efter, for whaneir he fand it he made to rin awa.

THE KING (*unrolling it*). Is it a letter?

LENNOX. It's blank!

THE KING. Oho! No a word on it! Conspeeracy! Weill, weill, we hae dealt wi blanks afore. Mistress Edward, rin ben to the kitchen and fetch a bit o flannel and a hot airn. Hurry! We'll sune see what's at the bottom o this.

(*Mistress Edward hurries out by the dining-room door*)

THE KING (*to the Stranger*). Ay ay, my man, sae ye hae been foun wi a secret document in yer possession? Pou him forrit, Nicoll, and put yer sword to his hin end. (*Nicoll obeys*) Was this letter for Sir Robert Bowes? (*Silence*) Was it, I'm askin? Nicoll, gar him speak.

NICOLL (*jabbing the Stranger*). Answer whan ye're telt!

(*The Stranger turns on him indignantly, and speaks with a Cockney accent as remote from the speech of Sir Robert Bowes as Rab's Edinburgh sing-song is from the speech of Sir James Melville*)

STRANGER. Avaunt, thou pock-faced villain, sheathe thy sword! I know not what thy master asketh!

THE KING. What is he sayin? Tak him by the collar!

(*Nicoll obeys*)

STRANGER. Unhand me or I'll kick thy paunch, thou bottle-nosed bully!

THE KING. Jab him again, Nicoll!

(*Nicoll obeys*)

STRANGER. Oh!

NICOLL. Staun at peace, see!

STRANGER. Peace! God's light if this be peace! Call for my master!

THE KING. He said something about his maister! I'll try him in English. Listen, my man. Art thou the servant of Sir Robert Bowes?

STRANGER. He is my master! Call him here!

THE KING. Ay ay, but listen. Did Sir Robert Bowes send thee to obtain this letter?

STRANGER. Thy scurvy dog of a servant choketh me!

THE KING. Eh? What is he sayin, Jock?

MAITLAND. It bates me.

THE KING. Listen again. Did Sir Robert Bowes send thee to obtain this letter?

STRANGER. He is my master!

MAITLAND. Maister! It's aa he can think o!

THE KING. He's donnart! Letter, my man! Letter! Dae ye no ken what 'letter' means? Dost thou see this letter?

STRANGER. How can I see? He has me by the throat! Order thy varlet off!

THE KING. It's hopeless. I wish Sir Jamie Melville was here. He kens aa their tongues.

LENNOX. He's at Halhill the nou.

THE KING. He's aye awa whan he's maist needit. But we'll persevere. We'll tak him word by word. Dae ye hear? Dost thou hear? We shall speak each word separately. Dost thou understand letter?

STRANGER. Call for my master! He will tell thee all!

MAITLAND. Maister again!

THE KING. We're at letter the nou, no maister! I'm haudin it up! Look at it!

STRANGER. I know not what thou sayest!

THE KING. What was that?

MAITLAND. I didna catch it.

THE KING. Can ye no speak ae word at a time?

MAITLAND. Say it in English.

THE KING. Ay ay, I forgot. Canst thou not speak each word separately?

STRANGER. God grant me patience! Dost thou not follow Master? Master, thou addle-pate! Master!

THE KING. Guid God!

MAITLAND. He's at it yet!

THE KING. I dinna like his mainner, aither.

MAITLAND. Naither dae I. Put him in the jougs.

THE KING. Dae ye ken what the jougs are? Dae ye ken what the rack is? Dost thou understand gallows?

STRANGER. Call for my master!

THE KING. Guid God Almichty! Tak him oot and droun him!

MAITLAND. Put him in the jougs!

THE KING. And fetch his maister! We'll see what he has to say! Dinna say what we're efter, though. We'll tak him by surprise.

NICOLL. Aa richt, yer Grace. (*Dragging the Stranger out*) Come on, see.

STRANGER. Call for my master! Call for my master! (*Turning his attention from the King to Nicoll*) Oh thou lousy, damned, abominable rogue!

NICOLL. Haud yer tongue or I'll clowt ye! (*He bundles the Stranger out by the staircase door. Mistress Edward enters from the dining-room with a piece of flannel and a hot iron*)

MRS E. Here ye are, yer Grace! I was as quick as I could manage.

THE KING. Ye haena been lang. Gie me the flannel. We'll spread it here. Then the letter, flat oot. Haud it doun, Jock, till I fold the flannel ower it. Nou put doun the airn. (*Mistress Edward lays the iron on the table. The King picks it up*) Hou hot is it? (*He tests it*) Ph! Grand. It's juist richt. Nou watch this.

(*He starts to iron carefully over the letter*)

MRS E. Whaur's Nicoll, yer Grace?

THE KING. He's awa to the Tolbooth wi the Englishman. Wheesht the nou. We'll sune see what Sir Robert's up to. (*He puts down the iron and lifts the flannel*) Look, Jock, it's up!

MAITLAND. It is that!

THE KING. It's in Sir Robert's haund! Juist what I thocht! Sir Robert's servant maun hae gien it to the horseman in the first place! Nou let me see. (*He reads excitedly*) It's fou o ciphers! Jock, ye ken the English code! Wha's Argomartes?[23] Bothwell, eh!

MAITLAND. Nane else! Is it for him?

THE KING. It is! By God, I hae Sir Robert nou! (*He reads*) America! That's the English Queen hersell!

MAITLAND. America, ay!

THE KING. Oho, then, listen to this! 'Thou — that's Bothwell — didst by thine own unreasonable demeanour render thyself too weak to serve America further and cannot complain that America now leaves thee to furnish thine own purse.' Oho, eh! It's what I aye said! He's been in her pey aa alang! (*He reads*) But there's a bit here I canna

---

[23] Code quoted from actual English intelligence of the day.

richt mak oot. 'As for thy latest threat, America hath strong hopes that through vee ane emm thirty-sax pund sterlin...'

MAITLAND. The preachers!

THE KING. Eh! By God, Maister Bruce, sae ye're in towe wi Sir Robert tae!

BRUCE. It's a lee! There's a mistake!

THE KING. Haud yer tongue and we'll see! It says here 'America hath strong hopes that through the Preachers she may force Petrea...' That's me! What rank black ineequity!

MAITLAND. Force ye to what!

THE KING. 'to rise against Chanus'

MAITLAND. Huntly!

THE KING. Juist that! Listen! 'to rise against Chanus in such strength that thy support will avail him nothing.' Guid God! Thy support! Bothwell's!

MAITLAND. Support for Huntly!

THE KING. It canna be!

(*They peer excitedly into the letter. There is a commotion below the window*)

MRS E. There's a steer on the stairs!

(*Rab comes to the door*)

RAB. Here's my Lord Morton!

(*He stands back. Morton enters*)

MORTON. Yer Grace, I hae Colville here! He's gien himsell up!

THE KING. What! Whaur is he?

MORTON. I hae him here! He says he wants to speak to ye at ance!

THE KING. Dinna let him near me! It's a plot!

MORTON. He says he has news for ye alane!

THE KING. It's a trick, I tell ye! Is he airmed?

MORTON. Na.

THE KING. Lodovick! Staun by and draw! Jock! Whaur's yer sword? Pick it up! See that he daesna win near me!

MORTON. Sall I fetch him?

THE KING. Ye're shair he has nae weapons?

MORTON. Ay.

THE KING. Then let him come.

(*They stand expectant. Morton leaves. In a moment he returns and stands within the door. Colville enters stained with travel, and throws himself at the King's feet. The King shrinks back*)

THE KING. Keep back!

COLVILLE. Maist Clement Prince.

THE KING. Ye hae said that afore! What dae ye want?

COLVILLE (*grovelling*). Yer Grace, I hae focht against ye in bygaen times, but I actit as my conscience dictatit, and in the service o the true releegion.

THE KING. Ye lear, ye did it for Bothwell and his English siller!

COLVILLE. The Lord kens, yer Grace, that I thocht he was soond in doctrine. I renounce him nou!

THE KING. Eh?

COLVILLE. He's jeynt the Papist Lords for Spanish gowd!

THE KING (*quietly*). Say that again.

COLVILLE. He's at Kirk o Memure wi Huntly and the ithers! They hae pledged themsells to kidnap the young Prince and murder Hume and Maitland.

THE KING (*as Maitland gasps*). The fiends o hell! Wha telt ye that?

COLVILLE. I hae kent it aa alang! I wantit to mak shair! Yer Grace, ye'll paurdon me? I'll serve ye weill!

THE KING. I wad paurdon the Deil himself for that news! It's like a dream come true! I can hardly tak it in! To think o't! To think o't! My warst enemy destroyed by his ain folly! Aa my troubles washt awa by ae turn o the tide! Man, Jock, it's lauchable. It's rideeculous. It's a slap in the face to the Kirk and England baith. Ay, Maister Bruce, ye may weill look dumfounert! That's yer Bothwell for ye! That's the man that was to lead the godly in the service o the Lord! But dinna tak it ill, man! The Lord sall be served! I'll hound doun the Papists for ye nou! (*With a quick change of manner*) Man, Jock, look at him. He daesna seem pleased.

MAITLAND. It's ower big a dose for ae gulp.

THE KING. It is that! He canna believe that the Lord can hae His ain wey o daein His ain wark. That'll teach ye, my man that it's in the Croun and no in the Assemblies o yer Kirk that the Lord invests His authority, for has He no by this very move entrustit leadership to me, and gart ye lick yer vomit!

BRUCE. His will's beyond yer comprehension!

THE KING. His will's as clear as the licht o day! He has peyntit me oot as His airthly Lieutenant! Awa to yer colleagues, man, and tell them the news! Tell them their idol has turnt idolator! Let them cry frae ilka pulpit that the hour has come at last, whan the King sall lead the godly in the service o the Lord, and Bothwell and the Papists sall perish thegither![24]

BRUCE. May ye hae the Lord's help in the task, for ye'll fail withoot it!

(*He marches out*)

THE KING. Hoho, he didna like it! He lost

---

[24] Bothwell in 1595 escaped one last time into permanent exile on the Continent.

his tongue athegither! God, it's miraculous! Colville, I'll spare yer heid, man, for ye hae served me weill. Ye can ward yersell wi Morton. My Lord, I mak ye responsible for his safe keepin. Tak him doun to the Palace. I'll speir at him the nicht afore my Cooncil.

MORTON. Very weill, yer Grace.

COLVILLE (*kissing the King's hand*). Maist Clement Prince. Maist Noble King.

THE KING. I haena paurdont ye yet, mind. Ye'll hae to tell me aa ye ken.

COLVILLE. I hae copies o aa their documents, yer Grace.

THE KING. They're yer ain wark nae dout. Awa wi ye. (*Colville kisses his foot*) Man, ye're a scunner. Watch him weill, my Lord. (*Morton bows*)

Rise up aff the flair, man, and tak yersell oot o my sicht!

(*Colville bows himself elaborately out of the room. Morton bows and follows him*)

THE KING. He turns my stamack, but he'll be worth his wecht in gowd. Lodovick! Caa my Cooncil for eicht o'clock.

LENNOX. Very weill, yer Grace.

(*He bows and leaves*)

THE KING (*reaching for the bottle*). Weill, Jock, it's been a grand efternune. Eh, Mistress?

MRS E. It has that, yer Grace. Sall I tak the airn?

THE KING. Leave it. I want it. I'm expectin Sir Robert.

MRS E. Very weill, yer Grace. I'll leave ye, I think, and hae the table laid. (*Knowingly*) Will ye bide for supper?

THE KING (*joyfully*). Mistress Edward, ye're the best freind I hae! I'll clap my sword to yer guid man's back and say 'Arise, Sir Nicoll'!

MRS E. Na na, yer Grace, dinna dae that. The Kirk wad turn against him. Aa the tred in black claith wad gang to Tam MacDowell. Wait till he's retired.

THE KING. Aa richt, whateir ye please. (*Eagerly*) What's in the pat?

MRS E. Cock-a-leekie.

THE KING. Ye maun hae kent I was comin!

MRS E (*bobbing*). I ken ye like it.

THE KING. I dae that. (*Mistress Edward leaves*) Jock, I'm bothert aboot siller. It'll tak a lot to cairry on a raid in the Hielands.

MAITLAND (*who has been helping himself from the bottle*). Damn it, man, ye hae eneugh gowd at Stirlin to pey for a dizzen raids, if ye juist had the gumption to use it.

THE KING. Na na, Jock! Annie wadna hear o't! She wad flee oot at me! I wadna hae the life o a dug! Dinna stert that again!

MAITLAND. It's the ae wey oot.

THE KING. It canna be! We maun fin some ither! And it maun be sune. My haill hairt's set on stertin at ance. Man, think—

MAITLAND. Wheesht!

THE KING. Here they are! It's Sir Robert! By God, I'll gar him wriggle! Ye'll hae the time o yer life nou!

(*Nicoll enters*)

NICOLL. Here's Sir Robert.

(*Sir Robert enters. Nicoll withdraws. The King affects a heavy scowl*)

SIR ROBERT (*puzzled*). Your Majesty?

THE KING. Weill?

SIR ROBERT. You seem hostile.

THE KING. Daes it surprise ye?

SIR ROBERT. It doth, your Majesty, immensely.

THE KING. What dae ye think o that, Jock? He's fair astoundit!

(*Maitland gives a little bark of laughter*)

SIR ROBERT (*indignantly*). My Lord! Your Majesty!

THE KING. Ay ay, Sir Robert, wark up yer indignation! But ye dinna ken what's comin! Dae ye see that airn? Dae ye see that bit o flannel? Dae ye see this letter? Ay, Sir Robert, ye may weill turn pale. Ye may weill gowp like a frichtent fish. Ye're a proved plotter, a briber o traitors, a hirer o murderers! Whan I think hou ye hae leived amang us, respectit by gentle and simple in the Toun, treatit like a laird at Coort, honoured wi my ain freindship and invitit often to my very table, I tak a haill-hairtit scunner at human nature! There's nae kent form o torture, nae wey o inflictin daith, that isna ower guid for ye! Ye're waur nor the warst auld beldam witch that was eir brunt to cinders!

SIR ROBERT. Your Majesty, I am but an instrument of my country's policy.

THE KING. Policy! Jock, he said policy! (*Maitland snorts*) Sir Robert, yer mistress daesna ken what policy is. She wantit to stop the plottin o the Papists, and aa she could think o was to mak Bothwell sic a terror to the country that I had to look to the Papists for help. Aa the siller she wared on Bothwell, gin it had been peyed to me at the stert, wad hae redd her o the Papists at ance!

SIR ROBERT. I think she attributed your friendship with the Papists, your Majesty, to your hatred of the Protestant Church.

THE KING. The Protestant Kirk! It's a Presbyterian Kirk! They winna acknowledge their Sovereign as their speeritual heid! They elect men o their ain to tak the place o my bishops in the Three Estates! I woner what the Queen yer mistress wad dae, Sir Robert, if the preachers o her ain Kirk in England denied her authority! Wad she show nae ill will? I ken she wad, for by God, there's nae sovereign in Christendom hauf sae shair o Divine Richt as her Majesty o England! My fecht with the Kirk, Sir Robert, is a fecht against government frae the pulpit, and yer mistress suld be the last to encourage that!

SIR ROBERT. Your Majesty, there was no question of such encouragement. My mistress feared Spanish invasion and the loss of her throne.

THE KING. Spanish invasion! Did she think for a meenit that I wad jeyn wi Spain to put Phillip on the throne o England and destroy my ain claim to succeed her! Ye wad think Sir Robert, that I had nae intelligence at aa!

SIR ROBERT. Your Majesty, I assure you.

THE KING. Oh ay, Sir Robert, try to win me roun, but I tell ye that gin I had nae mair sense nor waste guid siller on a treacherous blaggard like Bothwell I wad droun mysell in the nearest dub. Dae ye ken what he's dune? He's jeynt the Papists!

SIR ROBERT (slightly startled). I thought it possible.

THE KING. Ye thocht it possible!

SIR ROBERT. I did your Majesty, as you will realise from my letter.

THE KING. I realise frae yer letter that ye were gaun to try to force my haund through the Kirk. Dinna try to mak oot, Sir Robert, that ye thocht I wad need ony forcin if Bothwell turnt his coat! Ye hae won what yer mistress wantit nou, but dinna try to tak the credit for it!

SIR ROBERT. Am I to understand, your Majesty, that the Papist Lords will be attacked?

THE KING. They will, by God, as sune as I can fin the siller!

SIR ROBERT (airily). Then, your Majesty, all is well. I am certain that the Queen my mistress, when she hath heard of your resolve, will endow you with undreamt of wealth.

THE KING (eagerly). Dae ye think sae, Sir Robert?

SIR ROBERT. I am certain, not only because you intend to serve a cause she hath at heart, but because she must regard you now as sound in your religion, and therefore the most proper person, by your faith as by your birth and endowments, to succeed her on the Throne.

THE KING. Ye think sae, Sir Robert?

MAITLAND. Sir Robert hauds the best caird in the pack, yer Grace. He aye wins ye roun.

SIR ROBERT (in protest). My Lord!

THE KING. Na na, Sir Robert, he's richt! Ye ken hou to play on my hopes o the succession!

SIR ROBERT. Your hopes are brighter now, your Majesty, than the stars of heaven.

THE KING. Awa wi ye. Flaittery wins nae favour frae me. Ye'll hae to show yer guid will in mair solid form. Hou sune dae ye think I can hae some siller?

SIR ROBERT. As soon as the Queen my mistress hears of your resolve.

THE KING. Then let her hear at ance. And I'll write to her mysell. Ye may tak yer letter.

SIR ROBERT. Your Majesty, you are indeed merciful. Have you seen ought of my servant?

THE KING. Ye deil, ye're wrigglin oot aathegither! Yer servant's in the Tolbooth, and he'll bide there the nou! I maun dae something to assert mysell! Gin it werena for the turn things hae taen, Sir Robert, I wad be faur mair severe! Ye wad pack yer kist and mak for the Border! Ye bide on, ye understaun, for the sake o the guid will that maun exist atween mysell and yer royal mistress, but gin I fin ye up to ony mair o yer intrigues I'll ask her to remove ye at ance!

SIR ROBERT. Your Majesty, I understand.

THE KING. Awa and think shame o yersell! (Sir Robert bows to the King, then to Maitland, then leaves. They watch him go)

THE KING. I couldna be hard on him, for he's fired my hopes. Jock, I will pledge the bairn's praisents! They'll be safe nou. I can hae them back whan his mistress peys up. Oho, but fortune's favoured me the day! There's naething in my wey! Aa that I hae wished for is promised at last! Bothwell on the scaffold, the Papists houndit doun, the Kirk in my pouer, England ahint me, and then, in the end, the dream o my life come true! It gars my pulse quicken! It gars my hairt lowp! It gars my een fill wi tears! To think hou the twa pair countries hae focht and struggled. To think o the bluid they hae shed atween them, the touns they hae

blackent wi fire, the bonnie green howes
they hae laid waste. And then to think, as
ae day it sall come to pass, that I, Jamie
Stewart, will ride to Londan, and the twa
countries sall become ane.

(*Mistress Edward can be heard off calling
'Nicoll! Nicoll! Come for yer supper!'*)

MAITLAND (*coming out of his trance and
reaching for the bottle*). Ay, yer Grace, it's a
solemn thocht. But the auld bitch isna deid
yet.

(*He places the bottle before the King. The
King fills his glass*)

THE KING (*raising his glass high*). Jock,
here's to the day. May the mowdies sune
tickle her taes.

(*Mistress Edward appears at the door of the
dining-room*)

MRS E (*with a deep curtsy*). Yer Grace, the
supper's ready.

(*The King and Maitland eye each other and
drink the toast*).

CURTAIN

TORWATLETIE

or

The Apothecary

A Comedy in Three Acts
1940/46

To my daughter Kathleen

Author's note: Torwatletie is a word of three
syllables, the middle syllable, 'watle'
rhyming with 'cattle' and not with 'wattle'.
The stress is on the middle syllable.

Completed in 1940, *Torwatletie* was first
performed on 18 November 1946 at the
Queen's Theatre, Glasgow, by Glasgow
Unity Players, directed by Robert Mitchell.

CHARACTERS

MISTRESS MacMORRAN
  wife of a kirk elder.
MIRREN
  the Laird of Torwatletie's sister.
ANNIE
  a maid.
AILIE
  the Laird of Torwatletie's daughter.
THE LAIRD of TORWATLETIE.
WANERT WILLIE
  a deposed Episcopalian curate.
DOCTOR DAN
  an apothecary.
BELL GRIERSON
  a cottar.
GLENSPITTAL
  a fugitive Jacobite.
THE REVEREND JOSHUA MacDOWELL
  a Presbyterian chaplain.

ACT ONE	A room in the house of Torwatletie. Afternoon.
ACT TWO	The same. Two days later. Late afternoon.
ACT THREE	The same. Early the following morning.

MRS MacMORRAN	Marjorie Thomson
MIRREN	Betty Henderson
ANNIE	Sybil Thomson
AILIE	Mary Walton

TORWATLETIE   Roddie McMillan
WANERT WILLIE   Jack Hislop
DOCTOR DAN   Howard Connell
BELL GRIERSON   Julia Wallace
GLENSPITTAL   Heinz Leyser
THE REVEREND MacDOWELL
               Duncan Macrae

The action occurs near the village of
Kirkronald, on the Scottish coast of the
Solway, early in the year 1716.

ACT ONE

A room in the House of Torwatletie.

*In the left wall, downstage, a door
leading out. Upstage from this two built-in
beds. To the post attached to the partition
which divides the beds is fixed a folding
wooden screen which can be drawn out into
the room to segregate the occupants of the
beds whilst they undress. In the middle of
the back wall a deep window, of which only
the top is glazed, the lower part consisting
of two wooden shutters. In the middle of
the right wall a wide hearth, occupied by a
shining brass grate standing well out from
the back and sides of the chimney.
Downstairs from this the door of a large
press. The walls are of bare plaster and the
floorboards uncovered.*

*At the window a kist. On each side of the
fireplace a high-backed armchair. Beside the
upstage armchair a small table, two plain
chairs and a stool. Cushions and hearth-rug
to blend with the bed-drapings. A rock and
reel for spinning. A large hand-bell. Books
on the table and kist. The furniture,
including the armchairs, is entirely of wood.*

*When the curtain rises the room is lit
partly by a bright fire and partly by the dim
light of an afternoon early in March. Both
doors in the room are open, and
Torwatletie's sister Mirren, wearing a plain
gown, stockings and house slippers, and
with a plaid draped cross-wise over her
shoulders, is engaged between the table and
the press sorting and storing a pile of linen.*

*The head of Mistress Macmorran, draped
in a plaid, appears at the door, left.*

MRS MacMORRAN (*in an urgent whisper*).
Mirren!

MIRREN (*startled*). Eh!

MRS M. Wheesht! Are ye aa by yersell?

MIRREN. Dear me, Jean MacMorran! Ye
haena cam here!

MRS M. I had to. Can I come in?

*(She enters as Mirren answers. She is
dressed like Mirren, except that her plaid is
much thicker. She carries her shoes and
stockings in her hands, too, and walks with
a slight limp. Her feet are thick with mud)*

MIRREN. Ay, but what's brocht ye?

MRS M. It's a Kirk Session maitter. I didna
want yer brither to ken.

MIRREN. He's awa wi Ailie to Kirkcudbright.

MRS M. I ken. I saw them gaun through
Kirkronald in the mornin.

MIRREN. There's the lassies, though. They
micht clype. Wheesht!

(They hear someone coming)

MRS M. Oh hide me! Hide me!

MIRREN. The press door! Quick!

*(Mistress Macmorran hurriedly hides behind
the half-open door of the press. Annie
enters, in a short drugget petticoat and bare
feet, carrying some more linen)*

ANNIE (*putting the linen on the table*).
That's it aa nou, Miss Mirren. Shall I lay
oot the cheenie for yer tea?

MIRREN (*severely*). Tea, Annie! Cheenie!
What's cam ower ye? Awa doun to
Kirkronald afore it turns daurk, will ye, and
ask Bell Grierson o the Kirk Raw for a kain
hen.

ANNIE. Bell Grierson! But she juist has the
fower hens left, and she owes the Laird a
dizzen kain eggs.

MIRREN. Ask her for the eggs, then. Tell
her to pey them this very day or she'll sune
want a rufe ower her heid.

ANNIE. But her hens arena layin.

MIRREN. Dinna argie wi me, ye hempie!
Dae what ye're telt.

*(Annie leaves abruptly. Mistress Macmorran
emerges from behind the press door)*

MIRREN. Ye'll be safe nou.

MRS M. Will nane o the ithers come in?

MIRREN. Na na, they're thrang i' the girnal.
Kate's knockin bere, and Dowie Dick's
mashin whins for the kye.

MRS M. Weill, I'll warm my feet.

MIRREN. Dae. Dear me, but they're clartie.

MRS M. Ay. The grun was that saft I could
haurdly lift the ae fute abune the tither. I
ettled to put on my shune whan I won
inside the gairden, but aa this glaur atween
my taes wad hae fyled my stockins, and I
was the better o my bare feet efter aa, for
wi that Annie ane gaun back and forrit it
was aa I could dae to creep in withoot her
seein me.

MIRREN. It's a mercie she didna.

MRS M. She gat nae chance. I was ahint the

buss fornent the kitchen winnock. If I hae stude there for a meenit I hae stude there for an hour.

MIRREN. Ye'll be fair trauchlet. We'll hae oor fower hours. What'll ye hae?

MRS M. Did I hear Annie offerin ye tea?

MIRREN (shocked). Ye dinna drink tea, Jean, and the meenister efter preachin against it twice ilka Saubbath for the last fower weeks!

MRS M. Na, na. Weill ye ken I wadna fyle ma mou wi't. I juist thocht ye micht hae taen the wrang turn yersell. Did I hear Annie say ye had cheenie in the hoose?

MIRREN. Ay. My brither bocht it for Ailie the last time he was in Edinburgh.

MRS M. Dear me.

MIRREN. Ay, they're past redemption. And whan I say ocht they juist lauch at me.

MRS M. Puir sowl, ye hae a hard life. But dinna heed. The Lord has wark for ye. Dae ye ken whaur yer brither keeps his books?

MIRREN. What kind o books?

MRS M. The books he reads.

MIRREN. Juist onywhaur. There they are.

MRS M. I see. Is that them aa?

MIRREN. I think sae.

MRS M. He's nane hidden awa?

MIRREN. No that I ken o.

MRS M. Mphm. Ay. Weill, ye said something aboot oor fower hours.

MIRREN. Oh ay, what'll ye hae?

MRS M. A stoup o yill, if ye please. I had saut herrin for my denner, and I'm as dry as a bane.

MIRREN. Aa richt. I winna be lang.

(She leaves. Mistress Macmorran furtively examines all the books, then returns to her chair with an air of disappointment. Mirren returns carrying a tray laid with oatcakes and two pewter stoups of ale. She shuts the door and places the tray on the table)

MIRREN. There nou, and ye needna worry. They're aa thrang.

MRS M. Guid. And thank ye, Mirren. Weill?

MIRREN. Imphm.

(They compose themselves for grace)

MRS M. Say awa, then.

MIRREN. For what we are aboot to receive may the Lord be thankit. May He prosper the cause o the true Kirk, and gar the licht o His mercie shine on aa its members. May He bring ilka singin, sweirin, tea-drinkin, horse-racin Episcopalian sinner to a true understaundin o the error o his weys, and veesit ilka Jacobite rebel wi the eternal torment o the lowin brunstane pit.

MRS M. Sae be it.

MIRREN. Sae be it.

(They drink)

MRS M. It's guid yill.

MIRREN. Try the cake.

MRS M. Thank ye.

MIRREN. What gart ye speir aboot my brither's books?

MRS M. Oh ay. Mirren, ye ken hou droves o English gaugers hae been sent here sin the Union o the twa Paurliaments to gether taxes, and hou maist o them are Episcopalians, like the rest o the English, bad cess to them. Weill, they hae brocht their English prayer book wi them.

MIRREN. I ken. I hae heard aboot it. Their prayers are aa set doun in prent.

MRS M. Juist that, and they read them oot, the same cauld prentit prayers, ower and ower again, instead o lettin the speerit o the Lord tak possession o them to inspire them wi a seperate utterance for ilka distinct occasion.

MIRREN. It's monstrous.

MRS M. Ay, and it's smittle. Oor ain Episcopalians are takin it up.

MIRREN. Na!

MRS M. Ay, but they are. And what I wonert was this. Daes the auld Episcopalian curate o Kirkronald aye caa here yet, him that was rabblet oot o the kirk at the Revolution?[1]

MIRREN. Wanert Willie? He can haurdly bide awa frae the hoose. And nae woner. My brither gars him eat wi the faimily here instead o doun i' the kitchen wi Dowie Dick and the lassies, and keeps fillin his wame wi the best o oor claret, and syne gies him the truckle bed ablow his ain in this very room.

MRS M. Does he put up prayers?

MIRREN. Whiles. My brither's no very fond o prayers, and Willie's gey gled to tak his bite and sup and no mak himsell a nuisance.

MRS M. I see. Has he been here this while back?

MIRREN. Na, but he'll be here sune, for I heard frae a wabster we had in the-day that he was seen in Clachanputtock yesterday mornin, and aye frae Clachanputtock he taks to the Mulwhun and comes cadgin doun here.

MRS M. Guid. That's juist what I want. Whan he comes ye maun keep an ee on him, and mebbe gin ye hae the chance ye'll tak a bit keek in his poke, and fin oot if he cairries the prayer book.

---

[1] Scotland's Presbyterian Revolution of 1689–90.

MIRREN. Oh, I see.

MRS M. Ay. Gin he daes and ye let me ken in time ye winna be muckle bothert wi Willie again, for we'll hae him banisht furth o the country.

MIRREN. Eh! Hou that?

MRS M. Weill, ye see, he's ane o thae auld farrant Scots Episcopalians wha think that because German Geordie[2] daesna haud the Croun by divine richt he canna be the true heid o their Kirk, sae he winna tak the oath o allegiance, and nae Episcopalian wha daesna tak the oath o allegiance can haud services, and if Willie reads the prayer book oot lood to mair nor sax folk at a time he's haudin a service. That's the law.

MIRREN. Dear me.

MRS M. Ay. Ye'll keep an ee on him, then?

MIRREN. Ay, but...

MRS M. Whaur daes he aye gang frae here, dae ye ken?

MIRREN. On to Torwilkie, I think.

MRS M. Torwilkie! That bates aa. There are eicht i' the faimily there, and they're aa Episcopalians thegither. If we catch him wi his prayer book there he'll be a dune man. I'll hae the Kirk Session aa roun the hoose.

MIRREN. Ay, Jean, but my brither'll be mad if he fins oot that I'm in the ploy.

MRS M. Yer brither need neir ken, and ye maunna shirk the Lord's wark on accoont o what yer brither'll think, Mirren.

MIRREN. I'm shair no, and I wad like gey weill to be redd o Wanert Willie. He sits here drinkin wi my brither till aa hours, kennin aa the time that I canna stert to tak aff my claes till he's ablow the blankets snorin. Ye ken, I whiles think he hopes I'll gang to my bed fornent him.

MRS M. Na! Is he like that?

MIRREN. I declare I think sae. I'm no shair, mind ye, but I think sae.

MRS M. Dear Me, and him ance the meenister o Kirkronald. It gars ye thank the Lord for the Revolution. But listen!

MIRREN. What?

MRS M. Wheesht. There it's again!

(The sound of horses comes faintly from beyond the window)

MIRREN (rushing to the window). It's horses! It's Dowie Dick! He's leadin them roun to the stable!

MRS M (grabbing her shoes and stockings). Will it be yer brither?

MIRREN. Ay. Oh guidness gracious! If he fins ye here he'll chase me frae the hoose!

MRS M. I'll slip oot!

MIRREN. Na na! Ye wad rin into them full tilt! I'll hae to hide ye.

MRS M (making for the press). The press!

MIRREN. Na na! The door wadna shut!

MRS M (making for the upstage bed). The bed!

MIRREN. No that ane! The truckle bed's there?

(Mistress Macmorran dives below the bed downstage)

MIRREN. That's richt. Sort the valance!

MRS M. The yill stoup!

MIRREN. Oh ay! (She rushes to the table, hurriedly picks up one of the stoups, and pushes it under the bed beside Mistress Macmorran) Wheesht, nou!

(She lifts the tray with the remaining stoup and the cake, and prepares to leave the room. Ailie, a pretty girl of about sixteen, wearing gown, plaid, stockings and shoes, comes into the room gaily)

AILIE. Hullo, Auntie. Is there ony tea?

MIRREN. What's brocht ye back?

AILIE. My daddie backit the wrang horse. He wadna bide anither meenit.

MIRREN. It'll mebbe be a lesson to him.

AILIE. Dinna say that to him, for ony favour. He's cursit like a hill tinkler aa the wey hame.

MIRREN. He'll come to an ill end yet, yer faither.

(The Laird, a short stout man of about fifty, in three-cornered hat, periwig, skirted coat and thigh-boots, comes in puffing)

LAIRD (to Mirren). What's that?

MIRREN. Naething.

AILIE (removing her plaid and shoes). Gar Annie fetch the tea, Auntie, and my daddy's brandy bottle.

LAIRD (removing his hat, coat and periwig, and putting on a cowl). Ay, hurry.

MIRREN. I dinna think Annie's in.

AILIE. Whaur is she?

MIRREN. I dinna ken. Ower at the waal-green, I think.

(Annie enters as Mirren turns to go)

ANNIE. Wanert Willie's comin, Laird, and Bell Grierson canna pey the dizzen eggs the nou. Her hens arena layin.

LAIRD. Wha sent ye to Bell Grierson for eggs?

ANNIE. Miss Mirren.

LAIRD (severely). Oho! Did ye?

MIRREN (sulkily). Ay.

---

[2] George I, crowned 20 October 1714.

LAIRD. Weill, leave the auld kimmer alane. She can haurdly keep a skin ower her banes.

MIRREN. I need eggs.

AILIE. Auntie Mirren, ye had twa dizzen yesterday frae Auchreoch.

LAIRD. It's Dowie Dick's job to gether the eggs onywey. He's the grund officer. Awa for the tea things.

(*Mirren leaves, passing Annie at the door*)

ANNIE. Wanert Willie's comin, Laird.

LAIRD. Ay, send him up. And tell Mirren to lay oot an extra cup.

(*Annie leaves*)

LAIRD. I thocht Willie wad turn up sune. I wadna woner but he'll hae news.

AILIE. O the war?

LAIRD. Ay. There canna be muckle hope nou, though. It looks as if the King'll mak back ower the watter.

AILIE. To France again?

LAIRD. I dout sae. Mar's[3] keepit him ower lang i' the North. Argyll's[4] been getherin men for aa he's worth. It'll juist be a massacre if they come thegither nou.

AILIE. Weill, Daddie, I'm shair ye're disappeyntit, but ye'll be better aff drinkin to the King ower the watter again than itchin to be awa fechtin for him in the Hielans. And the German King in London canna dae ye muckle hairm here. He's ower faur awa.

LAIRD. Dinna haver, lassie, aboot maitters ye dinna understaun. If the Stewart King had won we'd mebbe hae gotten back oor ain Paurliament again, and won clear o the English. The taxes they're puttin on'll sune hae us rookit. It fair breks my hairt.

(*Mirren enters with the tea tray and the brandy bottle*)

MIRREN. Here's Wanert Willie.

(*Wanert Willie, an elderly man, thin, bent and weather-beaten, wearing coat and breeches of dark homespun cloth, a soiled white cravat, black woollen stockings and buckled shoes, and carrying an old black three-cornered hat, a poke, and a large, leather-bound Bible, comes to the door like a beggar*)

LAIRD. Come awa in, Willie, and sit ye doun. Hae ye traivelt faur?

WILLIE. Frae the yill-hoose ablow the Mulwhun.

LAIRD. The Cairds' Howf! That was a queer den for the like o yersell to set fute in. Did ye spend the nicht there?

WILLIE. I sleepit i' the stable, like the infant Lord.

LAIRD. And ye gat nae breakfast, I'll wager.

WILLIE. I didna care to enter the hoose. It was fou o godless men on their wey to New Galloway wi loads o smugglet speerits.

LAIRD. What! Has there been a boat in?

WILLIE. A brig pat in at Port Yerrack the nicht afore last.

LAIRD. And I heard naething o't! I wonder if I'm ower late. Ailie, awa and hing a sheet frae the tap winnock o the doocot.

AILIE. Ach, Daddie, I want my tea, and I hae my stockins on.

LAIRD. Gar ane o the lassies dae it, then. G'on. It'll sune be daurk. (*Ailie leaves*) And Mirren, fetch something for Willie to eat. He'll be stervin.

MIRREN. It'll sune be supper-time.

LAIRD. He canna wait. And put clean sheets on the truckle bed.

MIRREN. What's wrang wi the bed in the paurlor closet?

LAIRD. It's winter, and the place hasna been fired. Dae what ye're telt.

(*Mirren leaves. The Laird pours brandy into Willie's tea-cup*)

LAIRD. There, Willie, drink that up, and dinna bother wi a grace. What news hae ye?

WILLIE (*without drinking*). Word cam whan I was in Clachanputtock that the Pretender, as they caa him, had taen to the watter at Montrose.[5]

LAIRD. The Pretender! Damn their impiddence! I beg yer paurdon. He's awa back, then?

WILLIE. Ay.

LAIRD. Did he fecht?

WILLIE. Na. It's a story, I dout, that'll try mony a man's faith in his divine richt. He slippit awa wi Mar i' the nicht-time, and left his haill airmy to fend for itsell.

LAIRD. He gaed withoot a word!

WILLIE. Ay. He had a boat waitin. A French frigate.

LAIRD. I wadna hae thocht it. It's hard to believe. It's Mar I blame though, no the King. Gin he hadna lost his office whan the Southrone gied the Croun to German Geordie he wad neir hae raised the Stewart flag. He was moved by his ain ambeetion aa the time. The cause juist didna coont.

---

3 John Erskine, 6th Earl of Mar ('Bobbing John').

4 John Campbell, 2nd Duke of Argyll.

5 4 February 1716.

WILLIE. Weill, Laird, the cause is lost, but there's wark to be dune for it yet.

LAIRD (*sharply*). Eh?

WILLIE. Hou faur wad ye involve yersell, Laird, in the service o the Kirk?

LAIRD. Willie, oor Kirk's dune. There's only ane man can appeynt richt bishops, and he's awa to France wi his tail atween his legs, puir sowl. I dout we'll juist hae to put up wi the presbyteries efter aa, for we micht as weill be govern't by them as by bishops appeyntit by an imposter like German Geordie.

WILLIE. Ye tak the maitter lichtly, Laird.

LAIRD. Weill, Willie, ye ken I was nae Episcopalian afore the Revolution. Whan ye were the curate o Kirkronald I neir set fute inside yer kirk door. And though I gied ye yer bite and sup whiles efter ye were rabblet oot o't I did it oot o peety for ye and no for ony principle. And to tell ye the truith, Willie, whan I did allou ye to convert me it was juist oot o anger at Jean MacMorran. She reportit me ance to the Kirk Session for sweirin, and they fined me twal pund Scots.

WILLIE. It's true, Laird. Ye're a man o nae great faith. But ye hae been gey guid to me.

LAIRD. What's on yer mind, then? Come on, Willie. Oot w'it.

(*Ailie enters with muddy feet*)

AILIE. I had to hing oot the sheet mysell, Daddie. Annie had been gettin her lugs warmt for tellin ye she was sent oot for eggs. Dear me, ye hae been drinkin brandy, and the tea's gaen cauld.

LAIRD. Ay, tak it awa. And tell yer auntie Willie'll just wait for his supper efter aa.

AILIE. But she's fetchin something up.

LAIRD. Tell her no to heed. G'on, nou.

AILIE. I wish ye kent yer ain mind for twa meenits.

LAIRD. Hoo daur ye, ye limmer.

(*Ailie makes a face and leaves with the teapot and her own cup and saucer*)

LAIRD. Ay, then, Willie?

WILLIE. Wheesht!

(*Mirren enters with some broth in a wooden bowl*)

MIRREN. Here's his meat.

LAIRD. Put it doun. Did Ailie no tell ye we didna want it?

MIRREN. I was juist at the door. I wasna gaun to tak it back efter aa the fash I'd haen wi't.

LAIRD. Leave it, then.

(*She puts the broth in front of Wanert Willie, who says a short, silent grace over it before wolfing it ravenously with the aid of a horn spoon which he takes from his pocket*)

MIRREN (*to the Laird*). If ye want clean sheets on his bed I'll hae to air them, and I canna hae the winterdyke i' the kitchen wi the supper on. Mebbe gin I put it here ye'll sit somewhaur else.

LAIRD. Whaur?

MIRREN. The paurlor, mebbe.

LAIRD. There's nae fire.

MIRREN. I could licht ane.

LAIRD. What! And coals as hard to win by as siller! Awa wi ye, wumman. Leave the bed the nou. Ye arena parteecular aboot clean sheets, Willie?

WILLIE (*looking up from his broth*). I lay on wat strae last nicht.

LAIRD. See that. Nou awa wi ye.

MIRREN. Gin he hurries wi his broth I'll hae the bowl back.

LAIRD. Ye'll get the bowl efter! Awa whan ye're telt!

MIRREN. I maun hae the dishes, I tell ye! Gin I dinna I'll be in sic a clutter it'll speyl the supper. Are ye no gaun to tak a bit turn to the doocot to gie ye an appetite for it?

LAIRD (*suspiciously*). What's wrang wi ye?

MIRREN. There's naething wrang wi me.

LAIRD. Ye're doitit, wumman. Awa to the kitchen.

MIRREN. I winna. I'll bide here. It's the only dacent warm room i' the hoose.

(*She sits*)

LAIRD. What dae ye mak o that, Willie? I think she's efter something.

MIRREN. I'm efter naething.

LAIRD. Ye're tryin to keep Willie and me frae haein oor crack.

MIRREN. I'm naething o the kind.

LAIRD. Then what are ye efter?

MIRREN. Naething.

LAIRD. Leave us alane, then, will ye?

MIRREN (*hysterically*). Aa richt, but ye'll rue it!

LAIRD. Rue what?

MIRREN. Naething!

(*She leaves, almost in tears*)

LAIRD. Ye see, Willie, what she's up to. I'm spied on aa the time. Gin I made a fause move she wad be aff at ance to report me to ane o her friends i' the Kirk Session. (*He rises, looks into the lobby, shuts the door and returns to his seat*) We're safe for a while nou, though, I think. Come on, man, leave yer broth alane and tell yer story.

WILLIE (*licking his spoon*). Ye maun paurdon me, Laird. I was needin that.

LAIRD. I'm shair ye were.

WILLIE. Weill, Laird, ye ken Leddy Bartaggart.

LAIRD. Leddy Bartaggart. She was Katie Wilson afore she gat mairrit. We were bairns here thegither. Her faither used to bide ower in Torwilkie.

WILLIE. Ye'll hae heard, then, that Bartaggart himsell gaed Sooth wi Mackintosh[6] to jeyn in wi the Jacobites in England.

LAIRD. Ye telt me yersell.

WILLIE. Ay. Weill, he was killed at Preston.

LAIRD. Na! Man, man. Wha brocht the word?

WILLIE. A freind o the Laird's. A Hielandman. Whan he won clear he tried to mak his wey back North again to jeyn in wi Mar, but the country was ower weill gairdit, sae he took to the hills at Dumfries and made ower for Bartaggart.

LAIRD. I see. And he's hiding there nou?

WILLIE. Juist that. But he's faur frae safe, Laird. The Lords o the Cooncil hae thocht o a new wey to fash us. Whan they suspect ony faimily o Jacobite intrigue they send a chaplain to the hoose to spy on it.

LAIRD. A chaplain!

WILLIE. A Presbyterian chaplain.

LAIRD. Na!

WILLIE. There's nae dout aboot it. There's to be a chaplain at Bartaggart in a day or twa.

LAIRD. I wadna hae it! I wadna let the man set fute inside my door!

WILLIE. That, Laird, wad be conseedert proof against ye. Ye wad hae to forfeit yer grun at ance.

LAIRD. Puir Katie Wilson.

WILLIE. Ay, Laird. Gin they fin oot that she's hidin the Hielandman she'll be gey ill used.

LAIRD. Ye're richt, Willie. Ye're richt. We'll hae to dae something. Man, what wey did ye no tell me aa this at ance?

WILLIE. I wasna shair o ye, Laird.

LAIRD. Man, Willie, that's shabbie. As if I wad let ony hairm come to a lassie I likit better nor my first pownie. But what can I dae? Think, Willie. What can I dae?

WILLIE. Weill, Laird, ye're in towe wi the smugglers.

LAIRD. The smugglers?

WILLIE. Ay. Could ye no seek the man a passage to France?

LAIRD. A passage to France! I daursay. But hou? I ken neither the taurrie-breeks nor the lingtowmen. I neir hae ocht to dae wi aither o them.

WILLIE. Nou, Laird, ye neir want for tea nor brandy. I ken that.

LAIRD. I'm no denyin it, Willie, but I'm tellin ye the truith whan I say that I haena set een on a smuggler this seiven or eicht year. Whan I want ocht I juist hing a sheet frae the tap winnock o the doocot, and the stuff's lyin at the doocot door airly the neist mornin.

WILLIE. But hou dae ye pey for it, Laird?

LAIRD. Man, ye hae it there! I tak the siller to Doctor Dan, the barber i' the Kirk Raw, the first time I gang to hae my wig dressed.

WILLIE. Could ye no see this Doctor Dan, then? Is he on oor side?

LAIRD. On oor side. I wadna say that. If the English taxes were taen aff there wad be nae profit in the smugglin. But he has a gey ill will at the Kirk Session. They're aye efter him for witchcraft because he wad like to think himsell a doctor, and spends the feck o his nichts ower a big black pat, steerin awa at aa sorts o queer concoctions he gars folk drink whan they're seik.

WILLIE. He'll mebbe help us, then?

LAIRD. I wadna woner, gin there's some siller in it.

WILLIE. I think oor Hieland freind'll pey his wey.

LAIRD. Grand. But let me think. It'll be a gey while afore I need my wig dressed again, and gin I gang near the man wi nae excuse it'll steer up suspeecion. There's my sister, ye see, Willie. She'll want to ken aa aboot it. And as for the doctor, he's waur spied on than I am mysell. Ye say this business has to be dune sune?

WILLIE. I telt Leddy Bartaggart I wad be back wi word at ance.

LAIRD. Puir Katie. What'll I dae. Think, Willie, think. Man, I hae it! Na. Na, it wadna dae. Damn it. I will!

WILLIE. What hae ye thocht o?

LAIRD. Willie, I'll be no weill. I'll hae a sair back. I'll howl the rufe aff. And whan Mirren comes in to see what's wrang I'll send ye for the doctor.

WILLIE. Yer plan's a wee thing deceitfou, Laird.

LAIRD. Hoots, Willie, it'll wark nane the

---

[6] William Mackintosh of Borlum (Red William), leader of the Highland force at Preston where the English rebellion was crushed on 12 September 1715.

waur for that. Come on, see. Get stertit. Rin awa doun to the kitchen and tell Mirren I'm deein.

WILLIE. I feel gey akward aboot it. I hate to depairt frae the truith.

LAIRD. Willie, gin ye tell the truith to my sister Mirren the Hielandman'll be catchit, and puir Katie Wilson'll be ruint. Awa wi ye, man. And listen. Whan I send ye for the doctor flee oot at ance, and tell him it's aa a sham, that I juist want a word wi him.

WILLIE. Shall I tell him what ye're efter?

LAIRD. Weill, mebbe no. He's hard to bargain wi. Ye'd better leave it to me.

WILLIE. And it's a sair back ye hae?

LAIRD. Ay. Hurry.

(*Wanert Willie leaves. The Laird lies back in his chair with his hands grasping his arms, ready to act the part of a man in great pain. He hears someone coming and writhes as though in agony. Ailie rushes in*)

AILIE. Oh Daddie, what's wrang?

LAIRD. It's my back, lassie. Oh dear me.

AILIE (*almost in tears*). Oh Daddie, Daddie, what'll I dae?

LAIRD (*unable to torment her further*). Is yer auntie comin?

AILIE. She'll be the nou. She was oot at the milk-hoose.

LAIRD. Then dinna worry, lass. I'm juist shammin. I want to see Doctor Dan withoot yer auntie kennin what for.

AILIE. Oh, is't a plot?

LAIRD. Ay. Play up to't.

(*Mirren enters with Wanert Willie. The Laird twists and groans*)

MIRREN. What's wrang nou? I telt ye ye wad meet an ill end. Ye will gang to the horse-racin.

LAIRD. Ooh.

MIRREN. Whaur dae ye feel it?

LAIRD. Here. Ooh. Dinna touch it, wumman! Ooh.

MIRREN. Wait till I get my book. (*She takes up a book from the kist*) I'm shair I gat a receit frae Aggie Dougall whan Dowie Dick had a sair back twa year syne.

LAIRD. I want nane o Aggie Dougall's nonsense. The wumman was a witch. Send for the doctor. Ooh. Willie, awa at ance for Doctor Dan.

MIRREN. Na na, we'll hae nae Doctor Dan!

LAIRD. We will, I tell ye! I'm deein. G'on, Willie, flee! Tak my horse! Ride bare-backit!

(*Wanert Willie hurries away*)

MIRREN. Come back, see!

LAIRD. I want the doctor!

MIRREN. He's nae doctor. He's the deil.

LAIRD. If there's been ony deil's wark dune in this Pairish it's been Aggie Dougall's.

MIRREN. She was a hairmless auld sowl.

LAIRD. She was drount for a witch.

MIRREN. She was naething o the sort. They flung her into the watter to see if she wad float, and she didna, sae she was nae witch.

LAIRD. She was drount, onywey. Ooh.

(*The sudden gallop of a horse is heard*)

AILIE. Willie's awa nou, Daddie. The doctor winna be lang. Dinna argie wi him, Auntie. Try to help.

MIRREN (*searching in her book*). I'm trying to fin the place. I think it's on the same page as my receit for pancakes. Oh ay, here it is. For a sair back. Dear me, we'll hae to kill a sheep.

LAIRD. Ye'll what! Ye didna kill a sheep for Dowie Dick?

MIRREN. Na na, I used a whalp for him. It was ane o a litter we had at the time. But we hae nae whalps nou.

LAIRD. Ooh.

MIRREN. I could use a chicken, but I dinna like the soond o't. It's warmth ye'll need. I dout it'll hae to be the sheep's lungs.

LAIRD. The what!

MIRREN. Sheep's lungs. They maun be laid to the sair bit reekin hot, as sune as the beast's deid. Ay weill.

(*She puts the book down decisively and starts to arrange the clothes of the upstage bed*)

LAIRD. Wait for the doctor, wumman. Wait for the doctor.

MIRREN. I'll wait for nae doctor. Gae til yer bed.

(*She pulls the folding screen out into the room*)

LAIRD. I winna!

MIRREN. Ye'll dae what ye're telt! Ailie, gar Dowie Dick kill an auld wether this very meenit.

LAIRD. Dae nae sic thing! I winna hae it! I winna budge till the doctor comes!

MIRREN. The doctor micht no be at hame. Ailie, dae what I ask ye.

AILIE. I think we suld wait for the doctor, Auntie.

MIRREN. We'll wait for nae doctor! Get yer faither to his bed and I'll see aboot the wether mysell!

(*She leaves*)

LAIRD. Phew!

AILIE. Puir Daddie. Ye little thocht it wad come to this. What's it aa for?

LAIRD. Dinna heed, lass. I'll tell ye efter. But dinna leave me. Dinna let her touch me. She's aye the same whan a body's badly, fair daft to get layin on plaisters and siclike.

AILIE. Ye'll hae to play up to her, I dout, gin ye dinna want her to fin ye oot.

LAIRD. I dinna ken what gart me stert it aa. I hope Willie rides hard.

AILIE. He suldna tak that lang.

LAIRD. Na, and the wether'll tak a gey while to gut. I'll be aa richt yet, I daursay.

AILIE. I believe ye will. Ye'd mebbe better gang to yer bed, though.

LAIRD. I suppose I'll hae to.

AILIE. I dout sae.

(*The Laird takes a good dram, emptying the bottle, and moves behind the screen. Mirren returns*)

MIRREN. It'll no be lang. (*To the Laird, from the downstage side of the screen*) Are ye no in bed yet? Dae ye need ony help?

LAIRD. I'll manage mysell!

MIRREN. Aa richt. Hurry, though, or the cauld'll catch ye. Is it aye sair yet?

LAIRD. It's easier a wee the nou, but bad eneuch.

MIRREN. Ye'd better hae on a clean goun in case the doctor daes come.

LAIRD. This goun'll dae.

MIRREN. It's been on a fortnicht. Ailie, rin ben to the paurlor press and fetch yer daddie a goun.

AILIE. Are they no i' the kist here?

MIRREN. No his new anes.

LAIRD. I'll weir this ane, I tell ye! The new anes are itchie. (*As he climbs into bed*) Ooh.

MIRREN (*pushing back the screen*). Ye'll be a fair disgrace.

AILIE. Dinna fret him, Auntie. He's no weill.

MIRREN (*picking up the Laird's clothes*). He's weill eneuch to be thrawn.

LAIRD. Ooh.

MIRREN (*pushing the clothes into Ailie's arms*). Here, see, tak his claes awa and put them oot o the wey somewhaur. They're no fit to be seen.

AILIE. But he keeps them i' the kist, aye.

MIRREN. The kist'll be cluttered.

AILIE (*opening the kist*). Auntie Mirren, it's hauf toom.

MIRREN. Aa richt. Aa richt. Hae it yer ain wey.

(*Ailie begins to fold away the clothes. Mirren stands for a moment baffled, then moves beside her*)

MIRREN. Here, I'll dae it. Rin awa doun and see hou Dowie Dick's daein wi the wether.

AILIE. Can ye no gang yersell, Auntie? What's wrang wi ye?

MIRREN. Naething. (*Suddenly starting*) What's that?

(*Horses are heard*)

AILIE. Hooray, it's the doctor.

MIRREN. Dear me, and the wether no guttit yet.

AILIE. Awa doun and see hou it's daein, Auntie. The doctor micht want the lungs himsell.

MIRREN. I'll bide and see what he says.

(*Wanert Willie strides into the room and holds the door open*)

WILLIE. Here's the doctor.

(*Doctor Dan enters brusquely. He is tall and burly, with a grim, humourless face, and wears a three-cornered hat, a wide skirted coat and thigh-boots. Like Wanert Willie, he wears his own hair, tied at the back with a ribbon. He carries capacious saddlebags*)

DAN (*to Mirren*). Guid efternune. Whaur's the patient?

MIRREN. He's in his bed here, Doctor.

(*Doctor Dan goes to the bed-side and drops his bags on the floor*)

DAN. Ay, Laird, sae ye're badly?

LAIRD. Ay, Doctor. Ooh.

MIRREN. Doctor?

DAN. Ay?

MIRREN. Afore ye were sent for I telt Dowie Dick to kill an auld wether. It says in my receit for sair backs that the best thing's the warm lungs o a sheep.

DAN. Haud on, will ye. (*Turns to the Laird and takes an hour-glass from his skirt pocket*) I'll coont yer pulse, Laird. Gie me yer left haund.

LAIRD (*complying*). Ooh.

(*The Doctor solemnly holds the Laird's wrist, watching the sand running in the glass*)

DAN (*dropping the Laird's wrist*). Ihphm. (*He puts down the hour-glass and returns to the bed-side*) Turn ower. (*The Laird complies*) Whaur's the pain?

LAIRD. Here.

DAN (*stroking his chin sagaciously*). Imphm. Tak a deep braith.

LAIRD (*at the end of the braith*). Ooh!

DAN. Did it hurt ye?

LAIRD. Ay.

DAN. Dae it again.

LAIRD (*as before*). Ooh!

DAN (*as before*). Imphm. (*As though coming to a decision*) Na, Miss Mirren, yer sheep's lungs winna dae. Fetch me a pint stoup.

MIRREN. Fetch a pint stoup, Ailie.

(*Ailie goes out*)

DAN (*producing a mortar and pestle*). I'll need some pouthert sclaitters. Hae ye ony i' the hoose?

MIRREN. Ay, Doctor. I wadna be withoot them.

DAN. Fetch me what ye hae, then. Hurry. He's gey bad.

(*Mirren leaves. The Laird jumps suddenly out of bed and goes to the door, where he can best hear her return*)

LAIRD (*very urgently*). Come here, Doctor. Listen. Could ye manage a passage to France for a freind o mine, ane o the smugglers?

DAN. What has he dune?

LAIRD. He was wi Mackintosh at Preston.

DAN. It's a risk, Laird. What can he pey?

LAIRD. What wad ye want?

DAN. Fifty.

LAIRD (*eagerly*). Scots?

DAN. Sterlin.

LAIRD (*taken aback*). It's gey stiff. Na na, Doctor, it canna be dune.

DAN. Tak it or leave it.

LAIRD. Thirty.

DAN. Na.

LAIRD. Thirty-five.

DAN. Na.

LAIRD. A word wi ye, Willie.

(*He crosses to Willie and whispers. Willie whispers back. He returns to the Doctor*)

LAIRD. Thirty-five, Doctor. That's the limit.

DAN. Forty.

LAIRD. Na.

DAN. I canna tak less.

LAIRD. I canna gie mair, Doctor.

DAN (*after a short pause*). Aa richt.

LAIRD. Thirty-five.

DAN. Sterlin.

LAIRD. Ay. Whan can ye tak him?

DAN. I'll hae to fin oot.

LAIRD. Is there no a brig lyin aff Port Yerrack the nou?

DAN. It sailed this mornin.

LAIRD. Up the Firth?

DAN. Ay.

LAIRD. Could ye no hae it brocht back in on its wey doun?

DAN. It's possible.

LAIRD. Whan will ye let me ken, then?

DAN. The day efter the morn.

LAIRD. Ssh!

(*He leaps back into bed. Ailie enters with a pint stoup*)

AILIE. Here's the pint stoup, Doctor.

DAN. Thank ye.

(*Mirren enters with a jar*)

MIRREN. This is aa I hae, Doctor.

DAN. Let me see. Thank ye. That's plenty.

(*He takes a horn spoon from his pocket and carefully measures out three lots of the woodlice, putting them into the mortar. He then pounds them with his pestle, adding another powder from one of his bags*)

MIRREN. What's that ye hae, Doctor?

DAN. The pouther o a mummy.

MIRREN. A mummy!

DAN. Frae Egypt. It's gey ill to come by. This cost me fower pund sterlin the unce. Has Dowie Dick killed the wether yet?

MIRREN. Ay.

DAN. Hae ye keepit the bluid?

MIRREN. Ay. I was gaun to use it for black puddens.

DAN. Fetch me twa gills, will ye. Hurry afore it jeels. (*Mirren leaves*) Miss Ailie, ye'd better tak a bit dauner roun the gairden. This is nae place for bairns.

AILIE. Tata, Daddie.

LAIRD. Tata, lass. Dinna worry. I'll be aa richt.

(*Ailie leaves*)

DAN. I thocht she wad be better oot o the wey, Laird. It'll save ye embarrassment.

LAIRD. Hou that? What are ye efter? What's that ye're makin?

DAN. A medicine for yer back.

LAIRD. My back's, aa richt!

DAN. Ye winna fule yer sister, Laird, gin ye dinna tak yer medicine.

LAIRD. And hae I to pey for that mummy pouther?

DAN. I dout sae.

LAIRD. Ye twister! Ye ken I'm helpless!

(*Mirren enters with the sheep's blood in a small wooden bowl*)

MIRREN. Here ye are, Doctor. It's still warm.

DAN. Thank ye.

(*He puts the powder into the pint stoup and adds the blood. He then stirs the mixture, puts it to his nose, and appears satisfied. Mirren looks on with intense interest, Willie rather sadly*)

LAIRD. Ooh.

DAN. Sit up, then, Laird. (*The Laird rises*) There, nou that'll sort ye. Drink it ower.

LAIRD. It'll choke me. I'll be pousent.

DAN. Na, na, it'll dae ye guid. Come on, man. Dinna mak faces like a bairn.

MIRREN. I'll coont three for ye.

LAIRD. Ye'll haud yer tongue!

MIRREN. Weill, tak yer medicine like a man!

DAN. Ay, Laird, come on.

LAIRD. Aa richt. Aa richt. Na. I canna dae it. It gars me grue.

MIRREN. Tch. Tch. Tch. Tch.

DAN. Quait, wumman. (*Pause. The Laird suddenly begins to drink*) That's richt. Dinna gulp, though! Easy, man!

LAIRD (*pausing for breath*). Dinna fash me! (*He puts the stoup to his lips again, drains the medicine to the last drop, throws the pint stoup to the floor, screws up his face, falls back groaning with disgust and turns over on his stomach. The others regard him for a while in silence*)

DAN. Weill, Miss Mirren, that's that. He'll be aa richt nou gin ye let him sleep.

MIRREN. Ay, Doctor. But what will I dae gin he turns ony waur?

DAN (*packing his bags*). Gie him a spunefou o the sclaitters in a gless o Rhenish wine.

MIRREN. A spunefou?

DAN. Ay, but I'll caa back in a day or twa. I think I can fin my ain wey oot.

(*He walks out as brusquely as he entered*)

MIRREN. Weill, that's yer doctor for ye. Mummy pouther, forsooth. It daesna seem Christian to me. We'd better leave him.

WILLIE. I think I'll bide a wee, Miss Mirren, and put up a bit prayer.

MIRREN. The doctor said he was to sleep.

WILLIE (*firmly*). He'll sleep aa the better for some consolation. I winna keep him lang.

MIRREN. Try no, then.

(*She leaves*)

WILLIE. Laird?

LAIRD. Ay, Willie, what is't?

WILLIE. I'll slip awa aff to Bartaggart the nicht as sune as I hae taen my supper.

LAIRD. What aboot Mirren?

WILLIE. She winna ettle me to bide nou, shairly.

LAIRD. I daursay no. Whan will ye be back wi the Hielandman?

WILLIE. The morn's nicht.

LAIRD. Keep weill oot o sicht, then, and mak for the doocot. I'll see ye baith there. And listen, Willie. Dinna mention the sair back to Katie Wilson. She wad lauch fit to burst.

WILLIE. I'll be discreet, Laird. Dinna fear. Has the medicine dune ye ony hairm?

LAIRD. I dout it'll be the daith o me.

WILLIE. I ken ye dinna haud wi my prayers, Laird, but...

LAIRD. Na na, Willie, awa wi ye.

WILLIE. Guid day, then, Laird.

(*He lifts his belongings and leaves quietly. The Laird breathes deeply. Mistress Macmorran pulls aside the valance of the downstage bed, pokes her head out, and listens. She withdraws quickly as the door is opened slowly and stealthily. Mirren pokes her head into the room, listens for a moment, then signals to Mistress Macmorran by pulling at the valance. Mistress Macmorran pokes her head out for a second time. Mirren points with her thumb to the door and turns to tiptoe out*)

LAIRD. Wha's there?

MIRREN. It's me. Are ye no sleepin yet?

LAIRD. I winna be lang. Leave me.

(*Mirren pulls at the valance again as she passes out. Mistress Macmorran pokes her head out for a third time, listens to the Laird's breathing, and starts to emerge. She withdraws suddenly again on hearing quick footsteps. Ailie enters and flits quietly over to her father's bed-side*)

AILIE. It's me, Daddie.

LAIRD. Whaur's yer auntie?

AILIE. Doun i' the kitchen.

LAIRD. Fetch my brandy bottle, will ye?

AILIE. It's toom.

LAIRD. Fill it, then. Hurry.

(*Ailie hurries out with the bottle. Mistress Macmorran emerges for a fourth time, crawls on her hands and knees to the door, stands up, obviously weary but with a gleam of malice in her eyes, opens the door with stealthy haste, listens, and leaves. The Laird begins to groan. He rises from his bed, staggers to his chair beside the fire, and sits down. He gives a sudden gasp, rises, and turns here and there in a daze. A scream is heard. Ailie rushes in, wildly excited, clutching the brandy bottle*)

AILIE. Oh Daddie, Daddie, there's a bogle i' the lobby! I ran against it i' the hauf dark! Daddie! Daddie! (*Changing from terror to concern as she sees that he is really in pain*) Oh Daddie, what's wrang? What's wrang, Daddie? I thocht ye were shammin?

LAIRD (*gasping for words*). I was shammin afore the doctor cam, but (*almost shrieking with pain*) oh lass, it's nae sham nou! (*He collapses onto a chair, grasps his stomach, and doubles up. Ailie looks on aghast*).

CURTAIN

ACT TWO

The same. Two days later. Late afternoon.

When the curtain rises, the Laird, clad in a dressing-gown, slippers and cowl, is looking anxiously out of the window. Ailie rushes in excitedly.

AILIE. My auntie's awa nou Daddie. She's richt roun the bend o the brae.

LAIRD. Grand. And the lassies are aa at their wark?

AILIE. Ay.

LAIRD. I'll gang through to the doocot then. Help me wi the bottom shelf. (*He opens the press door and starts handing out piles of folded linen*) Put them on the flair.

AILIE (*doing as requested*). Does the shelf lift oot?

LAIRD. It used to. Ay. Guid. (*He brings out the shelf and leans it against the wall*) I'll need the caunle nou. If I mind richt there's a broken step near the fute.

AILIE (*lighting a taper at the fire and applying it to a candle*). Let me come wi ye.

LAIRD. Na na, ye'll hae to bide here. There's the meat to fetch frae the paurlor closet, and three stoups o claret. And look weill oot for Doctor Dan. Gin yer auntie were to meet him on his wey here she wad be for comin straucht back. Haud up the caunle, will ye, till I win past the press. (*Ailie holds up the candle while the Laird goes down on his hands and knees and crawls into the press out of sight*)

AILIE. Oh Daddie, it's daurk. Are ye no feart?

LAIRD. Oh!

AILIE. What is't?

LAIRD. I bangit my heid. I'm aa richt, though. The caunle. (*She hands him the candle*) Thank ye. Nou awa wi ye.

AILIE (*lingering*). Are ye aa richt? (*Pause*) Daddie? Daddie?

LAIRD (*from a distance*). Awa for the meat.

(*Ailie straightens up and rushes out, to return in a few moments with two bowls tied in napkins. She places them on the table and leaves again. Pause.*

Annie enters, looks round blankly, then turns to Bell Grierson, a stout middle-aged woman, in drugget petticoat and dirty bare feet, who has followed her to the door)

ANNIE. He's no here. (*Looking at the linen, the shelf and the open press door*) What in aa the warld?

AILIE (*pushing past Bell Grierson quickly and stands between Annie and the press*).

What is't, Annie? I thocht I gied ye wark to dae i' the milk-hoose.

BELL (*almost incomprehensible with grief*). Oh Miss Ailie, I hae lost my laddie. Whaur's yer daddie? He'll hae to get the gaugers. It was the taurrie-breeks. Airly this mornin. Big Tam Maxwell saw them. They were efter him tae.

AILIE. What's wrang wi her, Annie?

ANNIE. She's lost her laddie. She says he was kidnapped. She says he's on the brig that's lyin aff the Port.

AILIE. Dear me. Awa oot to yer wark, then, and I'll see aboot it. G'on, nou, and dinna come back in again till ye're telt. (*Annie leaves*) Come ben to the paurlor, Mistress Grierson, and I'll fin my daddie. What maks ye think yer laddie was kidnapped?

BELL (*as Ailie hurries her out of the room*). I ken he was kidnapped. Big Tam Maxwell saw it aa. And the folk say he'll be pressed into service and I winna see him again, and I dinna ken what...

(*Her voice is lost in a retreating wail of grief. Pause. The Laird is heard from within the press*)

LAIRD. Ailie? Tak the caunle, lass. Ailie? Ailie! (*He emerges from the press, crawling on hands and knees, supporting the candle awkwardly. He speaks to someone behind him*) She's no here. Wait. (*He goes to the room door and listens, then hurries back to the press*) Bide there the nou!

(*Ailie rushes in*)

AILIE. Daddie, Bell Grierson's here. It's something anent her laddie. She says he's been kidnapped.

LAIRD. Kidnapped! Hou did she win here withoot bein seen?

AILIE. She cam frae Port Yerrack, ower the heuch.

LAIRD. And her laddie's kidnapped. Nonsense.

AILIE. That's what she says. She says he's on the brig that's lyin aff the Port. She wants ye to get the gaugers.

LAIRD. The gaugers. Deil the fear.

AILIE. Ye'd better see her. She's in the paurlor.

LAIRD. Tell her I'll be in the nou. Is the coast clear?

AILIE. Ay.

LAIRD. I'll no be lang, then. Keep her crackin. (*Ailie rushes out. The Laird shuts the door and returns to the press*) Come on, then, Willie. Keep weill doun and tak tent o the shelves. (*Wanert Willie emerges on his hands and knees*) There nou. Dae ye ken whaur ye are?

WILLIE (*mazed*). Bless my sowl ay.

LAIRD. Ye little thocht I had a road straucht oot to my brandy, Willie, but to tell ye the truith I haena been through there sin I was a laddie, in my faither's time. Come on, Glenspittal. There's a guid fire here and something to eat.

(*Glenspittal, a well-built man of about thirty-five, dressed in clothes similar to those worn by the Laird in Act One, which are much too small for him and obviously do not belong to him, crawls into the room beside the others. All three are covered with dirt from head to foot*)

LAIRD. That's richt. Ower to the fire wi ye. Ye'll be sair aa ower. If I could hae managed I wad hae sent oot some blankets last nicht, but my sister Mirren's aye ower gleg to what's gaun on. (*Surveying the table*) But what's this? Nae claret. Oh ay, I'll hae to leave ye. There's a cottar wife in wi some nonsense anent her laddie. But I'll gar Ailie fetch the drink at ance, and I'm shair ye'll paurdon the puir vittles, Glenspittal. I had to get what I could withoot my sister jalousin.

GLENSPITTAL (*speaking his Scots with a strong Highland accent*). There is nae need to apologise, Torwatletie. We are efter no eatin haurdly a bite this twa days back.

LAIRD. Help yersells to what's there, then, and paurdon me for a meenit or twa.

(*Glenspittal bows. The Laird bows in return and leaves*)

GLENSPITTAL. I dinna like this. What for is he awa oot?

WILLIE. He has someane to see, he says.

GLENSPITTAL. Wha, think ye?

WILLIE. Man, Glenspittal, it daesna become ye no to trust the Laird. He's a man o nae great principle, but he wad risk a lot to oblige a freind like Leddy Bartaggert. Tak yer bowl. Will ye say grace?

GLENSPITTAL. Let yersell say it. It isna my tred.

WILLIE (*over his bowl*). For thir mercies be the Lord thankit. May He bless this hoose, that feeds the hungry and succours the distressed.

GLENSPITTAL. Amen.

WILLIE (*uncovering his bowl*). Mutton broth, and a guid lump o the meat wi't. It's a peety it's cauld.

GLENSPITTAL (*likewise*). Cauld or no, it will fill the wame. But I canna eat. (*He rises suddenly and goes to the door. He listens*) Gin he wad juist come back.

WILLIE (*eating with his fingers*). Dod, it's tender. It faas clean aff the bane.

GLENSPITTAL (*restlessly*). Ach, wheesht! Mind ye, I hae the dirk, but I wish I was oot o the breeks. They grup my knees.

WILLIE. It's a peety ye couldna hae gotten a pair to fit ye, but ye needna fash. Ye'll hae nae need to fecht.

GLENSPITTAL. Wheesht!

(*He suddenly draws his dirk and retreats to the press door. Ailie enters with two stoups of claret. On seeing Glenspittal she stops short and stares wide-eyed*)

WILLIE. Guid efternune, Miss Ailie. Glenspittal, whaur's yer mainners? The lassie winna hairm ye. She's the Laird's dochter. Hide yer dirk, man!

AILIE. Is he feart?

WILLIE. He's an attaintit rebel, Miss Ailie.

GLENSPITTAL. Feart is an ugly word, lass, but I canna blame ye. I hae been sae lang in holes and corners that my haund gangs to the dirk at the lowp o a caunle.

AILIE. You're safe here, though, sae tak yer fill and dinna fash. I'm sorry the broth's cauld. I had to smuggle it up last nicht. But I hae warmed the claret.

WILLIE. Grand, lass. Glenspittal, the lassie's health.

GLENSPITTAL. *Slainte.*

(*They drink*)

AILIE. Thank ye. And dinna forget the King ower the watter.

WILLIE. The King.

GLENSPITTAL. *Seamus Stiubhard.*

WILLIE (*sadly*). Ower the watter.

AILIE (*clapping her hands together guilelessly*). Hooray. (*They drink*) I'll hae to gang, though. I hae mair meat to fetch, and I maun aye be keekin doun the brae.

(*She runs off*)

WILLIE. There nou, ye're in guid haunds. Wyre in whan ye hae the chance. The doctor micht be here ony meenit.

GLENSPITTAL (*now eating*). Ay. I wad like to set een on this doctor.

WILLIE. Ye canna.

GLENSPITTAL. What wey that?

WILLIE. The less ye're seen the better. And gin ye bade in here ye micht hae to reckon wi the Laird's sister, and she's no to be trustit.

GLENSPITTAL. She kens naething, ye say?

WILLIE. Naething yet.

GLENSPITTAL. Hou can ye be shair?

(*Nodding towards the press door*) There is the stair here.

WILLIE. Dod, nou, I woner. She sleeps in this room. And she was brocht up here.

GLENSPITTAL. See.

WILLIE. It's clever, though. I hae sleepit mony a nicht here mysell and neir haen ony suspeecion o't.

GLENSPITTAL. The lass kens o't.

WILLIE. The Laird keeps a lot frae his sister, Glenspittal, that he shares wi the lass.

GLENSPITTAL. And the lass is safe?

WILLIE (*impatiently*). Tak yer broth, man, and dinna anger me!

GLENSPITTAL (*rising restlessly*). Ach, I canna! I thocht last nicht there was but the ae door to oor hidie-hole, and aa the time there were twa. We micht hae been taen withoot a draw o the dirk. And this sister. She is aye wi them, ye say, in this very room. I dout she will jalouse. She will be seein their een on the press door. I dinna like it.

WILLIE. Put some trust in yer Makar, man. We're daein aa for ye that mortals are able.

GLENSPITTAL. Nae dout, Maister Willie. Nae dout. But I wish I was on the brig and weill oot on the watter.

(*Ailie enters with another stoup of claret and some food wrapped in a bundle. Glenspittal draws himself taut*)

AILIE. It's me again. (*Putting down the claret*) That's for my daddie. He's takin his time. And that's to tak back oot to the doocot.

WILLIE. Thank ye, lass.

AILIE. Yer freind's makin a puir meal o't. Daes he no like it cauld?

GLENSPITTAL. It is grand, lass, but I hae little hairt for't.

WILLIE. He's sair worrit. Tell me, Ailie: daes yer Auntie ken aboot the stair here?

AILIE. We're no shair. She mebbe kent o't whan she was a lassie, but there's been nae word o't for years, my daddie says. He didna use it, the better to keep it secret. I didna ken o't mysell till this mornin.

WILLIE. Whan was it biggit?

AILIE. Wi the hoose. My great-grandfather had the gable here set close against the waa o the auld touer. It's a stair that gaed up the touer waa neist to the haa, and there were keek-holes in't, and the gairds used to keep watch whan the guests sat doun to their meat, in case there was ony joukery. I haena been doun it yet. Is it frichtsome?

WILLIE. It's gey stourie, and there's a lot o watter lyin at the fute o't.

AILIE. The wat bit's the auld dungeon, my daddie says, whaur they used to put the ill-daers. It's aa gey gruesome. I'm gled we're mair ceevilised nouadays.

(*All look suddenly towards the door. The Laird enters*)

LAIRD. Ailie, see her oot o the hoose. And bide whaur ye can watch the brae. Hurry. (*Ailie leaves*)

LAIRD. Glenspittal, there's gaun to be a hitch, I dout. (*Lifting his stoup of claret*) Is this mine?

WILLIE. Ay.

GLENSPITTAL. What is the hitch?

LAIRD. That was ane o my cottar weemen. She wants me to raise a steer. She says her laddie's been taen aboard the brig that's lyin aff the Port, and if I'm no mistaen it's the very ane ye're supposed to be sailin on.

GLENSPITTAL. What are they efter wi the laddie?

LAIRD. They'll be for pressin him into service, likely. They'll hae lost men in some affair wi the gaugers.

WILLIE. And she wants ye to bring the gaugers doun on them again?

LAIRD. Ay. It puts me in a gey awkward predeecament. I dinna like the thocht o ane o my cottars haein her laddie taen. I feel I suld help her aa I can.

GLENSPITTAL. And hae the brig raidit!

LAIRD. Ay, but gin I dae ye daurna be aboard her.

WILLIE. Will there be anither boat sune?

LAIRD. I dinna ken.

WILLIE. But ye think he suld wait?

GLENSPITTAL. Na na! I hae waitit lang eneuch. They ken I was at Bartaggart. They will track me doun.

LAIRD (*uncertainly*). I wadna woner but ye're richt, Glenspittal.

GLENSPITTAL. Raise nae steer aboot the laddie. The brig maun sail at ance.

WILLIE. It wad haurdly be fair to the laddie, that.

GLENSPITTAL. Ach, the laddie will be aa richt. He will dae better on the watter than at hame.

LAIRD. Na na, he'll be gey ill treatit. Forbye, I need him on the grun. I'm short-haundit.

WILLIE. Could Doctor Dan dae naething?

LAIRD. I hae my douts. It's haurdly a smugglin maitter.

WILLIE. He could shairly talk the taurrie-breeks roun.

LAIRD. No withoot siller. I canna afford it.

WILLIE. He could threaten them, then. He could tell them ye wad hae them raidit gin they didna send the laddie hame at ance.

LAIRD. Deil the fear. They wad burn the rufe aff my hoose. Na, na, if I'm gaun to hae them raidit I'll gie them nae warnin.

GLENSPITTAL. Ye canna hae them raidit, I tell ye, or I will be gruppit! And if I was, Torwatletie, it wad gang ill wi yersell.

LAIRD. Nae dout. Nae dout. Can ye afford yersell to buy aff the laddie, then?

GLENSPITTAL. I couldna pey affhaund, but I could be sendin the siller on.

LAIRD. I see. Ye hae the price o yer passage, I hope?

GLENSPITTAL. My freind Leddy Bartaggart was guid eneuch...

LAIRD. I see. Weill, I dout the laddie's lost. I canna risk a raid the nou. I daurna hae ye grippit near here. It's gey hard.

(Ailie rushes in)

AILIE. Daddie, my auntie's on her wey back!

LAIRD. The deil tak her. I thocht she wad be awa till nicht. Is she juist in sicht?

AILIE. Ay.

LAIRD. Clear the table, then. Hurry. (Handing over the wrapped bundle) Tak this oot wi ye, Willie. Glenspittal, I'll gie ye some blankets aff the truckle bed. (He pulls the truckle bed from below the box-bed upstage while Ailie rushes out with the stoups) There arena mony, but they'll be better than nane.

(Glenspittal takes the blankets. The Laird lights a taper at the fire)

LAIRD. Tak the caunle, Willie. Will ye fin yer wey back aa richt?

WILLIE. Ay ay.

LAIRD (lighting the candle held by Willie). Mind the broken step at the fute.

GLENSPITTAL. Whan will we be hearin what the doctor says?

LAIRD. As sune as I ken mysell. I'll send Ailie roun i' the daurk by the ootside airt. I shanna manage mysell, for it's no likely my sister'll leave me again. Are ye through, Willie?

WILLIE (from beyond the press). Ay.

LAIRD. Richt, Glenspittal. Hurry.

(Glenspittal leaves. Ailie returns)

AILIE. She's on to the straucht nou, Daddie!

LAIRD. Help me back wi the sheets, then.

(He puts back the shelf. Ailie puts back the linen. He closes the door. Ailie pushes back the truckle bed)

AILIE. Ye'll hae to clean yersell. Ye're black frae tap to tae.

LAIRD (wiping his hands on his dressing-gown). It's juist stour and cobwabs. A dicht'll dae it.

AILIE. Hurry, then, and I'll fetch a clout for yer face.

(She lifts the bowls and hurries out. The Laird dusts himself vigorously. Ailie returns with a wet cloth and towel)

AILIE. Here. Haud yer heid up.

LAIRD. Cannie! It's gaun doun my neck.

AILIE. She's gey near forrit. Ye haena a meenit. Dry it, nou and sit ye doun.

LAIRD. She's been gey quick.

AILIE. Ay. There's something wrang, I dout. (Surveying him) I think ye'll dae nou. Ay. Och ay. Here, tak a book.

(She gives him a book and hurries away with the cloth and towel. The Laird takes a look round, gazing intently at the press door, and composes himself. Mirren enters, her head in a plaid and her feet very dirty. In one hand she carries her shoes and stockings, and in the other a letter)

MIRREN (excitedly). There's a letter for ye. It's frae Kirkcudbright. The runner left it at Girzie Craig's shop i' the Kirk Raw, and it was lyin there on the coonter whan I caaed in for some preens.

LAIRD. A letter. Let me see. Dear me. It's a guid thing ye caaed.

MIRREN. Ay, Wha'll hae sent it, think ye?

LAIRD. I dinna ken. There's some writin on it. I canna mak it oot.

MIRREN. It'll be yer name and address.

LAIRD. Ach, wumman, I ken my ain name. There's something else on it. It's anither name, I think. It is. It's been frankit by a Member o Paurliament. They wadna hae to pey ocht.

MIRREN. Wha?

LAIRD. The folk wha sent it, ye fule!

MIRREN. But wha were they. See what's inside it.

LAIRD. Keep back or ye'll speyl it! It's addressed to me. (He turns his back on her, sits down, opens the letter reads for a moment, then gasps in consternation) Guid God!

(Ailie has returned quietly)

AILIE. What is it, Daddie?

LAIRD. We're to hae a chaplain.

AILIE. A what!

LAIRD. A chaplain.

AILIE. I thocht Wanert Willie was oor chaplain.

LAIRD. We're to hae anither.

AILIE. Wha says it?

LAIRD. Somebody Wilson. Alexaunder Wilson. I neir heard tell o him.

MIRREN. Alexaunder Wilson o Kirkcudbright. He's the Moderator o the Presbytery.

AILIE. And what richt has he to send us a chaplain?

LAIRD (*his consternation giving way to anger*). That's juist what I wad like to ken.

MIRREN. He'll be a Presbyterian!

LAIRD. Wha?

MIRREN. The new chaplain.

LAIRD. Nae dout. Nae dout. But I winna hae him. I'll defy them. The impiddent upsterts! What concern hae they wi my speeritual condeetion? They wad hae eneuch to dae lookin efter their ain!

MIRREN. Say what ye like, it'll be a blessin.

LAIRD. Haud yer tongue, will ye, or I'll throw something! My bluid's beylin.

MIRREN. Ye'd better let it cuil, then. Mind yer back.

LAIRD. Ach, my back. (*He returns to the letter*) Let me see. It's datit the second o Mairch. That was the day afore yesterday. It hasna taen lang.

AILIE. And whan are they sendin the chaplain?

LAIRD. That's juist what I'm tryin to fin oot. Oh here it's. In twa days or thereaboots. (*Forcibly but quietly, overcome with fear*) The deils! The sleekit deils! That's the-day!

AILIE. Na!

LAIRD. It is! And what's this? (*His anger overcoming his fear again*) What's this! He's to hae a salary!

AILIE. Shairly no!

LAIRD. Oh but ay! Five pund sterlin, wi his board and washin!

AILIE. Sterlin, Daddie?

LAIRD. Ay, sterlin! Five pund a year!

AILIE. It's a black burnin shame.

MIRREN. It'll be siller weill wared.

LAIRD. Weill wared! It'll be guid gowd flung doun the stank! And it's no juist the siller. There's his meat. Hou will I fin that? The grass is that puir I can hauldly rear the beasts to feed oorsells.

MIRREN. We'll hae nae mair caas frae Wanert Willie. Ye could aye feed him.

LAIRD. Willie! He eats hauldly a bite.

MIRREN. He's the biggest glutton this side o Dumfries.

LAIRD. Ye ill-tongued tinkler, ye're aye against me. I hae a gey guid mind to send ye doun the brae.

MIRREN. Ye canna. Ye promised my faither.

LAIRD. Little did I ken hou ye wad turn oot, or I wad suner hae been disinheritit. Ye hae been naething aa yer days bune a thorn in my flaish, narkin and naggin and yitterin and yappin at ilka wee bit ploy that gied me pleisure, and keekin and clypin and fylin my guid name amang aa yer freinds i' the Kirk. It's ye I hae to thank for aa this, ye fause-faced hypocrite! What hae ye been saying ootbye? What hae ye been up to?

MIRREN. Naething!

LAIRD. Gae oot o my sicht, then, afore I lift the tangs to ye!

(*Mirren who has retreated to the door during the Laird's tirade, leaves hastily*)

AILIE. Daddie, ye'll hurt yersell. Yer neck's swallin.

LAIRD (*excitedly*). Can ye woner? Dae ye no see what it means? They hae foun something oot!

AILIE. Wha?

LAIRD. The Kirk folk. They're in towe wi the Government. Whan the Hielandman was at Bartaggart there was to be a chaplain sent there.

AILIE. To spy him oot?

LAIRD. Juist that. And nou they're sendin ane here.

AILIE. They jalouse, then?

LAIRD. It looks gey like it.

AILIE. They canna ken, shairly. Can onyane hae seen him comin?

LAIRD (*meaningly*). This letter was sent twa days syne, afore he left. They maun hae kent he was comin.

AILIE. But wha can hae telt them?

LAIRD. That's juist it. Nane kent bune Doctor Dan and Willie.

AILIE. Willie wadna tell.

LAIRD. Ye think it's been Dan?

AILIE. It looks like it.

LAIRD. I wadna woner. He was aye a twister. But what for? What guid can it dae him?

AILIE. He mebbe means to pooch the price o the passage and then haund Glenspittal ower.

LAIRD. I canna think it. He wad risk ower muckle. The authorities wad learn he was in towe wi the smugglers. And he could haund ower Glenspittal withoot a chaplain comin.

AILIE. I hae it, Daddie! Dae ye mind o the bogle?

LAIRD. What bogle?

AILIE. Ach, dae ye no mind? The day afore yesterday, whan the doctor had gaen and yer belly was sair.

LAIRD. Ay, but I hae nae mind o a bogle.

AILIE. I gaed oot to fill yer brandy bottle, and whan I was passin the front door on my wey back through the lobby I ran into something i' the hauf daurk.

LAIRD. Eh! Ye didna tell me that.

AILIE. I did, but ye were ower sair grippit. It gied me a gey stoun. It was a big black beast o a thing wi a hood ower its heid.

LAIRD. Or someane weill rowed up, likely, to hide his face!

AILIE. And listenin at the door! I didna think o that.

LAIRD. But wha could it hae been, think ye? There was nae ootsider here. We wad hae heard by nou, shairly. It wasna yer auntie?

AILIE. Na, she was i' the kitchen.

LAIRD. It's no cannie. Lassie, we're ruint. We arena able for them. They fin oot everything. And it'll be waur wi this chaplain i' the hoose. We'll hardly be able to think oor ain thochts.

AILIE (despondently). Na.

LAIRD. Wheesht!

(Mirren, wearing stockings and slippers, enters with an expression of frightened defiance, and goes to the press)

LAIRD (uneasily). What are ye efter?

MIRREN. If I'm to bide here I'll hae to gang on wi my wark. I'll need sheets for the new chaplain's bed.

LAIRD. Sheets for his bed! Let him lie wi Dowie Dick i' the girnal.

MIRREN. Ye didna send oot Wanert Willie!

LAIRD. Ye're no for puttin the man in here!

MIRREN. I had thocht o the bed in the paurlor closet, whaur he'd hae peace to warstle wi his sowl. He'll be a different man frae Wanert Willie.

LAIRD. I'm shair o that.

MIRREN. I can gie him the closet, then?

LAIRD. Put him onywhaur oot o my sicht. But nae extra fires.

MIRREN. I hae ane kinnelt.

LAIRD. What!

MIRREN. The waas are clattie. He wad sune hae his daith o cauld.

LAIRD. Naething wad please me mair. Hurry, will ye, and shut that door.

MIRREN (at the press). What wey that? It canna hairm ye.

LAIRD. I like it shut.

MIRREN. I'll shut it whan I'm dune. What's... wha's...

LAIRD. What's wrang wi ye?

MIRREN. There's been someane meddlin wi the sheets. They're no as I left them.

AILIE. I haena touched them, Auntie.

LAIRD. Neither hae I.

MIRREN. It's been that Annie ane, wi her haunds fair black. They're aa markit. (She chooses some sheets and closes the press door. She puts the sheets on the kist and pulls out the truckle bed)

LAIRD. What are ye...

MIRREN. Weill I declare!

LAIRD. What's wrang noo?

MIRREN. The blankets!

LAIRD. What aboot them?

MIRREN. They're no here.

LAIRD. Whaur did ye leave them?

MIRREN. On the bed here. I wad sweir it. If it's been that Annie ane I'll warm her lugs. (She pushes back the truckle bed, picks up the sheets and leaves, calling as she goes) Annie! Annie, ye limmer! Annie!

AILIE (excitedly). Annie cam in whan ye were through the doocot! She saw the shelf oot and the sheets on the flair!

LAIRD. Try to fin her.

AILIE. She's in the milk-hoose!

LAIRD. Rin, then!

(Ailie rushes out, to return in a moment quietly)

AILIE. We're ower late. She's tellin her everything.

LAIRD. Dear me. (A horse is heard coming to a standstill) Wha's this?

AILIE. The new chaplain!

LAIRD. On a horse! Shairly no.

AILIE (at the window). It's Doctor Dan!

LAIRD. Thank the Lord. I hope he has news o the brig. I'll hae to watch him, though. I dinna trust him.

AILIE. What aboot my auntie? She's bound to come in wi him.

LAIRD. He'll send her to fetch something. I dout it'll mean anither dose.

AILIE. Puir Daddie.

LAIRD. Ach, weill. And if this new chaplain maks himsell a nuisance I'll aye hae an excuse for gaun to my bed.

(Mirren enters)

MIRREN. Here's the doctor.

(Doctor Dan enters, with the same equipment as before)

DAN. Weill, Laird, sae ye're up?

LAIRD. Ay, Doctor. I'm a wee thing better nou.

DAN. Grand. Hou's yer pulse? (He takes out his hour-glass and fingers the Laird's wrist) Are ye takin yer meat weill?

MIRREN. He hasna been able for mair nor a pickle gruel whiles, Doctor. His stamack's been waik.

DAN. Nae dout. Nae dout. (*Putting down the hour-glass and releasing the Laird's wrist*) Imphm. And yer back's easier?

LAIRD. It's a wee thing stiff i' the mornins, Doctor, but there's nae great pain.

DAN. Imphm. Hae ye been giein him the sclaitters, Miss Mirren?

MIRREN. I offert them, Doctor, whan he said he had pain, but he wadna tak them.

LAIRD. My stamack wadna staun them.

DAN. Nonsense. Fetch a dose nou, will ye?

MIRREN. A spunefou?

DAN. In a glass o Rhenish wine.

MIRREN. Ay, Doctor.

(*She leaves*)

LAIRD. Awa and taigle her, Ailie. Keep her awa as lang as ye can.

(*Ailie hurries after her aunt*)

LAIRD. Weill, Doctor, what's the news?

DAN. Is yer man here?

LAIRD (*cautiously*). He'll be here whan he's wantit.

DAN. Has he the siller?

LAIRD. Ay.

DAN. I'll meet him ootside yer doocot at twa i' the mornin, then.

LAIRD (*sharply*). What wey the doocot?

DAN. It's whaur ye aye hae yer brandy left.

LAIRD. What wey twa i' the mornin?

DAN. For the tide. There'll be a boat puttin in aff the brig at ane o the caves.

LAIRD. I see. What wey no at the Port?

DAN. They couldna risk it.

LAIRD. What wey that? They use the Port for ordinar.

DAN. It's a serious maitter smugglin oot a rebel.

LAIRD. Ay, and it's a serious maitter kidnappin laddies. What are ye efter wi Bell Grierson's bairn?

DAN. That's a thing I hae naething to dae wi, Laird.

LAIRD. Weill, it's gey hard on the laddie's mither, and her wi nae man to support her. And I'll miss him on the grun. I'm short o haunds. Could ye no put in a bit word for me, Doctor?

DAN. They wadna listen, I dout. It wad mean siller.

LAIRD. I thocht as muckle. Weill, they'll get nane frae me.

DAN. It wad mebbe be worth yer while, Laird. The laddie's as stoot as a stot.

LAIRD. Awa wi ye. Ye're in league wi them. Ye're a set o wurrie-craws. Gin I didna want the Hielandman aff my haunds I wad inform against ye.

(*Ailie enters with a wineglass*)

DAN. Here's yer medicine, I think.

LAIRD. Whaur's yer auntie?

AILIE. She canna come the nou. She's i' the paurlor.

LAIRD. Oot o the winnock wi't.

(*Ailie empties the glass at the window*)

LAIRD. Ye're dished this time, Doctor.

DAN. It wad hae dune ye nae hairm. Twa o the clock, then?

LAIRD. Ay.

DAN. Guid efternune.

(*He lifts his bags and walks out*)

AILIE. The chaplain's here, Daddie!

LAIRD. What's he like?

AILIE. Sleekit. Aye washin his haunds. She's taen him to the paurlor to drap his bundle.

LAIRD. Listen, then. Keep yer ee on him aa day, and whan it's daurk and he's weill settled slip oot and tell Willie that Doctor Dan'll meet Glenspittal ootside the doocot door at twa i' the mornin.

AILIE. Twa?

LAIRD. Ay. Wheesht, nou.

(*Mirren ushers in the Reverend Joshua Macdowell, a long lean man with a stoop and a habit of wringing his hands. He has a thin straight mouth and bushy black eyebrows, and always looks at his hearers sideways. He wears garments similar to those of Wanert Willie, but in better repair*)

MIRREN (*purring with pleasure*). This is the Reverend Joshua MacDowell.

LAIRD. Come in, Maister MacDowell. Ye haena gien us muckle time to mak ready for ye.

MacDOWELL. Weill, ye see…

MIRREN (*interrupting*). That's juist what I hae been tellin him, but he's been guid eneuch to say it daesna maitter, and I'm shair I'll hae the paurlor ready for him and the closet bed made up in rowth o time for his retiral, for nae dout he'll want to sit up efter his supper and hae a lang hairt to hairt talk wi ye.

MacDOWELL. Weill, Mistress…

MIRREN. Mind ye, though, Maister MacDowell, I wad hae haen everything aa richt gin it hadna been for bother wi the beddin. I had twa pair o blankets in my mind for ye, the best in the hoose, and whan I gaed for them the nou they werena to be seen. And I foun the sheets i' the press here, that were washed and bleached twa days syne, bedirten aa ower wi muckle black finger-marks.

LAIRD. Will ye haud yer tongue and gie the man a chance to speak to's?

MIRREN. Maister MacDowell, I hope ye winna think I'm wanting mainners, but I wad like ye to ken that if the hoose isna ready for ye it's no my faut.

LAIRD. It's no oors aither, Maister MacDowell. We juist hadna time.

MIRREN. I wad hae managed weill eneuch, I tell ye, gin there had been nae bother wi the beddin. I dinna ken what ye hae been up to, but Annie says she foun ane o the shelves oot o the press and the sheets aa lyin on the flair. What were ye daein wi a shelf oot o the press?

LAIRD. I was lookin for a daith-watch beetle! Awa and mak ready the man's supper.

MIRREN. The supper's on the fire. A daith-watch beetle. I neir heard the like. Annie says ye were naewhaur to be seen.

LAIRD. She's a leear! I was in here aa the time! Awa and mak up the man's bed!

MIRREN. I canna till the beddin's aired.

LAIRD. Air it, then!

MIRREN. The paurlor fire has nae hairt yet.

LAIRD. Gie it a blaw wi the bellows.

MIRREN. Ane o the lassies is at it this meenit. Depend on't, Maister MacDowell, I'll sune hae aa sortit. And gin there's ocht ye want the nou juist ring the haund bell. Dinna be blate.

MacDOWELL. Thank ye, Mistress, but I winna fash ye.

MIRREN. It wad be a pleisure to serve ye. (*She leaves*)

LAIRD. Weill, Maister MacDowell, sit doun, will ye? This is my dochter Ailie.

MacDOWELL. I hope I fin ye in guid health, lassie, and fou o God's grace.

AILIE. Oh ay, I'm aa richt.

LAIRD. I canna understaun what wey ye were sent here, Maister MacDowell. We hae a chaplain already.

MacDOWELL. His name, Laird?

LAIRD. To tell ye the truith I hae forgotten it. We aye juist caa him Wanert Willie. He was the meenister o Kirkronald afore the Revolution.

MacDOWELL. I see. An Episcopalian. Tell me, Laird: daes he bide here aa the time?

LAIRD. Na na, but he looks in aye i' the passin, and bides for a day or twa.

MacDOWELL. That'll explain the haill maitter. Ye see, Laird, the ceevil authorities hae taen it into their heids that the employment o gangrel Episcopalian preachers affords ower muckle scope the nou for intrigue on behalf o the exiled Stewarts, and they hae determined to discourage the practice, as prejudicial to the safety o the realm.

LAIRD. I see.

MacDOWELL. Ay. They hae askit the moderators o the district presbyteries to send oot proper chaplains to aa the faimilies concerned.

LAIRD. Sae that's the wey o't. Ye hae been sent to the hoose to spy on me. Weill, Maister MacDowell, ye'll be wastin yer time. I neir fash wi politics.

MacDOWELL. I'm gled to hear it, Laird, but I'm nae poleetical spy, if that's what ye think. I hae been sent here as yer chaplain, and ye'll fin me conscientious in that capacity. Tell me, nou: daes this Wanert Willie, as ye caa him, see that ye haud regular faimily worship?

LAIRD. Weill, whan he's here he whiles puts up a bit prayer at nicht amang the servants, and he aye says a bit grace for us whan we sit doun to oor meat.

MacDOWELL. I see. Daes he encourage ye to conduct ony worship for yer faimily or the servants whan he isna here?

LAIRD. I canna say he daes.

MacDOWELL. I see. Daes he examine ye aa regularly in the carritches?

LAIRD. I believe he had the servants gey weill acquant wi the carritches whan he cam here at first. Nae dout they could mak no a bad show yet.

MacDOWELL. I see. And what sort o show could ye mak yersell, Laird?

LAIRD. Me! I haena rin through them sin I was a laddie.

MacDOWELL. It's juist as I thocht, Laird. I dout I'll hae to mak some gey drastic cheynges in the conduct o yer affairs. We'll stert wi a service for the haill hoose ilka nicht efter supper, and I'll tak yer dochter and yersell for scriptural instruction i' the efternunes aye for mebbe twa hours.

LAIRD. Dae ye mean through the week?

MacDOWELL. Ay. On the Saubbath we'll hae prayers efter breakfast, afore ye set aff for the forenune service at Kirkronald. Syne we'll hae prayers efter denner, afore ye set aff for the service i' the efternune. Efter the fower hours I'll examine ye aa in the carritches, and efter supper we'll read ower a chapter or twa and sing a wheen psalms, and hae a guid lang warstle wi the Lord in prayer afore we gang to bed.

LAIRD. I see. Ye're gaun to keep us aa gey thrang.

AILIE (*giving her father a meaning look*). Daddie, is it no time ye were takin yer medicine?

LAIRD. Eh?

AILIE. The doctor said ye were to tak it as sune as he left. I hae to watch him weill, Maister MacDowell, or he wad neglect himsell athegither. Slip into yer bed, noo, Daddie, and I'll fetch yer medicine. I'm shair Maister MacDowell will excuse ye. (*She leaves*)

LAIRD (*slipping off his dressing-gown and slippers*). Weill, Maister MacDowell, I'd better dae as I'm bidden.

MacDOWELL. It's yer back ye're bad wi, yer sister says?

LAIRD (*climbing into bed*). Ay. It gruppit me sair twa days syne.

MacDOWELL. And ye had the doctor in?

LAIRD. Ay, he's been twice. He hadna left afore ye cam the day.

MacDOWELL. I see. Weill, I hope ye'll sune mend.

LAIRD. Oh ay, dinna be pat oot aboot me. Ye'll hae to paurdon me if I'm in my bed a lot, though, and no able to crack wi ye.

MacDOWELL. It'll mebbe help if I whiles sit ower aside ye and read ye a chapter or twa.

LAIRD. I wadna woner, but ye'll no be offendit, I hope, if I whiles drap aff to sleep, for the medicine I'm takin the nou gars me stert to nod the very meenit it gangs ower my thrapple.

(*Ailie enters with a wineglass*)

AILIE. Oh ye're in, Daddie. That's richt. It's pouthert sclaitters, Maister MacDowell, in a gless o Rhenish wine. There nou, Daddie, ower wi't, and nae lang faces.

LAIRD. Ach, I'm gettin used to it. (*He gulps it over*) Tach!

AILIE. That's richt. Nou let me sort the claes. (*She tucks the Laird in*) He'll be noddin sune, Maister MacDowell, sae I hope ye dinna mind keepin yer crack till anither time. Wad ye like to sit ben i' the paurlor nou? I'll hae to help my auntie wi the supper.

MacDOWELL. If ye dinna mind, lass, I'll bide here whaur it's cosie, and I'll be haundie gin he needs attention.

AILIE. Ye'll be quait, though, and let him gang to sleep?

MacDOWELL. Dinna fash. I'll be readin ower a bit chapter to mysell.

AILIE. Aa richt then. Tata, Daddie. Sleep weill.

LAIRD. Tata, lass.

(*Ailie leaves. Macdowell takes a Bible from his skirt pocket, seats himself in an armchair, and makes a pretence of reading. The Laird begins to breathe steadily and deeply. Gloaming is gathering. Macdowell lifts his eye from his Bible and listens intently. He rises quietly and tiptoes to the Laird's bed. He scrutinises the Laird closely. He goes to the downstage bed, lifts the valance, drops it, and looks round thoughtfully. He tiptoes back to the Laird's bed, conducts another scrutiny, and moves towards the press door. He is about to open it when he hears someone coming and hurries stealthily back to his seat and his pretence of reading. Mirren enters*)

MIRREN. This is a queer wey to treat a veesitor, Maister MacDowell. I could haurdly believe Ailie whan she said he had gaen to his bed. And he's sleepin, is he? (*She studies the Laird doubtfully*) Imphm. Weill, it'll dae him guid. He sits aboot aa day for ordinar, in spite o the doctor. (*Going to the press*) But I want a big table-claith. (*She opens the press door and takes a table-cloth from one of the upper shelves. She puts it over her left arm and with her right hand gives each shelf a pull till she reaches the bottom one and finds it loose*) Dear me, he's left that shelf withoot a nail in't. Him and his daith-watch beetles.

MacDOWELL. A daith-watch beetle can be gey fashious.

MIRREN. I daursay, but there's hunders in this hoose, and he hasna gien them a thocht eir nou. It'll be his back, likely. But I'll hae to get the table set. We're haein supper in the haa the nicht. It means anither fire still, and he'll be mad, but I'm determined to see ye weill treatit. He wadna ask a veesitor o his ain to tak his meat in here amang the bed-claes.

MacDOWELL. I'm nae man for formality, Mistress.

MIRREN. Mebbe no, Maister MacDowell, but I ken what's yer due. Forbye, there's naething speyls a guid lang grace like a crampit wee room. In the haa ye'll hae mair space to gar the words dirl, Maister MacDowell, and I hope ye winna spare us. I haena heard a guid lang grace sin I was at the last hill communion, and that's eicht months syne.

MacDOWELL. I'll dae my best for ye, then.

MIRREN. Thank ye, Maister MacDowell, and I hope the Lord'll open oor hairts to ye, for I'm shair we're a sinfou faimily.

MacDOWELL. Ye arena alane in that.
Mistress. It's a sinfou warld.

MIRREN. Ye're richt there, Maister
MacDowall. Dae ye ken this? I hae been
missin meat frae the kitchen!

MacDOWELL. Shairly no.

MIRREN. Oh but I hae. I left a pat o broth
on the swee last nicht, fou to the brim, and
it was aa awa this mornin bune a spunefou.
And whan I gaed to the kitchen press no
langsyne for a shouther o mutton, gey near
haill efter yesterday's denner, there was
naething to be fund o't bune the smell.

MacDOWELL. Did ye speir wha took it,
Mistress?

MIRREN. I did that, but nane wad own to't.
And I dinna ken what they dae wi't, for
they're faur better fed nor the lassies ower
at Torwilkie. I neir stint them a bite. It's my
belief they're feedin folk ootbye.

MacDOWELL. Wha, think ye?

MIRREN. Lads aff that brig at the Port,
mebbe, I dinna ken. But if I thocht they were
haein ocht to dae wi the smugglin deils I
wad hae them up afore the Kirk Session.

MacDOWELL. Ye wad be weill within yer
richt. Tell me, Mistress: wha's yer brither's
doctor?

MIRREN. Doctor Dan o the Kirk Raw. He's
the only ane hereaboots, and to tell ye the
truith, Maister MacDowell, he's a queer
ane. They say he's in towe wi the Deil.

MacDOWELL. Shairly no.

MIRREN. That's what they say, and I wadna
woner, for he gies some gey queer
concoctions to the seik. They say he chaunts
and chinners on his hunkers whan he steers
his big black pat.

MacDOWELL. Dear me. And he bides i' the
Kirk Raw, ye say?

MIRREN. Ay, i' the hoose nearest the Kirk.
He suld be houndit oot o't.

MacDOWELL. I daursay. Whan will the
supper be ready?

MIRREN. Losh, I had forgotten it. But it
winna be lang, Maister MacDowell. I'll hae
it ready for ye in twa meenits.

MacDOWELL. Weill, ye see, I was thinkin o
haein a bit dauner doun to Kirkronald the
nicht to hae a crack wi the meenister.

MIRREN. Dear me, and I hae been keepin
ye. I'll fair flee nou. But I'd better licht the
caunles afore I gang or ye'll no see to read.

MacDOWELL. Na na, Mistress, I'll no be
readin. I'll spend the time in prayer and
meditation.

MIRREN. Ye're a guid man, Maister

MacDowell. I wish there were mair like ye.

MacDOWELL. I dae my best, Mistress. Nae
man can dae mair.

MIRREN. Na. I'll leave ye, though.
(*She curtsies. Macdowell bows in return.
She leaves. Macdowell listens for a moment,
ponders, suddenly replaces his Bible in his
skirt pocket, tiptoes to the Laird's bed-side,
scrutinises the Laird very closely, tiptoes to
the door of the press, opens it, pauses and
listens. He feels for the loose shelf, empties
the linen from it on to the floor and pulls it
out, making a slight sound. He pauses,
listening, then places the shelf upon the
linen. He then goes down on his hands and
knees and crawls into the press,
disappearing except for his hind quarters.
The Laird raises his head for a moment and
looks on aghast. Macdowell emerges
looking excited and triumphant, replaces
the shelf and linen, closes the door and
returns silently to the Laird's bed-side. He
scrutinises the Laird once more, returns to
his seat and ponders in the fire-light. A
cunning smile spreads over his features. He
rubs his hands together gleefully*).

CURTAIN

ACT THREE

The same. Early the following morning.

*The window is completely shuttered and
the room is lit only by a glowing fire. The
screen between the beds is drawn out, and
clothes can be seen hanging over the backs
of chairs.*

*The Laird, in night-gown and cowl, is
sitting in the upstage armchair, leaning
towards the fire as though chilled, listening
tensely, his eyes, unfocussed, moving
restlessly at every rustle and creak.
Somewhere in the house a clock strikes one
and he sits suddenly upright, obviously
startled. Ailie emerges silently from the
downstage bed in a long night-gown and
creeps stealthily over beside him.*

LAIRD. Ssh.

AILIE (*whispering*). I canna sleep.

LAIRD (*likewise*). It's chappit ane. (*Ailie
nods. He indicates the downstage bed*) Is
she soond? (*Ailie nods again*) Come here.
(*He moves with her to the door of the
room*) Watch her. I'm gaun through to the
paurlor closet. I want to see if the chaplain's
in his bed.

AILIE. Ye'll mebbe wauken him.

LAIRD (*shaking his head negatively*). No. I'll hae to see. I canna settle. (*He opens the door carefully and moves out. Ailie holds the door open and listens, her head turned sideways towards the downstage bed. Pause. The Laird returns excitedly and speaks in a breathless whisper*) He's no there!

AILIE. Eh!

LAIRD. His bed's toom!

AILIE. Shairly no?

LAIRD. Awa and look.

(*Ailie leaves quickly. The Laird holds the door. Pause. Ailie returns*)

AILIE. Whaur can he be?

LAIRD. Ootbye.

AILIE. He'll fin them oot.

LAIRD. I'll hae to warn them.

AILIE. He'll mebbe see ye.

LAIRD. I'll gang by the press.

(*He goes to the downstage bed and looks anxiously into its shadow, then moves to the press door. Ailie follows. He opens the door quietly and hands her the linen from the bottom shelf. She places it on the floor. He pulls out the shelf. It rasps against the press walls. Both stand stock-still, listening. Nothing stirs. He hands the shelf to Ailie, who places it on top of the linen. He lights a candle, shading it from the downstage bed. He hands it to Ailie*)

LAIRD (*whispering*). Put back the things whan I'm through. And listen: keep yer ee on the doocot door frae the kitchen stair. There's a bricht mune.

(*Ailie, shading the candle, nods. The Laird goes down on his hands and knees and creeps out. Ailie hands him the candle. Pause. She replaces the shelf gingerly, and again it rasps on the press walls. She listens intently. Reassured, she replaces the linen and closes the door. She tiptoes taut for a moment, then tiptoes to the downstage bed and peers into its shadow. Her aunt breathes steadily. She moves to one of the chairs, picks up a plaid, and wraps it over her head and shoulders. She leaves quietly, closing the door carefully behind her.*

Macdowell shows his head from underneath the bed downstage. He listens intently. Reassured, he creeps into the room, stands upright, and peers into the bed's shadow. He is dressed as in the previous act, but is without his shoes. He moves quietly to the press door, opens it, and pauses. He lies flat on his stomach, listens, then wriggles slowly under the bottom shelf. His stockinged feet disappear gradually

from view. Short pause. The press door is drawn inward till it closes with a click. Pause. Ailie enters quietly, tiptoes to the downstage bed, peers into its shadow, turns, tiptoes to the press door, listens and tiptoes out again. Pause. There is a sudden muffled shout from well beyond the press door, followed by a sound of scrambling which gains in volume. Mirren stirs in the downstage bed)

MIRREN. Ailie? Ailie! Oh!

(*She emerges, gasping with concern, and rushes to the screen. She looks over it into the bed upstage. She exclaims again. The press door is battered by frantic knocking. She rushes from the room screaming. The knocking continues. Ailie rushes in, halts, and stares at the press door. Mirren appears behind her*)

AILIE (*speaking towards the press*). Wha's there?

(*She advances*)

MIRREN. Come back, lassie! Fin yer faither!

AILIE. Wha's there? Daddie! Speak, Daddie!

MacDOWELL (*from beyond the press door*). Hullo, there! Hullo! Let me oot!

MIRREN. It's Maister MacDowell!

AILIE. Keep the door sneckit! I'll fin my daddie!

(*She rushes out. There is a confused sound of shouting and scuffling*)

MacDOWELL (*knocking frantically*). Let me oot! Let me oot! Hullo! Hullo!

(*Mirren rushes to the press door, opens it, and retreats quickly to the door of the room, trembling. Macdowell wriggles desperately out of the press*)

MIRREN. Wha pat ye...

MacDOWELL. Shut the door ahint me!

(*Mirren stands trembling. Macdowell wins clear of the press and stands up. Almost immediately Glenspittal emerges partially and grasps his ankles. He is brought to the floor. Mirren screams and retreats to the threshold. Macdowall rises and stamps hard with his stockinged foot at one of Glenspittal's hands. Glenspittal withdraws it hastily. Macdowell stamps at the other. Glenspittal withdraws into the press. Macdowell is about to shut the press door on him when the Laird appears at the door of the room with a fowling-piece, followed by Wanert Willie, who carries a rope, and Ailie. Mirren, on hearing the Laird behind her, has jumped across the room towards the fireplace. Macdowell backs quickly upstage past the screen*)

LAIRD. Stop! Ye're nabbit! Come oot, Glenspittal. Push back that screen, Willie, and licht the caunles.

(*Wanert Willie pushes back the screen and lights the candles as Glenspittal emerges from the press with his dirk between his teeth*)

MIRREN. Wha's...

LAIRD. Haud ye yer tongue!

AILIE. What wey did ye open the door?

MIRREN. To save the puir man's life.

LAIRD. The man's a spy. He's oot to ruin us.

MIRREN. I dinna believe it. Wha's that blaggard?

LAIRD. That's my affair. Tak her awa, Ailie. Tell her what ye like.

(*Ailie takes her aunt by the hand and starts to pull her towards the door*)

MIRREN. There's to be nae murder dune here!

LAIRD. Keep her awa frae the lassies. Tak her to the paurlor. (*The four men are left alone*) Tie him up, Willie. Help him, Glenspittal.

(*They drag Macdowell to the centre of the stage and secure him with the rope. He tries to resist*)

GLENSPITTAL (*showing Macdowell his dirk*). Quait, see, or ye will be feelin the dirk in yer thrapple.

LAIRD. That's richt, Glenspittal. Staun nae snash. (*As the rope is finally secured*) Ay weill, MacDowell, sae this is hou ye act the chaplain? Whaur were ye afore ye took to the stair here? (*Macdowell looks obstinate*) Ye're gaun to be thrawn, are ye? Glenspittal.

(*Glenspittal applies some persuasion*)

LAIRD. Weill, MacDowell? Whaur were ye afore ye took to the stair here?

MacDOWELL. Ablow the bed.

LAIRD. In here!

MacDOWELL. Ay.

LAIRD. Whan did ye come in?

MacDOWELL. At midnicht.

LAIRD. I dinna believe it. I haena slept a wink.

MacDOWELL. Ye were snorin.

LAIRD. Watch what ye say, ye leear! Watch what ye say! What did ye ken afore ye cam here?

MacDOWELL. I kent he was comin.

LAIRD. Wha telt ye?

MacDOWELL. I had word sent.

LAIRD. Wha sent it?

MacDOWELL. The Moderator.

LAIRD. Wha telt him?

MacDOWELL. I dinna ken.

LAIRD. Ye leear. Whaur were ye whan the word cam?

MacDOWELL. At Bartaggart Hoose.

LAIRD. Eh! Ye kent he was there first, then?

MacDOWELL. Ay.

LAIRD. And what wey did ye no hae him grippit there?

MacDOWELL. I couldna fin him.

LAIRD. I see. Ye were gaun to hae him grippit whan ye foun him here?

MacDOWELL. Ay.

LAIRD. Ye wad hae needit help, shairly. Hae ye ony confederates?

MacDOWELL. Na.

LAIRD. What! Ye were gaun to tackle him yersell! Tell me the truith, will ye. What were yer plans?

MacDOWELL. I was to send word to the garrison at Kirkcudbright.

LAIRD. Wha was to tak it?

MacDOWELL. I was to tak it mysell.

LAIRD. Ye leear, ye said ye were to send it!

MacDOWELL. I was to tak it mysell!

LAIRD. I dinna believe it! Ye hae confederates! Whaur are they? What were ye daein doun at Kirkronald the nicht? (*There is a sudden scream*) What's that!

(*The Laird and Wanert Willie look towards the room door. Glenspittal moves to the press. Ailie rushes in*)

AILIE. There's a man ahint the hoose, Daddie!

LAIRD. What!

AILIE. He was at the paurlor winnock! He had his neb against the gless!

LAIRD. Daes he ken ye saw him?

AILIE. Ay. My auntie gied a skrech and he lowpit doun.

LAIRD. Whaur did he gang?

AILIE. Ower the yaird and roun ahint the milk-hoose.

LAIRD. He'll be a confederate o MacDowell's! Gag the blaggard afore he cries oot!

(*Glenspittal starts to gag Macdowell with a neck cloth*)

LAIRD. That's richt, Glenspittal. (*Buckling up his gown with a belt and pulling on his thigh-boots*) Nou we'll need a plan. Leave by the front, Willie, and gae roun the hoose by the faur end. Tak Glenspittal wi ye and show him the wey. I'll gang roun by this end and jeyn ye at the back. Hurry.

(*Wanert Willie and Glenspittal leave*)

LAIRD (*to Ailie*). Whaur's yer auntie?

AILIE. She fentit. I'll hae to gang back to her.

LAIRD. Dinna be lang, then. Ye'll hae to

watch MacDowell here. See that he daesna lowse himsell.

AILIE. There micht be mair men nor ane, Daddie. What aboot the front door?

LAIRD. Lock it efter me. Dinna open till ye hear me askin in.

AILIE. Watch yersell, then.

LAIRD. Ay ay.

(*They leave together. Pause. Doctor Dan appears at the press door on a level with the floor. He looks at Macdowell, then round the room, then at Macdowell again. He crawls out and stands up. He is carrying a pistol. He looks into each of the beds, listens, then faces Macdowell, who looks to him fearfully*)

DAN (*partially removing Macdowell's gag*). Whaur's that siller I gied ye the nicht?

MacDOWELL. In my skirt pooch.

DAN. I'll hae it back then.

(*He takes a purse from Macdowell's skirt pocket*)

MacDOWELL. Some o it's mine!

DAN. Ye'll hae to want it. (*He puts the purse into his own pocket*) Whaur are they?

MacDOWELL. Ootbye. Lowse the raip, Doctor.

DAN (*unheeding*). Whan did they gang oot?

MacDOWELL. The nou. The lassie cam in. She said she saw someane at the back o the hoose.

DAN. Watchin?

MacDOWELL. Ay. Was it yersell?

DAN. Na. Hou did they catch ye?

MacDOWELL. I fell on the stair there.

DAN. What were ye daein on the stair?

MacDOWELL. I followed the Laird doun.

DAN. What way that?

MacDOWELL. To see him haund ower the Hielandman.

DAN. I thocht ye were gaun to let the Hielandman gang!

MacDOWELL. Sae I was!

DAN. What made ye want to see the Laird haund him ower, then?

MacDOWELL. Naething.

DAN. Sae ye were gaun to fleece the Laird tae?

(*There is a sound of knocking*)

MacDOWELL. He's comin back in! Lowse the raip!

DAN. Deil the fear.

(*He grimly replaces Macdowell's gag and faces the door with his pistol cocked. He lowers it as the Laird enters*)

LAIRD. What... Hou... Hullo, Doctor. Hou did ye win in here?

DAN. I gaed into the doocot to look for yer freinds and fund the flagstane up.

LAIRD. Was it left up?

DAN. Ay. The brig's been raidit, Laird.

LAIRD. Eh!

DAN. It was fou o kidnapped laddies.

LAIRD. Laddies? It wasna the Hielandman they were efter, then?

DAN. Na.

LAIRD. Weill, Doctor, ye micht hae kent this wad happen. Ye canna lift laddies frae aa ower the coast withoot raisin a steer.

DAN. I had nae haund in the liftin ye fule! I kent naething aboot it.

LAIRD. Whan was the raid?

DAN. Aboot an hour syne.

LAIRD. Were aa the crew grippit?

DAN. Ay, and they're efter me tae.

LAIRD. Eh! What for?

DAN. For the smugglin. They foun the maister's papers. They saw my name on the accoonts.

LAIRD. Hou did ye get warnin?

DAN. I hae a freind amang the gaugers. He sent on word aheid.

LAIRD. They dinna ken ye hae taen this airt, I hope?

DAN. Na na.

LAIRD. Can ye be shair.

DAN. Ay ay.

LAIRD. What's to be dune, then? Dae ye see this?

DAN. Ay. Wha is he?

LAIRD. My new chaplain, nae less. He was sent here by the Kirkcudbright Moderator. He had orders to spy oot the Hielandman.

DAN. Guid God, they stop at naething nou. What are ye gaun to dae wi him?

LAIRD. I'm fair at my wit's end. And there's anither ootbye. A fisher frae Port Yerrack. We grippit him the nou i' the yaird. He'd haen his heid at the paurlor winnock.

DAN. Whaur hae ye gotten him?

LAIRD. Willie and the Hielandman hae taen him roun to the auld touer. I didna want him brocht in here to see this blaggard tied.

DAN. Are they in tow?

LAIRD. I think sae, but I'll sune fin oot. I juist cam in to tell Ailie we were aa richt. I'm gaun through nou.

DAN. Haud on, though. Are ye gaun to leave this ane here?

LAIRD. What wey no? He's weill tied.

DAN. The gaugers micht come.

LAIRD. I thocht ye said they wadna trail ye?

DAN. It's no likely, but they micht.

LAIRD. What wey did ye come here, then, and me wi the Hielandman on my haunds!

DAN. It was the Hielandman I cam for! I'll hae to leave the country mysell nou.

LAIRD. Eh! Ye hae a wey oot, then?

DAN. I hae a scowt at ane o the caves. I canna sail her single-haundit, but I'll manage wi help.

LAIRD. Whaur will ye mak for?

DAN. The Isle o Man.

LAIRD. Whan?

DAN. Whan the mune's doun. It's ower bricht the nou.

LAIRD. Man, there's hope yet. If I could juist stap this blaggard's gub.

DAN. Dinna fash aboot that.

LAIRD (*as Dan approaches Macdowell*). What are ye efter? Ye canna kill him! The folk wha sent him ken he's here!

DAN. He'll hae to dee for aa that, Laird.

LAIRD. He canna dee here! The gaugers micht hear the shot!

DAN (*putting down his pistol*). It's aa richt. I'll throttle him wi the gag.

LAIRD (*cocking his fowling-piece as Dan grips Macdowell and removes the gag*). Ye savage! Leave him alane!

DAN (*dropping the gag and lifting his pistol*). Put doun that thing or I'll shoot! (*There is a call from the press.*)

GLENSPITTAL. Torwatletie?

(*They look round, startled*)

LAIRD. Hullo, Glenspittal. What is't? (*To Dan*) This is the Hielandman.

(*Doctor Dan and the Laird try to appear at ease. Glenspittal emerges from the press. He stares at Doctor Dan in surprise*)

LAIRD. This is the doctor, Glenspittal. He fand his wey through frae the doocot whan we were ootbye. I maun hae left the flagstane up. Did ye pou it doun whan ye cam in the nou?

GLENSPITTAL. Ay.

LAIRD. What hae ye foun oot frae the fisher?

GLENSPITTAL (*eyeing the Doctor closely*). The brig has been raidit, Laird. It was fou o kidnapped laddies.

LAIRD. I ken. The doctor's juist telt me.

DAN. A meenit, Laird. His gag's aff. He micht let oot a yell.

(*He kneels beside Macdowell, puts his pistol on the floor, and lifts the gag. Glenspittal suddenly springs forward, lifts the pistol, and stands back*)

LAIRD. What...

GLENSPITTAL. Staun back, Torwatletie, and cock yer gun!

LAIRD. What's wrang?

GLENSPITTAL. Dae ye ken what they were efter wi the laddies?

LAIRD. Wha?

GLENSPITTAL. The doctor here and the maister o the brig.

LAIRD. Na.

GLENSPITTAL. They were gaun to ship them aff to the Plantations!

DAN. It's a lee!

GLENSPITTAL. They were gaun to sell them into slavery. I was to gang the same airt!

DAN. Ye big Hieland gommeril, ye're haverin!

MACDOWELL (*no longer gagged*). It's the truith!

LAIRD. Oho, eh! Ane move, Doctor, and I'll fire! What dae ye say, MacDowell?

MACDOWELL. It's the truith! Blaw his brains oot!

LAIRD. Na na.

DAN. It wadna pey ye.

LAIRD. Haud ye yer tongue! What maks ye say it's the truith, MacDowell?

MACDOWELL. I'll tell ye gin ye lowse the raip. It's cuttin me.

GLENSPITTAL (*his eye on Doctor Dan*). Lowse nae raip.

LAIRD. Nae fear. Ane's eneuch to hae to watch. Ower a bit, Doctor. I'm keepin my ee on ye. Hou did ye fin him oot, Glenspittal?

GLENSPITTAL. Frae the fisher.

LAIRD. What was the fisher efter?

GLENSPITTAL. He cam to warn MacDowell aboot the raid on the brig.

LAIRD. Eh! Was MacDowell responsible for it?

GLENSPITTAL. Na, it was weemen's wark. There was a great getherin o them at Port Yerrack the nicht, aa cryin oot for their lost laddies. He gied the fisher some siller and telt him to keep his ee on the brig. If the steer brocht the gaugers in he was to fetch up word at ance.

DAN (*to Macdowell*). Ye sleekit tod!

LAIRD (*to Doctor Dan*). What's wrang nou?

DAN. Naething.

LAIRD. There is something! What is it! Ye askit wha he was a while syne. Ye lat on ye didna ken him.

DAN. Naither I did!

LAIRD. I dinna believe ye! Hae ye seen this man afore, MacDowell?

MACDOWELL. Na.

DAN. Hmph!

LAIRD. Eh!

DAN. He cam to me tae the nicht, airly on.

LAIRD. What! Ye said the nou ye didna ken him!

DAN. Ay ay, Laird. Ye're unco clever.

LAIRD. I'm no as stippit as ye seem to think. And I'll hae nae impiddence. I want the truith. Tell anither lee and I'll pou the trigger.

DAN. I wadna advise it. The shot micht bring the gaugers in.

LAIRD. Put that pistol in yer pooch, Glenspittal, and grip yer dirk. Sit him on the chair there and haud it to his thrapple. (*Glenspittal pockets the pistol, seizes the Doctor by the collar and slumps him into the armchair upstage from the fire-place. He remains standing behind him, gripping his hair with one hand, and holding the dirk to his throat with the other*)

LAIRD. Grand. Nou gae on wi yer story, Doctor. Ye say MacDowell cam to see ye the nicht?

DAN. Ay.

LAIRD. What aboot?

DAN. The Hielandman.

LAIRD. What aboot him?

DAN. He kent I was to smuggle him oot. He offert to say naething gin I made it worth his while.

LAIRD. The creishie hypocrite! Wha wad hae thocht it!

MacDOWELL. I took nae mair nor the price o the passage! He had nae richt to it! He was gaun to be gien his share o the siller the Hielandman wad fetch in the Plantations! (*Glenspittal tightens his grip*)

LAIRD. Steady, Glenspittal. I ken it's ill to stamack, but ye'll hae to caa cannie yet. Certies, Doctor, but ye're a waur deil nor I thocht.

DAN. It's aa lees thegither!

LAIRD. Haud yer tongue and dinna mak me seik. Whan did ye learn that the brig was to sail for the Plantations, MacDowell?

MacDOWELL. Last nicht in the Caird's Howf. I heard twa drunken taurrie-breeks.

LAIRD. And what made ye think the doctor was involved?

MacDOWELL. I jaloused it. Whan I saw him the nicht he didna deny it.

LAIRD. I wad let ye dirk him at ance, Glenspittal, but ye'll need his help. He has a scowt at ane o the caves. He's gaun to sail for the Isle o Man.

GLENSPITTAL. Whan?

LAIRD. In a while, whan the mune's doun. He'll tak ye wi him.

DAN. Ye'll hae to come wi's yersell!

LAIRD. Na na, I'm bidin whaur I am.

DAN. They'll look for MacDowell.

LAIRD. They'll fin him here.

DAN. He'll inform against ye.

LAIRD (*triumphantly*). Na na, he winna, or I'll inform against him! He was gaun to let the Hielandman gang.

DAN. To the Plantations. Juist whaur the authorities wad hae sent him themsells.

LAIRD. Nae dout. But whan he learnt that the brig was gaun to sail for the Plantations he suld hae reportit the maitter at ance. There were the laddies to think o.

DAN. He could aye say he kent the brig was gaun to be raidit. What wey dae ye think he peyed a man to watch it? Gin he hadna been tied up whan the news o the raid cam he wad hae been aff to report us aa at ance.

LAIRD. Ay, ay, but he was weill tied up in guid time, sae there's naething he can dae nou but mak himsell plaisint. Keep him quait, Glenspittal, he has ower muckle to say. (*Glenspittal tightens his grip*) I hear ye were sayin at supper the nicht, MacDowell, that ye had a kirk to gang to. Whaur did ye say it was? Whaur did ye say it was, I'm askin?

MacDOWELL. At Balmagowan.

LAIRD. And what wad the congregation o Balmagowan think if they kent ye gaed in for blackmail? Answer me, will ye? What wad the congregation think?

MacDOWELL (*brokenly*). I was short o siller! I haena been peyed for months!

LAIRD. And juist to fill a toom pooch ye were gaun to let a brig fou o laddies sail for the Plantations! Man, ye're a villain.

MacDOWELL. The laddies were nae concern o mine! I'm employed by the Kirk!

LAIRD. But was the Kirk to see the doctor's siller?

MacDOWELL. I was gaun to buy stock wi't for the Balmagowan glebe!

LAIRD. Stock for the glebe! Ye were determined to set yersell weill up. See here, man, I'll mak a bargain wi ye. Gin ye bide here for a day or twa and then report to the authorities that I'm as loyal a subject as there is in the country I'll haud my tongue aboot this blackmail business. What dae ye say?

DAN (*speaking through the pain of Glenspittal's tightening grip*). He'll cheat ye, ye fule! He can promise ye onything and then please himsell. Whan I hae left wi the Hielandman ye winna hae a witness against him.

LAIRD (*crestfallen*). Dod, but ye're richt.

MacDOWELL (*to Doctor Dan*). Haud ye yer tongue!

LAIRD. He's richt, Glenspittal.

DAN. He's no to be trustit, Laird. If there had been nae raid he wad hae held the Hielandman ower yer heid for years. He wad hae fleeced ye bare. Ye'll hae to dae awa wi him, I tell ye.

MacDOWELL. Dinna listen to him!

LAIRD. It wad serve ye richt if I filled ye wi leid this meenit!

DAN. Ye'll hae to tak to the watter yersell.

LAIRD. Oh stop yer yappin! (*Glenspittal silences the Doctor brutally*) I ken what's worryin him, Glenspittal. He daesna want to hae to sail alane wi ye. But there's truith in what he says, for aa that. I'm in a gey fashious predeecament. If I canna stap this blaggard's gub I'm as guid as dune. I'll hae to gie up everything.

MacDOWELL. I'll dae what ye like. I'll promise ye onything.

LAIRD. Ay, but wad ye keep yer promise? I wadna trust ye as faur as I could kick ye wi my stockint fute.

(*Ailie half opens the door and gives a timid knock*)

AILIE. Can I speak to ye, Daddie?

LAIRD. Na na, lass, awa the nou. I'm ower thrang.

AILIE. I hae fund oot wha the bogle was. I ken wha heard ye plottin yon first day wi the doctor.

LAIRD. Eh! Wha?

AILIE. Mistress MacMorran.

LAIRD. Whaur was she?

AILIE. Ablow the bed here.

LAIRD. Wha telt ye this?

AILIE. My auntie.

LAIRD. Yer auntie! Fetch her ben! Fetch her ben this meenit! (*Ailie hurries away*) We'll learn aa nou, Glenspittal. Her auntie. I micht hae kent it. I aye said that wumman wad be the ruin o me.

(*Ailie drags in her aunt by the hand*)

LAIRD. What's this I hear?

MIRREN. I couldna help it. She cam wi nae invitation frae me.

LAIRD. What was she wantin here? Whan did she caa?

MIRREN. She cam whan ye were awa at the horse-racin. She wantit to fin oot if Wanert Willie used the prayer book.

LAIRD. Oh she did, did she? And what was she daein ablow the bed here?

MIRREN. Ye cam back afore yer time. I didna want ye to see her.

LAIRD. Sae ye hid her ablow the bed, a wumman like that, wi the langest neb i' the Pairish! Did ye no ken she wad cock her lugs aa the time? Did ye no ken she wad be up to mischief?

MIRREN. Hou was I to ken ye wad be plottin wi yer freinds?

LAIRD. Suppose I hadna been plottin! Suppose I'd juist been haein my gless o brandy and a quait talk wi Willie anent the wather! Dae ye think she wadna hae been hearkenin for ilka wee bit 'Damn' and 'Guid God' in my conversation, sae that she could gang awa back to her lang-faced hypocrite o a man and gar him report to the Kirk Session that I had been drinkin and sweirin fit to shame the Deil? Has she no haen me fined afore this? What wey did ye let her set a fute inside the door?

MIRREN. She walkit richt in!

LAIRD. Could ye no hae flung her oot?

MIRREN. She was tired efter her walk!

LAIRD. Ye hae a gey saft hairt for the wrang folk. Was the wumman ablow the bed here aa the time the doctor was in?

MIRREN. Ay.

LAIRD. Whan did she leave?

MIRREN. At the doctor's back.

LAIRD. Juist whan she had learnt aa she needit. Weill, wumman, I was plottin to help a puir huntit craitur oot o the country, and nou I dout I'll hae to gang mysell. I'll need aa the siller I hae to mak a stert wi Ailie whan we baith win abroad, and the hoose here and the grun'll gang to anither faimily. In a day or twa ye'll hae naither a groat in yer pooch nor a rufe ower yer heid.[7] I hope ye're pleased wi yersell.

MIRREN. It's no my daein! It's yer ain! Ye had nae richt to stert plottin!

LAIRD. What hairm was I daein? Is it wrang to save a puir man's life?

MIRREN. He's a rebel!

LAIRD. Gin I'd haen mair spunk I'd hae been a rebel mysell! What's the country comin to? There'll sune no be a dacent man left in it. It'll be fou o naething but sleekit clypers crawlin aboot on their haunds and knees and cockin their lugs at key-holes: hypocrites ilka ane o them.

MIRREN. Ye're miscaain guid God-fearin folk! Jean MacMorran wad hae dune ye nae hairm gin ye hadna been brekin the law!

---

7 Titles and estates of attainted Jacobites were
  forfeited and sold. Compare *Flowers o
  Edinburgh*, note 1.

LAIRD. Sae ye daur to tak her pairt!
Wumman, leave the hoose this meenit!

MIRREN. I hae naewhaur to gang!

LAIRD. Ye can gang to Jean MacMorran!

MIRREN. She haes nae extra beds!

LAIRD. Sleep in her hen-hoose! You're no
bidin here! I hae feenished wi ye, feenished
for guid, whether I gang or stey! Bundle yer
claes and mak doun the brae!

MIRREN. It's the middle o the nicht!

AILIE. Let her bide till the mornin, Daddie.

GLENSPITTAL (*unconsciously loosening his
grip on the doctor*). It will be time to gang
sune, Torwatletie.

DAN. Ay, leave the wumman alane.
(*Glenspittal immediately tightens his grip
again*)

LAIRD. Oho? Sae ye're aa in her favour?
I'm to leave her alane, am I? I'm no to dae
what I like in my ain hoose?

MIRREN. It's no yer ain hoose! It's mine tae!
Ye promised my faither on his daith-bed
that ye wad gie me a hame here till I gat
mairrit!

LAIRD. And hou was I to ken the kind o
naitur ye'd hae? Hou was I to ken ye'd be
sae soor and shairp that nae man wad look
at ye?

MIRREN. I had twa jos, and ye turnt them
baith frae the door!

LAIRD. What kind o tocher did they want?
They were baith efter what they could get!

MIRREN. They were efter me!

LAIRD. They were efter my kye! They were
efter stock for their grun! (*He stops, struck
by a sudden thought*) Oho, eh? (*He gives a
short, sharp chuckle*) Haha. Dod, but I hae it.
I hae it nou Glenspittal, I see my wey clear.

DAN (*suddenly freeing himself momentarily
from Glenspittal's grip*). Ye'll hae us here aa
nicht! We'll hae to be sailin!

LAIRD. Ye canna sail yet, and weill ye ken
it. That's richt, Glenspittal. Keep him quait.
I winna taigle ye. (*Slily*) Tell me, MacDowell,
is there a manse at Balmagowan?

MACDOWELL (*puzzled*). Ay.

LAIRD. And wha's gaun to keep hoose for
ye?

MACDOWELL (*sly now also*). I hadna
decided.

LAIRD. What! Ye didna mean to mak yer
ain meat, shairly, or wash yer ain claes?

MACDOWELL. Na. I was gaun to hire
someane.

LAIRD. A wumman?

MACDOWELL. Ay.

LAIRD. Man, think o the scandal. Think

hou aa the weemin i' the congregation wad
let their tongues wag. Ye'll hae to hae a
wife. Nae meenister can be withoot ane and
keep his kirk for a month. Nou what dae ye
say to my sister Mirren? She wad mak a gey
guid mistress for a manse.

MIRREN (*suddenly overcome*). I'm in my
nicht-goun!

LAIRD. What aboot it?

MIRREN. It's no dacent.

LAIRD. Nonsense. It covers ye frae tap to tae.

MIRREN. I canna bide!

LAIRD. Stop!

MIRREN. I winna!

LAIRD. Dae ye no want him? Hae ye ocht
against him?

MIRREN. Hou can I staun here and let ye
fling me at him? What wad he think?

LAIRD. He's mair likely to think o yer
tocher. Am I richt, MacDowell? Hae ye ocht
against her as a possibeelity?

MACDOWELL (*slily*). She's a guid, godly,
modest body, eident at her wark.

LAIRD (*to Mirren*). What did I tell ye?

MIRREN. I'm gaun back to the paurlor.

LAIRD. Ye'll tak him, though?

MIRREN. If he eir daes me the honour to
speir for me himsell.

LAIRD. Awa and put on some claes, then.
(*She picks up some clothes and leaves*)
What stock will the glebe at Balmagowan
cairry, MacDowell?

MACDOWELL. There's a byre for ten heid o
kye, and a hirsel for twa hunder sheep.

LAIRD. Eh! It's a ferm ye're gaun to! Hou
will ye fin time frae yer sermons to tend as
mony beasts as that.

MACDOWELL. I'll hire some help. Ye'll
want yer sister to hae a guid establishment,
shairly?

LAIRD. I dinna care if she sterves. She's
been a plague to me aa her days.

MACDOWELL. Ye winna grudge me the
beasts, then, to get her aff yer haunds?

LAIRD. Na na, ye deil. Weill ye ken it. It'll
be as guid a bargain as eir I made. But it
has anither side to it, mind. Ye'll hae to see
me richt wi the authorities. (*Cunningly*) Gin
ye dinna, ye see, the beasts winna be mine
to gie ye.

MACDOWELL. I see that.

LAIRD. Guid. But hou will ye get on? What
did they ken afore they sent ye here?

MACDOWELL. No muckle. Juist that auld
wife's clavers aboot hidin ablow the bed.

LAIRD. They canna convict me on that,
think ye?

MACDOWELL. Hardly, but they'll be gey suspeecious for a while.

LAIRD. That winna worry me. I'll gie them nae chance to fin faut.

MACDOWELL. Mebbe ye'll lowse this raip, then?

LAIRD. Haud on the nou. I'm no juist shair o ye yet. Hou dae I ken ye're no tryin to trick me?

MACDOWELL. I hae nae wish to trick ye, Laird. I was thinking o speirin for yer sister afore ye mentioned the maitter.

LAIRD. Guid God, ye're mad!

WILLIE (*from the press*). Laird?

LAIRD. Eh? Ay, Willie, what is it? Is the fisher safe?

WILLIE. Ay ay. What's keepit ye?

LAIRD. Ye'll learn sune. Hae ye yer poke doun there?

WILLIE. My poke? Ay.

LAIRD. Fetch it up. Hurry.

(*Willie retires into the press again*)

GLENSPITTAL (*again unconsciously slackening his grip on the Doctor*). What are ye efter nou, Torwatletie? Is there time for aa this?

LAIRD. It can haurdly be twa yet. The mune winna be doun for hours.

DAN. The tide'll gang oot, though! It'll tak us weill ower an hour to get the scowt on the watter!

LAIRD. Whaur is it?

DAN. At the Nebbock Heid.

LAIRD. Ten meenits' walk. Try to hae patience.

DAN. What if the gaugers caa?

LAIRD. The hoose is weill lockit. Ye wad hae rowth o time to slip oot through the press. Man, Glenspittal, can ye no control him? I'll hae ye awa in guid time, I tell ye, if ye juist keep him quait.

GLENSPITTAL (*gripping the Doctor more brutally than ever*). Aa richt. Aa richt. He will speak nae mair this nicht.

LAIRD. I hope no.

(*Willie appears from the press, carrying his poke*)

LAIRD. Ay, Willie, come on.

WILLIE. What's been gaun on, Laird?

LAIRD. Dinna heed the nou. Oot wi yer pairish register.

WILLIE. My pairish register?

LAIRD. Ay. MacDowell here's gaun to mairry my sister Mirren.

WILLIE. Eh! Whan?

LAIRD. The day, likely. I dinna ken. But I want ye to register the waddin afore Glenspittal gangs awa wi the doctor.

WILLIE. But I canna register a waddin till efter it's taen place.

LAIRD. Ye'll hae to this time, Willie. It winna be safe for me to bide on till MacDowell commits himsell.

WILLIE. Ye could hae the waddin at ance, then.

LAIRD. Na na, Willie. I canna keep Glenspittal here while ye conduct a waddin.

WILLIE. It wadna keep him lang.

GLENSPITTAL. See here, Laird…

LAIRD (*to Glenspittal*). Ay ay. (*To Willie*) He wants awa at ance. Try to be reasonable. Let MacDowell sign his name in yer book the nou and we'll feenish the maitter at leisure.

WILLIE. Whan?

LAIRD. Richt awa, if ye like. As sune as Glenspittal wins awa wi the doctor. Come on, man. Oot wi yer book. Hurry.

(*Wanert Willie produces a book, a pen, an ink-horn and a powder-bag from his poke and lays them on the table*)

LAIRD. Glenspittal, gar the doctor lowse MacDowell's airms.

GLENSPITTAL (*to Doctor Dan*). Lowse his airms.

(*Doctor Dan sulkily frees Macdowell's arms. Wanert Willie writes for a second or two in his book, powders the writing, and blows off the loose powder. He places the book on Macdowell's knees and hands him the pen*)

WILLIE. Sign here.

(*Macdowell signs. Wanert Willie takes the book back to the table and powders the signature. The Laird looks over his shoulder. Glenspittal keeps his eye on Doctor Dan*)

LAIRD. That's him committit, then?

WILLIE. Mair or less. It winna be complete till I hae the name o the bride and the twa witnesses.

LAIRD. The twa witnesses? That'll be Ailie and me?

WILLIE. Ay.

LAIRD. We'll sign oor names the nou tae, then?

WILLIE. Na na, Laird. I'd raither wait till efter the waddin.

GLENSPITTAL. Ay ay. Dinna be keepin us aa nicht.

LAIRD. Ah weill. We can hae the waddin at ance. Doctor, ye can lowse MacDowell nou athegither.

GLENSPITTAL. Lowse him.

(*Doctor Dan releases Macdowell who*

remains to the end covered by the Laird's fowling-piece)

LAIRD. Watch yer book weill, Willie. Dinna let it oot o yer grip. Ailie, see if yer auntie's dressed.

AILIE. Dae ye want her in here?

LAIRD. Ay. (*Ailie leaves*) Keep the raip, Doctor, and leave it doun the stair on yer wey oot.

GLENSPITTAL. What aboot the fisher.

LAIRD. Leave him. Dowie Dick can lowse him in the mornin.

GLENSPITTAL. Lead the wey, then, Doctor.

LAIRD. Ay, doun ye gae. I'm gled to see the last o ye.

DAN. Gin I eir win back to Kirkronald I'll gar ye pey for this!

LAIRD. For what, ye deil? I hae dune ye nae hairm.

DAN. It's murder! Ye ken he's oot for my bluid!

LAIRD. Havers. He needs yer help to sail the scowt.

GLENSPITTAL. Doun ye gae, see, or I will be stertin wi the dirk at ance.

(*Doctor Dan goes down on his hands and knees and crawls into the press)*

LAIRD. Nae dirty wark near the coast here, Glenspittal.

GLENSPITTAL. Ye needna fear. I will haud my haund. And thank ye, Laird, for aa ye hae dune for me. I hope ye prosper.

LAIRD. Ay ay. Hurry, man, or he'll win clear o ye. (*Glenspittal turns hurriedly and follows the doctor*) Weill, Willie, that's thae twa. (*Cocking his fowling-piece as Macdowell moves innocently towards the fire*) Bide still, MacDowell. I'm takin nae risks wi ye yet.

(*Ailie enters*)

AILIE. She's comin, Daddie.

LAIRD. Awa to the kitchen stair, then, and keep yer ee on the doocot. Tell me whan ye see the twa men leavin. Hurry. (*Ailie leaves*) I hope ye'll dae aa ye can, MacDowell, to let the maitter gang through withoot ony fuss.

MACDOWELL. I'm wonerin what yer sister'll say to an Episcopalian waddin.

LAIRD. I want nae joukery-poukery! Dinna encourage her to mak objections!

MACDOWELL. Ye needna fash, Laird. I'll dae my best to coax her on.

LAIRD. It'll pey ye. (*Enter Mirren, neatly dressed in a dark silk gown*) Ay, here ye are. Certies, but ye hae toshed yersell weill up.

MIRREN. What dae ye want wi me?

LAIRD. Did Ailie no tell ye? I want ye for the waddin.

MIRREN. But I'm no to be mairrit by Wanert Willie?

LAIRD. What wey no? Maister MacDowell has nae objection.

MIRREN. Maister MacDowell, he's an Episcopalian!

LAIRD. Ye'll be haein a Presbyterian waddin later on!

MACDOWELL. Ye needna fash, Mistress. The Episcopalian service differs by haurdly a word frae oor ain.

MIRREN. Are ye shair? I can haurdly believe it.

LAIRD. Ye dinna dout Maister MacDowell's word, shairly?

MIRREN. I dinna dout his word, but it seems gey queer. I had thocht there wad be a difference. And we canna be mairrit at ance, shairly? We haena haen the banns cried in kirk.

LAIRD. Dod, I had forgotten the banns!

WILLIE. It's aa richt, Laird. Nae banns are needit.

MIRREN. Oh but they're needit! There can be nae richt waddin withoot banns!

MACDOWELL. Properly speakin, Mistress, there suld be banns, but in the case o a service conductit by a gangrel Episcopalian nae banns are needit, for he has nae kirk to cry them in.

LAIRD. There ye are, ye see.

MIRREN. Weill, I'm shair Maister MacDowell kens aa aboot it, but it daesna seem richt, somehou. Are we to be mairrit in here?

LAIRD. This very meenit, if ye wad juist compose yersell.

MIRREN. Compose mysell! In here! Aside the beds! Wi aa thae claes lyin aboot! What in aa the warld will Maister MacDowell think o's!

LAIRD. Maister MacDowell's that keen to hae ye he wad mairry ye oot in the byre. What's cam ower ye, wumman? Dae ye want the man to think ye dinna want him?

MIRREN. Oh dinna think that, Maister MacDowell. It's juist that it's aa sae sudden.

MACDOWELL. Ay, Mistress, it's sudden, and yer feelins dae ye credit. Modesty is proper in a wumman.

LAIRD. That's richt, MacDowell. Man, ye haunle her weill. I wadna woner but ye'll dae aa richt thegither. Ye little thocht last nicht, Mirren, that ye wad sune be the mistress o a manse?

MIRREN. I can haurdly believe it.

(*Gratefully*) Maister MacDowell, it's like a dream.

LAIRD. Ye'd better fin the place in yer prayer-book, Willie, afore we aa wauken up.

MIRREN. Prayer book? No the English prayer book!

LAIRD. What's wrang nou?

MIRREN. It isna legal! The waddin wadna coont!

LAIRD. What maks ye say that? Yer prayer book's legal, Willie?

WILLIE. Ay ay.

MIRREN. Jean MacMorran said it wasna!

LAIRD. That wumman! She's daft!

MIRREN. She said it was a new law, passed no langsin.

LAIRD. Eh! What's this, MacDowell?

MACDOWELL. There's nae need for concern, Laird. The book's no illegal unless it's read oot to mair nor sax folk at a time.

MIRREN (*excitedly relieved*). That's what she said, Maister MacDowell. Ye're quite richt. Oh I'm gled ye kent.

(*Ailie enters*)

AILIE. They're awa nou, Daddie.

LAIRD. Are ye shair? Could ye mak them oot aa richt?

AILIE. Ay.

LAIRD. It's still bricht, then?

AILIE. Ay, but it's daurk amang the trees. They'll win doun ower the heuch withoot bein seen gin they keep to the side o the burn.

LAIRD. And they shut the doocot door efter them?

AILIE. Ay.

LAIRD. And there's nae steer onywhaur?

AILIE. Na. There's nae sign o life ower the haill countryside.

LAIRD. Richt, then, Willie. Stert.

WILLIE. Ay. Will ye staun ower there, Maister MacDowell, and tak Miss Mirren in yer left haund. Thank ye. Miss Ailie, staun aside yer auntie. Thank ye.

(*The Laird takes up his position to the right of Macdowell, with his fowling-piece under his arm*)

WILLIE. That's richt, Laird. (*Opening his prayer book and speaking the English in a loud, affected voice*) Dearly beloved, we are gathered together…

LAIRD. It's a queer jargon that, Willie.

WILLIE. It's the wey it's prentit, Laird.

LAIRD. On wi't, then.

WILLIE. Dearly beloved, we are gathered together…

The curtain falls slowly as Willie proceeds with the service.

THE FLOUERS
O EDINBURGH
A Comedy of the Eighteenth Century in Three Acts
1948

CHARACTERS

JOCK CARMICHAEL
  butler to Lady Athelstane.

MISS KATE MAIR OF DRUMMORE
  Lady Athelstane's niece.

GIRZIE CARMICHAEL
  Lady Athelstane, a widow.

JEANIE, *her maid.*

SIR CHARLES GILCHRIST BART.,
  Lord Stanebyres.

CHARLES GILCHRIST
  Younger of Stanebyres, his son.

THE REVD DANIEL DOWIE, D.D.,
  of Dule, author of 'The Tomb'.

JOHN DOUGLAS, Esq., of BALDERNOCK,
  a member of the Faculty of Advocates.

CAPTAIN SIDNEY SIMKIN
  of the 12th Foot.

THE REVD ALEXANDER LINDSAY, M.A.
  of Aberlady.

MISTRESS BELL BAXTER
  Landlady of the Cross Keys, Lanerick.

SUSIE, *her maid.*

BAILIE WILLIAM GLEG
  a Lanerick merchant.

THOMAS AUCHTERLECKIE, Esq.
  of Meikle Craigtarson, a nabob.

SIVA, *his servant.*

GENERAL, THE COUNT VON CARMICHAEL
  of Hauswig-Brunstein, Lady Athelstane's exiled brother.

Three Caddies.

ACT ONE	An apartment in Lady Athelstane's flat in a laund in the Canongait.
ACT TWO	The parlour of the Cross Keys at Lanerick, a few days later.
ACT THREE	The same as in Act One, a year later.

The Flouers o Edinburgh was first

performed on 12 September 1948 by Glasgow Unity Players at the Adam Smith Hall, Kirkcaldy, prior to opening at the King's Theatre, Edinburgh, on 13 September as a fringe event to the second International Festival. The cast was as follows:

JOCK	Howard Connel
KATE	Alrae Edwards
LADY ATHELSTANE	Marjorie Thomson
JEANNIE	Sybil Thomson
LORD STANEBYRES	Roddy McMillan
CHARLES	Andrew Keir
REVD. DOWIE	Russell Hunter
BALDERNOCK	Robert Frame
REVD. LINDSAY	Carl Williamson
CAPTAIN SIMKIN	Julian Herington
MISTRESS BELL	Maisie Hill
SUSIE	Betty McGregor
BAILIE GLEG	William Young
THE NABOB	Archie Duncan
SIVA	Ivor Kissen
THE GENERAL	Jack Stewart
CADDIES	Reginald Allen, Anthony Currie and Ivor Kissen

The producer was Robert Mitchell and décor was by Helen Biggar.

The first radio adaptation, produced by James Crampsey with Lennox Milne as Lady Athelstane, was first broadcast by the BBC Scottish Home Service on 23 May 1951.

The action takes place in Edinburgh and Lanerick during the early years of the reign of George III.

ACT ONE

An apartment in Lady Athelstane's flat in a laund in the Canongait.

In the left wall, downstage, the foot of a flight of stairs which leads upwards round a turnpike wall to garret bedrooms. Immediately upstage the wall of the turnpike protruding into the stage in a quarter circle. In the turnpike wall the main door of the flat. In the back wall, left, a broad, low opening, topped by a wooden beam, which leads to an enclosed piazza. The windows of the piazza, seen beyond the opening, are glazed with small square panes. Right of the back wall a huge canopied fireplace. In the right wall, downstage, a door leading into the kitchen.

The table, chairs, dresser, awmrie and settle which furnish the room are, like its

architecture, pre-eighteenth century.

It is early afternoon of a day in autumn. A bright fire is burning in the hearth.

Lady Athelstane's butler, Jock, *is passing hurriedly to and fro between the kitchen and the table, obviously in a state of great agitation, laying the table for tea. He has entered for a second time, bearing a tray loaded with cups and saucers when there is a rasping sound from the tirling pin at the main door. He mutters under his breath, places the tray on the table and opens the door to reveal Kate Mair, in undress and pattens, and carrying a mask which she has just removed from her face.*

JOCK. Oh it's yersell. Pou it tae ahint ye. I had to sneck it whan my leddy gaed up the stair. My scones! (*Shouting loudly in the direction of the garret stairs*) It's Miss Kate, my leddy. (*Muttering*) My scones! I daurna bide.

(*He dashes into the kitchen. Lady Athelstane, resplendent in a hooped skirt, appears at the foot of the garret stairs*)

LADY ATHELSTANE. What's wrang wi him?

KATE. He said something aboot his scones.

LADY A. Jock!

JOCK (*shouting from the kitchen*). I canna leave my scones!

LADY A. The Deil tak yer scones! Come here this meenit!

JOCK (*coming to the kitchen door and shouting angrily*). Gin ye will hae folk to tea I'll hae tae bake!

(*He disappears*)

LADY A (*icily*). Jock Carmichael, come here this meenit.

JOCK (*shouting from the kitchen*). Twa mair to turn!

LADY A (*roaring like a bull*). Come here when ye're telt!

JOCK (*appearing at the kitchen door after a short interval and speaking meekly*). Ay, my leddy?

LADY A. Kate, gang oot on to the stair again and rasp at the craw.

(*Kate does as required*)

LADY A (*to Jock menacingly*). Show her in.

(*She takes up a position a few steps from the foot of the garret stairs. Jock opens the main door*)

JOCK (*with false unction*). Oh guid efternune, Miss Kate...

(*Kate enters. He closes the door after her and indicates a chair. She sits. He goes to the foot of the garret stairs and confronts his mistress*)

JOCK. Miss Kate, my leddy.

LADY A. Tell her I'm juist comin.

JOCK. Ay, my leddy. (*To Kate*) She's juist comin.

KATE. Thank ye, Jock.

LADY A (*coming from the garret stairs*). That's better.

JOCK (*moving off towards the kitchen*). I'm gled ye're pleased. I juist hope my scones arena ruint.

LADY A (*icily again*). Jock. (*He halts*) Come here.

JOCK (*meekly*). Ay, my leddy?

LADY A. Is that a wey to talk to yer mistress?

JOCK. Na, my leddy.

LADY A. Then dinna efter this. Dae ye hear?

JOCK. Ay, my leddy.

LADY A. Awa to yer scones nou, then.

JOCK (*drily*). Thank ye.

LADY A (*with another roar*). Thank ye what?

JOCK (*meekly again*). My leddy.

LADY A. I suld think sae. (*He leaves*) Kate, whan ye win back hame to Drummore dinna ance tak impiddence frae a servant, nae maitter hou close he may be kin to ye, or hou lang he may hae served yer faimily. It daesna pey. That man wad run this hoose athegither gin I didna assert mysell. Whaur's Jeanie? Was yer dress no ready?

KATE. They're steikin the hem yet, but it winna be lang. I left Jeanie to fetch it.

LADY A. And is it braw? Are ye gaun to like it?

KATE. Ay, but hou I'm gaun to manage wi't I dinna ken. Auntie Girzie, hou in aa the warld dae ye keep yer hem oot o the glaur, whan ye canna gether the skirts up in yer haund?

LADY A. Oh that's easy. Ye juist grup the hoop on baith sides and lift it like this.

KATE. And hou dae ye win up and doun the stairs?

LADY A. Juist tilt the hoop to ae side like this.

KATE. But daes it no show yer legs?

LADY A. Is there ocht wrang wi my legs?

KATE. Na.

LADY A. Could I walk withoot them?

KATE. Na.

LADY A. Then dinna haver. Ye needna think it's genteel, lass, to let on ye haena gotten legs, and if ye're to weir a hoop ye'll whiles hae to show them. What ye'll hae to learn is hou to show them like a leddy, juist whan ye want to yersell, and as if ye didna ken ye were daein it.

KATE. I hae sae muckle to learn, Auntie Girzie, that I micht as weill gie ower nou. I'll neir mak a leddy o fashion.

LADY A. Kate Mair, dinna daur say ocht like that again. Ye're hauf Carmichael, wi the best bluid o Clydesdale in yer veins. Ye were born to mak a leddy o fashion.

KATE. Is that gaun to help me wi my hoop the nicht?

LADY A. Ay, though ye michtna think it, it'll help ye wi yer hoop. Bluid aye tells.

KATE. Shairly practice wad be mair to the peynt.

LADY A. Ye'll hae that tae.

KATE. Hauf an hour at tea-time. That winna help muckle.

LADY A (*impatiently*). Och dinna fash aboot the nicht's assembly. Gin ye dance bune wi the pairtner I fin for ye, and fetch him aye to me whan the dances are bye, ye'll thole nae skaith.

KATE. That's anither thing. I wish I saw this pairtner ye're gaun tae fin for me. I dinna want to look a fule.

LADY A. Gin ye dinna like him ye can hae anither. I hae promised ye yer pick o a wheen.

KATE. A wheen what? A wheen dozent auld meenisters or college professors, or lords o the Coort o Session?

LADY A. Ye young limmer.

KATE. Auntie Girzie, I'll hae to tell ye sometime, sae I micht as weill tell ye nou; ye're that auld yersell ye think aa men are laddies wha haena ae fute in the grave.

LADY A. Kate Mair!

KATE. Nou auntie, it's the truth. In aa yer talk aboot yer tea-jennie freinds ye haena ance liftit a name that didna stert wi 'Lord' or 'Doctor'. They maun be aa gey auld and solemn to haud sic heich poseetions in the warld.

LADY A. My freinds arena laddies, I'll grant ye that. But they arena auld men aither. They're men in their prime, at the heicht o their pouers.

KATE. Sax cups o tea at ae sittin.

LADY A. Ay, and five bottles o claret ilka nicht in life!

KATE. Sae they're a drunken lot tae. I want nae dottery auld drouth wi a reid neb and a belly like a barrel.

LADY A. Dinna flaitter yersell that ane o them wad fin ye divertin. Dae ye think they're gaun to turn their backs on me, a wumman weill matured in face and form, wi rowth o experience and nae sma lear, to as muckle as gie ye a gleck?

KATE. Come to the peynt, then auntie. Whaur are ye gaun to fin me a pairtner, if no frae amang yer ain freinds?

LADY A. Some o my freinds are mairrit men wi bairns.

KATE (alarmed). Oh but I want a man. I dinna want a laddie.

LADY A. A man wadna look at ye, I tell ye. A laddie's the best ye can hae.

KATE. A laddie. Wha's laddie? What age? I dinna want a bairn frae the schule.

LADY A. Ye needna fash. He'll be in his twenties, at least.

KATE. His twenties? Wha is he? Tell me auntie Girzie. It isna fair to put me aye aff.

LADY A. Ye'll be seein him this efternune, sae ye needna keep on aye priggin.

KATE. Hae I met him afore?

LADY A. Ye'll sune ken.

KATE. Something tells me I hae, or ye wadna be hauf sae beguilin. And his faither's ane o yer auld jos?

LADY A. I said nae sic thing.

KATE. Oh but ye did.

LADY A. I said nae sic thing.

KATE. I ken wha he is! I think I ken! But shairly no! Is he back frae his grand tour?

LADY A. Wha?

KATE. Young Chairlie Gilchrist o Stanebyres!

LADY A. What maks ye think o young Gilchrist?

KATE. I'm richt. It is Chairlie Gilchrist.

LADY A. I haena said sae.

KATE. Ye arena denyin it.

LADY A. Weill, young Gilchrist's ane o them. I promised ye yer pick o a wheen.

KATE. Chairlie Gilchrist. He's been a while awa. Auntie Girzie, he'll be twenty-three! He'll be a man nou.

LADY A. I hope sae.

KATE. Ye hope sae?

LADY A. His heid was growin raither big for his shouthers afore he gaed awa. His faither fand him gey ill to haunle.

KATE. Ach, his faither's daft.

LADY A (coldly). What's daft aboot him.

KATE. Auntie Girzie, ye ken yersell. He gangs aboot sayin that oor legs'll wither and faa aff gin we persist in usin sedan chairs.

LADY A. And what's daft aboot that?

KATE. It's juist daft, and if he wasna ane o yer auld jos ye wad admit it.

LADY A. He's nae jo o mine.

KATE. He comes to yer tea-pairties.

LADY A. Whiles.

KATE. He caas whiles at orra times tae. He was here twa days syne, at ein.

LADY A (sharply). Wha telt ye that? (Kate puts her hand to her mouth in sudden embarrassed silence) Jock!

JOCK (suddenly from the kitchen door). I'm mixin the pancakes.

(He disappears)

LADY A (roaring like a bull). Jock Carmichael!

JOCK (coming in meekly). Ay, my leddy?

LADY A. Hae ye mentioned to Miss Kate that Lord Stanebyres was here twa nichts syne?

JOCK. Lord Stanebyres?

LADY A. Hae ye?

JOCK. I did let it slip, my leddy. I juist let it slip.

LADY A. And wha was praisint whan ye let it slip?

JOCK. Miss Kate, my leddy. Nae ither.

LADY A (to Kate). Is that the truith?

KATE. Ay.

LADY A (to Jock again). And hae ye let it slip at ony ither time?

JOCK. Na, my leddy.

LADY A. It's juist as weill, ye claverin gomeril, or I wad hae gien ye the causey. Efter this I let ye fin oot naething that I dinna want the haill Toun to ken. I daurna lippen to ye. Awa to the kitchen, ye clatterin toom pingle pan, and hing yer heid in shame.

JOCK (muttering as he moves towards the kitchen). And get on wi the wark tae, though.

LADY A. What did ye say?

JOCK (turning). Naething.

LADY A (roaring). Naething what?

JOCK. My leddy.

LADY A. Juist.

(He leaves)

KATE. Auntie Girzie, that wasna weill dune o ye.

LADY A. What wasna?

KATE. Lettin Jock ken I had telt ye what he said. What will he think o me nou?

LADY A. He kens me ower weill to think for a meenit that I didna worm aathing oot o ye. And as for botherin what a servant thinks o ye: it's fatal. Gin ye dae hae ony fauts dinna try to hide them, or if they fin ye oot they'll stert blackmail. And they like ye better whan ye show yer fauts onywey, for they ken then that ye're human.

KATE. Mebbe, auntie Girzie, but there are some fauts that suld be hidden, ein frae a servant.

LADY A. Eh?

KATE. I wadna hae thocht it o ye.

LADY A. What's wrang wi ye?

KATE. Lord Stanebyres. I had nae idea his caas here were secret.

LADY A. Eh! Listen, lassie; daes it neir occur to ye to woner whaur I fin the siller to keep me here, in the tap flair o a Canongait laund, whan ye ken my faither fell at Culloden, and my brither had to flee ower to France, and we lost ilka acre; ilka mine and mill, mailin and biggin, o Craigengelt estate?

KATE. Did the man ye mairrit no leave ye something?

LADY A. Athelstane. He deed in debt.

KATE. Oh. But shairly, auntie Girzie, there was anither wey oot. Shairly ye didna hae to... to...

LADY A. To what?

KATE. Could he no hae mairrit ye?

LADY A. Wha?

KATE. Lord Stanebyres.

LADY A. Sae ye think that! Jock!

JOCK (at the kitchen door for a second). I'll be the nou.

LADY A. Come here at ance!

JOCK (from the kitchen). I'm juist comin!

LADY A. I said at ance!

(Jock enters in great spirits with a trayful of plates)

JOCK. My pancakes juist melt in the mou.

LADY A. Put doun that tray. (He does so) Jock, tell Miss Kate whaur my siller comes frae. She seems to think I'm Lord Stanebyre's doxie.

JOCK. Eh! Heeheeheehee. Oh, Miss Kate, what in the warld gart ye think that? Heeheeheee.

LADY A. Stop sniggerin, ye auld wife, and tell her. Tell her whaur my siller comes frae.

JOCK. Frae her rents.

KATE. What rents?

JOCK. Her Craigengelt rents.

KATE (to her aunt). But Craigengelt was lost.

LADY A. Ay, it was lost. But the folks o Craigengelt are Carmichaels, and they ken that Carmichaels are their richtfou lairds.

KATE. But I thocht they had to pey their rents to the Commission o Annexed Estates?[1]

---

[1] After 1752 some forfeited estates were nationalised. Proceeds from rents, etc, were used to 'reform' the Highland economy and quash Gaelic culture. The Commission managed such estates until 1784.

LADY A. They pey twa rents nou: ane to me, a smaa ane, o their ain free will; and anither to the Commission whan they're forced.

JOCK. And they're no easy to force, some o them.

LADY A. Ane or twa in the back hills haena peyed a rent to the Commission yet.

JOCK. My pancackes!

(He rushes out into the kitchen)

LADY A. There ye are, then.

KATE. But Lord Stanebyres? Whaur daes he come in?

LADY A. Stanebyres estate and Craigengelt mairch.

KATE. I ken.

LADY A. Then use yer heid. The Craigengelt rents are peyed to Tam Carmichael, oor auld factor; Tam taks them ower to Lord Stanebyres at Stanebyres Hoose; and Lord Stanebyres fetches them here.

KATE. Oh.

LADY A. Ay, but no whan I hae ither company. And whan he caas alane he likes to keep it quait.

KATE. I see.

LADY A. Dae ye no think ye suld beg my paurdon? (Kate shamefacedly nods affirmatively) I'll forgie ye, then, for it was a compliment, in a wey, and whan Lord Stanebyres hears o't he'll feel twenty years younger.

KATE. Ye winna tell him! Oh auntie, na!

(A rasp from the tirling pin)

LADY A. Losh, already, shairly no.

KATE. And my frock no here.

LADY A. Ay, hide. I'll send Jeanie up wi't as sune as she comes in.

(Kate withdraws up the garret stairs)

LADY A. Jock!

JOCK (at the kitchen door). What is it?

LADY A. The door.

JOCK (dashing towards the turnpike door). Ae girdle-fou ruint, and nou anither gaun the same gait. (He opens the door. In disgust) Jeanie! (To Lady Athelstane as he retires again to the kitchen) I dinna ken what wey ye canna let her juist walk in.

LADY A (hurriedly, to get it out before Jock disappears into the kitchen). Because ane o ye's eneuch fleein in and oot o the room whan I hae company! (Turning to the garret stairs) It's Jeanie.

KATE (running down into the room again). Oh hurray! Is it feenished?

JEANIE. Ay mem.

(Jeanie starts to display the dress)

LADY A. Is it braw?

JEANIE. It's a sicht for sair een.

(*Another rasp at the tirling pin*)

LADY A. Wha was ahint ye?

JEANIE. I didna notice.

LADY A. Awa wi't. Hurry.

(*Kate and Jeanie rush up the garret stairs with the dress*)

LADY A. Jock!

JOCK (*appearing suddenly for a second*). Ach gie me a chance!

LADY A (*going to the kitchen door and shouting to Jock within*). Ye're juist useless. Ye suld hae haen yer bakin dune and the tea ready lang eir this. Ye ken I like to hae ye ready to attend the door. But I suppose I'll juist hae tae bark mysell again, although I dae keep a dug.

(*The pin is tirled again and she goes to the turnpike door*)

JOCK (*coming to the kitchen door*). Ye canna ettle me to hae aa things dune to time whan ye tak Jeanie awa frae the kitchen to be a leddy's maid and gallivant aroun the Toun ilka day wi young Miss Kate!

LADY A. Are ye gaun to haud yer tongue and let me open the door? (*Jock retires. She opens the turnpike door*) Stanebyres! Nane o the ithers are here yet.

LORD STANEBYRES (*entering*). Guid. Juist what I want.

LADY A. Ye said ye wadna caa till the ithers were here, and then aye leave afore them.

LORD S. I ken. This canna wait.

LADY A. What is't?

LORD S. Tam Carmichael rade into the Toun last nicht, and sent word that he wantit to see me. He didna want tae risk comin here to yersell.

LADY A. Na.

LORD S. I met him an hour syne at Luckie Bell's in the Cougait.

LADY A. Ay?

LORD S. He says there's someane efter Craigengelt.

LADY A. Eh! Wha?

LORD S. Someane in London.

LADY A. But what for?

LORD S. A site for a mill, I dout.

LADY A. A mill?

LORD S. A lint mill.

LADY A. Hou did Tam fin this oot?

LORD S. He says there hae been twa English surveyors aboot the place for days, ludgin at the Lochheid manse wi the new meenister.

LADY A. Twa surveyors?

LORD S. Ay. He hasna ance alloued them oot o his sicht. He says that whan they arena on the laich grun in the Howe o Craigengelt, they're at the loch in the hills abune it. And he's shair it's a mill and a bleach-field they're efter, for he's been speirin at the manse servants.

LADY A. And wha's ahint aa this.

LORD S. Someane in London. We canna think.

LADY A. He maun be nae stranger to Craigengelt, or he wadna hae kent o the Howe.

LORD S. Juist that. Nane o the praisent Scots Members o Paurliament were in the wey o caain on ye at Craigengelt afore Culloden, were they?

LADY A. God forbid! But what gars ye speir?

LORD S. Juist that whan a man wants to mak a fortune nouadays he seems aye to stert by bribin his wey into Paurliament. Whaeir wants the mill at Craigengelt will hae tae be gey weill in wi someane on the Commission o Annexed Estates.

LADY A. Will it be juist the mill he's efter, or the haill place?

LORD S. The haill place, I dout, for ance he biggs the mill he'll need folk to put in it, and for that he'll hae to stert enclosures on the rest o the estate. Aa yer cottars will be driven aff their common grazins, and syne aff their runrig fields, till they canna keep skin and bane thegither save by seekin for a job in the mill. And whan that happens, as ye'll see for yersell, it's fareweill to yer rents.

LADY A. If my cottars are to be driven aff their grun to slave inside a mill it winna be the loss o their rents that'll fash me. They're maistly aa Carmichaels, faur oot though the kinship may be.

LORD S. Ye'll hae to leive though.

LADY A. I suppose sae.

LORD S. Weill, my leddy, if it eir comes tae the peynt that ye need a helpin haund frae an auld freind, and ye arena ower prood to tak it, ye ken whaur to turn.

LADY A. I ken, Stanebyres. I ken. But I dout I wad be ower prood.

LORD S. I see. Weill, can I put it this wey? I dinna want to seem to be takin advantage o yer poseetion to gain my ain ends, but if ye were eir to consider spendin the lave o yer days as Leddy Girzie Gilchrist at Stanebyres Hoose.

LADY A. Ay ay, Stanebyres, sae ye brocht yer news o the mill thinkin it wad ding me ower into yer airms!

LORD S. Girzie Carmichael!

LADY A. Then what did ye come for?

LORD S. Weill, I thocht…

LADY A. Ye thocht what?

LORD S. I thocht we could mebbe put oor heids thegither and think o some wey o haudin the mill project back.

LADY A. Hou could we dae that?

LORD S. Weill, if we were to fin oot juist wha was ahint the project we wad be in a poseetion to assess the possibeelities.

LADY A. Nae dout. And hou are we to fin oot?

LORD S. There's ae man bound to ken, and that's the King o Scotland.

LADY A. The Duke o Argyll?[2]

LORD S. Juist. Ye daurna steir a fute here, faur less bigg a mill, withoot beggin his leave.

LADY A. That's true, but I canna see hou it helps. If he isna doun in London he's at Inverary.

LORD S. He has his agent here, Lord Milton.[3]

LADY A. Ye ken I dinna caa at Milton Hoose. Ye dinna yersell.

LORD S. Na, but they tell me young Sandy Lindsay's growin geyan freindly wi Lord Milton's dochter Mally.

LADY A. What aboot that?

LORD S. We could ask him to keep his lugs weill cockit as he gangs aboot Milton Hoose, in the hope o learnin the name o the pairty involved.

LADY A. Whan ye say 'we' dae ye mean that I hae to mention the maitter to young Sawney Lindsay, or are ye gaun to dae it yersell?

LORD S. Weill, I could hardly dae it withoot showin my interest in ye, Girzie, and I'm shair ye wad win faurer daein it yersell onywey, for I hardly ken him, and he's seldom awa frae yer ain door.

LADY A. Stanebyres, ye ken him as weill as I dae.

LORD S. Oh I'm no sayin I didna ken him weill eneuch at ae time whan he ran aboot as a student wi my son Chairlie, but I haena seen him muckle sin young Chairlie gaed abroad.

LADY A. Ye'll be seein a lot o him nou, though.

LORD S. Eh?

LADY A. Ye'll be seein a lot o him nou, for

it seems that he and Chairlie are as freindly as afore.

LORD S. Eh!

LADY A. Chairlie's bidin' wi him, is he no, at Aberlady the nou?

LORD S. He's bidin at Aberlady!

LADY A. Ay.

LORD S. Wha telt ye that?

LADY A. John Douglas o Baldernock.

LORD S. Baldernock's in London, at the Hoose o Lords.

LADY A. He's back. He and Chairlie rade North thegither.

LORD S. Whan?

LADY A. They won to Haddington yestrein. Baldernock cam straucht on to the Toun, and Chairlie rade East to spend the nicht at Aberlady.

LORD S. And no a word to his ain faither that he was on his wey.

LADY A. Dear me. Mebbe something gaed wrang. Mebbe his letter was taen oot to Stanebyres.

LORD S. The yeung deil kens I'm aye in Toun whan the Coort's sittin.

LADY A. He's been a lang while awa. He's mebbe forgotten that the Coort sits the nou.

LORD S. I woner.

LADY A. Weill, dinna fash. He's comin here to tea.

LORD S. To tea! The day!

LADY A. Ay, to meet Kate. As sune as I kent whaur he was I sent a caddie oot to invite baith the lads to tea.

LORD S. If ye hae ony regaird for yer neice, my leddy, dinna encourage her to admire my son. He's no fit tae meet a dacent lassie.

LADY A. Ye dinna say. (*Eagerly*) What's he been up to nou?

(*Jock enters from the kitchen with two platefuls of pancakes, which he places on the table*)

JOCK. There nou. Anither twa platefous and I'm ready for the door. I telt ye I wad be ready in time.

LADY A. Dae ye no see that I'm haen a quait crack wi Lord Stanebyres?

JOCK. Crack awa. Crack awa.

LADY A (*as he makes for the kitchen door*). Thank ye, but dinna come in here again till I caa ye! (*A rasp from the tirling pin*) Mercy me. Wait!

LORD S (*in an urgent whisper*). I suldna be here alane. I'll slip into the winnock.

LADY A. Na na. Jock, I'm gaun up the stair to help Miss Kate wi her frock. Whan ye open the door say that I'm engaged, but

[2] Third Duke, Archibald Campbell (d.1761), *de facto* master of Scotland since the 1720s.

[3] Lord Justice Clerk, Andrew Fletcher (d.1766).

Lord Stanebyres has juist come in. Mind that: 'juist come in'.

JOCK. Ay, my leddy.

(*She hurries up the garret stairs. Stanebyres takes a seat well away from the door. Jock opens the latter, to reveal Stanebyres' son Charles, dressed showily in the fashion of London. He speaks his formal English with a marked Scots accent, and his part must on no account be played by an English actor*)

JOCK. Losh! What's yer will, sir?

CHARLES. Good afternoon, John. Is your mistress at home?

JOCK. Eh! Did ye want to see Lady Athelstane?

CHARLES. Do you not know me?

JOCK. Eh? Did ye want to see Lady Athelstane?

CHARLES. I was invited to tea with her. Do you not know me?

JOCK. Chairlie Gilchrist! (*Turning*) Stanebyres, it's yer son!

LORD S (*who has been surveying his son unnoticed*). I see that.

CHARLES (*surprised and not altogether happy*). Father!

LORD S. Leave us, Jock.

JOCK. Aa richt, for a whilie, but I'll sune hae to come in and mask the tea, and there'll be mair folk comin to the door. (*Muttering as he goes to the kitchen*) Losh, what a sicht. Mair lace nor a lassie.

CHARLES. The insolent dog! Did you hear him?

LORD S. Can ye blame the man?

CHARLES. Father! What do you mean?

LORD S. I said 'can ye blame the man?' Whan did ye stert to talk and dress like an Englishman?

CHARLES (*with a faint sneer*). Do you want me to talk and dress like the men here?

LORD S. Ye belang up here, dae ye no? Ye were born Scots.

CHARLES. I am British, father. The terms 'Scotch' and 'English' became obsolete with the Union.

LORD S. Did they? I'll wager ye winna fin mony Englishmen caain themselves British and stertin to talk and dress like Scotsmen.

CHARLES. Can you blame them? Their language is much more refined than ours, and their clothes infinitely more tasteful.

LORD S. Their language is faur ower refined, as they caa it, for oor vocal organs. Ye may think ye mak no a bad shape at it, but compared wi a real Englishman ye're like a bubbly-jock wi a chuckie in its thrapple. As for yer claes, they wad sit weill on a lassie, but they're haurdly fit weir for a man. Hae they been peyed for?

CHARLES. Father!

LORD S. Hae they, I'm askin?

CHARLES. We can surely discuss that matter elsewhere.

LORD S. There are a lot o maitters we could discuss elsewhaur, but ye seem to tak gey guid care we dinna. What dae ye mean by comin hame efter three years awa withoot as muckle as a word to yer ain faither? What gart ye gang oot to Aberlady insteid o comin to my ludgin in the Toun? I suppose ye were ashamed to look me in the face.

CHARLES. Father, the servant will hear you.

LORD S. What daes Jock maitter?

CHARLES. It is so undignified.

LORD S. Oh, and is it dignified to ware siller on pleisure whan it was gien ye for anither object? Is it dignified to flee aa ower Europe gowpin like a gowk at ilka auld humplock o stanes whan ye were sent oot to Utrecht to study law? Hou are ye gaun to leive nou that ye hae used up aa my siller withoot makin yoursell fit for a profession?

CHARLES. I have made myself fit for a profession, father.

LORD S. For what profession? No for the law.

CHARLES. I had no inclination for the law.

LORD S. Ye said ye had afore ye gaed abroad.

CHARLES. I had to or you would have kept me here.

LORD S. So ye leed tae me to win ower the watter.

CHARLES. I felt perfectly justified.

LORD S. Justified.

CHARLES. It was my right as your son to have the education of a gentleman.

LORD S. Gentleman! Sae that's to be yer new profession.

CHARLES. No, but I hope I shall always merit the description.

LORD S. And aa the time ye merit the description I suppose I'll hey to pey the bills?

CHARLES. No, father, you will not.

LORD S. I'm gled to hear it. And whan dae ye propose to stert peyin them yersell?

CHARLES. As soon as I have found my feet.

LORD S. At what?

CHARLES. In my new profession.

LORD S. And what's that?

CHARLES. Need we discuss it here?

LORD S. Oot wi't. What is it?

CHARLES. If you must know: politics.

LORD S. Politics!

CHARLES. Yes, politics.

LORD S. Politics!

CHARLES. Why not?

LORD S. I canna credit it.

CHARLES. That is ridiculous.

LORD S. Hou daur ye, sir!

CHARLES. Well, father, hundreds of other men's sons have gone into politics. I would not be the first.

LORD S. Ye wadna be the first to ruin your faither aither.

CHARLES. I have no intention of ruining you.

LORD S. And I dinna ettle to allou ye. (*Jock appears, hesitant, at the kitchen door*) What is it?

JOCK (*entering with the last two platefuls of pancakes and placing them on the table*). I'm sorry, my Lord, but I canna gie ye ony langer, I dout. I'll hae to come ben nou and mask the tea and syne staun bye. Dear me, the jeelie. (*Turning as he goes through the kitchen door*) Twa meenits.

CHARLES. That fellow has heard everything.

LORD S. What o it? (*Confidentially and urgently*) See here, my lad, ye hae ae chance. Leddy Athelstane seems to regaird ye wi some favour, though hou she'll be able tae stummick ye in thae claes and wi that English gabble I canna jalouse.

CHARLES. Look here, father…

LORD S. Quait, sir! I'm serious. Ye hae ae chance. Mak yersell plaisent to young Kate Mair. She's gey weill tochert, and if ye were to win favour wi her I micht think no sae ill o ye mysell.

CHARLES. It was she I came to meet.

LORD S. Mak the maist o it then.

CHARLES (*doubtfully*). She was a mere girl when I last saw her.

LORD S. What daes that maitter?

CHARLES. Her upbringing? Is she…

LORD S. She's beein brocht oot in the Toun here by Leddy Athelstane hersell.

CHARLES. Lady Athelstane seemed uncouth to me even three years ago.

LORD S. Eh!

CHARLES. Ssh! How can she teach Kate to behave like a lady when she does not know herself.

LORD S (*with withering scorn*). Girzie Carmichael o Craigengelt! No a leddy!

CHARLES. By birth, perhaps, but not in behaviour, unless of course she has changed beyond recognition.

LORD S. She hasna.

CHARLES. Then I cannot marry anyone who regards her as a model. I shall have to spend a considerable part of my time in London, in the best society.

LORD S. Whan?

CHARLES. When I go into politics.

LORD S. I wadna be juist sae shair that I was gaun into politics. If ye'll condescend to veesit yer ain hame, some day, we could talk the maitter ower.

CHARLES. I cannot come home at once.

LORD S. And what wey no?

CHARLES. I have another appointment.

LORD S. Ye hae what!

JOCK (*enters apologetically with two dishes of jam*). I'm sorry, my lord.

LORD S. Oh. Gie me a cup o tea, Jock, like a guid man.

JOCK (*intimately*). Wad ye no be the better o a guid dram?

(*Charles snorts and stumps angrily out on the piazza. Jock stares after him indignantly*)

LORD S. Mask the tea Jock, and dinna heed him.

JOCK. Are ye shair ye winna hae a dram, my lord?

LORD S. Na, na, Jock. A cup o tea.

JOCK. Weill, as ye please. (*He starts to mask the tea. There is a rasp at the tirling pin*) Mercy me, they hae stertit, and her leddyship no doun the stair. I dout she's haein a gey job wi the new frock. It's Miss Kate's first hoopit skirt. (*He opens the door to reveal Doctor Dowie*) Ay, sir?

DOWIE. My name's Dowie, Doctor Dowie. I'm the meenister o the pairish o Dule. I hae a letter o introduction to Leddy Athelstane frae…

JOCK (*interrupting pleasantly*). Oh ay, ye'll hae written a book?

DOWIE. Weill, sir.

JOCK. Na, na, Doctor, dinna sir me. I'm juist the servant here. My name's Jock.

DOWIE. I see. Weill, Jock, I'm the author o 'The Tomb'.

JOCK. 'The Toom'?

DOWIE. A lang poem.

JOCK. Oh, 'The Tomb'! Come awa in Doctor. Come awa in. There's a copy o 'The Tomb' on the table there. Leddy Athelstane likes to hae it aye to haund. She says there's naething like it if ye want a guid greit.

DOWIE (*pleased*). Daes she say that?

JOCK. She daes.

DOWIE. The wark's weill kent, then, amang the Toun gentry?

JOCK. It's the maist popular wark o its time

in the English language. Davie Hume himsell said sae juist last week.

DOWIE. Hume the Infidel! He couldna admire it.

JOCK. Oh he daesna admire it, but he had to admit it was the maist popular wark o its time.

LORD S. Gie Doctor Dowie a cup o tea, Jock, and haud yer tongue. Doctor Dowie, I'm Lord Stanebyres.

DOWIE. I'm pleased to meet ye, my lord. Lord Stanebyres? Lord Stanebyres? Let me see. Was it 'An Essay on the Nature o Truith'?

LORD S. Na na, Doctor, ye're aff in the wrang airt. I'm the only man in Edinburgh wi the abeelity to haud a pen wha hasna written an essay on the nature o truith.

DOWIE (*crestfallen*). Authors are common here, then?

LORD S. The Toun's fou o them, (*more kindly*) but there arena mony write poetry, Doctor, and nane has haen yer ain success.

DOWIE. Is that a fact? I winna deny, my lord that I cam here sair bothert wi douts, for my wife keepit on aye sayin, 'Dan' she said, 'dinna be disappeyntit gin they pey nae heed to ye in Edinburgh, for it's a hotbed o genius'. I haurdly lippent on bein kent here at aa.

LORD S. Oh but ye're kent. Weill kent. Aa ower the country. And I wadna woner but ye're weill kent in England tae.

DOWIE. I was wonerin that, for I hae letters o introduction to some folk in London. I was thinkin o gaun doun there at the end o the month. The Presbytery's granted me leave o absence for twa months traivel.

LORD S. I see. Weill, we can sune fin oot the poseetion doun in London. Chairlie! (*Charles comes forward from the balcony looking disgusted*)

LORD S. This is my son. Chairlie, this is Doctor Dowie, the author o 'The Tomb'. (*They bow, Charles condescendingly, the Doctor rather awed*) He's wonerin if his wark's weill thocht o in London.

CHARLES. Yes, Doctor. Your work enjoys a considerable reputation.

DOWIE (*delighted*). Na!

CHARLES. Yes, a considerable reputation.

DOWIE (*overcome*). Is that no juist miraculous aathegither.

CHARLES. Of course, I have heard criticisms.

DOWIE (*alarmed*). Criticisms?

CHARLES. Yes, but none from your own countrymen. Home the dramatist[4] thinks very highly of it.

DOWIE (*pleased again*). Daes he? Home the dramatist!

CHARLES. Yes. (*Showing off*) He says that Lord Bute thinks highly of it too.

DOWIE. Lord Bute. Ye wad haurdly think a man in his poseetion could spare the time for poetry.

CHARLES. His critics say he spares too much.

DOWIE. Oh? Sae he has his critics tae?

CHARLES. I am afraid so.

DOWIE. Weill, weill. And mine are aa English, ye say?

CHARLES. Yes.

DOWIE. Poets themsells, mebbe?

CHARLES. Some of them, yes.

DOWIE. Jealous, dae ye think, because a Scotsman can bate them in their ain tongue?

CHARLES (*concealing his disdain with difficulty*). Perhaps. Not altogether.

DOWIE. Ye think there's mebbe something in what they say?

CHARLES. Unfortunately, Doctor, there is something in what they say.

DOWIE. And what dae they say?

CHARLES. They complain of faults in your rhyme.

DOWIE. Fauts in my rhyme! But the Scots Magazine says my rhymes are impeccable.

CHARLES. The Scots Magazine may say so, Doctor, but you must allow Englishmen credit for a superior knowledge of correct pronunciation in their own language. They complain that your rhymes are faulty unless your lines are spoken as they would be by a Scotchman who had never crossed the Border.

DOWIE. I dinna juist see.

CHARLES. I could find you an example. (*He goes to the table and picks up 'The Tomb'. Jock comes forward*)

JOCK. Whan he's lookin for the place ye'd better tak yer cups. My lord.

LORD S. Thank ye.

JOCK. Doctor... (*Doctor Dowie absently takes his tea, his attention riveted on Charles*) Will ye try my scones?

LORD S. Thank ye, Jock, ye mak the best scones on the Toun.

JOCK. Doctor.

DOWIE (*waving the scones away*). No the nou. No the nou.

JOCK (*understandingly*). Ay, ye'll be anxious.

---

4 John Home, at this time secretary in London to Lord Bute (note 13).

CHARLES. Here we are, I think. Yes. You are sitting among the skulls, Doctor, addressing Death. You say: 'Thy boney hand lies chill upon my breast, Now add my carcase to thy loathsome feast.'

DOWIE. Breist, no breast.

CHARLES. I know it has to read breist before it rhymes, but an Englishman says breast.

DOWIE. Breast?

CHARLES. Yes.

DOWIE. Breist.

CHARLES. No, breast.

DOWIE. An Englishman says breast, for b-r-e-a-s-t?

CHARLES. Yes. Doctor, have you ever been to England?

DOWIE. Na.

CHARLES. I thought so. English as a spoken language is quite foreign to you.

DOWIE. But I read naething else.

CHARLES. I said as a spoken language. You cannot possibly know how English words should sound. You have no right to write English poetry.

DOWIE. Nae richt! Dae they say that in London?

CHARLES. Englishmen say that.

DOWIE. Dear me. A lot o my rhymes are wrang, then?

CHARLES. A considerable number.

DOWIE. Dear me.

LORD S. Leave the man alane, Chairlie. I wadna let him fash me, Doctor. What does it maitter what a wheen o Englishmen say aboot yer wark, whan it's weill thocht o here?

DOWIE. But it's in their tongue.

LORD S. Ay, I suppose sae. It's a peety. Try ane o Jock's scones.

DOWIE. I couldna swalla.

(A rasp from the tirling pin. Jock opens the door to reveal John Douglas of Baldernock)

JOCK. Baldernock! Guid efternune, sir. Her leddyship's up the stair helpin Miss Kate wi her new frock. I dout there's something wrang. The fit, likely. But Lord Stanebyres is here.

BALDERNOCK (bowing). Ay, ay, my lord.

JOCK. And his son Chairlie.

BALDERNOCK. Ay, ay.

LORD S (taking the matter out of Jock's hands). Meet John Douglas o Baldernock, Doctor, a member o the Faculty o Advocates. Baldernock, this is Doctor Dowie, the author o 'The Tomb'.

BALDERNOCK. Pleased to meet ye, Doctor. I haena haen time to read 'The Tomb' yet, sae I winna venture to tak sides in the controversy.

DOWIE. The controversy?

BALDERNOCK. Ay, the argument aboot yer rhymes.

CHARLES. I have just been telling him about it, sir.

BALDERNOCK. Ay, weill. I sympathise, Doctor, efter aa yer hard wark, but ye see we juist canna maister the English language by readin it. We hae tae hear it spoken tae.

DOWIE. Ye think they're richt, then?

BALDERNOCK. Wha?

DOWIE. My English critics.

BALDERNOCK. I hae nae dout at aa, Doctor, for ye speak juist like mysell, and doun Sooth I'm no intelligible.

LORD S. Eh! Hou did the appeal gang, then?

BALDERNOCK. It was upheld, my lord, and nae woner. The plaintiff had English coonsel. Whan I gat up to speak they juist lauched in my face.

LORD S. They lauched in yer face! In the Hoose o Lords!

BALDERNOCK. They did, and it was gey ill to thole. But there ye are. The English Hoose o Lords is oor Supreme Coort nou, sae we'll hae to talk like Englishmen or gie up pleadin.

LORD S. It gars my bluid beyl.[5]

BALDERNOCK. It can hardly affect ye on the Bench here.

LORD S. Can it no? We mebbe dinna hae to submit to ridicule for the wey we speak, but it riles me to think that oor decisions on maitters o Scots Law suld be turned heid ower heels by a foreign body like the English Hoose o Lords. It's wrang athegither, and what's mair, I could prove it wrang in the Hoose o Lords itsell. There was nae proveesion made for ony sic procedure in the Treaty o Union. Whaur in the Treaty o Union daes it say…

LADY A (entering from the garret stairs). What's wrang here?

LORD S. Aa's wrang. Baldernock's been lauched at in the Hoose o Lords because he daesna speak like an Englishman; Doctor Dowie here's been sneered at by a wheen poets in London because he daesna write like an Englishman; and here's my son Chairlie lookin like a skeerie-malinkie queyn, and soondin like a corn-skrech wi a bad hoast, because he's tryin to be what he caas British.

---

5 Contrast Young Auchinleck, Act 2, Scene 2.

LADY A (*noticing Charles*). Chairlie! (*She looks him up and down in wonderment*) Dear me. (*Incredulously*) Shairly no.

CHARLES (*nettled*). Surely not what, my lady?

LADY A (*amazed at his speech*). Whit?

CHARLES. I said 'surely not what?'

LADY A. Ye said whaat?

LORD S. He's tryin to speak English.

LADY A. I ken. But what wey? He kens we aa speak Scots here. He spak Scots himsell afore he gaed awa. What's come ower ye, Chairlie?

CHARLES (*defiantly*). I simply refuse to be provincial.

LADY A. Oh. I hope ye'll paurdon the rest o us for juist bidin naitural. (*Turning to Doctor Dowie*) Guid efternune, sir. Did I hear Lord Stanbyres caa ye Doctor Dowie, the author o 'The Tomb'?

DOWIE. Ay, my leddy.

LADY A. And hae ye juist come to the Toun?

DOWIE. Ay, my leddy, wi a letter o introduction frae yer auld friend Erskine Saunders, the laird o Auchenhowie.

LADY A. Erskine Saunders. Dear me. Is he single yet?

DOWIE. Ay, my leddy, he aye says that as lang as ye're single yersell...

LADY A. Wheesht, Doctor. Spare me. Chairlie, whaur's young Sawney Lindsey? I invitit ye baith.

CHARLES. He had a previous request to attend at Milton House. He hopes to pay his respects here later.

LADY A. Milton Hoose. He'll be there aa day.

CHARLES. No, my lady. (*Meaningly*) Miss Fletcher has gone to Inverary.

LADY A. Oh? I can ettle on him yet then?

CHARLES. Yes, my lady.

JOCK. Yer tea, my leddy.

LADY A. Thank ye, Jock. A scone for Doctor Dowie.

JOCK. He wadna tak ane. (*Confidentially*) His feelins are hurt.

LADY A. Eh! Wha's been hurtin his feelins?

LORD S. Chairlie was a wee thing thochtless aboot the Doctor's poetry.

DOWIE. My rhymes are aa wrang, it seems.

LADY A. Wha says that?

CHARLES. I was merely repeating a criticism I heard in London.

LADY A. Ye micht hae haen mair conseederation for the Doctor's feelins. (*A rasp at the tirling pin*) Mercy me, here's someane else, and Kate no doun yet.

JOCK (*opening the door*). Ay, sir?

(*Captain Sidney Simkin appears in the doorway*)

SIDNEY. Will you announce me to your mistress. I am Captain Sidney Simkin of the 12th foot.

JOCK (*to Lady Girzie, in a whisper*). It's an English officer. A captain something-or-ither.

LADY A. Ask the man in, ye gomeril!

JOCK. Will ye come in, sir?

SIDNEY. Do I intrude, ma'am?

LADY A. It isna my custom, sir, to entertain officers o the English army.

CHARLES (*in a shocked undertone*). The British Army, my lady.

SIDNEY. I beg your pardon, sir?

CHARLES. I said 'The British Army', sir.

SIDNEY. Oh yes. Of course you're Scotch. Quite. I apologise, ma'am. You were saying?

LADY A (*as if Charles had never spoken*). I was sayin, sir, that it isna my custom to entertain officers o the English Army, but ye're weill come if a freind sent ye.

SIDNEY. I was sent by your brother, ma'am.

LADY A. Eh! (*Pause, then quietly and fearfully*) Whaur is he?

SIDNEY. Your brother, ma'am, is a colonel of a regiment of horse in the service of Prince Ferdinand of Brunswick. We fought against the French together at the Battle of Minden,[6] where he was instrumental in saving my life.

LADY A. Na!

SIDNEY. Yes, ma'am. He made me promise that if on my return to the United Kingdom I was ever posted to Scotland, I should immediately seek you out.

LADY A. Captain...?

SIDNEY. Sidney Simkin, ma'am, of the 12th Foot, now quartered at the Castle here, and at your service.

LADY A. Captain Simkin, I can haurdly... Jock, gie Captain Simkin a cup o tea, man, and dinna staun there glowerin! Captain, will ye step ower tae the winnock? (*To the others*) I'm shair, sirs, ye'll paurdon us. I neir thocht... My brither... Come, Captain. (*She leads Sidney into the piazza, out of sight. Jock pours another cup of tea*)

BALDERNOCK. Imphm.

LORD S. Ay.

CHARLES. Her brother was attainted, was he not, after the rebellion?

---

[6] Hanoverian victory, 1 August 1759. Part of the Seven Years War (1756–63).

LORD S. Quait, sir! Leddy Athelstane's brither gaed abroad, Doctor, efter the affair in forty-five, and she seldom has news o him, sae ye see she'll be anxious.

DOWIE. I understaun, my lord. My wife's cousin was attaintit tae.

LORD S. Thank ye, Doctor.

(*Jock disappears with tea for Sidney*)

DOWIE. The officer. I suppose he wad be a real Englishman?

CHARLES. Real?

DOWIE. I mean, he wad be speakin English in the proper mainner?

CHARLES (*awkwardly and rather defiantly*). Well, yes, his accent was that of good English society. Why?

DOWIE. Because, if I may say sae, sir, withoot offence, there was a difference atween his and yer ain.

CHARLES. Oh, naturally, I retain some trace of my Scotch origin.

LORD S. It's a peety, eh?

CHARLES. I did not say so, father, and I can tell you Doctor, that though my accent may be different from that of a born Englishman, it is regarded in good society as that of a Scotchman well bred and educated.

LORD S. Tell me, Baldernock, can they stammack this sort o thing doun Sooth at aa?

BALDERNOCK. What sort o thing?

LORD S. This queer imitation English wey o talkin.

BALDERNOCK. My lord, they understaun it, and they didna understaun me.

LORD S. But the Captain seemed to understaun Leddy Athelstane.

CHARLES. The Captain has travelled. He is accustomed to strange tongues.

LORD S. Watch what ye say, sir! Ye're in the leddy's hoose!

(*Jock returns to the table*)

BALDERNOCK. The laddie's richt, my lord. Oor Scots wey o talkin is mebbe guid eneuch for Edinburgh here, but it winna dae for London. If we're to haud oor ain doun Sooth we'll hae to follow his example.

DOWIE. But hou can we follow his example, sir, withoot gaun to London in the first place?

BALDERNOCK. We juist canna.

DOWIE. It maks a first veesit gey awkward, that.

(*A rasp at the tirling pin. Jock rushes to the door and opens it, to reveal Sandy Lindsay of Aberlady*)

JOCK. Come in, Mister Lindsay. Ye're late,

though to tell ye the truith it's a guid thing, for Lady Girzie's gaen into a sederunt wi an English Captain, and Miss Kate's no doun yet. She's taiglet wi a new frock. But we hae a new poet for ye the day. Doctor Dowie.

SANDY. Dowie! 'The Tomb'.

JOCK. The very same. There he is afore ye. That'll please ye, eh?

LORD S. Allou me to introduce ye, Doctor. This is the Reverend Alexaunder Lindsay o Aberlady, a fella poet.

SANDY. Doctor Dowie, I'm prood to ken ye.

DOWIE. The pleisure's mutual. Lindsay. Alexaunder Lindsay. Let me see. Was it 'The Sepulchre'?

SANDY. Na na, Doctor. My wark hasna been published yet. 'The Sepulchre' was Tweedie.

DOWIE. Was it? Oh ay! Ye ken, I aye thocht 'The Sepulchre' was naething mair nor a plagyarism.

CHARLES (*helpfully*). Plagiarism, Doctor.

DOWIE (*gratefully*). Oh is that hou ye say it?

CHARLES. Yes. Sandy, Doctor Dowie is in the same predicament as yourself. He would like to go South, but he wants to learn to speak English first.

SANDY. Weill, Doctor, I think I can help ye.

BALDERNOCK. Eh!

SANDY. Oh guid efternune, sir. (*To Lord Stanebyres*) Guid efternune, my lord. (*Accepting tea*) Thank ye Jock. Naething to eat. I had tea at Milton Hoose.

BALDERNOCK. Ye say ye can help him to speak English withoot crossin the Border? Hou that?

SANDY. My plan, sir, is to tak lessons frae Sheridan, the actor.[7]

DOWIE. Actor! Did ye say actor?

SANDY. Ay. He's come to put a play on, ilka nicht in the interval, at the concerts in the Teylers' Haa.[8]

DOWIE. But ye wadna consort wi an actor?

SANDY. What wey no?

DOWIE. Are ye a Moderate?

SANDY. Ay.

DOWIE. Dear me. What wad my congregation think if they thocht I was in the company o a Moderate.

BALDERNOCK. Hoots, Doctor, yer congregation need neir ken. Mister Lindsay, dae ye think I could tak lessons in English tae?

---

7 Thomas Sheridan.

8 After Edinburgh banned public theatre in 1737, plays were staged 'under cover' of music concerts in the Taylor's Hall on the Cowgate. See also *The Hypocrite*, notes 2&10.

CHARLES. Wait! Sandy, do you still have meetings of the Select Society?[9]

SANDY. Whiles. Gey seldom nou.

CHARLES. Could we not ask Sheriden to give the Society a course of lectures.

SANDY. On hou to speak English?

CHARLES. Yes.

SANDY. I wad hae to speak to Principal Robertson, I dout, but it would be a grand idea.

CHARLES. Do you think he would oppose the idea?

BALDERNOCK. I'm shair he wadna, and if ye'll hae a word wi Principal Robertson, I'll hae a word wi Davie Hume. My lord, could ye recommend the idea, dae ye think, to Monboddo and Kames? They wad hae to be consultit tae.

LORD S. See them yersell. I'm quite content wi my Scots.

BALDERNOCK. Ye're fleein in the face o progress.

LORD S. Progress is a cheynge for the better. This'll be a cheynge for the waur. Whan the haill Toun sterts to talk like Chairlie, it'll be gey ill to thole.

CHARLES. You are *passé*, father.

LORD S. I dinna ken what ye mean, sir, but it soonds gey impiddent!

BALDERNOCK. My lord, the laddie didna ettle ony hairm. Doctor Dowie, if ye wad like to jeyn the Select Society I would be pleased to propose ye.

DOWIE. Thank ye, sir, it's a great temptation, but I couldna tak lessons frae an actor.

BALDERNOCK. What wey no? It wouldna be like gaun to a play, and ye wad hae nae need to meet the man in private.

DOWIE. It wad be giein him coontenance.

SANDY. Come come, Doctor Dowie, let's hae some toleration. Dae ye deny pride o place in English letters to the tragical composeetions o John Home and William Shakespeare?

LORD S. Sandy!

SANDY. Were they no written for the stage?

LORD S. Dae ye hear me? We want nae controversy here in maitters o releegion. Mair tea, Jock.

(*Jock starts to fill the empty cups. Lady Athelstane comes in from the piazza with Sidney Simkin*)

LADY A. Oh the cups, Captain.

(*Sidney slips back into the piazza to return with a cup and saucer in each hand*)

LADY A (*taking both*). Thank ye. (*She places them on the table before Jock*) Gentlemen, I hope ye'll aa paurdon us, the Captain had news o my brither.

LORD S. He's weill, I hope.

LADY A. He was whan the Captain last saw him. But I'll hae to acquant ye. Captain, this is Lord Stanebyres, an auld neibor, and a judge o the Coort of Session. (*They bow*) John Douglas o Baldernock, a member o the Faculty o Advocates. (*They bow*) Doctor Dowie, the author o 'The Tomb'. Ye'll hae read it, nae dout?

SIDNEY. Is that the same work as 'The Sepulchre'?

LADY A. Na na, Captain, it's different athegither. Nou dinna be putten oot, Doctor, for the Captain's no lang hame frae abroad, and I'm shair he hasna haen time to catch up wi his readin.

SIDNEY. I assure you Doctor, that if I have said anything to offend you it was unintentional.

DOWIE. Captain, ye needna fash. I'm no the kind to tak offence at an innocent blunder.

SIDNEY. Thank you, sir.

LADY A. Lord Stanebyre's son Chairlie.

CHARLES. Charles Gilchrist, younger of Stanebyres, sir.

SIDNEY. Your servant, sir.

LADY A. Chairlie's like yersell, Captain. Juist back frae abroad.

SIDNEY. On service, sir?

CHARLES. Completing my education.

SIDNEY. Oh.

LADY A. And this is Mister Lindsay o Aberlady, a pairish no faur frae the Toun. He was ane o the meenisters admonished by their presbyteries for gaun to see Home's 'Douglas' — that was a play, Captain — sae ye see, he's a champion o the new toleration. Sandy, this is Captain Sidney Simkin, new come to the Castle. (*They bow. She takes her cup from Jock*) Thank ye, Jock.

SIDNEY (*taking his cup*). Thank you.

LADY A. Try ane o Jock's scones.

(*Jock seizes a plate and presents it*)

SIDNEY. Thank you. They look delicious.

JOCK. They're a wee thing broun on ae side, I dout. I was taiglet in the middle o my bakin.

SIDNEY (*not understanding*). Oh.

LADY A. Ye were late, Sandy.

---

9 Debating club (1754-63) much mocked for its pretensions. William Robertson, David Hume, *et al* below, attended.

SANDY. I had been askit to attend at Milton Hoose, my leddy, afore yer ain invitation cam alang.

LADY A. I'm gled ye won awa, then, for I want a word wi ye. Captain, gentlemen, will ye paurdon us for juist twa meenits. (*They bow*) Come Sandy.

(*She leads the way to the piazza. Sandy starts to follow*)

JOCK. Wait, Mister Lindsay. I'm juist fillin yer cup.

SANDY. Nae mair, thank ye. Nae mair.

(*He follows Lady Athelstane out of sight*)

LORD S (*to end an awkward silence*). Weill, Captain, and hou dae ye like Edinburgh?

(*Kate comes unnoticed to the foot of the garret stairs*)

SIDNEY. I am beginning to recover from my first impression, sir, which was not altogether favourable. Your lofty buildings and steep streets are certainly quite awe inspiring, but their effect is soon lost in the stench of the ordure which you cast every evening from your windows and allow to lie where it falls.

(*Kate withdraws almost out of sight, handling her hoop with elaborate care, and listens curiously to the ensuing dialogue*)

LORD S. Ye think it suld be cairtit awa?

SIDNEY. I...?

CHARLES. Carted away.

SIDNEY. Oh yes, sir, undoubtedly. Coming as I do from Suffolk, where we pride ourselves on our good farming, I am amazed that Scotch gentlemen of estate, with their seats in the neighbourhood, do not vie with each other for possession of it. Spread on their fields, sir, it would produce excellent crops.

LORD S. Ay, Captain, but the gentry roun aboot Edinburgh nou dinna want to growe crops. They're aa for gress parks roun their hooses.

CHARLES. They can hardly be blamed for that, father. Have you had much sport since you came North, sir?

SIDNEY. I have seen no sport indulged in, sir, except your game of gowf, which seems an excellent pastime for the middle-aged. I trust there is more active exercise for the young and vigorous.

CHARLES. We hunt and shoot, sir.

SIDNEY. I am glad to hear it.

BALDERNOCK. We haud concerts, Captain. Hae ye been to ony o them yet?

SIDNEY. I have, sir. I heard a quartet consisting of some of your most eminent legal gentlemen. They played Handel and Corelli, not very well. But a young lady sang some of your charming folk-songs with the most exquisite pathos.

BALDERNOCK. Ay. I suppose ye dance.

SIDNEY. I do, sir.

BALDERNOCK. We hae an assembly.

SIDNEY. I have attended it.

CHARLES. We dance badly, I fear.

(*Kate becomes interested*)

SIDNEY. Only in minuet, in which you are, perhaps, clumsy. In your own reels you are magnificent.

(*Kate blooms*)

CHARLES. Savage.

(*Kate frowns*)

SIDNEY. Perhaps, sir, but magnificent.

LORD S. And what dae ye think o the lassies, Captain?

CHARLES (*helpfully*). The ladies, sir.

SIDNEY (*having learnt the word already*). Your Scotch lassies, gentlemen, are the most charming creatures it has ever been my pleasure to meet.

(*Kate blooms*)

CHARLES. You are being kind, sir.

(*Kate frowns*)

SIDNEY. Not at all.

CHARLES. They are uncouth, sir, surely, compared with your ladies in the South.

SIDNEY. I do not think so. They may lack art, but they are graceful by nature.

(*Kate blooms*)

CHARLES. Their dress, sir? They are behind the fashion.

(*Kate listens anxiously*)

SIDNEY. Only at functions. In their everyday attire they have their own fashion. Their bright shawls are splendid.

(*Kate regards her hoop doubtfully*)

CHARLES. Barbaric.

SIDNEY. Perhaps, sir, but splendid.

CHARLES. Well, sir, their complexions? High. Surely.

SIDNEY. The bloom of health, sir.

(*Kate brightens a little*)

CHARLES. Their speech then? Coarse.

(*Kate looks vicious*)

SIDNEY. Not at all, sir.

CHARLES. Come, sir.

SIDNEY. I cannot agree. Of all their many excellent qualities, I love their speech most. It is so void of affectation, and so charged with feeling, that I find it quite irresistible.

(*Kate, on hearing Sidney's last remark, seems suddenly resolved on a plan, turns, manipulating her hoop with elaborate care, but without clownishness, and hurries up the garret stairs. At the same time there is a sound of music and revelry from far beyond the piazza. All the men turn. The sound increases slightly in volume. Lady Athelstane appears at the piazza entrance)*

LADY A. Come and see, sirs. There's a procession comin oot o St. Mary's Wynd. Sawney says it's the actors. They're aa dressed up like the characters in the plays they're gaun to dae.

(All move towards the piazza except Jock and Doctor Dowie)

LORD S *(halting at the entrance)*. Come, Captain.

SIDNEY. After you, sir.

LORD S. Thank ye.

(Baldernock follows and then Charles. With the exception of Charles all move out of sight to the left. Charles looks out of the window immediately beyond the entrance, his back visible)

JOCK. G'on, Doctor. Dinna be sae blate.

DOWIE. I haurdly think it wad be richt to look.

JOCK. Nane o yer congregation'll see ye here. G'on, hae a bit keek. I'm gaun to watch frae the winnock in the kitchen.

(He takes the kettle and goes into the kitchen. Doctor Dowie ponders for a little, makes up his mind, and creeps to the window, to the right of Charles, where he glues his nose to a pane. Sandy Lindsay moves into sight from the left of the piazza, puts his hand on Charles' shoulder, and motions him back into the room. They enter quietly and come downstage till they are opposite the kitchen door. Sandy looks towards the garret stairs, sees that there is nobody there, and whispers)

SANDY. Chairlie, ye'll hae tae watch yersell. Leddy Athelstane's gotten word o the mill project.

CHARLES. Has she? How?

SANDY. I dinna ken, but she's juist been speirin at me.

CHARLES. But what can it matter to her.

SANDY. She's had news o her brother. He's applied for his paurdon, and he hopes to get it. He's dune great service against the French, it seems, in the war on the continent. She hopes they'll gie him back Craigengelt.

CHARLES. When? Soon?

SANDY. I dinna ken. Dae ye think ye could ask yer freinds to haud their haund?

CHARLES. Look here, Sandy, have you told her anything?

SANDY. Naething.

CHARLES. What made her ask you about it?

SANDY. She thocht I micht ken. She kens I gang a lot to Milton Hoose.

CHARLES. I wonder how she found out.

SANDY. She didna gie a clue.

CHARLES. It is most awkward.

SANDY. Yer freinds'll hae to haud their haund, I dout.

CHARLES. No, No.

SANDY. Shairly.

CHARLES. I dare not ask them, Sandy. I shall need their support in the election. Ssh!

BALDERNOCK *(appearing at the entrance to the piazza)*. Oh, ye're there, Mister Lindsay. They're comin to the Nether Bow. They'll sune be through. We want ye to peynt oot Sheridan.

(Sandy leaves and disappears with Baldernock into the left of the piazza. Doctor Dowie follows them, engrossed. Charles stands for a while in troubled thought. Kate comes down the garret stairs, still wearing her hoop, but with a bright shoulder shawl in place of her former neck trimming. On seeing Charles alone she recoils, then walks forward as he looks up and sees her)

CHARLES. Oh.

KATE. I thocht my auntie Girzie was here.

CHARLES. Is it Kate?

KATE. Ay, it's Kate.

CHARLES. You seem unfriendly.

KATE. Daes it fash ye? Could ye put up wi me onywey?

CHARLES. What do you mean?

KATE. Am I no uncouth? Ahint the fashion? Reuch-skinned? Coorse-spoken? Savage? Barbaric?

CHARLES *(alarmed)*. You were listening!

KATE. Ay, I was listening.

CHARLES. Did you hear what I said to Sandy Lindsay?

KATE. I heard what ye said to them aa.

CHARLES. Did you hear what I said to Sandy Lindsay alone?

KATE. Na.

CHARLES. Are you sure?

KATE. What was it?

CHARLES. Nothing.

KATE. Hou could I hear it, then?

CHARLES. I assure you it was nothing.

KATE. It wad be anither insult, I suppose, to yer ain weemenfolk. Weill, Chairlie Gilchrist, I'll tell ye what I think o yersell. Ye're juist a sapsy jessie.

CHARLES (incensed). Ye whitterick!

KATE. That's better. Speak like a man again, and no like a hauf-stranglet hen.

(Charles swells with anger, turns, collects his hat and stick, and goes to the door)

CHARLES. I wish you good afternoon.

KATE (just as he is closing the door). Chairlie!

(Charles halts for a second)

CHARLES. My name is Charles.

(He goes. Kate considers, then smiles. The sound beyond the piazza begins to die away. Doctor Dowie moves from left to right across the piazza, making way for Lady Athelstane, who returns to the room followed immediately by Sidney Simkin, and more remotely by the others. Jock comes from the kitchen and halts as Lady Athelstane sees Kate)

LADY A (staring at the shawl). Kate, what in the warld's gaen wrang?

KATE (looking her straight in the eye). Naething, auntie Girzie. Am I late?

LADY A (severely). Ye're gey late.

SIDNEY. Well, ma'am, better late than never.

LADY A (intrigued). True Captain. True. Kate, this is Captain Simkin, new come to the Castle. My sister's lassie, Captain, Miss Mair o Drummore.

SIDNEY (bowing as Kate curtsies). Your humble servant.

C U R T A I N

ACT TWO

The parlour of the Cross Keys at Lanerick, a few days later.

In the left wall, downstage, a door leading in from the lobby. In the middle of the left wall a fireplace. In the middle of the back wall a window. In the right wall, upstage, a built-in bed with heavy hangings. In the right wall, downstage, a door leading to an inner bed-closet. Besides the ordinary furniture of the room; table, chairs, settle and a kist covered with a piece of bright material, there are several strong sea-chests piled between the window and the built-in bed.

It is just before noon of a cold day. Mistress Bell Baxter, the landlady, enters the room, looks round, and sees that the fire is just beginning to lose heart.

BELL. Susie! Susie!

SUSIE (entering). Ay, mem?

BELL. The fire's low. Pile mair peats on.

SUSIE. Mistress Baxter, the room's like an oven.

BELL. Mebbe to the like o us, but no to the Nabob. He'll be tellin us it's like the North Pole. Pile them on I tell ye, till they're hauf wey up the lum.

SUSIE. Juist as ye say, mem, but I'm gled I dinna hae to cast and cairry them.

(As she puts peat on the fire from a creel by the fireplace Mistress Baxter moves to the bed-closet door)

BELL. I had forgotten the daurkie. Is he inbye?

SUSIE. He's oot in the yaird wi the Nabob's pipe, cheyngin the watter.

BELL (looking into the bedcloset). No afore time, I'm shair. Ye can smell it aa ower the hoose.

SUSIE. And the noise it maks.

BELL (suddenly alert). Wheesht!

SUSIE (listening). Horses!

BELL (closing the bed-closet door). Nae mair gentlemen, I hope, or they'll be wantin in here tae. (At the window) I declare it is. A swank young birkie and a meenister o the gospel. Dear me, I'll hae to try to coax them but the hoose to the fire in the kitchen.

(She hurries out. Susie finishes mending the fire, goes to the window, looks out, then makes to follow. Halfway to the door she encounters Siva, a turbaned Indian entering with a hubble-bubble. He makes way for Susie and salaams. She moves to him, regards him curiously, sniggers and rushes out. He takes the hubble-bubble into the bed-closet and closes the door. From the lobby comes a confused sound of voices in altercation. Charles flings open the door and entering, to be followed by Mistress Baxter and Sandy Lindsay)

CHARLES. I told you so. There is a fire. You were lying.

BELL. I didna want to seem ill-mainnert, Maister Chairlie, keepin ye oot o the paurlour for anither gentleman, but he was sae keen to hae it aa to himsell, and sae prodigal wi his siller, that I couldna deny him, and hou was I to ken ye wad be caain yersell, and ye for sic a lang time awa.

CHARLES. You told us a lie. And what right have you to suppose in any case, that the other gentleman will object to sharing the parlour with travellers of his own class.

BELL. It's aa his kists and pockmanties here. They're fou o rupees and precious stanes. He didna want onyane to see them.

CHARLES. Is he from East India?

BELL. Ay, he's a Nabob.

CHARLES (*impressed*). Oh.

SANDY. Mebbe it wad save bother, Chairlie, if we juist gaed to the kitchen after aa.

CHARLES. Is this Nabob in the inn now?

BELL. Na, Maister Chairlie.

CHARLES. Call me sir.

BELL. Na, sir. He's awa up the Wallgait wi his walkin stick.

CHARLES. How does he style himself? Is he of noble birth?

BELL. He's come to be the new laird o Meikle Craigtarson, but he wasna gentle born. He's caad Tammas Auchterleckie, and he's a son o auld Pate Auchterleckie that was the meenister o Craigengelt pairish afore I was mairrit.

CHARLES. I see. We will sit here. Fetch a mutchkin of brandy.

BELL. But what will I say to the Nabob if he comes back?

CHARLES. If he proves awkward, refer him to me.

BELL. Ay sir, but the man's been sae generous.

CHARLES. Fetch the brandy. (*She leaves*)

SANDY. Ye suldna hae bothert.

CHARLES. Nonsense. Why should we allow ourselves to be elbowed out of the best accommodation by a jumped-up East Indian plunderer. Phew! It is hot in here.

SANDY. It's aa that. I suppose he feels the cauld badly.

CHARLES (*as he opens the wooden shutters which form the bottom half of the window*). I suppose so, but there is no reason...

SANDY. I wadna touch it!

CHARLES. Why not? He can hardly expect other travellers to suffocate because he is abnormally sensitive to cold.

SANDY. I was thinkin o the guidwife. It micht be akward for her.

CHARLES. She can blame me.

(*Bell enters with the brandy and a single glass*)

BELL. Dear me, hae ye opened the winnock?

CHARLES. The room was too hot.

BELL. But the Nabob...

CHARLES. Refer him to me. I shall want dinner.

BELL. In here?

CHARLES. Certainly.

BELL. I warn ye, Maister Chairlie...

CHARLES. Sir!

BELL. Sir, then, that the Nabob micht mak himsell akward. If ye cross him, he micht juist flee oot at ye. He seems to hae haen his ain wey, aye, whan he was oot in East India.

CHARLES. He will know better than to act the bully among gentlemen at home here.

BELL. Will yer freind want his denner tae?

SANDY. Thank ye, but I maun ride anither post afore I stop to eat.

CHARLES. Change your mind, Sandy.

SANDY. I daurna. It wad mean a toom poupit the morn.

CHARLES. You should have an assistant. (*To Bell*) My friend cannot stay.

BELL. Thank ye sir.

(*She leaves*)

CHARLES (*pouring brandy and handing the glass*). Well, Sandy, thank you for the pleasant trip and a most useful introduction to the noblest society it has yet been my fortune to enter.

SANDY. Thank ye, though to tell ye the truith, Charles, I wish I had yer ain ease in it. Whan I'm no wi Miss Mally I feel my lack o polish. Whiles, dae ye ken, I think they're lauchin at me.

CHARLES. Oh come, Sandy. They are too well bred.

SANDY. I suppose sae. (*He sips*) Whiles, though, whan Macalein Mor was speirin at me, I thocht I could see a twinkle in mair nor ae ee.

CHARLES. You probably imagined it. To be quite frank though, now that you have raised the subject yourself, you seem to make no attempt whatever to improve your speech, Why?

SANDY (*having drained the glass*). Weill, ye see, I feel shy aboot tryin.

CHARLES (*having filled the glass*). But you will never pass beyond the early stages if you make no attempt at all.

SANDY (*as Charles drinks*). I ken, but I juist canna mak a richt stert yet.

CHARLES. You must. Without good English you will be cut off from the only society in which life is really gracious.

SANDY. I ken. I ken. But I haena gien up hope yet. I'll be able to forget my shyness athegither, I think, whan Sheridan's classes stert, and the haill Toun's learnin alang wi me.

CHARLES. I think you are unduly sensitive. I never worry about sounding conspicuous among people who refuse to refine themselves.

SANDY. Na.

CHARLES. But I am glad the Sheridan idea was approved. If all those who have indicated their willingness to attend his lectures benefit from his instruction, Scotch will soon be as rare in Edinburgh as good English is now. I feel very proud of having sponsored the idea.

SANDY. Ay. Weill, I'll hae to be gaun. My horse'll be ready.

CHARLES (*having filled the glass*). Drink this before you go.

SANDY. Thank ye.

CHARLES (*as Sandy drinks*). I am sorry we must part, but I understand your difficulty. I shall expect you at Stanebyres next week.

SANDY. Thank ye. I'm lookin forrit to seein ower the place again.

CHARLES. I shall enjoy showing you how I intend to lay out the grounds in the vicinity of the house. When I left there were turnips growing right up to the front door. Oh, by the way, say nothing at all to Lady Athelstane, if you meet her, about the mill at Craigengelt.

SANDY. I winna, Charles, though to tell ye the truith I wad feel mair comfortable if I had nae knowledge o the maitter.

CHARLES. You are over scrupulous.

SANDY. I daursay. I'll send in some mair brandy.

CHARLES. Please, no. I have enough here. But you might tell Bell Baxter to come in.

SANDY. Ay. Weill, guid mornin.

CHARLES. Good morning, Sandy. I shall expect you on Monday.

SANDY. Ay.

(*He leaves. Charles empties the half mutchkin into the glass and drinks. Siva enters from the closet and goes to one of the sea-chests, which he opens with a large key. He removes some clothes, lays them over his left arm, closes and locks the chest, salaams to Charles and returns to the bed-closet. Charles stares at him in wonderment. Mistress Baxter enters. There is a sound of prancing, then trotting, beyond the window, which dies quickly*)

BELL. Ye wantit me, sir?

CHARLES. Yes, send someone to Bailie William Gleg in the Castlegait to present my compliments and say that I shall be pleased to have his company to dinner at the Cross Keys.

BELL. To denner! Ye telt me juist ae denner no twa meenits syne.

CHARLES. The Bailie will probably prefer to eat his dinner at home, but since I wish to see him, and am asking him to call, I am bound as a matter of good manners to offer him dinner.

BELL. Oh ay, weill, as lang as I ken. Ye mean ye juist want ae denner.

CHARLES (*with exaggerated patience*). I mean that I probably want just one dinner, but may want two.

BELL. I wish ye could mak up yer mind. If the Bailie daes bide for denner will ye want him to jeyn ye in here?

CHARLES. Certainly. Do you expect us to eat our dinners separately?

BELL. But what aboot the Nabob?

CHARLES. Damn the Nabob! Send someone for Bailie Gleg at once.

(*There is the sound of an approaching horse*)

BELL. A horse! Dear me! (*She rushes to the window*) It's yer faither. Thank the Lord, he'll put yer neb in a poke.

(*She rushes out. Charles rushes to the window*)

CHARLES. Wait! (*Rushing to the door*) Come back! Come back, I say!

(*He goes out, to return in a second and stand by the table, obviously overcome with misgiving. He turns, looks at the door of the closet, walks to it, grasps the handle, changes his mind and returns to the table. He sits down and attempts to compose himself. Mistress Baxter enters to usher in Lord Stanebyres*)

BELL. Here he is, my lord, and I hope ye'll paurdon aa the kists and pockmanties, but they belang to an East Indian merchant that's bidin here.

LORD S. Ay ay.

BELL. I said he could hae the paurlor to himsell, my lord, for I didna ettle yersell till Tuesday week.

LORD S. Na.

BELL. Whan he kens that ye're a lord, my lord, I'm shair he winna daur be crabbit.

LORD S. Na. Leave us, will ye?

BELL. Will ye be bidin for denner?

LORD S. Na.

BELL. What will ye drink?

CHARLES. Drink with me, father.

LORD S (*to Bell*). Leave us. (*Bell leaves*) Sae ye're on yer wey hame at last?

CHARLES. Yes, father.

LORD S. What wey did ye flee awa the ither day withoot takin leave o Leddy Athelstane or mysell in the proper mainner.

CHARLES. I had words with Kate.

LORD S. I thocht as muckle. I suppose ye realise nou that ye may say fareweill to yer chances in that airt?

CHARLES. If you mean that I have lost Kate I am not interested. She is utterly impossible on the ground of her speech alone.

LORD S. Her speech is guid eneuch for the English Captain. He took her to the Assembly that nicht, and nou he's haurdly seen abroad withoot her.

CHARLES. In Edinburgh, naturally, he will suffer no inconvenience. In London it would be quite different. He is obviously not serious. He is trifling with her.

LORD S. Havers. He's daft aboot the lassie. But what did ye cast oot wi her aboot?

CHARLES. That is surely my own affair.

LORD S. No whan ye forget yer mainners to Leddy Athelstane.

CHARLES. I was upset.

LORD S. And were ye still sae upset the neist mornin that ye couldna caa at my ludgin and see me.

CHARLES. I knew you would be coming to Stanebyres today. I knew I should meet you there.

LORD S. Ye couldna ken that, for I didna ettle to leave the Toun this weekend at aa. I dinna leave the Toun nou in the middle o a sittin. I cam oot the day because I learnt o yer plans frae Sandy Lindsay's hoose-keeper.

CHARLES. I am sorry. I thought you did ride home each weekend.

LORD S. I haena for twa year.

CHARLES. I have been away.

LORD S. I ken that. Weill, are ye comin oot hame nou? I hae a lot to say to ye.

CHARLES. I have ordered dinner.

LORD S. Ye can hae yer denner at hame.

CHARLES. I am sorry, father, but I have invited an old friend to join me.

LORD S. Invite him oot hame, or is he sic a close freind that ye dinna want to share him wi yer ain faither?

CHARLES. To be quite truthful, father, the person I have invited to dine with me is not so much an old friend as a party to my affairs.

LORD S. A pairty to yer affairs! And suld I no be a pairty to yer affairs as weill?

CHARLES. Yes, father.

LORD S. Then what wey suld this craitur meet ye here alane? What ploy hae ye afute atween ye? Explain yersell, sir.

CHARLES. Trust me for a few hours more, father, till I have seen the person, and I will explain everything.

LORD S. Na na, ye young deil, whan ye dinna want me to ken what ye're daein it's because ye ken that if I did I wad forbid it. Ye're up to something sleekit. What is it?

CHARLES. You are quite mistaken.

LORD S. Oot wi't. I dinna leave this room till I ken what's in the wind. Come on. Wha hae ye invitit here to jeyn ye at denner?

CHARLES. A member of the local Council.

LORD S. Eh! What member?

CHARLES. Bailie Gleg.

LORD S. The banker. Ye arena for borrowin siller?

CHARLES. Father, I did not even know he was a banker.

LORD S. He has a haund in everything. What is it ye want wi him if it isna siller ye're efter?

CHARLES. Father, I will be frank with you.

LORD S. It wadna gang amiss.

CHARLES. I told you a few days ago that I intended to go into politics.

LORD S. Ye did.

CHARLES. I am to stand for the local burghs.

LORD S. Ye're to whit!

CHARLES. It is almost completely arranged.

LORD S. It's whaat!

CHARLES. I did not wish to approach you with a half-prepared scheme.

LORD S. See here, my lad, hae ye the least idea in yer toom noddle what a sait in Paurliament costs?

CHARLES. Yes, father.

LORD S. Hou muckle?

CHARLES. In my case, very little.

LORD S. As muckle as ten thoosand pounds, sterlin.

CHARLES. In some extreme cases.

LORD S. Gey aften. But if it didna cost ten thoosand; if it cost eicht thoosand, or five thoosand, or twa thoosand itsell, dae ye think I could afford it? Hae ye the effrontery, ye young deil, efter flingin awa siller for three years in Europe, to ask me nou to pey yer wey into Paurliament. Hae ye forgotten Watson o Nether Affleck, the very man whause sait ye hae yer ee on? It was politics and naething else that took his last bawbee.

CHARLES. It may have been politics, father, but it certainly was not the cost of his election, for apart from two burghs the seat is in the gift of the Macalein Mor.

LORD S. Argyll, ye mean.

CHARLES. He is called the Macalein Mor by his adherents.

LORD S. I'm no ane o them. And he's willin ye suld hae the local burghs?

CHARLES. Yes.

LORD S. Has he said sae himsell.

CHARLES. Yes, I have just come from Inverary now. I was there with Sandy Lindsay in Lord Milton's party.

LORD S (*impressed*). Ye dinna let the gress growe aneth yer feet, I'll say that for ye. But there are twa burghs no in Argyll's pooch, ye say?

CHARLES. Yes, but one is Tallaside, where the provost is your own cousin, and the other is Lanerick itself here, where our family is so well known and esteemed.

LORD S. Ay ay, that wadna keep a wheen o them frae askin a gey bribe for their votes. Wha wad be staunin against ye?

CHARLES. I do not know, but he would be wasting his time.

LORD S. If he had gowd to fling awa he micht gie ye a fricht.

CHARLES. Not while opposing the Macalein Mor. The vote will be determined on grounds of personal influence, and the Macalein Mor's is stronger than any man's.

LORD S. He's growin gey auld and frail. He canna cairry on muckle langer.

CHARLES. His nephew Lord Bute will take his place, and I have his favour too, through my friendship with Home the dramatist.

LORD S (*admiringly again*). Dod, but ye hae it aa thocht oot.

CHARLES. Is it settled, then, father?

LORD S (*sharply*). What?

CHARLES. That I accept nomination?

LORD S. Faur frae it. I winna deny that ye show a sleekit kind o mind that wad prove a godsend tae ye as a politeecian, but ye still hae to convince me that ye can gang to Paurliament withoot bringin ruin on us baith. If it wasna the cost o his election that ruined yer predecessor, it was the cost o keepin up his poseetion. Had he no aye to keep giein denners and siclike, in aa the burghs year efter year, and fleein back and forrit atween here and London ilka time Paurliament lowsed, and had he no tae dress doun Sooth like a beltit earl, and ludge in the dearest pairt o the toun, and they tell me a single room on the grun flair in Westminster costs as muckle as a haill Edinburgh laund.

CHARLES. Yes father, but Watson was an old fool. He simply took it for granted that to sit in Parliament was to serve his country at considerable private expense. He never thought of regarding his expenditure on his seat as a profitable investment.

LORD S. That's haurdly the wey ane's supposed to regaird it, is it?

CHARLES. Do not mistake me, father. I do not mean that one should use one's position to further one's own interest only. Far from it. There are ways in which one can advance one's own interests and those of the community at the same time.

LORD S. Ay?

CHARLES. Think of Ramsay of Duntocher. His election cost him ten thousand pounds.

LORD S. Ay?

CHARLES. He was mortgaged up to the hilt, but in a few years he had cleared off all his debts and set himself up with two new properties, both of them twice as large as Duntocher itself, and models of their kind. How did he do it?

LORD S. I'm listenin.

CHARLES. By virtue of his position as Member of Parliament he was appointed to the Commission of Annexed Estates and had cheap access to unimproved land. He was appointed a Trustee of the Board of Manufactures and Fisheries, and could grant himself subsidies to establish mills and bleach-fields and curing stations. He became a Director of the British Linen Company[10] and the Bank of Scotland, and could lend himself money for the purchase of machinery and raw materials.

LORD S. Ye ken my views on Improvement, as ye caa it.

CHARLES. Father, surely you have changed them in three years.

LORD S. I haena.

CHARLES. You are a fanatic.

LORD S. I ken, and ye and yer like, toomin the countryside and herdin the puir folk into slavery, are miracles o wisdom.

CHARLES. The countryside is full of lazy wretches trying to protract their miserable existence by scratching the surface of pitiful little patches of stony run-rig which hardly bear sufficient grain to provide them with bad seed for the following year. Even if the land were properly cultivated it could hardly maintain a quarter of them.

LORD S. And hou dae ye propose to maintain them?

CHARLES. By providing them with work in manufactories.

LORD S. They canna mak their meat in manufactories.

CHARLES. They can make linen and woollen cloth.

LORD S. They canna eat claith.

CHARLES. They can wear it.

LORD S. They can mak eneuch claith for their ain backs by spinnin their ain woo and

---

10   A Scottish bank, founded 1746.

flax in their ain hames and takin their yarn to the wabster in the clachan that warks his ain loom at his leisure. Ye wad hae them aa hoondit into touns to slave themsells frae morn to nicht at ither folks beck and caa, wi yarn that daesna belang to them, on looms that dinna belang to them, for the smaaest pey they can be forced into takin. And whaur aa the time is their meat to come frae, or what little they can afford? Shairly frae the very grun they hae been cleared oot o.

CHARLES. Yes, enclosed and properly farmed.

LORD S. Ye said that properly fermed it wadna feed a quarter o them.

CHARLES. I exaggerated.

LORD S. Ye did that. I'll tell ye what wey ye and yer like think enclosures an improvement. It's because by clearin oot the cottars and using methods that let ye ferm withoot them ye can sell the craps for consumption aff the grun. But whan ye dae that ye brek the first law o guid fermin.

CHARLES. And what is that?

LORD S. That what comes oot o the grun suld gang back intil't. If aa the meat raised in the country is taen awa to feed folk in the touns and naething gangs back frae the touns bune the things made in mills and shops, the guid o the country yirth will be drained into the toun sheuchs. In less than a hunder years there'll be nae mouls left. The grun'll be like grush, wi nae growth in't. Scotland'll be a desert, and the touns'll sterve.

CHARLES. Oh father, come.

LORD S. I tell ye yer sae-caad Improvers'll be the ruin o Scotland, for they're no gaun to ferm it at aa, they're gaun to sook its life's bluid to swall their ain kytes. Dae ye ken what a fule thinks wi suld dae wi the Hielans? Toom them o folk athegither, and fill them wi sheep, because the country's best hope o prosperity lies in the woollen tred. Hou lang dae ye think the Hielans wad lest efter that?

CHARLES. What do you suggest would happen to them? Do you think they would disappear?

LORD S. The life in them wad disappear.

CHARLES. Some of the human life, of course.

LORD S. Ay, and the animal life and the vegetable life.

CHARLES. Really.

LORD S. Ay, really. Wha made the Sahara? Dae ye think it was God?

CHARLES. If not, who was it?

LORD S. Goats.

CHARLES. Goats?

LORD S. Ay, goats.

CHARLES. Father, what are you talking about? What possible connection can exist between goats in the Sahara and sheep in the Highlands?

LORD S. They baith hae the same kind o teeth.

CHARLES. Teeth! (*With the elaborate air of humouring a lunatic*) Oh, I see.

LORD S. Na, ye dinna see. Ye're ower thick in the heid. But toom the Hielans and fill them wi sheep and afore lang, I warn ye, ye'll hae anither Sahara.

CHARLES. But father, I have no desire to empty the Highlands and fill them with sheep.

LORD S. Ye're for the same wey o thinkin. Ye're for enclosures.

CHARLES. Enclosures will go on whether we like it or not. Your hatred of them is shared only by the cottagers who are likely to be evicted, and they have no powers of effective protest.

LORD S. Mair's the peety.

CHARLES. A peculiar statement, surely, to come from a judge.

LORD S. A man may conscientiously administer the law and yet regret that it isna different.

CHARLES. Your views are fantastic.

LORD S. Ye need pey nae heed to them if ye dinna want my help, but if ye dae they suld shairly be consideret. Dae ye want me to help ye to dae what I consider wrong?

CHARLES. I want you not to hinder me from doing what I consider right.

LORD S. Weill, staun for Paurliament. I winna hinder ye.

CHARLES. Will you continue my allowance?

LORD S. What wey suld I? And if ye think ye can staun fer Paurliament on the strength o yer allouance ye're wud athegither.

CHARLES. I do not agree.

LORD S. I could tell ye o ane or twa votes in Lanerick itsell here that wad hae tae be bocht.

CHARLES. They could be bought without money.

LORD S. Hou that?

CHARLES. By a grant from the Board of Trustees for a manufacturing project, or a commission in one of the services for a son or a nephew, or a clerkship perhaps, in a business house or a bank.

LORD S. And hae ye aa thae things in yer pooch ready?

CHARLES. I have friends who can obtain them for me.

LORD S. Wha?

CHARLES. Ramsay of Duntocher for one, and Sir Thomas Smollett of Benhill.

LORD S. Whaur did ye mak freinds wi them?

CHARLES. When I came through London. I frequented the British Coffee House with John Home. They meet there every day.

LORD S. And they're anxious to see ye back doun again?

CHARLES. Yes.

LORD S. They maun be gey fond o ye.

CHARLES. Well, we were all Scotchmen together.

LORD S. I thocht ye caaed yersells British.

CHARLES. Yes, but we were all from the same part of the country.

LORD S. Chairlie, I'm beginnin to think the country's juist a big den o corruption, but if it is ye were born to dae weill in it.

CHARLES. Do you mean that I may have my allowance?

LORD S. I'll gie ye yer allouance, and back ye to the tune o twa thoosand, on twa condeetions.

CHARLES. What are they?

LORD S. First, that if ye arena electit ye settle doun in Edinburgh wi John Douglas o Baldernock and wark hard tae mak yersell an advocate.

CHARLES. Father!

LORD S. Dae ye promise?

CHARLES. Yes father, certainly! There were two conditions!

LORD S. Ay. If ye are electit, there maun be nae enclosures or sae-caad improvements near Stanebyres. Ye haena heard amang yer freinds in London o onyane wi his ee on the Howe o Craigengelt?

CHARLES. The Howe of Craigengelt?

LORD S. Ay.

CHARLES. No, father.

LORD S. It's a lint-mill and a bleachfield he's efter. It wadna be Ramsay himsell, think ye?

CHARLES. Oh no, father. At least I do not think so.

LORD S. Ye micht write to him and ask him if he kens.

CHARLES. I will, father, certainly.

LORD S. At ance. I'm concerned. It wad be daein me a guid turn.

CHARLES. Yes father.

LORD S. I juist hope Leddy Athelstane's

brither gets his paurdon in time to put a stop to the affair.

CHARLES. Will he obtain it soon?

LORD S. I dinna ken. Ye'll be oot at Stanebyres afore nicht, then?

CHARLES. This afternoon, father. And father, I...

LORD S. Ay?

CHARLES. I am very grateful for this opportunity you have given me.

LORD S. I was ower fond o yer mither to deny ye anything ye hae set yer hairt on. Be shair tae be hame in time to mak a nicht o't.

CHARLES. Yes, father.

LORD S. And guid luck wi the Bailie. Watch him. He's caad the Burgh Thief.

CHARLES. Oh?

LORD S. Ay.

(*He leaves. Charles walks up and down the room, rubbing his hands with excitement. Siva enters from the closet, salaams, and goes out into the lobby. Charles stares after him. Mistress Baxter enters*)

BELL. Here's Bailie Gleg, sir. He's been waitin in the kitchen.

(*The Bailie enters*)

CHARLES. Ah, Bailie, I am glad to see you. Mistress Baxter, a mutchkin of brandy.

(*Lord Stanebyres is heard riding away*)

BAILIE. Thank ye, but I drink smaa yill.

CHARLES. Small ale, then, and brandy also.

(*Mistress Baxter leaves*)

CHARLES. Sit down, bailie. I hope you do not resent my asking you here at such short notice. I happened to be passing, and thought the opportunity too good to miss.

BAILIE. Ay.

(*Charles goes to the window and looks out rather furtively*)

CHARLES. It is dry for the time of year, fortunately.

BAILIE. Ay.

CHARLES. Cold, though.

BAILIE. Ay.

CHARLES. Though warm enough in here.

BAILIE. It wad be if that shutter wasna open.

CHARLES. Oh, do you feel a draught. I am sorry.

(*He closes the window shutter*)

BAILIE. Thank ye.

(*Mistress Baxter enters with the drinks*)

BELL. Will the Bailie be steyin for denner, sir?

CHARLES. Oh yes, Bailie. Will ye dine with me?

BAILIE. Gin ye'll paurdon me I'll juist dine at hame. My guid-faither's wi me the nou and I wadna like to offend him. He's dull o hearin, though, and gey dreich, sae I winna ask ye to jeyn us. I ken ye'll understaun.

CHARLES. Perfectly Bailie. You need say no more. (*To Mistress Baxter*) I will dine alone.

BELL. Thank ye, sir.

(*She leaves. Charles opens the door after she shuts it and looks through*)

CHARLES (*coming to the table and filling his glass*). Well, Bailie, your good health.

BAILIE (*lifting his tappit hen*). Guid health.

CHARLES. Regarding the project at Craigengelt.

BAILIE. Ay?

CHARLES. The report of the surveyors was favourable. Sir Thomas Smollett will form a company. Ramsay of Duntocher will see that the flat land in the Howe is sold to it at a reasonable figure. Sir Thomas will appeal to the Board of Trustees for a subsidy and to the British Linen Bank for a loan. Ramsay will see that these are forthcoming.

BAILIE. And whaur dae I come in?

CHARLES. You, if the prospect is agreeable to you, will be the managing director.

BAILIE. Nae mention o a salary?

CHARLES. Unfortunately not yet, but I feel sure, Bailie, that it will be an extremely attractive one.

BAILIE. It'll be a gey big job.

CHARLES. A tremendous job, Bailie. Tremendous.

BAILIE. Ay. And what, Maister Chairlie, dae I owe ye for aa this?

CHARLES. Bailie, you know that my sole concern in this matter is for the welfare of the district. I want to see the land made more productive and the people more industrious.

BAILIE (*drily*). Ay.

CHARLES. But with some people, particularly the older people, improvement is unpopular.

BAILIE. Ay.

CHARLES. With my father, for instance, who not only disapproves of it in general, but would have a particular objection to it at Craigengelt, because of his friendship with Lady Athelstane.

BAILIE. But what concern has she wi Craigengelt? Can she not get it into her thick heid that she's lost it?

CHARLES. Evidently not. However, since my father is so friendly with her, I do not wish it to be known that I have any connection with the company.

BAILIE. Oh.

CHARLES. No. I shall take shares, of course, from my address in London, and I shall aid the company, in due course, according to my promise, with a policy of enclosure at Stanebyres.

BAILIE. Ye hope to talk yer faither roun, then?

CHARLES. It will be possible, I think, with the mill an established fact, and its benefits self-evident.

BAILIE. I woner.

CHARLES. Oh yes. He is susceptible to intelligent persuasion. He has allowed me to accept nomination.

BAILIE. Na!

CHARLES. Yes.

BAILIE. Man, I'm gled. And nou we're comin to the peynt at last. What can I dae for ye?

CHARLES. All I ask, Bailie, is the support of your Council should you consider me a suitable representative.

BAILIE. I canna guarantee a clear majority. I telt Sir Tammas. Ye'll hae to buy the Provost and auld Bailie Doig.

CHARLES. Just what I wanted to discuss, Bailie. I should prefer, of course, if they could be persuaded to give me their support without the passing of any sums of money.

BAILIE. I daursay.

CHARLES. I do not wish to lay myself open to charges of corruption.

BAILIE. Na.

CHARLES. However, if I can help in other ways.

BAILIE. Ay. Weill Doig has a son a Meenister, the Reverend William Doig o Kirklinton. A scholarly fella. Educated at Edinburgh and Leyden. A Doctor o Divinity and I think a Doctor o Letters. A weill qualified man.

CHARLES. Yes.

BAILIE. Weill, it seems there's gaun tae be a vacancy sune at Glesca in the Chair o History, and if I'm no mistaen, ye were ance gey friendly, were ye no, wi young Mister Lindsay o Aberlady, the Moderate.

CHARLES. We are friendly still. He was here with me, in this room, less than half an hour ago. We had just come together from Inverary.

BAILIE. Inverary!

CHARLES. Yes, we were there in Lord Milton's party.

BAILIE. Oh? Weill, there ye are. Could ye no ask young Mister Lindsay to ask Lord Milton to recommend this Doig to the Duke o Argyll.

CHARLES. Is the chair in the gift of the Crown?

BAILIE. Ay. Young Mister Lindsay winna hae a notion o the chair for himsell, will he?

CHARLES. Not the Glasgow chair. He might have considered Edinburgh.

BAILIE. What dae ye think, then?

CHARLES. I will do what you ask, Bailie. In addition, I will ask my friend Home the dramatist to approach Lord Bute.

BAILIE. Lord Bute!

CHARLES. Yes. Home is his secretary.

BAILIE. Dod, Maister Chairlie, and to think that afore ye gaed awa ye haurdly kent a sowl. The maitter's as guid as settled then?

CHARLES. I shall be surprised if this Doig person fails to deliver his inaugurual lecture within the next few months. You will, of course, let me have full details of his career and qualifications.

BAILIE (passing a paper). I hae them here.

CHARLES. Oh. Thank you.

BAILIE. And nou the Provost.

CHARLES. Oh yes, the Provost.

BAILIE. Hae ye ony influence wi the East India Company?[11]

CHARLES. I know Webster of Duneden, a proprietor and director.

BAILIE. Dae ye ken him weill? Wad he dae ye a favour?

CHARLES. I believe he would.

BAILIE. The provost wants a cadetship for his sister's laddie.

CHARLES. In the East India Company! Why? The Airmy would be simpler. Or the Navy.

BAILIE. He sayd a cadetship in the East India Company is worth a hunder commissions in the Airmy or Navy.

CHARLES. I daresay, but these cadetships are very much sought after and their number is limited.

BAILIE. It's a cadetship he's efter.

CHARLES. I will do my utmost to obtain it for him. But I forsee difficulty. I feel much more certain of the chair in history.

BAILIE. If ye canna get him the cadetship, Maister Chairlie, he'll tak twa hunder pounds.

CHARLES (staggered). Oh. I hope it need never come to that, Bailie. I particularly wish to conduct my campaign without resort to bribery.

---

[11] Scots at this time were beginning to gain access to the company. Many used the riches gained in newly conquered East Bengal to buy land at home.

BAILIE. I'm tellin ye juist what the Provost said.

CHARLES. I understand, Bailie, and you think you can guarantee a majority if these matters are adjusted?

BAILIE. I think sae. I think sae. A bit jollification at the Cross Keys here whiles, whan ye were bidin close bye wadna create ony ill feelin, mind ye.

CHARLES. Quite, Quite. I will keep that in mind.

BAILIE. I think it wad pey ye. Weill, it's time I was gaun.

(Siva enters from the lobby, salaams to each in turn and enters the bed-closet)

BAILIE. Guidsakes.

CHARLES. There is a Nabob staying here, prior to setting up house at Meikle Craigtarson. That is his servant.

BAILIE. Oh.

CHARLES. Have you not seen the man?

BAILIE. Na.

(Mistress Baxter enters hurriedly)

BELL. Paurdon me, sirs, but are ye no dune yet. Maister Chairlie, come to the kitchen like a guid callant. I'm shair the Bailie likes it better in the kitchen onywey. I'm shair ye dae, Bailie?

CHARLES. Have you gone mad?

BELL. The Nabob's on his wey doun the vennel, and he's peyed for this room. Come on, Bailie, if ye dinna want him flytin at me. Come on, Maister Chairlie.

CHARLES. The Bailie is about to leave, but I will remain, and I hope you will allow me to explain my presence to the Nabob in my own way. Good morning, Bailie.

BAILIE. Guid mornin.

BELL (as he leaves). Guid mornin. Nou Maister Chairlie, are ye gaun to be sensible?

CHARLES. Will you please address me properly? I am not 'Maister Chairlie'. I am 'Sir'.

BELL. Sir, then. Are ye gaun to be sensible? If ye kent what the Nabob was like ye wadna risk a collieshangie wi him.

CHARLES. He will know better than to be offensive with me.

BELL. Man, ye're juist a bit laddie. He could grab ye by the dowp wi ae haund and fling ye through the winnock. I see it's shut again. It's juist as weill.

CHARLES. Will you try to compose yourself, woman, and leave me in peace.

BELL. For the last time, Maister Chairlie, will ye come to the kitchen?

CHARLES (beside himself). No, woman! Go!

(*The Nabob enters*)

NABOB. What's this?

BELL. Oh sir, it's Lord Stanebyres' son Chairlie, new back frae abroad and fou o his ain importance, and he wadna listen whan I telt him to come to the kitchen.

CHARLES. Be off, woman, and leave the explanation to me.

BELL. I'll dae nae sic thing. Ye maunna think, sir, that he wad hae won in here if ocht I could hae dune wad hae keepit him oot.

NABOB. Awa wi ye.

BELL. Ay, sir.

(*She leaves hastily. At the same time Siva comes from the bed-closet and salaams to his master*)

CHARLES. Allow me to explain, sir.

NABOB. Hoot, my lad, ye needna bother. I can see as faur as the peynt o my ain neb. (*He goes to the chair and sits. Siva stands immediately behind him*)

CHARLES. There was no other accommodation suitable for a gentleman, sir.

NABOB. Say nae mair. Will ye jeyn me in a gless o wine. I hae some Madeira I can recommend.

CHARLES. Oh, thank you, sir.

NABOB (*clapping his hands and bringing Siva to his side*). Dram.

(*Siva retires to the bed-closet*)

CHARLES. Do you mind if I dine in this room, sir?

NABOB. Dae ye like curry?

CHARLES. I am not acquainted with it. It is hot, is it not?

NABOB. Gey, but ye get used to it. Try some the-day.

CHARLES. It is very kind of you, I am sure, but I do not wish to impose myself upon you.

NABOB. It'll be nae imposeetion.

(*As Siva returns from the bed-closet with a tray, decanter and glass there is a commotion outside. A carriage is arriving followed vociferously by all the children of the burgh*)

NABOB. That soonds like a cairriage. If aa the roads to this place are like the ane I traivelt it'll hae haen a gey shougle. (*He rises and goes to the window*) Guid God, weemen! And a sodger! I can say fareweill to the paurlor nou, I dout. What wey did they hae to come the day, I woner.

CHARLES (*startled by what he has seen from the window*). Sir, if you will excuse me I will change my plans, I will dine at home. You are going to be pressed for space here,

I can see, and I still have time to arrive before the cloth is removed.

NABOB. Please yersell, my lad, but hae yer gless o wine.

CHARLES. Really, sir, if you will excuse me I'll take my leave.

NABOB. Man, what wey? The wine's poored oot for ye.

CHARLES (*looking feverishly towards the door, then resigning himself*). Well, sir, if you insist. Your health, sir.

(*He takes the glass from Siva and drinks*)

NABOB. That's richt. There's nae need to be frichtent awa by twa weemen.

CHARLES (*returning the glass to Siva*). Thank you, sir. An excellent wine, sir. And now, sir, if I may take my leave.

(*Mistress Baxter enters. Charles is caught and retreats upstage*)

BELL. Juist come in, my leddy, and I'll speir at him. (*To the Nabob*) Oh sir, here's my Lady Athelstane, that used to be Miss Girzie Carmichael o Craigengelt.

(*Lady Athelstane enters*)

LADY A. Chairlie Gilchrist!

CHARLES. Good morning, my lady.

(*The Nabob stares at him. Kate and Sidney Simkin appear behind Lady Athelstane*)

LADY A. I'm shair ye didna ettle to see me here.

CHARLES. It does surprise me, my lady.

LADY A. And Kate. See wha's here.

KATE. Chairlie! (*Charles bows stiffly*) Guid mornin... Captain, I think ye hae met Chairlie Gilchrist.

SIDNEY. I have, yes.

(*He bows. Charles bows stiffly in return*)

LADY A (*to the Nabob*). Guid mornin, sir.

NABOB. Guid mornin, my leddy. My name's Auchterleckie. My faither was meenister o Craigengelt at ae time, and I saw ye whiles, frae the manse pew, whan ye cam to hear him preach.

LADY A. I mind o him, puir man. And I mind o ye tae. Whaur hae ye been aa this time?

NABOB. In East India.

LADY A (*looking round*). And nou ye're back wi a black man and a dizzen kists burstin wi precious stanes. Weill, weill, it's a peety yer auld faither couldna hae seen ye like this. Are ye for settin up hoose here?

NABOB. I hae bocht Meikle Craigtarson.

LADY A. Meikle Craigtarson! Then we'll hae ye for a neibor. (*Charles raises his eyebrows*) Ye mebbe dinna ken, but my faither was killed at Culloden, and my brither had to flee abroad, and Craigengelt was annexed.

NABOB. I heard for the first time last nicht, my leddy, and I felt hairt sorry for ye.

LADY A. It was kind o ye, sir, but there's nae need nou for yer sympathy. My brither's comin hame. He's been paurdont. (*Charles registers consternation*)

BELL (*joyfully*). Oh Miss Girzie!

LADY A. Ay, Bell, paurdont.

BELL. And ye're aa comin hame again?

LADY A. Ay.

NABOB. I'm shair ye feel it deeply my leddy. Mebbe I suld tak mysell awa.

LADY A. Na na.

BELL. If ye could mak dae wi the closet itsell the nicht, sir, I could hae the bed in here for the twa leddies. Yer servant could sleep in the stable laft.

NABOB. My leddy can command ony accommodation she wants. I'll tak what she leaves.

LADY A. Thank ye, sir. I'm sorry tae be sic an inconvenience to ye, but I juist had to come the meenit I heard the guid news. It's been a wild drive athegither, but we're aa safe here, thanks to Captain Simkin. (*The Captain and the Nabob bow*) Twice he gart the coachman gang forrit whan the paltry couard was feart to risk his aixle trees. But I'll hae to rush to the Castlegait to catch Bailie Gleg afore he sterts his denner. I canna wait to tell him what's happened.

BELL. I'll send oot stable Tam for Bailie Gleg, my leddy.

LADY A. Na, na, ye winna. I want tae see the effect o my news at first haund. Ye'll bide and hae denner wi us, Captain?

SIDNEY. Thank you, my lady.

LADY A. We'll leave ye the nou, then. Come on Kate, yer legs'll need a streitch efer aa that sheuglin. (*Kate rises*) We'll be back in hauf an hour, Bell. Ye'll pardoun us, sir? (*The Nabob bows*) And Chairlie? We'll see ye at denner tae, will we, or were ye juist caain in on yer wey oot to Stanebyres?

CHARLES. Yes, I was just about to leave when your carriage arrived.

LADY A. Oh what a peety. Could ye no cheynge yer mind?

KATE. Ay, shairly.

CHARLES. My father expects me.

LADY A. Oh.

CHARLES. Do I understand that Craigengelt has been restored to you?

LADY A. Ay, Chairlie. Is it no juist ower guid to be true? Oor auld hame back, efter

aa thae years. I'm awa nou to Bailie Gleg to seek the hoose keys. He's been the factor for the Commission sin the place was lost and a gey life he's led the puir cottars. But his day's bye nou. Juist wait till I lay my tongue on him. On, Kate, oot wi ye. (*They leave*)

BELL. I can hae this room the nicht, then, sir?

NABOB. Ay ay.

BELL. Thank ye, sir. (*She leaves*)

NABOB. Weill Captain, we were juist gaun to hae a gless o Madeira whan ye cam forrit. Wad ye care to jeyn us?

SIDNEY. You are most kind, sir. I thank you. (*The Nabob claps his hands and indicates Sidney. Siva offers Madeira in the glass which Charles has just returned to him. Charles bows to the Nabob as Sidney takes the glass*)

CHARLES. I must wish you good morning, sir.

NABOB. Eh!

CHARLES. And (*to Sidney*) you, sir. Good morning. (*He leaves abruptly*)

NABOB. I canna mak him oot. He was gaun to bide for his denner afore the cairriage brocht ye.

SIDNEY. The young lady, sir. They were friends once.

NABOB. Oh, jealousy?

SIDNEY (*modestly*). Well...

NABOB. I see. Weill, Captain, drink up.

SIDNEY. Your very good health, sir.

NABOB. Thank ye.

SIDNEY (*pausing*). Delicious.

NABOB. I'm gled ye like it.

SIDNEY (*having finished and handed his glass to Siva, who fills it for the Nabob*). A pleasant change from the everlasting claret in this part of the world. You are from East India sir?

NABOB. Ay. (*Taking the glass from Siva*) Yer health, Captain.

SIDNEY. Thank you, sir. You have come back to visit the scenes of your childhood?

NABOB (*pausing in his drinking*). Ay.

SIDNEY. You have been a long time away?

NABOB (*as before*). Twenty-twa years.

SIDNEY. A long time indeed. Are you glad to be back?

NABOB. Na.

SIDNEY. You preferred East India?

NABOB (*handing the glass back to Siva who

fills it for Sidney). Ay. It was as near to paradise as onything a man could imagine.

SIDNEY. A land of great wealth, they say?

NABOB. Past coontin.

SIDNEY. Indeed. (*Accepting glass from Siva*) Thank you. Your health again, sir.

NABOB. Thank ye.

SIDNEY (*having sipped*). I should have thought you would find the climate unpleasant.

NABOB. It was nae waur nor this ane. Ane could aye gang to the hills in the hot season, and come doun again in the cauld.

SIDNEY (*as before*). But the people? Did they not resent you? Did you not find them treacherous?

NABOB. Nae mair treacherous nor some o the folk at hame here.

SIDNEY (*as before*). Really? But they were different, surely. Could they offer you companionship? Intelligent companionship, I mean.

NABOB. Some o the princes were men o wide interests and great culture.

SIDNEY (*pausing abruptly in the middle of a sip, surprised*). Culture! Culture! Indeed! Of what sort?

NABOB. Music. Art. Literature.

SIDNEY. Literature! But surely? In East Indian?

NABOB. In Persian and Sanskrit.

SIDNEY. And you could share their appreciation of such literature?

NABOB. Oh ay. I fand I had the knack o pickin up the different tongues withoot any bother.

SIDNEY. It seems amazing, sir, in one who, you will pardon me I hope, if I say anything to offend; it seems amazing in one…

NABOB. I ken what ye're trying to say Captain. It seems extraordinary in ane wha hasna taen the bother to learn to speak English.

SIDNEY. Exactly what was in my mind, sir.

NABOB. I kent it. Weill, Captain, I hae mair sense nor waste my time. Did ye no hear the young birkie we had in here the nou? Whan a Scotsman tries to speak English it's past tholin.

SIDNEY. Past what, sir?

NABOB. Nae maitter. (*Impatiently*) Come on, Captain, drink up.

SIDNEY. I beg your pardon!

(*He gulps the remaining wine and hands the glass to Siva, who fills it for the Nabob*)

NABOB (*taking glass*). Yer health, Captain.

SIDNEY. Thank you. (*As Nabob drinks*) In one respect you would find life in East India incomplete. There would be no white women?

NABOB (*pausing in his drinking*). Na.

SIDNEY. That is really why you came home I suppose: to marry?

NABOB. (*as before*). Na na. I was weill eneugh mairrit oot there.

SIDNEY. Oh. You had a dark wife?

NABOB (*as before*). I followed the custom o the country sir, I had thirteen daurk wives.

SIDNEY. Thirteen!

NABOB. Ay, thirteen.

SIDNEY. Expensive, surely.

NABOB. Oot there ane could afford it.

SIDNEY. You would be spared the necessity of providing each with her carriage and pair. Or perhaps you did have good roads?

NABOB. Na, juist jungle tracks. But I had to gie ilka ane her ain elephant.

SIDNEY. Elephant!

NABOB. Ay, and a bonnie sicht they made whan they took the air, the thirteen in a raw. Ye ken, it broke my hairt to leave them.

SIDNEY. You could hardly have brought them home with you.

NABOB. I thocht o it, then decided against it. It was a sair twinin. A sair twinin.

(*He empties the glass and hands it to Siva who fills it for Sidney*)

SIDNEY. If you will excuse my asking, sir, why did you leave a country to which you are so deeply devoted?

NABOB. Politics, Captain.

SIDNEY. Politics? (*Accepting glass*) Oh thank you. Your health again.

NABOB. Thank ye.

SIDNEY (*having sipped*). You said politics?

NABOB. Ay. There's been a split in the Company ower oor policy oot there.

SIDNEY. You mean the East India Company?

NABOB. Ay. Some o us are for leavin the country to be governt by its ain princes. Ithers are for makin it a British dependency.

SIDNEY. You prefer the former alternative?

NABOB. I dae. There'll be a gey drain on the profits o the tred oot there if the British Croun sterts to tax it to pey sodgers to keep order.

SIDNEY. But surely, sir, without order there can be no trade?

NABOB. Let the princes keep order. It's their job.

SIDNEY. I see. And you have come home to promote your cause in some way? To influence ministers perhaps? Surely London would have been the most suitable place for such a purpose?

NABOB. Ye're quite richt, Captain. It's to London I'm gaun. I'm staundin for Paurliament.

SIDNEY. For this shire?

NABOB. Na, for the burghs.

SIDNEY. Indeed? Are you known to gentlemen of influence here?

NABOB. Na na, and what daes it maitter. The ae gentleman wi ony influence was the Duke o Argyll. O the five burghs he had his thumb on three. But to be shair o ane o them he needit a freind in Nether Affleck, whaur the auld member Watson used to bide, and Nether Affleck's been broken up amang Watson's creditors.

SIDNEY. Oh?

NABOB. Ay, sae the Duke, ye see, controls juist the twa burghs nou, and in the ither three the folk I hae to win roun arena gentry, Captain, but tounsfolk in tred. And naething cairries wecht amang tounsfolk in tred, Captain, like a guid deep pooch.

SIDNEY. A what, sir?

NABOB. A guid deep pooch. Pocket. Purse.

SIDNEY. But surely, sir, that would amount to... eh...

NABOB. Bribery, Captain. The ae wey to win an election. And he wad be a gey bien craitur that bate me. Dae ye see thae kists? Thae boxes?

SIDNEY. Yes.

NABOB. They're fou o lacs.

SIDNEY. Lacs?

NABOB. Gowd, Captain. Gold.

SIDNEY. Oh I see. I see.

NABOB. For flingin aboot. For shouerin aroun. I'm buryin ilka provost, bailie, deacon and cooncillor in the burghs o Lanerick richt up to the neck in it.

SIDNEY. How pleasant for them, and really, sir, from what little I know of politics I do not feel I can really blame you for the method you adopt, and though I know too little to be able to form an opinion as to the most desirable future for East India, why, sir, I like your wine, sir, and I drink to your good fortune.

NABOB. Ye needna fash wi fortune, Captain. Ye can offer yer congratulations. The election's as guid as ower nou.

SIDNEY. Indeed?

NABOB. Ay. O the three burghs gaun beggin I hae twa bocht up to the hilt. Lanerick here's the last I hae to deal for. And what, Captain, wad be the price o the Provost, think ye?

SIDNEY. What?

NABOB. A cadetship in the East India Company.

SIDNEY. For himself!

NABOB. For his sister's laddie.

SIDNEY. Oh I see. And is that possible?

NABOB. Possible! Naething could be mair in my line. It'll save me aboot five hunder pund.

SIDNEY. Really.

NABOB. Ay, Captain, it will that.

(*Bell Baxter enters*)

BELL. Paurdon me, sir, but Provost Purdie's in the kitchen closet wi his sister Kate's laddie Tam Findlay. I askit him to fetch him ben but he wadna hear tell o't. He kens I hae mair nor yersell here.

NABOB. Tell him I'll be but the hoose at ance.

BELL. Ay, sir. Shairly.

(*She goes*)

SIDNEY. If you wish me to retire, sir.

NABOB. I wadna hear o't, Captain. Juist bide here and tak yer gless.

SIDNEY. But I assure you.

NABOB. Na na, Captain, ye hae the leddies to wait for. I'll see my man ootbye.

SIDNEY. You are most kind, sir.

NABOB. Hoots, awa, man. Tak yer gless.

SIDNEY. Thank you, sir. Thank you. I drink to the new member for Lanerick Burghs.

NABOB. Thank ye, Captain. Thank ye. (*Turning to the door as Sidney drinks*) Ye can toom the decanter to that ane.

(*He leaves. The Captain takes the glass from his mouth, registers pleasure, and resumes drinking. Siva takes a step closer with the tray, ready to receive the glass for replenishment*).

CURTAIN

ACT THREE

The room which was the scene of Act One, a year later.

Lady Athelstane enters from the garret stair and goes to the table. She is elaborately groomed and dressed, as if for a more than special occasion.

LADY A. Kate!

KATE (*coming in from the piazza, also exquisite*). Ay?

LADY A. Nae sign yet?

KATE. Na.

LADY A. Weill, we're ready for him, let him come whan he likes. Hae ye tried yer shortbreid?

KATE. Ay, it's aa richt. It'll dae.

LADY A. Guid. Is my hem even?

KATE. Ay.

LADY A. Is my hoop level?

KATE. Ay.

LADY A. My bodice isna ower ticht?

KATE. Na.

LADY A. I haena ony hairs stragglin?

KATE. Na.

LADY A. I mebbe look a wee thing wan, though.

KATE. Ye arena wan. Ye're flushed, if onything.

LADY A. Flushed! Oh dear me.

KATE. Oh no reid. Juist a sparkle. It becomes ye. It maks ye bonnier. It daes.

LADY A. Kate, is that the truith?

KATE. Ay, it's the truith, though hou ye can sae faur fash yersell for a brither I dinna ken. If it had been an auld jo ye were toshin yersell oot for it wad hae been anither maitter.

LADY A. Dinna be joco, Kate. It's ower solemn for that. It's saxteen year sin I last saw him.

KATE. I'm shair ye winna ken him. Ye can say what ye like.

LADY A. I feel I will. Aa the time he's been awa I hae been able to see him. But there's ae thing daes worry me, I will say.

KATE. What's that?

LADY A. It wad be such a disappeyntment if he had taen to talkin English, like sae mony o the rest o them that hae been awa for a while.

KATE. I hadna thocht o that.

LADY A. I hadna thocht o it mysell till this mornin, then whan I heard that Sawney Lindsay and Doctor Dowie had won back frae London it cam ower me in a flash that my brither micht be smittlet tae.

KATE. He weill micht.

LADY A. On the ither haund he's been in Germany maist o the time, talkin German, nae dout.

KATE. Weill, auntie Girzie, we'll sune see.

LADY A. The coach is late.

(*They go out into the piazza. Jock enters and puts a few platefuls of biscuits and scones on the table. Otherwise, everything is ready for tea. Suddenly Lady Athelstane comes to the piazza opening*)

LADY A. Oh ye're there, Jock. Here's Baldernock. Mind that he's on the Bench nou, and ye maun caa him 'My Lord'.

JOCK. Ay, my leddy.

LADY A (*to Kate, out of sight in the piazza*). Keep watch. I'll see Baldernock oot as sune

as I can. I wish I had been able to let them aa ken no to caa the day.

(*A rasp from the tirling pin. Jock goes to the door and opens it*)

JOCK (*grandly*). Lord Baldernock!

LADY A. Guid efternune, my lord.

BALDERNOCK. Guid efternune, my leddy.

LADY A. Eh! Say that again.

BALDERNOCK (*puzzled*). Guid efternune?

LADY A. Sae ye're dune wi the English?

BALDERNOCK. Oh I see. (*Rather shamefacedly*) Ay.

LADY A. Efter yammerin and yatterin for months in front o a gless? Efter learnin aa yon lists of Scotticisms? Efter peyin Sheridan aa that siller?

BALDERNOCK. Ay.

LADY A. Dear me. What wey?

BALDERNOCK. Weill, I dinna hae to fash nou wi the Hoose o Lords, and on the Bench at hame here I can speak as I like.

LADY A. Sae it's Scots ye'd raither speak?

BALDERNOCK. I fin it a lot easier. I took up the English ower late, I dout.

LADY A. Weill, I'm gled, for to tell ye the truith, Baldernock, ye soundit gey silly. (*As Baldernock looks hurt*) Nae sillier, mind ye, nor ony o the ithers. But gey silly.

BALDERNOCK. I felt gey silly.

LADY A. It's bye wi nou then. (*Taking tea*) Thank ye, Jock.

BALDERNOCK (*likewise*). Thank ye.

LADY A. The shortbreid, Jock.

JOCK. He'd suner hae a scone, my leddy.

LADY A. I said the shortbreid. Ye're jealous.

JOCK. Me! Jealous! O miss Kate! What wey suld I be jealous? Hae I no been bakin aa my life? Has she no juist stertit?

LADY A. Haud yer tongue, will ye, and offer Lord Baldernock some shortbreid. It's Kate's, my lord.

JOCK. Watch yer teeth, my lord. It's gey teuch. She hasna juist picked up my licht touch yet whan she's mixin the floor and the creish.

LADY A. Jock Carmichael, will ye haud yer tongue. Tak tea ben to Miss Kate in the winnock.

BALDERNOCK (*with a note of disappointment*). Kate's there, is she?

LADY A. Ay, she's watchin for the London coach. My brither suld be on it.

BALDERNOCK (*making half-heartedly to rise*). Oh, yer brither. In that case I mebbe suldna bide.

LADY A. Tak yer tea. There's nae hurry.

BALDERNOCK (*subsiding*). Ye're shair, nou?

LADY A (*as Jock goes out with Kate's tea*). Weill, it's no forrit yet, and it'll tak him a while to win here frae the White Horse Cross.

BALDERNOCK. Dae ye no want to gang doun and meet him?

LADY A. I hae sent doun a caddie. I'd raither meet him here in my ain hoose.

BALDERNOCK. Ye'll be skeerie a wee?

LADY A. Ay.

BALDERNOCK. I wish I had kent. I wadna hae come.

LADY A. It canna be helpit. Juist tak yer time.

BALDERNOCK. Ye see, there was something I wantit to ask ye.

LADY A. What?

BALDERNOCK. I'd better wait, I think, till anither time.

LADY A. Ye micht as weill ask when ye're here.

BALDERNOCK. Na na. (*As Jock enters from the piazza*) Na, I think I'd better wait.

LADY A. Yer mainner's gey queer, Baldernock. What's come ower ye? Jock, awa to the kitchen.

JOCK. What if the General comes?

LADY A. I'll caa ye.

JOCK. Aa richt, but dinna blame me if he's keepit staunin.

LADY A. Awa to the kitchen.

JOCK. Ay, my leddy.

(*He gangs*)

BALDERNOCK. The General?

LADY A. Ay, my brither.

BALDERNOCK (*rising in alarm*). Is he a general?

LADY A. Oh he's mair nor a general. It seems the Germans were sae weill pleased wi him that they made him a count as weill.

BALDERNOCK. Dear me.

LADY A. What was it ye wantit to ask me?

BALDERNOCK. Oh, naething.

LADY A. Havers. There was something. What was it?

BALDERNOCK. I was fulish to think o't.

LADY A. To think o what?

BALDERNOCK. Ye're ower weill conneckit.

LADY A. Eh?

BALDERNOCK. I thocht whan I was raised to the Bench that ye micht conseeder me, but if yer brither's a count and a general there's nae mair tae be said.

LADY A. Sit doun, Baldernock. Dae ye mean tae tell me ye were gaun to propose.

BALDERNOCK. Ay.

LADY A. Weill, weill. Wha wad hae thocht it?

BALDERNOCK. It's useless, I suppose.

LADY A. I see naething against the match on the grund o difference in station.

BALDERNOCK. Na? But there's nae hope?

LADY A. Baldernock, I'm sorry, but I dout there isna. It's my brither, ye see. Aa the years he's been awa I hae lookit forrit to the day whan we micht gang back thegither to oor auld hame to lead the auld life again amang oor ain folk. It was a dream I didna daur hope wad come true, but it's comin true nou. I hae been oot hame and made the hoose ready, and in a week or twa I gang back to it to bide. I hae been cantie here, mind ye, and haena wantit freinds, but the Craigengelt folk need me, and sae daes my brither, and I canna deny them.

BALDERNOCK. Weill, Girzie, sin ye canna tak me I'm gled ye'll be leavin the toun. I couldna thole to ken ye were here and me no be able to caa in and see ye.

LADY A. Hoot, man, what wad there be to hinder ye frae caain in if I did bide on?

BALDERNOCK. I wadna be able. It wad brek my hairt.

LADY A. Ach ye're juist an auld blether. Gin ye dinna pey a caa at Craigengelt whiles I'll be gey ill-pleased.

BALDERNOCK. Na na, Girzie, this is the end.

LADY A (*facetiously*). Dear me. Is it as bad as aa that?

BALDERNOCK. Hou daur ye, wumman!

LADY A. Baldernock!

BALDERNOCK. I'd better gang.

LADY A. Ye'll caa afore I leave the Toun, though?

BALDERNOCK. Na, I tell ye!

LADY A. Oh.

BALDERNOCK. Guid efternune, Girzie.

LADY A. And I winna eir see ye again?

BALDERNOCK. Na.

LADY A. Guid efternune.

(*Lord Baldernock fumbles his way out. Lady Athelstane sits down tearfully. Jock enters*)

JOCK. I heard the door… What's wrong, my leddy.

LADY A. Awa tae the kitchen and bide there till ye're caaed!

JOCK. Ay, my leddy.

(*He goes. Kate enters from the piazza*)

KATE. What's wrang, auntie Girzie? Auntie, hae ye been greitin? Was it Baldernock?

LADY A. Ay.

KATE. What has he been sayin to ye?

LADY A. He proposed.

KATE. Did he? Is this the first time?

LADY A. Ay.

KATE. Oh. I thocht they aa proposed fower times a year.

LADY A. Stanebyres daes. No Baldernock.

KATE. Ye didna want him, did ye?

LADY A. Na.

KATE. And ye didna tak him?

LADY A. Na.

KATE. Then what are ye greitin for?

LADY A. He's been sic a guid freind.

KATE. Weill, he isna deid yet.

LADY A. He's gaen for guid.

KATE. He'll be back afore the week's oot.

LADY A. He winna. And I didna ken till he gaed through the door hou sairly I'll miss him. I'm gaun to miss them aa, Kate, whan we win hame to Craigengelt.

KATE. I daursay, though some o them'll ride oot to see ye whiles, shairly.

LADY A. It's no juist the same as drappin in for a cup o tea whan the Coort skails. Oh dear me, is it no queer that whan ye hae what ye hae aye wantit ye begin tae want what ye hae aye haen?

KATE. I whiles feel like that tae. Auntie Girzie?

LADY A. Ay?

KATE. I'm gaun to tak Sidney Simkin.

LADY A. Oh dinna stert on that the-day again.

KATE. What wey no? If ye can talk aboot yer ain men freinds, shairly I can talk aboot mine.

LADY A. Need ye the day?

KATE. Ye seem to forget that I'll be leavin the Toun here tae, and I'm juist as likely to miss the men as the like o yersell, that suld be ower auld to be concerned aboot them.

LADY A. Oh.

KATE. Ay. And I dinna see what wey ye suld be saw deid set against me takin Sidney Simkin, whan ye ken gey weill that young Chairlie Gilchrist has juist stertit to pey coort again because he's nearly ruint his faither.

LADY A. He hasna.

KATE. He has. Their grun's mortgaged.

LADY A. Stanebyres'll sune clear that aff.

KATE. Wi Chairlie hingin roun his neck like a millstane?

LADY A. It winna be lang afore the laddie's an advocate.

KATE. And it'll be years efter that afore he's makin a bawbee.

LADY A. Havers.

KATE. It will, and weill ye ken it. And aa the time till then he'll be a drain on his faither, unless he mairries a fortune.

LADY A. Hoots lassie, the laddie's haen his lesson. He's gaun gey cannily noo.

KATE. What! Dae ye think he wadna brek oot into wild extravagance again if he could lay his haunds on the siller? Ye dinna ken him, auntie, and I dae. I tell ye that if I mairrit him in the morn it wadna be lang afore my tocher gaed the same gait as the siller that was raised on Stanebyres. He'd be for takin up politics again.

LADY A. It wasna his faut that the Nabob had sae muckle siller.

KATE. He suld hae haen mair sense nor staun against the man.

LADY A. He didna ken he was against the man till it was ower late.

KATE. Auntie Girzie, what maks ye tak his side like this? Ye're aye tryin to stam him ben my thrapple. Ye canna thole him yersell, and ye ken it, yet ye aye tak his pairt.

LADY A. Ye're richt, lassie. I canna thole him mysell. But he has guid bluid in him, and ye micht mak something o him yet. Ye were geyan freindly wi him whan ye were baith bairns.

KATE. That was afore he cam back tae Scotland and sterit to look doun his neb at me because I didna screw my mou up and yatter like himsell.

LADY A. Ay weill, he daesna look doun his neb at ye nou, and ye mebbe dinna feel sae ill at him as ye try to mak oot.

KATE. Dae I no? I'll show him that though I dinna speak English mysell, and dinna want to aither, I can aye catch a man that could teach him.

LADY A. If ye think ye'll hae ony pleisure in mairryin Sidney Simkin juist to teach Chairlie Gilchrist something, ye're faur wrang.

KATE. What's wrang wi Sidney Simkin?

LADY A. Ye ken naething aboot him.

KATE. I ken him weill eneuch to like him better than Chairlie.

LADY A. Sae ye say.

KATE. And ye dinna believe me!

LADY A. Na I dinna believe ye!

KATE. Ye'll believe me yet, then, for I'll tak Sidney Simkin. I'll tak him if he caas this efternune.

(*A rasp at the tirling pin*)

LADY A. Dear me, wha's that? (*Suddenly aghast*) We hae forgotten the coach!

KATE. The General!

LADY A. Jock!

KATE. Open it yersell.

LADY A. I'm feart. (*As Jock enters*) The door, Jock. (*The door is knocked at furiously*) Hurry.

(*Jock opens the door as the two women look expectantly and rather fearfully from remote corners of the room. The General walks in, Jock looking on with the door held open. The General looks at both women in turn, then addresses Kate*)

GENERAL. Girzie!

LADY A. I'm Girzie.

GENERAL. Oh. (*Looking at her critically*) Ye're aulder.

LADY A. Ye're aulder yersell.

GENERAL. Ay. (*By way of apology*) It's been a lang time.

LADY A. Ay.

GENERAL. Weill, here I am.

(*They kiss*)

LADY A. This is Kate Mair, Jean's lassie.

GENERAL. Jean's lassie? She's like Jean. She's no unlike yersell as ye used to be. That was what gart me mistake her for ye. What's yer name?

KATE. Kate.

GENERAL. Weill, Kate. (*They kiss*) And hou's yer mither?

LADY A (*reprovingly*). Tam!

GENERAL. What's wrang? (*Realises he has blundered and assumes a suitably solemn expression*) Oh.

LADY A. I thocht I had telt ye.

GENERAL. Mebbe the letter was lost.

LADY A. Had ye a plaisant journey North?

GENERAL. Na.

LADY A. Oh.

JOCK (*impatiently to Lady Athelstane*). Can I let the caddies come in?

GENERAL. Oh ay, my baggage.

JOCK (*rather offensively*). It's aa richt. If ye'll juist staun oot o the wey I'll see to't.

(*The General stares hard at Jock*)

LADY A. That's Jock, Tam. Hae ye nae mind o him?

GENERAL. Ay, that I hae. A disgrace to the faimily. It's time someane was takin him in haund. (*To Jock*) Dae ye no say 'my leddy' when ye address yer mistress?

JOCK. Ay whiles, when I'm no ower thrang.

GENERAL. Whan ye're no ower thrang what!

JOCK. 'Ower thrang what'?

GENERAL. What dae ye say when ye address me, ye gomeril?

JOCK. Oh I see what ye mean. Sir, I say.

GENERAL. Keep sayin it, then. Is that hou ye aye weir yer stockins?

LADY A. Tam!

GENERAL. Quait. Pou them up. Look at yer gravit.

JOCK. I canna see it except in the gless.

GENERAL. Oho. Insubordination. Less o yer impiddence, my man, or I'll fling ye oot o the winnock. Ye'll hae to learn to dae what ye're telt nou, the meenit ye're telt, wi nae answerin back. Dae ye hear?

JOCK. Ay.

GENERAL. Ay what!

JOCK. Ay sir!

GENERAL. That's better. But staun up straucht. Put yer feet thegither. Haud yer airms close to yer sides. Na na, close to yer sides! I can see daylicht aneth yer oxters! That's better. Nou haud yer chin up. Look me straucht in the ee. Straucht in the ee! Ay. Nou tak that gurlie look aff yer face. Look willin. Look eager. Ay, ye're gurlie yet, but ye'll cheynge afore ye're muckle aulder. See to my baggage.

JOCK (*turning to the door*). Come on in.

GENERAL. Juist a meenit. (*To the Caddies as they enter*) Juist a meenit! (*They retire hastily*) Whan I gie ye an order what dae ye say?

JOCK. I dinna ken.

GENERAL. I dinna ken what!

JOCK. Sir.

GENERAL. And whan I gie ye an order what dae ye say?

JOCK. Sir.

GENERAL. Ye say 'Ay sir' or 'Very weill, sir'. Dae ye hear?

JOCK. Ay, sir.

GENERAL. See to my baggage, then.

JOCK. Ay, sir. (*Turning to the door again*) Come on in nou.

(*Nothing happens*)

GENERAL. What's wrang?

JOCK. They're feart ye'll stop them again.

GENERAL. Sir!

JOCK. Sir.

GENERAL. Tell them to come on in at ance or I'll kick the haill lot o them doun the stairs!

JOCK. Oh dinna say that, sir, or they'll juist leave yer baggage at the door. Juist tak yer tea, sir, and leave it to me. Offer him tea, my leddy. Offer him tea.

LADY A. Ay, hae some tea, Tam.

GENERAL. I wadna put the stuff near my mou. (*To Jock*) Listen: if that baggage isna brocht in at ance I'll haund the haill lot o ye ower to the Toun Gaird for a floggin. The haill lot o ye. Nou move!

JOCK. For God's sake come on in wi thae

pockmanties! Come on! (*In a confidential
undertone*) He winna eat ye. His bark's
waur nor his bite.
LADY A (*as the General is about to
explode*). Wheesht, Tam. For God's sake say
naething.
(*The General turns impatiently away. Three
Caddies enter one after the other with large
portmanteaux. Jock guides them to the
garret stairs*)
JOCK. Ower here and up. Tak the left turn
at the tap. Dear me, what clartie feet. My
stairs. My clean stairs.
(*All disappear*)
LADY A. Tam, I'm ashamed o ye. Treatin
puir Jock like that.
GENERAL. He's been speylt. He needs a
man to knock him into shape.
LADY A. Ye misjudge the fella. Ye'll fin him
aa richt whan ye ken him.
GENERAL. He's been speylt, I tell ye!
LADY A (*drily*). Has he? If ye dinna drink
tea what dae ye drink?
GENERAL. Yill.
LADY A. I dinna keep it in the hoose. Ye
wad hae to gang oot for it. Can ye no drink
claret?
GENERAL. Nae French pousin for me.
LADY A. Ye drank it at ae time.
GENERAL. Times hae cheynged.
LADY A. Ay. I neir thocht to hear ye miscaa
onything French.
GENERAL. We're at war wi the French,
wumman.
LADY A. The English are at war wi them.
GENERAL. The Scots tae.
LADY A. The Scots hae nae militia. They're
no alloued ane.[12]
GENERAL. It'll come.
LADY A. Ay, whan the English think we're
hairmless.
GENERAL. Guidness, gracious, wumman,
ye're oot o date. They bate us and we took
their tairms and settled doun and made the
best o't. There's nae sense in wishin nou
that it had been ony different.
LADY A. Mebbe no, but hou ye can turn
against yer auld freinds I dinna ken. Ye wad
hae been in a akward jam efter Culloden if
ye hadna haen France to gang to. What gart
ye fecht against the French for the Germans?
GENERAL. I focht for France as lang as I

was fairly treatit, but whan I was passed
ower for promotion juist because my rival
mairrit the commander-in-chief's dochter, I
decided to gang elsewhaur.
LADY A. Oh.
GENERAL. Ay. And nou that we and the
English mak ae nation the French are oor
naitural faes. If they were alloued to growe
ower strang they wad be a serious threat.
And there's juist ae wey to keep their wings
clippit.
LADY A. And what's that?
GENERAL. To build a united Germany oot o
the praisint conglomeration o separate
principalities.
LADY A. Oh.
GENERAL. Ay. We want a pouerfou German
nation at France's back door. It's the ae wey
to ensure peace in Europe.
LADY A. Weill Tam, I canna argie wi ye. I'm
no clever eneuch. But it comes as a gey
shock to hear ye speak sae ill against the
French. I woner what's keepin thae caddies.
JOCK (*putting his head into the room from
the garret staircase*). They're feart to come
doun.
GENERAL. Eh!
LADY A. Wheesht, nou, Tam, or ye'll hae
them up there aa day!
GENERAL (*offended*). Aaa richt, then, get
quat o them yersell. I winna hinder ye.
(*He walks huffily to the piazza entrance and
stands with his back to the room,
drumming impatiently with his foot*)
LADY A. Send them doun nou, Jock.
JOCK. What aboot their siller?
GENERAL (*suddenly turning*). Hae they
askit for siller?
JOCK. Na, sir, I juist thocht…
GENERAL. I peyed them on the stair heid.
(*He turns away again*)
JOCK (*to the Caddies in the garret
stairway*). Come on. He's no lookin.
(*One by one the Caddies slip hastily from
the garret staircase and through the main
door. Jock closes the door and makes
furtively for the kitchen. The General turns*)
GENERAL. Stop!
JOCK. Ay. sir?
GENERAL. Whaur are ye gaun?
JOCK. To the kitchen, sir.
GENERAL. Afore ye leave this room efter
this say 'Will that be aa, sir?' Dae ye hear?
JOCK. Ay, sir. Will that be aa, then, sir?
GENERAL. Na, I want some hot watter taen
up to my room.
JOCK. Hot watter, sir. Ay, sir.

[12] The Militia Act of 1757 which gave
England and Wales leave to muster armies
in the event of a French invasion gave no
such allowance to Scotland.

GENERAL. G'on then. Move. (*Jock precipitates himself into the kitchen*) That's hou to haunle them if ye want things dune. Staun nae snash.

LADY A. He's aye dune weill eneugh for me withoot being roared at, Tam, and I dinna want him roared at as lang as he's in my hoose.

GENERAL. Oh. Ye think ye ken better nor me hou to haunle men?

LADY A. I ken better hou to haunle Jock.

GENERAL. A queer craitur ye hae made o him. If that's a specimen o yer haundiwark I prefer my ain methods.

LADY A. He's the best servant in the Toun.

GENERAL. God help the Toun, then. Whan is he comin wi that watter?

LADY A. Whan it's ready, likely.

GENERAL. I dinna like yer mainner, Girzie.

LADY A. I dinna like yer ain.

GENERAL. Oh?

(*The kitchen door opens and Jock emerges with a bundle*)

LADY A. Jock! (*He goes straight to the main door*) Whaur are ye gaun?

JOCK (*turning to the door*). I'm leavin.

LADY A (*to her brother*). There ye are! See what ye hae dune? Ye and yer methods. Jock, tak that bundle whan ye're telt and gae straucht back to the kitchen.

JOCK. I'm no takin orders frae him.

LADY A. Ye're takin orders frae me. Back wi yer bundle.

GENERAL. I'll settle this. See here, my man, if ye haena taen that bundle back to the kitchen and brocht me my hot watter within twa meenits I'll brek ilka bane in yer atomy! I'll mak a corp o ye!

(*A rasp at the tirling pin*)

JOCK (*horrified*). The door! We'll be disgraced. (*He seizes the bundle, crosses to the kitchen door, throws it through, and rushes back to the main door. He opens it*) Guid efternune, sir. My mistress'll be richt gled to see ye. (*Turning to Lady Athelstane*) Ye wadna jalouse!

(*Sandy Lindsay enters*)

LADY A. Sawney Lindsay! Juist back frae London. Tea, Jock.

JOCK (*smiling happily*). Ay, my leddy.

LADY A. And hou did ye get on efter aa yer lessons frae Sheridan?

SANDY (*speaking with heavy formality in a marked Scots accent*). Very well indeed, my lady. Very well indeed.

LADY A. Ay, ye seem to hae gotten the hang o it. Tam, this is young Sawney Lindsay, the

meenister o Aberlady. My brither, Sawney, new hame frae abroad.

SANDY. Good afternoon, sir.

GENERAL. Yer servant.

SANDY (*taking tea*). Thank you, John.

KATE. Try my shortbreid, Sandy.

SANDY. Thank you, Kate. It looks delicious. Do I find you in good health?

KATE (*overwhelmed*). I nair felt better.

SANDY. Excellent.

LADY A (*taking tea*). Thank ye, Jock. What's wrang?

JOCK (*sotto voce*). I canna fin his cup. There's juist Lord Baldernock's.

LADY A. He didna tak a cup. He daesna drink tea.

GENERAL. I'm still waitin for my hot watter!

JOCK. Ay ay, sir. (*Going to the piazza entrance*) Ilka job in its richt order. (*He disappears, returns with Kate's cup, pours tea, and hands it to her*) Yer tea, Miss Kate.

KATE. Thank ye, Jock.

JOCK. I'll fetch yer watter nou, sir.

(*He goes to the kitchen*)

GENERAL (*huffily*). Send him up wi' as sune as it's ready.

(*He makes for the garret stairs*)

LADY A. Tam! (*He halts*) Whaur are yer mainners? There's nae hurry. Ye can wash later on.

GENERAL. Wash! I dinna want to wash. I hae a wound to dress.

LADY A. Oh, ye puir man. Were ye shot wi a gun?

GENERAL. Na, I was cut wi a sword.

LADY A. Whaur?

GENERAL. In the breist! Dae ye think I wad allou mysell to be cut in the back?

(*He enters the garret staircase, and disappears*)

LADY A. Forgie him, Sawney, but he gat here no twa meenits afore ye cam to the door yersell. I'll hae tae see to him. Jock! Jock, ye villain! Hurry wi that watter.

JOCK (*at the kitchen door*). It's juist comin to the beyl.

LADY A. Fetch it at ance. At ance. Dae ye hear?

JOCK. Ay, ay, I hear ye.

LADY A (*roaring like a bull*). Jock Carmichael!

JOCK (*coming subdued*). It's here, my leddy.

LADY A. Oh, then. Up wi't. Flee.

JOCK (*crossing the room to disappear up the garret stairs*). Ye're waur nor he is.

LADY A. What did ye say? Ye deil, if I hae ony mair o yer impiddence I'll tak my haund aff yer lug.

(*She follows Jock*)

SANDY. Perhaps I had better not stay.

KATE. What wey no?

SANDY. Because of Lady Athelstane's brother.

KATE. Dinna let him chase ye awa.

SANDY. You think I may stay?

KATE. Stey if ye want to.

SANDY. I should like to. I had hoped to meet Charles Gilchrist.

KATE. He'll be caain in tae, will he?

SANDY. If he reaches town before it is too late.

KATE. He didna manage doun to London wi ye?

SANDY. No.

KATE (*drily*). A peety.

SANDY. Yes. He would have been better company than Doctor Dowie.

KATE. What's wrang wi Doctor Dowie?

SANDY. To be quite frank with you, Kate, his English is quite ludicrous. He caused us considerable embarrassment.

KATE. Hou that?

SANDY. He kept giving us away.

KATE. Giein ye awa?

SANDY. Yes. The Scotch are most unpopular in London just now. Since the overthrow of the Whigs the King has been trying to reduce Parliament to an instrument of his own will. The Whigs dare not attack him in person, so they attack his chief minister, Lord Bute.[13] And because Lord Bute is a Scotchman they abuse the whole Scotch nation, and it is hardly safe for a Scotchman to appear in the streets, unless, of course, he either remains silent or speaks good English.

KATE. I see. And Doctor Dowie gat ye into bother?

SANDY. Yes. We went to see a new play by Home.

KATE. Doctor Dowie gaed to see a play! The auld hypocrite. Whan he gied in aboot takin lessons frae Sheridan he aye swore he wadna gang to see the man acting.

SANDY. Kate, you must never let him know that I have told you.

KATE. I winna clype. Dinna fash.

SANDY. Thank you.

KATE. And ye gaed to see a new play by Home? I didna ken he had anither on the nou.

SANDY. He had, but not, of course, under

his own name. Garrick was of the opinion that if it were known to be written by a Scotchman, and Lord Bute's secretary at that, it would be hissed off the stage.

KATE. And what happened?

SANDY. The first two acts were so well received that Home was unable to keep his secret. Before the curtain fell on the last act the whole Town knew it.

KATE. Sae the play was hissed efter aa?

SANDY. Not only so, but coming out of the theatre, with feeling running high among the mob, someone heard a remark by Doctor Dowie, and discovered that we were Scotchmen. I had to visit a surgeon for this wound in my cheek.

KATE. Sae that's hou ye gat it? And what aboot Doctor Dowie?

SANDY. He escaped with nothing worse than the ignominy of being hit in the mouth with an over-ripe plum.

(*There is some commotion, then Jock comes from the garret staircase*)

JOCK (*as he goes to the kitchen*). I hae a guid mind tae leave efter aa.

(*Lady Athelstane enters from the staircase as Jock disappears*)

LADY A. Him and his wound.

SANDY. Is it serious, my lady?

LADY A (*callously*). Gey painfou, I suld think, but dae ye ken hou he gat it?

SANDY. Na.

LADY A. Fechtin a duel. It wad hae served him richt if he had been killed athegither.

(*A rasp at the tirling pin*) Jock!

JOCK (*at the kitchen door*). I'm no shair that I'm bidin.

LADY A. Gae on wi the wark till ye mak up yer mind, then. Open the door.

JOCK (*crossing to the door*). I'm ower saft wi ye.

LADY A. Open the door!

(*Jock obeys sulkily*)

JOCK. It's Doctor Dowie.

LADY A. Doctor Dowie! Sae ye're back, Doctor, come awa in.

KATE. Guid efternune, Doctor. Sandy's juist been tellin me some o yer adventures. (*Unconsciously*) Are ye aa richt again? (*Throughout the scene Doctor Dowie swithers between English spoken ponderously with a broad Scots accent and Scots spoken pithily*)

DOWIE. Weill, ay. Yes, I am in good health. (*Suddenly struck by a suspicion*) What wey did ye ask that?

KATE. What?

---

13 John Stuart, 3rd Earl of Bute, Britain's first Scottish Prime Minister from May 1762. He lasted only eleven months in office.

DOWIE. Aa richt again?

KATE. Oh I thocht the lang journey back had mebbe wearit ye.

DOWIE. I see. No. (*Taking tea from Jock*) Thank you.

KATE (*as Jock goes to Sandy for his cup*). Try my shortbreid, Doctor.

DOWIE. Thank you. It looks delicious.

JOCK. That's what Mister Lindsay said, but he hasna feenished it yet.

KATE. Sandy!

SANDY (*taking the shortbread from his saucer before letting Jock have his cup*). Miss Kate, I am sorry, but you kept me engaged in conversation. I like it. See. (*He takes a huge bite which embarrasses him during the ensuing dialogue*)

LADY A. What gied ye that scart on the cheek, Sawney?

SANDY. It was an accident, my lady.

LADY A. An accident?

SANDY. Yes, my lady, but I would prefer not to explain. As a minister of the gospel I cannot tell a lie, and if I were to tell the truth I should reveal a secret which is not my own.

KATE. It's naething, auntie Girzie. Let the maitter drap.

LADY A. Hou dae ye ken it's naething?

KATE. I dinna.

DOWIE (*suspiciously*). Miss Kate, has Mister Lindsay been telling tales against me in my absence.

SANDY. Doctor Dowie!

DOWIE. Have you, sir?

SANDY. I did mention how I received my wound.

LADY A. What's this?

DOWIE. Did ye tell?

SANDY. I let it slip by mistake. I assure you by mistake.

LADY A. Let what slip?

KATE. Naething. Juist that Doctor Dowie gaed to the theatre.

LADY A. Doctor Dowie!

DOWIE. I'll neir forgie ye for this, Sandy Lindsay. I will never forgive you.

LADY A. Hoots, Doctor, dinna tak it sae ill. Naebody wad blame ye for gaun to the theatre in London whaur folk dinna ken ye. Ye're meant to tak yer fling when ye're on holiday.

DOWIE. I was persuaded to gang to the theatre, or rather go, against my better judgment, by the very man who now comes home and tells the tale against me.

SANDY. Doctor Dowie, I have told you that I revealed your secret unwittingly, in error.

DOWIE. Havers, sir. Nonsense. Do I not know that you bear malice because in an unguarded moment I used a Scotch phrase, and revealed our nationality to the rabble?

SANDY. Doctor Dowie, do you impute malice?

DOWIE. I do, sir. I dae that.

SANDY. Good afternoon, sir. The next time we meet I shall treat you as a stranger. I hope you will do likewise with me. Pardon me, ladies, but I can remain no longer in this person's company. Good afternoon.

LADY A. Sandy Lindsay!

SANDY. Good afternoon!

JOCK (*dashing up helpfully*). Ye hae the wrang hat, sir.

SANDY. Oh. Thank you.

(*Jock holds the door open as he leaves*)

JOCK. And I had juist poored oot fresh tea for him. Hae ye etten yer shortbreid, Doctor? Miss Kate, he'll tak a bit mair.

KATE. Will ye, Doctor?

DOWIE. Thank you. You are very kind.

KATE. But dae ye like it?

DOWIE. Yes, thank you. I do.

LADY A (*to Jock, taking tea*). Thank ye. (*To Kate, taking shortbread, not enthusiastically*) Thank ye.

KATE (*taking tea from Jock and giving him the shortbread to replace on the table*). Thank ye, Jock.

LADY A. And nou, Doctor, tell me; hou did he get the scart on his brou?

KATE. Auntie Girzie, it was naething. Whan they were comin oot o the theatre someane fand oot they were Scotsmen, and the rabble gaed for them.

LADY A. The rabble gaed for them? What wey that?

KATE. Because they were Scotsmen.

LADY A. Doctor Dowie, I woner ye could thole to bide wi sic shabby craiturs.

DOWIE. Oh dinna jump to wrang conclusions, my lady. Form no hasty judgments. Sic abstrapulous behaviour was to be experienced only among the rabble or mob. Among Englishmen of culture my experience was quite the contrar.

LADY A. I'm gled to hear it. And what Englishmen o culture did ye meet?

DOWIE. The noblest of them all, my lady. The ornament of letters. The great lexicographer.

LADY A. The what?

DOWIE. The great lexicographer, Doctor Samuel Johnson.

LADY A. Oh him. I thocht he was aye miscaain the Scots tae.

DOWIE. Only in fun, my lady. Only in fun. He is kindness itsell, personified.

LADY A. Davie Hume says he's a muckle creishie abomination wi a maist impertinent tongue and the mainners o a beast. He says he drinks his tea like a sou at its troch.

DOWIE. You must understand, my lady, that the great Doctor is no admirer of David Hume's philosophy. The Doctor, my lady, believes in God.

LADY A. Oh?

DOWIE. Ay. So you see my lady, David Hume is most probably activated in what he says by motives of pique. He miscaas the Doctor, I hae nae dout, oot o sheer blin spite and naething else.

LADY A. Dae ye think sae?

DOWIE. I am sure of it. The doctor may have a rough exterior, but he is kindness itsell. Do you know what he was pleased to say about 'The Tomb'?

LADY A. Na.

DOWIE. Mebbe it's haurdly modest to repeat it.

LADY A. G'on, man. I'm shair there's naebody here to mak ye mim-moued.

DOWIE. He said it was ane of the great warks o its time.

LADY A. Did he?

DOWIE. He did.

LADY A. But what aboot yer rhymes?

DOWIE. Fortunately, my lady, the copy he possessed was of the second edition. The rhymes had aa been putten richt.

LADY A. Wha pat them richt?

DOWIE. I pat them richt mysell.

LADY A. Was that no juist as weill. And he said it was ane o the great warks o its time.

DOWIE. Ay.

(*A rasp at the tirling pin. Jock rushes to the door and opens it*)

JOCK. Captain Simkin, my leddy.

LADY A (*as Sidney enters*). Ay, Captain.

SIDNEY. Good afternoon, my lady. Miss Kate, I find you well?

KATE. Ay. thank ye, Captain. Guid efternune.

LADY A. Ye ken Doctor Dowie, Captain?

SIDNEY. I remember him perfectly, my lady. He is the author of 'The Sepulchre'.

LADY A. Ye're wrang again!

SIDNEY (*correcting himself hastily*). 'The Tomb'.

LADY A. Ye're ower late. The hairm's dune. The Doctor kens ye nou for an illeeterate ignoramous.

SIDNEY. He knows I am a soldier, my lady, and will perhaps excuse me on that ground.

LADY A. Speakin o sodgers, Captain, my brither's hame.

SIDNEY. The Colonel!

LADY A. The General.

SIDNEY. Oh yes. Of course.

LADY A. He's up the stair the nou, but he suld be doun sune.

SIDNEY. It will be a great pleasure to renew our acquaintanceship. A great pleasure.

LADY A (*drily, almost inaudibly*). Will it?

SIDNEY (*to Jock, accepting tea*). Oh thank you.

KATE. Try my shortbreid, Captain. And haud ye yer tongue, Jock.

JOCK. I'm sayin naething.

SIDNEY. Your own baking, Miss Kate?

KATE. Ay.

SIDNEY. It looks delicious.

KATE. Nou Jock.

JOCK. I'm still sayin naething.

LADY A. Be quait, Jock, and listen to yer betters. Doctor Dowie's juist back frae London, Captain. He met Doctor Johnson.

SIDNEY. Doctor Johnson?

LADY A. Ay. Dae ye no ken him?

SIDNEY. No, my lady. Ought I to know him?

DOWIE. Mebbe it could haurdly be expeckit, Captain. He is a man of letters.

SIDNEY. Oh.

DOWIE. The most distinguished man of letters in England today.

SIDNEY. Indeed.

LADY A. And dae ye ken what he telt Doctor Dowie, Captain?

DOWIE. I'd raither ye didna mention it, my leddy.

LADY A. Hoots awa, Doctor. (*To Sidney*) He said 'The Tomb' was ane o the great warks o its time.

SIDNEY. Very gratifying, I am sure, Doctor, coming from one whom you so obviously admire.

DOWIE. Weill, Captain, or I should say well, I was not ill pleased.

SIDNEY. I am sure not. (*Mischievously*) By the way, my lady, only yesterday I heard a most exquisite song which I was told was new, and I thought immediately of you. It was about a little bird coming to someone's hall door, and its subject was your hero Charles Edward Stewart. Although as a loyal Englishman I could not share its sentiment, I could not help but admire the manner in which it was expressed. A curious feature was that like your older songs, it was written in Scotch.

LADY A. Whaur did ye hear it, Captain? No at a concert, shairly?

SIDNEY. No, my lady, in the home of a mutual friend.

LADY A. I think I can jalouse.

SIDNEY. Yes, my lady. I wondered, Doctor, that so many of you should write with such obvious labour in English when so much can be done with your own dialect.

DOWIE. Oor ain dialect, Captain, is aa richt for a bit sentimental sang, but for the higher purposes of literature it is inadequate. If you had read 'The Tomb', Captain, you would realise that there are subtleties of thought and refinements of feeling impossible to express in a crude dialect restricted in its use to the needs of a provincial people. To express these, Captain, or rather those, we require a language developed by the most cultivated society of a great capital city.

LADY A. Is Edinburgh no a great capital city? And what aboot Allan Ramsay? He wrote in Scots, and he was as guid as ony o ye.

DOWIE (*heatedly*). Wha was Allan Ramsay? A barber wi a third rate talent for stringin a wheen bits o lines thegither that jinglet at the ends. He's gey nearly forgotten as it is, and he hasna been deid fower year.[14] And he was the last.

LADY A. Mebbe.

DOWIE. Nae mebbes aboot it. Tak Home or Tamson or ony o them. Baird or Blacklock or Beattie.[15] They aa write English nou. They all, without exception, write English.

LADY A. Mebbe someane else'll write Scots yet.

SIDNEY. I was very much impressed by the song I heard yesterday.

DOWIE. Sang. What's a bit sang? Come tae me Captain, whan ye hae heard a Scots epic. Till then ye're juist wastin yer braith.

LADY A. Doctor Dowie, yer mainner's juist a wee thing offensive. The Captain's my guest.

SIDNEY. My lady, I am in no way ruffled.

LADY A. Mebbe no, but I think he suld mak an effort no tae be sae bumptious!

DOWIE. Bumptious?

LADY A. Ay, bumptious, Doctor.

DOWIE. My lady, I am obliged to you for your hospitality, but I cannot remain in a house where I am called bumptious.

LADY A. And ye needna mak it waur by puttin on yer English.

KATE. Auntie Girzie!

LADY A. Ach weill.

DOWIE. Guid day, Miss Kate. Good afternoon, Captain.

JOCK (*rushing helpfully to ensure that this time there is no mistake*). Yer hat, Doctor.

DOWIE. Thank you, my man. Thank you. (*Jock holds the door open as he leaves*)

KATE. Auntie Girzie, ye lost yer temper.

LADY A. I dinna ken what's wrang wi me the day.

KATE. Ye're excited, I think, aboot my uncle Tam. Dae ye no think ye suld lie doun for a wee?

LADY A (*wondering what she is up to*). Eh?

KATE. Ye need a rest, I think.

LADY A (*realising what the game is*). Oh. Dae ye think sae?

KATE. Ay.

LADY A. And what aboot yer uncle Tam's supper if I tak a rest?

KATE. Ye could leave it to Jock.

JOCK. Na na, Miss Kate. I couldna tak the responsibeelity.

LADY A. Haud ye yer tongue. There's naebody talkin to ye. Awa to the kitchen and I'll follow ye in a meenit.

JOCK (*amazed that he should be told to leave the tea things*). Eh!

LADY A. The kitchen!

JOCK (*also realising what the game is*). Ay, my leddy.

LADY A. Ye'll paurdon me, Captain, while I see aboot the General's supper.

SIDNEY (*who has not been deceived*). Certainly, my lady, but perhaps, before you go, you will be good enough to grant me a request?

LADY A. Shairly, Captain. What is it?

SIDNEY. I have always enjoyed my visits to your home, my lady, and I have mentioned them enthusiastically in my letters to Suffolk.

LADY A. That was kind o ye Captain.

SIDNEY. Not at all, my lady, but now I have news that my dear Lydia is recovered from an indisposition which she suffered on my return from the Continent, and is anxious to join me. She comes North next week. I wondered if I might have the great privilege of bringing her here to meet you,

---

[14] Died 1758.

[15] The Anglo-Scots poets James Thomson, James Beattie and Thomas Blacklock. 'Baird' may stand for Dowie's *alter ego*, Revd. Robert Blair, author of *The Grave*.

and, of course, Miss Kate, in whom she already sees, she says, a certain friend.

LADY A (*shattered*). Paurdon me, Captain, but wha is this Lydia ye're talkin aboot?

SIDNEY. My wife, my lady.

KATE (*breathlessly*). Yer wife!

SIDNEY (*blandly*). Yes, Miss Kate. Have I not mentioned her before?

KATE. I canna say ye hae, Captain.

LADY A. Naither can I.

SIDNEY. I humbly apologise.

LADY A. What for?

SIDNEY. For having given you a false impression.

LADY A (*putting a face on it*). Ach, what daes that maitter. It juist cam as a surprise. I hadna thocht o ye as mairrit, somehou. Weill, weill. Hae ye been mairrit lang?

SIDNEY. Yes, my lady, for six years.

LADY A. Sax year! Hae ye ony bairns?

SIDNEY. Oh, children. Two. A boy and a girl.

LADY A. Juist as it suld be, Captain. Are they comin North tae?

SIDNEY. No, my lady, they are being left with their grandmother.

LADY A. I see. Weill, Captain, we'll be pleased to see yer wife, I'm shair, as aften as ye like to fetch her.

SIDNEY. I hardly know how to thank you, my lady.

LADY A. Then dinna try.

(*The General enters from the garret staircase*)

GENERAL. Is that meenister awa?

LADY A. Tam, here's Captain Simkin.

SIDNEY (*very respectfully at the position of attention*). Good afternoon, sir.

GENERAL. Guid efternune, Captain. He's awa, is he?

LADY A. Ay.

GENERAL. Thank God for that. I canna staun thae folk. And hou's yer health, Captain?

SIDNEY (*as before*). Good, sir.

GENERAL. Hou lang hae ye been here?

SIDNEY. Almost a year, sir.

GENERAL. Dae ye like it?

SIDNEY. Yes, sir.

GENERAL. The lassies are bonnie?

SIDNEY. Yes, sir.

LADY A. He's a mairrit man.

GENERAL. Ye haena telt them, Captain?

SIDNEY. Yes, sir.

GENERAL. It's a mistake. Nae officer in a garrison toun suld let the weemen ken he's mairrit, for if he daes nane o them'll look at him bune the desperate weedas, and they mak it haurdly possible for him to lead a respectable life.

LADY A. Sae ye think mairrit men suld flirt wi young lassies?

GENERAL. It daes them nae hairm and it brings the lassies on. Is the yill guid, Captain? It was guid at ae time.

SIDNEY. It is excellent, sir.

GENERAL. And the cockie-leekie?

SIDNEY. I do not care for it, sir.

GENERAL. The saut scart?

SIDNEY. Nor that either, sir.

GENERAL. The sheep's heid?

SIDNEY. No, sir.

GENERAL. Weill, Captain, I'm gaun to tak ye nou to a tavern I used to ken doun at the Abbey, and if it's still there I'm gaun to sit doun and fill my wame wi aa three. Ye can hae a thairm o tripe or a bit lug o haddie.

LADY A. Are ye no gaun to hae yer supper at hame here?

GENERAL. I want to see the toun.

LADY A. But I wantit to talk to ye.

GENERAL. We'll hae aa day the morn. (*Lifting his hat*) Come on, Captain.

SIDNEY. Yes, sir. (*Running to the door and opening it like a servant*) You will pardon me, Miss Kate?

KATE. Ay.

SIDNEY. My lady?

LADY A. Shairly.

GENERAL. Dinna bide up for me.

LADY A. Na.

(*The General walks out. Sidney bows and follows, closing the door after him. The two women stand infuriated*)

LADY A. The auld reprobate!

KATE. The fause deil!

LADY A. Oot to the taverns afore he has his fute richt inside the door. I micht hae kent it. I woner I forgot. He'll be comin hame fou ilka nicht in life nou, the very wey he did whan he was young.

KATE. I'm shair he wad neir hae mentioned his wife if she hadna been comin North. He can say what he likes, but he was flirtin wi me. Ye can see by the wey my uncle Tam spak that they think naething o flirtin. Sodgers, huh!

LADY A. And no a word aboot Craigengelt, and here we hae dune withoot Jeanie for nearly a year to hae it aa in order for him. Ye wad think he had nae interest at aa.

KATE. What am I gaun to tell aa my freinds? There's naewhaur they haena seen us thegither. Assemblies, concerts, oyster suppers. What are they gaun to think when they see him oot wi his wife nou? Puir Katie Mair. Jiltit. Oh the villain. I wish I had a brither!

LADY A. Muckle guid wad it dae ye. Ye can hae mine.

KATE (*bursting into tears*). Oh auntie Girzie.

LADY A. Jock!

JOCK (*at the kitchen door*). Ay?

LADY A. Put on yer hat and awa up to Paurliament hoose. See Gingerbreid Jock and tell him to catch Lord Stanebyres whan the Coort skails. He's to tell him to caa in an see me as sune as he has a meenit to spare.

JOCK. What aboot the supper for God Almichty?

LADY A. He'll no be hame for it. He's awa roun the taverns.

JOCK (*his face lighting up*). The taverns?

LADY A. Ay. What's wrang wi ye?

JOCK. I'll pey him oot the nicht.

LADY A. Eh?

JOCK. I'll catch him at quattin-time, on his wey hame.

LADY A. Ye'll what?

JOCK. I'll wait till he's aneth the winnock, and I'll cry nae gardyloo. I'll toom the dirty luggie ower his heid.

LADY A. And hae aa his claes to clean yersell in the mornin! Put on yer hat, ye glaikit sumph, and awa for Lord Stanebyres.

JOCK (*deflated*). Ay, my leddy.

(*He goes*)

KATE. Ye're gaun to tak Lord Stanebyres, then?

LADY A. Ay.

KATE. And what aboot Lord Baldernock?

LADY A. I hadna thocht o that.

KATE. Ye'll land yersell in a bonnie mess, auntie Girzie, gin ye dinna tak time to think. I wadna juist flee into Lord Stanebyres airms oot o spite at yer brither.

LADY A. Ye needna try to keep me single juist because ye hae tint the man ye wantit yersell.

KATE. Ye said no lang syne that Chairlie Gilchrist was the man I wantit.

LADY A. Oh I daursay ye'll tak him nou.

(*A rasp at the tirling pin*)

KATE. And it soonds as if I winna hae lang to wait.

LADY A. What maks ye think it's him?

KATE. Sandy Lindsay said he wad be in the day.

LADY A. It wad serve ye richt if it was someane else.

(*Kate opens the door and reveals Charles*)

LADY A. Oh.

CHARLES. Good afternoon my lady. Did you expect someone else?

LADY A. Na. What wey?

CHARLES. Something in your expression made me think so. (*Turning to Kate*) Good afternoon, Kate.

KATE. Guid efternune.

CHARLES. It seems quiet here this afternoon. I expected to meet at least Sandy Lindsay.

LADY A. Sae ye juist use this hoose as a trystin place?

KATE. Auntie Girzie!

LADY A. Weill, it looks gey like it, daes it no?

CHARLES. If my presence is distasteful, my lady, I will take my leave.

KATE. Chairlie Gilchrist, ye'll juist bide whaur ye are. Twa men hae left the hoose in a huff this efternune. Ye arena gaun to be anither. (*To Girzie*) Ye suld be ashamed o yersell. Jock's oot the nou, Chairlie, and there's nae fresh tea. Hae a bit o shortbreid, though, and I'll sune mask some.

LADY A (*going to the table for the tea-kettle*). Dinna gie the laddie ony o that shortbreid, ye tawpie, if ye dinna want to put him aff ye for the rest o his life.

KATE. Pey nae heed to her, Chairlie. She took twa bits hersell.

LADY A. I took ane juist oot o politeness, and I wadna hae taen the ither gin ye hadna stuck it fornent my neb in company.

KATE. Auntie Girzie, that isna fair.

LADY A (*about to enter the kitchen*). Huh! I'll fetch ye some tea, Chairlie.

(*She leaves*)

CHARLES (*without taking any shortbread*). Put the plate down, Kate, and come to the window.

KATE. Eh?

CHARLES. I want to speak to you very privately.

KATE. Ye'll hae to talk to me here. We wad look gey fulish if she cam back and fand us in the winnock.

CHARLES. She might come back before I had finished.

KATE. Then we wad juist hae to wait till she gaed oot again.

CHARLES. Is there no other way?

KATE. Try juist tellin me what ye hae gotten to say.

CHARLES. Well, Kate, I have good news.

KATE (*disappointed, perhaps*). Oh?

CHARLES. Yes. Remember the Nabob, Auchterleckie of Meikle Craigtarson, the man who defeated me in the election?

KATE. Ay.

CHARLES. He sits in the British Parliament as the representative of the Indian Princes, ready to vote against any measure intended to destroy their independence.

KATE. Is that alloued?

CHARLES. No.

KATE (*alarmed*). Chairlie! They winna fling him oot o Paurliament and let you tak his place!

CHARLES. I would have to be able to prove what I say.

KATE. And can ye?

CHARLES. Unfortunately, no.

KATE. Oh I'm gled.

CHARLES. Glad!

KATE. Ay. I dinna want ye to gang into Paurliament.

CHARLES. Why not?

KATE. Because I dinna like to think o ye bidin aye in London, I suppose.

CHARLES (*eagerly*). Do you really care for me sufficiently to wish me to remain in Scotland?

KATE (*disparagingly*). Ye're aye a freind, and a freind in London's juist a freind lost.

CHARLES. Oh.

KATE. But ye said ye had guid news.

CHARLES. Yes. I shall soon be independent of my father's charity.

KATE. Hou that?

CHARLES. I went to Auchterleckie and voiced my suspicions. He made no admission, but became uneasy. I tell you this, of course, in confidence.

KATE. Ay.

CHARLES. He appreciated that in defeating me he had affected my career adversely, and felt that I was due some compensation.

KATE. He hasna bribed ye to keep quait!

CHARLES. Oh no, nothing like that. But he has advised me how to improve my prospects.

KATE. Advised ye?

CHARLES. Yes. He has acquired several forfeited estates in the Highlands at very nominal prices. He will sell me one for no more than he paid for it.

KATE. Sell it! But hou in aa the warld dae ye think ye're gaun to pey for it?

CHARLES. Simplicity itself. The estate has a large tract of the old Caledonian forest, still untouched. The timber is needed for smelting, to supply the new iron works at Carron.[16] I can raise the money on that timber now.

KATE. Borrow it, ye mean? Yer faither winna hear o it.

CHARLES. He is hardly likely to object, when I tell him that the timber is worth ten times the price I have to pay for the estate.

KATE. It's a bribe, Chairlie, or there's some catch in it.

CHARLES. Not a bribe, for the Nabob will certainly not lose by it.

KATE. I jaloused as muckle. There's some condeetion.

CHARLES. Simply that I carry out improvement.

KATE. What guid will that dae the Nabob?

CHARLES. He wishes to oblige an influential friend.

KATE. In what wey?

CHARLES. This man acquired a great tract of land in Canada at the end of the French war. The cottagers displaced by improvement will be offered a passage to Canada and a holding there.

KATE. For naething?

CHARLES. Absolutely without charge, to induce them to settle.

KATE. I thocht Canada was fou o Reid Indians.

CHARLES (*contemptuously*). Savages. They will be exterminated.

KATE. That's juist what Butcher Cumberland said aboot the Heilan folk themsells, efter Culloden.

CHARLES. I have no desire to defend him, but there is no place today for backward peoples, Kate, either in the Highlands or in Canada. But let me come to the point.

KATE. And what's that?

CHARLES. Now that I shall soon have an establishment of my own, I can speak freely.

KATE. I wish ye wad, for my auntie Girzie micht be in ony meenit.

CHARLES. Yes, yes. Briefly, Kate, my desire is matrimony, but before I propose to you formally, I should like to make a suggestion.

KATE (*steely*). What is it?

CHARLES. In our new position we shall be able to maintain some style, and ultimately, when I inherit Stanebyres and you yourself Drummore, we shall belong to a stratum of society in which very few will speak anything but the most refined English.

KATE. Sae ye're willin to put up wi me if I juist learn to talk English by the time ye can afford to try for Paurliament again!

CHARLES. I assure you, Kate, that I have abandoned my political ambitions entirely. I intend to devote all the time I can spare

---

16 On the river Carron near Falkirk, founded 1759.

from the law to improvement in the Highlands.

KATE. If ye didna ettle to gang and bide in London some day ye wadna be sae feart o my Scots.

CHARLES. The best people even in the Highlands will speak English soon.

KATE. And ye'll be ashamed to gang amang them wi me, gin I speak as I dae nou.

CHARLES. I am sure you will be uncomfortable among them if you speak as you do now.

KATE. Dae ye think sae?

CHARLES. I do.

KATE. I'd mebbe better bide single, then, and keep company wi the servants at Drummore.

CHARLES (*exasperated*). If you do not improve your speech it will be the only company in which you will not sound ridiculous.

KATE. Chairlie Gilchrist, ye forget yersell!

CHARLES. You refuse to improve?

KATE. I consider it nae improvement.

CHARLES. Is that your last word?

KATE. Ay.

CHARLES. Make my excuses to your aunt. (*He lifts his hat and turns to the door*) Goodbye.

(*Lady Athelstane enters hurriedly with the tea kettle*)

LADY A. I'm sorry I hae taen sae lang to gar the kettle beyl. What are ye daein staunin there wi yer hat in yer haund, Chairlie? Ye werena for leavin?

CHARLES. Oh no, my lady.

KATE. Auntie Girzie, ye werena listenin to what we were saying the nou?

LADY A. Kate!

KATE. Ye cam in at a gey queer time.

LADY A. I wasna listenin, but I was keekin, and it's a guid thing, or he wad hae been awa oot and lost to ye.

KATE. A guid riddance.

LADY A. Ye young fule.

KATE. Ye wadna tak his side if ye kent what he had said. He wants me to learn to speak English!

LADY A. Chairlie Gilchrist!

CHARLES. Entirely for her own sake, my leddy.

LADY A. Ye seem to hae nae mainners at aa.

CHARLES. Lady Athelstane!

LADY A. Hoot, ye young upstert, ye needna raise yer hackles at me. I said ye hae nae mainners, and I mean ye hae nae mainners, and ye can juist tak yer leave if ye like.

KATE. He'll bide here! Auntie Girzie this is my affair. Awa to the winnock and keep watch.

LADY A. See and mak a better job o't this time, then.

(*She sweeps out into the piazza*)

CHARLES. I shall take my leave.

KATE. Na na, ye winna. Ye're gaun to listen to me. (*Offering plate*) Taste that shortbreid.

CHARLES. Why?

KATE. Taste that shortbreid. (*He eats a piece*) Nou tell me withoot a word o a lee, if it's guid.

CHARLES. Well, eh.

KATE. Weill, what? Is it guid, or is it no fit for pigs?

CHARLES. If you wish me to be frank, I would say…

KATE. Sae nae mair. I'm supposed to hae been takin lessons in cookery frae Susie McIver, but aa the time I hae been takin lessons in English frae the new mistress o language and deportment.

CHARLES (*delighted*). Kate, why did you not say so from the first?

KATE. Because it's ae thing to learn English o yer ain free will, and anither to hae it stappit ben yer thrapple.

CHARLES. But I had no desire to force it upon you. I wished merely to persuade you.

KATE. Ye leear. Ye made it a condeetion o yer proposal.

CHARLES. I specifically stated that it was a mere suggestion, but I see now why you are telling me all this. You wish to throw my rival in my teeth.

KATE. Eh?

CHARLES. You have been learning English to please Captain Simkin.

KATE. Hou wad that please him? He likes my Scots.

CHARLES. You have been learning English to make yourself intelligible to his relatives, perhaps.

KATE (*cunningly admitting it in such a way as to appear to be merely teasing*). And what if I hae?

CHARLES. Has he been here today?

KATE. For a wee while.

CHARLES. Did he propose to you?

KATE. Wad ye like tae ken?

CHARLES. I beg you to be serious with me. If he has proposed, and you have accepted him, I am wasting my time.

KATE. Are ye desperate to hae me?

CHARLES. Yes.

KATE. Ye'll hae to prove it. I'll tak ye if ye ask me in Scots.

CHARLES (*hopefully*). Kate, you refused him!

KATE. Dinna be sae silly. What in aa the warld gart ye think there was ocht atween Captain Simkin and mysell?

CHARLES. You were together everywhere.

KATE. We were juist freinds!

CHARLES. Just friends!

KATE. Juist like brither and sister.

CHARLES. Kate is that true! Were you flirting with him simply to annoy me?

KATE. Weill, Chairlie, to tell ye the truith, that's juist what I was daein. Are ye pleased?

CHARLES. Delighted.

KATE. I'm waitin, then.

CHARLES. Oh yes.

KATE. Come on. Try. Ye'll no fin it as bad as ye think.

CHARLES. It will sound so silly.

KATE. I daursay aa proposals soond gey silly. Try.

CHARLES (*after a pause*). Kate?

KATE. Ay?

CHARLES (*speaking quite naturally and sincerely*). Will ye mairry me?

KATE (*artificially*). Yes, Charles, I shall. (*As Charles recoils*) What's wrang?

CHARLES. 'I will' not 'I shall'.

KATE. Dae ye mean tae tell me ye canna listen to a lassie promisin to mairry ye withoot lookin for fauts in her grammar!

CHARLES. You could have accepted my proposal without making a fool of it.

KATE. Hou did I mak a fule o't?

CHARLES. By trying to speak English.

KATE. Did ye no want me to speak English!

CHARLES. Not like that.

KATE. What wey no?

CHARLES. Because it sounds ridiculous.

KATE. Ye soond ridiculous aa the time, but that daesna maitter, I suppose.

(*Lady Athelstane enters quickly from the piazza*)

LADY A. Oot o here, baith o ye. Here's Jock.

KATE. Whaur can we gang?

LADY A. Up the stair.

CHARLES. What is wrong, my lady?

LADY A. Jock's comin wi yer faither. That's aa.

CHARLES. My father!

LADY A. Ay. I sent for him.

CHARLES (*alarmed*). Why?

LADY A. I want his help in a maitter o my ain.

CHARLES. Oh.

LADY A. Sae feenish yer fecht wi Kate up the stair.

CHARLES. Very well, my lady, but if my father is to be here, please allow us to emerge in our own time.

LADY A. Ay ay. Awa wi ye.

(*They leave by the garret stair. Lady Athelstane braces herself visibly. Jock opens the door, breathless, and walks in, holding the door open for Lord Stanebyres*)

JOCK. Here he is, my leddy. I waitit till I fand him mysell.

LADY A. The kitchen.

JOCK (*crestfallen*). Ay, my leddy.

LORD S (*when Jock has gone*). Yer brither's here?

LADY A. Ay.

LORD S. I hear he's no fit to bide wi.

LADY A. He's juist past tholin.

LORD S. Ye sent for me?

LADY A. Ay.

LORD S. I'm a puir man nou, Girzie.

LADY A. That daesna maitter. Ye're a left-ower frae the auld Scotland I belang to mysell. We'll need ane anither in oor auld age, Stanebyres, to keep oorsells in coontenance.

LORD S. I'll hae Chairlie on my haunds for a wee while yet, and he's a ranker dose o the new Scotland than I could ettle ye to stamack.

LADY A. Ye'll mebbe hae him settlet suner nor ye think. Kate's efter him.

LORD S. Kate!

LADY A. Ay. They're up the stair the nou.

LORD S. Wha?

LADY A. Chairlie and Kate.

LORD S. Up the stair? The nou?

LADY A. Ay.

LORD S. What are they daein up there?

LADY A. I sent them up when ye cam in, to get them oot o the wey. They're fechtin.

LORD S. Fechtin! What aboot?

LADY A. Aboot hou they're gaun to talk whan they get mairrit, I think.

LORD S. Whan they get mairrit! Girzie, she'll be daft if she taks him.

LADY A. She'll be daft if she daesna. She's desperate.

LORD S. Wha? Kate!

LADY A. Ay Kate. The English Captain's a mairrit man, and his wife's comin North sune to jeyn him. If Kate daesna nab Chairlie richt awa she'll hae a gey reid face.

LORD S. The laddie's a pauper.

LADY A. Kate has eneuch for them baith, and he'll sune be an advocate.

LORD S. I hope sae. (*As a murmur of quarrelling comes from the garret stair*) Wheesht!

(*Charles comes to the foot of the stair and turns, shouting angrily*)

CHARLES. I refuse to be dragged back down into the gutter!

KATE (*off*). Ye mean the sheuch!

CHARLES. I said the gutter! (*Seeing his father*) I beg your pardon, father. Excuse me, Lady Girzie, but I cannot stay.

LADY A. Chairlie, ye'll hae to. What's happened? Has she no taen ye?

CHARLES. I do not know. We are having a quarrel.

KATE (*entering*). What is he sayin?

CHARLES. Nothing. I am going.

KATE. Ye mean ye're gaun.

CHARLES. I said going.

KATE. Weill, gang. And ye needna bother to come back again aither.

LADY A. Kate!

KATE. He says I soond ridiculous talkin English.

CHARLES. So you do.

KATE. And what aboot yersell?

CHARLES. Goodbye.

(*He goes*)

KATE (*excitedly*). Oh auntie Girzie, he proposed to me.

LADY A. And did ye tak him?

KATE (*wickedly*). He'll dae tae be gaun on wi.

(*She dances off to the piazza to watch Charles going up the street. She moves along the window out of sight*)

LADY A. Weill, that's the younger generation.

LORD S. I dinna feel optimistic.

LADY A. I dinna mysell whiles.

LORD S. Weill, Girzie, if they canna agree, I'm shair we can. Ye're comin to Stanebyres? It's settlet?

LADY A. There's juist ae thing.

LORD S. Ay?

LADY A. Will ye tak Jock tae?

LORD S (*relieved*). Jock! Wumman, it was Jock I was efter aa the time.

(*They laugh*)

LADY A. Ye'll tak him, then?

LORD S. Ay ay.

LADY A. Jock!

JOCK (*appearing like a jack-in-the-box*). Ay, my leddy?

LADY A. It's aa richt, Jock. Fetch him some tea. He's takin us baith.

JOCK. Na! (*He lifts the tea kettle and comes intimately over to Lord Stanebyres*) Weill, my lord, she's a gey kittle craitur, but if ye eir fin her mair nor ye can haunle, juist come to me.

(*They all burst out laughing*).

CURTAIN

MARY STEWART

A Historical Drama in
Five Acts

1951

CHARACTERS

In the order of their appearance:

MARY STEWART
  Queen of Scots, and Queen dowager of
  France.
THE LORD LINDSAY.
THE EARL OF MORTON
  head of the Douglas family.
THE DOWAGER LADY HUNTLY.
HENRY, LORD DARNLEY
  the Queen's consort, King by courtesy.
THE LORD JAMES STEWART
  Earl of Moray, the Queen's bastard half
  brother.
MONSIEUR ARNAULD
  or Maister Naw, the Queen's chief
  physician.
WILLIAM MAITLAND
  younger of Lethington, Secretary of the
  Queen's Secret Council.
THE LADY MARY FLEMING
  lady-in-waiting to the Queen.
THE EARL OF ARGYLL.
THE EARL OF HUNTLY.
JAMES HEPBURN, Earl of BOTHWELL
  Lord Lieutenant of Scotland and Captain
  of the Queen's Bodyguard of Horse.
MARIE COURCELLES
  a member of the Queen's French
  Household.
STANDEN
  an English gentleman of the King's
  Household.
CUNNINGHAM
  a gentleman of the King's household.
THE LADY MARY SETON
  lady-in-waiting to the Queen.
STEWART OF TRAQUAIR
  Captain of the Queen's Bodyguard of
  Foot.
THE LAIRD OF ORMISTON
  a confederate of the Lord Bothwell.

JEANIE
  a servant at the Castle of Dunbar.
SIM
  a trooper in the Lord Bothwell's private
  company.
THE LADY JANET STEWART
  sister to the Lord Bothwell.
SIR JAMES MELVILLE
  a courtier.
MAISTER BRAND
  a minister of the Reformed Kirk.
Various Guards and Servants.

Mary Stewart was first performed on 12
June 1951 in a Festival of Britain
production by Citizens' Theatre which ran
for two weeks at the Royal Princess's
Theatre, Glasgow, with the following cast:

THE QUEEN	Lennox Milne
LINDSAY	Eric Woodburn
MORTON	James Gibson
LADY HUNTLY	Madeleine Christie
LORD DARNLEY	Philip Lindsey
MORAY	Lea Ashton
MONSIEUR ARNAULD	Fulton Mackay
MAITLAND	Duncan Macrae
MARY FLEMING	Hilary Paterson
ARGYLL	Robert Erskine
HUNTLY	Roddy MacMillan
BOTHWELL	Andrew Keir
MARIE COURCELLES	Wendy Noel
STANDEN	Douglas Murchie
CUNNINGHAM	Ian Macnaughton
MARY SETON	Rosemary Allan
TRAQUAIR	James Gilbert
ORMISTON	Paul Curran
JEANIE	Marillyn Gray
SIM	Jimmy Stuart
LADY JANE STEWART	Moira Robertson
SIR JAMES MELVILLE	Douglas Lamond
MAISTER BRAND	Fulton Mackay
GUARDS	Douglas Murchie,
	Paul Curran,
	Robert Erskine,
	Walter Potter and
	Daniel Cauldwell

The producer was John Casson, stage
direction was by Joanna Gibson and the
settings were by Molly MacEwen.

SETTING

ACT ONE	*The Queen's bed-chamber in*
	the Palace of Holyroodhouse.
	Late afternoon of March 7th,
	1566.

ACT ONE

The Queen's bed-chamber in the Palace of
Holyroodhouse, late in the afternoon of
Sunday, 7th March, 1566.

Both corners to the left of the chamber
are cut off at an angle, and contain doors;
that downstage, and therefore out of sight,
leads to the Queen's dressing-closet; that
upstage to the supper-closet. In the middle
of the left wall a large window in a deep
recess. In the back wall, left, a small door
opening on a wheel staircase. In the right
wall, middle, a fireplace, and downstage, a
door leading to the Queen's audience-
chamber.

With its head to the right wall, upstage,
the Queen's four-poster bed. An armchair
between the bed and the fire place. A small
chest between the supper-closet door and
the window.

It is late afternoon, and the only light in
the chamber, apart from the dull glow of
the fire, which is low, is the twilight which
enters from the window. In the window
recess sits Lord Lindsay, armed and in
fighting gear, but nodding in sleep. The
Queen is huddled motionless in the chair by
the fire, her dress covered by a plaid worn
like a shawl over her shoulders.

There is a sound of approaching
horsemen which grows until, after a shout,
it stops, still at a fair distance. Almost
immediately it continues and grows again
until it is quite close, when again it ceases
abruptly. At the sound of the shout the
Queen and Lord Lindsay both stir. As the
sound of the horses reaches its climax
Lindsay rises from his seat, his shadow
bulking menacingly against the light. The

Queen rises with a scream, startled, and
backs downstage right.

QUEEN. Ruthven![1] *Allez au loin! Va?*

(*At the sound of the scream Guards enter*
from the staircase and audience-chamber
doors. She turns and moves backwards from
the audience-chamber Guard)

QUEEN (*turning*). O! (*To Lindsay*) *Qui va là?*

LINDSAY. Wheesht, wumman! Ye'll rouse
the haill Palace! (*To the Guards*) Gae back
to yer posts. She's been sleepin. She
waukent wi a stert. She's fey. (*The Guards
retire*) Sit doun, Madam, and dinna fash
yersell. Ruthven's naewhaur near.

QUEEN. It is daurk.

LINDSAY. Ye saw him this mornin.

QUEEN. I want to see him again.

LINDSAY. It wad serve nae end. Ye wad
juist bicker again.

QUEEN. Tell the Lord Morton I will see my
husband.

LINDSAY. I canna fash the Lord Morton the
nou. He's thrang.

QUEEN. I will gang to the winnock.

LINDSAY. Ye tried that afore.

QUEEN. I will gang this time.

LINDSAY. Try it.

QUEEN. Rin me through if ye like. What
wad happen to ye? Dae ye think ye can kill
Queens withoot makin a steer?

LINDSAY. Staun back!

QUEEN. I am gaun to the winnock!

LINDSAY. Staun back, I tell ye, or as God's
my judge I'll spit ye like a roast!

QUEEN. Ye wadna daur.

(*She moves quickly sideways then dashes*
for the window recess. Lindsay catches her
by the shoulder with one hand and forces
her roughly to her chair. She screams)

LINDSAY. Ye jezebel! They'll think I'm
killin ye!

QUEEN. I want my husband!

LINDSAY (*threatening*). Stop skrechin, will
ye!

(*The Queen bursts into a wild fit of*
sobbing. The Lord Morton enters from the
audience-chamber)

MORTON. What's wrang?

LINDSAY. She's stertit her tricks again. She
was tryin to win to the winnock.

MORTON. What daes she want?

QUEEN. I want my husband!

MORTON. The King's in his chaulmer. He's
juist come doun frae the Toun.

---

[1] Patrick, Lord Ruthven (d.1566). For an
    image of what Mary remembers, see Act 3.

QUEEN. Send for him. Tell him I want him. And send for my weemen. I need licht. I need meat. I couldna thole anither nicht alane.

MORTON. Ye haena been alane.

QUEEN. I want my weemen wi me, no beasts that hae dune murder afore my een!

MORTON. That isna true!

QUEEN. Signor Davie[2] was stabbit in there in my praisence, by George Douglas, yer ain cuisin! I saw it!

MORTON. It wasna ettled.

QUEEN. I ordert him to stop. I was poued aside and held in a chair. Kerr o Fawdonside held a dag at my braist.

LINDSAY. There wad hae been nae violence dune in yer praisence gin the wee runt hadna grippit yer dress.

QUEEN. He was a loyal servant, worth a hunder o ye. What gart ye tak him in my praisence at aa?

MORTON. Ask the King that.

QUEEN. Then fetch the King here!

MORTON. It wad be better, Madam, if ye were to forget the haill affair and try to compose yersell.

LINDSAY. The King wad juist fash ye again.

QUEEN. Daes he ken that I want him? Has he been telt that I hae askit for him?

MORTON. Na, yer Grace. He gied orders that he wasna to be fasht.

QUEEN. And ye gied orders that I wasna to see him alane!

MORTON. Wha said that?

QUEEN. My Lord Lindsay here said sae. Dae ye deny it?

MORTON. Na, I dinna.

QUEEN. Then ye order the King?

MORTON. I advise the King.

QUEEN. Then advise him that his wife is in grave danger. Ye ken I am *enceinte*.

LINDSAY. Ye wad be in nae danger gin ye juist wadna agitate yersell.

QUEEN. I dinna agitate mysell! I am agitatit! Ye and Morton agitate me! Murder agitates me!

MORTON. Sit doun, Madam.

QUEEN. I winna! I hae sat in that sait for hours.

MORTON. Then lie doun.

QUEEN. I hae lain doun. Dae ye no see? I want my weemen. I want my freinds. I want my chaulmer redd o murderers!

LINDSAY. Ye want to stert plottin yer wey oot o the Palace!

MORTON. Quait, Lindsay.

LINDSAY. Sae she daes.

QUEEN. Hae ye nae peety in ye? Ye are mairrit men, baith o ye. I need my doctor.

LINDSAY. Yer doctor's French. He talks ower fast. We wadna ken what he was sayin.

QUEEN. Ye wadna be praisent!

LINDSAY. Ye see, my Lord: she wants us oot o the wey.

QUEEN. Ye canna bide in here if I hae my doctor!

MORTON. Then ye canna hae yer doctor.

QUEEN. My husband could be here. He wad tell ye if I stertit to plot.

LINDSAY. I wadna trust her wi him. She can twist him roun her finger.

QUEEN. My Lord Morton, I need my doctor. I hae a pain in my side. It has come and gane, nicht and day, sin I saw Ruthven at the closet door. It is the truith. I sweir it.

LINDSAY. She's shammin.

QUEEN. I sweir it is the truith.

MORTON. The Leddy Huntly's been priggin aa day to be alloued in. Fetch her. I'll tak the winnock.

LINDSAY. My Lord, I warn ye.

MORTON. I'll be responsible.

(*Lindsay leaves. Morton goes to the window and stands watching the Queen carefully. The Queen rests, breathing deeply as if in pain, with a hand to her side*)

MORTON. Mebbe ye speak the truith, yer Grace, and mebbe ye lee, but I warn ye that ye canna win yer wey oot o the Palace. Ilka man left within the yetts, heich or laich, is a freind o the True Religion.

QUEEN. My Lord Morton, let there be nae hypocrasy. Ye ken ye are in this plot because Paurliament was gaun to gar ye gie back the Croun lands ye laid yer haunds on whan I was a bairn in France.

MORTON. I thocht ye had a pain in yer side.

QUEEN. It is the truith. I dae hae a pain in my side. It daesna blunt my mense, and I hope it winna brek my speirit. And if I hae nae help in the Palace I hae help ootbye. The Lords in the Toun for the Paurliament will gether to me when they ken that I am hadden here against my will. Word will win oot to them yet.

MORTON. The Lords convened for the Paurliament hae been ordert furth o the Toun within three hours, on pain o treason.

QUEEN. Treason! Whan?

MORTON. This mornin.

QUEEN. And hae they aa gane?

MORTON. They had nae option.

---

[2] David Riccio.

QUEEN. In whause name were they ordert furth o the Toun?
MORTON. In the King's.
QUEEN. Did the King ken?
MORTON. It was the King's wish.
QUEEN. I want to speak to the King.
MORTON. He said he wasna to be fasht.
QUEEN. My Lord Morton, I will speak to the King.
MORTON. I'll let him ken whan he's ready, Madam.
(*Lindsay enters*)
LINDSAY. Here's the Leddy Huntly.
(*The Lady Huntly enters, looks round for the Queen and rushes to her*)
LADY HUNTLY. Madam, are ye gaun aboot yet! Hae ye haen nae rest? My puir bairn.
(*She comforts the Queen, who weeps in her arms with relief*) My Lords, ye'll hae to leave. I'll hae to put the lass to her bed.
MORTON. Ye'll hae to wait.
LADY H. What for?
MORTON. There are some maitters o state to be discussed.
LADY H. What's been keepin ye? Ye hae been here for a nicht and a day.
MORTON. We arena juist ready yet.
LADY H. Ye'll hae to let her gang to her bed, then. Gin ye keep her waukrife ony langer she'll brek doun athegither. Has she haen ony meat?
QUEEN. Na.
LINDSAY. She wadna tak it.
LADY H. Nae woner, puir lass. (*To the Queen*) I'll hae something brocht up sune, yer Grace, but first ye maun gang til yer bed. My Lords, ye may gang. The Queen excuses ye.
MORTON. My Lord Lindsay's on gaird to see that she daesna cry frae the winnock. She did this mornin.
LADY H. She winna cry frae the winnock nou. She's gaun to her bed.
MORTON. We're takin nae risks.
LADY H. Come to yer dressin-closet, Madam.
LINDSAY. There's a winnock there tae.
LADY H. Has she no been left alane sin last nicht!
MORTON. She was alane this mornin, and cried frae the winnock to Sir Jamie Melville. Gin the Provost hadna been true there micht hae been a rabble in the yaird again.
LADY H. Sir Jamie Melville left afore kirk-time. Has her Grace been gairdit aa that time by men?
(*The Queen begins to sob quietly*)
MORTON. What wey no?

LADY H. Ye feinds! Suner or later she maun be left alane. Shairly ye see that. Or are ye gaun to dae her that shame tae, and degrade her to the level o a beast?
(*The Queen sobs more loudly*)
LINDSAY. We canna trust her.
LADY H. My Lords, I warn ye. She isna faur frae jeazen.[3] Wi this ill treatment she may come to grave hairm.
LINDSAY. We hae oor lives and lands to think o. Gin we took oor een aff her nou she wad be awa like a shot.
LADY H. My Lord Morton, I'm in yer pouer. Let me tak her to her dressin-closet and mak her ready for her bed. The winnock in there looks oot on a toom courtyaird, and gin aither o us gangs near it ye can gar me pey wi my life for it.
LINDSAY. Dinna tak the risk. They can plot thegither withoot gaun near the winnock.
MORTON. Quait. (*To the Queen*) Yer Grace, ye may retire. (*To the Lady Huntly*) For five meenits, my Leddy.
LADY H. Come, yer Grace.
(*She leads the Queen into the dressing-closet*)
MORTON. We'll hae to watch hou we haunle her. It micht pey no to gang ower faur.
LINDSAY. We hae gaen ower faur. There wad be nae mercy nou gin she won back to pouer. We'll juist hae to see it daesna happen.
MORTON. It'll depend on the Lord James.
LINDSAY. He winna want her at liberty.
MORTON. Na, but he likes to gie aa his actions a look o legality. He'll want her to gie us a written paurdon afore he gies us his coontenance in public, and his job'll be faur easier gin we dinna gang ower the score. I wadna gie meikle for Ruthven's chances, or Fawdonside's.
LINDSAY. I'm mair involved nor aither o them. What a peety they were baith sae licht on the reyn, or that the Leddy Argyll managed to win haud o that caunle whan the table was cowpit. A guid hard shove in the daurk wad hae dune aa that was needit.
MORTON. Ay, weill, it cann be helpit nou.
LINDSAY (*indicating the dressing-closet*). I'm shair they're up to some deil's work in there.
MORTON. Gie them a meenit yet. Is aa quait ootbye?
LINDSAY (*looking out*). Ay.
MORTON. Listen.

_____
3 Child-bed.

LINDSAY. Eh?

MORTON. Listen. Dae ye no hear a steer, faur awa, up by the Toun?

LINDSAY. The rabble!

MORTON. The Lord James!

LINDSAY. He hasna taen lang.

MORTON. I'll hae to flee! Watch them inbye like a hawk.

(*He leaves hurriedly. Lindsay looks from the window uneasily, then goes to the door of the dressing-closet and knocks loudly*)

LINDSAY. It's time ye were comin back in oot o there!

LADY H. We winna be lang. Bide oot.

LINDSAY. Hurry, then.

(*The sound of the crowd continues, very faintly. Lindsay looks earnestly from the window then makes for the door of the dressing-closet and knocks roughly*)

LINDSAY. What are ye at in there?

LADY H. Bide oot!

LINDSAY (*half opening the door*). Yer time's bye. Come back intil the chaulmer here at ance!

LADY H. Bide oot, I say!

(*She pushes the door shut against him. He knocks on it loudly with the hilt of his sword*)

LINDSAY. Open the door and come oot at ance or I'll come in and fetch ye!

(*The Guard enters from the door of the staircase. Lindsay turns hastily and faces him*)

GUARD. The King, my Lord.

(*The King passes him and he retires*)

KING. I heard a scream when I returned from the Town. Was it the Queen?

LINDSAY. She woke up wi a stert, yer Grace, and saw me at the winnock. She thocht it was Ruthven.

(*Lady Huntly enters, sees the King, and turns to the Queen in the dressing-closet*)

LADY H. It's the King, yer Grace. (*To the King*) She's been askin for ye, Sir.

(*The Queen rushes in dressed as before except for the plaid, cap and collar which have been removed*)

QUEEN. Henry, I askit for ye. They wadna send for ye. I need Monsieur Arnauld, Henry. Ye maun fetch him at ance.

KING. Why were you screaming?

QUEEN. Lindsay threw me doun in my chair. He hurt me.

LINDSAY. She was tryin to win to the winnock!

KING (*referring to his manner of address*). My Lord, you forget yourself. Why is there a guard on my private stair?

LINDSAY. The Lord Morton pat the gaird there.

KING. He refused to let me pass unannounced.

LINDSAY. I canna tak the wyte for that, yer Grace.

QUEEN. They hae gien orders that ye arena to see me alane!

KING. Is that true, my Lord?

LINDSAY. We think it better ye suldna, yer Grace, for yer ain sake.

KING. I am obliged to you, my Lord, but allow me in future to determine myself what is best for me.

LINDSAY. Dinna forget that it was to please yersell and nae ither that this enterprise was stertit!

KING. Your tone is insolent.

LINDSAY. I hae to mak mysell plain!

QUEEN. Oh dinna stert to flyte. I had to listen to Ruthven aa through the nicht. Hae ye nae peety for me?

(*She bursts into tears*)

LADY H. Yer Grace, think o the Queen. She needs her doctor. She needs her weemen.

KING. She shall have her doctor and her women.

QUEEN. And I want nae mair gairds aboot me, I want to hae my chaulmer to mysell.

KING. You shall have that too.

LINDSAY. The gaird maun bide.

KING. You can do your duty beyond the door.

LINDSAY. Ye'll hae to speak aboot that to the Lord Morton, yer Grace.

KING (*indignantly*). I... speak to the Lord Morton!

QUEEN (*going suddenly to her chair and sitting as though in pain*). Henry. Fetch Monsieur Arnauld! Quick!

LINDSAY (*interrupting quickly*). Ye'll hae to speak to Morton!

QUEEN. Quick! I feel fent. Watter, my Leddy.

(*Lady Huntly rushes to the chest for water*)

KING. I shall speak to the Lord Morton at once, and I shall tell him how you have defied me, my Lord!

(*He leaves by the audience-chamber door*)

LADY H (*having given the Queen a drink of water*). There nou, yer Grace.

QUEEN. I feel sae waik.

LADY H. I'll follow the King, yer Grace, and hae some meat made ready for ye.

LINDSAY (*suspiciously*). Sae ye hae cheynged yer mind?

LADY H. I beg yer paurden, my Lord?

LINDSAY. I thocht ye were gaun to mak her Grace ready for her bed.

LADY H. If her husband is gaun to send in her weemen there's nae need for me to dae that.

LINDSAY. Ye're gaun to slip oot wi some message, ye mean.[4]

LADY H. I'm gaun to slip doun to the kitchens, my Lord, if ye'll allou me.

LINDSAY. Gin I had haen ony say in the maitter ye wad neir hae come in here.

LADY H. I winna be lang, yer Grace.

(*She leaves. Lindsay stands by the window. The Queen sits in her chair. The sound of the Town mob gradually increases. The Queen rises and moves across the room excitedly. Lindsay, after looking with one eye uneasily from the window, watches her carefully*)

QUEEN. Hearken. The steer o the rabble. It is nearer nou. And I hear horsemen! Is it the Lord James? The Leddy Huntly said there was a bruit that he had won back frae England.

LINDSAY. I kent she wad be tellin ye aa she had time for.

QUEEN. Is it my brither?

LINDSAY. I ken naething.

QUEEN. The horsemen are comin here! If it is Jamie he will set me free!

LINDSAY. I wadna be sae shair, yer Grace.

QUEEN. Oh I ken he is in towe wi ye. I ken he wadna hae haen time to win here gin he hadna been sent for afore Davie was slauchtert. But he daesna ken they stabbit him in my praisence! He daesna ken they threw me doun and pressed me in my chair till I could hardly breathe! He daesna ken I hae been hadden here and treatit like a beast.

(*A Guard enters from the audience-chamber*)

GUARD. Will ye come, my Lord, to the Lord Morton.

LINDSAY. Tak ye my place, then.

GUARD. I hae to fin the Lord Ruthven tae, my Lord.

LINDSAY. Send in the gaird at the door, then.

(*The Guard leaves. The original audience-chamber Guard enters in his place*)

LINDSAY. Keep her Grace awa frae the winnock.

GUARD. Her Grace, my Lord.

LINDSAY. Ay. See that she daesna gang near it.

(*He leaves. The Guard shuts the door after*

---

4 Letters smuggled by the Dowager Countess, Elizabeth Keith while the Palace was under martial law were key to Mary's escape.

him. As he does so the Queen rushes to the window and looks out. There is a noise of horses below)

GUARD. I hae orders, yer Grace, that ye arena to be alloued at the winnock.

QUEEN. And what if I pey nae heed to yer orders?

GUARD. I suppose I suld gang and tell them.

QUEEN. It is the Lord James, and the ither banisht Lords?

GUARD. Ay, yer Grace.

QUEEN. They maun hae been sent for afore last nicht. Tell me: the Lords that were gethert for the Paurliament: hae ony been taen?

GUARD. No that I ken o.

QUEEN. Tell me: the Lords Huntly and Bothwell: hae they been taen?

GUARD. There's been nae word o them sin they won oot o the Palace airly this mornin.

(*The King enters*)

KING. Leave, fellow. Mary, will you receive your brother?

(*The Lord James Stewart, Earl of Moray, enters. The Queen rushes to him and embraces him tearfully*)

QUEEN. Jamie!

MORAY (*comforting her awkwardly*). My dear sister.

(*The Guard leaves. Morton and Lindsay stand in the open doorway beyond the King*)

QUEEN. Oh Jamie, gin ye had been here last nicht, ye wad hae gart them stop. Ye dinna ken them, or ye wadna hae plottit wi them. They were like beasts. Puir Davie held on to my skirt and cried for mercy, yet they poued him awa, sae mony o them that I couldna coont, and hackit him to daith. There were fifty wounds on his corp.

MORAY (*drily*). Haurdly that, shairly.

(*The King and the other Lords slip out of the room, abashed*)

QUEEN. They were coontit in the porter's ludge. I was telt by ane o my weemen. (*The Lord James still shakes his head*) I tell ye, Jamie, he was butchert like a beast. I could hear them gruntin as they warkit their will o him. It was a thing nae men could hae dune that hadna selt their sauls to the Deil. Ye couldna hae tholed it.

MORAY. Ye maun try no to think ower ill o them. I hae nae dout they gaed ower the score, but it was oot o zeal for their Faith.

QUEEN. Faith?

MORAY. There wasna ane o them that didna ken he was riskin his life and lands.

They took the risk because Davie was a fae to the True Religion.

QUEEN. He was my servant. He did naething but by my order. It was couardly to kill him.

MORAY. They thocht he was leadin ye into a Catholic alliance. They thocht he was an agent o the Paip. And he was sic a popinjay, struttin aboot in his braw claes, and lordin it ower aa the nobility and gentry o Scotland, and wha was he, efter aa, but a singer oot o an Italian gutter.

QUEEN. He was as true to me as ony Scottish subject.

MORAY. I wadna talk like that aboot him. Ye micht gie a wrang impression. They micht stert sayin he was mair to ye nor he suld hae been.

QUEEN. Oh they hae said that. That was what they said to draw Henry into the plot.

MORAY. Did Henry believe it?

QUEEN. What gars ye ask that?

MORAY. He shairly wadna hae believed it gin he hadna haen some suspicion o his ain.

QUEEN. I had keepit him at airm's length. Ye ken I am *enceinte*, and he drinks like a Leith fish-porter.

MORAY. But Signor Davie? Were ye no alane wi him gey aften at nicht?

QUEEN. Sae their scandal has spread ower the Border! He was my secretary. We had wark to dae thegither.

MORAY. Ye suld hae shown mair care o yersell.

QUEEN. He was a servant.

MORAY. He was a man.

QUEEN. Jamie. Dinna let on ye believe it yersell.

MORAY. I dinna, but I'm tryin to tell ye that ye canna blame the Lords for their hatred o the man, or Henry aither. They thocht their Queen was bein treatit lichtly, and he his wife.

QUEEN. They thocht naething o the sort. They kent that Paurliament was gaun to gar them gie up the lands they had lain haunds on at the brek up o the auld Kirk. They kent that ye and their ither rebel freinds in England were to forfeit yer lands and titles. They trumpt up their stories o a Catholic alliance and my engauns at nicht wi Signor Davie to gie them an excuse to murder him afore my een, hopin nae dout that it wad be mair nor I could thole, in my praisent condition, and that ye could be brocht back to rule in my place and gie them aa their ain wey.

MORAY (*drily*). And whaur was Henry to fit in?

QUEEN. I had forgotten Henry. He is to reign alane, wi ye for his adviser. Henry a king! *Mon Dieu.*

MORAY. It was ye that wantit to mak Henry a king! I didna.

QUEEN. And what wey hae ye cheynged? We baith ken mair o him nou than we did whan he first cam frae England, though I hae learnt mair, nae dout, for I was blin then; and it is as clear as daylicht that he is nae mair fit to be a king than to be a husband. He couldna keep his coonsel for twa meenits.

MORAY. I telt ye that afore ye mairrit him.

QUEEN. My mairraige strengthent my claim to the English Croun, and it wad hae dune nae hairm to ony bune mysell gin I had been alloued to haunle him withoot interference. And ye objectit to my mairraige no for my sake but for yer ain. Ye saw that it was gaun to gie me confidence to tak the affairs o government on my ain shouthers. Ye saw that I wad lean on ye nae mair: that the pouer ye had ower me whan I was a fremit lassie wad lest nae langer.

MORAY. I saw ye tyin yersell to a Catholic. I saw whaur it wad lead.

QUEEN. Whaur was it to lead?

MORAY. To this. To bluidshed.

QUEEN. I hae said ower and ower again that I wad force my religion on nae man. It was ye that took up airms,[5] and ye did sae wi naither richt nor justice, for my mairraige was approved by a Convention at Stirlin.

MORAY. It suld hae been approved by the Three Estates.

QUEEN. It wad hae been, gin ye and the ither Protestant Lords hadna made it impossible for the Three Estates to meet. When ye saw ye were in a minority ye plottit wi the English ambassador to kidnap Henry and his faither and haund them ower to the Marshall at Berwick. Some hae said that ye ettlet to tak me tae and hae me lockit in Lochleven.

MORAY. That isna true.

QUEEN. Ye maun hae haen something o the kind, or ye wadna hae risen, and ye canna deny plottin wi the English, though I hae heard o yer engauns wi my cuisin Elizabeth, gaun doun on yer knees to her and sweirin

---

5 The Chaseabout Raid, August/September 1565.

afore the French and Spanish ambassadors that she had naither bribed nor encouraged ye to rise against me.

MORAY. Naither she had.

QUEEN. I ken better, and sae did the twa ambassadors.

MORAY. I rebelled because my religion was in danger.

QUEEN. Yer religion was in nae danger. I had promised to mak nae alteration in the religion o the country as established at the time o my arrival.

MORAY. We thocht it was in danger.

QUEEN. Ye didna trust me?

MORAY. No mairrit to a Catholic, and wi a Catholic secretary.

QUEEN. And nou ye and yer freind Morton are gaun to let my Catholic husband reign in my place.

MORAY. He has promised to maintain the True Religion.

QUEEN. I promised to dae naething against yer religion, and as for my Catholic secretary, ye werena abune sendin puir Davie a braw diamond ring, a while syne, to gar him coax me to paurdon ye and gie ye back yer estates.

MORAY. Ye canna blame me for wantin my paurdon.

QUEEN. And noo ye think ye are shair o it, eh?

MORAY. I feel that ye'll be gled o my help.

QUEEN (becoming friendly). And sae I will. It was guid o ye to come whan ye heard I was beset. (Shrewdly) Whan did ye hear?

MORAY. I heard a bruit that some maitter was ettlet.

QUEEN. Ye werena sent for afore it was dune?

MORAY (defiantly). Weill, to tell ye the truith, I was.

QUEEN. Did ye ken Davie was to be slauchtert?

MORAY (very solemnly). I sweir I didna, Mary, by the Almichty God.

QUEEN (believing him). Oh Jamie, I am gled, and ye will hae yer paurdon. But ye maun help me to win my freedom.

MORAY. I'll dae aa I can, but ye maun keep in mind that the Lord Morton is in pouer for the time bein, and I can dae naething that he daesna approve. He'll likely want his paurdon tae, afore he gies ye yer freedom. And there micht be some ither conditions.

QUEEN. Conditions?

MORAY. Ay.

QUEEN. I see.

MORAY. But ye'll be tired nou. I winna let them fash ye wi thae maitters the nou.

QUEEN. Na.

MORAY. There's to be a meetin the morn o the King and his Cooncil, and I'll be able to tell ye efter that, nae dout, what their conditions are.

QUEEN. And am I to bide on hadden in here?

MORAY. I dout sae, for the time bein.

QUEEN. Wi a gaird in my chaulmer?

MORAY. I see nae need for a gaird in yer chaulmer.

QUEEN. Lindsay has been here aa efternune. He wadna leave me by mysell for twa meenits. And I need my weemen and my doctor.

MORAY. Ye sall hae them baith, if I hae ony say in the maitter.

QUEEN. And Henry: I haena seen him alane sin the affair stertit, and fornent Ruthven he was sic a fule, gaun ower aa oor private affairs, castin up at me that I wadna hae him near me, and trying to justify himsell for his pairt in the murder by makin oot that he believed aa their stories aboot Davie and me. Weill he kens they are ridiculous, but what he daesna see, the doitit cuif, is that if he gangs on as he is daein he will cast dout on the bairn's paternity, and prejudice its succession to the Scots and English crouns.

MORAY (drily). I'll say ye want him.

QUEEN. Thank ye, Jamie. And gar them send my weemen and my doctor. I am sae sair forfochen I can haurdly keep gaun.

(Moray kisses her hand and leaves. Mary sinks wearily into her chair. The door from the staircase suddenly opens and the Guard enters, looks round the chamber, and seems at a loss)

GUARD. The Lord Lindsay, yer Grace?

QUEEN. He isna here nou. What dae ye want?

GUARD. I was to tell him if onyane tried to pass me on the King's stair.

QUEEN. Wha tried to pass?

GUARD. Twa o the Palace servants, yer Grace. They say the King sent them.

QUEEN. Send them in.

GUARD. I had orders, yer Grace, to speir at the Lord Lindsay afore I lat onyane pass.

(The King enters from the audience-chamber)

KING. Your brother says you want to see me. (To the Guard) What do you want, fellow?

QUEEN. He wants the Lord Lindsay's permission to allou the Palace servants to pass in by the stair.

KING. The servants I sent?

QUEEN. Ay.

KING (to the Guard). Do you value your head?

QUEEN. It isna his faut. (To the Guard) Tell the servants to bide ootbye the nou.

(The Guard bows and retires)

KING. Why did you say you wanted to speak to me now? You have given them just the excuse they need to keep me out of the way while they have their first talk together.

QUEEN. Sae ye are beginnin to see that they nae mair mean to keep ye in authority than to consult ye aboot what they suld eat for their denner?

KING. They will have to acknowledge my authority. They have promised me the Crown Matrimonial.

QUEEN. For helpin them to murder puir Davie.

KING. I had no idea he was to be done to death before your eyes. He was to be tried and executed. I thought they meant to hang him at the Market Cross.

QUEEN. Ye didna try to stop them whan they stertit to slauchter him withoot leavin the closet.

KING. He held on to your skirt.

QUEEN. Ye still didna try to stop them. What if the Leddy Argyll hadna grippit that caunle whaun the table was cowpit? What if I had been gien a thrust in the daurk and dune to daith? Was it wi that in mind that ye gart them promise ye the Croun Matrimonial?

KING. What do you mean?

QUEEN. Wi the Croun Matrimonial ye wadna juist be equal in authority wi me, ye wad succeed me in the event o my daith. Nou Ruthven said last nicht that aa was dune by the King's order.

KING. He was trying to shield himself.

QUEEN. Was he? What gart them tak Davie in my praisence? If they had juist ettlet to hang him, as ye say, they could hae taen him at nicht in his ain chaulmer. What gart them tak him fornent a wumman twa months frae her accouchement? Ruthven said aa was dune by the King's order. Dae ye ken what they will think in France and Spain and in the Empire? Dae ye ken what they will think in England? They will think ye were efter my Croun!

KING. It is a lie!

QUEEN. Hou can ye prove it?

KING. The Lords will support me!

QUEEN. Will they? I askit them this efternune what gart them tak Davie in my praisence. Dae ye ken what they said? They said 'Ask the King that.' (The King looks blank) Ye see? Aa was dune by the King's order. Davie was taen in the Queen's praisence by the King's order. What wey was he taen in the Queen's praisence? Because the shock micht kill her, or if no the shock, a chance thrust in the daurk!

KING. Your mind is deranged! No one would ever suggest it!

QUEEN. Wad they no? It wad seem gey plausible. And whan ye shamed me through the nicht fornent Ruthven, cryin oot that I cam nae mair to bed wi ye sin I had taen Davie for a secretary, ye made it seem mair plausible still. For naebody can say nou 'Ah, but the King couldna hae ettlet ony hairm to the Queen and her wi his bairn in her wame.' They will say nou 'He wantit the bairn destroyed, because it wasna his. It was Signor Davie's!'

KING. That is a lie too!

QUEEN. What is a lee? That the bairn is Davie's?

KING. That I intended to destroy it!

QUEEN. But ye say it is Davie's?

KING. I have not said so!

QUEEN. Dae ye think it?

KING (dropping his glance, abashed). No.

QUEEN. Gin ye had said ocht else I wad hae struck ye in the een! Ye ken it is yer ain, for Davie was naewhaur near me seiven months syne. Hou then could ye hae the hairt to let them kill him in my praisence?

KING. I have told you that I did not know he was to be killed in your presence!

QUEEN. What gart ye let them tak him in my praisence? Ye cam in afore them. Ye brocht them up by yer private stair. What were ye efter?

KING. I hated him! (Almost blubbering) You gave him my iron stamp, so that he could stamp documents in my name, documents I never saw!

QUEEN. He could be trustit. He didna stamp ony documents that hadna my stamp tae. Ye couldna be trustit no to stamp ony nonsense that was brocht to ye.

KING. Why was I given the stamp in the beginning? You promised me equal authority with yourself. You were the first to promise me the Crown Matrimonial!

QUEEN. I fand ye werena fit for authority, and took the stamp back!

KING. You gave it to Davie!

QUEEN. To save yer face. Gin I hadna haen yer stamp on the documents folk wad hae jaloused it was withdrawn.

KING. They knew Davie had it.

QUEEN. Because ye gaed aboot grummlin aboot it.

KING. I had a right to grumble. You had humiliated me before a base-born foreigner!

QUEEN. Sae ye had him dune to daith afore my een!

KING. No!

QUEEN. Ye had! To wark oot yer spite at me for showin a trust in him that I couldna show in yersell!

KING. I am your husband!

QUEEN. It is whiles gey hard to believe. To think that ye had him killed in my…

KING. Not killed! (Screaming) I did not know he was to he killed!

QUEEN. Taen, then. To think that ye had him taen in my praisence to wipe oot a grudge ower an airn stamp, and neir thocht o the effect it micht hae on yer ain bairn. Wha will believe it? They will say what I hae telt ye, that ye were oot to destroy the bairn and win the Croun!

KING. Who will say so?

QUEEN. The Lords will say sae.

KING. It was they who killed Davie. If they suggest such a thing they will condemn themselves too.

QUEEN. My brither Jamie wasna at the killin. Naither were the ither banisht Lords. They can condemn the wey it was dune withoot condemnin themsells.

KING. They would be condemning their friends.

QUEEN. Their freinds say they did aathing by the King's orders. They wad gang skaithless.

KING. But why should they make these charges against me?

QUEEN. To be redd o ye, gin they growe wearit o ye.

KING. They can do nothing without me now you are a prisoner.

QUEEN. They haena destroyed my bairn yet. If they dinna kill me afore it is born they will hae someane feebler nor yersell to set up as a figureheid o their government.

KING. You are trying to frighten me. Why should they want to put another in my place? Your brother owes it to me that he has been able to return.

QUEEN. It was against oor mairraige that he rase at the stert. He owes it to ye that he had to gang awa. Dinna lippen on his gratitude. Dae ye think ye are mair to him than a haund that will sign his decrees? What dae ye think wad happen to ye gin ye didna agree wi him aboot something? Dae ye think he wad defer to yer wishes? (The King does not answer) Dae ye no see that if he can set me aside, that am the natural born princess o the realm, he winna fin it hard to put ye awa tae, that are nae mair nor a consort?

KING. You do not mean all this. You are saying it out of spite. You are trying to upset me in revenge for Davie's death.

QUEEN. I am tryin to show ye what a fule ye hae been, Ye are nae mair a king nou than ye were afore. Less. For as lang as I was free they had to treat ye wi some show o respect. Nou they juist ignore ye.

KING. We shall see. If they do not treat me with respect I will sign nothing for them. (There is a knock at the audience-chamber door)

QUEEN. Send them awa.

KING. Wait outside.

(The Lord Lindsay opens the door and bows to the King)

LINDSAY. Yer paurdon, yer Grace. I'm looking for the Leddy Huntly.

KING. I told you to wait outside.

LINDSAY. The Leddy Huntly's missin, yer Grace. She said she was juist gaun doun to the kitchen.

KING. What of it?

LINDSAY. The Lord Morton said she wasna to be alloued oot o the Palace efter bein alane wi the Queen.

KING. She is not here. Leave us.

LINDSAY. Are ye shair she isna in ane o the closets?

KING. She is not here!

LINDSAY. Paurdon me, yer Grace, but I was ordert to mak a thorough sairch.

(The King fumes as Lindsay goes first to the dressing-closet and then to the supper-closet. He bows to the King and leaves by the private stair)

QUEEN. See! Yer private stair.

KING. They shall pay for this! (Suddenly altering his manner) Where has she gone?

QUEEN. Wha?

KING. The Lady Huntly.

QUEEN. What gars ye want to ken that?

KING. You are planning to escape.

QUEEN. If I was dae ye think I wad tell ye?

KING. Let me come with you! I never intended that they should murder Davie. I agreed only to have him taken and tried.

QUEEN. Whause plot was it?

KING. George Douglas[6] came to me first. It was he who said you were Davie's mistress. I hated Davie so much that I believed him. We went together to Ruthven. He brought in Morton, and Morton the others.

QUEEN. Was my brither Jamie in the plot?

KING (shiftily). We agreed to send for the banished Lords.

QUEEN. Did ye tell them what was ettlet against Davie?

KING. Only that he was to be taken and tried.

QUEEN. Is that the truith?

KING. Yes. Will you let me come with you?

QUEEN. Ye wad hae to help.

KING. How?

(There is another knock. The Guard enters from the audience-chamber)

GAURD (to the Queen). There is a Frenchman, yer Grace. He says he is yer Grace's doctor.

KING. Tell him to wait.

(The Guard looks to the Queen. She makes no sign. He retires)

KING. How can I help?

QUEEN. Ye'll hae to gar them tak awa their gairds.

KING. They will not.

QUEEN. They micht.

KING. How?

QUEEN. They will want me to sign some papers. I will sign naething unless I am free.

KING. They will not free you unless you sign.

QUEEN. I will sign naething gin they dinna tak their gairds frae my doors. Ye maun use yer influence to hae that dune.

KING. How?

QUEEN. As ye think best.

KING. By what time?

QUEEN. As sune as ye can.

KING. It may take another day.

QUEEN. Let it.

KING. Mary, tell me more.

QUEEN. Later, whan ye hae won back my trust. Henry, I am seik again. I feel fent. Monsieur Arnauld.

(She staggers to the bed and collapses beside it. The King hurriedly opens the audience-chamber door)

KING. Quick! She is ill!

(Monsieur Arnauld enters)

ARNAULD. Ma pauvre Madame. Aidez-moi. Elle vieut de s'évaneuir.

(The King hurries to the private stair opens the door, and shouts)

KING. Send the Queen's servants! (He returns to the door of the audience-chamber and shouts there also) Send the Queen's women! She is ill. Hurry.

ARNAULD. Elle à perdu connaissance, Monseigneur. Do grâce, sidez-moi à la porter jusque au lit. Doucement, Monseigneur, sa état est fort grave.

CURTAIN

ACT TWO

The Queen's audience-chamber in the Castle of Craigmillar. A day in November, 1566.

In the left wall, downstage, a door leading to the Queen's bed-chamber. In the back wall, left, a door leading in from a turnpike stair, and middle, a two-light window with grilles beyond. In the middle of the right wall a fireplace.

Against the left wall, middle, a writing chest, with a table before it. In the right-hand upstage corner the Queen's audience-chair.

When the curtain rises the Earl of Moray is sitting reflectively in the Queen's chair. Maitland of Lethington enters from the stair. Moray rises abruptly.

MAITLAND. Guid day, my Lord. Sit doun. It's a comfortable sait, and it's near the fire.

MORAY. I didna hear ye, Lethington.

(He sits)

MAITLAND. Is Maister Naw still inbye?

MORAY. Ay.

MAITLAND. In my humble opinion, my Lord, the man's faur ower drastic. I'm shair he daes mair hairm nor guid. Whan I think o aa yon pouin and streitchin at Jedburgh I woner her Grace didna dee.

MORAY. She didna, though. He seems to ken his job.

MAITLAND. Mebbe, but I think I ken a faur better cure for her praisent seikness nor ony o the ferlies in Maister Naw's black bag.

MORAY. Ay, Laird?

MAITLAND. Tie a stane roun the King's neck and pitch him intil the Nor' Loch.

MORAY. What is he daein nou?

MAITLAND. He says he isna gaun to the christenin.[7]

---

6 Natural son of the 5th Earl of Angus.

7 Baptism of Prince James, 17 December 1566, in Stirling.

MORAY. Na! What wey no?

MAITLAND. He kens that whan the Earl o Bedford comes North to attend the ceremony in the English Queen's name he'll hae authority to treat wi her Grace in the maitter o the English succession, sae he threatens to bide awa.

MORAY. The young fule.

MAITLAND. I'm no sae shair. If there's ony dout o the bairn's paternity there'll be nae acknowledgement o its claim to succeed to the English Croun, or its mither's either. The Earl o Bedford'll gang awa back hame withoot as meikle as a cheep.

MORAY. And what guid will that dae the King?

MAITLAND. He's efter the Croun Matrimonial.

MORAY. We aa ken that.

MAITLAND. And we ken what has keepit her Grace gaun sin the day she saw the kind o man she had mairrit. Her ae consolation has been the thocht that her bairn, wi baith her claim and his ahint it, wad hae its richt to the English succession pat in nae dout. Dae ye think that nou, whan she's juist comin roun into the wind, she's gaun to allou onything mair he can dae to her to drive her aff her coorse? Dae ye no think that suner nor fail in her life's ae ambition she's likely juist to gie him what he wants?

MORAY. She canna grant him the Croun Matrimonial withoot the consent o her Cooncil.

MAITLAND. She could aye cheynge her Cooncil, if she wantit something badly that we couldna advise. Darnley's been schemin wi the Catholics. Gin she had a Catholic Cooncil she could grant him the Croun Matrimonial withoot a word o protest.

MORAY. No withoot a vote o the Three Estates.

MAITLAND. They micht gie her that.

MORAY. I dout it, and she wad neir think o askin for it. She couldna thole his stippit interference hersell.

MAITLAND. She micht be sair temptit to try. Nae faither can bide awa frae a christenin attendit by representatives o the crouned heids o the haill civilised warld withoot makin himsell gey kenspeckle. She's gaun to be maist greviously affrontit.

MORAY. They aa ken he's saft in the heid. They'll think naething o't.

MAITLAND. It's what she's gaun to feel that maitters, my Lord, and I can tell ye she's like to dee wi shame and vexation. And I think it wad become us, my Lord, as her closest freinds and maist devotit subjects, to fin some wey for her oot o her praisent predicament, particularly, my Lord, as in the daein o't we micht be able to pey an auld debt to a close freind o yer ain, and strengthen oor Protestant faction.

MORAY. What's in yer mind?

MAITLAND. We want a paurdon for Morton and his freinds for the Davie affair. It's time they were brocht hame frae England.

MORAY. Ay?

MAITLAND. And the Queen wants an end to her consort's continual pesterin for the Croun Matrimonial.

MORAY. Ay?

MAITLAND. This latest threat o his has gart her beyl wi rage.

MORAY. Weill.

MAITLAND. My Lord, let's offer her the support o aa her Lords for a divorce if she'll promise to paurdon Morton.

MORAY. Ye disappeynt me, Laird. Ye said something aboot pitchin him intil the Nor' Loch.

MAITLAND. Aa in guid time, my Lord. Efter the divorce he wad be nae langer the King. As an ordinary craitur like oorsells he could be putten oot o the wey wi a lot less formality.

MORAY. I see yer peynt. She wad want a Catholic divorce, though, and they arena easily gotten.

MAITLAND. Na? We could set up the auld Consistory within a maitter o days and fill it wi haund-picked bishops. The haill thing wad haurdly tak a fortnicht.

MORAY. I dinna think my sister'll listen to ony suggestion in a maitter o this kind that isna offert in a mair mensefou mainner, Laird. I wadna let oot ony hint o the joco. And there wad be a howl o anger frae oor freinds the Preachers.

MAITLAND. Hoots, toots, my Lord, ye can shairly haunle the Preachers. Ye hae Knox weill oot o the wey. He's been feart to show his neb in the Toun sin he preached on the daith o Davie. And as sune as the rest o them ken that ye're involved yersell they'll jalouse at ance that it's aa for their ain guid. As for her Grace, ye ken I can put on as solemn a face as yersell when it's caaed for. I will say this, though, that it'll help her to lend a mair willin lug gin we can gar the proposal seem to come frae her Cooncil as a body. Nou Argyll we can coont on. He owes it like yersell to Morton that he's back at Coort again at aa. But Huntly owes Morton naething, and naither daes Bothwell.

MORAY. Na. (*Thoughtfully*) Huntly hasna been reinstatit in aa the lands that were lost to his faimily by his late faither's rebellion.[8]

MAITLAND. Juist what I was thinkin, my Lord.

MORAY. Ye think he micht agree to the divorce if reinstatement was promised?

MAITLAND. I'm shair o't.

MORAY. And what aboot Bothwell?

MAITLAND. I hae been turnin Bothwell ower in my mind tae. Sin he and Huntly slimmed the waas o the Palace on the nicht o Davie's slauchter and sent in Huntly's mither to plan her Grace's escape, he's gaen mair like a cock on a midden ilka day. Aa the glory o leadin her Grace back into Edinburgh at the heid o her loyal Lords, and settin up his twa-three cannon at the door o her ludgin in the Toun, has gien him the idea that he's a second Alexander, and I wadna woner but the swallt-heidit braggart daesna think her Grace couldna dae withoot him, the mair sae, my Lord, sin she did him the great favour o ridin ower frae Jedburgh to see him whan he was lyin hurt at the Hermitage. I hae been thinkin, my Lord, that gin we were to drap a hint withoot ower meikle o a splash that her Grace fins it hard to hide her admiration for him, his neb wad ring the watter like a troot's.

MORAY. Bothwell's a mairrit man, Laird.

MAITLAND. Huntly's sister and he dinna hit it aff ower weill. I hear he's haen some affair wi ane o her servants, a lassie Crawford, a smith's dochter. He's haen to sign ower Nether Hailes to Leddy Jean to souther her hurt pride.

MORAY. Ay ay, Laird, but I wadna encourage Bothwell to set his mind on my sister. The joke micht gang ower faur. A divorce wad in fact set her haund free, and it wad be a serious factor in baith hame and foreign politics.

MAITLAND. And ye, my Lord, gin ye were the instrument that set her free, wad hae control o that factor. It wad gie ye pouer, my Lord.

MORAY. She can be gey contrairy when it comes to takin a husband.

MAITLAND. She has ae gey painfou lesson

ahint her nou. (*A fanfare of trumpets from beyond the window*) Guid God!

HERALD (*beyond*). Make way for the most high and magnanimous, mighty and illustrious Prince, Henry, Lord Darnley, Earl of Ross, Duke of Albany, King of Scotland!

MAITLAND. Come. We'll gang up and see the ithers till he's oot o the wey.

MORAY. It gars my bluid beyl to hae to bolt like a coney as sune as he shows his neb.

MAITLAND. Ye ken what happened, my Lord, the last time ye didna. And her Grace daesna like to hae to order us oot o her praisence. Come.

MORAY. I will. Let's see the ithers. (*Maitland gives him precedence at the staircase door. Mary Fleming comes from the Queen's bed-chamber, carrying cushions*)

FLEMING (*seeing Maitland*). Oh.

MAITLAND (*turning*). Oh, Mary. (*Indicating the window*) Ye heard?

FLEMING. Ay.

MAITLAND. Was he expeckit?

FLEMING. Na.

MAITLAND. She hadna sent for him?

FLEMING. Na. She was dumfounert whan the trumpets soundit.

MAITLAND. Try to fin oot what he's efter.

FLEMING. Ay.

MORAY (*putting his head in from the staircase*). Hurry, Lethington. He's on his wey up.

(*Lethington follows Moray quickly. Mary Fleming arranges the cushions on the audience-chair. The King enters*)

KING. Where is your mistress, Fleming?

FLEMING. I sall tell her ye are here, Sir. (*She leaves. He sits in the Queen's audience-chair. Monsieur Arnauld comes from the bed-chamber with his medicine bag. He approaches the King timidly*)

ARNAULD. *Monseigneur, ayez pitié d'elle. Ne la contrairiez pas. Vous affligez.*

KING. Go.

ARNAULD. *Oui, Monseigneur.* (*He leaves by the staircase. The Queen enters almost simultaneously, alone*)

KING. Why do your Lords disappear into corners as soon as I arrive? Are they afraid they might have to humble themselves?

QUEEN. The last time ye caaed ye wadna come intil my praisence till I had sent them awa. Ye mak it hard for them to please ye, Henry. (*She sits in the chair by the writing chest. The King rises from the audience-chair*)

KING. Oh yes, take their part. I am just an

---

[8] The elder Huntly rebelled in 1562 after the Queen transferred his Moray estates to the Lord James. See *Jamie the Saxt*, note 8.

embarrassment to you because I ask for my rights, but they are your loyal and devoted subjects, let them do what they like. They may encourage their preacher friends to rail against you in the pulpit; they may take up arms against you; they may even murder one of your servants before your eyes when you are big with child; but you excuse them.

QUEEN. Hou can ye forget that ye were praisent yersell at Davie's murder and took an active pairt in it? Ye seem to forget that I hae seen the bonds ye signed. And ilka man wha was praisent, save yersell, is in exile in England.

KING. Your half-brother James is here, and the murder was committed with his consent.

QUEEN. He didna ken it was to be dune in my praisence. Ye did.

KING. He did too.

QUEEN. The bond he signed didna stipulate that Davie was to be killed in my praisence. The bond ye signed did.

KING. He is cunning. He never commits himself. But he knew quite well, and so did Maitland.

QUEEN. Maitland signed nae bond, and wasna praisent.

KING. He ran away the next day.

QUEEN. He had been in correspondence wi my brither. Nae dout he felt that I wadna believe he kent naething.

KING. He knew everything.

QUEEN. I daursay ilka man in Scotland kent aa aboot it save puir Davie himsell. And Huntly and Bothwell.

KING. The former criminals.

QUEEN. They were putten in ward afore I had taen affairs into my ain haunds.

KING. So your brother imprisoned them wrongfully.

QUEEN. I think that nou.

KING. But he remains.

QUEEN. If I banisht my brither and aa his faction I wad be left wi but the twa loyal Lords o ony consequence. I hae to compromise or I couldna govern.

KING. You do not compromise with me.

QUEEN. I wad gladly, but ye winna budge an inch. Come to the christenin and acknowledge oor bairn and I'll show ye aa the favour in my pouer, but I daurna grant ye the Croun Matrimonial.

KING. You will be compelled to.

QUEEN. The Lords wadna listen.

KING. They promised it themselves in the bonds they signed.

QUEEN. And what did ye promise yersell?

Ye broke yer ain word to them. And ye ken ye couldna govern for a week.

KING. Oh yes, start again. I have heard it so often from you. I could never govern. I could never keep my counsel. I would go babbling state secrets everywhere. I would tell the Spanish ambassador that your best friend was Queen Elizabeth of England and the English ambassador that your best friend was King Philip of Spain. I'm just a drunken wind-bag.

QUEEN. Weill, Henry, ye telt an English spy that ye were in towe wi Poole, and could raise the haill o the West o England if Philip led a Spanish invasion.

KING. The fellow came to me under false pretences.

QUEEN. If ye canna keep yer tongue still whan ye are plottin wild schemes o rebellion ye can haurdly be lippent on to be discreet in mair normal maitters. There are aye spies aboot.

KING. You still have to learn that yourself.

QUEEN. Oh?

KING. Yes. I know, for instance, that you listen to your Lords because you want to, not because you must. You could be rid of them easily, if you wished, but of course you prefer them to your husband.

QUEEN. What are ye talkin aboot?

KING. I am referring to a proposal made to you recently by an envoy of your uncle, the Cardinal of Lorraine, on behalf of Vincenzo Laureo, the Papal Nuncio in Paris.[9]

QUEEN. Ye fule! Wheesht!

(She rushes to the door of the bed-chamber and opens it)

QUEEN. Fleming. (Fleming appears) Gar Erskine haud the stair. I maun be secret till my husband taks his leave.

FLEMING. Ay, Madame.

(Mary Fleming leaves by the staircase. The Queen watches her go, then turns)

QUEEN. Nou, Henry, what is this aboot a proposal frae my uncle the Cardinal. Whaur did ye hear o't?

KING. I refuse to say. I do not wish to lose my means of obtaining information.

QUEEN. What did ye hear?

KING. I know that you have had a great chance offered to you, and that you have been a fool.

QUEEN. What chance was offert?

KING. You were offered a large Papal subsidy, enough money to maintain a strong

---

9 Newly elected Bishop of Mondovi.

permanent army, in return for a promise that you would execute justice on…

QUEEN. Dinna shout!

KING (*raising his voice*). I am not shouting! (*More quietly*) You were offered a Papal subsidy in return for a promise that you would execute justice on six Protestant rebels, and you refused!

QUEEN. What wey no? Dae ye think that if I were to murder…

KING. It would not be murder! You were asked to execute justice on men who have rebelled.

QUEEN. Efter grantin maist o them my paurdon.

KING. They obtained their pardon under false pretences.

QUEEN. My paurdon has been grantit, and they are aboot me ilka day. Ane o them is my hauf-brither. Argyll is mairrit to my hauf-sister. Maitland is in luve wi ane o my Maries. Hou could I hae them executit? My folk wad think I was a monster.

KING. Your people would have stomached Davie's murder if you had not escaped. Knox had the whole affair justified from the pulpit days before it happened.

QUEEN. We hae nae man on the Catholic side wi Maister Knox's pouers o persuasion, and ein if the slaughter o the Lords o the Congregation could be justified ten times ower, as ye neir tire o tellin me, I juist couldna agree to it.

KING. And you deny that you have lost your zeal for the Catholic cause.

QUEEN. Dinna be sic a hypocrite. Ye promised yersell in yer bonds wi the Lords to maintain the new religion.

KING. I did it with my tongue in my cheek.

QUEEN. Nae dout.

KING. I did. I did it to win power. I meant to use that power later to destroy the Congregation. And you talk of my broken promises, but you have broken promises too. You promised that if I helped you to escape you would restore me to your favour.

QUEEN. And what did ye dae to mak my favour impossible? Whan I had galloped for sae lang that I was drappin aff my horse, and I priggit ye to leave me and ride on aheid, what did ye dae?

KING. Oh yes. Oh yes. I tried to kill the child.

QUEEN. Ye leathert my horse. It was torture.

KING. I know. I know. But you are alive notwithstanding, and so is the child. A miracle. But I will not own the child unless you do as I say.

QUEEN. The Lords winna hear o't.

KING. You mistake me. I am asking for more now than the Crown Matrimonial.

QUEEN (*quietly*). What?

KING. You must accept the proposal of the Papal Nuncio. You must execute the Protestant rebels.

QUEEN. I will hae nae bluidshed.

KING. Why? Your half-brother hates you. He wants you out of the way so that he can be Regent. If you do not rid yourself of him while you have the chance he will one day be rid of you. Take this chance, Mary. It is the chance of a lifetime. With a permanent army and the Protestant Lords removed we would be strong enough not only to rule Scotland as a Catholic country but to rally the Catholics in England. We could challenge Elizabeth.

QUEEN. If ye wad juist come to the christenin, Henry, like a sensible faither, it wadna be lang afore Elizabeth acknowledged baith my ain claim and the bairn's to succeed her if she deed withoot issue. We could win aa we wantit withoot killin aa oor bluid relations and gaun to war wi England.

KING. Yes, yes, and all the time I would have to keep quiet and do what I was told, like an obedient consort.

QUEEN. It wad be best for us aa, Henry.

KING. It would be best for you, obviously. For me it would be disgrace and humiliation. And you forget your religion.

QUEEN. I will be true to my religion aye, but I will shed nae bluid.

KING. Then I will. Do not think that because you have refused the Nuncio's proposal that His Holiness will abandon Scotland. He knows that you are a renegade, but He knows too that I am willing to do His holy will, and with His help I shall have the power.

QUEEN. Henry! Ye haena interfered in this maitter!

KING. I am in touch with the Nuncio. Now that you have refused him proof of your zeal he will discard you. The subsidy will be mine.

QUEEN. If ye gang aboot talkin like that ye'll hae the Lords at yer thrapple. They want me to paurdon Morton, and Morton hates ye for turnin on him efter Davie was slauchtert. If he hears o ony threat to hairm him he winna rest till he whings ye. Ye silly laddie, try to keep better coonsel, and dinna play wi fire.

KING. You cannot frighten me with threats of Morton. I shall be strong enough to deal with fifty Mortons. I give you this last chance: Are you going to grant me the Crown Matrimonial, and let me deal with the situation as a good Catholic?

QUEEN. I am sorry, Henry. Ye arena fit for authority. Ye are faur ower rash.

KING. That is your last word?

QUEEN. Ay.

KING. Then let your friends beware. I will strike soon. And I shall not be present at the child's baptism. Farewell.

QUEEN (as he goes). Henry!

KING (turning). What?

QUEEN. Cheynge yer mind and dinna be sae silly. For the bairn's sake.

KING. From now on the child is none of mine.

QUEEN. He is the leivin image o ye. (Bitterly) It breks my hairt.

KING. Oh yes, I know you despise me, but I will show you that I am not the nobody you think I am. Wait. Before long I will be King of a Catholic Scotland, and you will eat out of my hand.

(He leaves. The Queen sits again in the chair by the chest, controlling her feelings with difficulty. Mary Fleming enters from the staircase)

FLEMING. What gars ye sit in that chair, Madame?

QUEEN. It was the nearest.

FLEMING. Ye are dowie again. Did he fash ye?

QUEEN. Gae doun and watch him leave. Tell me if he speaks to ony o the Lords. Tell me what he says.

FLEMING. Ay, Madame, but the feck o the Lords are up the stair wi the Lord Bothwell.

QUEEN. Then mebbe he will leave withoot meetin ony. But watch and see.

FLEMING. Ay, Madame.

(Mary Fleming leaves. The Queen rises and goes to her audience-chair, kneels before it, and starts to pray. In the middle of her prayer she starts to sob. Moray comes to the door and watches her until, at a sound from beyond the stair, she rises and turns)

QUEEN. Hae ye been watchin me?

MORAY. I didna want to brek in on ye.

QUEEN (sitting). Ye ken that Henry has been here.

MORAY. Ay.

QUEEN. He says he isna comin to the christenin. He will deny the bairn.

MORAY. I ken.

QUEEN. Hou dae ye ken? I haena telt ye.

MORAY. He canna keep his tongue still.

QUEEN. Then it is nae secret?

MORAY. It's kent by ilka man aboot the Coort.

QUEEN. The English and French ambassadors? Dae they ken?

MORAY. I wadna woner.

QUEEN. Dae they ken ony mair?

MORAY. In what wey?

QUEEN. Dae they ken onything else he has threatent?

MORAY. Has he threatent something else?

QUEEN. I dinna ken. I wonert. Hae ye been wi the Lord Bothwell?

MORAY. Wha telt ye that?

QUEEN. Is it a secret. Fleming telt me.

MORAY. Weill Mary, we were talkin ower the maitter o Henry, and this last threat o his.

QUEEN. The threat to deny the bairn?

MORAY. Ay.

QUEEN. Ay?

MORAY. We hae a proposal to mak.

QUEEN. What?

MORAY. Sall I fetch them in? Dae ye feel able to see them?

QUEEN. I had better see them, I think.

(He bows and turns to the door)

MORAY (to the Guard beyond). Tell the Lords her Grace will see them nou. (Turning to the Queen) We're aa agreed.

QUEEN. Wha?

MORAY. Argyll, Huntly, Bothwell and mysell, and Lethington.

QUEEN. I am gled ye are beginnin to agree. I dinna like whan ye aye bicker.

(The Guard enters)

GUARD. My Lord the Duke o Argyll.

(Argyll enters and kneels gravely to the Queen. She inclines her head. They do not speak. The Guard enters again)

GUARD. My Lords the Earls o Huntly and Bothwell.

(Huntly and Bothwell enter. They kneel together to the Queen)

QUEEN. Whan daes yer mither come to Coort again, my Lord Huntly?

HUNTLY. Her health keeps her at hame, yer Grace. It is nae better.

QUEEN. Tell her that my health keeps me frae seein her.

HUNTLY. She will be sorry, Madam.

QUEEN (to Bothwell). My Lord Bothwell, hou is yer airm?

BOTHWELL. It mends, Madam.

QUEEN. And yer brou, my Lord?

BOTHWELL. Haill, Madam.

QUEEN. The wound has left a scart. I dout ye will weir it aa yer days.

BOTHWELL. I sall weir it wi pride, Madam, sin it was gotten in the Queen's service.

(*The Guard enters*)

GUARD. The Laird o Lethington.

QUEEN. I am pleased to hear that ye are at last agreed in some maitter wi the Lord Bothwell, Laird.

MAITLAND. Dae ye ken what we're agreed in, yer Grace?

QUEEN. I dinna, yet.

MAITLAND (*to Moray*). Ay, weill, my Lord.

MORAY. Weill, yer Grace, we feel that if ye were to see yer wey to paurdon the Lord Morton and his freinds…

QUEEN. Again! Huntly, hae ye agreed to this? Hae ye tae, Bothwell?

(*Both Lords bow in assent as Moray answers for them*)

MORAY. They hae, yer Grace, for yer Grace's ain sake as ye sall see, for we hae yer ain guid in mind in makin the proposal.

QUEEN. What is it ye propose?

MORAY. We feel that if ye were to paurdon the Lord Morton and his freinds for the Davie affair we could coont on their support if we were to advise a divorce frae the Lord Darnley.

QUEEN. Divorce! Na na, my Lords! (*But interested, in spite of herself*) What grund could ye offer?

MORAY. The King's adultery. If ye will paurdon me, yer Grace, it could be proved.

QUEEN. Nae dout, my Lord, and in yer ain Kirk the grund wad haud, but in oor Kirk it wadna.

MAITLAND. Yer Grace is the Lord Darnley's cuisin. Could that no be held to mak the mairriage unlawfou?

QUEEN. His Holiness grantit us a dispensation.

MAITLAND. That could be lost.

QUEEN. Ye shoot ower the mark whiles, Laird. If oor mairraige were held unlawfou oor son wad hae nae claim to be oor lawfou heir, and couldna succeed us.

BOTHWELL. My faither was grantit a divorce because my mither was his cuisin, but, for aa that I hae inheritit his lands and titles.

MAITLAND. Ye see. There's nae dout it's possible.

QUEEN. It isna possible in strict honour, Laird, and we can dae naething at this time, whan we ettle some satisfaction frae her Majesty the English Queen's deputy at the baby Prince's christenin, to cast ony dout on his title to succeed.

MAITLAND. A divorce will cast less dout on his title to succeed than his faither will by bidin awa frae the christenin.

QUEEN. He mebbe winna yet. And it could aye be said that he was seik, Laird.

MAITLAND. Wha wad believe it? He's oot to mak a public show.

QUEEN. His mood may pass.

MAITLAND. And if it daesna? Are ye gaun to let the vain young fule kill aa yer hopes?

QUEEN (*wearily*). I haurdly ken. I whiles think I will leave Scotland in the haunds o my Cooncil and gang aff to my freinds in France.

MAITLAND. Hoots, toots, Madam. Here we are the maist and heichest o yer Grace's nobility in the haill realm o Scotland. Dae ye think we canna fin a wey to redd ye o the man withoot giein ye cause to fear for the baby prince's chance o the succession? Leave the maitter in oor haunds, yer Grace, and we'll manage the haill affair withoot bringin ye into it yersell at aa, and though my Lord James here is as strict for a Protestant as ye are for a Catholic, I warrant ye he'll look through his fingers at ony shift we mak.

QUEEN. I will hae ye dae naething, Laird, that micht cast ony spot on my honour or conscience. I wad suner suffer maitters as they staun.

MAITLAND. Ye need hae nae fear for yer honour or conscience. Aa wad be dune in proper form, and confirmed by Act o Paurliament.

QUEEN. Ye could mak nae shift that wad beir scrutiny. The King maun bide my husband till the settlement o the succession.

MAITLAND. But if he bides awa frae the christenin.

QUEEN. I pray to God that he may cheynge his mind.

MAITLAND. I wadna lippen on it.

QUEEN. I can dae naething else, Laird. Divorce at this time, ein gin it was possible in the strictest honour, wad ruin aa my hopes for my bairn.

MAITLAND. But Madam.

QUEEN. Nae mair, Laird. I will hae nane o't. I am in pain again. Send Fleming in. (*Maitland leaves*) My Lord Bothwell, I want a word wi ye. My Lords, forgie me. (*Moray and Argyll take their leave*)[10]

QUEEN. My Lord Bothwell, I want ye to

---

[10] The typescript does not make clear when Huntly is to make his exit.

watch that nane o the Catholic Lords wha hae a pairt to play at the christenin has ony contact wi my husband. If ony has, let me ken, and I will appeynt anither in his place. And watch my husband wi my brither and Lethington. If he boasts ocht, or maks ony threats, let me ken what he says.

BOTHWELL. Threats, Madam?

QUEEN. Ay, my Lord.

BOTHWELL. I will if I am praisent, Madam, and he maks ony threats.

QUEEN. Ye maun mak shair that ye are praisent, gin he gangs near them at aa.

BOTHWELL. I will dae my best, Madam, but ye hae ordert me to Stirlin to mak ready for the christenin.

QUEEN. Bide here for a day or twa yet. The King micht sune gang back to his faither in Glaschu. Ye see, my Lord, Huntly is involved wi Atholl in a feid wi Argyll, sae ye are the ae Lord left nou that I can trust to be eident for me. (*Bothwell bows low*) And oh, my Lord.

BOTHWELL. Ay, Madam?

QUEEN. The Lord Hamilton, the Archbishop.[11] I hae heard something. The seikness he had, that he was treatit for by Monsieur Luisgerie. It was *le grande verniole*, what they caa here the meikle or the French pockes, though I believe it cam first frae Italy. I want ye to tell the Archbishop that he is to name the bairn withoot the ceremony o the spittle. I will hae nae pockie preist spittin in my bairn's mou.[12]

BOTHWELL. Sall I gie him yer reason, Madam?

QUEEN. Gie him the order. The reason he will guess.

BOTHWELL. As ye will, Madam. Is there ocht else?

QUEEN. Naething, my Lord.

(*He bows again. Fleming runs in*)

FLEMING. Madame, ye sent for me.

QUEEN. Ay, Fleming. I sall gang back to bed afore I fent again. Forgie me, Sir.

FLEMING (*supporting the Queen*). Sall I fetch Monsieur Arnauld?

BOTHWELL. Sall I send him in?

QUEEN. Dinna, my Lord. I sall dae withoot him if I can.

(*Mary Fleming leads her to the bedroom door. Bothwell passes them and opens it. They pass through. He closes the door and stands looking at it, thoughtfully. He begins to*

pace up and down between the fire and the writing chest. Suddenly he turns and looks at the audience-chair. He walks slowly up to it, turns, and sits, deep in a day-dream.
Lethington looks in and enters. Bothwell rises)

MAITLAND. Sit doun, my Lord. It's a comfortable sait, and it's near the fire.
(*Bothwell walks out past him. Lethington rubs his chin with his fingers and gives a low chuckle. Mary Fleming enters*)

MAITLAND. Has she said onything mair yet?

FLEMING. She's fentit.

MAITLAND. But it was a Catholic plot to redd her o the Protestant Lords?

FLEMING. Ay.

MAITLAND. And she wadna hear o't?

FLEMING. He was angry wi her for no haein agreed to it.

MAITLAND. But he agrees to it?

FLEMING. He wants it.

MAITLAND. We'll hae to fin oot aa aboot it.

FLEMING. Ay, but I'll hae to flee nou for the doctor.

(*She leaves by the stair. Moray enters*)

MORAY. Weill, Laird?

MAITLAND. She kens naething mair, but it's clear, my Lord, that for oor ain safety the King maun be throttlet, and for that we maun fetch back Morton. He'll dae the job as the price o his paurdon.

MORAY. We canna fetch him back till she agrees.

MAITLAND. My Lord, let the English Secretary ken that he's plottin wi the Catholics again and he'll mak Morton's paurdon a condition o the succession settlement. She'll agree then, I'll warrant.

MORAY. That wad mean waitin till the christenin. Will Darnley wait till then?

MAITLAND. What can he dae in a maitter o weeks? We can be weill on oor gaird. Wheesht.

(*Mary Fleming and Monsieur Arnauld pass through, Fleming eyeing Maitland as she goes. They watch till the bedroom door closes*)

MORAY. I'll tak yer advice, Laird. I'll write to Cecil nou.

MAITLAND. I wad, my Lord, and I'll set up the auld Consistory, for I hae a feelin she'll agree to a divorce afore she's meikle aulder. It wad mak Morton's job safer, my Lord.

MORAY. Fin what ye can, tae, frae Fleming.

MAITLAND. I will. Dinna fash.

(*Moray leaves. Maitland sits at the writing chest, takes pen and paper, and writes*).

---

[11] John, Archbishop of St Andrews.
[12] Mary's own reported words.

CURTAIN

ACT THREE

The Queen's bed-chamber in the palace of Holyroodhouse, after midnight of Sunday, 9th February, 1567.

A glow from the fire, and a great beam of bright light from the doorway on the right leading in from the audience-chamber.

Sounds of music and revelry from far beyond.

A girl enters from the audience-chamber and enters the Queen's dressing-closet. A masked courtier in carnival costume enters and takes up a position beside the dressing-closet door. The girl emerges carrying a robe. The man catches her by the waist. She shreiks. Another masked courtier appears at the door of the audience-chamber and steps into the shadows.

STANDEN (*to Marie, the girl*). Hush!

MARIE (*with a very strong French accent*). Oh Monsieur, let me gang. In the Queen's chaulmer! Non non.

(*Standen tries to pull her towards the door of the King's private stair*)

STANDEN. Come by the King's stair.

MARIE. Monsieur, I hae the Queen, her robe. She is cauld. She will woner if I dinna gang nou. Let me gang, Monsieur. If ye dinna I will caa oot. I will.

CUNNINGHAM (*from the shadows*). Standen! Let her gang. Rin awa, lassie.

(*Standen loosens his grip. Marie runs off into the audience-chamber*)

STANDEN. Why do you interfere? I was doing no harm.

CUNNINGHAM. Nae hairm! Dae ye think it's wyce to let the haill Palace ken the King's men arena at the Kirk o Field? Hae ye no gumption to bide oot o sicht?

STANDEN. But the King himself told us to keep away tonight.

CUNNINGHAM. Come here whaur I can watch the door.

(*They move to the far end of the beam of light from the audience-chamber doorway*)

CUNNINGHAM. Listen. We'll hae to gang awa back up. Word has come doun that the Douglasses are getherin in the Toun, airmed to the teeth. Ye ken they're efter the King's bluid. This is their last chance afore he rejeyns Queen here the morn, and here we are dallyin wi lassies to let aabody ken he's ill-gairdit.

STANDEN. It is obvious, Sir, that you know nothing of the King's intentions. We were told to keep away.

CUNNINGHAM. He didna ken the Toun was to be fou o Douglasses. The suner we're up aside him the better.

STANDEN. Stay! We were told to keep away from the Kirk o Field. Do you think he gave that order without reason?

CUNNINGHAM. What was he efter, then?

STANDEN. Since you are obviously not in his confidence I cannot tell you, but I warn you, keep away from the Kirk o Field.

CUNNINGHAM. Are ye feart o a bit fecht?

STANDEN. You insult me, Sir.

CUNNINGHAM. Then be plain, Sir.

STANDEN. Keep away from the Kirk o Field. That is all I can say.

CUNNINGHAM. I hae my duty to the King.

STANDEN. You will serve it best by staying here.

CUNNINGHAM. Ye say naething to convince me. I think ye're a couard, Sir, and if ye winna come I'll gether the ithers and gang withoot ye.

STANDEN. You fool, if you go to the Kirk o Field and raise a commotion you will ruin all the King's plans.

CUNNINGHAM. What plans?

STANDEN. I know you are a true man and a good Catholic. You need not fear for the King. He is on the alert.

CUNNINGHAM. But what can he dae withoot his gentlemen aroun him?

STANDEN. The Queen is expected to return there tonight.

CUNNINGHAM. There's some dout o that nou.

STANDEN. She may return yet, if you do not arouse suspicion by being foolish.

CUNNINGHAM. Suspicion o what?

STANDEN. If she goes she will be accompanied by the Lords of her Court.

CUNNINGHAM. Weill?

STANDEN. They will enter the presence-chamber in the old senate-house to take leave of her.

CUNNINGHAM. Weill?

STANDEN. I cannot tell you.

CUNNINGHAM. Then I maun dae my duty as I see it mysell, and let me tell ye, Sir, that the King himsell sall hear that ye implied disloyalty.

STANDEN. I implied nothing, Sir, and if you go to the King now you will ruin everything. Hearken. You will breathe this to no man? On your honour, Sir.

CUNNINGHAM. Sir!

STANDEN. Tonight, when the Queen's Lords enter the senate-house to take leave of her, or in the morning, when they enter to rejoin her, the King will leave the building.

CUNNINGHAM. Leave?

STANDEN. Yes, by stealth. And the building will go sky-high.

CUNNINGHAM. What!

STANDEN. The cellars are full of powder.

CUNNINGHAM (*after an amazed silence*). But what's the object?

STANDEN. The whole Protestant Court will be destroyed at one blow. The King will seize the baby Prince and restore Catholicism, and we, my friend, will come into our own. Now do you understand, Sir, why you were told to stand by at the Palace throughout the night?

CUNNINGHAM. But the King was to come here in the mornin onywey.

STANDEN. At a reasonable hour, surely, Sir. We are here because the baby Prince is here.

CUNNINGHAM. I canna believe it. Wha laid the pouther?

STANDEN. Who put the Kirk o Field at the King's disposal?

CUNNINGHAM. Balfour's brither.[13]

STANDEN. Balfour himself.[14] And it was in Balfour's house in the Canongait that the Bishop of Argyll[15] gave his farewell dinner this evening to the Ambassador from Savoy.[16]

CUNNINGHAM. What o that?

STANDEN. The Queen was invited with all her Lords. A neat trick, Sir, to ensure their presence in the Town together at the right moment. The Ambassador from Savoy is the King's ally in this. You know that with him are Father Edmund[17] and the Bishop of Dunblane.[18]

CUNNINGHAM. Ay.

STANDEN. They were sent by the Nuncio in Paris to strike a blow for the Faith. Balfour is their instrument.

CUNNINGHAM. Balfour's gey chief wi the Protestants.

STANDEN. As you are yourself, Sir, and for the same reason. He must conceal his intentions.

CUNNINGHAM. But if this plan is cairrit oot the Queen will perish tae.

STANDEN. The Queen has pardoned the rebel Lords. She refused to execute justice upon them at the request of His Holiness himself. The task has been given to the King.

CUNNINGHAM. But Moray left the Toun this mornin. Morton's at St. Andrews.

STANDEN. Unfortunate, Sir. But there remain Bothwell and Lethington. The enterprise may still succeed.

(*The sound of music grows slightly. There is sudden laughter from the audience-chamber*)

CUNNINGHAM. Ssh!

STANDEN. Seperate!

(*Cunningham draws into the shadows by the audience-chamber door. Standen goes to the door of the King's stair, finds it locked, and slips into the supper-closet just as Mary Seton enters from the audience-chamber, masked and in man's attire. As she removes her mask and bends to light a taper at the fire Cunningham slips out into the audience-chamber, unnoticed. She starts to light the candles. As she goes into the dressing-closet to light the candles there Standen moves quickly from the supper-closet to the audience-chamber door. Seton appears from the dressing-closet and watches him go. She takes a candlestick from the chest between the window and the supper-closet and enters the latter curiously.*

Stewart of Traquair enters, with two halberdiers, from the King's stair. He locks the door immediately as the two men pass their halberds under the Queen's bed. Stewart himself crosses to the window recess and looks in. Mary Seton returns, leaving the candlestick in the supper-closet)

STEWART (*to the two men*). The closets.

(*One man goes into the supper-closet and the other into the dressing closet*)

STEWART. Mary, try to win a quait word wi her Grace. (*As the men return*) Haud the door.

(*They withdraw to the audience-chamber door*)

STEWART. Ask if I may see her here at ance.

SETON. Captain, whan I cam oot o the dressin-closet the nou I saw a man leave the chaulmer.

STEWART. Wha?

SETON. I saw juist his back. I dinna ken. But he had the look o ane o the King's gentlemen.

STEWART. What ane?

SETON. I canna say. I hae been trying to think. But I didna see him whan I cam in

---

[13] Gilbert, owner of the lodge at Kirk o Field.
[14] Sir James Balfour of Pittendreich.
[15] Bishop of the Isles, Lachlan MacLean.
[16] Robertino Solaro, Count Moretta.
[17] Edmund Hay, rector of the Jesuit College, Paris.
[18] Mary's papal ambassador, William Chisholm.

frae the praisence-chaumer. He maun be
hidin in the supper-closet, or ahint the bed.

STEWART. What claes was he weirin?

SETON. He was in a blue doublet wi white
slashes.

STEWART. Try to gar her Grace come at
ance.

SETON. Ay.

(*She leaves. Stewart goes into the supper-
closet and returns almost immediately. The
Queen enters simultaneously, masked and in
man's attire, but wearing a robe. She is
followed by Mary Seton and Marie*)

QUEEN (*removing her mask*). Weill, Captain?

STEWART. May I speak to ye alane, yer
Grace?

QUEEN. *Marie, prépare le médicament qui
Paris*[19] *m'à apporte à Stirlin.*

MARIE. *Oui, Madame.*

(*She goes into the supper-closet*)

QUEEN. And Seton, lay oot a dress. I may
gang back to the Kirk o Field yet.

SETON. Ay, Madame.

(*She goes into the dressing-closet*)

STEWART. I wad bide here, yer Grace.

QUEEN. Ye tae, Captain! What gars ye say
that?

STEWART. There is a bruit, yer Grace, that
the King's men are to be staundin bye aa
nicht.

QUEEN. Aa nicht!

STEWART. Ay, yer Grace, some o them at
the Palace here and some at the Kirk o Field
stables.

QUEEN. Wha telt ye this?

STEWART. Sandy Durham, yer Grace, telt
ane o my men.

QUEEN. Sandy Durham?

STEWART. Ane o the King's servants.

QUEEN. Hae him brocht here at ance.

STEWART. He isna to be gotten. He was
dismissed frae the Kirk o Field for lettin his
bed-claes catch fire.

QUEEN. His bed-claes?

STEWART. Ay. It seems the King gaed wud
athegither. Durham's hidin somewhaur in
fear o his life.

QUEEN. I maun see the King. I will gang
back to the Kirk o Field at ance. Send for
the Lord Bothwell.

STEWART. Haud on, yer Grace. There's a
bruit, tae, that the King's faither is on his
wey frae Glaschu wi a lang train o men frae
the Lennox.

QUEEN. Wha says sae?

STEWART. Durham, yer Grace. The same
man.

QUEEN. Captain, what dae ye mak o't?

STEWART. If there's ony truith in the talk I
fear that the King, yer Grace, if ye will
paurdon me for thinkin sic a thing, is in a
plot to tak the young Prince.

QUEEN. Ye hae heard o sic a plot afore this?

STEWART. There was talk o ane afore ye
gaed to Glaschu, yer Grace, to fetch the
King here.

QUEEN. There is ower meikle talk, Captain.
Someane has been talkin whan he suld hae
held his tongue. Double the gaird on the
Prince's chaulmer.

STEWART. I hae dune that, yer Grace.

QUEEN. Ye did weill, Captain. See that ony
gentlemen o the King's are askit to leave the
Palace. There are a wheen here at the masque.

STEWART. Ay, yer Grace.

QUEEN. And send for the Lord Bothwell.

(*Stewart bows and leaves*)

QUEEN. Seton!

SETON (*entering*). Ay, Madame?

QUEEN. I sall bide here the nicht efter aa.
I maun be near the Prince.

SETON. As ye say, Madame. Sall I dae yer
hair nou?

QUEEN. I hae to see the Lord Bothwell.
Marie!

(*Marie enters*)

MARIE. *Voilà votre médicament, Madame.*

QUEEN. *Pose-le près du lit ey dir aux
musiciens de venir jouer dans la salle
audience.*

(*Marie leaves*)

SETON. Madame!

QUEEN. This chaulmer frichtens me. If they
play by the door it will drive my fears awa,
mebbe. Could we hae mair caunles?

(*Seton moves towards the audience-chamber
door*)

QUEEN. Na! Wait till Marie comes back.
Dinna leave me alane.

SETON. I gat a fricht mysell the nicht,
Madame, whan I was lichtin the caunles in
the dressin-closet.

QUEEN. Dinna speak o't.

SETON. Na, yer Grace. It will be aa richt. I
telt the Captain.

QUEEN. Ye telt him what?

SETON. Aboot the man I saw.

QUEEN. What man?

SETON. Whan I was in the dressin-closet I
thocht I heard someane in here. I cam to the
door and saw a man gaun oot into the
praisence-chaulmer.

---

[19] Nicholas Hubert ('French Paris').

QUEEN. Wha was it?

SETON. I canna say. Ane o the King's gentlemen, I think, but what ane I canna be shair. He maun hae been hidin in the supper-closet whan I cam in here at first.

QUEEN. The supper-closet?

SETON. Ay, for the chaulmer was toom then.

QUEEN. Ye telt the Captain this?

SETON. Ay.

QUEEN. The supper-closet. It was sairched by the gaird?

SETON. Ay.

QUEEN. The King's door is lockit?

SETON. They cam through that wey, and lockit it ahint them.

(*The Queen tries the lock of the King's door*)

QUEEN. I shanna try to sleep in here the nicht. I sall gang to the bairn.

SETON. Ay, Madame.

QUEEN. But bide aside me nou. If we could hae mair caunles. Was it no queer, Seton, that I suld hae thocht o Davie the nicht.

SETON. Whan, Madame?

QUEEN. Afore I left the Kirk o Field. I think it was the thocht that the King wad be back aside me the morn, in his auld chaulmer, that brocht the maitter to my mind. He will rage at me, I dout, whan he fins that I keep the stair lockit, but I couldna rest gin I wasna shair it was fast. Whiles I think I sall hae it biggit in, for ony smith could mak a fause key, and in the nicht I dream o Ruthven, staunin at the door there wi his seik white face and his bluid-shot een, and his sword in his haund. It was Henry that gied him access to me.

SETON. Wheesht, Madame, or ye will hae me feart tae. Hearken.

(*There is a stir in the audience-chamber, and a tuning of instruments*)

SETON. Ye will hae music nou.

(*Marie enters*)

MARIE. Le trio, Madame.

QUEEN. *Merci, Marie. Apporte done d'autres chandelles je t'en prie de la salle d'audience.*

MARIE. *Des chandelles? Oui, Madame.*

(*She returns with a multiple candlestick as the trio begins to play. Stewart of Traquair enters hurriedly*)

STEWART. Yer Grace.

(*He looks meaningly at the two women*)

QUEEN (*to Seton*). Let them ken in the Prince's chaulmer, that I will sleep there. Marie, *laisse-moi.*

(*Seton and Marie leave*)

STEWART. There is anither bruit, yer Grace, that the Douglasses are steerin in the Toun.

QUEEN. The Douglasses! The Lord Morton. He isna there?

STEWART. Na, yer Grace. As faur as we ken he's at St. Andrews yet.

QUEEN. And Archibald?

STEWART. Ay, yer Grace. They say he's in the Toun.

QUEEN. Then they aim at the King!

(*Bothwell enters*)

BOTHWELL. Yer Grace, ye sent for me?

QUEEN. Ay, my Lord. My heid is like to turn. First there is mair talk o the Lennox plot to win haud o the Prince, and put Henry in my place, and nou there is a bruit that the Douglasses are steerin in the Toun. (*To Stewart*) Oh Captain, Seton says she saw a man leave this chaulmer the nicht.

STEWART. Ay, yer Grace, she telt me. He'll be grippit at the porter's ludge whan he tries to leave.

QUEEN. Hae him brocht here to me, if ye fin him.

STEWART. Ay, Madam.

BOTHWELL. Ye see, yer Grace, aa's in order. The gaird roun the young Prince has been doubled, and the Palace is bein cleared o the King's men this meenit.

QUEEN. But what o the Douglasses?

(*Stewart retires towards the door*)

QUEEN. Bide, Captain. (*To Bothwell*) Is the Kirk o Field gairdit?

BOTHWELL. That, yer Grace, is the King's ain affair.

QUEEN. It is mine tae. What wey was I brocht doun here the nicht whan I ettled to bide? Maitland kent my mind, yet he sent for me on a maitter o great consequence, he said, and whan I won doun here aa he could say was that he thocht I suld honour Bastien and Christina wi my praisence at the masque.[20] He thocht! Yet weill he kent I had taen farewell o them at the mid-day denner, and I had been to their waddin in the forenune. Was that no honour eneuch, though they hae been loyal servants, and I loe them baith? My Lord, I ken that Maitland and the Douglasses, and ithers o the Lords, wad tak the King's life at the first chance gin I didna forbid it. I fear whiles they will tak it in spite o me. Maitland seemed ower eager to hae me leave the Kirk o Field the nicht. Captain, tell him I maun see him this meenit. (*Stewart leaves*) My Lord, ye maun gang to the Kirk o Field.

---

[20] Servants Sebastien Pagez and Christina Hogg, married that day in the palace.

BOTHWELL. Ye pey faur ower meikle heed to sodgers' clash, Madam.

QUEEN. My Lord!

BOTHWELL. There hae been bruits o Lennox plots and Douglas plots for the last hauf year. They hae fasht ye nearly oot o yer mind. They destroy yer health, Madam.

QUEEN. My Lord, are ye wi Maitland in this?

BOTHWELL. Yer Grace, I dinna follow yer drift.

QUEEN. Ye ken that Archibald Douglas cam to me whan I was comin back frae Glaschu wi the King and socht my consent to his capture. He said he had the concurrence o the Lords o the Cooncil. That involves yersell as weill as Maitland.

BOTHWELL. He had nae concurrence o mine, for I was awa in Liddesdale, but they had guid grund for the notion, as ye weill ken, Madam, that the King had plottit wi his faither against yersell and the Prince.

QUEEN. My Lord, ye ken that I gaed to Glaschu to fin the truith o the maitter, and could mak naething o't. Ye ken tae that I brocht the King here, seik as he was, to tak him oot o his faither's wey, and that I wantit him here because I was promised by the English Ambassador at the bairn's christenin that if I paurdoned Morton there wad be a settlement in the maitter o the English succession. Ony breach wi the King at this time wad jeopardise my chances and the bairn's, and it is for that, and for that alane, that I am willin to hae him back as my husband in this place, and it is for that that I forbid ye to help ony that plan his ruin.

BOTHWELL. I am in nae plot against him.

QUEEN. And Maitland and the Douglasses?

BOTHWELL. They put nae trust in me, yer Grace. I'm ower loyal to yersell.

QUEEN. But ye ken something?

BOTHWELL. I ken naething, but I can jalouse. What gart the English ask for Morton's paurdon? Did they no ken tae o the King's plottin wi the Papists? Dae ye think they dinna seek his daith as eidently as the Douglasses themsells?

QUEEN. Whan I sent ye to Whittinghame to meet Morton I gart ye mak it a condition o his paurdon that he wad let the King be. Did he no promise?

BOTHWELL. Gin he hadna promised, yer Grace, he wadna hae been paurdoned.

QUEEN. If I could hae withheld his paurdon I wad hae dune sae gledly, but it wad hae ruint aa my hopes o the succession. They insistit on it.

BOTHWELL. But ye are fulish eneuch to think that they wad haud back a settlement if ye didna gie the King yer protection?

QUEEN. Fulish! If they kent that by ony negligence o mine the King cam to hairm they wad gar me tak the wyte for it. Can ye but think that whan Archibald Douglas beggit my consent to the King's capture it was to involve me for that very reason. My consent wad hae served twa ends. It wad hae shiftit the responsibility for onything that happened frae the Douglasses to me, and it wad hae gien the English the excuse to rake up aa the scandal that was stertit whan Davie was slauchtert. The Queen o Scotland hatit her consort, they wad say. She had aye hatit him. And whause bairn is the Prince, they wad ask again, for the King wasna praisent at the christenin, and the settlement o the succession wad be held up for years.

BOTHWELL. If ye think ye hae ony chance o a settlement as lang as the English Queen can draw a braith ye're gey faur mistaen. Ye suld try to leive mair for the praisent. What hope can ye hae, yer Grace, o ony happiness wi the King?

QUEEN. Nane. But for my bairn's sake I will endure him. And I think he will fash me less nou, at least wi his lechery. His seikness has sobert him.

BOTHWELL. Nae dout, but whan I think o ye takin him back to bed and brod wi ye it gars my bluid beyl!

QUEEN. My Lord, ye forget yersell!

BOTHWELL. I wad forget my respect for yersell gin I didna!

QUEEN. My Lord!

BOTHWELL. We aa ken what his seikness is, though ye caa it the smaa pockes. Hou dae ye ken it is cured?

QUEEN. My Lord, I hae the word o the physicians that there is nae danger nou. They said that whan his skin was clean he wad be smittle nae langer. Did I no lave him yestrein wi my ain haunds, to be shair in the maitter.

BOTHWELL. His seikness has been kent to come back!

QUEEN. It hasna come back in the case o the Archbishop, my Lord!

BOTHWELL. The Archbishop was supposed to hae been cured afore the christenin, yet ye didna tak ony risk wi his spittle!

QUEEN. My Lord, I will hear nae mair! I

hae ordert ye to gang to the Kirk o Field! Gang nou!

BOTHWELL. To protect the King?

QUEEN. Ay, my Lord.

BOTHWELL. I wadna lift my little finger, and it is my respect for yersell that gars me say sae! Gang to yer bed. I'm gaun to mine.

QUEEN. My Lord, this is treason!

BOTHWELL. Guid mornin.

(*He leaves. The Queen stands seething with anger and mortification. She suddenly runs to the door of the audience-chamber, pauses, then returns and bursts into tears. Stewart returns*)

STEWART (*noticing her tears*). Yer Grace?

QUEEN. Forgie me, Captain. What news hae ye nou?

STEWART. I canna fin Maitland, yer Grace. He isna in his chaulmer. But I hae left word that he is to come here as sune as he shows himsell.

QUEEN. Is he no in the Palace?

STEWART. I canna fin him, yer Grace. And there's mair clash frae the back stairs.

QUEEN. What nou?

STEWART. I can fin naething at first haund, but it seems that Durham set fire to his bed-claes at the Kirk o Field because he kent their was pouther in the vauts.

QUEEN. Pouther?

STEWART. Ay, yer Grace.

QUEEN. For what object?

STEWART. To blaw the place up.

QUEEN. Blaw it up! Whan? What for? Wha pat the pouther there?

STEWART. I can fin oot naething.

QUEEN. Wha telt ye aa this?

STEWART. Paris the page, yer Grace.

QUEEN. Then fetch him here, Sir!

STEWART. He saw the Lord Bothwell passin to his chaulmer, yer Grace, and gaed to tell him.

QUEEN. Then tell the Lord Bothwell that I maun see him at ance, on pain o treason! And leave the door open. The gairds are postit?

STEWART. Ay, yer Grace.

QUEEN. There is ane at the fute o the King's stair?

STEWART. Ay, yer Grace.

QUEEN. Send Seton in.

(*Stewart bows and leaves, leaving the door open. The trio is heard. Seton enters almost immediately*)

QUEEN. Seton, gang into the supper-closet and hae a guid look roun. See if there is ocht oot o place.

SETON. Ay, Madame.

(*The Queen watches her go and return*)

QUEEN. Weill?

SETON. Aa seems in order.

QUEEN. This medicine, Seton. I winna tak it.

SETON. Madame! What wey no?

QUEEN. I am feart, Seton.

(*Bothwell enters, pulling on his jerkin. He has changed into fighting gear. Stewart follows*)

BOTHWELL. Ye sent for me again, Madam?

QUEEN. Ay, my Lord, ye hae heard o this bruit o pouther in the Kirk o Field vauts?

BOTHWELL. Ay, yer Grace.

QUEEN. Wha has laid it, think ye, if the bruit be true?

BOTHWELL. I dinna ken, yer Grace, but I sall try to fin oot, for if their plan was to blaw up the Kirk o Field they aimed at mair nor the King.

QUEEN. What dae ye mean?

BOTHWELL. Naebody wad blaw up a biggin to kill ae man. Did ye no ettle to bide there yersell the nicht?

QUEEN. My Lord, wha could hae aimed to hairm me?

BOTHWELL. Yer hauf-brither Moray has hatit ye sin the day ye were born. Whan ony mischief's afute he aye disappears. He left the Toun this mornin by the Queensferry.

QUEEN. He gaed to see his wife. She is *enceinte*.

BOTHWELL. He daesna aye show sic devotion. And there's Maitland. He didna jeyn us at the Kirk o Field the nicht, efter the Ambassador's denner.

QUEEN. It was Maitland that gart me come doun here mysell. If he aimed at me he gaed a queer wey aboot it.

BOTHWELL. His hairt is mebbe safter nor yer brither's. It wad tak a gey strang stamack to staun bye and see ye murdert.

QUEEN. But dae ye ken, my Lord, that this has been plottit? To blaw us baith up?

BOTHWELL. I ken naething, but I sair mistrust them. What a grand thing it wad be for Moray. Ye and the King, and yer loyal Lords as weill, oot o the wey in ae stroke, and only the bairn left.

QUEEN. I think ye whiles let yer hatred o my brither cairry ye awa, my Lord.

BOTHWELL. Mebbe, yer Grace, but we sall sune see.

QUEEN. Ay, my Lord, hurry. Tak my ain gait through the Black Friars' gairden. Ye will be quicker sae. And if there is nocht the maitter, or whan ye ken that the King is safe, let me ken here at ance.

BOTHWELL. I will, Madam.

(*He leaves*)

QUEEN. Ye heard what he said, Captain, aboot my brither?

STEWART. Ay, yer Grace.

QUEEN. Breathe nae word o't to ony. It wad cause mair ill will. There is eneuch as it is. Ye dinna think he was richt.

STEWART. I dinna ken, yer Grace.

QUEEN. Ye dinna think it impossible?

STEWART. I think it haurdly likely.

(*There is a knock at the door*)

QUEEN. Come in.

(*A Guard enters*)

GUARD. I hae a message for the Captain, yer Grace. They hae fund the man ye wantit, Sir. He's at the porter's ludge.

STEWART. Thank ye.

(*The Guard withdraws*)

QUEEN. Hae him brocht here at ance. And Captain, leave the door.

(*Stewart goes out, leaving the door open. The trio is heard again. Seton enters from the dressing-closet*)

QUEEN. Oh Seton, did ye hear the Lord Bothwell?

SETON. I couldna help but hear, Madame.

QUEEN. Forget what he said, Seton. It was fulish.

SETON. Ay, Madame.

QUEEN. What is that!

(*A bright flickering glow illuminates the window from without. Seton runs and looks out. There are shouts in the distance*)

SETON. The Lord Bothwell and his men, yer Grace. It was the licht o their lunts that gart ye stert. They're passin the gaird at the Abbey Yett.

QUEEN (*looking also*). The nicht is sae daurk. I gat sic a stoun, Seton. I am sae feart. Dae ye ken what I thocht it was?

SETON. Na, Madame.

QUEEN. The Kirk o Field.

SETON. On fire?

QUEEN. Ay. I waitit for the crack o the pouther.

SETON. Madame, ye are tired. Come ower to yer chair.

(*A knock*)

QUEEN. Come in.

(*The Guard enters*)

GUARD. The Laird o Lethington, yer Grace.

(*Maitland enters. The Guard withdraws*)

MAITLAND. Ye sent for me, yer Grace.

QUEEN. Whaur hae ye been, Laird? Ye were oot o the Palace.

MAITLAND. Paurdon me, yer Grace, but I hae been playin cairds aa nicht wi my wife and sister.

QUEEN. Whaur?

MAITLAND. In my sister's chaulmer, yer Grace. What fashes ye?

QUEEN. What wey were ye sae keen that I suld leave the Kirk o Field the nicht, and no gang back?

MAITLAND. Did I advise ye no to gang back? Shairly no.

QUEEN. Ye thocht I suld bide here for the masque.

MAITLAND. I did think sae, yer Grace, though I daursay it was gey presumptious.

QUEEN. Ye had nae reason to think I micht rin into danger, gin I gaed back to the Kirk o Field?

MAITLAND. What's in yer mind, Madam?

QUEEN. There is a bruit, Laird, that the vauts at the Kirk o Field are fou o pouther.

MAITLAND. Eh! Wha telt ye this?

QUEEN. Ye ken naething o't?

MAITLAND. No a thing, yer Grace. I sweir. Wha says it?

QUEEN. The story was brocht to the Captain by Paris the page.

MAITLAND. Bothwell's man! What treachery's this?

QUEEN. Ye ken naething o a plot to blaw up the Kirk o Field the nicht gin I steyed there wi the King?

MAITLAND. Blaw it up, wi ye in it! Na, Madam, I sweir I dinna, and what's mair, I dinna believe it. Wha said there was sic a plot?

QUEEN. Nae maitter. Tell me, Laird: what wey did ye no jeyn me wi the rest o the Lords whan I gaed up to the Kirk o Field efter the Ambassador's denner?

MAITLAND. I telt ye, yer Grace. I had promised to be praisent at the masque.

QUEEN. It was raither airly to be praisent at the masque, for ane o the Queen's chief ministers. What gart my brither leave the Toun this mornin?

MAITLAND. He gaed to see his wife. Ye ken that, Madam.

QUEEN. The Ambassador was maist eager that he suld be praisent at the denner. It was a discourtesy, Laird, that he suld leave the Toun unless he had word that his Leddy was in danger. Had he haen ony sic news?

MAITLAND. I suppose sae, yer Grace.

QUEEN. There is a bruit, Laird, that the Douglasses are asteer in the Toun.

MAITLAND. I dinna believe it. The Earl o Morton's at St. Andrews. Ye ken that.

QUEEN. Archibald's in the Toun.

MAITLAND. What o that? He has nae wecht wi them.

QUEEN. He has been used as their envoy, Laird. He could be used as their instrument.

MAITLAND. What dae ye fear, Madam?

QUEEN. I fear some hairm to the King.

MAITLAND. Has the King nae gaird?

QUEEN. His gaird is gey smaa, as ye weill ken, for wi aa the bruits o his faither's plots to put him in my place we hae taen him awa frae his kin. But I hae sent the Lord Bothwell to the Kirk o Field, sae he will be safe sune.

MAITLAND. Ye hae sent Bothwell!

QUEEN. What wey no, Laird. He is the proper officer.

MAITLAND. Oh, I hae nae dout o that.

QUEEN. Ye seem perturbed, Laird.

MAITLAND. I'm worrit aboot the gaird here at the Palace. There's been mair talk o the plot to tak the Prince.

QUEEN. The Palace is weill gairdit.

MAITLAND. Ye micht need ilka man.

QUEEN. Hae ye ony shair news?

MAITLAND. Na, yer Grace, but I dinna trust the King. Gin he had his faither here and the men o the Lennox ye wad be in grave peril.

QUEEN. They arena here, are they?

MAITLAND. There is a bruit that they hae left Glaschu yer Grace.

QUEEN. And ye didna come to me wi it!

MAITLAND. I hae juist this meenit heard it, yer Grace!

QUEEN. Playin cairds wi yer sister!

MAITLAND. It was the bruit that gart me stop! Sall I send a gaird, yer Grace, to fetch Bothwell back?

QUEEN. Oho, Laird, sae ye dinna want Bothwell to gang!

MAITLAND. Madam!

QUEEN. Dinna brindle at me, Sir! Wha laid the pouther?

MAITLAND. What pouther? I ken naething o pouther.

QUEEN. Paris says there is pouther in the Kirk o Field vaults.

MAITLAND. I ken naething o't.

QUEEN. Then what gart ye bide awa frae the Kirk o Field? What gart ye bring me awa tae? What gars ye want to fetch Bothwell back? What hae ye planned? Dae ye aim at the King? Is he in danger?

MAITLAND. I tell ye I hae planned naething and I ken naething!

QUEEN. Dae ye ken of ony plan o my brither's?

MAITLAND. Yer brither's! Na, yer Grace.

QUEEN. Are ye in tow wi the Douglasses?

MAITLAND. What gars ye think the Douglasses ettle ony ill? Ye listen to ower meikle clishmaclaver.

QUEEN. I ken hou ye warkit for Morton's paurdon, Laird, and that yer haill object in fetchin him back was to strengthen my brither's faction. I ken that ye wantit the King pat in ward efter the first bruits were heard o his plottin wi his father. I ken that ye pestert me to agree to a divorce because ye thocht that whan he was nae langer the King he could be mair easily destroyed.

MAITLAND. Ye hae agreed yersell to tak a divorce whan ye win a settlement o the English succession!

QUEEN. I said I micht think o't, but I haena agreed yet, and I want nae ill to happen to the King, Laird, while his life is in my care.

MAITLAND. Nae ill is intendit.

QUEEN. I mistrust ye, Laird. What gart ye fetch me frae the Kirk o Field?

MAITLAND. Naething, Madam!

QUEEN. Ye kent o the pouther!

MAITLAND. I sweir I ken naething, Madam!

QUEEN. If pouther is fund I will gar ye pey for it, Laird!

MAITLAND. I sweir I ken naething o't!

QUEEN. Then explain yersell, Sir! What gart ye fetch me frae the Kirk o Field? Ye arena plain wi me!

MAITLAND. Madam, I will explain. I ken naething o pouther. But I did ken the Douglasses were asteer and I ken, as ye dae, that they hate the King for his betrayal o them efter the Davie affair. I thocht ye wad be better oot o the wey in case ony ill was ettled, but I didna want to alarm ye by tellin ye my reason.

QUEEN. Laird, ye kent there was ill ettled!

MAITLAND. I jaloused, Madam. I kent naething.

QUEEN. Bothwell's very words. Yet naither o ye advised me to double the Kirk o Field gaird!

MAITLAND. I am yer Secretary, Madam, no yer Lord Lieutenant, and sin he's gane up there to dae his duty nae dout the King will be safe. Is there ocht else, Madam? It is late.

QUEEN. Ye may gang.

(He bows and leaves)

QUEEN. I hope the Lord Bothwell is in time, Seton. And I wish I kent what to believe. I think Bothwell is straucht, though he may be whiles mistaen, but Maitland I ken to be crookit. Is it the Douglasses that aim at Henry, or is it my brither that aims at us baith? (*Suddenly starting*) Seton, the lunts! The licht that gart me stert sae when the Lord Bothwell left the Palace! If it is a plot to blaw up the King and me thegither they will be waitin there in the hope that I may cheynge my mind and gang. And whan they see the lunts alowe in the Black Friar's gairden they will think it is me, and they will licht the touch, and whan the Lord Bothwell gangs intil the hoose he will perish wi the King! Seton, will he be there yet? Has he haen time?

SETON. Mebbe, Madame. Try to be calm. Ye will hae word sune.

QUEEN. Gin I had juist alloued the Laird to send a gaird. I could hae stoppit him. Seton, mebbe I suld send ane yet.

(*A knock at the door*)

QUEEN. Come in.

STEWART (*entering*). We hae fund the man, yer Grace. Here he is.

(*Enter Standen with Guards*)

QUEEN. Standen! What were ye daein in my chaulmer here the nicht, while the masque was on?

STANDEN. It is very simple, your Majesty. I was chasing a pretty girl, and she ran in here. She ran into your wardrobe for a robe. I hid by the door till she returned, then caught her by the waist for a kiss. She struggled and ran out shrieking. I felt embarrased and thought I should slip out quietly by the King's stair. It was locked. Your lady came and started to light the candles. I stepped into the supper cabinet. When she went into the wardrobe to light the candles there I hurried through into the presence-room. She must have seen me go. It is very simple, your Majesty.

QUEEN. Wha was the lassie?

STEWART. Marie, yer Grace. And she says that when he took her by the waist anither man staunin at the door there caaed him by name, and telt him to leave her alane.

QUEEN. Wha was it?

STEWART. Anither o the King's men, yer Grace. Cunningham.

QUEEN. Cunningham! Whaur is he nou?

STEWART. He has left the Palace, yer Grace.

QUEEN. Send for Marie.

(*Stewart whispers to a Guard at the door, and returns*)

QUEEN (*to Standen*). What was Cunningham efter?

STANDEN. He was concerned at my behaviour, your Majesty. He did not think it becoming in a King's gentleman.

QUEEN. Spare me yer mockery, Sir! Whan did he leave the chaulmer?

STANDEN. Almost immediately.

QUEEN. What wey did ye no leave in his company?

STANDEN. I was displeased with him, your Majesty, for his interference. We quarrelled. I wished to avoid him, and stayed.

QUEEN. I dinna believe ye. What wey are ye no wi the King?

STANDEN. The King gave us leave, your Majesty, to attend the masque.

QUEEN. Hou lang were ye to bide here?

STANDEN. Your Majesty, I do not understand.

QUEEN. Were ye to bide here till the mornin?

STANDEN. Till the morning?

QUEEN. Ay. Were ye to bide here aa through the nicht?

STANDEN. No, your Majesty.

QUEEN. What were the King's orders? When were ye to be back at the Kirk o Field?

STANDEN. No time was stated.

QUEEN. Keep him in ward till the morning, Captain. And Captain, sairch him.

STANDEN. Your Majesty!

QUEEN. Quait, sir! Tak him awa, Captain.

STEWART. Come, Sir.

(*They leave. Marie enters*)

MARIE. Oui, Madame?

QUEEN. *Marie, Monsieur Standen, un des gentilshemmes du Roi, m'apprend que lorsqu'il entraît ici ce soir à la suite, un autre homme l'arrête, en lui disant de cesser de t'importuner. Cet autre homme, était-il déjà dans la salle ou y est-il entre après vous?*

MARIE. *Je ne saurais vous le dire, Madame. Je pense qu'il a du nous suivre.*

QUEEN. *Tu les as laissez isi ensembel?*

MARIE. *Oui, Madame. Je vous ai apporte aussitôt votre robe.*

QUEEN. *Lorsque tu es entrée dans le cabinet pour y préparer mon médicament, tout était bein à sa place?*

MARIE. *Oui, Madame.*

QUEEN. *Tu es sure?*

MARIE. *Oui, Madame?*

QUEEN. *Laisse-moi.*

(*Marie curtsies and leaves*)

QUEEN. Seton, is Marie to be trustit?

SETON. Shairly, Madame.

QUEEN. Ye dinna think she can hae telt Standen whaur I keep my medicines?

SETON. Madame, ye are unjust. Hou can ye think sic things o puir Marie. Ye micht as weill suspect me o sic villainy.

QUEEN. Oh Seton, God forbid. Yet when

there is a man involved they pairt sae lichtly wi their loyalty. I ance trustit Fleming, but nou I ken she cairries tales to the Laird. And there was Beton, that lost her hairt to the English Ambassador, and keepit him unco weill acquant wi my affairs. Standen is a gallant, and micht hae turnt Marie's heid. Yet I believe she is honest. (*She pauses to ponder*) Standen and Cunningham. What could they want thegither? And what gart them seperate? Standen was to gang by the King's stair. Oh Seton, if I could strauchten things oot. There are sae mony lees that I am lost altegither. Seton, ye will be true to me?

SETON. Wi my life, Madame.

QUEEN. I am shair o't. If I had juist ane sae true amang my ministers. Bothwell I lippent on, until the nicht, but nou I haurdly ken. Maitland wad hae left the King to the Douglasses. Bothwell was nae better. He wad hae defied me and gane to his bed gin there hadna been that bruit o the pouther. Yet if he is richt aboot that I will trust him yet, for I believe he has my ain guid at hairt. Seton, will he hae won to the Kirk o Field?

SETON. I think sae, Madame. Shairly. Try to compose yersell.

QUEEN. I canna. I keep thinkin they are waiting for me there and that whan they see him comin they will think he brings me, as he has brocht me sae mony nichts afore. It is hou we hae aye gane, efter a nicht at the Palace, through the Black Friars' gairden, wi the lunts alicht.

SETON. The lunts, Madame, will show them that the Lord Bothwell comes withoot ye. They burn sae clearly on a daurk nicht.

QUEEN (*suddenly horrified*). But oor claes, Seton! We cheynged them for the masque! I hae been weirin men's claes aa nicht! (*Rushing to the window, looking out and crossing herself*) Oh Seton, pray for them.

SETON. Wha Madame?

(*The Queen comes to the space between the window and the door of the dressing-closet and pulls away the arras to reveal a small shrine with a statue of the virgin*)

QUEEN. For the King, Seton, and for puir Bothwell.

SETON. Puir Bothwell?

QUEEN (*turning*). Ay, Seton, if he was richt I hae sent him to his daith.

(*She kneels and starts to pray audibly in Latin*)

QUEEN. 'Ave, Maria, gratia plena, Dominus tecum; benedicta tu mulieribus, et benedictus fructus ventris...'

(*There is a glow of intensely bright light which seems to extinguish completely the soft glow of the candles, then a long rumbling roar growing to a mighty crack. The door of the supper-closet shuts violently. The door of the audience-chamber swings open, throwing a beam of light on the Queen at the shrine. The music in the audience-chamber has stopped*)

QUEEN (*sobbing brokenly*). Oh he was richt! He was richt!

(*She prostrates herself. Seton stands petrified*).

C U R T A I N

ACT FOUR

The chamber of dais in the Castle of Dunbar, after midnight of the 21st April, 1567.

In the middle of the left wall a large doorway leading to the staircase of the main tower. In the back wall, left, a huge hooded fireplace. To the right of the fireplace a door leading into a turnpike stair. In the right wall two small doors.

A dais to the right of the chamber, on which there is a table set parallel to the right wall. Behind the table two high chairs and some stools. Another table, set parallel to the back wall, below the dais. Behind this table a long bench. A chair by the fire.

The upper table is laid with silver plate, food and wine. The lower table is cluttered untidily with pewter dishes. Candles burn on both.

Ormiston is sitting in the chair by the fire, fast asleep. Jeanie enters by the turnpike and starts to clear the dishes from the lower table. There is a shout from somewhere high above the left wall. Jeanie rushes to Ormiston and shakes him awake.

JEANIE. Ormiston! Ormiston! Wauken, ye dozent auld deil! Ormiston.

ORMISTON. Eh?

JEANIE. Wauken, will ye, and gang to the stair. Tam's cryin doun frae the touer.

ORMISTON. The touer!

(*He rushes to the main door*)

ORMISTON (*shouting*). Ay?

TAM (*above*). There's a horseman at the Nether Yett!

ORMISTON. Juist the ane?

TAM. Ay.

ORMISTON. Richt! Jock!

JOCK (*below*). Ay?

ORMISTON. There's a horseman at the Nether Yett! Staund bye!

JOCK. Richt!

(*Ormiston puts his head in at the door*)

ORMISTON. Ae horseman. He'll hae ridden hard. Fetch mair yill up.

(*He leaves. Jeanie leaves too by the turnpike. There is a clatter of horse-shoes on cobbles and a confused sound of voices. Jeanie returns with a stoup of ale and a bowl of broth and lays them on the lower table. Voices are heard outside the main door, then Ormiston enters with Sim, a trooper*)

ORMISTON. Warn her leddyship, Jeanie. They're on their wey.

JEANIE. Wi the Queen?

SIM. Ay. They winna be lang. I tried to save time by comin strucht ower the muir, but I couldna ford the Garvald Watter. They canna be faur ahint me.

JEANIE. Hou mony will there be?

ORMISTON. Wauken her leddyship, ye limmer. She's the ane to be telt that.

JEANIE. There's some yill for ye, Sim, and a bowl o broth.

ORMISTON. Whaur's my yill?

JEANIE (*leaving*). I thocht ye'd haen eneuch.

ORMISTON (*lifting the stoup of ale*). Ye hae the broth, Sim. Ye'll be cauld.

SIM. Cauld! I'm beylin.

(*He reaches for the stoup*)

ORMISTON (*retreating to the main door*). Haud on. I'll hae to warn Tam.

(*He leaves. Sim attacks his broth*)

ORMISTON (*beyond*). Tam!

TAM (*above*). Ay?

ORMISTON. They winna be lang!

TAM. Richt!

(*Jeanie enters from the turnpike*)

SIM. He took my yill, Jeanie. Fetch up some mair.

JEANIE. The auld thief! (*She pours some brandy from the high table*) Here, hae some o this. Ye'll be chitterin wi cauld.

SIM (*gratefully*). I'm frozen.

JEANIE. I'll fetch some mair yill tae. Hou mony are comin?

SIM. Fetch my yill up afore her leddyship comes doun.

JEANIE. I'll hae to ken hou mony to hae supper for.

SIM. There'll be five at the heich brod. Hurry.

(*Jeanie leaves by the turnpike. Ormiston puts his head in at the main door*)

ORMISTON. Are they bein followed, think ye? Will we hae to haud the Castle?

SIM. It's haurdly likely.

(*Lady Janet Stewart enters from the turnpike. Ormiston retires*)

LADY JANET. Weill, Sim, what news o my brither?

SIM. He's bringin the Queen, my Leddy.

LADY J. Whaur frae?

SIM. We met her at the ford on the Almond Watter, atween Lithgie and the Toun. She had been to Stirlin to see the young Prince.

LADY J. Did he ken o some danger to her?

SIM. Dae ye no ken what he's efter?

LADY J. He telt me naething.

SIM. He says he'll mairry her, my Leddy, whether she will or no.

LADY J. I feared as meikle. He didna tell her that, did he?

SIM. He telt her there was danger in the Toun and that for her ain safety she suld come to Dunbar. She didna seem ower shair o him, and wadna submit till she had sent aff Borthwick to the Provost to caa the Toun to airms. I dout he maun hae jaloused what we were efter, for whan we rade past the Toun the Castle guns opened fire. Her Grace didna ken what to think then, whether the Toun was for her or against, and though some o her men were for fechtin us she telt them to submit. She saw that the odds were ower heavy.

LADY J. And her Grace daesna ken what he's efter?

SIM. I dinna ken, my Leddy. I rade maistly aheid. But whan we cam within shot o the guns she had word wi my Lord and seemed angert.

LADY J. And wha's he bringin nou, forbye her Grace?

SIM. The Lord Huntly, the Laird o Lethington, and Sir Jamie Melville o Haahill.

LADY J. Sir Jamie! He'll hae a gey lang face. Nane o the Queen's leddies?

SIM. Na. My Lord gart them bide wi the lave.

LADY J. Will ye hae been followed by ony frae the Toun?

SIM. Na, my Leddy. The tounsfolk aa fecht on fute, and maist o the Lords are at hame on their ain lands the nou.

LADY J. I suppose he thocht o aa that. Wheesht!

TAM (*above*). They're here!

ORMISTON (*outside the main door*). They're here!

JOCK. (*below*). Ay ay!

ORMISTON (*entering*). They're comin nou, my Leddy.

LADY J. The barn's ready for the Castle gaird?

ORMISTON. Ay, my Leddy. And the troopers'll camp in the field.

LADY J. Awa, then. And Sim, ye'd better tak yer meat at the kitchen fire. Send Jeanie up. (*As Jeanie enters*) Oh there ye are.

JEANIE. Ay, my Leddy. Sim's yill.

LADY J. He'll tak it in the kitchen.

(*Sim takes the ale from Jeanie and leaves by the turnpike*)

LADY J. Clear thae things awa, Jeanie. The Queen's comin.

JEANIE. Ay, my Leddy. Hae ye mind, my Leddy, whan my Lord brocht her here afore, airly ae mornin efter Davie the Italian was slauchtert?

LADY J. Ay.

JEANIE. She wad hae naething then but twa eggs and some yowe's milk.

LADY J. Weill, Jeanie, she can hae that again.

JEANIE. She can hae coo's milk this time. A coo cauvit juist last week. But she likes her eggs dune in the French mainner. She did them hersell, mind, at the fire there.

LADY J. I ken the French wey nou, Jeanie, sae she winna hae to dae them hersell this time.

JEANIE. I think she enjoyed daein them hersell. She was stervin.

LADY J. She'll be stervin the nicht tae, likely. Wheesht!

(*Jeanie leaves with her dishes. Ormiston opens the main door. Bothwell enters and ushers in the Queen. She is followed by Huntly, Lethington and Sir James Melville. All are travel-stained*)

BOTHWELL (*grimly formal*). Weillcome ance mair to Dunbar, yer Grace. My sister is here again to mak ye feel at hame.

QUEEN. The last time I cam here I cam freely, my Lord. Daes yer sister ken what brings ye here wi me nou?

BOTHWELL. She daesna, yer Grace.

QUEEN. Then tak me to my chaulmer, Jean. My Lord Huntly. (*Huntly bows*) Laird. (*Lethington bows*) When I hae restit I sall want a word wi ye baith. Sir Jamie, come ye to my chaulmer nou.

BOTHWELL. Sir Jamie is in my pouer, yer Grace, and will dae as I say.

MELVILLE. My Lord! I obey the Queen!

BOTHWELL. At yer peril, Sir!

QUEEN. Haud, Sir Jamie. I sall see ye some ither time.

MELVILLE. My Lord, this is an ootrage.

QUEEN. Eneuch, Sir Jamie. Whaur is my chaulmer, Jean?

LADY J. This wey, yer Grace.

(*She leads the Queen through the right-hand door behind the high table*)

BOTHWELL. Ormiston!

(*Ormiston enters*)

BOTHWELL. Show Sir Jamie Melville to his quarters. (*To Melville*) I'll send up word, Sir Jamie, whan supper's on the brod.

ORMISTON. This wey, Sir Jamie.

(*He leads Sir Jamie through the main door*)

BOTHWELL. There's brandy on the brod, Sirs. I want a word wi my Captain.

(*He follows Ormiston*)

MAITLAND. Brandy, my Lord?

HUNTLY. Thank ye.

(*Ormiston returns*)

ORMISTON. Wad ye like to see yer quarters, my Lords?

MAITLAND. Praisently.

(*Ormiston bows and retires*)

HUNTLY. I woner what gart Bothwell fetch Sir Jamie here?

MAITLAND. I woner that mysell.

HUNTLY. He's bound to ken that if he lets him gang nou he'll juist rin aff and tell the ither Lords o the haill affair.

MAITLAND. He micht tell them, my Lord, that her Grace is weill pleased to be here.

HUNTLY. No efter what happened the nou.

MAITLAND. Na? He micht think she has to act her pairt, my Lord.

HUNTLY. It's haurdly likely.

MAITLAND. He can be led to think sae. Efter aa, my Lord, her Grace hasna been that kittle to haunle. She micht hae shown mair opposition.

HUNTLY. I dout it, Sir. I dinna feel easy in my mind mysell. Bothwell led me to believe that her Grace wad submit to this mairraige if my sister wad agree to divorce him.

MAITLAND. I hae gien ye my word, my Lord, that I hae the divorce weill in haund. I can put it through in less than a fortnicht.

HUNTLY. I hae nae dout, but I fear that her Grace daesna want this mairraige, whateir ye may hint. And I fear, Sir, that Bothwell is fule eneuch to try to force her haund. I will be nae pairty to ony violation o the Queen, Laird.

MAITLAND. Wheesht, man, there's naething like that ettled. She wad hae agreed at Seton, I tell ye, gin it hadna been that Bothwell was a mairrit man. Whan she kens that a divorce is sic a simple maitter I warrant she'll submit.

HUNTLY. I hae my douts, Sir. Could she no hae been telt at Seton hou simple the divorce wad be to manage?

MAITLAND. She'll be in a better frame o mind here to gie the maitter the consideration it desairves.

HUNTLY. Juist sae, Sir. She's to be threatent.

MAITLAND. Calm yersell, my Lord. At Seton she was in nae position to listen to the man. She could flee aff whaneir he broached the maitter.

HUNTLY. I warn ye, Laird, that I will forbid the divorce if ony force is needit to win the Queen's haund. I wad be held a pairty to the deed, and sae wad my sister.

MAITLAND. Dinna forget, my Lord, that yer reinstatement in the Huntly estates depends on yer co-operation in this maitter. And ye can mebbe forbid the Protestant divorce, but ye canna forbid the Catholic ane. If yer sister winna divorce Bothwell afore the Protestant Commissioners he can divorce her afore the Consistory. Bothwell and yer sister are cuisins.

HUNTLY. My sister hauds a dispensation frae the Archbishop. Bothwell can hae nae Catholic divorce unless she's willin to suppress it.

MAITLAND. I hae seen the document. It was grantit whan the Archbishop's knowledge o affairs in Rome was gey hazy. He signed it in the name o the wrang Paip. It could be set aside. And let me warn ye, my Lord, that the Protestant divorce will pey yer sister better. Withoot it she'll tine what she won by her mairraige settlement. The Castle and lands o Crichton are weill worth hainin.

HUNTLY. I begin to think, Laird, that ye're in this maitter for some ill end o yer ain.

MAITLAND. What dae ye mean, Sir?

HUNTLY. Ye are nae freind o Bothwell's. I dout nou if ye are a freind o the Queen's.

MAITLAND. I still dinna see what ye mean, Sir.

HUNTLY. I fear ye lay a trap for them baith.

MAITLAND (his hand on his hilt). Watch what ye say, Sir.

HUNTLY. I thocht it! Ye're in tow wi Morton and the ither Lords. This mairraige will play into their haunds. They say that Bothwell murdert Darnley because he aimed at the Queen!

MAITLAND. Dae ye impute treachery, Sir?

HUNTLY. I dae!

MAITLAND. Then draw, Sir!

(They fight. Ormiston appears at the main door but retires hurriedly as the Queen and Lady Janet appear at the door of the Queen's chamber)

QUEEN. My Lords!

(They continue to fight)

QUEEN. My Lords!

(She rushes between them. They stand apart, watching each other like cats)

QUEEN. My Lord Huntly, put yer sword in it's scabbard! Laird, I will hae nane o this!

(They sheathe their swords. Bothwell enters)

BOTHWELL. What gangs on here?

QUEEN. They had their swords drawn, my Lord.

BOTHWELL. What gart ye draw, Sirs?

MAITLAND. My Lord Huntly says I connived at her Grace's capture!

QUEEN (shrewdly). What gart him say that, Laird?

MAITLAND. Let him tell ye himsell, Madam.

QUEEN. Weill, my Lord?

HUNTLY (lamely). I said I wadna see ye ill haundlet, yer Grace.

MAITLAND. There was nae quarrell on that score. What else did ye say, Sir? (Huntly is silent) Ye see, Madam, he has naething to say, because he's in this maitter for his ain ends himsell!

BOTHWELL (to Huntly, who has his hand on his hilt). Tak yer haund frae yer hilt, Huntly!

QUEEN. Gar them gie up their airms!

HUNTLY. I wad dee first, yer Grace. In this place ye micht be gled yet that I cairry a sword.

BOTHWELL. Lay yer swords on the brod, Sirs. It's the Queens wish.

(Huntly and Maitland look suspicious and defiant)

QUEEN. Let them weir them, my Lord, gin they sweir no to draw them save in my defence.

BOTHWELL (looking her too squarely in the eyes). As ye please, Madam.

QUEEN. Hae I yer word, my Lord?

(Huntly bows)

QUEEN. Laird?

(Lethington bows also)

BOTHWELL. Ormiston! (Ormiston steps in from the main door) Show the Lords to their quarters.

ORMISTON (standing by the main door). This wey, my Lords.

(They bow and follow him)

LADY J. I sall fetch ye yer supper, Madam.

QUEEN. Tak it to my chaulmer, Jean.

(Lady Janet curtsies and leaves by the turnpike)

QUEEN. The Lord Huntly has some fears for my safety, my Lord. (Wearily) What dae ye ettle wi me?

BOTHWELL. Ye ken, Madam.

QUEEN. My Lord, I ance trustit ye. Ye were the ae man in aa my kingdom that I thocht I could trust. Whan they socht to blame ye for the murder o my husband I upheld ye against aa that decried ye; against the English Queen; against my freinds in France; against aa the foreign ambassadors.

BOTHWELL. Then what wey dae ye turn on me nou? Ye ken that the ae thing that stauns atween me and the hatred o the ither Lords is the thocht that I hae yer favour. As lang as I hae the Croun ahint me they daurna mak a move. But let them think that I can be set aside, as ye ance set yer brither aside, and they will rise against me to a man. And in whause service hae I earned their hatred? Whan ye were in France I focht against them for yer mither.[21] Whan they race against ye at the time o yer mairraige to the Lord Darnley I cam frae France and chased them ower the Border. Whan they slauchtert Davie I brocht ye here frae the Palace and led ye back in triumph to the Toun. As for the murder, whause faut is it that they blame me? They say I laid the pouther. They say I gaed to the Kirk o Field and lichtit the trail, and that yer husband heard me and ran oot o the hoose, and that my men killed him. Wha sent me there at that time? Ye ken ye had to fetch me frae my bed. And did I no gang by the Abbey Yett and gie my name to the gaird? Did I no gang by the Nether Bow and gie my name again there? Did I no cairry lunts? Wad I hae gane like that gin I had planned a murder? I had telt ye that they aimed at yersell. Was the trail no lichtit whan I was seen comin?

QUEEN. I dinna dout ye, my Lord. Ye ken that.

BOTHWELL. Whiles ye dae. I ken by yer mainner.

QUEEN. My Lord, I dinna. But as lang as ye hae nae pruif to the contrar yer faes will say that ye or yer men did kill my husband, and it will seem gey plausible. Ye were in the very place, my Lord, at the very time.

BOTHWELL. Listen, Madam. As sune as I won to the Kirk o Field I gaed intil the vauts. The trail was alicht then. Afore I could dowse it I was poued back by Ormiston. Ye hae his word for that.

QUEEN. Ye hae gane ower aa this grund sae aften that I ken what ye ettle to say.

BOTHWELL. It daesna seem eir convince ye, Madam, though it suld be clear to the thickest heid!

QUEEN. My Lord!

BOTHWELL. Hear me, Madam, and think. Think. Yer husband maun hae left the hoose afore the trail was lichtit. If he hadna he wad hae gane to the lift wi't. And he was stranglet afore the crack cam, for he was fund as sune as the dross settlet. I tell ye, Madam, he was killed by the Douglasses while I was in the vauts.

QUEEN (wearily). I dinna dout ye, my Lord, but ye hae nae pruif o aa this.

BOTHWELL. What daes pruif maitter if ye believe me yersell?

QUEEN. Withoot pruif ye canna clear yer name, my Lord, and pruif suld be possible.

BOTHWELL. Ye dout me, Madam!

QUEEN. I dinna, my Lord, as ye weill ken, but I wad fain hae yer innocence proved, for my sake as weill as yer ain.

BOTHWELL. The maitter isna sae simple. I am as shair that Morton was brocht back frae England to clear the wey for yer brither as I am o my ain innocence. What then? England and Morton are involved. Yer brither is involved. Maitland, Atholl and Argyll are involved, though nane was at the scene of the crime. Are ony o them likely to allou the Douglasses that were praisent at the Kirk o Field to be brocht to a trial?

QUEEN. Maitland, my Lord, kent naething o the pouther. I am shair o that. He kent what ye kent yersell; that the Douglasses were oot.

BOTHWELL. Yer brither and Morton mebbe gaed faurer nor he ettled, and left him in the daurk.

QUEEN. If we could fin wha laid the pouther.

BOTHWELL. It was Balfour.

QUEEN. We hae nae pruif o that aither.

BOTHWELL. I ken he bocht pouther, and the hoose was at his disposal. But he is shieldit tae. Nane will allou a chairge against him. If ony did, Madam, he wad reveal the haill plot.

QUEEN. It daesna help, my Lord.

BOTHWELL. Ye still dout me!

QUEEN. I want to shield ye, my Lord, and mysell tae. What did they say whan I upheld ye at the time o yer trial? They said that I loed ye and that ye murdert my husband because ye aimed at his place. They will craw gey crouse if I mairry ye nou.

BOTHWELL. And what then? I was cleared at my trial. Could they force anither gin I was mairrit to the Queen? Could they convict the Queen's husband?

QUEEN. They wad condemn ye ootbye, my Lord, as they dae nou, frae the poupits o the Kirk. And they wad condemn me tae, for wad it no look black against me? If I consentit to this mairraige to anither wumman's husband, and connived at a doutfou divorce, wad the Croun save my name?

BOTHWELL. What heed need ye pey to the clash o the kirks? Hae they no rantit against ye sin the day ye cam frae France? They wad hae ye put to daith, if they could hae their wey, because ye haud mass.

QUEEN. Their pouer ower the rabble can be gey usefou to the Lords.

BOTHWELL. But the Lords couldna act. They recommend this mairraige. There isna ane o them that hasna signed the bond I showed ye at Seton. Can they gang back on their written word?

QUEEN. Is it no queer, my Lord, that sae mony o yer sworn faes suld be willin to recommend ye as my husband?

BOTHWELL. They regaird this mairraige as a guarantee o security for the Reformed Faith. They ken it will discredit ye wi yer Catholic freinds abroad. There is that ill ettlet. But yer Catholic freinds hae desertit ye lang eir this.

QUEEN. Because I upheld yer honour.

BOTHWELL. Then they are in the wrang, Madam.

QUEEN. They may be in the wrang aboot the murder, but they wad be richt if I consentit to mairry ye. Ye are anither wumman's husband.

BOTHWELL. A divorce can put that richt, Madam.

QUEEN. A divorce hasna been grantit.

BOTHWELL. It could gang through in a fortnicht.

QUEEN. A Catholic divorce, my Lord?

BOTHWELL. Catholic and Protestant baith.

QUEEN. On what grunds?

BOTHWELL. The Catholic on the grund that my Leddy and mysell are cuisins.

QUEEN. Yer Leddy held a dispensation.

BOTHWELL. She is willin to suppress it, at a price.

QUEEN. And what is that?

BOTHWELL. That she divorces me first afore the Protestant Commissioners.

QUEEN. On what grund, my Lord?

BOTHWELL. On the grund o my adultery, Madam, wi ane o her servants.

QUEEN. Wha says this can gang through in a fortnicht? Maitland?

BOTHWELL. Ay, Madam.

QUEEN. My Lord, are ye blin? He seeks to ruin us. And wad ye yersell submit me to the shame o't?

BOTHWELL. I will stop at naething, Madam, to win my wey in this maitter.

QUEEN. Then ye play into the ither Lords' haunds. Let this mairraige tak place and their case against ye for the murder is as clear as crystal.

BOTHWELL. I tell ye, Madam, that they will be pouerless if I win yer consent.

QUEEN. Hae ye eir thocht, my Lord, that the Lords signed the bond afore ye brocht me here? They can gang back on it nou.

BOTHWELL. On what grund?

QUEEN. That ye hae taen me by force.

BOTHWELL. Ye can deny that, Madam, if I use nae force.

QUEEN. And if ye use force, my Lord, what then?

BOTHWELL. The Lords want this mairraige. They will dae naething to stop it. Naething.

QUEEN. Then I warn ye, my Lord, that if it taks place they will turn on ye then!

BOTHWELL. I tell ye again, Madam, that if it taks place they will be pouerless against me!

QUEEN. Look the bond again, my Lord. There is ae name missin.

BOTHWELL. Whause?

QUEEN. My brither's.

BOTHWELL. What o that? He's in France.

QUEEN. He is aye awa, as ye said yersell, whan there is ill afute. He waitit in England for the slauchter o Davie. He waitit ower the Forth on the nicht o the Kirk o Field crack. Daes he wait nou in France for this mairraige?

BOTHWELL. I hae dealt wi yer brither afore. I can deal wi him again, if ye gie me the pouer.

QUEEN. And if I dinna?

BOTHWELL. If ye dinna, Madam, ye are ruint. Ye canna rule withoot me. Yer Catholic freinds are against ye, no because ye upheld me efter the murder, but because ye ruled aye wi a Protestant Cooncil. The English Queen is against ye because ye ance claimed her croun and because as lang as ye bide Catholic ye are a threat to the peace o her realm and to her ain safety. The Hamiltons are against ye because ye and yer son staun atween them and the croun here. Morton, Argyll, Atholl and Lindsay are against ye because as lang as ye bide Catholic they can neir feel shair o the lands they hae taen frae the auld Kirk. They winna feel safe till they hae set yer son up in yer place. Abune aa, yer brither Jamie is against ye to the daith, because he wants to be Regent while yer son is a bairn. If I had to leave, Madam, ye wad hae naewhaur to turn.

QUEEN (*wearily*). Ye are richt, my Lord, but I wish ye could hae served me loyally withoot this threat o a mairraige.

BOTHWELL. Withoot the mairraige I wad be ruint, Madam, for suner or later, to clear their ain names, they wad gar me thole anither trial for the murder, and I could hae nae lang bodygaird the length of the Hie-gait again to mak shair that I wasna convictit, for I hae pledged ilka acre o my lands, Madam, to maintain ye in authority till nou. If ye dinna protect me wi this mairraige I can serve ye nae langer.

QUEEN. I fear we are baith ruint, my Lord, mairraige or no. Whan I gaed to Lithgie to see my bairn the Leddy Erskine was as cauld as steil. She wad hae but twa o my leddies in his chaulmer at ony ae time, as if we ettlet him ill. Whan I held oot my airms to him he seemed to fear me, my Lord, and grat to bide wi his nurse. Whan I spak to him he grippit her ticht by the bodice and pat his cheek deep in her breist. He wadna hear me, my Lord. I had to leave withoot a touch o his haund. (*Breaking*) They mak a monster o me!

BOTHWELL. If ye mairry me, yer Grace, ye will hae the Prince in yer ain keepin.

QUEEN. They say ye murdert his faither and that ye aim nou at him!

(*She bursts into tears. Lady Janet enters from the turnpike with a tray*)

LADY J. I hae her Grace's supper.

BOTHWELL. Tak it into her chaulmer.

(*Lady Janet goes into the Queen's chamber*)

BOTHWELL (*laying his hands on her shoulders possessively*). Come, yer Grace. Ye are tired and need meat.

QUEEN (*hysterically*). Dinna touch me!

BOTHWELL (*exasperated*). Wheesht, wumman, or they will hear ye abune!

QUEEN. If ye touch me I will caa for their help!

BOTHWELL. Wheesht, I say!

QUEEN (*beginning to call*). My Lords!

(*Bothwell claps his hand over her mouth and silences her. He leads her away from the door and seats her on the bench by the table*)

BOTHWELL. If ye caa, Madam, they will think I mishaundle ye!

QUEEN (*rising*). And sae ye dae, Sir!

BOTHWELL. I could dae waur, Madam, and what could they dae to stop me?

QUEEN. Let me gang to yer sister, Sir.

BOTHWELL (*barring her way*). Praisently, Madam.

QUEEN. At ance, Sir!

BOTHWELL. Sit, Madam.

QUEEN (*standing in spite of her weariness*). My Lord, I am sae tired. Aa day I hae been fain to faa asleep in my saiddle. On my wey frae Lithgie yestrein I took my pain in my side. I had to rest at a hoose by the road.

BOTHWELL. Sit, Madam, and hae some wine.

QUEEN (*standing*). My Lord, ye ken my health has been bad sin the Lords slauchtert Davie. They took him afore my een. And whan I left the Palace to jeyn ye at Dunbar here my husband leathert my horse to gar me keep gaun. I suffert torture, my Lord, whan my bairn cam.

BOTHWELL. Sit, Madam.

QUEEN (*standing*). Ye were at Jedburgh whan I was badly there. I nearly deed then. My Lord, I am nae luver. Wi aa my seikness I cam to dreid my husband. He was angert, my Lord, and lay wi common weemen in the Toun. It shamed me, my Lord, that I suld be cheapent sae, and I twice a Queen. I could neir thole sic shame again.

BOTHWELL (*awkwardly*). Madam.

QUEEN. Hear me, my Lord. I kent ye hadna been true to yer Leddy at Crichton. Ye did lie wi her servant lass. And there were ithers afore that ye held lichtly. The Danish lassie, Thronsden, that ye brocht here to Scotland the first time ye sailed hame frae France: whan ye grew tired o her, my Lord, and she socht leave to gang hame to her folk, I gied her an audience. She telt me, my Lord, that ye had taen her by force. (*Emotionally*) I couldna thole that shame aither. (*With quiet dignity*) If I mairry ye, my Lord, ye will let luve come in its ain time, and ye maun be true in body to me alane.

(*Bothwell kneels to her. She gives him her hand. He kisses it with apparent reverence*)

QUEEN (*sitting*). Let me be nou.

(*Bothwell rises and opens her chamber door*)

BOTHWELL. Jean. (*He returns to the Queen*) My airm, Madam.

(*Bothwell leads the Queen into her chamber, assisted from the door by Lady Janet. He*

returns shortly and calls towards the main door)
BOTHWELL. Ormiston! (*Ormiston enters*) Let me hae a word wi Maitland and then caa the ithers to their supper.
(*Ormiston leaves. Lady Janet enters and crosses to the turnpike*)
LADY J (*reprovingly*). The Queen's supper's gaen cauld.
(*She passes out. Maitland enters by the main door. Bothwell draws him furtively to the near corner*)
BOTHWELL. A word wi ye afore the ithers come. Her Grace consents.
MAITLAND. Did she speak o the divorce?
BOTHWELL. Ye maun see it through nou at ance.
MAITLAND. Huntly winna agree, my Lord, till he sees her Grace's signature to an agreement to the mairriage. I hae ane made oot.
BOTHWELL. She winna sign, I dout, till the divorce gangs through. I'll win Huntly roun. Dinna fear.
MAITLAND. Has she agreed to a Protestant ceremony?
BOTHWELL. I sall try for that the morn.
MAITLAND. It's vital, my Lord, if ye want to keep the ither Lords' favour.
BOTHWELL. I ken that.
(*Ormiston appears warningly at the door*)
BOTHWELL. Wheesht! (*Huntly enters*) Come for supper, Huntly. Ormiston, warn the kitchen.
(*Lady Janet Stewart emerges just as Ormiston is about to enter the turnpike. He steps aside. She goes with food to the Queen's chamber. Ormiston goes downstairs. Bothwell goes to the high table and pours wine. Lady Janet comes to the door of the Queen's chamber*)
LADY J. My Lord Huntly, her Grace wad like a word wi ye. And wi ye tae, James.
BOTHWELL. Paurdon me, Laird. Help yersell to wine. Come, my Lord.
(*He and Huntly follow Lady Janet into the Queen's chamber. Sir James Melville enters by the main door*)
MAITLAND (*furtively*). Sir Jamie!
(*He signals him to be silent and draws him to the corner near the door*)
MAITLAND. The Queen has consentit, Sir Jamie.
MELVILLE. I feared she micht.
MAITLAND. I telt ye she wasna unwillin. It's a sorry affair. Nou listen, Sir Jamie, for I daurna commit my message to paper. Whan he lets ye gang, and I suld think he will the

morn, likely, ride hard for Stirlin. Morton's there wi my guid-brither Atholl. Tell them the news. The Queen will be held here till the divorce gangs through, for till then I dinna think she'll sign the mairriage contract. Efter that she'll ride to Edinburgh, likely for the ceremony. That gies the Lords aboot a fortnicht. In that time let them gether aa the strength they can, but if they tak my advice they'll haud their haund till the waddin's dune and bye wi.
MELVILLE. Is it fair to the Queen, that?
MAITLAND. Hoots, toots, Sir Jamie, ye can see she's taen her ain gait. And this mairriage will dae mair for the Reformed Faith than aa the thunders o the Preachers.
MELVILLE. I like it nane the mair.
MAITLAND. Wheesht!
(*Ormiston enters, followed by Jeanie and another servant carrying hot food, which they lay on the high table*)
ORMISTON. Supper, my Lords.
MAITLAND. Thank ye, Ormiston.
(*Ormiston leaves by the main door. Maitland hands Sir Jamie a quaich filled by Bothwell*)
MAITLAND. Wine, Sir Jamie.
MELVILLE. Thank ye, Laird. (*Holding up his quaich*) The Queen, Sir.
MAITLAND (*glancing sideways at the girls, who are preparing to serve*). Sae be it. (*They drink*).

CURTAIN

ACT FIVE

An upper room in the Provost's house in the High Street of Edinburgh. June 16th, 1567.

In the upper left corner of the room a turnpike stair. In the back wall a square dormer window, glazed only in its upper half, the lower half consisting of two wooden shutters. In the right wall a door leading to an inner room.

A table and chairs in the middle of the floor. Beyond the window can be seen the roof-tops of the house across the street.

When the curtain rises Morton is sitting at the table writing. Lindsay is standing looking out of the window, but in such a way as not to be seen from the outside. There is a confused murmur from a crowd far below.
LINDSAY. The rabble's growin yet, my Lord.

MORTON. Dinna let them see ye.

LINDSAY. Dae ye no think we suld gar the gaird clear the causey?

MORTON. Let them bide. The mair she hears o them the better. They'll help to terrify her into daein as she's telt.

LINDSAY. Sae lang as they dinna cheynge their tune.

MORTON. There's nae fear o that. Listen. Na, dinna look.

LINDSAY (listening). Some ane's juist come in, I think.

MORTON. It'll be Brand, Mebbe.

(A Guard enters)

GUARD. Maister Brand, my Lord.

MORTON. Send him in.

(The Guard withdraws. Brand enters)

MORTON. Ay, Maister Brand, come in and sit doun. Ye ken my Lord Lindsay?

BRAND. Ay, my Lord.

MORTON. Weill, Sir, ye'll be pleased to hear that as sune as we can lay haunds on the blaggard we're gaun to bring the Lord Bothwell to trial again for the murder o the Queen's late husband.

BRAND. No afore time, my Lord.

MORTON. Na. Weill, Sir, we maun be shair this time that we hae incontrovertible pruif. Nou we ken juist what happened withoot the least dout. We ken what men o Bothwell's laid the pouther, whaur they gat it, and hou they took it to the Kirk o Field, and we ken wha warnt him that the hoose was ready, wha gaed wi him whan he gaed to licht the trail, hou they gaed, and aa the times to a meenit. We hae still to lay haunds on some o the scoondrels, but that'll be easy. What winna be sae easy, Maister Brand, will be to gar them confess, for there isna ane o them that wadna deny his villainy to save his skin, as ye weill ken.

BRAND. Ay, my Lord.

MORTON. Nou this is whaur the like o ye can help, Maister Brand. Whan we hae aa thir scoondrels in the Tolbooth they'll be putten to the torture. Withoot it they wadna say a word, or if they did they wad juist tell lees. Some o them, Maister Brand, may ein be sae thrawn as to tell lees whan they're tortured, and that's whaur a maitter o this kind caas for the excercise o some judgment. Whiles whan the warst leears brek doun, Maister Brand, they're sae sair crazed they dinna ken what they're sayin. They juist rave, Maister Brand, and seldom to the peynt.

BRAND. I ken, my Lord.

MORTON. Ay weill, ye'll ken tae that if the man takin doun the confessions kens the truith, and we wad like ye to act for us in this, he can keep the scoondrels to the peynt by speirin on the richt lines. Ye hae taen doun confessions afore, Maister Brand?

BRAND. Oh ay, my Lord.

MORTON. Hae ye seen the buit used, or the rack?

BRAND. The buit twice, my Lord, and the rack ance.

MORTON. Guid. And ye'll ken the capsieclaws and the pilniewinks?

BRAND. Oh ay.

MORTON. Ye're the man for the job, then, Maister Brand. I ken it taks a strang stamack, but I hae nae dout ye realise its necessity if the maist thrawn type o criminal is to be brocht to justice. Nou I hae here, Maister Brand, based on the evidence o trustit witnesses, an accoont o the events that precedit the late King's murder. Whan the scoondrels involved are brocht to the Tolbooth ye'll ken what's wantit o them. I dinna suggest that ye put ideas in ony o their heids, but if ye think they're leein, or their wits begin to wander and they stert to haver, juist speir in a mainner that keeps them to the peynt. For instance, ye'll see that Willie Powrie and Pat Wilson, twa o Bothwell's servants, cairrit the pouther frae his quarters at the Palace to the Black Friars' Yett, fornent the Kirk o Field, at ten o'clock on the nicht o the crack. Ask them if they did, Maister Brand, and if they deny it, and I hae nae dout they will to begin wi, gar the jeylers streitch them a wee, or gie anither bit dunt to the buit wedges. Ye'll win at the truith suner that wey than by speirin whaur they were at ten o'clock, or what they were daein then.

BRAND. I ken, my Lord.

MORTON. Guid. Then mak yersell weill acquant wi the haill story, Maister Brand, and attend at the Tolbooth ilka day. My cuisin Archibald Douglas will put the scoondrels at yer disposal as they are brocht in. And ae word mair, Maister Brand: keep the haill maitter secret till the confessions are taen. We want nae man on oor list to flee the kintra. What's that?

(There is a sudden sound of scuffling from the door on the right and the Queen's voice is heard saying: 'I maun staun by the winnock! I canna breathe here! I need air!' More scuffling, then silence)

LINDSAY. She's giein bother again.

MORTON (*turning to Brand*). The Queen, Maister Brand, is as thrawn as the rest o them. Ye ken she winna renounce the Lord Bothwell?

BRAND. I was telt sae last nicht, my Lord.

MORTON. It's maist lamentable, and it puts us in a gey akward predicament. We dinna want to gang to extremes, Maister Brand, but what can ye dae wi a wumman that persists in an infatuation for her husband's murderer?

BRAND. If she was a common wumman there wad be nae dout in the maitter. She wad be brunt, my Lord. And there are mony o the opinion that the Queen hersell suld suffer the same fate. Did ye hear them last nicht whan she was brocht into the Toun?

MORTON. I did, Maister Brand.

(*There is more scuffling from behind the Queen's door*)

LINDSAY. There she's again!

(*The Queen's voice, beyond: 'I maun gang to the winnock!' More scuffling. A Guard's voice: 'Lie doun, will ye!' A sharp cry, then sobbing*)

MORTON. Weill, Maister Brand, ye'll dae as I hae askit?

BRAND. I will, my Lord.

MORTON. Thank ye. I'll see ye hae a gaird to tak ye clear o the rabble.

(*He follows Brand out. Lindsay listens at the Queen's door. A Guard shouts: 'Staun back, will ye!' A scream. Then as the murmur of the crowd swells to a roar, the Queen shouts; her voice half smothered by the noise from below is heard from beyond the window as well as from behind the door: 'Help me! Help me! Hae peety on me! I am yer Queen! I hae dune ye nae ill! The Lords are traitors! Their chairges are fause! They hae broken their promises! They are like beasts! Beasts! Oh help me! Hae peety on me!'*

Meantime Lindsay has opened the door and entered the room. The sound of the crowd begins to alter in tone. It grows softer and more sympathetic)

LINDSAY (*beyond, angrily*). Hou did she win to the winnock?

GUARD (*beyond*). She tore hersell oot o my grip.

LINDSAY. Ye fule, ye suld hae grippit her better.

GUARD. I had a grip o her sark. It cam awa in my haunds.

LINDSAY. Was she ower at the winnock like that?

GUARD. Ay.

LINDSAY. Cover her. Think shame, wumman, to show yersell to the rabble like that.

QUEEN. He tore my claes aff me.

LINDSAY. Ye suldna hae strugglet. If ye dinna sit still we'll hae to put ye in airns.

(*Morton enters from the turnpike and crosses to the Queen's door*)

MORTON. What's wrang, Lindsay?

LINDSAY (*returning*). She's been cryin frae the winnock.

MORTON. What were the gairds daein?

LINDSAY. They had grippit her by the sark. She tore it oot o their haunds. She was nakit to the waist.

MORTON. The rabble's turnin. Listen.

(*The crowd is now shouting angrily. The Guard enters*)

GUARD. The Laird o Lethington, my Lord.

(*Lethington enters. The Guard retires*)

MAITLAND. Can ye no keep the Queen frae the winnock, my Lord. Ye'll hae the rabble up. They're turnin clean against us.

MORTON. She tore hersell awa frae the gaird.

MAITLAND. What wey did they grip her by the claes? They were hauf torn aff her.

LINDSAY. We'll hae to put her in airns.

MAITLAND. Havers! Is there nae room wi a winnock to the back?

MORTON. No up this heicht.

(*More scuffling from the Queen's room. She drums on the door. She calls: 'My Lords! My Lords! Hae peety on me. I canna breathe in here!' More scuffling, then silence*)

MORTON. This is mair nor I can haunle, Laird. If she was a man I wad ken what to dae wi her.

LINDSAY. I could sune quaiten her.

MAITLAND. We maun be licht on the reyn if it's at aa possible. We dinna ken yet what'll be the ootcome o aa this. If we put her awa we'll hae to answer for it to the English Queen and the crouned heids o the Continent. We'll hae to hae a clear case.

MORTON. Oor case is clear eneuch, shairly.

MAITLAND. I'm no sae shair. We can mebbe convict Bothwell o the King's murder, and it micht be possible to convict him o rape, but if she's gaun to persist that the mairriage gaed through wi her ain consent, and she winna renounce it, we'll hae to hae mair nor juist a suspicion that she consentit to the King's murder. We'll hae to he able to prove it.

MORTON. It's as plain as daylicht.

MAITLAND. We wad hae to lay clear pruif afore Paurliament, my Lord, and that wadna be easy. It wad be faur better, Sirs, if we could bring her to renounce the Bothwell mairraige and then let her bide on the Throne.

MORTON. Efter aa this. No ane o us wad be shair o his life and lands.

LINDSAY. She swore yestrein that she wad hae my heid.

MAITLAND. We could mak oor ain conditions. If she agreed them afore Paurliament she couldna gang back on them.

LINDSAY. She wad as sune as she could win the pouer. The Hamiltons micht help her. Bothwell hasna been grippit yet. He micht come back.

MAITLAND. We can mak shair o Bothwell. He's gane back to Dunbar. Grange is awa efter him. He'll be grippit, aa richt. I tell ye, my Lords, there's but ae wey oot. She maun be forced to renounce the Bothwell mairraige.

MORTON. We tried that last nicht. She wadna hear o't.

MAITLAND. She'll mebbe think better o it nou.

(More scuffling. The Queen knocks again, calling: 'My Lords! My Lords!')

MORTON. Ye'd better haunle her, Laird. Let her oot, Lindsay.

MAITLAND. Haud on. (He hesitates) Ay weill, but cover her up.

(Lindsay enters the Queen's room. Morton stands near the window. Maitland stands beyond the table from the Queen's door. The Queen enters, dirty and tired, in a short red petticoat and with torn stockings. Her hair is in confusion and her shoulders are covered by a man's doublet to conceal the torn shirt underneath. She looks cowed and broken)

QUEEN. Maitland!

MAITLAND. Think shame, Madam. What gart ye gang nakit to the winnock? Dae ye think it'll dae ye ony guid? Dae ye want the rabble to be shair ye're a wanton?

QUEEN. Yer ain gairds tore my claes!

MAITLAND. Ye suldna hae strugglet wi them. They hae their orders to obey.

QUEEN. I couldna bide in there ony langer. The air isna fit to breathe. And the shame o't. I hae been in there aa nicht wi thae men staunin ower me. They wad hardly allou me to move. I warn ye, Laird, that if I am treatit like this ye will hae my daith on yer haunds. I canna thole it.

MAITLAND. Ye will be hadden in ward till ye renounce yer mairraige to the Lord Bothwell. Ye ken that.

QUEEN. I was telt yestrein at Carberry[22] that if I left the Lord Bothwell and cam wi the Lords they wad acknowledge me again as their sovereign.

MAITLAND. Sae they will.

QUEEN. I left the Lord Bothwell.

MAITLAND. Ye maun renounce the mairraige.

QUEEN. I didna promise that.

MAITLAND. Ye maun promise it nou.

QUEEN. I hae been tricked. The mairraige was recommended in a bond signed by yersell and the ither Lords. Hou can what was richt then be wrang nou?

MAITLAND. We hae shair pruif nou that Bothwell murdert the King.

QUEEN. That ye canna hae. It was the Douglasses.

MORTON. Ye lee, Madam.

QUEEN. What wey were ye brocht back frae England?

MORTON. Because ye paurdont me.

QUEEN. Wha forced me? Maitland here and my brither Jamie.

MAITLAND. What daes that prove?

QUEEN. Ye kent he had a grudge at the King.

MAITLAND. We planned nae murder.

QUEEN. Ye signed a bond.

MAITLAND. Wha says sae?

QUEEN. My husband.

MAITLAND. Bothwell. A lee. There was but ae bond signed and he signed it himsell, and that was a bond, Madam, signed whan the King first stertit plottin wi the Papists, to obey him in naething but to gie oor loyalty to yersell.

QUEEN. Wha hauds it?

MAITLAND (without time to think). Balfour.

QUEEN. The man wha laid the pouther.

MAITLAND. Bothwell's men laid the pouther.

QUEEN. He kent naething o the pouther. I ken that. I hae nae pruif o't, but I ken it. And I ken that Balfour bocht pouther in the Toun at the time.

MAITLAND. Lees o Bothwell's.

QUEEN. Balfour lent the King the Kirk o Field hoose. And he aimed at me, Laird, as weill as the King,

MAITLAND. Havers. As faur as I'm concerned ye ken I tried my best to keep ye awa frae the place.

---

22 Military stand-off between Mary and the Confederate Lords on the River Esk ten miles to the east of Edinburgh.

QUEEN. Ye kent that some ill was ettlet.

MAITLAND. Ye canna hae it baith weys, and ye're wastin yer braith. We hae pruif, I tell ye, that the haill plot was Bothwell's. Ye'll see that whan he's brocht to his trial.

QUEEN. He stude his trial and was cleared. And ye, Laird, were aside him at the time.

MAITLAND. I had ae aim in that, Madam, and that was to protect you.

QUEEN. Ye recommended the mairraige.

MAITLAND. He insistit. I was pouerless to oppose him withoot leavin the Coort.

QUEEN. Ye helped him to get his divorce.

MAITLAND. I was his prisoner then, like yersell, Madam.

QUEEN. Ye could hae won awa like Jamie Melville.

MAITLAND. I steyed to protect ye.

QUEEN. But ye jeynt the ither Lords whaneir the mairraige gaed through. Ye could hae dune it afore that, Laird.

MAITLAND. I didna leave till the man tried to kill me.

QUEEN. He tried to kill ye because he fand ye were in tow wi the ithers, and he drew in a fair fecht. And wha cam atween ye? Ye owe me yer life, fule that I was, for ye are fause through and through.

MAITLAND. I am yer best friend, as ye will fin yet, and my ae aim is to keep ye on the Throne.

QUEEN. Yer aim aa alang has been to discredit me as a Catholic and ruin the Lord Bothwell. Ye hate him. Ye hae aye hatit him. He was yer rival for the Abbey o Haddington.

MAITLAND. Hoots, toots, wumman, ye'll be tellin me yet that I gart ye mairry him against yer ain will and his.

QUEEN. Ye did what ye could to press the mairraige on.

MAITLAND. Bothwell had to be coaxed, I suppose.

QUEEN. He could hae been mair discouraged.

MAITLAND. By yersell, Madam.

QUEEN (breaking). I didna gie in, as ye weill ken, till he took me to Dunbar. And though I was there for ower a week there was nae Lord stirred a fute to fin if I was fast or free. Ye wantit the mairraige for yer ain ends!

MAITLAND. But ye were unwillin?

QUEEN. I thocht it fulish, and sae it has proved, but I dinna regret it. He was the only true man amang ye!

MAITLAND. Yet he forced yer haund? A man suspected o yer husband's murder. Did he no ken whaur it wad lead ye?

QUEEN. He kent ye were fause. He kent ye wad try to bring him to a new trial. He needit my protection.

MAITLAND. Did he tell ye that! The man was a villain.

QUEEN. He is my husband!

MAITLAND. Whaur has he brocht ye? Did ye no hear the rabble yestrein? Ye ken what they think? They think ye were Bothwell's mistress whan the murder was planned!

QUEEN. Ye ken it is fause. Ye aa ken it is fause. Yet no ane o ye tried to save me frae the shame o't.

MAITLAND. Grange drew his sword against his ain sodgers!

QUEEN. Ye brocht me through the Toun rabble!

MAITLAND. What else could we dae? We couldna clear it, and we werena responsible for what was caaed oot at ye. We at least saw that ye cam to nae hairm, for I tell ye, wumman, that if the rabble had haen its wey it wad hae brunt ye!

QUEEN. And ye brocht me through it, efter promisin to treat me as yer Queen.

MAITLAND. Hoots, toots, wumman, ye'll sune hae the haill wyte laid on us for a predicament o Bothwell's and yer ain makin. We werena to ken that the rabble wad be sae incensed at yer shamelessness that it wad cry oot abuse!

QUEEN. Wha spreads the lees amang them?

MAITLAND. Ye canna blame them for thinkin as they dae, and I warn ye that if ye persist in this infatuation for yer husband's murderer their anger'll be ill to control. I dout that if ye canna see yer wey to renounce yer last mairraige it will be necessary, for yer ain safety, to put ye weill oot o their wey.

QUEEN. Ye hae nae pouer to dae that.

MAITLAND. Wha's to stop us? Ye hae nae freinds in this maitter, and ye ken it. The English Queen has denounced the mairraige. Sae hae yer freinds abroad. Renounce it, Madam, or ye are ruint.

QUEEN. I canna.

MAITLAND. Hoots, wumman, ye're wud athegither. The man took ye be force.

QUEEN. I consentit.

MAITLAND. Ye were his prisoner.

QUEEN. I took him for my husband.

MAITLAND. And hou did he thank ye. He was ower at Crichton wi his richt wife time and time again efter he wad ye.

QUEEN. On the maitter o her settlement.

MAITLAND. He lay wi her, I tell ye, nicht

efter nicht! He telt her he wad regaird her as his true wife aye: that ye were juist his hure!

QUEEN (*sobbing pitifully*). It is a lee! He didna! He couldna!

MAITLAND. It's the truith, wumman, and what else could ye ettle? He was aye a lecher.

QUEEN. He was true to me!

MAITLAND. He was neir true to ony wumman in his life. Were there no ithers afore ye: Betsy Crawford, Janet Beaton, yon Danish lassie, and coontless ithers? Come, wumman, ye canna let a man like that staun atween ye and the throne o Scotland.

QUEEN. I canna renounce my mairraige.

MAITLAND. Ye hae nae ither wey oot.

QUEEN. I canna dae it.

MAITLAND. What wey no? I tell ye the man isna worth a thocht.

QUEEN (*breaking down completely*). I am wi bairn again![23]

(*She sobs brokenly. The Lords eye each other*)

MAITLAND. Tak her awa, Lindsay.

(*Lindsay goes to the Queen's door and beckons to the Guards. They enter and approach the Queen*)

QUEEN. Na na. Hae peety on me.

MAITLAND. Gang inside for a while yet, Madam. I'll hae a leddy sent in to ye later.

QUEEN. No in there again.

LINDSAY (*to the Guards*). Tak her awa.

QUEEN (*appealing to Maitland*). Na, Laird. Dinna let them touch me. For peety's sake.

MAITLAND. They needna lay haunds on ye gin ye gang in o yer ain free will, Madam.

(*She sobs brokenly. The two Guards take her helpfully by the arms, but she struggles. They are forced to tighten their grip*)

LINDSAY. In wi her.

(*They lead her rapidly into her room*)

MORTON. We'll hae to put her awa, Laird.

MAITLAND. I dout sae.

MORTON. Lochleven's ready for her.

MAITLAND. Nae dout, but hou is the English Queen gaun to tak it? That's what fashes me.

MORTON. I dinna see what she can grummle at. We hae actit wi her approval frae the stert.

MAITLAND. This wasna ettlet. She believes in Divine Richt, my Lord.

MORTON. She hates idolatory and murder, shairly.

MAITLAND. Nae dout, my Lord, but she hauds that Queens are abune aa laws, human and divine.

MORTON. What can she dae? If ye think, Laird, that she wad lift a finger to put oor ain Queen back into pouer again yer fears are grundless.

MAITLAND. She could tichten her purse, my Lord, and that wad hit maist o us, and her opposition, twa-faced or no, wad encourage oor ither faes. We haena the Hamiltons ahint us, and Huntly's still a pouer in the North. If this thing is to be dune, my Lord, it'll hae to be dune in proper legal order.

MORTON. I hairtily agree. It's shairly possible. We can croun the young Prince wi the consent o Paurliament. We hae the pouer for that. And Moray will act as Regent while the Prince is a bairn. He's back in England waitin to be caaed.

MAITLAND. Ay ay, my Lord, but as lang as the born ruler o the realm leives there can be naething dune in Paurliament withoot her consent. The young Prince canna legally be crouned unless she abdicates in his favour.

MORTON. She'll abdicate. We'll see to that.

MAITLAND. It'll look bad if she abdicates at Lochleven, my Lord.

MORTON. What will that maitter if she signs and seals?

MAITLAND. We'll hae to be able to justify oorsells for the use o undue persuasion, my Lord, for it'll be faur ower obvious.

MORTON. Ye shoot ower the mark, Laird.

MAITLAND. Na na, I dinna. We'll hae to prove afore Paurliament, my Lord, and I say prove, that she was airt and pairt wi Bothwell in the late King's murder. Then ye see, my Lord, it will be possible to gar folk believe that she signed her abdication because her crime was brocht hame to her, and no because ye or Lindsay stude ahint her wi a drawn sword.

MORTON. I still think ye shoot ower the mark.

MAITLAND. Ye ken better than I dae, my Lord, that ye suld be shair o an ootgait whan ye lay yer haunds on a sovereign. Dae ye no agree that pruif is desirable?

MORTON. It's hardly needit. The haill warld believes she was ahint Bothwell.

MAITLAND. Ye mean the rabble, my Lord? We'll hae to furnish Paurliament and the English Queen wi a clear pruif, for dinna forget, my Lord, that we agreed oorsells to

---

[23] During the first month of her imprison-
ment in Lochleven Castle Mary is thought
to have miscarried twins.

put the King oot o the wey, and though the pouther at the Kirk o Field was Bothwell's, or mebbe Balfour's, the King was in fact stranglet, and the haund that did the deed isna certain.

MORTON. Watch what ye say, Laird!

MAITLAND. I ken it wasna yer ain, my Lord, sae dinna brindle, but I want to mak it clear that ye hae guid cause to pey me heed in this, the mair sae, my Lord, as Balfour hauds the pruif o oor agreement.

MORTON. He can say naething. We can prove that he bocht the pouther.

MAITLAND. He winna say a thing, my Lord, But he tae wants the pruif against the Queen.

MORTON. What pruif can ye offer?

MAITLAND. Precious little, my Lord, but it can gang a lang wey if it's properly haundlet. Whan Bothwell left the Castle to gang to Borthwick wi the Queen he left a charter kist ahint him, and Balfour's haen the lock broken. It hauds a lot o Bothwell's deeds and charters, some documents connectit wi his pledges o property, copies o a wheen bonds he had signed, and a bundle o French sonnets, my Lord, o the maist passionate nature it has eir been my privilege to read.

MORTON. Frae the Queen!

MAITLAND. Weill, my Lord, we hae nae pruif to the contrar. They're written in an Italian haund no unlike her ain, and nae dout they could be copied in a better likeness if it was thocht necessary.

MORTON. But whan were they written?

MAITLAND. Wha kens. They micht hae been written by the lassie Bothwell ance brocht frae Denmark, for she wrote to me ance for a passport and her haund, if I mind richt, was Italian tae, but I could sweir naething.

MORTON. And whaur daes that tak us?

MAITLAND. Haud on, my Lord, I haena dune yet. There were some letters tae in the kist; ane o them a short ane in the Queen's ain haund.

MORTON. To Bothwell?

MAITLAND. Ay, my Lord, and if ye were to read it wi the idea in yer heid that it was written frae Glaschu on the Setterday afore she brocht the King to the Kirk o Field ye wad sweir it proves her airt and pairt wi Bothwell.

MORTON. And was it written on the Setterday afore she left Glaschu?

MAITLAND. There's nae pruif to the contrar. It has nae address or date. Juist the words 'Ce samedi.' Setterday. It wadna be hard, my Lord, to write 'Glaschu' in the line abune. It's a short word, my Lord.

MORTON. What daes the letter say?

MAITLAND. Ye can see it yersell later on. Balfour wadna pairt wi't. But she says she's gaun to bring the King to Craigmillar on the Monday, and if ye mind richt Monday's the very day she left.

MORTON. But she brocht the King to the Kirk o Field.

MAITLAND. I ken, my Lord, but whan ye hae a look at the letter ye'll see that it can be read to mean that she was takin the King to Craigmillar to be pousent, for she talks aboot a pain she aye has in her side when the King is merry wi her, and then she says Paris the page is gaun to fetch her something that'll put her pain awa. She writes tae, my Lord, o gaun to Craigmillar to hae bluid let.

MORTON. But she didna gang to Craigmillar.

MAITLAND. Na na, my Lord, but she could hae cheynged her plans. This letter could be used to prove her ill intention.

MORTON. It's raither vague for that, shairly.

MAITLAND. Dae ye no see, my Lord, that the vaguer the better? Whan ye plan a murder ye dinna write letters aboot it withoot hidin yer meanin.

MORTON. And is this aa ye hae to mak a case o?

MAITLAND. Na na, my Lord. I spent an hour or twa at the Palace last nicht gaun through the Queen's papers. Mebbe ye dinna ken, my Lord, that whan she's sendin oot letters that she isna gaun to write in her ain haund she scribbles doun the gist o them for her secretaries to copy, and she has a habit, my Lord, o addin notes and reminders for her ain future guidance. Whiles she juist scribbles her thochts. Nou I hae fund a lang screed, my Lord, that she screivit at Glaschu, ae nicht whan she was sittin up late wi the King, and it gies a pouerfou impression o a guilty wumman schemin against a man she detests. She gaed there, my Lord, to wile the King awa frae his faither, for they were plottin against her, but she had to let on she was there oot o concern for his health, and her fauseness was mair nor her ain conscience could stamack. The guilt she felt was deep, my Lord, and she expressed it weill.

MORTON. But is there onything to hint at murder?

MAITLAND. It could hint at onything, and it's written on a wheen orra sheets o paper. Ane o them has an inventory on the back o't. It wad be easy, my Lord, to miss some o the sheets oot, and to slip in a wheen ithers that were mair to the peynt.

MORTON. Whaur is the document nou, Laird?

MAITLAND. It's in the Palace still, my Lord, but safe, dinna fear. And I'm no dune yet. I hae a contract o mairraige that I drew up for the Queen to sign whan Bothwell took her to Dunbar for the ravishment. She wadna sign it till his divorce gaed through, and then she signed ane made oot by Davie Chaulmers, but the ane I hae could be signed yet, my Lord, and datit, to prove that she agreed to mairry him afore he took her to Dunbar. There are mony, ye ken, wha think that the ravishment was planned atween them, to gie her an excuse for the mairraige. This contract wad prove it to the hilt.

MORTON. If it was signed, Laird, and datit. It seems to me that ye're gaun to dae a lot in the Queen's name that she can juist deny.

MAITLAND. My Lord, what else wad ye ettle gin she had signed it hersell? She wad be bound to deny it.

MORTON. I daursay ye're richt. Man, Laird, I begin to see the possibilities. But what dae ye plan wi aa this?

MAITLAND. Weill, my Lord, whan we hae gethert aa the documents that seem to fit oor case, and mair may weill come to haund, we could look them ower thegither, wi Balfour praisent, and consider hou best they can be doctort. And whan we're satisfied that they mak oor case clear, my Lord, I suggest that they be lockit awa in a siller casket o the Queen's that's lyin doun at the Palace, a praisent frae her first husband, the young king o France.

MORTON. I dinna follow, Laird. Wad it no be better to lock them in Bothwell's ain kist?

MAITLAND. The lock o his kist is ruint, my Lord. Forbye, think hou bad it wad look that she had gien a braw ferlie o her first lawfou husband's, a thing wi baith their initials cut in it in ornamental letters, to a reprobate like Bothwell that took her to bed like a trollop.

MORTON. And is Balfour willin to sweir that he saw it in Bothwell's possession?

MAITLAND. He'll sweir to onything, but I suggest, my Lord, that the neist o Bothwell's men we lay haunds on in the Toun, and there are a wheen lyin low here yet, suld be fund wi the casket hidden in his ludgin. He could hae been sent for it, ye see, because Bothwell didna want it to faa into oor

haunds. And whan the casket's fund, my Lord, I suggest it suld be brocht to yersell, and that ye caa the confederate Lords thegither, open it for the first time in their praisence, and gar them sign an inventory o the contents. Ye can then gie them a receipt for it, my Lord, and keep it till it's needit.

MORTON. I'll want to see what's gaun into it, Laird, afore I risk burnin my fingers.

MAITLAND. Ye'll see aa, my Lord, and we needna proceed if ye dinna think the case weill made. But I wad advise ye, my Lord, no to turn yer back on it hastily, for if we hae to tak this step o forcin the Queen to sign an abdication we maun hae her proved guilt to show as oor reason for it. Whan, my Lord, will ye be able to gang through the papers?

MORTON. The morn's efternune. There'll be nae time the nicht. I'll hae to see the Queen to Lochleven.

MAITLAND. I'll gang up to the Castle nou and see Balfour.

MORTON. Is there nae hope that he'll destroy the bond?

MAITLAND. Nane, my Lord. He's feart we bring him to a trial alang wi Bothwell.

MORTON. Ay weill, he canna use it. I woner what gart him tak to pouther.

MAITLAND. To please Bothwell, likely, and nae dout at a price. But I'll awa, my Lord. Whan will ye be leavin wi the Queen?

MORTON. Efter it's daurk. The rabble will hae gane then likely.

MAITLAND. Ay weill, my Lord, I'll see ye the morn.

MORTON (to Lindsay). See that the Secretary has a gaird, Lindsay.

LINDSAY. Ay, my Lord.

(He leaves with Maitland. Morton writes for a few seconds. The murmur of the crowd, faint throughout the last two passages, suddenly grows until it is an angry howl. Morton rises and looks out of the window, forgetting to conceal himself. The howl increases. Maitland returns hurriedly, followed by Lindsay)

MAITLAND. The rabble's turnt, my Lord. It was the sicht o the Queen at the winnock. Ye'll hae to gar the gaird clear the causey.

MORTON. That wad mak maitters waur, Laird. They wad turn against us athegither then.

MAITLAND. What can we dae? They're ugly, I tell ye. They micht try to rush the hoose and set the Queen free.

MORTON. Efter last nicht.

MAITLAND. I ken it's past believin, but it's true. Gin ye dinna want to clear the causey ye'll hae to mollify them in some wey sune. They ken what we promised her yestrein, that if she surrendert she wad be restored to her ain.

MORTON. We could tak her doun to Holyrood nou, Laird, and on to Lochleven at midnicht.

MAITLAND. A guid idea, for I dout if they wad leave here the nicht gin we didna.

MORTON. But will she face them? Last nicht she was terrified.

MAITLAND. It didna keep her frae cryin oot to them. She micht dae that again tae. We could mebbe clear them back frae the convoy, my Lord, gin we telt them whaur we were takin her.

MORTON. I daursay. Gar the Captain order the horses, Lindsay.

(Lindsay leaves)

MAITLAND. Hae her in, then.

(Morton goes into the Queen's room. Maitland places a chair. Morton and the Queen enter. She regards them with obvious suspicion)

MAITLAND. Sit, Madam. (She does so) We hae considert yer refusal to renounce yer last mairraige, and though we regaird a signed renounciation as a proper fulfillment o the agreement ye made yestrein at Carberry we can come to nae decision as to the proper coorse to tak till we hae held a meetin o the haill confederate Lords, sae meantime, Madam, we propose to ludge ye mair comfortably in yer ain quarters at the Palace, gin ye promise ae thing; that ye winna cry oot to the rabble. That sort o thing, Madam, daesna conform to the dignity o yer station.

QUEEN. I canna face the rabble again.

MAITLAND. If the rabble cries oot at ye, yer Grace, it will be cleared by the gaird. Am I no richt, my Lord?

MORTON. I'll hae it seen to at ance.

(He leaves)

MAITLAND. Ye needna leave till ye are satisfied. Ye will hear frae the winnock.

QUEEN. What gars ye cheynge sae? Ye mean to trick me again. Whaur are ye takin me?

MAITLAND. To the Palace, Madam, as ye sall sune see.

QUEEN. I dinna trust ye.

MAITLAND. That's shabbie, Madam, whan I hae juist managed to convince the Lord Morton that he can haud ye in ward withoot treatin ye like a thief in the Tolbooth. Ye need mair comfort nor this hoose provides, Madam. Ye need weemen aboot ye. (The Queen bursts into tears) Come come, yer Grace, ye'll sune be fed and restit. Ye'll forget the last day or twa. (She sobs afresh. A voice is heard addressing the crowd below. She listens intently)

CAPTAIN (below). Her Grace the Queen is to gang doun to her Palace. The Confederate Lords order her subjects to allou the convoy to proceed there withoot demonstration. Nae subject will approach close to her Grace's person or shout or vilify her Grace, on pain o treason. The gaird will clear the causey as the convoy proceeds.

(Morton enters)

MORTON. Horses are bein brocht nou, Madam.

MAITLAND. She'll wait, my Lord, till the rabble's cleared frae the front.

MORTON. It's bein cleared nou.

MAITLAND. Wad ye like to be shair, Madam?

(The Queen approaches the window apprehensively, and looks out. There is an immediate shout. She steps back and listens. The shout becomes a cheer)

MAITLAND. Ye see, yer Grace. They're in a better mind to ye nou.

QUEEN (still unable to believe them). Whaur are ye takin me, Laird?

MAITLAND. To the Palace, Madam. Did ye no hear the proclamation?

QUEEN (pathetically, looking down at her clothes). Could I no hae a cloak to weir, and a hat to cover my hair?

MORTON. There are some claes doun the stair, Madam, that belang to the Provost's Leddy. Ye will fin a cloak and a hat there, I hae nae dout.

MAITLAND. Come, yer Grace, and hae a look.

(The Queen follows Maitland. Morton goes to the door of the Queen's room. Horses are heard below, approaching and coming to a halt. A murmur of excitement)

MORTON (speaking into the room). Ye're feenished in there nou.

(He walks back to the table, searches among papers there, and lifts a letter. Two Guards enter from the Queen's room)

MORTON. Ride hard to Lochleven, Douglas, and tell the Laird we'll be later nor we said by a guid sax hours. We're takin the Queen to the Palace for a while. We shanna leave there till midnicht. Na, dinna gang yet. The rabble's gey kittle. Let it follow the Queen doun the Hiegait a wee afore ye show yer neb.

DOUGLAS. Ay, my Lord.

(*He retires to a position near the window*)

MORTON. Stewart. Ride ye for Ochiltree, and gie this letter to the Leddy there. It's for Maister Knox, the Preacher. He can come oot o his hole nou.

STEWART. Thank ye, my Lord.

MORTON (*taking his other papers in a bag*). I'll hae to flee.

(*He leaves*)

STEWART. Knox'll sune settle the rabble.

DOUGLAS. Ay. Listen to them. (*The murmur from below suddenly rises to a great cheer. He looks from the window*) They're oot nou.

STEWART. Ye wad think they loed the very grund she trod, and last nicht they wad hae brunt her to cinders.

(*They continue to watch. Horses are heard starting off and receding. Wave after wave of cheering is heard, growing gradually more distant*)

DOUGLAS. Come on.

(*They dash out*)

CURTAIN

THE ROAD TO THE ISLES
A Modern Comedy in Three Acts
1954

CHARACTERS

In their order of speaking:

MRS HOWIE
  a boarding-house keeper.

ANNA
  a German maid.

WILLIAM HOWIE, DSc
  a zoologist, Mrs Howie's son.

MARY DUNLOP, BSc
  his assistant.

DUNCAN CAMPBELL
  a cattle-man.

DAVID HAWTHORN
  an English actor.

FIONA CRICHTON-MACEACHRAN
  of Kilellan, an impoverished landowner, afterwards Mrs Othran-Maceachran.

JOCK HOWIE
  a farmer, Mrs Howie's husband.

WILLIAM MACLAREN
  Chairman of the Highland Resettlement Association.

RONNY MACLEOD
  a Scottish actor.

JOHN WILKIE
  a freelance journalist.

SANDY COLQUHOUN
  a teacher.

HUGHIE O'LEARY
  a farm labourer.

SALLY SILLARS
  a gossip writer.

JAMIE FYVIE
  a radio star.

NANCY GRAY
  a potter.

MRS PRINGLE.

GEORDIE PRINGLE
  a tram-driver, her husband.

The Road to the Isles was first performed on 22 February 1954 at the Citizens'

Theatre, Glasgow, in a company production with the following cast:

MRS HOWIE	Madeleine Christie
ANNA	Helen Burns
THE DOCTOR	Paul Curran
MARY	Iris Russell
DUNCAN	Lea Ashton
DAVID	Brian Haines
FIONA	Elaine Woodson
JOCK	Andrew Keir
MACLAREN	Ronald Fraser
MACLEOD	Roddy MacMillan
WILKIE	Fulton MacKay
SANDY	John Fraser
HUGHIE	John Cairney
SALLY	Mary Walton
JAMIE	Reginald Marsh
NANCY	Jessie Barclay
MRS PRINGLE	Marjorie Thomson
GEORDIE	Alastair James

The director was Michael Langholm.

The Play is set in the old mansion house of Kilellan, at the foot of a lonely glen in the Mull of Finneray, about seven years after the Second World War.

ACT ONE	The breakfast-room of the old mansion house of Kilellan. The forenoon of a sunny day early in May.
ACT TWO	The same room on a wet forenoon in May almost exactly a year later.
ACT THREE	The same room on the evening of a wild Saturday in December, seven months after the events of Act Two.

ACT ONE

The breakfast-room of the old mansion house of Kilellan.

Left, centre, a fire-place with white jambs. Upstage from this a door leading into the kitchen. In the back wall, right, a door leading into the hall. Right, centre, a large broad window looking into the glen. Against the left wall, downstage from the fireplace, a grandfather clock. Upstage a wireless set on an occasional table. By the fire two Victorian armchairs, upholstered in black horse-hair. Against the back wall a large mahogany sideboard. Below the window a large horse-hair sofa with mahogany legs. In the centre of the floor an oval mahogany table with a single, heavy, ornate leg splaying

out into four claws on castors. By the table several bustle chairs in mahogany and horsehair. A brass fender at the hearth and a rag rug. The room is clean and tidy, but has a homely shabbiness.

It is the forenoon of a sunny day early in May. When the curtain rises Mrs Howie, a motherly countrywoman of fifty-five, comes in from the hall and hurries to the kitchen.

MRS HOWIE. Anna! Anna! There's a caur comin nou!

(*She returns with a tray loaded with cups and saucers, sugar, milk and biscuits and puts it on the table. Anna, a plump, blond girl of twenty-two, enters from the kitchen and stands uncertain*)

MRS HOWIE. Gang to the front door. (*Anna stares*) Or no. Ye'd better no. You mask the tea.

ANNA. Tea?

MRS HOWIE. Ay. Mask it. Hurry. And fetch the tea-pot through here and put the cosy on it. Fower spunefous and fill it up.

ANNA. Spinfooz?

MRS HOWIE. Ay. Spunefous o tea. Oh dear me, I'd better dae it mysell.

(*She rushes back into the kitchen. Anna looks out of the kitchen window, runs to the hall door, changes her mind, and runs to the kitchen door. She turns as a genial Scots voice is heard from beyond the hall door*)

DOCTOR (*beyond*). Hullo! Hullo! Is there anybody at home?

(*Anna rushes back to the hall door and then retreats backwards as Doctor William Howie, a burly but spectacled and studious man of twenty-eight, enters with Mary Dunlop, a brainy but not unattractive girl of twenty-two. They are wearing their coats. The Doctor's speech varies with the company he is in. When alone with his parents or other country people he speaks Scots. At other times he varies between English spoken with a broad Scots accent and a rather affected English not far removed from Kelvinside. Mary speaks English with a soft, country Scots accent*)

DOCTOR (*to Anna*). Oh, hullo. Is there anybody about? I'm looking for my mother, Mrs Howie.

ANNA. Meestrees Howee?

DOCTOR. Yes. (*She points to the kitchen*) Oh you're the new German maid?

ANNA. Zherman. Yes. Ja.

DOCTOR. Well, there's man in the hall there. A guest. You'd better take his bag and show him to his room.

ANNA. Bag?

DOCTOR. Oh dear me. Tell Mrs Howie. Guest.

(*He points to the hall door*)

ANNA. Meestrees Howee. Guest.

(*She runs back towards the kitchen and almost collides with Mrs Howie, entering with the tea-pot*)

MRS HOWIE. Watch, lassie, for heaven's sake, or ye'll hae the tea cowpit. (*Seeing her son*) Willie!

DOCTOR. Hullo, mother. How are ye? (*Kissing her*) Ye're lookin harassed. This is Miss Dunlop, mother. Mary.

MRS HOWIE. Hullo, lassie. Had ye a guid crossin?

MARY (*shaking hands*). Lovely, thank you. (*Suddenly turning to the Doctor*) Oh, the man at the door.

DOCTOR. Oh yes, the Englishman.

MRS HOWIE. At the door?

DOCTOR. In the hall. He crossed on the steamer with us. There was only the one car at the pier, so we shared it.

MRS HOWIE. Dear me. My first guest o the season, and me no there to meet him!

(*She rushes out through the hall door. As they turn away from her they see Anna, who stops staring and backs into the kitchen*)

MARY. Is that all the help she has in this big house?

DOCTOR. No no. The byreman's wife from the lodge comes in to do the rough work, and she'll have more maids later as the season goes on.

MARY. I hope so. They're hard to find.

DOCTOR. It looks like it, doesn't it? Can I give you some tea?

MARY. I'll take off my things first.

DOCTOR. Yes, of course. (*As his mother returns*) Oh mother, will you show Mary to her room?

MRS HOWIE. Ay, come on.

DOCTOR. Wait. Does the post still pass the road-end at eleven o'clock?

MRS HOWIE. He caas here if there's ocht for us. If no he juist tootles at the ludge.

DOCTOR. At eleven?

MRS HOWIE. Ay.

DOCTOR. I want to catch him. Where's Duncan Campbell?

MRS HOWIE. He cam into the kitchen no a meenit syne. He saw ye comin. Come on, lassie.

(*She leaves by the hall door, with Mary*)

DOCTOR (*moving towards the kitchen*). Duncan Campbell, are ye there?

DUNCAN. Ay, Doctor.

DOCTOR. Come ben.

(*Duncan enters from the kitchen, a man in his late fifties, in collarless shirt, sleeved waistcoat and trousers of dark grey tweed, and gum-boots. He speaks his Scots with a more pronounced Highland accent than the others*)

DOCTOR. Hou are ye? (*Shaking hands*) Ye got my letter aboot the bees?

DUNCAN. Ay.

(*David Hawthorn, a handsome man of thirty-eight in dark grey flannels and a tweed jacket, with his tie hanging negligently from a soft collar, comes to the hall door unobserved. He hesitates, uncertain whether to enter or not, then stands listening curiously, obviously intrigued*)

DOCTOR. And hae ye five guid strong stocks in single-waaed hives.

DUNCAN. Ay.

DOCTOR. Are they buildin queen cells?

DUNCAN. They will be sune if they're no supert. The hawthorn's in flourish.

DOCTOR. Is it guid this year?

DUNCAN. The glenfute's reikin wi't.

DOCTOR. Hae the nucleus boxes come yet?

DUNCAN. They cam last week.

DOCTOR. Guid.

DUNCAN. What is it ye're efter, Doctor?

DOCTOR. Dae ye ken what parthenogenesis is?

DUNCAN. Na.

DOCTOR. Weill, dae ye ken that a drone growes frae an egg that hasna been fertilised? It has a mither but nae faither.

DUNCAN. A mither but nae faither?

DOCTOR. Ay. Sae if I re-queen yer stocks wi pure-bred virgins, and they mate wi scrub drones, the new workers'll aa be mongrels, but the drones'll be pure bred.

DUNCAN. Pure bred?

DOCTOR. Ay. Then if I put yer stocks weill oot o the wey, and re-queen wi pure virgins again, thae'll mate wi the pure drones, and the new workers'll be pure tae.

DUNCAN. Pure tae? The new workers?

DOCTOR. Ay.

DUNCAN. And is this something new?

DOCTOR. Na na, but it has to be dune afore I can stert onything new.

DUNCAN. Losh, Doctor, ye're gaun to be at it for a gey while.

DOCTOR. Twa-three year. Nou I want ye to tak twa telegrams doun tae the ludge in time to catch the post. (*The Doctor takes a pen and a couple of plain cards out of his pocket, turns to sit at the table, and sees Hawthorn*) Oh, I'm sorry. I didn't know you had come in.

DAVID. That's all right. I'm not in the way, am I? I was told to come straight through.

DOCTOR. Quite right. Will you take a seat, please, and excuse us for just another minute. It's something urgent.

DAVID. Go ahead. Don't mind me.

DOCTOR. Thank you. Now let me see. (*He writes*) Here you are Duncan. You'll have to read them out to him in case he doesn't follow my writing. The first to Roberts, Wooton Bridge, Isle of Wight. Send five selected golden Italian virgins. Howie, Kilellan, Argyll. The other to Abbeystead, Lancaster. Send five selected black virgins. (*Hawthorn's eyes are by this time nearly out of his head*) The address the same. And there's three shillings. Now Hurry.

(*Duncan leaves by the kitchen door*)

DOCTOR (*to Hawthorn*). I'm sorry. I just had to get these telegrams away to-day. I'm a zoologist. I've come down to do some field work on bees with one of my students.

DAVID (*with a sudden dawning of comprehension*). Oh, bees!

DOCTOR. Yes, but I suppose you heard us discussing the matter in the car?

DAVID. I'm afraid I didn't know what you were talking about.

DOCTOR. Really. Too technical?

DAVID. Partly, I suppose, and partly (*smiling apologetically*) the Lallans.

DOCTOR. The what! Oh you mean Scots. But Miss Dunlop and I weren't talking Scots.

DAVID. Oh, weren't you?

DOCTOR (*smiling shamefacedly*). Well, I suppose our accents are a bit broad when we get together. We have the same background. She's a farmer's daughter from Ayrshire. But there's tea here. I'll call the maid. (*Going to the kitchen door*) Hullo, there, what's-your-name? Attend to this gentleman, will you. (*To Hawthorn*) Excuse me, I want to get my things off.

DAVID. Certainly. Go ahead.

(*The Doctor leaves by the hall door as Anna enters from the kitchen. She stares uncertainly*)

DAVID. I think he intended you to pour me some tea.

ANNA. Tea?

DAVID (*pointing*). Yes. Tea.

ANNA. Tea. Yes. Ja. (*She pours a cup and offers it*) Tea.

DAVID. Thank you.

ANNA (*offering biscuit*). Beeskit?

DAVID. No, thank you. I don't want to spoil my lunch.

ANNA. Lunch. (*Having replaced the plate*) You speak Eenglish like zee capitain een Hamburg.

DAVID. I beg your pardon?

ANNA. He tell me I can come to Eenglant een domesteeck serveece eef I speak some Eengleesh. I do not learn much und he tell me I veel peeck eet up when I come to Eenglant und I come und I meet a Scottischman und he say I veel hear zee best Eenglish in zee Highlanz of Scotlant und I come und zai speak deeferen.

DAVID. Are you German?

ANNA. Zherman. Yes. Ja.

DAVID. And you came here to learn English?

ANNA. Yes. Ja.

DAVID (*staring at her pityingly*). Good heavens.

(*Mrs Howie enters from the hall*)

MRS HOWIE. Is there something wrang?

DAVID. Wrong? No, not at all.

MRS HOWIE. She's gien ye some tea. Guid. Ye can gang to the kitchen, Anna. Put the tatties on nou.

ANNA. Tatteez?

MRS HOWIE. Ay, put them on.

ANNA. Cook zaim?

MRS HOWIE. Ay.

ANNA. Yea. Ja.

(*She goes into the kitchen. Mrs Howie sits rather stiffly in the attitude of one determined to do her duty as a hostess*)

MRS HOWIE. She's hard to work wi. Her English isna very guid yet. We canna get lassies very easily here and we juist had to tak a foreign ane. She's German.

DAVID. Yes, so she was telling me.

MRS HOWIE. I hope ye haena felt negleckit. My son and the student lassie'll be doun in a wee while.

DAVID. They're going to do some research together. Did I hear her calling him Doctor?

MRS HOWIE. Ay. He gat his doctorate in science for some wark he did on what's caad pigmentation in fish. Ye ken hoo a troot turns white whan ye leave it for a while in a white basin.

DAVID. A what turns white?

MRS HOWIE. A troot. It's a kind o fish ye fin in the burns here.

DAVID. Oh a trout. (*Prepared to humour her*) It turns white does it?

MRS HOWIE. Ay, if ye put it in a white basin. At least, the side against the basin daes. But he'll tell ye aa aboot it himsell some time.

DAVID. But he says he's come here to work on bees.

MRS HOWIE. Ay nou. It was fish he was on afore.

DAVID. He must be quite versatile.

MRS HOWIE. Eh? Oh ay. He's been keen on things like that sin eir he was a laddie. I can mind whan he was aye herryin foggie-toddler's bykes on the wey hame frae schule.

DAVID (*baffled but brave*). Oh skill, yes. But I'm sure it must be more than a matter of mere skill. He must have quite an exceptional brain.

MRS HOWIE. Eh? (*Giving up*) Oh ay, he's clever. Will ye hae anither cup o tea?

DAVID. Thank you. It's a lovely old house this. Have you lived here long?

MRS HOWIE. Na. We bocht this place juist last year. We used to bide in the ferm hauf wey up the glen there. The Laggan it's caaed. We hae oor shepherd there nou. He used tae bide at the Lagganheid, the cottage awa up yonder on the hill. It's toom nou.

DAVID. It's what?

MRS HOWIE. Toom. Empty. But my son's gaun to use it for his research. He's gaun to hae to keep his bees weill oot o the wey, ye see, or Duncan Campbell's drones'll hae them as mongrels.

DAVID. Really. I'm sure bees are quite fascinating, but I'm afraid they're a subject I know nothing about. (*Taking tea*) There's a coat of arms above the front door here.

MRS HOWIE. Ay. This is the auld mansion-hoose o Kilellan. The MacEachrans used to bide here. The MacEachrans o Kilellan, they're caaed.

DAVID. An old family?

MRS HOWIE. As auld as the hills. The first MacEachran was horseman to the first Lord o the Isles.[1]

DAVID. Who was he?

MRS HOWIE. Oh ye'll need tae speir at the faither. Mr Howie. He kens the haill history o the place.

DAVID. I see. And you're running this as a boarding-house now?

MRS HOWIE. Ay.

DAVID. And where are the what-do-you-call-ems now? You said you bought the place only last year.

MRS HOWIE. Ay, frae Mrs Crichton-

MacEachran. She's the last o the MacEachrans, for Crichton, puir man...

DAVID. Crichton?

MRS HOWIE. Her man. Her husband.

DAVID. Oh, I see.

MRS HOWIE. Ay. He was killed in the war. He was in the R.A.F.

DAVID. Oh, bad luck. And there were no children?

MRS HOWIE. Na.

DAVID. And where is this Mrs Crichton-Mac...

MRS HOWIE. MacEachran.

DAVID. MacEkran, yes. Where is she now?

MRS HOWIE. She bides doun in the Kennels nou, puir body.

DAVID. The Kennels!

MRS HOWIE. Ay, the auld-game-keeper's hoose. It's doun amang the birks near the mooth o the burn. Ye'll see it sometime whan ye gang oot for a walk.

DAVID. I see. She's down on her luck, is she? Death duties, I suppose. It's happening all over the country. It's very sad really.

MRS HOWIE. Ay. Will ye hae anither cup?

DAVID. No, thank you. It was very refreshing, but really...

MRS HOWIE (*eagerly seizing the opportunity*). Weill, dae ye mind if I leave ye again? I dinna want ye to feel negleckit, but I hae a lot o folk comin in for their lunch the-day on their wey ower the hill, and I canna lippen to that lassie in there for onything. She'll hae the meat ruint.

DAVID. Please go ahead. Don't mind me at all. I'll admire the view.

MRS HOWIE. There's yesterday's paper on the sideboard there. The-day's winna be here till the bus comes frae the steamer, and it has to gang awa roun by Machrimore afore it maks for Kilellan.

DAVID. My good woman, don't worry. Go on with your work.

MRS HOWIE. Thank ye.

(*She hurries into the kitchen. Hawthorn lights a cigarette and goes to the window, where he sits and looks out. A woman with a partly arrogant, partly bored, county voice is heard from the hall*)

FIONA (*off*). Mrs Howie! Mrs Howie! (*She enters. She is a hard-boiled woman of thirty-seven, correctly dressed for the country*) Oh. Good afternoon. I'm looking for Mrs Howie.

DAVID. Good afternoon. She's just gone into the kitchen. Shall I call her for you?

FIONA. Please.

---

[1] Somerled (d.1164).

DAVID. Won't you sit down?

FIONA. Thank you.

(*As Hawthorn goes to the kitchen door she regards him with obvious interest*)

DAVID. Mrs Howie, there's a lady here to see you.

MRS HOWIE (*entering*). Oh guid mornin, mem.

FIONA (*rising*). Oh good morning, Mrs Howie. I hope you don't mind my coming here to meet these people who are coming in the bus with Mr MacLaren?

DAVID. Am I in the way?

FIONA. Not at all. Please don't go. And Mrs Howie, there's another little matter. I hope you don't mind, but when Mr MacLaren had the keys of the empty cottages at the Cuithe (*coo-ie*) I asked him to leave them with Duncan Campbell at the Lodge, and it seems Duncan absentmindedly hung them up on their hook in the old estate office. I wonder if you would mind finding them for me?

MRS HOWIE. Juist tak a sait again and I'll fin them for ye at ance. Oh, this is Mr Hawthorn, juist here the-day on holiday. Mrs Crichton-MacEachran o Kilellan.

FIONA (*offering her hand*). How d'you do?

DAVID (*shaking hands with a slight bow*). How d'you do, mam?

MRS HOWIE. Ay weill.

(*She leaves by the hall door*)

FIONA (*sitting*). Please sit down.

DAVID (*likewise*). Thank you.

FIONA. And how do you like Kilellan?

DAVID. I've just been admiring the view. It's beautiful. And this is a charming old house.

FIONA. It used to be mine.

DAVID. I know. I've just been told. Would it be rude of me to say that I was sorry?

FIONA. Oh don't be sorry. I was quite glad to get away from it, really. It's much too big for a solitary lazy woman. The neglected rooms got on my nerves. Servants are so expensive, these days, and so difficult to get.

DAVID. Quite, yes.

FIONA. And the Howies are very nice people, really. They were my tenants for years, and my father's before me.

DAVID. Yes, in the farm up the glen.

FIONA. Yes. They'll make you very comfortable.

(*Mrs Howie enters from the dining-room. They rise*)

MRS HOWIE. Here are the keys, mem. It says Cuithe on the label.

FIONA. Thank you.

MRS HOWIE. Nou dae ye mind if I leave ye the nou wi Mr Hawthorn, for I hae thae folk's lunch makin ready, and that German lassie I hae gotten canna be lippent on at aa.

FIONA. Go ahead, certainly. I'm sorry I interrupted you.

MRS HOWIE. Oh dinna fash aboot that, mem.

(*Mrs Howie leaves. They sit down*)

FIONA (*smiling conspiratorially*). She's really very nice.

DAVID (*smiling also*). Yes.

FIONA. Do you understand all she says?

DAVID. Hardly a single word, but I'm delighted, really. You see that's why I'm here.

FIONA. Why you're here?

DAVID. Yes. To pick it up.

FIONA. To pick up what?

DAVID. The Lallans.

FIONA. The Lallans. But isn't that a sort of resurrected Scots those queer poets write? Good heavens, you don't mean to say you want to write it too! I should have taken you for an Englishman.

DAVID. I am an Englishman. And I don't want to be able to write it. I want to learn how to speak it.

FIONA. But why on earth! You'll never manage it. You need special vocal organs.

DAVID. Oh don't discourage me. I don't *want* to learn how to speak it. I've got to.

FIONA. You've got to! Surely no one's got to, least of all an Englishman.

DAVID. You see I'm an actor.

FIONA (*disappointed and amused*). Oh no.

DAVID (*ready to defend his profession*). Why 'Oh no'?

FIONA. I'm sorry. Do go on. I was never so intrigued in all my life. You're an actor.

DAVID. Yes, and when I came out of the Army I went into a repertory company in Nottingham, then I graduated to the Bristol Old Vic. You've to have a fair repertory experience before you can break into the West End, you know.

FIONA. I'm sure you have.

DAVID. Well, the producer at Nottingham was a friend of mine. He'd been a subaltern in my battery during the war.

FIONA (*favourably impressed*). Field?

DAVID (*modestly*). Only Ack-Ack, I'm afraid.

FIONA (*disappointed again*). Oh.

DAVID. Well, John. John Cotton.

FIONA. Oh, I've heard of John Cotton. Or perhaps I'm thinking of the tobacco person.

DAVID. Oh, John's quite well known.

FIONA. I'm sure he is.

DAVID. He is, really, and he's a friend of mine. And when he was made producer at the Glasgow Civic Playhouse last year he invited me to join the company. I go there in August.

FIONA. I see. But why the Lallans?

DAVID. I saw John last week. He was frightfully apologetic, but it seems that periodically a noisy gang of Scotch nationalists start shouting their heads off for a Lallans play, and they have to be pacified.

FIONA. I see.

DAVID. Yes. I've to be a fearful thug of a Scotch earl in my very first part. And he says the Glasgow critics simply love to jeer at a Sassunack, as they call it, making an ass of himself. I'm dreading the whole business. I'd pack my bags and go South at once…

FIONA. Yes, I was going to say why don't you?

DAVID (*with a shrug*). I've signed my contract.

FIONA. Bad luck. But why did you come here? This is a Gaelic speaking area, or used to be.

DAVID (*rather worried*). Really? A friend of John's told me that Mr and Mrs Howie spoke the best Lallans he had ever heard.

FIONA. Oh I see. Well, they certainly are very broad.

(*Dr Howie and Mary come in from the Hall*)

DOCTOR. Good morning. Meet a student of mine, Miss Dunlop. Mrs Crichton-MacEachran of Kilellan.

MARY. How d'you do?

FIONA (*with a slight bow*). How d'you do?

DOCTOR. Have you had tea?

FIONA. I won't, thank you.

MARY. I'll pour it, Doctor. Any for you, Mr Hawthorn?

DAVID. No, thank you.

DOCTOR (*accepting tea*). Thank you, Mary. I'm glad you're here, Mrs Crichton MacEachran. I wanted to ask a favour of you.

DAVID. I think I'll…

DOCTOR. It's nothing private.

DAVID. Oh.

DOCTOR. It's about my research. (*Bumptiously, to Mrs Crichton-Maceachran*) I'm going to be working for the next three summers on a thesis on the comparative effects of a nectar gap on the brood nests of the Apis Mellifica Italiana and the Apis Mellifica Germanica… (*with an explanatory shrug*) honey bees. I'll have to site my stocks in isolated groups to keep the races pure. I'm having Italians at the Lagganhead, and I was wondering if I might have your permission to keep a few stocks of blacks beside the old shepherd's cottage at the Cuithe.

FIONA. Oh didn't you know?

DOCTOR. No?

FIONA. I'm most dreadfully sorry, but I've let the Cuithe.

DOCTOR. Let it!

FIONA. You know that when your father bought Kilellan he didn't renew the lease of the Cuithe grazing. He said he couldn't get a shepherd to live over there. I was left with it rather badly on my hands.

DOCTOR. I'm very glad you've been able to find a tenant, but who on earth's going to live at the Cuithe?

FIONA. I've met only one of them so far, but they seem to be a gang of complete freaks. They say they're going to repair the shepherd's cottage and rebuild the others, and right the wrong done by my ancestors in the eighteenth century when they cleared out all the cottars to make way for sheep.

DOCTOR. But it's fantastic. (*To Mary and Hawthorn*) Remember the Lagganhead. I pointed it out from the car.

DAVID. The cottage at the head of the glen?

DOCTOR. Yes. The Cuithe's away down on the other side of the hills to the right of it. It's a glen running almost parallel to this. There isn't a road to it, except an old track that disappears in places in the peat, and the jetty at the mouth of it's just a heap of sunk stones

FIONA (*amused*). They're going to repair the road and the pier too.

DOCTOR. But what are they going to live on?

FIONA. The land. They're going to drain it and fence it and lime it and slag it. And they're going to spend their evenings having ceilidhs and playing the clarsach.

DOCTOR. Good God! They should be locked up.

FIONA. It can't do me any harm, and I'm sure they'll allow you to put some bees over there.

DOCTOR. If they don't want to keep bees themselves. (*As Mrs Howie comes from the kitchen with a loaded tray*) Mother, you didn't tell me there were folk coming to the Cuithe.

MRS HOWIE. I didna ken mysell till twa days syne. Nou will ye paurdon me, please, if we keep gaun back and forrit to the dinin-room, for the bus is roun the bend at Sandywick.

(*She goes into the hall as Anna enters from the kitchen*)

ANNA. Please. (*She takes the teapot from under the cosy and returns with it towards the kitchen*) Excuse. (*She leaves*)

FIONA. They'll be here in a second. I think I'll meet them at the front door and hand over the keys and leave them to it. (*Turning as she reaches the hall door*) Oh Major Hawthorn?

DAVID (*taken aback at the use of his rank*). Me?

FIONA. The Glenellan Burn here is fished to death, but I still have the rights in the Alltabuie by the Lochscorrodale Road, and I could lend you a rod.

DAVID. I have a rod with me, thank you, but I'm not sure that I have the right flies for these particular streams.

FIONA. I could help you there, I'm sure. I have lots of tackle. If you'd care to call sometime; tomorrow perhaps. If you came about eleven I could offer you some tea.

DAVID. Thank you very much indeed. It's very kind of you.

FIONA. Not at all. Goodbye, Doctor. (*To Mary*) Goodbye.

(*She leaves by the hall door*)

DAVID. I say, wasn't that jolly decent?

DOCTOR (*ungraciously*). Yes, but if you want to catch anything in the Alltabuie you'll have to wait for a spate and use a worm.

DAVID (*ruffled*). Really? I thought that wasn't the done thing.

DOCTOR. The Alltabuie hasn't been cut for years. It's grown over with bushes.

(*Mr Jock Howie, a fit man in his fifties wearing tightly cut trousers and a sleeved waistcoat of dark grey tweed, a grey shirt without a collar, and shepherd's boots, appears at the kitchen door*)

JOCK (*jovially*). Hullo, Willie, hullo. I'm gled to see ye.

DOCTOR. Hullo, father. You're looking well. This is Miss Dunlop. Mary.

MARY (*shaking hands*). How do you do, Mr Howie?

JOCK. Sae you're the lassie that's gaun to help Willie to breed a bee withoot ony sting?

MARY. I wish we could. (*Thinking of Hawthorn*) Oh, eh.

DOCTOR. Father, this is Mr Hawthorn.

JOCK. Oh ay, oor first guest o the season.

DAVID (*shaking hands*). How d'you do?

JOCK. Had ye a guid crossin?

DAVID. Lovely, thank you.

(*Jock sits in his armchair by the fire, from which he never rises because of ladies standing, since to him a house is a man's place of rest, a woman's of work*)

JOCK. Ay. And what's brocht ye oot this airt, Mr Hawthorn? Hae ye come to hae a look at the ruins of Dunoran Castle?

DAVID. Castle? Oh no. Is there a castle? It's interesting is it?

DOCTOR. I say, will you excuse me? Father'll keep you entertained if he gets on to local history. I think I'll have a look at those stocks of Duncan Campbell's, Mary. Would you like to come?

MARY (*uneasily*). My veil's in my trunk.

DOCTOR. You don't need a veil.

MARY. Oh don't I? And your mother's very busy. She might need some help.

DOCTOR (*puzzled at her desire to wait*). I see. Oh, very well. Excuse me.

(*He leaves by the kitchen door*)

MARY (*at once*). I think I'll see what I can do for Mrs Howie. She's in the dining-room.

(*She leaves. Hawthorn sits again*)

JOCK. Ay, Mr Hawthorn, sae it isna the auld castle o Dunoran ye hae come to see?

DAVID. Well, no, but if it's interesting I don't mind having a look at it. Is it far from here?

JOCK. It's up at the heid o the Alltabuie.

DAVID. That's the stream, isn't it?

JOCK. Ay, a burn. But hae ye neir heard o't?

DAVID. The castle, you mean? No.

JOCK. That's queer. I could hae sworn whan I heard yer name that it was the castle that had brocht ye.

DAVID. No. Why should it?

JOCK. Weill, ye see, it's the auld castle o the Odrains... (*He pronounces it 'oe-thrans', with the accent slightly on the first syllable*)

DAVID. Of the what? The whom?

JOCK. The Odrains.

DAVID. Spell it.

JOCK. O.D.R.A.I.N, though nane o them spell it that wey nou. They aa spell it your wey.

DAVID. My way?

JOCK. Ay, Hawthorn, like the English word for a tree. Ye arena frae the Mull here yersell, then?

DAVID. Me, no. I've never set eyes on it before.

JOCK. And dae nane o yer folk come frae't?

DAVID. Not that I know of, although I believe I have heard that one of my remote ancestors came from Scotland.

JOCK. There ye are, ye see, ye'll be a Finneray man as shair as I'm leivin. Ye hae ane o the auldest names i the place, as auld as MacEachran itsell.

DAVID. But I've always thought of my name as a good English one.

JOCK. There's naething English aboot it bune the spellin, Mr Hawthorn, or Odrain, I should say, for that's its auld form.

DAVID. Spell it again, will you?

JOCK. O.D.R.A.I.N.

DAVID. But that's Odrain, surely. (*He pronounces it oe-drain with the accent on the second syllable*)

JOCK. Na na, Odrain. It's an auld Gaelic name.

DAVID. Really. Does it mean anything?

JOCK. The scholars say it's a corrupt form o the Gaelic for the grandson o the wren.

DAVID. The wren?

JOCK. Ay, the wee bird.

DAVID (*incredulously*). No. That's rather far-fetched. (*Amused*) Why should anyone be called the grandson of the wren?

JOCK. Weill, mebbe the grandfaither was a joukie wee birkie.

DAVID. A what?

JOCK. He was mebbe no very big, but gey gleg.

DAVID (*still baffled*). Oh. But you do think my name's an old Scotch one, do you?

JOCK. It's an auld Mull o Finneray name. Here. (*He rises and goes to a row of books on the sideboard*) This book'll gie ye it. 'Finneray in the seiventeenth century'. There's a list at the back. Ay, here it's. Odrain. There ye are. Hae a look at it.

DAVID (*taking the book*). Oh yes. (*Repeating his former pronunciation*) Odrain.

JOCK (*correcting him*). Odrain.

DAVID. Yes yes. 'Now spelt Hawthorn. Few representatives now living in Finneray'. I say, may I put this book in my pocket to study later?

JOCK. Shairly, Mr Odrain. And hae a look at Dunoran.

DAVID. Oh yes, the castle.

JOCK. If ye gang doun to the ludge and turn richt up the Lochscorrodale Road ye'll see it sittin up on a wee humplock at the heid o the Alltabuie Glen.

DAVID. Will it take long?

JOCK. Ye'll see it frae the bend in the road no fifty yairds frae the ludge.

DAVID. Oh well, I'll have a quick look before lunch.

JOCK. Dae. It's a braw sicht.

DAVID. Is it? Picturesque, eh? I say, won't it be amusing if I discover that I'm not a Sassunack after all?

JOCK. Eh? Oh ay. Ay it'll be a relief, eh?

DAVID. Oh I didn't say that. But it will be amusing. Well. (*Almost walking into Mary Dunlop, coming from the hall with an empty tray in her hand*) Oh, I am sorry. (*He stands aside as Mary enters*)

MARY. My fault. Really.

DAVID. Not at all.

MARY (*as Hawthorn leaves*). Thank you. Oh, Mr Howie, I forgot there was no tea for you. The pot was taken out for a fresh brew. I'll fetch it in two seconds. The mob's coming.

(*She goes out into the kitchen. Mrs Howie enters from the hall, followed closely by William Maclaren, John Wilkie, Ronny Macleod, and Sandy Colquhoun. William Maclaren, a dreamy eyed man of forty with fair hair and a neatly clipped moustache, is dressed in fawn corduroys and a tweed jacket, with a soft collar, tartan tie, and shoes. John Wilkie a small dark man of twenty-six with beady black eyes and a little pointed beard, wears a kilt with an open-necked khaki shirt and green pullover, thick stockings and black nailed boots. Ronny Macleod, a brawny-looking but pale and rather flabby youth of twenty-four, with big blue eyes and long curly, fair hair, wears a hideous American check hunting shirt, open at the neck, a pair of very light grey flannels and brown boots. Sandy Colquhoun, a healthy looking youth of twenty-three, is in shirt and shorts of khaki drill, with khaki stockings and black nailed boots. Maclaren speaks with a Kelvinside accent so habitual as to sound almost natural, Wilkie and Colquhoun with unvarnished but not extreme Glasgow accents, and Macleod with a slight West Highland accent. From the moment Colquhoun enters it is obvious that he and Mary Dunlop are aware of each other, but not too obvious*)

MRS HOWIE. Weill, gentlemen, I canna mind aa yer names, but this is my man, Mr Howie. Thae gentlemen are on their wey to the Cuithe.

JOCK. Oh ay. Mak yersells at hame, gentlemen.

(*Mary enters from the kitchen with a tray holding tea-pot and cups, etc*)

MARY. Here we are. Do you all take sugar? I'll pour for you, Mrs Howie, so just you go on with your work.

MRS HOWIE. Thank ye, lassie. That's kind

o ye. Will ye excuse me, gentlemen, for wi ae thing and anither I'm gey thrang.
(*She goes ben to the kitchen*)

MARY. Does anyone not take sugar?

MACLAREN (*having look around*). Everyone does, I'm afraid.

MARY. And do you, Mr Howie?

JOCK. Thank ye.

MARY. Now, will you pass round, Mr…?

MACLAREN. MacLaren. Certainly.

MARY (*offering cup*). Mr Howie.

JOCK. Thank ye, lassie. I'm no lang aff the hill, and I hae a gey drouth.

RONNY. Are you people incomers in this district, Mr Howie? We expected to hear the Gaelic.

JOCK. My folk hae been incomers here, Mr…?

RONNY. MacLeod.

JOCK. Ay. My folk hae been incomers here sin the Civil War.

MACLAREN. The Civil War?

JOCK. Ay. In the time o Charles the First. Whan Leslie bate Montrose at Philliphaugh.[2]

WILKIE. Oh *that* civil war!

JOCK (*beginning to resent the interruptions*). Ay. Whan Leslie bate Montrose at Philliphaugh he jeyned in wi the Duke o Argyll to clean up the Hielans, and they cam ower here. The folk here then were aa Hielan, MacDonalds maistly, wi a hantle o MacAllisters and MacMillans and MacEachrans and Odrains and siclike, aa loyal to the King. My folks were frae Ayrshire, loyal to the Covenant.

MACLAREN. Oh, the first Covenant!

JOCK. The National Covenant.

MACLAREN. Of course. I was thinking of the present Scottish Covenant.[3]

JOCK (*slightly exasperated*). Hou could I be talkin aboot that?

RONNY. Don't interrupt him, Bill.

MACLAREN. Sorry.

JOCK. Whaur was I?

RONNY. The Covenant.

JOCK. Oh ay. My folk were loyal to the Covenant. They cam ower here wi Leslie's airmy.

MACLAREN. Oh, so they stayed?

JOCK (*eying him distastefully*). No at the time. Ye see, Leslie had a wheen Englishmen wi him, and they brocht the plague.

WILKIE. They would.

RONNY (*as Jock registers further annoyance*). Oh shut up, John.

JOCK. Ay. Weill, Leslie's airmy brocht the plague, and efter it had massacred the feck o the Hielan men-folk, it gaed aff and left the plague wi the weemen-folk.

SANDY. There's a lady present, Mr Howie.

JOCK. Oh but ye hae taen me up wrang athegither, Mr…?

SANDY. Colquhoun.

JOCK. Ay. Ye hae taen me up wrang athegither. The sodgers, ye see, were billeted in the Hielan folk's hooses efter the puir sowls had been driven ootbye. The weemen-folk were smittlet wi the plague whan they gaed back inbye again.

SANDY. I owe you an apology. I'm sorry.

JOCK. Oh that's aa richt. Nou ye see, whan the feck o the MacDonalds and siclike had been aither massacred or smittlet wi the plague their grun in the Mull was gien to the Duke o Argyll,[4] and he had to fin new folk to settle on it, sae he brocht ower a wheen o his Covenanter freinds frae Ayrshire, my folk amang them.

WILKIE. But how did they escape the plague, Mr Howie.

JOCK. Ane or twa had juist been luckie, Mr…?

WILKIE. Wilkie

JOCK. Ay.

RONNY. I see. And you've been here ever since.

JOCK. Ay, but we're incomers yet. The MacAllisters ower at Shannochie and the MacMillans at the Bennan look doun their nebs at us tae this day.

RONNY. Do they have the Gaelic?

JOCK. The grannies and grandfaithers. The ithers aa speak English nou, juist like oorsells.

WILKIE. You mean the Lallans, Mr Howie.

JOCK. Eh? Oh ay. Weill, what's the odds?

WILKIE. Oh there's a difference between English and the Lallans, surely?

JOCK. They're near eneuch to let us ken what we're tryin to say to ane anither.

WILKIE. That's true, but still, when it comes to the question of the most suitable vehicle for a national literature…

RONNY (*interrupting*). Oh for heaven's sake don't start on that again, Wilkie. The Committee has agreed that our policy is to do everything we can to revive the Gaelic culture of the local people.

---

2 1645.

3 John MacCormick's 1949 petition for a Scottish Parliament.

4 Archibald Campbell, 9th Earl (1629–85).

WILKIE. But the local people seem to be transported Lowlanders.

RONNY. We haven't met them all yet. He says there are still MacAllisters and MacMillans. Are there any other of the local names still extant, Mr Howie?

JOCK. There's the leddy o Kilellan here, a MacEachran.

RONNY. Has she the Gaelic?

JOCK. Na na, she's a leddy. Did ye no meet her at the door?

MACLAREN. I did.

RONNY. Oh that female. Good heavens. And who are going to be our nearest neighbours?

JOCK. At the Cuithe? We'll be yer neibors.

RONNY (to Maclaren). You seem to have made a queer choice of locale, Bill, considering the Committee's policy. How are we going to revive the Gaelic culture in a place like this?

MACLAREN. I'm sorry, Ronny, but I had to find the best place I could in my few short holidays, and this glen seemed perfect for our purpose. It was once a fairly large community, and the people were evicted during the Clearances to make way for sheep. One of the houses is in fairly good repair, and the walls of two others are still intact. There's plenty of passable-looking land, and the main thing is that the landlord, or lady, rather, was willing.

RONNY. That female at the door?

MACLAREN. Yes.

RONNY. I feel like going straight back to Glasgow.

WILKIE. Oh, don't be silly.

MACLAREN. Don't rile him, John. And after all, Ronny, the cultural side of our policy isn't the important thing.

WILKIE. Oh, I don't agree there at all.

MACLAREN. It's important, I agree, but our main aim is to start a flow back to the land. And after all, on the cultural side our aim wasn't so much to start a Gaelic revival as to start a revival of the local culture of the community we resettled. If it's a Lallans culture so much the better, really. (Smiling shiftily) You won't all have to learn the Gaelic.

RONNY. Well, I'll be damned.

WILKIE. No, there's something in it.

RONNY (turning on him). I've known all along that no man with the name of Wilkie could have the slightest intention of reviving the Gaelic, just as I've known all along that no journalist could ever really mean to put a plough to the ground.

MACLAREN. Ronny!

WILKIE. Quiet, Bill. I'll answer that. Is there any less reason why a journalist should put a plough to the ground than a discarded Scots actor?

MACLAREN. John!

RONNY. You said discarded!

MACLAREN. You can't fight here! Keep your temper, Ronny.

RONNY. I'll keep my temper! Don't worry! He said discarded!

WILKIE. I did!

RONNY. Is it my fault that I've been discarded? If the people running the only theatre in the country capable of putting on a Scots play consistently choose to import English producers who keep trying to turn it into an ordinary provincial repertory theatre doing West-End box-office successes and so-called world drama in English translations, how can I help it?

WILKIE. Are you trying to tell us that you left the theatre as a protest against its policy?

RONNY. No, I was kicked out because I couldn't speak like an Englishman! I was told that my vowels were impure!

WILKIE. But in the Lallans they're just right, I suppose?

RONNY. I can speak as good Lallans as any actor in Scotland!

WILKIE. You should try to get into the Gaelic theatre in Galway.

RONNY. I'm half Lowland. My mother was a Wilson from Carsphairn.

WILKIE. You can't consistently advocate Gaelic at the Cuithe and Lallans in the theatre.

RONNY. Why not? Both tongues are native to me.

WILKIE. Yes, but if Lallans is the language of this locality, it's surely the language for our life here.

RONNY. Then why the hell aren't you speaking it?

WILKIE. Why the hell aren't you speaking it yourself?

JOCK. That's juist what I was gaun to ask the pair o ye tae.

MARY. Now Mr Howie, don't you start. I think you should all have another cup of tea.

MACLAREN. A good idea. Thank you.

JOCK (taking cup). Thank ye, lassie. Ye ken, I dinna understaun you laddies at aa. I thocht ye were gaun to the Cuithe to ferm it.

MACLAREN. Oh, so we are. Don't you know all about us?

JOCK. I juist ken whaur ye're gaun.

MACLAREN. Haven't you read all about us in the papers.

JOCK. Na.

RONNY (*cattily*). Our publicity doesn't seem to have been as good as you've led us to believe, Wilkie.

MACLAREN (*quickly*). Oh there's been plenty of publicity. I expect he reads an English daily. Do you, Mr Howie?

JOCK. I read haurdly onything bune the Scottish Fermer.

MACLAREN. I see. Well, all of us here are members of the Highland Resettlement Association.

JOCK. Oh, ye hae an association?

MACLAREN. Yes, with hundreds of members. Thousands.

WILKIE. Sixteen hundred.

MACLAREN. Yes. All subscribers.

JOCK. Oh, ye hae siller?

MACLAREN. Yes. And these lads are the first of the pioneers.

JOCK. Pioneers?

MACLAREN. Yes. They're going over to the Cuithe to repair the houses and fence and drain the land, in preparation for the arrival of the settlers next spring.

JOCK. Settlers?

MACLAREN. Yes, families.

JOCK. Faimilies? But what aboot the schulin for the bairns?

MACLAREN. Oh, we're going to have childless couples first, then when we have a considerable settlement we're going to open a school. We have several teachers among our members. (*Indicating Colquhoun*) Sandy's one.

JOCK. I see. And hou mony faimilies are ye gaun to settle next Spring?

MACLAREN. Three.

JOCK. Ye'll be gaun to gie ilka faimily sae mony acres?

MACLAREN. Six, and of course common rights in the hill grazing.

JOCK. And ye're gaun to hae three hooses biggit and eichteen acres fenced and drained by next Spring?

MACLAREN. We hope so.

JOCK. And there are juist the fower o ye?

MACLAREN. Oh I'm not a pioneer. I'm the Chairman of the General committee. But these three are just the first. They're going to establish liason with the local people and arrange for supplies of material. Later we're having relays of volunteers, masons and joiners and so on, all members of the Association, who're going to devote their holidays to preparing the way for the settlers.

JOCK. And hou are ye gaun to get cement and siclike ower to the Cuithe? A cairt can gang ower aa richt in dry wather, but it taks a haill day to gang ance and come back.

MACLAREN. We have a motor-boat coming next week.

JOCK. Oh ye hae? That'll be a help. Mind ye, it'll be a slow business. And ye need permits nouadays for timber and the like.

MACLAREN. We've seen to all that, naturally.

JOCK. Weill weill. If ye're weill organised ye'll mebbe mak a job o't. And ye think the faimilies that are comin ower'll manage to mak a leivin oot o six acres and the hill grazin?

MACLAREN. Well, they'll have a good start. They'll get their house free, and the common use of the Association's motor-boat and tractor, and they won't have to pay any rent for their land for three years. Mrs Crichton-MacEachran was very sympathetic on that point.

JOCK. Oh, ye're sittin rent free for three year? I wonert. And what'll happen to the hooses if ye hae to gie the scheme up?

MACLAREN. Oh they'll revert to the estate, of course. But I'm sure that won't happen. Our people are very keen. Most of them have been longing for a bit of land for years.

JOCK. They'll hae to be gey keen to be content wi what they can mak oot o six acres.

MACLAREN. They don't expect luxury, Mr Howie. They're idealists. They realise that the standard of living in this country is maintained at an artificially high level by the simple process of increasing the national debt. They believe that to live very simply off the land is the only true solution of the country's present economic predicament. (*Warming to his subject*) All this attempt to boost the export of manufactured goods to pay for imported food is ridiculous in a world where every other country is rapidly becoming as rapidly industrialised as we are ourselves, and can not only make almost anything we try to sell it, but requires more and more of its own food to feed its own rapidly expanding industrial population.

WILKIE (*also carried away*). And don't forget that many of the countries that used to supply us with food have turned great stretches of their agricultural land into barren desert by large scale mechanical farming it, and now, when their own cities are growing and they need more food for themselves, they're less able to produce it.

MACLAREN. Exactly. There's a world food shortage and it's likely to increase to an alarming extent, yet we keep crowding our cities and extending our manufactures, and let places like the Cuithe lie idle.

WILKIE. Hear hear.

JOCK. Ye speak a lot at meetins, Mr MacLaren?

MACLAREN. Yes, quite a lot really.

JOCK. Ye arena gaun ower to the Cuithe yersell?

MACLAREN. I wish I had the chance, Mr Howie. I'm tired of the artificial life of the cities. But my work for the movement must be done in Glasgow. I can be of more value there, attending to the propaganda and recruiting new members, and organising generally.

JOCK. I see.

RONNY. You seem to be very dubious of our whole policy, Mr Howie?

JOCK. No yer policy, Mr...?

RONNY. MacLeod.

JOCK. Ay. No yer policy. I hae been sayin that kind o thing mysell nou for years.

MACLAREN. He's probably rather dubious about our ability to carry our policy out, and I don't blame him. I admit myself that I'm a theoretical type, not practical at all. But we have practical men in our Association too, Mr Howie.

JOCK. Ay weill, that's important.

RONNY. Some of us here are maybe more practical than you think Mr Howie.

JOCK. Nae dout. Nae dout. Hae ye ony fermin experience yersell, Mr MacLeod?

RONNY. I was born on a croft, Mr Howie.

JOCK. Were ye, nou? Ye left it, though?

RONNY. The biggest mistake I ever made in my life, and it's because of that that I've come here.

JOCK. Wad it no hae been easier to gang back to yer ain airt?

RONNY. The croft went to my brother. He has a shop in Oban and sells tartan souvenirs to English visitors. He uses our old home as a holiday cottage and lets the land run to rushes, but he can't be turned out. The Crofters Act.[5]

JOCK. It daesna apply in Argyll here. Ye can be turned aff yer grun here for bad fermin. No that ye're likely to be turned aff the Cuithe.

RONNY (nastily). Not even if we farm badly, which is obviously only to be expected.

MACLAREN. Ronny!

RONNY. Oh it's obvious that he thinks we'll never succeed, but let me ask you something, Mr Howie. The villages in the Mull here are nearly all holiday resorts. Two thirds of the people make at least part of their living providing accommodation for summer visitors. Well, I spent a holiday at the Southend last year, on a farm with a large garden, and the vegetables I got came from Covent Garden. None of them were fit for the compost heap by the time they reached the pot.

WILKIE. I thought you had no time for compost.

RONNY. Oh, shut up. The point is, Mr Howie, that none of the people here, although they have the land, have enough enterprise to grow vetetables for their visitors. You run a boarding house, Mr Howie. Do you give your visitors fresh vegetables?

JOCK. Weill, I'm aboot the byres or on the hill aa day. Duncan Campbell daes the gairden here.

RONNY. Oh, so you do grow your own vegetables?

JOCK. Weill, he daes what he can, but –

RONNY. But what?

JOCK. Weill, it isna as easy as ye micht think. There are some things he fins it gey hard to growe.

RONNY. Such as?

JOCK (with a twinkle in his eye). Weill, his ingans get the ingan flee, and his carrots get the carrot flee, and if his neeps arena eaten as sune as they come through the grun by the flee beetle, they gang saft later on wi the gall weevil. As for his cabbages and sic-like, if they jouk the club rute there are aye the rute flee maggots waitin for them, or kailworms or grey lice.

RONNY. Mr Howie, have you never heard of calomel, or DDT, or CRC, or nicotine?

WILKIE. Poisons.

RONNY. They poison the pests, don't they?

WILKIE. And the ground as well. Have you never heard of compost, Mr Howie?

RONNY. He's got compost on the brain.

WILKIE. And you've got chemicals on the brain. (With a practiced gesture of denunciation) You would dose the ground with chemical fertilisers till there was no humus left in it.

RONNY (interrupting derisively). Humus?

---

5 Crofters' Holdings Act (1886).

WILKIE. Yes, humus! You would dose the ground with chemical fertilisers till...

RONNY. We were talking about insectides, not fertilisers.

WILKIE. I'm talking about fertilisers. You would dose the ground with chemical fertilisers till there was no humus left in it, then when the growth it supported became too feeble to resist pests you would shower it with chemical sprays and powders. Soil's a living thing. It depends for its capacity to sustain plant life on the presence in it of certain micro-organisms.

RONNY (interrupting again). Oh, for heaven's sake.

MACLAREN. Yes, John, keep it till you get over to the Cuithe. He's always at it, Mr Howie.

WILKIE. And I'm always interrupted just when their case is in danger.

RONNY. It was you who interrupted me. Mr Howie was sitting there laughing up his sleeve at us, and just when I'd begun to get him on the defensive you butted in and started to talk about compost.

WILKIE. Why not? What's the use of going over to the Cuithe to start using the disastrous methods of farming that have made great dust bowls of good land in America and Australia?

MACLAREN. John!

RONNY. He'll be on to tractors next.

WILKIE. Why not? That tractor you're going to buy was approved at a meeting of the Committee that was two members short of a quorum!

RONNY. We can't help it if the members don't turn up! We've got to get things done.

WILKIE. Yes, the right things!

MACLAREN. The majority present thought a tractor essential.

WILKIE. Mechanical farming! The rape of the earth!

RONNY. Don't be melodramatic!

WILKIE (repeating a passage from one of his own favourite speeches). The horse grows from the land, lives for the land, and when it dies gives itself back to the land. The tractor has to be manufactured, it's fuel has to be imported, and when it wears out it gives the land nothing.

RONNY. Bunk!

(Hughie O'leary, a confident young man of twenty-eight in an old battle-dress and a green beret, puts his head in at the hall door. He speaks with a broad Glasgow accent)

HUGHIE. I hae the cairt here for the stuff gaun ower to the Cuithe.

JOCK. Aa richt, then, Hughie. Staun bye. (Hughie leaves)

MACLAREN. Good. I suppose we'd better get it loaded.

RONNY (quite innocently). Don't you bother, Bill. You're wearing good clothes.

MACLAREN. Oh that doesn't matter. (Facetiously) I can always superintend.

JOCK. I'd better come tae. Ye'll hae tae be shair to get the load weill ower the wheels. It's a gey stey brae ayont the Lagganheid. (The men start to leave. Sandy Colquhoun lingers. Jock stops to let him precede)

SANDY. After you, Mr Howie.

JOCK. Thank ye. (He leaves. Colquhoun immediately turns back into the room)

SANDY. Mary.

MARY. Don't come near me. Mrs Howie might come in. And don't stay. They'll miss you.

SANDY. When am I going to see you?

MARY. I don't know. I'm furious with you. You kept passing the Doctor and me on the steamer till I was sure he would suspect something.

SANDY. Mary, when can I see you?

MARY. Keep away.

SANDY. But Mary.

MARY. You've to pretend to get to know me down here. If the Doctor found out that I'd known you all along he'd think I'd come here under false pretences.

SANDY. The Doctor. The Doctor. You'd think he owned you.

MARY. He got me my research scholarship.

SANDY. Damn your research. Am I not even to get speaking to you.

MARY. Later. The Doctor wants to keep some bees over at the Cuithe. If you give him permission I'll be over there often in June.

SANDY. Not till June.

MARY. I'll be up at the Lagganhead every day soon.

SANDY. Will he be there too?

MARY. At first, but when we get the observation hive going I'll be off duty when he's on. We'll be watching in four-hourly shifts.

SANDY. But how will I know when you're off?

MARY. I don't know. We'll arrange something later. You'd better hurry. They'll have the cart loaded.

SANDY. But when will I be seeing you next?

MARY. I'll try to get next to you at lunch. Ssh!

(*Sandy beats a hasty retreat and Mary starts to gather the dirty cups as Mrs Howie opens the kitchen door and enters with another loaded tray*)

MRS HOWIE. Are they aa awa oot?

MARY. They're loading a cart, I think.

MRS HOWIE. Oh.

MARY. I'll clear away here for you.

MRS HOWIE. Thank ye, lassie. Ye're like a dochter already.

(*She goes into the dining-room with a tray, leaving Mary flabbergasted. Duncan Campbell puts his head in at the kitchen door*)

DUNCAN. Oh I was…

MARY. Hullo, were you looking for someone?

DUNCAN. Ay, Doctor Howie.

MARY. He's away down to the lodge to look at some bees.

DUNCAN. But I was through them aa this mornin. If he taks the boards aff them again they'll be vicious.

MARY. Oh are you Duncan Campbell?

DUNCAN. Ay.

MARY. You'd better hurry, then. I don't think he had a veil with him.

DUNCAN. Guid God.

(*He hurries out. Mary continues to collect the cups and saucers. Hughie O'leary comes to the hall door again, silently, and suddenly barks out 'Achtung!'*)

MARY. Hullo, what's wrong with you?

HUGHIE. Are you the new maid? I was telt she was a Jerry.

MARY. Oh I see. Well, I'm not the new maid. Do I look like it?

HUGHIE. Weill, some maids are gey posh nouadays.

MARY. Thank you for the compliment. You speak German I gather.

HUGHIE. Juist a word or two. I was wi Monty whan he crossed the Rhine.

MARY. And you developed a taste for fat blondes?

HUGHIE. They're all right. They feed ye well. Maggie said I was to ask her new ane for a bowl o soup.

MARY. Who's Maggie?

HUGHIE. Mrs Howie.

MARY. Oh she's an old friend of yours?

HUGHIE. Oh ay. I was boardit oot wi her shepherd whan I was a wee laddie.

MARY. Boarded out?

HUGHIE. Ay. My faither was a slasher.

MARY. A slasher?

HUGHIE. A Razor slasher. And my mither was a biddy drinker.

MARY. Oh, meth?

HUGHIE. Ay. The cruelty folk took me awa frae them.

MARY. I see. Well, just take a seat, what's-your-name?

HUGHIE. Hughie O'Leary.

MARY. Take a seat Hughie, and I'll send in the blonde.

HUGHIE. Thanks a lot.

(*He makes himself comfortable as Mary removes the tea things to the kitchen. Anna enters*)

ANNA (*shyly*). Sprechen sie Deutsch?

HUGHIE. No really. It was juist a bit o bull. But I ken aa the orders ye gie to a dug.

ANNA. Dug?

HUGHIE. Hund.

ANNA. Ah, hund, ja?

HUGHIE. Ja. I ken aa the orders ye gie to a hund.

ANNA. Ordairs?

HUGHIE. Ja. Ye see, I was a batman.

ANNA. Batman?

HUGHIE. Ja. And my officer took ower frae a Jerry officer.

ANNA. Officer?

HUGHIE. Ja. And the Jerry officer was put ahint the wire.

ANNA. Wire?

HUGHIE. Ja, and he had a dug, a hund.

ANNA. Hund, ja.

HUGHIE. And he gied it to my officer and asked him to be guid to't. He was greitin. He must hae been gey fond o't.

ANNA. Foandoat?

HUGHIE. Fond o it. He must hae liked it.

ANNA. Liked it?

HUGHIE. Ja. Onywey my officer got the dug, the hund.

ANNA. Hund, ja.

HUGHIE. My officer got the hund, and he couldna dae onything wi't. It wadna dae a thing for him. And he kent I had worked wi a shepherd, ye see, sae he passed the buck to me.

ANNA. Buck?

HUGHIE. He gied me the hund.

ANNA. Hund, ja.

HUGHIE. And I couldna get it to dae onything aither.

ANNA. Aither?

HUGHIE. Ja. I couldna get it to dae a thing. Then ae day, ye see, a Jerry serjeant-major saw me. He was an interpreter, ye see, or he wad hae been ahint the wire tae.

ANNA. Tae?

HUGHIE. Ja, but he wasna. And he says to me, says he, 'You must speak to zee dug in Zherman', he says, and I says 'But I canna', and he says 'I veel teach you for feeftee cigaretten'.

ANNA. Ah, cigaretten!

HUGHIE. That's richt. Sae I gies him a box o fags and he teaches me to talk to the dug. He says 'Kom', says he, and the dug, the hund, comes.

ANNA (suddenly excited, as she picks up the thread). Ah, ja ja, hund! He say 'Kom' und der hund komme. Ja?

HUGHIE. That's richt. 'Bei fusz' he says.

ANNA. Ja ja, bei fusz. Der hund follow heem, ja?

HUGHIE. That's richt. The dug walks ahint him. 'Platz' he says.

ANNA. Ja ja, platz. Der hund seets, ja?

HUGHIE. That's richt. The dug sits. 'Faas esst' he says.

ANNA. Ja ja, fass esst. Der hund runs into zee bushes und it sneefs und sneefs!

HUGHIE. You're tellin me. My, we're gaun to get on fine thegither. What aboot my soup?

ANNA. Soup?

HUGHIE. Ay. Broth. Peas and baurley. Kail. (Supping in dumb show)

ANNA. Soup, ja.

HUGHIE. Maggie said ye were to gie me some.

ANNA. Maggee?

HUGHIE. Mrs Howie. Soup.

ANNA. Ah, Meestrees Howee, soup! You veel vait?

HUGHIE. Sure. But put yer skates on.

ANNA. Skaitsoan?

HUGHIE. Put a jerk on it.

ANNA. Uh?

HUGHIE. I veel vait.

ANNA (smiling). Ja.

(She turns to go. As she approaches the kitchen door, Mary Dunlop emerges backwards and shuts the door quickly)

MARY (backing across the room). Keep out just now.

ANNA. Out?

MARY. Yes, wait here. If you go in there you'll get stung.

ANNA. Stung?

(Suddenly the kitchen door opens again and Doctor Howie comes out backwards having discarded his jacket, waistcoat, collar and tie. He slams the door quickly)

MARY. Run.

(She bolts through the hall door and holds it for the others. The Doctor slaps one of his thighs with one hand and the back of his neck with the other, then suddenly puts a hand to his stomach)

DOCTOR (to Hughie). Tak her oot o here and shut the door. Hurry.

HUGHIE. Is it bees?

DOCTOR. They're in my claes. Hurry.

HUGHIE (making for the hall door). I hate bees. (Anna is standing in bewilderment. To Anna) Here, you. His claes are fou o bees. He wants to tak them aff. Hurry.

DOCTOR. Please leave. Please.

HUGHIE. Dae ye no hear us? Hae ye nae sense. (Barking like a sergeant-major) Kom!! (She dashes to him and he pulls her through the hall door. The Doctor starts to pull off his shirt)

CURTAIN

ACT TWO

The room which was the scene of Act One, on a wet forenoon in May almost exactly a year later. When the curtain rises the room is empty. Anna enters from the kitchen with a tray containing plates of biscuits and cut cake. The Table is already laid with cups and saucers. As Anna empties her tray Mrs Howie enters from the hall.

MRS HOWIE. Guidness, it's daurk. It isna like Mey at aa. We'll hae the licht on to cheer the place up. (She switches on the light) Oh, ye'll need mair cups nor that.

ANNA. Hauf a deezen.

MRS HOWIE. Ye'll need a dizzen onywey. There'll be folk trailin oot and in aa mornin. And their buits and breeks'll be drippin. The flair'll need anither wash the morn.

ANNA. Seet doun, Meestrees Howee, and hae a cup o tae nou yerzell.

MRS HOWIE. I will, I need it.

ANNA. I veel breeng eet in a meenit.

(Anna goes into the kitchen. Mrs Howie sits down at the fire and closes her eyes. Wilkie and Macleod, now weather-beaten, come to the hall door and seeing Mrs Howie, apparently asleep, knock gently)

MRS HOWIE. Losh. Dear me.

RONNY. I hope we're not disturbing you, Mrs Howie.

MRS HOWIE. Na na, Ronny, come in. Hullo, John. Ye're juist in time for a cup o tea.

WILKIE. A filthy morning, Mrs Howie.

MRS HOWIE. Wild athegither. No the sort o day for yer new folk at aa. They'll be sair tasht afore they win ower to the Cuithe in wather like this.

RONNY. They'll maybe be the more able to appreciate what we've done for them.

WILKIE. That won't be much consolation if they decide to take the first steamer back home again.

MRS HOWIE. Nou dinna ye twa stert again. Is Mr MacLaren no wi ye?

RONNY. We thought he'd be here by now. He came over the hill with us this morning and caught the Lochscorrodale bus. He's gone to pick up a female news-hound.

MRS HOWIE. A what?

WILKIE. He means a lady journalist, Mrs Howie. She's been over in Islay covering the homecoming of the Laird of Clash and his American bride.

RONNY. And on her way back she's going to cover the departure of the Cuithe settlers for their new home in the wilds. I wish Bill wasn't so keen on publicity.

WILKIE. We rely on publicity to maintain our membership.

RONNY. The kind we get seems to chase people away.

(*Anna enters with a tray containing more cups and the teapot*)

MRS HOWIE. Oh, Anna, guid. Thae twa are gaun to be fechtin again. Gie them a cup o tea. (*Shrewdly*) Or mebbe ye wad raither hae a bowl o broth?

RONNY. Well, Mrs Howie, to tell you the truth, we had breakfast at five o'clock this morning and we've walked all the way to Sandywick and back here.

WILKIE. And all we've had since breakfast's been a cup of tea at Mary Ralston's, and a cup of tea at Jeanie Fleming's.

RONNY. And a copan at Flora MacAllister's.

WILKIE. And while we appreciate the local hospitality as much as anyone,

RONNY. And don't want to appear ungrateful,

WILKIE. We must admit,

RONNY. Although perhaps it's a little ungracious,

WILKIE. That we've grown rather, eh,

RONNY. Tired, eh,

WILKIE. Of, eh,

RONNY. Cups of tea.

MRS HOWIE. What did I tell ye? Broth for the twa laddies, Anna.

ANNA (*handing Mrs Howie her cup of tea*). Een twa meenits.

(*She goes into the kitchen. Maclaren is heard from the hall, calling*)

MACLAREN. Can we come in?

MRS HOWIE (*putting down her cup*). Ay, come in, Mr MacLaren.

(*Maclaren enters with Sally Sillars, a soigné creature in city clothes and with decidedly high heels. Although she chatters incessantly in decided Kelvinside, she perpetrates most of her seeming stupidities with tongue in cheek*)

MACLAREN. Good morning, or rather, isn't it filthy? It's pouring cats and dogs.

MRS HOWIE. Oh dear me, are yer feet wat, Miss...?

SALLY. Sillars. Sally Sillars. I expect you know me, if you read our rag down here. No, my feet are quite dry, thank you. I've even been wearing those cute little transparent over-boots. I must give them a good write-up in my next fashion article. You're Mrs Howie, aren't you? I've heard so much about you. The soul of hospitality. The mother of the Couthy pioneers.

MACLAREN. Cuithe.

SALLY. Oh yes, I'm sorry. The "th" is silent. Gaelic spelling always puts me out. (*Macleod bristles*) I see we're just in time for a nice cup of tea.

MRS HOWIE (*pouring*). Ay. Did ye –

SALLY. So opportune. Mr MacLaren offered me breakfast at Lochscorrodale, but I just couldn't touch it. The boat coming over from Islay was so tiny, just the littlest thing, and the sea was utterly terrifying. My poor little tum couldn't take it. (*Taking tea*) Thank you, Mrs Howie.

MACLAREN (*taking tea also*). Thank you.

SALLY. And are these boys members of the family? I mean the Couthy family.

MACLAREN. Cuithe.

SALLY. Yes, of course.

MACLAREN. Yes. Ronny MacLeod and John Wilkie.

SALLY. Oh, Ronny MacLeod. I recognise you now. I used to see you when I was a critic and went to first nights at the Civ.

WILKIE. Civ?

SALLY. Short for Civic. Somebody once said it was called the Civ because so many Scots actors passed through it on their way to London, but that's not true in your case, is it Mr MacLeod?

RONNY. Definitely not, Miss Sillars.

SALLY. And John Wilkie. I've seen your "Notes from the Hills" in our weekend page, Mr Wilkie, or may I call you John? I feel that we know each other so well, really, appearing as we do every week on the same page. (*As Anna, who has come in with the broth and hesitated, decides just to interrupt*) Oh, you two are having something special, eh? I always say, Mrs Howie, that there's nothing like soup after strenuous exercise in the open air.

RONNY. What is your favourite exercise, Miss Sillars?

SALLY. Oh, poking fun at me, eh? You see through me already. Just a city slicker.

MRS HOWIE. Wad ye like some broth, Miss Sillars?

SALLY. Me? Mrs Howie, it's so kind of you, but I really just couldn't. (*Anna returns to the kitchen*) Not after the briny. Of course I took two of those pill things, and I wasn't actually sick, but my lips went dry and I felt ghastly. It'll take me weeks to recover. But there I go again, and I should be taking notes. Of course Mr MacLaren's given me most of the story, but I'd like a word from you two boys personally. I hear you've done wonders since you came here, building and fencing and all that. And draining, of course. Which of you is it that feeds young calves on goat's milk? I thought that was such a wonderful idea, making a goat feed two calves. I mean, goats eat simply anything, don't they? Even washing, they tell me. You haven't had your washing eaten yet, Mr MacLeod?

RONNY. If it's of any interest to your readers, Miss Sillars, we've had our soap nibbled by rabbits.

SALLY. There you go again, pulling the city leg. So it's you keeps the goats, John? You've never mentioned them in your column, or have you?

WILKIE. No. As a matter of fact, it's Sandy Colquhoun who rears calves on goat's milk, and he's at the Southend meeting the steamer.

SALLY. Oh, then it must have been you who grew the wonderful carrots. Mr MacLaren was telling me they were quite marvellous. (*To Macleod*) Or was it you?

RONNY. Yes, Miss Sillars, I grew the carrots. Mr Wilkie is too busy with his writing to grow anything but beard. He uses compost.

MACLAREN. Ronny!

WILKIE. It's all right, Bill. Cheap jibes like that don't worry me. And it's easy enough to grow a good crop of carrots on virgin soil. The plains of Kansas grew good crops of maize before they were turned into dust bowls.

RONNY. Oh for heaven's sake.

MACLAREN. Yes, let's keep off dust bowls.

Miss Sillars is more interested in our new cows.

SALLY. I'd be interested in dust bowls too, I'm sure, if I knew what they were. But the cows are coming today, aren't they? A wonderful idea, I think, having them here for the settlers to take over the hill with them.

MACLAREN. And don't forget to say that they're a gift from the Association. Each settler gets a free cow.

SALLY. Generosity couldn't go further. I do hope the weather improves.

MACLAREN. That is a worry.

SALLY. It's long way over the hill, is it?

MACLAREN. Six miles.

SALLY. Isn't it a shame.

(*Anna enters from the kitchen*)

ANNA. Meestrees Howee?

MRS HOWIE. Ay?

ANNA. Veel yee come, please?

(*Mrs Howie goes*)

SALLY. What a lovely Highland accent that maid has.

MACLAREN. My God!

SALLY. Have I said something

MACLAREN. She's German, I'm afraid.

SALLY. Oh, really. You know, I knew there was something foreign about her.

RONNY. So the Highlander is a foreigner in his own country, Miss Sillars?

SALLY. You know perfectly what I mean, Mr MacL... Oh of course, you're a Highlander yourself. I've hurt your feelings.

(*Mrs Howie returns*)

MRS HOWIE. It's the lorry wi the kye, lads. The faither said ye could put them in the byre till ye were leavin. Ye can gie them some cake.

SALLY. Oh, do cows eat cake?

MRS HOWIE. Ile cake.

SALLY. Oh, there's a special sort of cake for cows, is there. I'm so ignorant.

RONNY. It's still pouring. We'll go through by the hall, Mrs Howie, and get our oilskins.

MRS HOWIE. Ay, dae.

WILKIE. Thank you for the broth, Mrs Howie.

MRS HOWIE. Oh, that's aa richt.

MACLAREN (*as Wilkie follows Macleod out*). I'd like to have a look too. I don't suppose?

SALLY. I'd love to, really, but later, maybe, if the rain goes off. Could I go somewhere, Mrs Howie, and repair the ravages?

MRS HOWIE. Shairly. Juist come this wey.

(*She leaves, followed by Sally and Maclaren, who stands by the hall door until they pass. Anna enters and starts to clear away the used cups and bowls. Hughie O'leary looks in at the kitchen door, sees that Anna is alone, and calls*)

HUGHIE. Anya!

ANNA. Hughee!

(*They rush into each other's arms and kiss*)

HUGHIE (*at the first interval*). Anya!

ANNA. Hughee!

(*They kiss again, Mrs Crichton-Maceachran comes to the hall door*)

FIONA. Hhm.

(*Hughie releases Anna and runs. Anna looks crestfallen*)

FIONA. Is Mrs Howie about?

ANNA. She ees een the front o the hoose.

FIONA. I'll wait.

ANNA. Veel yee hae a cup o tea?

FIONA. Not now, thank you.

ANNA (*lifting her tray*). Excuse.

(*She goes into the kitchen. Mrs Howie enters from the hall*)

MRS HOWIE. Oh, guid mornin, mem.

FIONA. Good morning, Mrs Howie. I hope you don't mind. I left all my things dripping in the hall. May I wait? I'm expecting Mr Hawthorn.

MRS HOWIE. There's a caur comin nou. I'm expectin Willie. Mebbe they'll come thegither. They did last time.

FIONA. Yes, I remember. They did. Didn't they?

MRS HOWIE. Ay. (*Looking at the tea things*). Will ye wait till they come, then.

FIONA. Certainly, but I shan't be staying. I just popped in to say hullo.

MRS HOWIE. Ay. Weill, mem, will ye paurdon me, for I hae a big day the-day again.

FIONA. Go ahead. Certainly.

(*Mrs Howie leaves. Hawthorn comes to the hall door, mopping his face with a handkerchief*)

DAVID. Fiona! Are you alone? How wonderful!

FIONA (*not rising*). Ssh!

(*Mrs Howie comes to the kitchen door*)

MRS HOWIE. Is Willie no wi ye, Mr Hawthorn?

DAVID. Willie?

MRS HOWIE. Ay, the Doctor. My son Willie.

DAVID. Oh no. I asked if he'd share my car, but he said he was having one of his own. (*Archly*) I think the young lady…

MRS HOWIE. Oh, Mary Dunlop?

DAVID. Yes.

MRS HOWIE. I see. Ah weill, I'll no disturb ye.

DAVID. Thank you.

MRS HOWIE. But juist a meenit.

DAVID. Yes?

MRS HOWIE. Juist let me through wi a tray. (*She goes back into the kitchen*)

DAVID. Damn.

FIONA (*archly reproving*). Darling!

DAVID. He'll be in before…

(*Mrs Howie comes in with a loaded tray and hurries across towards the hall door*)

MRS HOWIE. There ye are, then.

(*She leaves and closes the hall door. Mrs Crichton-Maceachran rises*)

DAVID. Did you get my letter?

FIONA. Marvellous.

DAVID. Producer. In one year. And there's such a decent little flat with the job. A bit scruffy in the passage downstairs, but once you're inside it's really quite lovely. Wonderful views over Queen's Park. You'd love it. Of course we'd live here in the summer and we could run down in the winter for a bit of shooting. The pantomime runs for months. Fiona, do you agree? Will you marry me? (*Mrs Crichton-Maceachran nods her head, smiling*) Darling!

(*He kisses her. They embrace. There is a discreet little knock at the hall door. Mrs Crichton-Maceachran sits. Hawthorn walks over to the window and looks out. Both look exceedingly unnatural as Mrs Howie enters*)

FIONA. You needn't have knocked, Mrs Howie.

MRS HOWIE. I thocht I'd better, mem. (*Turning at the kitchen door*) I'll be back through again.

(*She goes into the kitchen without shutting the door*)

DAVID (*in a whisper*). What's the use of pretending? Why shouldn't they know?

FIONA. Not just yet, David. There are journalists about.

DAVID. Oh?

FIONA. Yes. They're here to see the settlers setting off for the Cuithe.

DAVID. Oh, the settlers, yes. I saw some of them at the pier. Yes, we'd better keep mum. My new appointment won't be made public for another month yet, and I'd like to release the two items together.

FIONA. Yes, and there's the other thing.

DAVID. The?

FIONA. It's nothing to worry about. We've

discussed it before. You'll have to take my name.

DAVID. Oh, yes, with a hyphen.

FIONA. Yes, and I was wondering if you mightn't perhaps like to change your own name back to it's old form. It would be such a triumph, really, to bring two of the oldest names in the district together into one. The Ralstons of Barskimming would be livid. They go back only to the sixteen-fifties.

DAVID. But the old form of my name's so misleading. No one would know how to pronounce it. I can't have people calling me Odrain. (*He pronounces it to sound like 'a drain'*)

FIONA. No, but you could spell it phonetically, O.T.H.R.A.N.

DAVID. You've hit it. Othran. (*Pronouncing it 'aw-thran' with the accent on the first syllable and making heavy weather of the 'aw'*) Othran-MacEachran. Othran-MacEachran of Kilellan. It makes me sound like a Highland chief.

FIONA. Well, darling, you'll be a laird.

DAVID. Yes, by Jove. But wouldn't people wonder? I mean, I've been Hawthorn for such a long time now.

FIONA. You could say you'd adopted Hawthorn for professional purposes. You see, you'll be giving up acting altogether now.

DAVID. Yes. Yes. You're right. To tell you the truth I wish I'd known about my name long ago. I'd have dropped Hawthorn like a hot potato. It's most unfortunate for an actor to have a flower name for a surname. When I was a youngster playing small parts in Wimbledon before the war there was a cad of a producer who used to call me May-blossom. I've never forgiven him.

FIONA. It was horrid of him.

DAVID. You see, I didn't dare answer him back.

FIONA. I know, darling, but you'll be the tyrant now.

DAVID. Oh no. I'm going to be decent.

FIONA. Kiss me.

(*They kiss. Mrs Howie barges in through the hall door. They part, embarrassed*)

MRS HOWIE. I'm sorry, mem. Ye should juist hae let me knock.

FIONA. Mrs Howie, please say nothing about this to anyone (*significantly*) yet.

MRS HOWIE (*scenting romance*). Oh?

FIONA. Please.

MRS HOWIE. Aa richt. But watch yersells. Willie's comin.

(*She goes into the kitchen*)

DAVID. I say, let's go into the lounge.

FIONA. There won't be a fire, and you know I can't stand it. Those notices everywhere for the boarders.

DAVID. Oh yes, I forgot.

FIONA. I'd ask you to walk down and have coffee, but it's so wet.

DAVID. Damn the rain, Come on.

FIONA. But you've had such a journey.

DAVID. Oh, that doesn't matter. (*Contritely*) But there, I should be thinking of you.

FIONA. Oh, I don't mind the rain. (*They make to go. Doctor Howie enters*) Oh hullo Doctor. We're just going. Make our excuses to your mother.

DOCTOR. Certainly.

DAVID. I'll be back up for lunch.

FIONA. Better say probably.

DAVID. Yes, probably.

FIONA. Or perhaps not. I'm sure I could knock up something, and Mrs Howie wouldn't mind, not for just once. Tell her, will you, Doctor?

DOCTOR. Certainly.

FIONA. Thank you.

(*They leave. The Doctor pours himself a cup of tea. Mrs Howie enters from the kitchen*)

MRS HOWIE. Hullo. Willie. (*They kiss*) Whaur's Mary?

DOCTOR. She's comin wi Sandy Colquhoun.

MRS HOWIE. She's as freindly wi him as aa that, is she?

DOCTOR. It seems sae.

MRS HOWIE. Dear me.

DOCTOR. It's nae concern o oors.

MRS HOWIE. Na.

DOCTOR. Hawthorn's gaen awa oot wi Mrs Crichton-MacEachran. She's gaun to gie him his lunch.

MRS HOWIE. I jaloused as muckle.

DOCTOR. They seem to be growin gey freindly.

MRS HOWIE. Ay.

DOCTOR. Hou's my faither?

MRS HOWIE. Walkit aff his feet. He had three lambs drount yesterday. The burns are aa roarin.

DOCTOR. Ay, it's bad luck at this time o the year.

MRS HOWIE. Hou thae folk are gaun to win ower to the Cuithe the-day I dinna ken. They hae twa kye to tak ower wi them.

DOCTOR. I saw some o them at the pier. They had sae mony bundles wi them they had to hire a lorry.

MRS HOWIE. Oh they'll be here at ance, then?

DOCTOR. They were juist ahint me.

MRS HOWIE. I'll hae to flee.

(*She goes into the kitchen. The Doctor pours another cup of tea and stands with his back to the fire, drying his trousers and looking gloomy. Sandy Colquhoun comes in from the hall with Mary*)

DOCTOR. Oh.

SANDY. Oh.

MARY. Oh, hullo, Doctor. I'm sorry I couldn't take your offer of the car, but I knew Sandy had come to meet me.

DOCTOR. It's all right. You've explained. Your actions are no concern of mine.

MARY. Tea, Sandy?

SANDY. Thank you.

(*Mrs Howie enters from the kitchen with another loaded tray*)

MARY. Oh, hullo, Mrs, Howie.

MRS HOWIE (*rather coldly*). Oh hullo, Mary. I'll see ye later. I'm thrang in the dinin-room.

MARY (*rebuffed*). Oh.

(*Mrs Howie goes through into the hall*)

SANDY (*suddenly awkward*). I say, I haven't really been invited to have tea.

MARY. It's all right. It can go on my bill.

DOCTOR. Let him help himself. He's been at home for a year now evidently.

SANDY. I've had a great deal of hospitality from your mother, Doctor.

DOCTOR. So have your friends, I've no doubt.

MARY. Your mother would be furious with you if she knew you'd said that.

DOCTOR. She's far too soft with them all.

MARY. Really, I think you're being childish.

DOCTOR. That's no way to address me, Miss Dunlop,

MARY. If you want me to behave as a student you should treat me as a student.

DOCTOR. I do.

SANDY. I hope so.

DOCTOR (*stung by the insinuation*). Mary, have I ever taken advantage of my association with you?

MARY. Miss Dunlop, please.

DOCTOR. Have I?

MARY. You seem to presume on it. Why should you take the huff with me for meeting a friend at the pier if you regard me strictly as a student?

DOCTOR. I haven't taken the huff with you.

MARY. Oh no?

DOCTOR. You're being quite ridiculous.

MARY. Why didn't you suggest that Sandy could come along in the car with me? I told you he was there to meet me. That would have been manners, Doctor.

DOCTOR. Are you suggesting that I have no manners?

SANDY. It looks like it, doesn't it?

MARY. Sandy!

SANDY. When I think of all the hours he spent along with you in that cottage at the Lagganhead last summer I could commit murder. I might have known that even such a cold-blooded fish as he is couldn't be quite so interested in bees!

DOCTOR. Sir! You're in my home!

MARY (*quickly*). This is a boarding-house, Doctor, and I'm a guest, and he's my guest to tea. But are you suggesting, Sandy Colquhoun, that I'm a cold-blooded-fish?

SANDY. No, but...

MARY. I spent hours at the Lagganhead, didn't I?

SANDY. Yes, but...

MARY. Are you insinuating anything about my feelings for the Doctor?

SANDY. No.

MARY. Then I'm a cold-blooded fish.

SANDY. I didn't mean that at all.

MARY (*almost in tears*). You've never understood my work. Never. You've no sympathy with it at all.

SANDY. But he has.

MARY. Of course he has. He understands it. To you it's just painting dots on thousands of bees. Lunatic stuff. We should both be locked up. I've seen it in your face often. But you never made the slightest attempt to find out why we painted dots on thousands of bees. You never asked a single question. And any time I tried to explain what the dots were for, your eyes just glazed over. You couldn't take an interest even to please me. You once yawned in my face!

DOCTOR. You've upset her.

MARY. It's you who's upset me! Why did you have to behave like this? Why couldn't you be polite to Sandy at the pier? Why have you spoiled everything?

SANDY. I'm sorry, Mary. I shouldn't have come to the pier.

MARY. Why shouldn't you? You haven't seen me since last autumn. He's seen me all winter.

DOCTOR. I'm sorry, Colquhoun. I should have shown more understanding. I've been rude. I apologise. And I swear there's been nothing between us. Nothing. I may have entertained certain feelings towards her…

MARY. That's right. Go on. Put your foot in it. Can't you see that we just can't work together if you talk like that?

DOCTOR. Why shouldn't we? You could live at the cottage altogether and have a friend to stay with you. Someone on holiday. It would save you a walk every day and there would be no need for suspicion when either of us paid you a visit.

SANDY. Are you insinuating something?

DOCTOR. I at least had the excuse for my visits that they were made in the course of my work!

SANDY (stepping closer). Are you insinuating something?

DOCTOR. Only that your visits last summer were more open to misconstruction than my own!

SANDY. Take that remark back or I'll knock your teeth down your throat!

MARY. Stop it! Both of you! Sandy, he's an old man! He's got glasses.

DOCTOR (mortally wounded). Colquhoun, you win. Obviously. There's no competition.

(He sits dejectedly)

MARY. Doctor, I'm sorry.

DOCTOR. What a fool I've been.

MARY. I didn't mean that you're really old, Doctor. But for fighting. He threatened to hit you. (Turning) You'd better go, Sandy. You've disgraced yourself. Please.

SANDY. He was insinuating.

MARY. Please. I'll see you later.

(Colquhoun swallows hard, then goes into the hall)

MARY. He was quite right, you know, Doctor. You had no right to suggest that there was any harm in his visits.

DOCTOR. I suppose I was jealous.

MARY. Don't. Every remark like that makes our work quite impossible.

DOCTOR. No no. Please. I'll never mention it again. Our work must go on. We've developed a technique. We have the stocks ready. If we have a decided gap between the hawthorn and the bell heather again we'll get positive results. And this is just the place for it. There's hardly a trace of clover. Mary, we've got to go on. Your D.Sc's at stake. So is my D.Phil.

MARY. I know. (Bursting into tears) But he doesn't understand.

DOCTOR (approaching her hopefully). Mary.

MARY (rising abruptly and making for the hall door). I'd better wash my face.

(She leaves by the hall door. The Doctor blows his nose vigorously. Anna opens the kitchen door)

ANNA. Zair ees a teenker at zee back door vai bagpipes.

DOCTOR (irritably). Fill his can wi tea and chase him.

ANNA. He says he vas telt to come here.

DOCTOR. I'll sort him.

(He goes into the kitchen. Anna removes the teapot and follows him. Mrs Howie enters from the hall with Jamie Fyvie, a burly man of forty-five in a hairy tweed suit and farmer's market boots. He looks like a countryman, and speaks with a slight Aberdeenshire accent, but he sounds obviously educated and probably a professional man. His manner at the moment is rather too plausible and slightly furtive)

MRS HOWIE. What is it? There's naebody here.

FYVIE. Good. You see, it's rather a delicate matter. I don't want anyone to think I'm a secret drinker or anything like that but I must lay my hands on a bottle of whisky before I go over to this Cuithe place. You see, there'll be no doctor over there, or any shops, so we've got to take a stock for our medicine chest, and I meant to get some whisky when we got off the boat. Only, you see, we had to get into that lorry at once, and here I am with nothing.

MRS HOWIE. Mr Fyvie, are ye shair it's for medicine ye want it?

FYVIE. Mrs Howie, do you doubt me? If I was a drinking man do you think I'd be without it? It's just because I don't normally give it a thought that I've overlooked it. Now please be helpful. If you have such a thing let me have a bottle, and I'll pay for it, and you can buy another. You're nearer supplies than we'll be, you know.

MRS HOWIE. Oh I'll gie ye a bottle o whisky.

FYVIE. I'm not asking you to give me it. I'm asking you to sell it to me.

MRS HOWIE. Wad I no need a licence for that?

FYVIE. No no no, you'll be doing it just to oblige me. Please hurry. I don't want anyone to see. They'd be sure to misunderstand. Please.

MRS HOWIE (going to the corner cupboard). Ye're luckie I hae it.

FYVIE (pulling notes from his wallet). Yes indeed. (Taking the bottle she offers) And there you are. (*Handing notes*) Say nothing. I'll pack it right away.

MRS HOWIE (*looking at the notes*). But here...

FYVIE (*on his way out*). Keep the change. (*Mrs Howie shrugs her shoulders and puts the money into a jug on the sideboard. She goes into the kitchen. Nancy Gray, a woman of about thirty-four, thin, but with fine features and rather fanatical dark eyes, wearing her shiny black hair in a long bob, and dressed in a short but monkish dress of dark brown wool, woollen stockings and brown nailed boots, comes in from the hall obviously looking for someone, sees nobody, and turns to leave. Sally Sillars enters from the hall and almost collides with her*)

SALLY. Hullo, haven't I seen you before?

NANCY (*on guard*). I don't know. Have you?

SALLY. Yes. Didn't you have an exhibition of pottery in Glasgow about two years ago?

NANCY. I did. Yes.

SALLY. Funny how one runs into known faces in a place like this. Do you know whom I've just seen on the stairs?

NANCY. No.

SALLY. Jamie Fyvie. (*As Nancy looks suddenly aghast*) You know, the radio star. He got plastered before a television broadcast a few months ago and was blacked out in the middle of the programme. Surely you read about it?

NANCY. No.

SALLY. And you don't remember me?

NANCY. No.

SALLY. That pips me, rather. I gave your exhibition quite a bit of space.

NANCY. Who are you?

SALLY. Sally Sillars.

NANCY. No!

SALLY. How gratifying. You at least know the name.

NANCY. Miss Sillars, what are you here for?

SALLY. This 'Back to the Glens' business.

NANCY. No!

SALLY (*sitting*). Oh but yes. And you've no idea what I'm learning.

NANCY. Miss Sillars...

SALLY. Call me Sally. Sit down, won't you?

NANCY (*going to her and standing over her*). Someone might come in. This is urgent. Listen. You must promise to do me a favour.

SALLY. Well, that depends.

NANCY. I'm here with Jamie Fyvie.

SALLY. Oh? That's interesting. I know Mrs Fyvie quite well.

NANCY. It was she who drove him to drink. She doesn't understand him. He was so promising once. His 'Bairnhood in Buchan' was a classic. But he can't write now. He hasn't time. He has to make money, money, money all the time, selling himself on the air like a comedian, just to keep that woman in clothes.

SALLY. She does dress rather well. Doesn't she?

NANCY. At the expense of his genius. It isn't right. She was destroying him. But I'm going to save him.

SALLY. You don't mean...

NANCY. I'm taking him over to the Cuithe, back to the life he came from, the clean life of the soil.

SALLY. I've never thought of soil as particularly clean.

NANCY. Please don't be cynical. You know what I mean. Jamie's going to pieces. Becoming a wreck. A waster. I feel that if I can only keep him away from drink and get him to work hard every day in the open air I can save him yet. He'll return to normal. He'll start to look around him again. And then we'll perhaps have some more of those lovely passages that made his first book so memorable.

SALLY. You know, my dear, if I hadn't such a tender conscience, wouldn't this be such a perfect scoop?

NANCY. Never! That was what I wanted you to promise. You must leave our names out of this business. He's been disgraced so much already. Think of the genius he once had. Promise.

SALLY. I'll promise if you tell me one thing.

NANCY. What?

SALLY. You're Nancy Gray, aren't you?

NANCY. Yes.

SALLY. Tell me: did you really put the bomb in the pillar-box?

NANCY (*not very convincingly*). Pillar box?

SALLY. The one with E.R.II on it.[6]

NANCY. Who says I did?

SALLY. The things we gossip girls don't publish.

NANCY (*horrified*). Will the police know?

SALLY (*cattily*). Don't worry, dear. *They* don't want to give you any publicity.

NANCY. My God!

---

[6] After the accession of Elizabeth in 1952, GPO attempts to instal these in Scotland, where the denomination cannot apply, were a focus of pointed protest.

SALLY. Have some brandy, I always keep a little in my handbag.

NANCY. Not here.

SALLY. Take it with you. It's the door facing you at the head of the stairs.

NANCY. Thank you. But you'll…

SALLY. I'll say nothing.

(*Nancy leaves by the hall door. The Doctor returns from the kitchen*)

SALLY. Good morning. This house is full of the most interesting people.

DOCTOR. Do you think so?

SALLY (*with conviction*). I know.

(*Tentatively*) Are you the third pioneer?

DOCTOR. The what?

SALLY. The man who feeds calves on goat's milk?

DOCTOR. That's Sandy Colquhoun. He left this room a few minutes ago.

SALLY. What a pity. I was dying to meet him. So original.

DOCTOR (*disparagingly*). It's quite a common practice among smallholders in England.

SALLY. Another illusion shattered. (*After a slight pause*) You must be a settler.

DOCTOR. I am not.

SALLY. I am dropping bricks. I gather you don't approve?

DOCTOR. I think they're a pack of fools.

SALLY. Oh how refreshing. And what is your solution to the Highland problem, Mr…?

DOCTOR. Howie. Doctor Howie.

SALLY. Oh I've heard about you. I heard only this morning. You keep some bees in a glass hive and have them all numbered. So brave, I thought. Don't they sting badly when you start fixing their little numbers on them?

DOCTOR. They never sting anyone who really knows what he's doing.

SALLY. I'd be terrified. And what is the aim of your research, Doctor?

DOCTOR. To satisfy a completely disinterested curiosity.

SALLY. Oh. You mean, you aren't trying to find out something which can be put to some use?

DOCTOR. All scientific knowledge can be put to some use, but the real scientist is interested in the truth for its own sake.

SALLY. Then you're not hoping to save the Highlands by some discovery which might lead to a large scale honey industry or something like that?

DOCTOR. You seem to think it should be everyone's ambition here to save the Highlands. Nobody can save the Highlands. They're done.

SALLY. Done?

DOCTOR. Yes, finished.

SALLY. This is quite sensational. Oh.

(*Maclaren comes in from the hall with Wilkie and Macleod and a new couple, Mr and Mrs Geordie Pringle. The Pringles are a working-class couple, dressed in their best clothes. Pringle is a taciturn little Scotsman originally from the Borders but having spent most of his life in Glasgow. Mrs Pringle is from Yorkshire*)

MACLAREN. How d'you do, Doctor? We've just been looking at our new cows. Meet Mr and Mrs Pringle, two of our settlers.

DOCTOR. How d'you do?

MRS PRINGLE (*affably*). Pleased to meet ye.

(*Pringle just nods*)

MACLAREN. You'd like some tea. Oh, there's no pot. (*He goes to the kitchen door and opens it*) Is there any more tea?

ANNA (*beyond*). A meenit. Pleass.

MACLAREN (*turning back into the room*). You've met Miss Sillars, Doctor?

DOCTOR. I didn't know her name. How d'you do?

SALLY. I should have mentioned.

DOCTOR. That's all right.

(*Anna enters with the fresh tea-pot and the packet of letters. She places the teapot on the table*)

ANNA. Mail for zee Cuthie.

WILKIE. Oh, thank you,

(*Macleod joins him rapidly*)

ANNA. Ou mony want tea?

MACLAREN. Two, I think. Anybody else?

(*There is no reply*) No.

(*Anna pours. Maclaren hands out*)

WILKIE (*to Macleod*). For you. And a telegram.

(*Macleod takes his mail into a corner. Wilkie starts to open his letters. Anna leaves quietly*)

SALLY. The Doctor and I were having a most fascinating discussion. He says the Highlands are finished.

(*All except Macleod and the Pringles, who are absorbed in their tea, react violently to this*)

DOCTOR. I'd rather you hadn't mentioned that. I don't like to discourage them.

MACLAREN. But surely, Doctor, after so much that so few of them have done in one year, there's obviously some hope.

DOCTOR. I don't want to be drawn out.

WILKIE. Your attitude's a little

condescending, Doctor. Do you think there's anything you can say that we can't answer.

DOCTOR. There's no condescension intended. After all, I would speak as a person with specialised knowledge.

MACLAREN. But surely if we're on the wrong lines it's your duty to let us know.

DOCTOR. I don't think you'd like it.

WILKIE. Do you think we haven't studied the Highland problem? Probably more than you have. As far as I could see you saw nothing of what happened in the Highlands last summer outside of a few beehives.

DOCTOR. I didn't ask to be insulted, Mr Wilkie.

WILKIE. I don't want to be condescended to.

SALLY. Now now, gentlemen. Let's discuss the matter calmly, please. Doctor, accept his challenge. Why are the Highlands finished.

DOCTOR. They just are.

WILKIE. Why?

DOCTOR (indicating the window). Do you see that glen out there?

SALLY. I could if it wasn't thick with mist.

MACLAREN. Now it's your turn to behave, Miss Sillars.

SALLY. Sorry. You were saying, Doctor?

DOCTOR. It doesn't matter.

SALLY. I'm very sorry Doctor. Really. And I would like to hear. I'm a newspaper woman.

DOCTOR (terrified). I'm giving no interviews.

SALLY. Oh there's no question of names being mentioned.

MACLAREN. You think we're on the wrong lines, Doctor?

DOCTOR. I do.

WILKIE. Why.

DOCTOR. You can scrabble as much as you like among the few arable acres in the glen bottoms, but as far as the great areas of hill grazing are concerned there's no future, except perhaps in trees.

MACLAREN. Trees?

DOCTOR. Yes. Trees. Look at that glen out there. Or rather, think of that glen out there. Most of you know it. It's like the rest of the Highlands, a desert gradually losing its capacity to support even its present stock of sheep. When the lairds cleared off the people and their horses and cattle and gave the hills over to the sheep they started a process of degeneration that can never be reversed. Sheep don't eat the coarser grasses as the cattle and horses did, and their feet don't break the turf in the same way. The coarser grasses wither on sheep grazings

and are trodden into a thick mat that makes a perfect bed for the spores of bracken. Bracken harbours ticks, which fasten on the sheep to suck their blood, and these act as carriers of virus diseases. To kill the ticks the shepherds burn the bracken, year after year, and the fires are so fierce that the heather and grass adjacent to the bracken are burnt beyond recovery. The bracken takes their place at once, for it thrives on fire, and so the double process goes on. When I was a boy there was heather in the glenhead from the burnside to the skyline, and the glenfoot was green. Now there's bracken from the house to well beyond the Lagganhead. And it's inedible, even for goats.

SALLY. But is heather really any better? (As he stares incredulously) Oh I know it gives lovely honey. But for sheep?

DOCTOR. Heather's an important part of the sheep's diet. They eat the tender green shoots in the spring.

SALLY. Oh I see. It sounds almost like asparagus.

DOCTOR. I wasn't trying to be funny, Miss Sillars.

MACLAREN. Of course not, Doctor. But we seem to be agreed on one thing. It was the Clearances that caused all the trouble.

DOCTOR. Certainly, for there was another factor. When the glens were maintaining a large population, farming a mixed stock, there wasn't the same drawing away of the land's resources to supply people elsewhere. The product of the land was consumed on the land and eventually returned to it. But for generations now mutton and wool have been leaving the hills in tons every year, and nothing goes back to replace them but the nitrogen in the sheep's droppings. I'm sorry, Miss...?

SALLY. Sillars.

DOCTOR. I'm sorry, Miss Sillars, but of course one can't pass over facts in a discussion of this sort.

SALLY. Oh don't mind me.

DOCTOR. No. Well, you see, the hills have been drained of lime and phosphates, and the land's sour, so sour that it can't support a healthy sheep stock any longer. The beasts are so feeble that the parasites infesting them are multiplying by the million. To keep them alive at all they've to be dipped and drenched and injected, and it's a losing battle. There are so many different parasitical worms in the sheep's lungs and stomach and intestines that you could fill a museum with them, and every day their eggs are being scattered over the grazings, not by the million, but by the trillion.

MACLAREN (*ingenuously*). How, Doctor?

DOCTOR. In the sheep's droppings.

SALLY (*rising hurriedly*). There's something missing from my hand bag.

(*She dashes for the hall door*)

DOCTOR. Oh. I seem to have upset her, after all.

MACLAREN. She crossed over from Islay this morning.

MRS PRINGLE (*who has gone to the table during the stir caused by Sally's departure*). Excuse me, Mr MacLaren, but is it all right if I elp meself to another cup o tea?

MACLAREN. Certainly, Mrs Pringle.

MRS PRINGLE. Geordie, will you ave a cup?

GEORDIE (*taking out his pipe*). I'll hae a smoke nou.

MACLAREN. Just help yourself when you feel like it. Doctor, you've given us the most striking indictment of the Clearances I've ever heard. You must come and speak at one of our meetings.

DOCTOR. Sorry.

MACLAREN. But why?

DOCTOR. Because I don't see eye to eye with you in other matters.

WILKIE. He said something about trees.

DOCTOR. Exactly. The Highland grazings need a rest. They should be planted with trees.

MACLAREN. But would trees grow on these bare hills?

DOCTOR. They're only bare because there are no trees on them, Mr MacLaren, and there are no trees simply because of the sheep. Think of that glen again. The only trees you can see are in the rocky crevices beside the burn where the sheep can't get at them. These throw out seeds every summer, and every spring thousands of tiny seedlings appear, but by the autumn those that aren't beyond reach of the sheep are nibbled down. Take away the sheep and the grazings would revert to their natural state: woodland.

WILKIE. But you advocate planting.

DOCTOR. It would be absurd not to plant the trees that best serve our purpose, provided they're suitable to the soil and climate.

WILKIE. Rows and rows of spruce.

DOCTOR. Why not? It matures quickly and it's more useful than scrub, birch or rowan.

WILKIE. Pit props and wood pulp.

DOCTOR. Perfectly useful products, and their production employs more men on the land than sheep farming. There's a glen behind Machrimore that used to employ only one shepherd. The Forestry Commission employs sixteen men there now permanently. Not only that, but every man of them has a part-time small-holding in the glen bottom.

WILKIE. Does that glen produce as much food as it once did?

DOCTOR. It produces more timber.

WILKIE. We can't eat timber.

DOCTOR. We can spend the money we save by not importing timber on buying in goods from abroad.

WILKIE. Exactly. We're going to become more and more dependent on other countries for our food.

DOCTOR. It can't be helped. The Highlands have been drained of their fertility. We'll have to get our food from countries where fertility still exists.

WILKIE. Where? Every country in the world is becoming industrialised. There isn't one that isn't going to need more and more of its own food to feed its own townspeople.

DOCTOR. There are some of our colonies undeveloped even agriculturally.

WILKIE. Africa. Ground nuts.[7]

DOCTOR. In any large scheme there are bound to be initial blunders. But the idea's sound.

WILKIE. And we have the doubtful benefit out there of cheap native labour.

DOCTOR. We're paying the natives more than they ever had before.

WILKIE. We'll have to pay them a lot more before they can provide an overseas market for our manufactured goods.

DOCTOR. Eh! If you're going to start advocating five pounds a week for native labour, I've no more to say.

WILKIE. I've raised a pertinent point in international economics, Doctor. Answer it.

DOCTOR. I'm no more a specialist in international economics than you are, Mr Wilkie.

WILKIE. You're stumped.

DOCTOR (*offended*). I find that sort of back-chat tiresome. Excuse me.

(*He goes into the kitchen*)

MACLAREN. Really, John. You should try to argue a little more dispassionately.

WILKIE. I like that. He threw in the sponge because he was cornered. But it's the same with all these university people. They're so used to lecturing they can't bear to be

---

7 See note 11.

opposed. And he was talking a lot of rot.
The Highland grazings can be regenerated
by putting people and cattle and horses
back on to them again. I admit that that
stuff about lime and phosphates sounded
quite plausible, but I'm sure I've read
somewhere that if there's humus in the top-
soil these things can be brought up from the
sub-soil by earthworms.

MACLAREN. I was sorry we didn't have
time to mention Lord Lovat's[8] cattle.

WILKIE. Damn! Neither we did. Or the hill
cattle subsidy! The Government seems to
think that cattle would improve the
grazings. I admit it's an English
government, but it seems to have at least
one sound advisor.

(*Sally enters from the hall*)

SALLY. Oh, Mr MacLaren, there are two
men here from the Bulletin. One of them's a
photographer. They came by bus.

MACLAREN. Oh yes, I'll speak to them at
once.

(*He goes into the hall*)

WILKIE. Are you feeling better, Miss Sillars?

SALLY. Not much. He's away, is he? Wasn't
he obsessed?

MRS PRINGLE. Ave a nice cup o tea, love.

SALLY (*accepting tea*). Thank you. I haven't
spoken to you yet. Are you Mrs Pringle?

MRS PRINGLE. That's right. And this is Mr
Pringle.

SALLY. How do you do? Are you looking
forward to your new life?

MRS PRINGLE. Oh e is. Aren't ye, love? It's
been a dream e's ad all is days.

SALLY. What did he do before he came
here, Mrs Pringle?

MRS PRINGLE. E was a tram driver. But e
didn't like it. Is eart was always in is plot.

SALLY. Plot?

MRS PRINGLE. Is allotment, like. E ad one
up the Maryhill Road, wi a little ut on it. E
spent all is evening there. E grew wonderful
vegetables.

GEORDIE (*bashfully*). Oh haud yer tongue,
wumman.

MRS PRINGLE. Oh but e did. The biggest
cauliflowers ever. And carrots. They never
got the fly. Nor did is onions, either, and e
was the only one in the ole scheme ye could
a said that of.

WILKIE. He used compost, I suppose?

MRS PRINGLE. That's right. E made it with
the droppins from the poultry.

WILKIE. Did you hear that, MacLeod?

RONNY (*in a brown study*). Mm?

SALLY. Please, John. So you kept poultry,
Mrs Pringle?

MRS PRINGLE. Oh ay. We was DPK's.

SALLY. DPK's?

MRS PRINGLE. Domestics. You know. You
gives up yer egg allocation and you gets
balancer meal coupons.[9] We ad six pullets
last winter and ad six eggs, every day, as
regular as clockwork.

SALLY. Really. How marvellous. You're
English, aren't you?

MRS PRINGLE. Oh ay, but me usband isn't.
E met me in Ull durin the War. E was a
gunner in the Ack-Ack.

SALLY. Quite a little romance, eh?

MRS PRINGLE. Ay. Ye see, e was…

GEORDIE (*without raising-his voice*). Haud
yer tongue, wumman. Nou haud it. I mean
it.

MRS PRINGLE. Ye see, e's bashful.

SALLY. I quite understand. And how do you
feel about getting a free cow?

MRS PRINGLE. Well, I'm a bit worried, like.

SALLY. Oh, why?

MRS PRINGLE. Well, ye see, I'll ave to learn
to Milk it.

WILKIE. That's all right. Sand Colquhoun'll
teach you.

MRS PRINGLE. Oh the gentleman in the
lorry with the young lady? Will e really? I'd
be so grateful. I ardly slept a wink last
night, worryin.

(*Mrs Howie comes in from the kitchen with
another loaded tray*)

MRS HOWIE. Is that licht still on. We dinna
need it nou. The sun's oot again.

(*She puts her tray on the table and switches
the light off*)

SALLY. There won't be electric light where
Mrs Pringle's going?

WILKIE. I'm afraid not.

MRS HOWIE (*as she picks up her tray*).
There wad hae been if there had been
onybody bidin in the hooses whan they
were puttin the poles up, for they took
them up the length o the Lagganheid. They
even took them to the Smuraig, a wee bit
place fower miles frae the road on the hill
abune Lochscorrodale. There was an artist
bidin in the place, and he was wild because
the poles speylt his view, but he was juist
the tenant, sae they peyed nae heed to him.

---

[8] (1911–95) Chief of the Clan Fraser.

[9] The last post-war austerities were in force
until 4 July 1954.

SALLY. But I'm sure most people would find it a great help, Mrs Howie?

MRS HOWIE. Oh ay, it's made wark easier athegither. I dinna ken what I wad dae withoot it in the heicht o the season, wi lassies sae ill to come by, and it's the same aa ower. There's a big boardin-hoose doun at Sandywick, Mary Ralston's. She used to hae eicht lassies in the simmer. Nou she can dae wi five. But ye'll pardon me. I hae yer lunch to think o.

(*She goes into the hall*)

WILKIE. That's the answer to those who say you can stop the drift to the towns by giving everyone in the country electric light and water-closets.

SALLY (*coldly*). I wasn't aware that anyone had mentioned sanitations, Mr Wilkie.

WILKIE. No, but you see, there's a world shortage of phosphorous. We used thousands of tons of it during the War in incendiary bombs…

(*Maclaren comes rushing to the hall door, interrupting him*)

MACLAREN. I say, everybody, will you come now? The photographer says this'll be his only chance today. There'll be a big black cloud across the sun in a few minutes. Hurry. I've got the cart and the two cows and the piper. Please all line up just as if we were setting off. We can have lunch later. Hurry. Please.

(*Macleod stays where he is, out of the picture. Wilkie and Sally stand politely waiting for a move from the Pringles*)

GEORDIE. Dae ye mind if I juist bide here?

MACLAREN (*alarmed*). Mr Pringle, you must come.

MRS PRINGLE. Ay, come on, Geordie.

MACLAREN. You've got to. I know it's embarrassing, but we must get all the publicity we can. Our members are falling off, and we need their subscriptions. We've spent a lot, you know, and funds are getting low. Please, Mr Pringle.

MRS PRINGLE. It's the least ye can do, lad.

MACLAREN. Yes, come on. We'll let you stand in the background. (*As Geordie capitulates*) That's right.

(*The Pringles leave, followed by Wilkie and Sally. Maclaren turns to Macleod as soon as they are out of earshot*)

MACLAREN. Oh Ronny, I want a word with you. I'm in a dreadful fix. The Fyvie couple don't want their cow. (*Mrs Howie enters from the hall with her empty tray*) Oh Mrs Howie, will you please send out the maid to come into our photograph? Two of our people are rather shy of the camera and we want as big a crowd as we can get. The fellow driving the cart said she would come. Ask her, will you? Please. It's urgent.

MRS HOWIE. I'll see what she says.

MACLAREN. Thank you. (*She goes into the kitchen*) Ronny, what are we going to do?

RONNY (*with peculiar disinterest*). About the cow?

MACLAREN. Yes. They don't want it.

RONNY. Why?

MACLAREN. Oh just too fastidious, apparently. Of course he smells of drink and perhaps he doesn't know how awkward he's being. He says he'll take six cows and a milking machine but he's damned if he's going to keep a single cow and milk by hand. He says it's slavery. Imagine. After all he wrote in that Buchan book. I remember distinctly a passage about the strange sympathy that exists between a cow and its milker. He said it grew from the cow's maternal instict. He called it beautiful. Now he's grown cynical. I suppose it's the effect of working with the BBC. (*Anna enters from the kitchen, fingering the strings of her apron*) Oh hullo. Good. That's right. Take off your apron and go round to the yard. We want you to lead one of the cows. Look for Mr Wilkie. Please hurry. (*He ushers her out and turns back into the room again*) What are we going to do, Ronny? Will you take it? The Pringles are just learning and Sandy has his goats. There's Wilkie, of course, but he's always lost in his writing.

RONNY. Bill, I'm sorry, but I've got to give up.

MACLAREN. Ronny, you're not going to desert us

RONNY (*interrupting quickly*). I shan't be deserting, as you call it. I've done my bit. I was a pioneer. I was to spend a year here getting the place ready for the settlers. I've done it.

MACLAREN. But the three of you agreed to stay. We've kept one of the cottages for you. We could have had three couples to-day, as we intended.

RONNY. Sandy and Wilkie are staying on. They need the cottage. My going won't make any difference.

MACLAREN. But you were so useful. You had the background. What's happened. What's made you change your mind?

RONNY. I've had a film offer. They want me to be in London on Monday.

MACLAREN. London! You're going to London!

RONNY. Why not?

MACLAREN. Why not!

(*Wilkie comes to the hall door*)

WILKIE. Hurry, Bill. They're asking for you.

MACLAREN. Try to talk Ronny round, John. He says he's going to London.

(*He rushes out*)

WILKIE. London!

RONNY. Yes, London. I've had a film offer.

WILKIE. My God. If it had been anywhere else. If it had been the Glasgow Civic.

RONNY. They've offered me only one part in the last twelve months, a walk-on in their pantomime.

WILKIE. And you replied very nobly that you were devoting yourself to something more important.

RONNY. I meant it. But look what's happened now. Three Lowlanders and a woman from Yorkshire are going over there to live in houses that we've sweated to build.

WILKIE. We didn't build them. The volunteers did.

RONNY. We did all the organising. We spent the winter there. I made fences and dug drains till my hands were blistered.

WILKIE. Oh stop feeling sorry for yourself. It's served a purpose, hasn't it? People are going to live there, aren't they, where nobody's lived before for a hundred years?

RONNY. There was a shepherd there till about five years ago.

WILKIE. Yes, a single shepherd.

RONNY. He had a family. And he was a Highlander into the bargain.

WILKIE. What does that matter?

RONNY. What does that matter! You should read some of our old leaflets again. Have you forgotten our policy? The Highland life. The Gaelic.

WILKIE. You won't help things much by going to London.

RONNY. I'll be interpreting the Highland life through the film medium.

WILKIE. Humbug.

RONNY. It isn't.

WILKIE. What's the film?

RONNY. Mind your own business.

WILKIE. You're ashamed to say.

RONNY (*defiantly*). It's Rob Roy.

WILKIE (*aghast*). My God! Don't tell me you're going to be Dugal Craitur!

(*Maclaren rushes to the hall door*)

MACLAREN. Come on, John. Hurry. We want you in front in your kilt.

(*He rushes away again*)

WILKIE. You damned Quisling!

(*He follows Maclaren. Ronny stands facing the door, dejected. The tinker's pipes give a preliminary squeak. He stiffens. They start to play 'The Road to the Isles'. He walks to the sofa, sits, puts his elbows on his knees and his chin in his hands and broods. The light darkens as a cloud covers the sun*).

C U R T A I N

ACT THREE

The same room on the evening of a wild Saturday in December, seven months after the events of Act Two. A gale is blowing outside. Throughout the Act, at places indicated in the script, the wind is heard howling in the chimney. It is heard now.

Anna enters from the kitchen, followed closely by Duncan Campbell wearing an old oilskin coat and with cap in hand.

ANNA. She eesna here. Vait a meenit and I veel see. (*She goes through the hall door, to return almost immediately*) Here she ees. (*She goes straight out into the kitchen. Mrs Howie enters from the hall, carrying a half-used ball of string and a knife*)

MRS HOWIE. Hullo, Duncan. (*She puts the string in a drawer in the sideboard*) It's a terrible nicht. I was juist tyin doun the skylichts. That lassie had the ane in her room wide open.

DUNCAN. Is Mr Howie no in? I was worryin aboot the stacks at the Laggan.

MRS HOWIE. That's whaur he is. He gaed up this efternune efter hearin the wather on the wireless at denner-time.

DUNCAN. Ah, weill, he'll hae seen to them. The doors here are aa weill fastent. And I hae putten a wheen big stanes on aa the hen-hoose rufes.

MRS HOWIE. Ay. Weill, there's naething else we can dae.

DUNCAN. I'm worrit aboot the Doctor's bees at the Lagganheid.

MRS HOWIE. Ye canna gang awa up there on a Setterday nicht. If they arena weill tied doun it juist canna be helpit.

DUNCAN. They're weill tied doun, but the wind's risin bye the ordinar. Is the nicht's forecast bye yet?

MRS HOWIE. I dinna ken. That clock's no to be lippent on.

DUNCAN (*looking at his watch*). I mak it juist aboot time.

(*Mrs Howie switches on the wireless*)

ANNOUNCER: '...another white settler. This brings the number of murders by native terrorists during the last month to no less than ten. Lt. General Sir Michael Dornoch, the Governor of the Colony, states that the time has come for drastic action by the Military. Troops of the King's African Rifles have been drafted into the area, and it is expected...'

MRS HOWIE (*switching off*). We're ower late. That's the news. They black deils are fairly gaun their dinger.

DUNCAN. Daes it no gie anither wee bit aboot the wather whan the news is bye.

(*Mrs Howie switches on again*)

ANNOUNCER: '...for some time to come. Finlay Brocklehurst, MP, a member of the recent political delegation to the Colony, has stated at a meeting in West Ham that the root cause of the trouble is land hunger among the natives.'[10]

MRS HOWIE (*switching off*). They'll be at that for ages. Dae ye think the steamer'll win ower the nicht?

DUNCAN. I watched it. It cam straucht ower into the bield o the hills here and then gaed doun the coast.

MRS HOWIE. Will it be able to tak the pier, though?

DUNCAN. I think sae. It's bieldy at the Soothend in this wind. In fact this coast's the bieldiest bit in a Norwest wind in the haill Firth.

MRS HOWIE. They'll hae haen a gey toss.

DUNCAN. Weill, it's the time o the year for it. Try again.

(*Mrs Howie switches on*)

ANNOUNCER: '...all coasts of the British Isles. Gales will be severe in the North and the North West. That is the end of the news.'

MRS HOWIE (*switching off*). Severe. That's bye the ordinar.

DUNCAN. Ay.

MRS HOWIE. Weill, Duncan, there's naething mair ye can dae aboot it. Awa hame to yer fire. Yer wife'll be wearyin.

DUNCAN. Tell the Doctor I'll look his hives ower the morn.

MRS HOWIE. Let him tak a walk up there himsell.

DUNCAN. I'll gang wi him, and ower to the Cuithe tae, if he likes.

MRS HOWIE. The hives ower there'll be aa

richt, for Sandy Colquhoun said he wad keep an ee on them, and he'll be ower here the nicht if he can manage it, for Miss Dunlop's comin.

DUNCAN. But he's still doun in Sandywick.

MRS HOWIE. Eh?

DUNCAN. He had to turn back the-day again at the Scriodan.

MRS HOWIE. His engine again?

DUNCAN. Na. The watter was juist ower reugh.

MRS HOWIE. But he was roun for ile, and that's the third day he's been taiglet.

DUNCAN. Ay.

MRS HOWIE. If they rin oot o ile they'll be in a gey pickle, for I heard that the peat they cut last simmer was juist aboot useless. It wasna richt peat at aa.

DUNCAN. Na, juist *raiveagan*. It burns aa richt wi a wheen sticks, but it gies gey little heat and ye could hardly cook w'it.

MRS HOWIE. Puir sowls. And they'll need ile for licht. And it's no the sort o thing ye can cairry ower the hill in mair nor gallon cans.

DUNCAN. Na.

MRS HOWIE. Could he no hae come up for the cairt?

DUNCAN. He thocht he wad mak it in the boat. And he kent we were thrang cairtin dung.

MRS HOWIE. He kent ye wadna be cairtin in the efternune, and it's Setterday. He's juist ower independent. I'll gie him a taste o my tongue whan he comes in, for if he's doun there he'll be up as sune as the bus comes. (*Jock comes in from the kitchen*) Oh ye're there, faither. Hou did ye get on?

JOCK. Aa richt. We pat some extra raips on them. Hullo, Duncan, did ye manage the milkin?

DUNCAN. Ay, and I hae fastent doun aa that I could fin loose.

JOCK. Guid, for it'll be waur afore it's better. I saw twa boats gaun up the coast. They're keepin gey close in to this side the nicht.

DUNCAN. Ay. The steamer gaed doun no fifty yairds oot.

JOCK. I watched it.

MRS HOWIE. It's in aa richt?

JOCK. Ay.

DUNCAN. Guid nicht, then, Mrs Howie.

MRS HOWIE. Guid nicht, Duncan.

DUNCAN (*to Jock*). Guid nicht.

JOCK. Guid nicht. (*Duncan leaves by the kitchen door*) Could ye no hae offert the man a dram. It's Christmas.

---

[10]   The Mau Mau Revolt in Kenya (1952–60).

MRS HOWIE. It's no Christmas yet, and I hae something I want to tell ye.

JOCK. What?

MRS HOWIE. That lassie's gaen and gotten hersell into bother wi Hughie O'Leary.

JOCK. Anna.

MRS HOWIE. Ay.

JOCK. I micht hae kent it.

MRS HOWIE. Weill what's he gaun to dae aboot it? Will he mairry her.

JOCK. Whaur are they to bide? He canna tak her up to the bothy at the Laggan.

MRS HOWIE. She canna gang hame. She lost aa her folk in air raids, and the place is juist a ruckle o tummlet stanes, as far as I can mak oot.

JOCK. Whan did ye fin this oot?

MRS HOWIE. I jaloused this mornin. She's been seik. I wormed it oot o her no an hour syne.

JOCK. I'll hae to hae a talk wi him. Will he be doun the nicht?

MRS HOWIE. Did ye no see him?

JOCK. I left him no an hour syne, but he said naething to me.

MRS HOWIE. He wadna, the sleekit deil.

JOCK. If he daes come in, tell him I want him.

MRS HOWIE. Ye can hae him whan I hae feenished wi him.

JOCK. Ay weill, I'll cheynge ma breeks.

(He leaves by the hall door)

MRS HOWIE. Anna!

(Anna comes in from the kitchen)

ANNA (slightly defiant). Ayee?

MRS HOWIE. Put on the tatties and then warm up the kail.

ANNA. Ayee.

MRS HOWIE. Ye big saft lump, ye.

(Anna leaves. There are voices in the hall and Jock puts his head in at the hall door)

JOCK. Here's Sandy. He's still at Sandywick.

(Sandy Colquhoun enters)

SANDY. Hullo, Mrs Howie. I didn't get back today either. It was too rough.

MRS HOWIE (loitering at the door). They'll be anxious aboot ye. It's a woner ane o them hasna been ower.

SANDY. I think they'll see there hasn't been much chance.

MRS HOWIE. But if they're short o ile.

SANDY. That's juist it. I'd go back by the hill like a shot if it was worth it, but I could hardly carry more than two gallons.

JOCK. It wad feel gey heavy by the time ye gat ower there wi't.

SANDY. Yes, and it wouldn't last long. I know tomorrow's Sunday, and I hate to impose on you again, but if I could possibly have the cart.

MRS HOWIE. Shairly.

JOCK. It's the burns, though. Ye couldna ford the Glenellan in this wather. And if ye did win oot o the glen ye wad sink in the moss on the hill tap.

MRS HOWIE. Ye could hae a try at it, shairly. They canna be withoot licht.

SANDY. It isn't just the light. There's the cooking.

MRS HOWIE. Their peat was useless.

SANDY. We missed Ronny last summer. He knew peat. We didn't.

JOCK. Weill Sandy, if it's as bad as aa that, I'll try to win ower the morn wi the slype.

SANDY. The slype?

JOCK. It's a kind o sledge affair.

SANDY. Oh that thing. But it'll be worse at the fords than a cart, surely.

JOCK. I'll keep to this side o the burn till we're richt on the hill.

SANDY. It's rough going.

JOCK. We'll hae to try oor best.

SANDY. I don't know what we'd ever have done without you, Mr Howie.

JOCK. Oh I'm no sayin ye're no a lot o damned nuisances.

SANDY. I know. I sometimes think that we should just give up. But there's the stock. We'd have to bring that over too, and we'd have to have everything arranged for its disposal.

JOCK. I ken. Forget aboot it.

MRS HOWIE. Ay, bide and hae supper wi's.

JOCK. And I'll cheynge my breeks.

MRS HOWIE. Mary Dunlop should be here ony time nou.

SANDY. The doctor's coming for Christmas too, isn't he?

MRS HOWIE. Ay, and Mrs Hawthorn-MacEachran, or Othran, or whateir ye caa it, and the Laird himself. They're gaun to hae their supper here tae, afore they gang doun to the Kennels. We pat fires on for them this efternune, doun there, but she winna feel like cookin juist the meenit she wins into the hoose.

SANDY. I can't imagine that woman cooking at all.

MRS HOWIE. Oh she can open a tin wi the best o us.

SANDY. That's one thing about you, Mrs Howie. Your soup doesn't come out of a tin.

MRS HOWIE. Are ye stervin? Wad ye like some kail nou?

SANDY. Mrs Howie, I wasn't hinting.

Really. I had tea at Mary Ralston's not half an hour ago. I'm not hungry. Really.

MRS HOWIE. Daes Mary Ralston's soup come oot o a tin?

SANDY. She's been very good to me. I'm saying nothing.

(*A knock beyond the hall door*)

MRS HOWIE (*rising*). Guidness gracious, they're on tap o us! Anna!

ANNA (*appearing in the kitchen door*). Ayee?

MRS HOWIE. They're here!

ANNA. Ayee

(*She leaves*)

MRS HOWIE (*as she herself leaves by the hall door*). I wadna hae thocht Willie wad hae knockit. (*She goes out, leaving the door open. The wind whines in the chimney. The door shuts. Sandy stands waiting. Mrs Howie opens the door and calls to him*) Send Anna.

SANDY. Anna?

MRS HOWIE. Ay. Send her through. Quick.

SANDY. What's wrong?

MRS HOWIE. Send the lassie.

(*She leaves. Sandy goes to the kitchen door*)

SANDY. Anna. Mrs Howie wants you at the front.

ANNA (*appearing*). At zee front?

SANDY. Yes. Hurry. There's something, wrong.

(*Anna goes through the hall door. Sandy stands by the door, hesitant. Hughie O'leary comes to the kitchen door very cautiously. There is another gust of wind. A door beyond the kitchen bangs. Sandy turns*)

HUGHIE. Whaur's Anna, Mr Colquhoun?

SANDY. At the front with Mrs Howie.

HUGHIE. Juist my luck. Ye didna get back the-day again.

SANDY. No.

HUGHIE. I've juist brocht the Pringles doun frae the Laggan.

SANDY. The Pringles! From the Laggan!

HUGHIE. In the Land Rover. They were all in. They cam ower frae the Cuithe this efternune. They were nearly drount crossin the burns. They were wat up tae the waist.

SANDY. They've left!

HUGHIE. The Cuithe?

SANDY. Yes.

HUGHIE. They had nae ile. They said you were bringin it. They had nae licht. They had nae fires.

SANDY. Good God!

(*He turns towards the hall door. Mrs Howie almost collides with him. Hughie slips back into the kitchen*)

MRS HOWIE (*passing Sandy and making for the corner cupboard*). Nou juist you sit doun and dinna fash yersell, Sandy. It's the Pringles. I'm gled the puir sowls are safe.

SANDY. Can I not help in some way, Mrs Howie?

(*Mrs Howie passes him with the whisky bottle and two tumblers*)

MRS HOWIE. Na na, bide ye here. They'll be aa richt.

(*She goes into the hall. Hughie pops his head around the kitchen door*)

HUGHIE. She'll no offer me wan.

SANDY. Will they be all right?

HUGHIE. Oh ay. They're juist forfochen.

SANDY. I had no idea they were so short.

HUGHIE. What could you dae? It's the wather.

SANDY. And that damned engine.

HUGHIE. Sure.

SANDY. Poor Wilkie.

HUGHIE. He's aa right, that fella. He steyed ahint to dae the milkin and feedin.

SANDY (*agitated*). He can't milk. He doesn't strip properly. Look here, Hughie, are you going back up to the Laggan right away?

HUGHIE. Weill, na. I was gaun to hang around, like, and hae a word wi Anya. She and me's great pals, ye see.

SANDY. Oh. Couldn't you run me up to the first ford, though, and come back down again?

HUGHIE. Are ye gaun ower there the nicht?

SANDY. I'll have to. I can't leave Wilkie without oil. And he really can't milk.

HUGHIE. Weill, I didna want to leave yet, juist.

SANDY. You would be back in no time.

HUGHIE. Weill, ye see...

(*Jock comes in from the Hall*)

SANDY. Oh, Mr Howie, Hughie's just come down from the Laggan. He doesn't want to go back yet, and I want to start right away. I'll have to get some oil over to John Wilkie. Couldn't he run me up to the first ford and come back down again?

JOCK. Ay he'll hae to come back, for I want a guid hairt to hairt talk wi him.

SANDY. And could you let me have a two gallon can of oil? I'll pay you back out of my drum.

JOCK. Twa gallons is a gey cairry on a nicht like this. The Pringles say the burns are ower their banks.

SANDY. I'll manage somehow. Can I have it?

JOCK. Hughie, ye ken whaur the ile's keepit?

HUGHIE. Ay, but will the door no be lockit? Ye'll hae to gie me a key.

JOCK. Aa richt. (*To Sandy*) If ye're gaun ower the hill the nicht, ye'll hae to hae some supper.

SANDY. No no, but I want to see Mary if I can before I leave.

JOCK. Tell the missus to gie ye a quick bite. Ye'll need it.

SANDY. All right, thank you. But I don't want to wait.

JOCK. I'll see aboot the ile, then.

(*He follows Hughie out through the Kitchen. Anna comes in from the Hall*)

SANDY. Oh, how are the Pringles. Anna?

ANNA. Zai veel be aa reecht. Zai ver juist tired and vat. Zee caur is here frae zee steamer.

(*She goes into the kitchen. The wind howls. Mary comes in from the hall, still wearing her hat and coat*)

MARY. Anna told me you were here.

SANDY. Mary! (*They kiss*) Listen, Mary. I'll have to leave right away. John Wilkie's over there without any oil. I came round for it three days ago in the motor-boat and haven't been able to get back. And the Pringles arrived here tonight. They'd had to leave.

MARY. I wondered. We were looking for lights at the Cuithe from the steamer, and there wasn't a glint. We thought there must be something wrong. So Wilkie's over there in the dark.

SANDY. Yes, poor beggar.

MARY. Why didn't he just pack up too?

SANDY. He couldn't leave the stock.

MARY. Oh no. You will have to go, then. What luck.

SANDY. Yes. Hughie's running me up to the Laggan in the Land Rover. It'll save me a bit of a walk.

MARY. But it's a terrible night. Will you find your way all right?

SANDY. Oh yes, I've a compass, and I know the bearings from the house here to the cairn at the peat moss, and from the cairn to the Cuithe. Don't worry about that. But I'm sorry I won't be seeing you tonight. I wanted to talk to you.

MARY. About your letter?

SANDY. Yes.

MARY. Well, Sandy, I'm sorry to be sore on you when you're in this mess, but I can't have anything more to do with you until you start showing that you aren't a born fool.

SANDY. Oh.

MARY. I've got a career, Sandy. I can do far more for the Highlands following my own line than a dozen cranks like you scrabbling in a remote glen for a few goats.

SANDY. Scrabbling. That's his word.

MARY. It's a good one.

SANDY. You don't scrabble with bees. You satisfy the disinterested curiosity of a scientific brain. What good does that do the Highlands?

MARY. The bees are off.

SANDY. Off?

MARY. Yes. (*Rather bitterly*) Disinterested curiosity's evidently a motive with scientists only until they acquire sufficient distinction to induce someone to buy their services. The Doctor's accepted a new appointment.

SANDY. Then you won't be at the Lagganhead next summer!

MARY. No. I've stopped being disinterested too. I'm going on the staff of the Mowat Research Institute near Aberdeen. They're doing work there on hill grasses. That should appeal to you.

SANDY. But you won't be here next summer!

MARY. No.

SANDY. But I stayed here because I thought you would.

MARY. I thought you stayed here on principle.

SANDY. I believed in what I was doing, but I came because of you.

MARY. Why not leave because of me?

SANDY. We started something. I hate not to go through with it.

MARY. The whole scheme was mad from the start. You hadn't the slightest hope of going through with it.

SANDY. But it was right. It's still right.

MARY. The general idea was right, but the way you went about it was stupid.

SANDY. But if the idea was right it's only failed because more of the right people didn't take it up. We didn't get support after the first year. People backed out.

MARY. What did you expect? The sort of people who really want to live in the country and know enough about it to make a success of it don't go rushing away to the most inaccessible spot they can find. They go to the best sort of place they can afford, with the best possible facilities and amenities. You'll only get the marginal land settled when the whole country wants back to the land, and the more favourable areas are saturated with people. It'll be an organic process.

SANDY. Jargon.

MARY. It isn't.

(*Mrs Howie enters from the Hall with the whisky bottle*)

MRS HOWIE. Oh, I'm sorry.

SANDY. It doesn't matter, Mrs Howie. Are the Pringles all right?

MRS HOWIE. Puir sowls, they were aboot drappin.

MARY. Will they be all right?

MRS HOWIE. Oh ay. They're gettin into dry claes.

(*She goes to the corner cupboard with the bottle*)

SANDY. Mrs Howie, I'd like that bowl of broth after all.

MRS HOWIE. Are ye no bidin for yer supper?

SANDY. I'm going back to the Cuithe, right away.

MARY. Wilkie's alone without oil.

MRS HOWIE. I'll fetch it at ance, Sandy.

(*She goes into the kitchen*)

MARY. You ought to see that it's impossible, Sandy. Why not wind up over there and take a decent place in Aberdeenshire?

SANDY. It takes money.

MARY. Take a school up there. They're crying out for teachers in the country. If you're a member of a rural community you're doing your bit. And you could try to knock some sense into the younger generation.

(*Mrs Howie comes from the kitchen with a bowl of broth*)

MRS HOWIE. Here, Sandy. It's a peety ye canna bide.

SANDY. Thank you, Mrs Howie.

MRS HOWIE. I'll mak up a piece or twa for ye.

(*She goes back into the kitchen*)

MARY. The Pringles won't be going back, will they?

SANDY (*taking his broth*). I don't know. I don't think so. He kept saying he could make things go if there was only a decent road to the place.

MARY. And Wilkie's leaving?

SANDY. Yes. At the New Year.

MARY. Standing for Parliament.

SANDY (*drily*). As an Agricultural Fundamentalist. In Bridgeton.

MARY. But that's in Glasgow.

SANDY. He says there's no point in preaching 'Back to the Land' to people in the country.

MARY. There's something in that. (*After a short pause*) You can't go on alone over there.

SANDY. I'll have to until the stock's disposed of.

MARY. Then the end's certain.

SANDY. Looks like it.

MARY. If you make for Aberdeenshire, I'll be there.

SANDY (*apparently engrossed in his broth*). No engagement?

MARY. Not yet, Sandy. I'm going to be hard.

(*The Doctor comes to the hall door without coat or hat*)

DOCTOR. Oh, am I intruding?

MARY. Don't be silly. Sandy's just going off to the Cuithe.

DOCTOR. Tonight!

MARY. Wilkie's alone with no oil.

DOCTOR. Oh. I hear the Pringles have arrived. Given up.

MARY. Yes.

SANDY. Well, I'll get my rucsac. Excuse me.

MARY (*remembering the sandwiches*). But Mrs Howie said…

SANDY (*at the hall door*). I'm coming back through.

(*He goes into the hall*)

DOCTOR. He seems a bit grim. Have you been quarrelling?

MARY. He's bound to feel a bit grim. It looks as though the whole thing's fallen through.

DOCTOR. Did you expect anything else?

MARY. No, but I can appreciate his disappointment.

DOCTOR. It was mad from the start.

MARY. They had the right idea.

DOCTOR. We won't fight about it.

(*Sandy enters with his oilskin over one arm and holding his rucsac by one strap*)

SANDY. Well, I'll be going.

MARY. I'll take a walk over tomorrow if the weather isn't just impossible.

SANDY. Goodnight, Doctor.

DOCTOR. Goodnight.

MARY. I'll see you off.

(*Sandy allows Mary to precede him into the kitchen. Mrs Othran-Maceachran puts her head in at the hall door. She too has discarded her outdoor garments*)

FIONA. May I come in?

DOCTOR. Certainly.

FIONA. The dining-room's full of smoke. That chimney's never drawn properly since the big beech was blown down twenty years ago. Funny.

DOCTOR. It would lift the wind and create suction over the chimney-head.

FIONA. Oh.

DOCTOR. I've found why we couldn't see the Cuithe lights. They're out of oil.

FIONA. No!

DOCTOR. Yes. And the Pringles have just turned up.

FIONA. The Pringles.

DOCTOR. One of the couples.

FIONA. Oh yes. Given up have they?

DOCTOR. Yes.

FIONA. How many does that leave?

DOCTOR. Two of the originals. And one of them's leaving soon to stand for Parliament.

FIONA. Really. What as?

DOCTOR. I've no idea. Scottish Nationalist, I suppose.

FIONA. Is he a millionaire? He'll lose his deposit.

DOCTOR. I suppose the money's put up.

FIONA. It looks as though it's all over, then?

DOCTOR. Yes.

(*David Othran-Maceachran puts his head in at the hall door. He is in correct Highland dress, without cape or bonnet, and looks very handsome. He knows it*)

DAVID. Oh you're there, darling.

FIONA. The Cuithe people have just about given up.

DAVID. You expected that didn't you?

FIONA. Yes.

DAVID. I can't think why they ever did it.

DOCTOR. It takes all sorts to make a world.

DAVID. I suppose so. Did I hear you saying you were going abroad, Doctor?

DOCTOR. Yes. Africa. I've been offered an important appointment with the Colonial Food Corporation.

FIONA. Not ground nuts, surely.[11]

DOCTOR. No. Sunflower seeds.

FIONA. No! Whatever for? I mean, why sunflower seeds?

DOCTOR. They contain a high proportion of protein to their bulk, and make an excellent poultry food. The idea was to produce them in prodigious quantities for feeding to poultry on the spot, the eggs to be shipped to the UK.

FIONA. Oh, the Poultry Scheme.

DAVID. Yes, of course.

DOCTOR. Yes. The idea was sound enough, really. The land to be used was virgin forest, hitherto unproductive, and modern

mechanical methods were to be used in clearing it. On such a large scale, and with labour so cheap, it promised to be very profitable.

DAVID. Something went wrong, didn't it?

DOCTOR. Nothing that can't be rectified. But there was, I'm afraid, an initial lack of co-ordination between the experts.

DAVID. Oh.

DOCTOR. Yes, they went ahead a little too drastically with the bulldozers. They levelled huge areas of forest instead of taking it in strips.

DAVID. Strips were desirable?

DOCTOR. Well, you see, the bees out there lived in the trees.

DAVID. Ah, bees! Now I begin to see where you come in, Doctor.

DOCTOR. Yes. The bees out there lived in the trees and drew their pollen and nectar from the tree flowers. When the trees were removed they were simply wiped out.

FIONA. And the bees were important, were they?

DOCTOR. Essential. The particular sunflower in production, *Helianthus Laridus*, depended on bees for its fertilisation. Without bees working it for pollen, the seeds just didn't form.

DAVID. Really.

DOCTOR. Yes. The crop failed.

FIONA. How utterly silly. That was at the time of the Labour Government, wasn't it?

DOCTOR. You can hardly blame the Government.

FIONA. Oh surely. They ought to have appointed the right people.

DAVID. Well, darling, they seem to be doing that now.

FIONA. Yes, *now.*

DAVID. Yes. And how will you solve the problem, Doctor? Do you replant the trees in strips, or something like that?

DOCTOR. Oh no. That would take too long.

DAVID. Of course. How silly of me. You replace the bees, then?

DOCTOR. They did.

DAVID. Oh.

DOCTOR. Yes. Bees use pollen only for feeding their brood. Their main food is nectar.

DAVID. Nectar?

DOCTOR. Well, honey.

DAVID. Oh, honey, yes?

DOCTOR. Yes, But the *Helianthus Luridus* provides only pollen. The bees began to starve.

FIONA. Good heavens.

---

11 The highly-publicised failure of Britain's groundnut scheme of 1946–51 in colonial Tanganyika became at this time a byword for folly in large-scale technocratic government.

DOCTOR. I admit it does sound quite fantastic, but the problem wasn't simple.

DAVID. No.

DOCTOR. My job's to solve it.

FIONA. But how? It sounds impossible.

DOCTOR. I'll have to find a crop that can be grown to provide nectar, and at the same time meet the requirements of the poultry industry.

DAVID. And have you any ideas?

DOCTOR. Naturally, I'll have to make a study of the local flora.

DAVID. I see.

(*Mary Dunlop comes in from the kitchen*)

MARY. Excuse me. I haven't got my things off yet.

(*She goes into the hall*)

DOCTOR. She's rather upset. Her young man has to try to get over to the Cuithe tonight with oil for his friend.

FIONA. Oh.

DOCTOR. They can't leave their animals, you see.

FIONA. No, of course. Poor things, I can't help feeling sorry for them. Really.

DOCTOR. They asked for it.

DAVID. Still.

(*Mrs Howie enters from the kitchen with a tray*)

MRS HOWIE. Oh Willie, will ye haund doun that mail to Mrs Othran-MacEachran? I could hae sent it doun to the hoose, but I thocht ye micht as weill collect it here.

FIONA. Yes of course.

(*The Doctor takes some letters from a shelf on the sideboard*)

MRS HOWIE. The supper'll be ready in a wee while.

FIONA. There's no hurry. (*Taking mail*) Thank you Doctor.

DOCTOR. Where's my father, mother?

MRS HOWIE (*as she leaves by the hall door*). He's haein a bite in the kitchen.

DOCTOR. Excuse me, will you? I haven't seen my father yet.

(*He goes in to the kitchen*)

FIONA (*handing letters*). Three for you.

DAVID. Thank you.

(*They begin to look through their mail. There is another gust of wind*)

FIONA. All bills.

DAVID (*indulgently*). Oh dear.

FIONA. Anything interesting?

DAVID. Priceless. They want me to present the trophies on the last night of the drama festival at the Southend.

FIONA. How nice of them. Can you manage it?

DAVID. Middle of February. Difficult.

FIONA. Do try. Ralston of Barskimming usually does it.

DAVID. I say!

FIONA. What?

DAVID. From the WRI at Sandywick. Will I be Santa Claus at the Christmas party? A bit thick.

FIONA. It is, a bit.

DAVID. Infra dig, you think?

FIONA. I don't know. It would depend how it was done.

DAVID. Damn it, I'll do it. I'll show them I'm not stuck-up,

FIONA. I'd love to see you.

DAVID. Oh.

FIONA. What next?

DAVID. Edinburgh. From Ruddy. Ruddy Kaup.

FIONA. Oh I met him, didn't I?

DAVID. Yes, at the Festival Club.

FIONA. I remember. Isn't he the Director of the whole Festival?

DAVID. Artistic Director, I say! This is shattering!

FIONA. Not bad news?

DAVID. Far from it. He's leaving. He's leaving next autumn.

FIONA. Oh?

DAVID. Going to Hollywood. He says they've been discussing the question of his successor.

FIONA. Not you!

DAVID. Yes. He says I seem to be regarded with some favour. It's confidential, of course.

FIONA. Oh quite.

DAVID. He says there's always been some prejudice against him because he isn't a Scotsman. They'd like a Scotsman, you see, but they want one without a parochial outlook. And then there's the fact that the Festival has always been rather weak on the dramatic side. They seem to think I could correct that.

FIONA. How splendid. But the musical side, darling? Could you cope?

DAVID. I think so. Of course I'd have to mug it up. But I mustn't count my chickens. He's just putting me in the picture. He says I can expect to be approached. I say, darling, wouldn't it be wonderful?

FIONA. I was quite enjoying things as they were.

DAVID. But this is in a different street.

FIONA. Oh, I'm all for it. It would mean more money, would it?

DAVID. Oh yes. And the prestige.

(*The lights go quickly out and in, twice*)

DAVID. What was that?

FIONA. I don't know.

(*Mrs Howie hurries in from the hall*)

MRS HOWIE. The poles are gaun to gang. This aye happens afore they gang athegither. I'll hae to get the lamps ready.

(*She takes an Alladin lamp from the sideboard, shakes it to see if there is any oil in it, and puts it on the centre of the table. She takes a box of matches from the mantle-shelf and places them beside it. The wind howls. She goes into the kitchen*)

FIONA. It would be quite like old times.

DAVID. Lamplight?

FIONA. Yes.

DAVID. I say, darling, if this came off we might manage to buy the old place back. In a few years, I mean.

FIONA. No, David.

DAVID. But why?

FIONA. I told you when I married you. We'll never have an heir.

DAVID. But for ourselves.

FIONA. No. It's far too big. It simply eats money up. And I've gone through all the misery of parting with it. Please.

DAVID. Sorry.

(*Mrs Howie comes in from the kitchen with a double-burner lamp*)

MRS HOWIE. I'm gled we keepit aa the lamps. Ye dinna ken whan ye're gaun to need them.

(*As she goes out into the hall there is another gust of wind*)

FIONA. Darling, I've been thinking.

DAVID. Yes?

FIONA. You are a silly. If you got this job we'd have to find a new place in Edinburgh?

DAVID. Yes. Well?

FIONA. It would have to be pretty decent.

DAVID. Oh yes.

FIONA. They say you can't find houses to let nowadays. You've got to buy.

DAVID. Building society.

FIONA. But it's such a drain.

DAVID. Yes.

FIONA. Never mind. Some day I'll be able to sell the Cuithe.

DAVID. Sell it?

FIONA. You wouldn't mind? We'd still have the Alltabuie and the wood at the Kennels.

DAVID. But darling, who'd buy it?

FIONA. The Forestry Commission. They're working up this way now. And if they made an offer before the cottages fell to pieces I might do quite well out of it.

DAVID. The cottages?

FIONA. Yes. I told you, didn't I, that they'd be mine if these people gave up.

DAVID. Oh yes, you did. They revert to the estate.

FIONA. Yes. But they'll fall to bits again very quickly.

DAVID. Couldn't they be looked after?

FIONA. I think I've an idea.

(*Anna comes in from the kitchen with a tray full of plates*)

ANNA. Excuse.

(*She passes through. The Doctor comes in from, the kitchen*)

DOCTOR. It's almost ready at last. I don't know about you people, but I'm starving. A good toss on the Firth always gives me an appetite.

DAVID. Yes, I like a good blow too.

(*Mrs Howie comes in from the hall*)

MRS HOWIE. Whaur's Mary, Willie?

DOCTOR. She hasn't come down yet.

MRS HOWIE. Gie her a caa, will ye?

(*She goes into the kitchen*)

DOCTOR. Excuse me.

(*He goes into the hall. Mr Howie comes in from the kitchen*)

JOCK. Oh, I thocht ye had gane into the dinin-room.

FIONA. That's all right. David, I'll follow you in a second.

DAVID. Oh. (*To Jock*) Excuse me.

(*He goes into the hall*)

FIONA. Mr Howie, it looks as if these people at the Cuithe can't last very long.

JOCK (*cautiously*). I was thinkin that mysell.

FIONA. You wouldn't care to put a shepherd over there again? The inbye land's fenced, and they've been cutting bracken on the hill-face for two years. It ought to be considerably improved.

JOCK. The breckans'll hae to be cut for anither year yet.

FIONA. Well, wouldn't it be worth while?

JOCK. It micht.

FIONA. And the cultivated land would seed down nicely.

JOCK. Ay.

FIONA. What about it? You could winter your hoggs over there. And you know you're overstocked in the glen here.

JOCK. I'll no say ye're wrang.

FIONA. Well?

JOCK. It wad depend.

FIONA. On the rent, yes. Think it over, and see my agent at the Southend. I'd be very reasonable if you agreed to keep an eye on the two unoccupied cottages.

JOCK. Oh. It wadna pey me to cut the breckans for anither year if ye were gaun to sell richt awa to the Forestry Commission.

FIONA. There could be no question of that for a while yet, and even then it might be a year or two before they started to plant.

JOCK. I wad hae to hae some guarantee.

FIONA. Yes of course. Well?

JOCK. I'll think it ower.

FIONA. Thank you.

(*Mrs Howie enters for the kitchen with a tray holding a large soup tureen and a ladle*)

MRS HOWIE. It's ready nou, mem.

FIONA. Oh good.

(*She precedes Mrs Howie into the hall. There is another gust of wind. Mr Howie puts on his glasses and picks up the 'Scottish Farmer'. Anna comes in from the hall with an empty tray and goes into the kitchen. There is another gust of wind. Voices are heard*)

JOCK. Anna! (*Anna enters*) Is that Hughie O'Leary in there?

ANNA. Ayee.

JOCK. Send him in.

(*Anna goes into the kitchen. Hughie enters. Anna comes out again with another tray holding an ashet with meat and two dishes of vegetables. She eyes the men anxiously in passing. Jock watches her go into the hall. Hughie watches Jock*)

JOCK. Weill, my lad, what's this I hear aboot ye?

HUGHIE. Don't be sair on me, Mr Howie. It's only human nature.

JOCK. Human nature has consequences. It's yer duty to think aboot them afore ye let it rin awa wi ye.

HUGHIE. It's easy to talk.

JOCK. The lassie's in a bonnie pickle. She canna gang hame.

HUGHIE. I don't want her to gang hame.

JOCK. Ye'll mairry her?

HUGHIE. Weill, it's no sae easy.

JOCK. Na, ye canna tak her up to the Laggan bothy.

HUGHIE. Na. And I wad need a better job.

JOCK. Hae ye been offert ane?

HUGHIE. Na, but I micht get ane.

JOCK. Ye'll hae to be gey quick.

HUGHIE. Could ye no offer me a better job yersell, Mr Howie?

JOCK. What daein?

HUGHIE. I could shepherd the Cuithe frae the Lagganheid.

JOCK. Ye canna hae the Lagganheid. That's my son's.

HUGHIE. If ye're gaun to put bees afore folk.

JOCK. It isna juist that. Ye canna herd the Cuithe frae the Lagganheid. It's ower faur awa frae the draw-moss in the hills to the North.

HUGHIE. Ye don't want me to bide at the Cuithe!

JOCK. What wey no? There's a guid hoose.

HUGHIE. It's kind o oot o the wey.

JOCK. Mony a herd's hoose is oot o the wey. I wad let ye hae a coo.

HUGHIE. Oh.

JOCK. Ye could keep a wheen hens.

HUGHIE. I wad need some o the arable.

JOCK. Ye could hae ane o the parks.

HUGHIE. What aboot that tractor?

JOCK. It micht gang cheap. Maist folk aboot here canna be bothert wi thae twa-wheeled things.

HUGHIE. They're aa right. But it wad be ower dear for me.

JOCK. I'll gie ye it.

HUGHIE. There's Anya, though. She's to hae the doctor. And I wad hae to get her ower the hill whan she had to gang to the hospital. Of coorse there's that motor-boat.

JOCK. Ye're no gettin that. Rabbie Watson's haen his ee on that for a while nou. He's gaun to rin the veesitors ower to Inshcernack in the simmer for picnics. But I tell ye what. I could hire it whiles. And Anna could be brocht roun a week or twa afore her time.

HUGHIE. Whaur wad she bide?

JOCK. She could bide here.

HUGHIE. Oh. I canna cut peats till next summer.

JOCK. Ye could cairt ower some coal.

HUGHIE. Is coal pairt o the bargain?

JOCK. Coal, ile and the coo. The tractor's a waddin praisent. Mind ye, though, ye get nae mair coal efter yer peats are stackit.

HUGHIE. Shepherd's pey?

JOCK. And a bonus at the lamb sales.

HUGHIE. Oh.

JOCK. See what she says.

HUGHIE. What can she say? I'm no like you, Mr Howie. I'm the boss.

JOCK. Juist wait. Is it a deal, then?

HUGHIE. I'll think aboot it.

JOCK. Hae a dram on it nou.

HUGHIE. Aa richt, it's a deal.

(*Jock goes to the corner cupboard and gets out the whisky bottle and two glasses. There is another gust of wind. He pours drinks*)

JOCK. Guid health.

HUGHIE. Slainte.

(*Mrs Howie enters from the hall*)

MRS HOWIE. What's gaun on here!

HUGHIE (*in mock terror*). I'm awa.

(*He rushes out into the kitchen*)

MRS HOWIE. Drinkin wi that deil!

JOCK. He's gaun to herd at the Cuithe if thae folk leave.

MRS HOWIE. Ye're no sendin the puir lassie ower there!

JOCK. Ye had yer ain bairn at the Lagganheid, had ye no?

MRS HOWIE. The Lagganheid's no the Cuithe.

JOCK. It was as faur oot o the wey in thae days as the Cuithe is nou. There was nae hospital then in Lochscorrodale, and nae dacent road ower aither.

MRS HOWIE. Things are different nou. Folk are used to amenities. (*The light goes out and in, quickly, once*) The poles!

(*The light fails altogether. There is only the glow from the fire*)

MRS HOWIE. There. I kent it wad happen.

JOCK (*by the mantleshelf, throwing grotesque shadows on the wall opposite*). Whaur are the matches?

MRS HOWIE (*striking one*). Here.

(*She lights the lamp. The wind howls in the chimney. She hands the matches to her husband*)

MRS HOWIE. Licht the lamp in the dinin-room.

(*He goes out into the hall. The wind continues to howl. The door bangs behind him. Anna opens it and enters with a tray. Mrs Howie takes another box of matches from the mantleshelf*)

MRS HOWIE. Licht the lamp in the kitchen.

ANNA (*taking matches*). Ayee.

(*She goes into the kitchen. Mary comes in from the hall, distressed*)

MARY. Can I have this lamp for my room, Mrs Howie?

MRS HOWIE. This lamp? I want it here, lassie. Ye can hae a single-burner.

MARY. I need a good one.

MRS HOWIE. What's wrang wi ye?

MARY. It's for Sandy. He's finding his way by compass. He's taking his bearing from the house here.

MRS HOWIE. He'll see the licht here, will he no?

MARY. No. The only light he can see when he gets on to the moss is the light in my window.

MRS HOWIE. Hou dae ye ken that?

MARY. I know. It's in the gable. This window's side-on.

MRS HOWIE. But there's a dinin-room windae in that gable.

MARY. He can only see the upstairs one. Mrs Howie, I know. He's got to be able to see my light to find his way to the cairn. From the cairn he knows his bearing to the Cuithe.

MRS HOWIE. But can he no see the Laggan?

MARY. He can't see the Laggan from the moss either. I know. Don't laugh, Mrs Howie, but you see, he used to climb to the cairn from the Cuithe at night in the summer, and sit and look at my window. He said it was the only light he could see.

MRS HOWIE. Hurry awa wi't. I'll manage somehou.

MARY. Thank you, Mrs Howie. I'm so worried.

(*She goes out into the hall with the lamp. Mrs Howie goes into the kitchen. Light streams through the door. The wind howls. She returns with the double-burner lamp. Anna follows with a tray holding a pudding-dish, biscuits and cheese. Mrs Howie puts the lamp on the table, adjusting the wicks. Anna goes into the hall. The wind howls. Mary comes in from the hall, without the lamp*)

MARY. Is Hughie O'Leary back yet, Mrs Howie?

MRS HOWIE. He was in the kitchen the nou, but he keeps fleein whan he sees me.

MARY. I wondered how far he took Sandy.

(*Mrs Howie goes to the kitchen door, stealthily*)

MRS HOWIE. Here you! Come ben.

HUGHIE (*appearing at the door, feigning terror*). I've seen the boss.

MRS HOWIE. Miss Dunlop wants to speak to ye.

MARY. How far did you take Sandy, Hughie?

HUGHIE. Up to the first ford.

MARY. Did he get over it?

HUGHIE. Ay, but he got gey wat. It's a guid thing the chain's there, or he wad hae been washt awa.

MARY. He's to cross again further up.

HUGHIE. It'll no be sae bad there.

MARY. Do you think he'll be all right?

HUGHIE. Och ay.

MARY. What about the wind when he gets on to the moss?

HUGHIE. There are bieldy bits amang the peat binks. He can aye tak a rest.

MARY. But he's to keep his direction.

HUGHIE. Och, he'll be aa richt.

MRS HOWIE. Ay, awa and feenish yer supper.

MARY. I'm going to watch at my window. If he gets over the second ford and away from the burnside, I'll be able to see his torch.

MRS HOWIE. Tak yer supper, ye silly.

MARY. Let me have my own way. Please.
(*She goes into the hall*)

HUGHIE. She's worried.

MRS HOWIE. Weemen are silly. Hae ye telt Anna she's gaun to the Cuithe?

HUGHIE. Ay.

MRS HOWIE. What did she say?

HUGHIE. She was as pleased as punch. Ye see, I'm gaun tae.

MRS HOWIE. Awa or I'll fell ye.

HUGHIE. OK, OK.

(*He goes into the kitchen. Jock comes in from the hall followed by the Pringles. Mr Pringle is wearing a suit of Mr Howie's, far too large for him. He has to hold up his trousers to keep them from slipping over his feet, which are in socks only. Mrs Pringle is in a dress of Mrs Howie's, also too large. She has on a pair of slippers which drag as she walks*)

JOCK. Come awa ben, then.

MRS HOWIE. Ay, come on in. Did ye hae eneugh to eat?

MRS PRINGLE. It was lovely, thank ye, Mrs Owie. I'm sure I don't know ow we're goin to repay ye.

MRS HOWIE. Dinna fash aboot that. Sit doun.

MRS PRINGLE. Thank ye. Sit down, Geordie. (*They sit. Anna comes in from the hall with a tray*)

MRS HOWIE. Put bottles in the beds nou, Anna.

ANNA. Ayee.

(*She goes into the kitchen*)

JOCK. What are ye for daein nou, Mr Pringle? Ye winna gang back?

MRS PRINGLE. Not to live, like. It was too lonely. And e couldn't make it pay. It cost too much to take things back and forward. But we'll ave to fetch our cow and the poultry.

JOCK. Ye'll be sellin?

MRS PRINGLE. We'll ave to, I suppose.

JOCK. And what wad ye be thinkin o daein?

MRS PRINGLE. I don't know. We can't go back ome.

JOCK. Could ye hae made the place pey if it had been near a road?

MRS PRINGLE. Oh yes. Couldn't ye, Geordie?

GEORDIE. Easy. Aa I needit was a place the vans could get at.

JOCK. Ye like the country then?

MRS PRINGLE. Well we're a bit off it at the moment, like. But it was lovely in the summer. And it would a been all right in the winter too if we'd ad neighbours. Not too near, you know, but just so's you'd know you ad em. Of course there were the boys, but they were too high-falutin. Always talk-talk-talkin. And that orrible couple that went away in the autumn. They were shockin. Always quarrellin, they were, and im always goin away and comin back drunk.

JOCK. Ay.

MRS HOWIE. The lads aye said ye were a grand baker, Mrs Pringle.

MRS PRINGLE. Oh they were nice boys. I'm not sayin they weren't. But not our kind, like.

JOCK. Na. Dae ye ken the Lagganheid?

MRS PRINGLE. Where the young lady worked wi the Doctor?

JOCK. Ay. There's no a bad road up to it. Mind ye, the burn has to be doun. But a van can get up there for ordinar.

MRS HOWIE. I see what ye're efter.

JOCK. I woner if ye dae, I was gaun to offer ye the Lagganheid, Mr Pringle, wi the parks aside it, and hill grazin for twa coos and their followers, if Mrs Pringle wad come doun here in the holiday season. We wad fetch her doun and take her back, ye see, ilka day in the Land Rover.

MRS PRINGLE. Ye mean for cookin?

JOCK. Ay. What dae ye think o that, guid-wife?

MRS HOWIE. What dae Mr and Mrs Pringle think?

JOCK. Ye want her, though?

MRS HOWIE. Want her! She wad be a god-send. I'm neir aff my feet in the simmer frae the meenit I rise, Mrs Pringle.

GEORDIE. Ye ken, Mr Howie, I used to look at that Lagganheid place and think it was juist wastit on thae bees.

JOCK. Ye think ye could mak something o it?

GEORDIE. I'm shair o't.

JOCK. There ye are, then.

GEORDIE. I could move my stock in at ance?

JOCK. As sune as ye likit. Wad ye want the Cuithe tractor?

GEORDIE. Weill, it isna mine. The lads hae a shair in it.

JOCK. Wad it dae if I did yer plewin wi mine and ye gied me a turn whiles at the hairst and the tatties?

GEORDIE. Wad the rent be very stiff, Mr Howie?

JOCK. Tak a guid look at it the morn and tell me what ye think it's worth to ye.

MRS HOWIE. Mrs Pringle hasna said onything.

MRS PRINGLE. The ouse as electric light, asn't it?

MRS HOWIE. Ay. And hot watter. And a watter closet.

MRS PRINGLE. Ee, it'll just be like goin to eaven.

JOCK (rising). Ye're no teetotal, Mr Pringle?

GEORDIE. I've been gey teetotal for the last seiven months.

JOCK. Mak up for it nou, then. It's Christmas.

MRS HOWIE. You'll hae a gless o sherry, Mrs Pringle.

MRS PRINGLE. I don't mind if I do.

(Mary speaks excitedly from the hall door as the drinks are being poured)

MARY. He must have got across the burn all right. I can see his torch on the hill.

(She leaves at once. Mrs Howie puts down the sherry bottle, having poured only one drink)

MRS HOWIE. Dear me, I was forgettin the lassie. She hasna feenished her supper, and she's sittin up there in the cauld.

(Anna comes in from the kitchen with several rubber bottles)

MRS HOWIE. I'll tak the bottles, Anna. Tak sticks and coal and licht a fire in Miss Dunlop's bedroom.

ANNA. Ayee.

(She gives the bottles to Mrs Howie and goes back into the kitchen)

MRS HOWIE. I'll be back in a meenit.

(She takes the bottles into the hall)

MRS PRINGLE. It's Sandy she's worried about, isn't it? We're sorry we've caused so much trouble.

JOCK. You had naething to dae wi't. He wad hae to hae gane if ye had been still there, wad he no?

MRS PRINGLE. But runnin out of oil.

JOCK. He should hae come for it suner.

MRS PRINGLE. But e didn't know it would be stormy.

JOCK. At this time o the year it's aye stormy. But dinna fash. He'll be aa richt. He kens the hill weill, and he's as stoot as a stot.

MRS PRINGLE. I do ope e'll be all right. And poor Mr Wilkie.

JOCK. Here, drink up, or ye'll hae me ower that hill mysell. Guid health.

GEORDIE. Best respects.

MRS PRINGLE. Good ealth, Mr Owie. You're very kind.

JOCK. Me. Havers.

(Anna comes from the kitchen with sticks and coal and passes through to the hall)

ANNA. Excuse.

MRS PRINGLE (as Anna leaves). She's foreign. Isn't she?

JOCK. Ay, German.

MRS PRINGLE. Ye meet all kinds up ere.

JOCK. Ay, we hae a gey mixed population.

(Mrs Howie comes in from the hall with Mary)

MRS HOWIE. Come on in. Ye can gang back up there whan there's a fire lit. He'll be on this side o the hill for hauf an hour yet. She was sittin up there chitterin.

JOCK. Come ower to the fire, lass. Tak my sait.

MARY. Thank you, Mr Howie. Do you think he'll be all right?

JOCK. I dinna ken what's fashin ye. I could gang ower there blin.

MRS HOWIE. Hae a wee gless o sherry, Mary.

JOCK. She's gaun to hae a big gless o toddy.

(He takes the whisky bottle into the kitchen)

MRS PRINGLE (as Geordie empties his glass). Mrs Owie, do you mind if we go to our beds now? We've ad an ard day.

MRS HOWIE. Mercy, what am I thinkin o! Come on and I'll licht yer caunles.

MRS PRINGLE (to Mary). Good-night, dear. I ope yer young man'll be all right.

MARY. Thank you, Mrs Pringle .

MRS PRINGLE. Say good-night, Geordie.

GEORDIE. Guid-nicht, lass.

MARY. Good-night.

(Mrs Howie leads them into the hall. Mr Howie comes in from the kitchen with the whisky bottle and a large glass of toddy)

JOCK. Drink that up.

MARY. Mr Howie. That would knock me right out.

JOCK. It's just watter.

MARY. It's just whisky.

JOCK. Ower wi't.

MARY. I think I need it, really.

JOCK. There's naething better. It'll steady ye.

(She sips)

MARY. It's nice.

JOCK (*pouring another drink for himself*).
Ay.

(*She drinks*)

MARY. It's strong.

JOCK. No if ye juist tak yer time. Hain it.
It'll be a wee yet afore yer fire's lichtit. And
dinna fash. The lad'll be aa richt.

MARY (*sipping*). Do you really think so?

JOCK. Weill. I'll be honest wi ye. I hae nae
dout he'll win ower the hill, but he'll mebbe
hae to hauf toom that can.

MARY. Oh? You're wrong, you know. He'll
stagger on with it till he drops.

JOCK. Ye think a lot o him.

MARY. I'm going to marry him.

JOCK. Oh? Whan did this happen?

MARY. He doesn't know yet.

JOCK. Oh. What's he gaun to dae wi
himsell, dae ye ken?

MARY. I don't know. He'll have to stay on
at the Cuithe, of course, till he can get rid
of his stock.

JOCK. It'll mebbe no tak him that lang.

MARY. It'll take a month or two, anyway.
He's going to be very lonely, I'm afraid.

JOCK. Ay. I hear Wilkie's gaun awa at the
New Year.

MARY. Yes. I know the whole thing was
mad, of course, but it's a shame to see it
end up like this,

JOCK. Oh I dinna ken. Aa that talk aboot
the Gaelic's come to naething, but they hae
dune some guid.

MARY. How?

JOCK. Weill, the Cuithe's twice the place it
was at least.

MARY. But if nobody's going to live in it...

JOCK. Weill, lass, I'll tell ye something. I
made up my mind the nicht that if the lads
were gaun to gie up I wad put a shepherd
ower there. It'll be worth while nou.

MARY. Oh.

JOCK. Ay. And Hughie O'Leary has to
mairry Anna, for he's gane and gotten the
lassie into bother, and they're willin to gang.

MARY. Oh.

JOCK. Mind ye, he drave a hard bargain.

MARY. I'm glad to hear it.

JOCK. Weill, we winna faa oot aboot it.
And I'll tell ye something else. Mr and Mrs
Pringle are gaun to tak the Lagganheid.

MARY. No!

JOCK. Ay. And Mrs Pringle's gaun to cook
for Mrs Howie in the holiday season.

MARY. I'm glad to hear that too.

JOCK. Sae ye see, the lads haena dune sae
badly efter aa.

MARY. I hardly think they'll look at it your
way, Mr Howie.

JOCK. What wey no? There's gaun to be
somebody at the Cuithe again, and
somebody at the Lagganheid.

MARY. I wonder what Ronny MacLeod
would have said.

JOCK. Oh, the fella that gaed awa to be a
film staur. He was the great ane for the
Gaelic.

MARY. Yes. Reviving the Highland life,

JOCK. Weill, there's gaun to be some new
bluid in the place.

MARY (*amusedly*). There certainly is.
German.

JOCK. I'll tell ye something. Ane o the Lairds
o Dunaverty mairrit a German. She was a
leddy-in-waitin to Queen Victoria. She brocht
a wheen German servants to the castle. Ane o
them was a saiddler. He left them efter a
while and set up in business at the Soothend.
He has aboot eichteen descendents in the
place. They're aa as Scots as Freuchie.

MARY. Freuchie's hardly Highland, Mr
Howie.

JOCK. Oh, but a wheen o them had the
Gaelic. Twa hae it yet. Ane o them's a great
enthusiast. His name's Lubbock, but he's
the judge o aa the Gaelic entries at the
Soothend musical festival.

MARY. So it isn't a matter of blood?

JOCK. What?

MARY. Scottishness.

JOCK. Na na, it's the kind o wather we hae.
Nou dae ye feel better?

MARY. No. I feel fuzzy. I hope I'll be able to
stand.

JOCK. There's nae need yet.

MARY. Oh but there is.

(*She rises. Anna comes through from the
hall with the coal bucket. She sits again*)

ANNA. There ees a fire nou, Mees Dunlop.

MARY. Thank you, Anna.

JOCK. Whaur's Mrs Howie?

ANNA. At zee veendae.

JOCK (*dismissing her*). Richt, then.

ANNA. Ayee.

(*She goes into the kitchen. Mary rises again*)

MARY. I'll go now, Mr Howie.

JOCK. Can ye staun aa richt?

MARY. Only just, I'm afraid.

(*Mrs Howie comes in from the hall. Mary
sits again*)

MRS HOWIE. He's gaun weill on the hill. A
cloud cam ower the mune a meenit syne
and he was usin his torch. He's hauf-wey to
the brou.

JOCK. If there's gaun to be a blink o mune nou and again, he'll be as safe up there as an auld yowe.

MRS HOWIE. He'll be gey tired afore he wins hame, though.

MARY. Home, Mrs Howie?

MRS HOWIE. Weill, ower to the Cuithe. Puir sowl, he'll be gey lanely whan Mr Wilkie gangs awa.

JOCK. Haud yer tongue, wumman. He'll be able to leave afore a month's bye.

MARY. A month.

JOCK. Ay, or less. I'll tell ye something else, Mary. Ye ken Inshcernack?

MARY. The island off the shore just North of the Cuithe?

JOCK. Ay. It's caaed efter a saint that used to bide on it.

MRS HOWIE. It's weill seen he's been at the bottle, Mary. I'll awa and see if aa's richt in the dinin-room.

(*She goes out into the hall*)

MARY (*rising*). I'll have to go now, Mr Howie.

JOCK. Sit doun. (*She sits*) Whaur was I? Oh ay, Inshcernack. Cernack was a monk in the auld Celtic Kirk afore the days o the Cautholics. He was educatit at a monastery in Ireland and then sent oot to preach the gospel. But afore he was alloued to preach he had to spend a year in the wilderness. Aa the missionary monks had to dae that in thae days.

MARY. I feel sleepy.

JOCK. I shanna tak affront. Sleep awa. (*He pours another drink*) Whaur was I? Oh ay, Cernack. He cam to that muckle bare rock oot yoner and bade in a cave. The veesitors gang to see it in the simmer. They say he leived on gulls' eggs and shell-fish. I aften wonert what the idea was. Mebbe they thocht that afore he wad be fit to preach he had to hae peace to consider weill that what he had learnt in the monastery was eternal wisdom. Or mebbe he had to convince himsell that what he believed in was eneugh in itsell to gar him cairry on in the face o sair bodily discomfort. Are ye listenin?

MARY. My head's going round.

JOCK. Let it gang round. Mine's gaun roun tae. Whaur was I? Oh ay. Peace to think. Bodily discomfort. The ane to let ye wark oot yer faith. The ither to test it. Cernack spent a year oot yoner, and whan he left the place they caaed him a saint. Are ye listenin nou?

(*There is no reply. Mrs Howie comes in*

from the hall, followed by Mr and Mrs Othran-Maceachran, both wearing their outdoor clothes, the former resplendent in an Inverness cape and Balmoral bonnet)

MRS HOWIE. The Laird and his leddy are leavin nou, John.

JOCK (*putting a finger to his lips*). Ssh!

MRS HOWIE (*surprised*). She's sleepin.

FIONA. Oh good, I hope everything will be all right. We're going, Mr Howie. Good-night.

DAVID (*also whispering*). *Oidhche bhath.*

JOCK (*understanding*). Oh ay. Guid-nicht.

(*Mrs Howie leaves with them. Mr Howie puts away the whisky bottle. Mrs Howie returns from the hall and puts some money quietly in the jug on the sideboard*)

MRS HOWIE. Ye deil, the lassie's fou.

JOCK. Havers. It was the warm fire efter the blaw on the steamer. Whaur's Willie?

MRS HOWIE. In the dinin-room readin. He kens she's in here. (*As her husband goes to the hall door*) Are ye gaun ben to see him?

JOCK. I'm gaun up to keep watch for the lassie.

(*He leaves. Anna comes to the kitchen door*)

ANNA. Veel ye hae yer ain supper nou, Meestrees Howee?

MRS HOWIE. I suppose I'd better.

(*Anna returns to the kitchen. Mrs Howie takes a rug from the back of the sofa and spreads it very gently over Mary's knees. She then turns down the lamp and leaves, closing the kitchen door quietly. The wind howls in the chimney. A beam of moonlight appears for a moment at the window*).

CURTAIN

RAB MOSSGIEL

A Play in Three Acts

1959

CHARACTERS

In the order of their appearance:

MARY CAMPBELL (Highland Mary),
  a nursemaid.
GAVIN HAMILTON, *a lawyer.*
ROBERT BURNS of MOSSGIEL (Rab
  Mossgiel), *farmer and poet.*
JEAN ARMOUR (Bonnie Jean).
ADAM ARMOUR, *her young brother.*
MARY ARMOUR, *her mother.*
JAMES ARMOUR, *her father, a mason.*
GILBERT BURNS of MOSSGIEL (Gibbie
  Mossgiel), *Robert's brother and farming
  partner.*
MRS MACLEHOSE (Clarinda), *a grass widow.*
JANET, *her maid.*

Rab Mossgiel was first broadcast on radio
by the BBC Scottish Home Service on 26
January 1959 with the following cast:

MARY CAMPBELL	Effie Morrison
GAVIN HAMILTON	Eric Wightman
ROBERT BURNS	Tom Fleming
JEAN ARMOUR	Eileen McCallum
ADAM ARMOUR	Alastair Colledge
JAMES ARMOUR	Harold Wightman
MARY ARMOUR	Jean Taylor Smith
GILBERT BURNS	Bryden Murdoch
NANCY MacLEHOSE	Ann Gudrun
JANET	Jean Faulds
WILLIE MUIR	Eric Wightman

The producer was James Cramspey with
music arranged and played by Jack Nugent.

A BBC television production with a
separate cast was broadcast on 22
September that same year. 'The BBC has no
objection to stage presentation so long as
acknowledgement is made that the play was
commissioned by the BBC for the Burns
bicentenary.'

The text presented here is McLellan's stage
version.

ACT ONE

SCENE I

*Gavin Hamilton's study, Mauchline,
November, 1785.*
  *Gavin Hamilton at desk. Mary Campbell
enters.*
MARY. It's Mr Burns, Mr Hamilton.
(*Robert enters*)
HAMILTON. Ah, Robert, come in. Sit ower
by the fire. It's a towsie nicht.
(*Mary leaves*)
ROBERT. Ay.
HAMILTON. Ye'll tak a dram?
ROBERT. Thank ye, Mr Hamilton.
HAMILTON. It's been a desperate back-end.
ROBERT. Ay.
HAMILTON. Here, then.
ROBERT. Thank ye, Mr Hamilton.
HAMILTON. Guid health. Ye're no yersell
the nicht, Robert.

ROBERT. Na.

HAMILTON. It's the rent?

ROBERT. Ay, Mr Hamilton, I dout we'll hae to gie ye back Mossgiel at the Mey tairm. Gilbert agrees wi me. It was mair than kind o ye to let it to us when oor faither deed, and wi ony luck we micht hae made a success o't, but wi bad seed last year, and bad wather this, we juist canna keep gaun ony langer.

HAMILTON. I thocht it micht come to this. It's a peety.

ROBERT. Ay. But ye need a reserve to cairry ye baye a bad year or twa, and that's a very thing we dinna hae.

HAMILTON. Yer faither wad hae been sorry. This'll mean the brek-up o the faimily.

ROBERT. Ay. My sisters'll hae to gang into service. Gilbert's agreed to tak my mither for me. He's gaun to bide at hame and try to fin a job as a grieve.

HAMILTON. Bide at hame? Ye mean he's gaun to try to fin a job here in Mauchline?

ROBERT. I mean he's gaun to try to fin a job here in Scotland. I'm for abroad.

HAMILTON. Abroad!

ROBERT. Ay. I see nae prospect for me here, and I hae the chance o a job in Jamaica. The last time I was in Ayr Mr Aitken the lawyer introduced me to his freind Dr Douglas. The doctor has a brither wi an estate in Jamaica and he's promised that if I suld need it he'll write and ask him to fin me a job as a book-keeper. I wad mak mair at that than I can mak at the plou.

HAMILTON. I daursay, but it's hard to think o ye feelin that there's nae opportunity for ye here in Scotland. Ye're a weill educated man, Robert, and I think a giftit ane. Hae ye thocht o publishin a volume o yer verse?

ROBERT. Wha wad print it?

HAMILTON. I'm makin inquiries. There's a likely man caaed Wilson in Kilmarnock. He could hae his profit guaranteed afore he pat paper to press, for ye could send oot what are caaed subscription sheets, and folk could sign a promise to buy the volume at a set price whan it was published. Whan eneuch had been signed the wey wad be clear.

ROBERT. Wad eneuch sign?

HAMILTON. I mentioned the project to Mr Aitken in Ayr, juist yesterday. He said he wad try to fin ye subscribers, and ye hae ither freinds wi influence in Kilmarnock, and I'll dae my best.

ROBERT. It wad be very kind o ye aa, Mr Hamilton, but I dout if I hae the material yet for a haill volume.

HAMILTON. The winter's on us. Ye'll hae rowth o time for writin. If ye could turn oot as mony poems this year as ye did last it wadna be lang eir ye had aa ye needit. Mind ye, some o yer best things wadna dae. Ye wadna daur pit 'Holy Willie's Prayer' in.

ROBERT. Na.

HAMILTON. Mind ye, it wad hae its effect on the sale o yer book. Naebody that kent it could thole to miss seein if there was onything else like it; even the folk that hatit it.

ROBERT. There's rowth o them.

HAMILTON. There are mair o the ithers. Nou Robert, I ken ye'll think I'm worrit aboot haein nae tenant in Mossgiel.

ROBERT. I ken ower weill ye can sune fin anither.

HAMILTON. Na na, Robert, there's nae ither I wad like to see in place o yersell and Gilbert, sae juist gang awa hame and forget aboot the rent and that job in Jamaica, and spend the wat nichts writin aa the poetry that comes into yer heid. Try a wheen lang popular pieces that'll offend naebody, like Halloween, to help to fill the volume up. There's nae sayin but ye micht mak eneuch oot o't to see ye through at Mossgiel till anither hairst, and they canna aa be bad. There's nae need for ye to despair yet, Robert, a brilliant lad like yersell.

ROBERT. If ye think my poetry'll ever pey yer rent, Mr Hamilton, ye're wud athegither.

HAMILTON. I think that whan a man has a gift like ye hae gotten he suld be encouraged to develop it, the mair sae whan its excercise is needit to restore his self-respect. It isna juist the bad luck at Mossgiel that fashes ye, Robert. Ye were hurt by that rebuke frae the Kirk Session at Tarbolton.

ROBERT. The lass was hurt tae.

HAMILTON. Hoots, Robert, ye canna compare yer ain hurt to the like a Betty Paton's.[1] She's haurdly likely to tak to hairt a disgrace she shares wi sae mony o her kind.

ROBERT. Her kind's my ain, shairly.

HAMILTON. Weill ay, in wey, though it's haurdly true aither. She was in service, Robert.

ROBERT. My ain sisters'll be in service if we hae to leave Mossgiel.

HAMILTON. Ay, if. And Betty Paton's haurdly what ye wad caa a sensitive craitur. She'll hae forgotten her rebuke by nou. Ye haena.

---

[1] Mother of Burns' first child.

ROBERT. I haena forgotten my anger. I think there's something damnable in makin a public scandal o an affair atween a lad and a lass that's haen an unfortunate ootcome.

HAMILTON. Mebbe, Robert, but I wad caa cannie wi the lassies till I had fund ane I was shair I could feel fond o for aye. Then if ye were unfortunate ye could juist mairry her.

ROBERT. It wad be hard to feel shair in a maitter o that kind, Mr Hamilton.

HAMILTON. I daursay, Robert, but watch yer step. I wadna gie the Mauchline folk a chance to lick their lips. Ye wad fin Daddy Auld[2] a mair terrible instrument o God's wrath than the Reverend Peter Wuidraw[3] o Tarbolton. He wad want ye oot on the cuttie-stule, fornent the haill congregation.

ROBERT. What are ye drivin at, Mr Hamilton?

HAMILTON. Robert, I hope ye winna tak offence, but gin I were you I wad think twice aboot this affair wi Jean Armour. Her faither's ane o the unco guid, a staunch supporter o Daddy Auld and the Session, and inclined to tak a puir view o ye on accoont o Holy Wille's Prayer, to say naething o yer faut wi Betty Paton. He's a greedy gled, forbye, and nae dout kens we're penniless, sae there's little hope o a pleisurable ootcome.

ROBERT. I ken, Mr Hamilton, but I juist canna help mysell. I'm fond o Jean Armour. And she's fond o me.

HAMILTON. I'd better tell ye, then. Ye're bein followed.

ROBERT. Followed!

HAMILTON. Whan ye're oot thegither.

ROBERT. Wha says sae?

HAMILTON. Nou ye're no to think my wife encourages clash, Robert, and ye're no to think ill o the Hielan maid for tellin her.

ROBERT. The Hielan maid?

HAMILTON. The lass we hae the nou for the bairn. Mary Campbell. I'm shair she telt my wife juist sae that I could warn ye.

ROBERT. Telt her what?

HAMILTON. That she passed ye wi Jean Armour on the Stair road last nicht.

ROBERT. I mind nou, someane did gang bye, in the shade.

HAMILTON. It was Mary, and she says that efter she had passed ye she cam on Willie Fisher.

ROBERT. Holy Willie!

HAMILTON. Ay, walkin ahint ye, and whan he saw Mary he joukit into the sheuch, and bade there till she gaed bye, syne joukit oot and followed ye again.

ROBERT. Was she shair it was Holy Willie?

HAMILTON. She says she gat a glisk o him in a blink o the mune, and she wad ken his walk onywhaur. Ye see what he's efter, Robert? It wad be a sweet revenge for Holy Willie's Prayer if he could hae ye oot on the cuttie-stule in Mauchline Kirk.

ROBERT. Hou faur did he follow us?

HAMILTON. Oh I couldna say that. (Raising his voice) Mary! Ask the lassie hersell.

(Mary enters)

MARY. Ay, Mr Hamilton?

HAMILTON. I took the liberty to tell Mr Burns what ye telt my wife.

MARY. Oh Mr Burns, I didna ettle ony ill.

HAMILTON. He kens ye didna.

ROBERT. I juist want to ask if ye ken hou faur we were followed.

MARY. Oh I couldna tell ye that. Ye wadna be thinkin I wad follow Mr Fisher.

ROBERT. Na, but hou faur had he followed us afore ye lost sicht o him?

MARY. He hid in the sheuch, ye see, whan he saw me comin, sae I jaloused he was followin ye, and I did watch, him, ye see, whan he left the sheuch again, to mak shair I was richt.

ROBERT. Ay ay, and hou faur had he gotten whan ye made up yer mind? Did ye see him bye the Kingencleuch road-end?

MARY. I didna follow him, Mr Burns, I lost sicht o him lang eir that.

ROBERT. But ye're shair he was followin us?

MARY. Oh ay, for he was joukin aboot, frae ae thron til anither, to keep oot o the munelicht. He was keepin his ee on ye. I'm shair o that.

ROBERT. Thank ye, eh, Mary.

HAMILTON. Thank ye.

MARY. Ay, Mr Hamilton.

(She leaves)

ROBERT. I'll hae to see Jamie Smith at once, Mr Hamilton, to gar him ask his sister to tak a message to Jean. I'll fin him in Johnnie Dow's tavern, if I gang straucht ower nou. Forgie me, will ye? I'm upset aboot this.

HAMILTON. Think weill afore ye dae ocht, Robert, or ein afore ye say ocht. Yer best plan is juist to caa cannie.

ROBERT. Ay ay, wi my bluid beylin.

HAMILTON. Dae naething till it cuils. I'm warnin ye.

---

[2] Reverend William Auld.

[3] Patrick(?) Wodrow.

ROBERT (*leaving*). Guid nicht, Mr,
Hamilton, Thank ye for tellin me aboot this.
HAMILTON (*following him*). Guid nicht,
Robert.

F A D E

SCENE 2

Mauchline Kirkyard, November, 1785.
   *Robert is standing in the corner of an
ancient vault, looking through a vaulted
opening in the wall. He turns. Jean comes
to him.*
ROBERT. Jean!
JEAN. Rab!
ROBERT. Ye gat my message?
JEAN. Ay. Is there something wrang?
ROBERT. It's bad news, lassie.
JEAN. Na! Will ye hae to leave me? Has Mr
Hamilton putten ye oot o Mossgiel?
ROBERT. Na na, he's gaun to let us bide on.
He thinks I can mak eneuch to pey the rent
wi a volume o my verse.
JEAN. A volume? A book! But is it possible?
ROBERT. It's haurdly likely, I dout.
JEAN. Oh? And what's yer news?
ROBERT. We're bein followed.
JEAN. Followed?
ROBERT. Whan we're oot coortin. By Holy
Willie.
JEAN. Na! Wha telt ye?
ROBERT. The Hielan nurse at the Hamiltons'.
JEAN. Mary Campbell?
ROBERT. Ay. She saw him followin us the
nicht afore last, on the Stair road. He's oot
for revenge for Holy Willie's Prayer. He
wants me on the cuttie-stule in Mauchline
Kirk. And you aside me.
JEAN. Has he seen us at the Burnfute?
Shairly no.
ROBERT. I canna think it possible.
JEAN. I hope no. My faither wad kill me.
ROBERT. Jean, ye'll hae to mairry me.
JEAN. But my folk. My mither's as bad as
my faither. They baith hate the very soond
o yer name.
ROBERT. Ye'll hae to mairry me. Ye're mine.
JEAN. I could defy my folk gin ye had a
hame for me, but hou can we mairry if ye
bide on at Mossgiel?
ROBERT. I canna bide on at Mossgiel.
JEAN. But if ye fin the rent.
ROBERT. We shanna fin the rent.
JEAN. But if ye dae? There's yer mither, and
yer sisters, and yer brithers, and Betty
Paton's bairn. There's nae room for me.

ROBERT. I ken.
JEAN. Ye're still thinking o gaun to
Jamaica?
ROBERT. I see nae ither wey oot o the bit. I
wad fare better there than I can here at
hame as a plouman, and it wadna be lang
eir I had peyed back the cost o my passage
and could send for ye.
JEAN. Peyed back the cost o yer passage?
ROBERT. My employer oot there, a brither
o Dr Douglas's in Ayr, wad advance it, to
get me oot.
JEAN. Sae ye wad stert oot there in debt?
ROBERT. Aboot ten pounds.
JEAN. I couldna face my faither wi that
story, Rab.
ROBERT. Ye needna face him yet. We could
keep oor mairriage to oorsells.
JEAN. There wad be nae peynt in it, then.
ROBERT. There wad be, if onything gaed
wrang.
JEAN. Wheesht. Dinna think o't.
ROBERT. Keep still! (*Looking through
opening in wall*) Wha's yon?
JEAN. Willie Fisher!
ROBERT. He's awa roun into the Bellman's
Vennel. He's on his wey doun to Daddy
Auld's manse.
JEAN. He cam oot o Johnny Dow's tavern.
ROBERT. Ay.
JEAN. Was he in there whan ye left it yersell?
ROBERT. I didna see him.
JEAN. If he didna gang in till efter you cam
oot ye wad hae seem him frae here.
ROBERT. Unless he gaed in by the back
door aff the Cougait.
JEAN. He mebbe saw ye win here efter aa,
then.
ROBERT. I dout it, and he hasna seen yersell
for if he kent we were here thegither he wad
be lyin low watchin.
JEAN. He wadna be awa doun to Daddy
Auld's if he hadna seen something.
ROBERT. Or heard something. He rins to
Daddy Auld wi aa the clash o the Pairish.
He's mebbe heard something aboot Sandy
Broun and Jeannie Mitchell.
JEAN. Dinna mention thae twa whan were
here thegither.
ROBERT. We're different, eh?
JEAN. Are we no?
ROBERT. The Kirk Session wadna think sae.
We'll hae to get mairrit, Jean.
JEAN. But we canna.
ROBERT. We can, by consent afore witnesses.
JEAN. The Kirk Session wadna hae that
aither.

ROBERT. It wad pit us richt in oor ain een.
JEAN. Whaur wad ye fin witnesses?
Naebody wad daur.
ROBERT. I could get wee Jamie Smith and
Willie Hunter.
JEAN. Thae twa! Rab, they're notorious.
They're aye on the cuttie-stule.
ROBERT. That isna juist athegither true.
JEAN. Could ye no ask Gilbert?
ROBERT. Gibbie! He wad be as bad as yer
faither. He's ane o thae fortunate craiturs
whause feelins are aye subordinate to their
ideas. He wad ettle me to see that as things
are the nou at Mossgiel oor mairriage wad
be haurdly opportune.
JEAN. But ye dae see that, shairly?
ROBERT. Oh I see it. But my ideas aye seem
to be subordinate to my feelins. I still want
to mairry ye.
JEAN. Rab, ye're hopeless.
ROBERT. I dout sae.
JEAN. I like ye for it.
ROBERT. That juist encourages me.
JEAN. Ony new poetry?
ROBERT. A bit.
JEAN. Aboot me?
ROBERT. Na.
JEAN. Oh?
ROBERT. It's aboot my muse.
JEAN. Yer muse?
ROBERT. Ay. She's a kind o goddess that's
supposed to inspire me.
JEAN. A goddess?
ROBERT. Ay. It's a notion that gangs awa
back to the classical times, whan there were
gods and goddesses galore. Nae poet could
write withoot a muse then.
JEAN. Oh?
ROBERT. Na, and in this poem I'm at the
nou, my muse comes to me ae nicht in the
spence.
JEAN. I hope she daesna follow ye up to the
garret at bed-time.
ROBERT. I said she comes to me ae nicht in
the spence.
JEAN. I'm no shair that I like the notion.
ROBERT. Dae ye want to hear the poem or
dae ye no?
JEAN. If it's respectable.
ROBERT. Ye'll learn gin ye listen.
JEAN. I'm listenin.
ROBERT. Listen, then. In this poem I'm
sittin in my spence, thinking hou I hae
wastit my time writin poetry whan I suld
hae been thinkin o mair important maitters,
and tryin to mak up my mind to gie it up
athegither, whan the sneck's liftit and in

comes my muse. I stert to describe her and
then I say, 'Down flow'd her robe, a tartan
sheen' – she's a Scottish muse ye see:

'Down flow'd her robe, a tartan sheen,
Till half a leg was scrimply seen;
An' such a leg! my bonnie Jean
    Could only peer it;
Sae straucht, sae taper, ticht an' clean –
    Nane else cam' near it.'

JEAN. Sae I could only peer it?
ROBERT. Weill, ye see, it has to be as
bonnie a leg as I can imagine, and though I
canna imagine a bonnier than yer ain, I can
imagine anither juist like it.
JEAN. And if ye print a book will this poem
be in it?
ROBERT. I hope sae.
JEAN. I dinna want my legs to be the clash
o Mauchline.
ROBERT. I can pit in someane else's name,
then.
JEAN. Oh but I wadna like that aither.
ROBERT. Wheesht!
JEAN. It's Jamie Lammie.
ROBERT. Anither elder!
JEAN. Ay. He's awa roun into the Bellman's
Vennel tae.
ROBERT. It looks like a meetin o the haill
Session.
JEAN. Rab, it's shairly no aboot us!
ROBERT. That juist isna possible.
JEAN. But it is. We dinna ken hou lang
Willie Fisher's been spyin on us.
ROBERT. He wadna daur tell Daddy Auld
he had been spyin on us, or if he did the
Session could haurdly tak action. There's a
limit, shairly.
JEAN. Rab, I'm feart. They're sae mad at ye
for writin poetry to gar folk lauch at them;
Daddy Auld as weill as Willie Fisher. They
wad dae onything to discredit ye.
ROBERT. Then we'll hae to see that they
canna, for yer ain sake. I'll write oot a
paper for us baith to sign, and hae Jamie
Smith and Willie Hunter praisent to witness
oor signatures. Then nae maitter what
happens ye'll be safe.
JEAN. But whaur could we aa meet?
ROBERT. I canna think yet, but whan I dae
fin somewhaur I'll send ye word through
Jamie's sister Jeannie. Will ye come?
JEAN. It wad be as weill, mebbe. Aa richt,
Rab, I'll come.
ROBERT. Ye're shair, nou?
JEAN. Ay.
ROBERT. I'd mebbe better slip back into

Johnnie Dow's and tackle Jamie Smith afore
he leaves.

JEAN. Rab, bide a wee. I said I was gaun
ower to Helen Miller's and I needna gang
hame yet. And Jamie Smith'll be in Johnnie
Dow's aa nicht.

ROBERT. Ay. Weill, there's nae peynt in
bidin just here. Shall we slip doun the Stair
road again? Holy Willie canna spy on us
the nicht.

JEAN. Ay, come.

ROBERT. Keep oot o the munelicht!

JEAN. Ay.

F A D E

SCENE 3

*The Kilmarnock road between Mossgiel and
Mauchline. April 1786.*

*Adam Armour is waiting beside a thorn.
Burns approaches. Adam steps out into the
moonlight.*

ADAM. Mr Burns!

ROBERT. Wha's there?

ADAM. Adam Armour.

ROBERT. Hullo, Adam. Is it word frae Jean?

ADAM. She's in Paisley.

ROBERT. I ken. Has she left a message for
me?

ADAM. Na.

ROBERT. She hasna? What's brocht ye, then?

ADAM. I juist cam. I thocht I wad tell ye.

ROBERT. Tell me what?

ADAM. We had twa elders in last nicht, sent
by the Session.

ROBERT. What were they efter?

ADAM. To see if it was true that Jean was
sent to Paisley because she was gaun to hae
a bairn.

ROBERT. And what did yer faither say?

ADAM. My faither was oot. My mither telt
them they had been listenin to a lot o clish-
maclavers.

ROBERT. Weill, she wad ken, eh?

ADAM. They said the clash was that Robert
Burns was the faither.

ROBERT. And what did she say to that?

ADAM. She said her dochter wadna look at
Robert Burns.

ROBERT. And what did they say?

ADAM. Willie Fisher said he had seen her
oot himsell wi Robert Burns, but my mither
said it didna mean a thing, and Jean was
awa to Paisley to be near her young man.
Robert Wilson the weaver, that used to be
her jo here in Mauchline, and was daein gey

weill for himsell; and before lang there wad
be happy news o the pair o them; although
for the time bein wad they be pleased to
keep the information to themsells: and it's
aa lees, Mr Burns, because Jean is gaun to
hae a bairn, and she was sent awa to save
us the disgrace.

ROBERT. She's bidin in Paisley wi an auntie?

ADAM. Ay. Auntie Purdie.4

ROBERT. And is it true that she's seein Rab
Wilson the weaver?

ADAM. Ay. I think my mither telt Auntie
Purdie to encourage Rab Wilson to stert
coortin her again.

ROBERT. And dae ye think Jean wants Rab
Wilson?

ADAM. She wantit yersell, Mr Burns. She
aye said as muckle.

ROBERT. Then what gart her agree to gang
to Paisley? Could she no hae argued? And
whan she did gang could she no hae left a
message for me? And whan she won there
could she no hae written?

ADAM. I dinna ken, Mr Burns. Jean's
cheynged, I dout. Whan my mither telt my
faither she was gaun to hae a bairn he fair
lethert himsell into a rage, bannin and
cursin and skrechin in a wey maist awesome
to hear, oh, terrible athegither, and my
mither chased me oot o the hoose. And
whan I gat back in Jean was as white as a
sheet, Mr Burns, and hadna a cheep in her.
She was like a dug efter a letherin, and said
naething frae that nicht till she gaed to
Paisley bune 'Ay, faither' and 'Ay, mither'.
There was nae spunk left in her. She was
cowed.

ROBERT. I'll be in to see yer folk later on
the nicht, Adam.

ADAM. Ye'll be in to see them!

ROBERT. Ay, but say naething. I wad like to
tak them by surprise. There's something
they dinna seem to ken.

ADAM. What's that?.

ROBERT. Ye'll learn in time. And listen:

ADAM. Ay, Mr Burns?

ROBERT. Let me ken aa ye hear aboot Jean.

ADAM. Ay, Mr Burns.

ROBERT. That's a guid lad. Nou dinna be
seen near me. Slip back into the toun by the
auld touer. Guid nicht.

ADAM. Guid nicht.

F A D E

_____

4 Mary Armour's sister, Elizabeth.

SCENE 4

The Armours' kitchen, Mauchline. April, 1786.

Mr Armour sleeping in elbow chair by fire. Mrs Armour knitting. A knock. Mrs Armour rises and goes into the hallan.

MRS A. Wha's there?

ROBERT. Robert Burns.

MRS A. Hou daur ye come here, ye blaggard.

ROBERT. Is Jean's faither at hame?

MRS A. Come in. It's Robert Burns, faither.

MR A. Ye deil, hou daur ye! If I was a younger man I wad kick ye oot into the sheugh!

ROBERT. For yer dochter's sake I think ye suld try to control yersell!

MR A. My dochter's sake! A lot you hae gien for my dochter! Ye hae corruptit her mind and defiled her flaish! Ye're black rotten! Ye suld be ridden oot o the Pairish on a stang![5]

MRS A. I suppose ye ken ye hae gien the lassie a bairn!

ROBERT. Listen, Mrs Armour.

MRS A. Dinna listen me! I'll dae the talkin! Hou daur ye presume, ye impiddent upstert, to cowp oor Jean like a trollop oot in service! Did ye think we were nae better than thae feckless Paton trash that couldna keep their dochter at hame? Or did ye think we wad mebbe thank ye for faitherin a bairn on oor lassie, and you a tenant fermer, nae less, and generous wi his bye-blaws[6] like a gentleman? Did ye no ken that my man was a maister mason wi as guid a business as ony in Kyle? And did ye think we didna ken you were a pauper!

ROBERT. Mrs Armour!

MRS A. Ay, a pauper! The pauper son o a pauper faither! Hou ye managed to fin onyane to rent ye a ferm efter the wey yer faither cheatit the factor at Lochlea...

ROBERT. My faither cheatit nae factor!

MRS A. He cheatit McClure!

ROBERT. The Coort o Session didna say sae!

MRS A. Ye aa cheatit McClure. You and yer brither cheatit McClure efter yer faither deed!

ROBERT. It was McClure that cheatit my faither, and my faither was ruint provin it, but he won the Coort's verdict in the end!

MR A. Dinna raise yer veyce at my wife, Burns! She's tellin the truith! Ye wadna hae gotten anither ferm gin ye hadna putten yer deil's gift for mockery at the service o the Kirk's warst faes! It was yer Godless doggerel that won ye Mossgiel! Hamilton the lawyer wad hae lost his appeal against the Session whan he was fined for brekin the Saubbath if you hadna filled the haill o Ayr wi lees aboot oor elders, aa God-fearin folk, and turnt the Presbytery against them! Dirty wark that to win a ferm wi!

MRS A. And muckle guid it's dune ye! Ye're ahint wi the rent!

ROBERT. If ye wad juist baith calm doun a wee and let me come to the peynt.

MRS A. Calm doun a wee! Come to the peynt! What is the peynt, bune that ye're a leein twister that's ruint oor lassie?

ROBERT. I haena ruint her! She's my wife!

MR A. That she shanna be as lang as I'm here to stop it!

ROBERT. Ye canna stop it nou! We're mairrit!

MRS A. Hou that, Mossgiel? I canna mind a haet aboot the waddin.

ROBERT. Ye werena there!

MRS A. I didna hear the banns cried in kirk.

ROBERT. Nae banns were needit! We were mairrit by consent afore witnesses!

MRS A. What witnesses?

ROBERT. James Smith and William Hunter.

MRS A. Notorious fornicators! Wha's gaun to believe a word they say?

ROBERT. Their signatures'll coont like ony ithers.

MRS A. Oh, their signatures?

ROBERT. Ay. Jean and I signed a declaration o consent, and they signed as witnesses.

MRS A. I see. And whaur's the document nou?

ROBERT. Jean has it.

MRS A. Oh has she?

ROBERT. Ay.

MRS A. Ye're shair o that?

ROBERT. What dae ye mean?

MR A. Is this no the document ye're talkin aboot?

(He holds it out. Burns stares in consternation)

ROBERT. It's cut.

MR A. Ay, it's cut. Aa the names hae been cut oot o't.

ROBERT. But what sense is there in that? What guid will that dae ye? Jamie Smith and Willie Hunter can still sweir they signed it.

MR A. Can they? I didna cut the paper with-oot legal advice. Mr Aitken the lawyer...

ROBERT. Mr Aitken!

---

[5] Astride a rough wooden pole; see *The Hypocrite*, Act 4, p.361.

[6] Illegitimate children.

MR A. Ay, Mr Aitken. I saw him in Ayr yesterday. He agrees wi my wife. Yer twa witness freinds are confessed fornicators, and their word isna therefore to be trustit!

ROBERT. But Jean signed the paper. Her word can be trustit.

MR A. Can it? Whan she signed that paper she was in distress. Ye had taen yer will o her. She admits it.

ROBERT. Did she say she wantit the paper cut? Ye say ye saw Mr Aitken yesterday. Jean's been in Paisley for days!

MR A. Dinna try to trap me, sir! She surrendered the paper! She admittit that whan she signed it she didna ken what she was daein! She agreed to gie ye up, sir! Dae ye hear? She agreed to gie ye up!

ROBERT. She didna! Ye forced her!

MRS A. Havers! He juist gied the lassie a guid talkin to!

MR A. And she daesna want ye nou! She daesna want ye!

ROBERT. Mr Armour, what guid dae ye think ye're daein the lassie? If she's gaun to hae a bairn she's better mairrit.

MRS A. She'll be mairrit aa richt, but no to yersell!

ROBERT. Ye couldna dae that. She couldna dae it.

MRS A. Could she no? It's juist what she'll dae!

ROBERT. She couldna! She's ower straucht!

MRS A. She'll dae what she's telt! When Betty Paton was haein a bairn ye didna want to mairry her! What maks the differ? Dinna think that because ye hae used a useless bit o paper to win Jean to yer will...

ROBERT. Yer man's juist said that she wadna hae signed if I hadna won my will o her first!

MR A. Dinna try to trap my wife, Burns!

MRS A. It was oor siller ye were efter! Ye thocht that if ye gat oor lassie into bother we wad pey the arrears o yer Mossgiel rent and set ye up on yer ain somewhaur else!

ROBERT. I thocht naething o the kind!

MRS A. Sae ye were gaun to tak Jean to Mossgiel! Dae ye think we dinna ken hou little room ye hae? Dae ye think we dinna ken ye hae yer first bye-blaw there? Did ye ettle oor Jean to bring up Betty Paton's get!

ROBERT. I had nae thocht o takin Jean to Mossgiel!

MRS A. Whaur else were ye gaun to tak her withoot oor siller?

ROBERT. I was hopin ye wad let her bide here till I could send for her.

MRS A. Send for her?

ROBERT. I'm gaun abroad.

MRS A. Abroad?

ROBERT. To Jamaica.

MRS A. Jamaica? Dear Me. Has someane gien ye the praisent o a sugar plantin?

ROBERT. I hae the promise o a job as a clerk.

MRS A. Oh, a clerk?

MR A. And what daes a clerk mak in the like o Jamaica?

ROBERT. Thirty pounds a year.

MR A. Ye'll hae yer passage peyed, eh?

ROBERT. Na. It's to be advanced.

MR A. Aboot ten pounds?

ROBERT. Na. Aboot nine guineas.

MR A. Nine guineas. Advanced. That'll leave ye twinty pounds eleeven shillins, sae to save nine guineas for Jean's passage by the end o the first year ye'll hae to keep yersell on eleeven pounds twa shillins, haurdly mair than a single plouman gets here in addition to his board and ludgin. I dout ye'll hae to bide oot there for a year or twa at least afore ye can afford to send for Jean.

ROBERT. I ken, but I can write.

MRS A. Ye can write! Sae if we dinna pey yer debts and set ye up in a new ferm ye're gaun to flee awa abroad and leave the lassie ahint! It's blackmail!

ROBERT. I haena gien yer siller a thocht, I tell ye!

MRS A. Then ye winna be disappeyntit!

MR A. Ye ken whaur the door is, Burns.

ROBERT. But Mr Armour...

MR A. Hou daur ye staun there and tell us that ye propose to flee aff to Jamaica and leave oor dochter wi yer bairn here for years!

ROBERT. Jamaica's the best prospect I hae!

MRS A. It's nae prospect at aa!

MR A. The door, Burns!

ROBERT. Mr Armour...

MR A. The door.

ROBERT. Man, think o Jean! If ye dinna want me to gang awa to Jamaica I'll bide at hame and tak a job as a plouman. I mebbe haena made a success o Mossgiel but I can haunle a plou wi ony man in Scotland. I couldna gie her a bien life but I could keep her in brose and claes and wi some sort o rufe ower her heid. Shairly that wad be better than garrin her try to trick an ignorant man into mairryin her? What will he say whan he fins oot? What sort o life will he gie her?

MRS A. He's fund oot. He's been telt. And he's willin to tak her.

ROBERT. Is she willin to tak him?

MRS A. Ay.

ROBERT. Is that the truith?

MRS A. Are ye tryin to mak oot that I'm a leear!

ROBERT. Is it the truith, Armour?

MR A. Ye heard what my wife said! The door, Burns!

ROBERT. She's willin to tak him, wi my bairn in her wame?

MRS A. He canna credit it.

MR A. I said the door.

(*Robert stares for a second, then leaves abruptly*).

FADE AND CURTAIN

ACT TWO

SCENE I

A slap in the dyke at Mauchline Burnfoot. April 1706.

   Robert is reclining with his back against the slap, day-dreaming. A peesweep calls. Mary appears beyond the slap.

MARY. Mr Burns?

ROBERT. Eh!

MARY. I wad like to win through the slap, Mr Burns.

ROBERT. Mary, I'm sorry. I didna ken ye were there. Let me offer ye a haund.

MARY. Thank ye. (*She climbs over*) Aye thrang at the poetry?

ROBERT. Na, juist in a dwam. I haena seen ye this while back. Ye're ower at Stairaird nou?

MARY. Ay, in the dairy.

ROBERT. And what's Mrs Stewart like? Kind?

MARY. No as kind as Mrs Hamilton.

ROBERT. And wark in the dairy'll be harder than nursin a bairn.

MARY. Harder and no sae plaisent. I'm used to nursin. I nursit my sisters whan they were born. My mither was delicate.

ROBERT. Ye're frae Kintyre?

MARY. Cowal to begin wi, but whan my faither bocht his ain smack we gaed to bide in Cawmeltoun.

ROBERT. Yer faither's skipper o his ain smack?

MARY. Ay.

ROBERT. What gart ye leave hame for service, then?

MARY. There was naething for me to dae at hame, for efter a while there were my sisters to help in the hoose, and I thocht I micht better mysell if I cam ower here.

ROBERT. Ye werena lookin for a lad?

MARY. Weill, mebbe I was, for the Argyll lads aa seemed to flee aff abroad as sune as they won oot o their babbie-clouts.

ROBERT. Oh. And hae ye fund a lad here in Kyle yet?

MARY. I'm ower thin. The lads here aa like sonsie queyns, like Jeannie Armour.

ROBERT. Jean Armour's naething to me.

MARY. She was at ae time.

ROBERT. She's naething to me nou, and I wad prefer no to discuss the maitter.

MARY. I'm sorry, Mr Burns. I didna ken ye were, eh…

ROBERT. What?

MARY. Naething.

ROBERT. Ye didna ken I was what?

MARY. Naething.

ROBERT. Answer me.

MARY. Mr Burns!

ROBERT. Dinna Mr Burns me! What were ye gaun to say? Ye didna ken I was what?

MARY. Hurt, I was gaun to say.

ROBERT. Hurt?

MARY. Because Jeannie Armour left ye for a weaver in Paisley. At least…

ROBERT. At least what?

MARY. At least that's what they say.

ROBERT. That's what they say, is it?

MARY. Ay. Mind ye, they blame her folks.

ROBERT. Oh they dae?

MARY. Ay. They say she wad hae been leal to yersell gin she hadna been forbidden. But…

ROBERT. But what?

MARY. I blame her tae.

ROBERT. Oh?

MARY. Ay. She had nae richt to let her folk gar her deceive anither man.

ROBERT. Deceive anither man?

MARY. Ay.

ROBERT. Sae it's the talk o the Pairish?

MARY. Ay.

ROBERT. They aa ken aboot the bairn comin?

MARY. I dout sae, Mossgiel.

ROBERT. Ye arena feart to be seen wi me? Ye ken Betty Paton had a bairn tae?

MARY. That was a mistake.

ROBERT. But this isna?

MARY. I think mebbe this was bargaint for.

ROBERT. Oh?

MARY. Ye were fond o Jeannie Armour.

ROBERT. I was fond o Betty Paton.

MARY. Ye're fond o Jeannie Armour yet.

ROBERT. Na.

MARY. Oh but ay, shairly.

ROBERT. Ye didna ken I had mairrit her?

MARY. Mairrit her!

ROBERT. Ay, by consent afore witnesses. And she had the declaration, wi the fower signatures, and she gied it to her faither, and he destroyed it.

MARY. But had he nae thocht for her guid name!

ROBERT. Oh he's thocht o her guid name. She'll mairry the weaver and her bairn'll be born on the richt side o the blanket.

MARY. But it's wicked.

ROBERT. It's better than haein a dochter mairrit to a pauper. The haill Pairish kens we're ahint wi the rent, and the faimily's brekin up and I'm for aff to Jamaica leavin a bastard wi my brither.

MARY. But yer poetry?

ROBERT. Waur than the poortith. Godless doggerel.

MARY. But Mr Hamilton says it's remarkable poetry. He says that whan yer book comes oot ye'll be famous aa ower the country, and aa the nobility will want to become yer patrons.

ROBERT. Patrons?

MARY. Ay. He means they'll see that ye dinna want, and ye'll be able to forget the ferm and juist write poetry.

ROBERT. Whan did he say aa this?

MARY. He used to talk aboot ye whiles to Mrs Hamilton whan I was in the room wi the bairn. He has a great opinion o ye, has Mr Hamilton, and he isna fasht aboot the Mossgiel rent.

ROBERT. And ye think he's mebbe richt?

MARY. I think sae, because he's telt Mrs Hamilton what his Ayr freinds say aboot yer poetry, and they think the warld o't, and they canna be wrang, for they're aa learned men, lawyers and doctors and siclike; and the like o them couldna be wrang: could they?

ROBERT. Mebbe they could, Mary.

MARY. Shairly no.

ROBERT. Sae ye think I'm a fit guid-son for Armour the mason?

MARY. I think ye're faur ower guid for him, and for Jeannie and aa.

ROBERT. You wadna try to deceive anither man, juist to win clear o me?

MARY. Mr Burns!

ROBERT. Caa me Robert.

MARY. Indeed and I will dae naething o the sort, and it's time I was awa if I'm to win ower to Mauchline and be back for the milkin.

ROBERT. I'm juist gaun back to Mauchline mysell.

MARY. But Mr Burns…

ROBERT. Oh, ye dinna want to be seen wi me.

MARY. Dinna be silly.

ROBERT. We'll gang thegither, then.

MARY. Aa richt, but…

ROBERT. But what?

MARY. I dinna want to gang to Mauchline at aa. I juist said it to gie me an excuse to gang on.

ROBERT. What gart ye want to gang on?

MARY. I juist thocht I had linger ower lang. I didna want ye to think I was pesterin ye.

ROBERT. I wadna hae thocht that gin ye had lingert for an hour. What airt shall we tak, then, if ye arena gaun to Mauchline?

MARY. But you're gaun back to Mauchline, are ye no?

ROBERT. I see. If I'm gaun back to Mauchline, you're gaun somewaur else!

MARY. Mr Burns. Ye're wrang athegither!

ROBERT. Dinna think I want to force mysell on ye!

MARY. But I dinna think that!

ROBERT. Na?

MARY. I sweir I dinna.

ROBERT. What airt shall we tak, then?

MARY. We could mebbe juist bide here. I sit here for hours whiles, on the Saubbath, listenin to the peesweeps and the doos.

ROBERT. I'll spread my plaid.

MARY. Thank ye, but…

ROBERT. But what?

MARY. Mebbe we suldna.

ROBERT. Mary, ye're feart!

MARY. Ay.

ROBERT. Sit doun, ye silly. (A cushat dove) Yer hair's bonnie.

MARY. Is it?

ROBERT. Ay. Lean back against the bank. (Birds) It's the colour o the plaid that daes it.

MARY. Daes what?

ROBERT. Gars yer hair look sae bonnie. (Birds) Mary, ye're greitin. I see tears. What's wrang?

MARY. I dinna ken. I juist canna help it. It's fulish o me.

ROBERT. Lie still. Are ye miserable in yer new place? Is that it?

MARY. Na. I think it's a juist the bonnie day, and you sae kind.

ROBERT. Kind?

MARY. Aboot my hair.

ROBERT (taking her in his arms). Mary!

SCENE 2

The spence at Mossgiel. May, 1786.

*Robert is sitting, obviously in the act of
composition. There is a shout from beyond.*

GILBERT (*beyond*). Robert!

ROBERT (*calling out*). I'm ben here!

GILBERT (*entering with a parcel*). There's a
parcel for ye. Wee Davock met the
Kilmarnock cairrier at the road-end.

ROBERT. Paper, is it?

GILBERT. I think sae. It's wat on the
ootside, but it's been weill rowed up.

ROBERT (*taking the parcel*). It'll be the
subscription sheets. (*Opening it*) Ay. Look.
What dae ye think o that, eh?

(*He hands a sheet to Gilbert and takes
another for himself*)

GILBERT (*studying the sheet*). Robert, it
looks weill. It daes. It's maist impressive.

ROBERT (*reading almost to himself*).
'Proposals for publishing by subscription,
"Scottish Poems", by Robert Burns. The
work to be elegantly printed, in one volume
octavo, price stitched, three shillings. As the
author has not the most distant mercenary
view in publishing, as soon as so many
subscribers appear as will repay the necessary
expense, the work will be sent to the press.'
Gibbie, I'll hae to get fower hunder o thae
sheets signed afore I'm shair o my book, and
I want my book oot afore I leave for the
Indies. I dout you'll hae to tak ower the feck
o the ferm wark nou. My day here's dune.

GILBERT. But Robert, if the book daes
weill? If ye mak eneuch siller to pey aff oor
debts? Shairly ye wad cheynge yer mind if
the future here was brichter a wee?

ROBERT. Na, Gibbie, my life's in a mess.

GILBERT. But Jean Armour's aye in Paisley
yet, and they still say she's gaun to mairry
Robert Wilson, in thinkin she was pregnant. It was
mebbe juist gossip efter aa.

ROBERT. I wasna wrang. Gin she mairries
Rab Wilson he'll faither my bairn.

GILBERT. But what can ye dae? The
maitter's oot o yer haunds.

ROBERT. There's naething I want to dae
nou. I wadna hae the trollop for a doxie.

GILBERT. What gars ye say ye're in a mess,
then?

ROBERT. Gibbie, ye winna tell a sowl?

GILBERT. What?

ROBERT. Ye promise ye winna tell a sowl?

GILBERT. Ay, but what?

ROBERT. No my mither? Naebody? Dae ye
promise?

GILBERT. Ay.

ROBERT. I'm gaun to mairry Mary Campbell.

GILBERT. Mary Campbell! At Stairaird!

ROBERT. Ay.

GILBERT. She isna gaun to hae a bairn tae,
is she?

ROBERT. I dout sae, Gibbie. Nou spare me
the sermon. Ye couldna say a thing I wadna
agree wi. It was wud athegither. But there it
is. I fell heid ower heels in luve wi her ae
bonnie day at the burn fute.

GILBERT. Luve!

ROBERT. Ay. luve, Gibbie; but juist let it
bide there. At least ye'll agree nou that I'll
be better abroad.

GILBERT. But ye say ye're gaun to mairy
the lass?

ROBERT. At Greenock, likely, afore I sail,
and if I fin oot that the climate's aa richt I'll
send for her. If no I can come back to her
whan I hae saved some siller.

GILBERT. But if yer book's a success?

ROBERT. It'll mak up, mebbe, for the
disgrace I hae brocht on ye aa, and gar
Betty's bairn think mair kindly o her daddy.

GILBERT. Ye're no for pittin in 'The Poet's
Welcome to his…'!

ROBERT. Na na, Gibbie. Wilson wad chase
me if I wantit him to print a thing like that.

GILBERT. Then yer book'll be a success yet,
and if it is ye'll win influence, Robert, and
wi influence there's nae sayin hou faur ye'll
rise. There are appeyntments, Robert, in the
pouer o the nobility that ye could fill wi ease.

ROBERT. Ay ay, Gibbie, Gawn Hamilton's
been fillin your heid and aa.

GILBERT. But it's true, and ye'll ruin aa yer
chances gin ye mairry Mary Campbell.

ROBERT. I canna fail her, Gibbie.

GILBERT. Ye didna mairry Betty Paton. Is
Mary Campbell ony better?

ROBERT. It wasna because she was in
service that I didna mairry Betty Paton!

GILBERT. She was nae fit wife for ye!

ROBERT. I wasna juist her kind o man,
aither.

GILBERT. Ye micht hae thocht o that at the
time.

ROBERT. I haurdly thocht at aa at the time.
I was gey green in thae days! A wee thing
greener, mebbe, than Betty hersell.

GILBERT. But ye ken better nou.

ROBERT. Ay. Mary is different. She's mair
than juist a soond constitution and a kindly
wey. She's a ferlie craitur, and winsome,
Gibbie, though kittle to ken and faur ower
easy to hurt.

GILBERT. Damn her! I wish ye had neir set een on her!

ROBERT. Gilbert! Ye're sweirin! What wad yer faither hae said?

GILBERT. Thank God he didna leive to ken o aa yer follies.

ROBERT. Amen to that. The rain's aff. Wark.

GILBERT. Bide you and wark at yer subscription sheets. Ye'll hae to sort them oot for distribution.

ROBERT. I can dae that the nicht.

MRS B (*loudly, off*). The rain's aff, you twa!

ROBERT (*calling*). Ay, we're comin! (*To Gilbert in a whisper*) No a word to my mother aboot Mary.

GILBERT. Na.

(*They leave together*).

F A D E

SCENE 3

Mauchline Burnfoot. May, 1786.

  Mary and Robert are lying on a plaid below a hawthorn by the bank of a stream. A mavis sings its evening song and the sunlight fades. Mary stirs.

MARY. Robert. Robert.

ROBERT. Mm?

MARY. The sun's doun. It's cauld.

ROBERT. Mm? Oh. I'm sorry lassie. Here. Hae mair o the plaid.

(*He lifts an end of the plaid and a two-volume bible, held in one by bookstrap, rolls onto the grass*)

MARY. My bible!

ROBERT. Dear me, I forgot it was there.

MARY. There's dew on the gress. Has it no gotten wat?

ROBERT. Na na, dinna fash. A dicht'll dry it. (*He dries it with a corner of the plaid*) There.

MARY. Ye forgot it, Robert.

ROBERT. I did for a meenit.

MARY. I didna think ye could forget it like that. It seems like an omen.

ROBERT. An omen?

MARY. Ye see, if ye can forget it sae sune, ye may forget what ye hae written in it.

ROBERT. I had juist waukent, Mary. I didna ken whaur I was for a meenit, syne I saw ye were cauld and I was anxious to cover ye. Hou could ye ettle me to mind yer bible?

MARY. I'm no myself, I dout. It's the twynin.

ROBERT. I ken, lass.

MARY. We'll hae to gang, sune.

ROBERT. Ay. (*Peesweep*) Yer kist's tied and ready for the cairrier the morn?

MARY. Ay.

ROBERT. I hope it'll be a guid day again, for the crossin.

MARY. I hope sae. I'm a puir sailor.

ROBERT. That's queer, and yer faither a skipper.

MARY. Ay.

ROBERT. Are ye shair ye can face him?

MARY. I think sae, Robert.

ROBERT. I'll write and tell him we're gaun to mairry when I hae my affairs settled and I'm ready to sail.

MARY. Robert, I'm thinkin ye suld mebbe say naething aboot sailing, for he micht think it strange that I'm willin to mairry a man that's gaun awa to leave me sae sune. He micht stert speirin, ye see, and I dinna want him to fin onything oot. He wad think I was wicked.

ROBERT. Then will I tell him I'm gaun to mairry ye whan I hae left the ferm and stertit wark as a clerk?

MARY. I think I'll juist say that I'm hame to mak ready for my waddin, and that ye're gaun to send for me as sune as ye're ready.

ROBERT. But he'll want to ken something aboot me, shairly?

MARY. I'll juist tell him ye're a fermer. Whan yer book comes oot, if it's success, there will be nae need for ye to sail, mebbe.

ROBERT. Lassie, dinna delude yersell. I hae telt ye ower and ower again that my book winna save us frae twynin.

MARY. I hae great faith in yer book, Robert.

ROBERT. The Hamiltons hae turnt yer silly heid.

MARY. I dinna want ye to sail.

ROBERT. Mary, dinna mak it harder for me. I'll hae to sail nou. There's nae future left for me here.

MARY. I canna believe it.

ROBERT. Ye arena feart I winna come back for ye?

MARY. I canna thole the thocht o the wait. (*Peesweep*) Robert?

ROBERT. Ay?

MARY. I ken ye hae sworn on my bible, my dear, and I ken I suld be well content, but it was the wey ye forgot it whan ye liftit yer plaid.

ROBERT. But Mary...

MARY. I ken. But it gied me a queer feelin that something micht gang wrang.

ROBERT. But shairly, Mary, ye dinna think I could brek a solemn vow because I forgot for a meenit that I had rowed yer bible in my plaid?

MARY. Robert, dinna think I'm wicked.

ROBERT. But I dinna.

MARY. Oh but ye will, mebbe, whan ye hear what I'm efter nou, ower and abune the vow in my bible.

ROBERT. But naething could be mair solemn than to sweir by the Book.

MARY. I ken, and I'm wicked, I'm shair I'm wicked, but ower in Cowal whan I was a bit lassie aa sweethairts made their vows by rinnin watter.

ROBERT. Weill, lass, there's rowth o rinnin watter here.

MARY. Ay ay. Nou dinna lauch, but this is the wey o't: ane o us gangs to ae side o the burn, and the ither to the tither, and we clasp haunds aneth the rinnin watter, and we sweir – what I'll tell ye.

ROBERT. That wad please ye?

MARY. Ay.

ROBERT. Come, then. (*They move to the stream. A blackbird chackers in fright and disturbs a distant peesweep*) Bide ye at this side. I'll cross. (*He crosses. They kneel and clasp hands*) What dae we say?

MARY. *Tha mi a boideach gu'm bi mi dileas gus a chrioch.*

ROBERT (*smiling*). That's haurdly in my pouer, Mary. Could we no juist hae it in the Lallans?

MARY. Try to say it the Hielan wey, Robert. Please. *Tha mi a boideach.*

ROBERT. *Tha mi a boideach.*

MARY. *Gu'm bi mi dileas.*

ROBERT. *Gu'm bi mi dileas.*

MARY. *Gus a chrioch.*

ROBERT. *Gus a chrioch.*

(*They stand. Robert steps back across the stream to join Mary*)

ROBERT. What did it mean?

MARY. I sweir to be true, till daith.

(*A whaup calls in the distance*).

FADE

SCENE 4

The Armours' kitchen, June, 1786.

Mr and Mrs Armour and Jean, are sitting with an air of expectancy. There is a growing sound of a horse on cobbles. It ceases abruptly, fairly close.

MRS A (*rising*). That's him nou. Nou keep yer temper, faither; and Jean, mind what we hae telt ye.

MR A. Mak shair he kens ye defied us aboot Robert Wilson.

MRS A. Say he was that anxious to hae ye that he wad hae taen ye, bairn or no, but ye juist couldna bring yersell to tak him.

JEAN. Ye'll hae to leave us by oorsells.

MR A. Na na.

(*A knock, off. Mrs Armour has left*)

ROBERT (*off*). Jean wantit to see me.

MRS A (*off*). Come awa ben, Mossgiel.

(*They enter*)

MR A. Sit ower to the fire, sir.

ROBERT. Thank ye. Hullo, Jean.

JEAN. Hullo, Rab.

ROBERT. I wad suner hae met ye ootbye.

MR A. She canna gang ootbye! She isna fit to be seen!

MRS A. She's signed an acknowledgment to the Session that she's wi bairn, and that you're the faither.

ROBERT. I had a letter frae the Session. I'm to staun in kirk three Saubbaths for rebuke!

MR A. And she's to staun tae, ye blaggard!

MRS A. Cannie, faither. Is there naething ye propose to dae, Mossgiel?

ROBERT. What can I dae?

MRS A. She's gaun to hae yer bairn! Ye could mairry her!

ROBERT. I'm a pauper. I'll sune be gaun awa to the Indies.

MR A. We could mebbe, eh, sort that oot.

ROBERT. I'm no tryin to mak ony bargain wi ye. I'm remindin ye o what ye said whan I was willin to hae her for a wife.

MRS A. Ye couldna ettle us no to be angert, shairly!

ROBERT. Ye gaed ower faur!

MR A. Ower faur, ye blaggard!

MRS A. James! Be quait, faither. Mebbe we did gang ower faur, Mossgiel. Ye can haurdly blame us. But ye can hae what ye want nou. We're willin.

ROBERT. Because Robert Wilson wadna tak her whan he kent the truith!

JEAN. That isna true, Rab!

MRS A. Quait, see! We didna tell a lee Mossgiel, whan we said he was willin to tak her.

ROBERT. Ye said he had been telt aboot the bairn!

JEAN. He wasna!

ROBERT. They swore he was, and what's mair, they swore you were willin to tak him!

JEAN. That was a lee tae!

ROBERT. Was it? Ye were oot wi him! Ower and ower again!

JEAN. Haurdly at aa!

ROBERT. Ye were haurdly seen withoot him for a while! And yer folk were gey shair ye were gaun to land him or they wadna hae been sae quick to mutilate oor mairriage paper and order me to the door like a dug! Hou faur did ye gang wi him afore he fand ye oot for a cheat?

MR A. Haud yer Godless tongue, sir, or I'll kick ye oot o the hoose!

ROBERT. Try it!

MRS A. I wish ye wad try to keep yer temper, faither!

JEAN. I wish ye wad leave this to me! It's my affair, is it no? Will ye gang but the hoose and leave us, for God's sake, baith o ye? What are ye feart o? What hairm can he dae me nou? He's my man.

MRS A. Come on, faither.

MR A. I hardly ken whether it wad be richt. The Session forbids them to be left alane, couples up for rebuke.

ROBERT. I woner what the Session wad say if it kent ye were willin to let Jean cheat Robert Wilson.

MR A. Ye...

MRS A. Faither! I wish ye wad hae mair sense! Come and leave them to sort things oot by themsells, and mind, Mossgiel, that if ony help we could gie ye wad mak it possible for ye to bide at hame here, we micht consider it, though we arena weill aff, ye ken; juist bien.

(*The parents leave*)

JEAN. Cannie, Rab. Ye're swallin up like a muir-cock.

ROBERT. Nae woner. Daes she think I hae sunk sae low that I can be bribed into mairryin a trollop that was willin for the sake o a hame I couldna gie her to flee to the airms o anither man wi my bairn in her wame?

JEAN. Rab, dinna!

ROBERT. It's true, is it no? I mairrit ye! Ye had written pruif o't, and if ye had held on to it we wad still hae been man and wife. But ye let him destroy it!

JEAN. I didna!

ROBERT. Ye let him tak it frae ye! Ye agreed to gang to Paisley! Ye left nae word for me! Ye sent nae word!

JEAN. I couldna!

ROBERT. Ye were seen wi Robert Wilson, yer auld Mauchline jo! I was telt ye were willin to tak him! What else could I believe?

JEAN. They wantit me to tak him! I wadna dae it!

ROBERT. Ye mean he wadna tak you!

JEAN. That isna true! I could hae won him gin I'd wantit! I didna want him!

ROBERT. What gart ye agree to gang to Paisley at aa?

JEAN. I was feart! My faither frichtent me!

ROBERT. Ye could hae come to me!

JEAN. My faither said the mairriage paper was a trick! He said ye juist signed it to mak me yer hoor! He said ye wadna want me at Mossgiel, because ye had nae room for me, and that if I gaed to you and had to come back I wad fin the door shut in my face!

ROBERT. Ye suld hae kent I wad staun bye ye!

JEAN. I didna ken what to think. I was terrified. He gaed on aboot us brekin the commandments. He made everything we had dune seem terrible. He said I was damned to eternity. Rab, dinna ye see? I couldna haud my ain wi him. I had been seik. I was badly and tired. I'm tired nou. Hae ye nae peety for me?

ROBERT (*suddenly softened*). God, lassie, dinna brek my hairt!

JEAN (*running into his arms*). Rab, ye dinna believe I wad hae mairrit Rab Wilson?

ROBERT (*comforting her*). Na na. Wheesht, lassie, wheesht.

JEAN. Ye dinna believe I cam back because he wadna tak me?

ROBERT. Na na.

JEAN. Ye're shair, nou? Ye'll mairry me again, Rab? Say ye'll mairry me again. In the kirk this time. (*Altering her manner as he breaks away*) Rab, what's wrang?

ROBERT. Jean?

JEAN. What's wrang?

ROBERT. I canna mairry ye, Jean.

JEAN. But Rab, ye loe me, dae ye no?

ROBERT. I dinna ken.

JEAN. But ye dae. Ye're juist the same. I ken ye're juist the same. Ye believe me aboot Robert Wilson? Rab, say ye believe me!

ROBERT. I believe ye, Jean. But I juist canna mairry ye nou.

JEAN. Ye canna?

ROBERT. Na.

JEAN. But Rab, what wey?

ROBERT. I canna tell ye.

JEAN. Ye dinna loe me?

ROBERT. Na. I canna help it.

JEAN. But Rab, shairly...

ROBERT. I juist canna help it! Something happened whan yer folk turnt me oot o the hoose that I juist canna cheynge!

JEAN. Ye canna blame *me* for what they did!

ROBERT. I canna help it, but I juist dinna feel the same! I shanna feel the same eir again!

JEAN. Oh what are ye sayin!

ROBERT. I'm sorry, Jean.

(*Jean is sobbing brokenly. The parents enter*)

MRS A. What's gaun on in here? Jean what's wrang?

JEAN. He winna mairry me!

MR A. What!

MRS A. Ye black-avised messan! Think what ye're daein to her!

ROBERT. I suldna hae come!

MRS A. What wey did ye?

ROBERT. I cam to say my folk wad tak the bairn at Mossgiel.

MRS A. Oh did ye! That was kind o ye! Frae aa I hear it winna be lang afore yer folks are oot o Mossgiel and walkin the roads like tinkers.

MR A. I still hae that mairriage paper, sir! I'll see my lawyer!

ROBERT. Ye destroyed the mairriage paper!

MR A. I juist cut oot the names!

ROBERT. Ye made a mistake whan ye cut oot mine!

MR A. I can prove yer connection wi't! It's written in your haund!

ROBERT. It proves naething nou!

MRS A. I kent ye were a twister! I said ye were a twister! Yer faither was a twister! (*Robert bangs the door*) Oh what an affront!

(*Jean is still sobbing*).

F A D E

SCENE 5

Gavin Hamilton's study, Mauchline. August, 1786.

Hamilton is sitting at his desk. Robert enters to him.

ROBERT. Ye sent for me, Mr Hamilton?

HAMILTON. Ay, Robert. Bad news, I dout. Sit doun.

ROBERT (*sitting*). What is't?

HAMILTON. Mr Aitken's juist sent me word. Ye ken he acts for Armour the mason. Armour's takin oot a warrant against ye. He thinks ye're gaun to mak a fortune frae yer book, and he kens ye're gaun abroad, sae he's claimin security for the maintenance o Jean's bairn.

ROBERT. I offert to tak the bairn at Mossgiel.

HAMILTON. Ay ay, Robert, but he can say he has nae guarantee that Gilbert'll keep the bairn there efter ye sail. He's gaun to hae ye ludgit in jeyl till ye hae peyed a security o fifty pounds.

ROBERT. Fifty pounds!

HAMILTON. Ay.

ROBERT. My book canna mak aa that. And what aboot my bairn by Betty Paton? And I need siller for gaun abroad. And there are ither things. Mr Hamilton, Armour himsell renounced the secret mairriage. He cut the names oot o the declaration. He wantit Jean to mairry Robert Wilson.

HAMILTON. I understaun yer indignation, Robert, and to tell ye the truith, neither Mr Aitken nor mysell think that to acknowledge the mairriage to Jean Armour wad be in yer best interests. Mr Aitken wadna hae advised Armour to cut oot the names in the first place if he hadna thocht the mairriage a mistake.

ROBERT. But…

HAMILTON. Juist listen, Robert. Armour still has that cut paper, and it's written in your haund, and micht help to mak a case against ye, sae ye had better lie low juist the nou, till Mr Aitken and mysell can win some favour for ye amang the gentry likely to be involved as magistrates. It'll no be hard ance yer book's oot.

ROBERT. Ye mean I hae to leave hame and hide?

HAMILTON. Gang to some freind in some oot-o-the-wey bit, and leave the address wi me. Meantime let me act for ye. I hae the draft o a proclamation here, to be read frae the Cross at Ayr, settlin the proceeds o yer book on yer bairn by Betty Paton, to be administered by yer brither whan ye gang abroad. Betty Paton's bairn bein the first, has a prior claim on ye, and this public acknowledgment o an obligation to it will gie it a status abune the Armour bairn still to be born.

ROBERT. But Mr Hamilton, I want some siller frae my book to pey my passage, and there are ither things.

HAMILTON. Ye can arrange aa that privately wi Gilbert.

ROBERT. And will Armour no be able to claim a thing?

HAMILTON. No if he canna lay haunds on ye.

ROBERT. Mind ye, Mr Hamilton, I dinna blame Jean for aa this.

HAMILTON. I warn ye, Robert, that it's in yer ain best interests to forget that secret mairriage. Ye're weill oot o't.

ROBERT. It's bye wi, onywey.

HAMILTON. Guid. Then tak this proclamation, and thir twa sheets o stampit paper, and copy the thing oot afore ye leave hame. Gilbert can fetch it into me the morn. He'll agree to act as trustee for the Paton bairn, I think, for ye mak ower to him here, forbye the proceeds o yer book, yer shair o the Mossgiel lease, and the stock, and siclike.

ROBERT. Oh?

HAMILTON. Ay. A necessary formality. Nou slip awa hame and copy it oot in yer ain haund, syne pick up some claes and tak the road till I hae sent ye word that ye're safe.

ROBERT. But I hae twa Saubbaths mair to staun in kirk for rebuke.

HAMILTON. I'll send ye word if it's safe. I hope it will be. If no, ye daurna come near the kirk or ye'll be liftit.

ROBERT. I'll hae to staun my three times in kirk.

HAMILTON. Hoots, what daes it maitter? Ye're gaun abroad.

ROBERT. Gin I dinna staun, I shanna be free to mairry.

HAMILTON. No here in Scotland. (*Jocularly*) There's naebody ye want to mairry afore ye sail, shairly?

ROBERT (*uncomfortably*). I want my certificate o bachelorhood. I wad like to feel free.

HAMILTON. Then I hope we can win some influence for ye afore the second Saubbath comes roun. Dae ye ken whaur ye'll be bidin?

ROBERT. I hae cuisins at Auld Rome Foord, near Kilmarnock, I was gaun there to say fareweill onywey, and it'll be haundie for seein my book through the press.

HAMILTON. What's yer cuisins' name?

ROBERT. Allan. I'll mak a note o't for ye.

HAMILTON. Thank ye. (*He passes paper and pen. Robert writes*) I'll send word for ye there whan I think it's safe for ye at hame.

ROBERT (*passing back the paper*). That's it.

HAMILTON. Thank ye. Awa wi ye, nou. And I'll hear frae Gilbert the morn.

ROBERT. Ay. Thank ye, Mr Hamilton.

HAMILTON (*holding the door for him*). Guid luck. (*Following him out*) Slip oot o the toun as quaitly as ye can.

FADE

SCENE 6

The spence at Mossgiel. October, 1786.

  Robert is sitting dejectedly with a letter in his hand.

GILBERT (*off*). Robert!

ROBERT (*calling*). I'm ben here.

(*Gilbert enters*)

GILBERT. Bell said the cairrier brocht ye a letter.

ROBERT. Ay

GILBERT. Ony word o a second edition?

ROBERT. No yet.

GILBERT. I thocht mebbe someane had persuaded Mr Wilson to cheynge his mind.

ROBERT. Na.

GILBERT. I think he's a fule no to risk it, efter the success o the first.

ROBERT. Tell him that. He wantit me to advance the price o the paper: twenty-seiven pound.

GILBERT. I woner nane o yer admirers is willin to risk as muckle.

ROBERT. They are willin, some o them. At least, Mr Ballantine is.

GILBERT. But Robert, that's handsome. What wey dae ye no juist let him.

ROBERT. Wilson's mebbe richt. The feck o the folk here hae bocht a copy. It micht no sell faurer afield. At least, no withoot an Edinburgh imprint.

GILBERT. Weill, ye hae that letter o Dr Blacklock's, and if a famous poet like him feels that ye suld print an edition in Edinburgh, there's shairly some hope o finnin a publisher there.

ROBERT. I woner.

GILBERT. Ye winna ken till ye gang and try.

ROBERT. Na.

GILBERT. And there's naething to hinner ye frae gaun but yer determination to throw yersell awa on a...

ROBERT. Haud yer tongue!

GILBERT. I winna! Ye're clear o Jean Armour nou. Ye hae stude yer three times in kirk. Yer book's oot and ye're weill ben wi the gentry. Auld Armour daurna touch ye. There's naething to keep ye frae gaun to the Capital a free man but yer determination to mairry Mary Campbell, and ye ken that when ye hae mairrit her, efter aa the clash there's been aboot Jean Armour's twins, ye'll hae to flee the country.

ROBERT. Haud yer tongue, Gibbie!

GILBERT. Ye ken it's true, ilka word o't!

GILBERT. Ye're throwin awa yer ae chance o fortune. Ye didna dae sae badly, for aa yer talk, wi the Kilmarnock edition, and an Edinburgh edition wad mak ten times the profit. As for the fame and the favour ye wad win wi the highest in the land, there's nae sayin whaur they wad end.

ROBERT. Ay, Gibbie, ye hae it aa thocht oot.

GILBERT. And ye wad throw it aa awa on anither o yer...

ROBERT. Gibbie! Dinna say it!

GILBERT. Robert, what's wrang wi ye?

ROBERT. There's naething wrang, Gibbie. Naething nou. I'm gaun to Edinburgh. I'm gaun to look for anither publisher. I'm no gaun to be mairrit, efter aa.

GILBERT. Robert, I think ye're wyce, but what's gart ye cheynge yer mind? I ken ye hae yer passage peyed.

ROBERT. Nine guineas doun the stank, eh?

GILBERT. Will they no pey it back?

ROBERT. Mebbe. I hadna thocht o askin.

GILBERT. Oh I wad ask.

ROBERT. Ay. It wad dae nae hairm, eh?

GILBERT. Na. But Robert, what's gart ye cheynge yer mind? Is there something the maitter?

ROBERT. Ay.

GILBERT. What is it, Robert?

ROBERT. She's deid.

GILBERT. Deid? Wha's deid?

ROBERT. Mary Campbell. She deed at Greenock, o the plague.

GILBERT. The plague?

ROBERT. Ay. Her brither's written.[7]

(*He hands Gilbert his letter. Gilbert reads it. Robert takes it back*)

GILBERT. Robert, I'm sorry.

ROBERT. Are ye?

GILBERT. Ay.

ROBERT. Ye're gled. Dae ye hear? Ye're gled! And what's waur, I'm gled mysell! I'm gled mysell!

GILBERT. Na Robert.

ROBERT. Oh but ay. I'm saved. Nae Jamaica nou. Nae obscurity. Edinburgh nou, and fame, and mebbe fortune. Oh God forgie me, but I hae wished for this, no in sae mony words, mebbe, but I was sorry I was trystit to the lass; sorry I had gien her my bairn; sorry I wad hae to wad her and flee the country. Nou she's deid, the wey I wished her, and I'm gled! In my hairt I feel gled! God forgie me!

GILBERT. Robert, tak a grip o yersell!

ROBERT. Say naething to the ithers. I'm for oot.

(*He leaves abruptly*).

FADE   AND   CURTAIN

---

7 Letter lost; writer speculated.

ACT THREE

SCENE I

Mrs Maclehose's parlour in the Potters' Row, Edinburgh. February, 1788.
    Mrs Maclehose is sitting reading a letter. A distant clock strikes three double chimes. She puts the letter into the bosom of her dress and rings a small hand-bell. Janet enters.

JANET. Ye rang, mem?

NANCY. That was the quarter, Janet. Light the other candles. Is it dark outside?

JANET. Pitch.

NANCY. Good. Mr Burns is quite better from his accident now, and he'll be able to come quietly on foot. Don't keep him at the door. It's more important then ever that his visits are discreet.

JANET. Ay, mem.

NANCY. Is the tea ready to serve?

JANET. I can serve it as sune sa ye like.

NANCY. Serve it as soon as he comes.

(*Door bell*)

JANET. There he's!

NANCY. Hurry!

JANET (*off*). A daurk nicht, Mr Burns. Yer things, thank ye.

ROBERT (*off*). Thank ye.

NANCY (*as he enters*). Was there anyone in the street?

ROBERT. No. Nobody saw me. Not a soul.

NANCY. Good. The tea, Janet.

JANET (*at the door*). Ay, mem.

(*She leaves*)

ROBERT. Nancy!

NANCY. Robert! Oh, Robert! No no, take care!

ROBERT. Hoots, wumman.

NANCY. Now, Robert, you musn't try to over-ride my wishes. You know I find it just as difficult as you do not to let myself be swept off my feet, but I have to think of my situation. I'm not free to give way to my feelings. I've no right to let them dwell on you at all.

ROBERT. Naw, Nancy.

NANCY. Oh but yes. I know what you think, and I want so much to agree, but my conscience isn't clear. Robert, I felt I simply had to take advice.

ROBERT. Advice!

NANCY. Yes, from Mr Kemp.[8]

ROBERT. The minister!

NANCY. My minister, Robert. Surely the

---

8 Revd. Dr John Kemp (1745–1805), model for Joseph Skinner in *The Hypocrite*.

proper person to go to in a difficulty of this kind?

ROBERT. But you know what these people think of me!

NANCY. Of course I didn't mention your name. I laid the whole case before him without mentioning any names; without hinting, even, that I was concerned in it myself.

ROBERT. He'll ferret everything out. He's bound to know you're talking about yourself, and he'll become curious, and before long he'll put two and two together.

NANCY. But Robert, he's my minister. If he did guess anything he'd be in the position of a priest in the confessional. (*Knock*) Yes?

JANET (*entering*). The tea, mem.

NANCY. Put it down. I'll pour.

JANET. Thank ye, mem.

(*She leaves*)

NANCY. I'm afraid, Robert, that we'll have to give each other up.

ROBERT. He says that, does he?

NANCY. Yes. He says that although my husband has treated me brutally, and deserted me, and doesn't contribute a penny to my support, he is still my husband.

ROBERT. Yes yes, I know. But does he say you're compelled to love your husband?

NANCY. No. I'm not compelled to love my husband, but I'm not free to love anyone else.

ROBERT. Not free to feel love for anyone else, or not free to show it?

NANCY. He says it's sinful in me even to feel it.

ROBERT. That's absurd, Nancy. Love just happens.

NANCY. Evidently it shouldn't.

ROBERT. But it has, has it not?

NANCY. I've no right to say so.

ROBERT. There's no need for you to say so.

NANCY. I've certainly no right to let it dictate my behaviour.

ROBERT. It would certainly be unwise to let it compromise your reputation or your livelihood.

NANCY. But it would, Robert, if it was known that I was seeing you like this. My only income now is an allowance from my relative Lord Craig. He would stop it at once if he heard about us.

ROBERT. He's bound to hear, my dear, if you're going to start asking people for advice about us.

NANCY. But can what we are doing be right if we feel we have to keep it secret?

ROBERT. I see no harm in our behaviour, Nancy, but I know that if people learnt that I was visiting you like this they would imagine harm, so I want nobody to learn.

NANCY. It's easier for you, Robert. You're free to feel as you do. Mr Kemp says I'm not.

ROBERT. You think I should put an end to my visits?

NANCY. Oh Robert, I don't want you to.

ROBERT. But you think I should?

NANCY. Yes. Oh my dear, I don't want to hurt you.

ROBERT. No. (*Pause*) Nancy, it's perhaps just as well. I have to leave Edinburgh anyway.

NANCY. Leave!

ROBERT. Yes. Next week, I'm afraid.

NANCY. Has your publisher[9] paid you at last, then?

ROBERT. No. He put me off again yesterday.

NANCY. But you were going to wait here until he paid you.

ROBERT. I'll be coming back.

NANCY. Oh? But why are you leaving?

ROBERT. I'm going to have a look at a farm in Dumfries.

NANCY. You had a look at one there last summer, didn't you? Is this another?

ROBERT. No, the same one: Mr Patrick Miller's.

NANCY. But you said it was quite unsuitable.

ROBERT. I hardly looked at it. I was hoping then for an appointment in the Excise.

NANCY. Well, I'm glad you've given up that idea.

ROBERT. If I'd been offered a collectorship I would have had leisure for poetry, and no money worries.

NANCY. But not starting at the bottom, as a common gauger.

ROBERT. Even that would have been something to fall back on. I would take a commission in the Excise yet, if it was offered.

NANCY. No.

ROBERT. Oh but yes. I'm not sure that I can finance a farm on what Creech still owes me. I have to send money to my brother, you know, to keep my family going.

NANCY. I know, yes; but Robert, you've known all along that you would have to make up your mind between a farm and the Excise, and you were going to wait here until Creech paid you your money. I can't

---

9 William Creech.

understand why you've suddenly decided to leave next week.

ROBERT. Well, Nancy, there's some trouble at home.

NANCY. At Mossgiel? Is it the little boy?

ROBERT. No. I doubt I'll have to be frank about it, for you'll hear about it anyway. It's the boy's mother.

NANCY. The Jean person?

ROBERT. Jean Armour.

NANCY. Yes? What about her?

ROBERT. This is something that happened before I met you.

NANCY. What is? What happened?

ROBERT. Just let me come to it in my own way, Nancy. It's a thing not easy to explain. You know that after my first winter here I went for a tour of the Borders, ending up at Dumfries, to look at Mr Miller's farm.

NANCY. You told me so, yes.

ROBERT. And on my way back I called in at home?

NANCY. Yes.

ROBERT. I told you I saw Jean then?

NANCY. You did say you paid her a visit.

ROBERT. Yes. You see, I had the boy at Mossgiel, but she had the wee lassie at Mauchline.

NANCY. Yes. You said you called to see the little girl.

ROBERT. Yes.

NANCY. But the little girl died.

ROBERT. Later, yes.

NANCY. Then what's wrong now? What happened that you find it so difficult to tell me about?

ROBERT. You understand that at one time Jean and I considered ourselves married?

NANCY. You told me that, yes.

ROBERT. Well, Nancy, you were married yourself.

NANCY. Don't talk about it. Please.

ROBERT. All right. But you know that you get into the habit of intimacy.

NANCY. Please, I know, what you're going to say. I know what happened. Oh, Robert.

ROBERT. It was last June, you know, before I met you.

NANCY. I know, I know. I suppose I've no right to feel like this about it, but it's so, so...

ROBERT. So what?

NANCY. So undignified. So beneath you. So bestial, almost.

ROBERT. I'd better leave.

NANCY. No no, I didn't mean that. I'm upset. I don't know what I'm saying. I suppose if you love her it's possible to

behave like that without being revolting. I keep forgetting that she isn't really, eh, beneath you. I mean you both belong to the same, eh, well, you're both...

ROBERT. Ay.

NANCY. So you do love her!

ROBERT. I did once. The last time I saw her I think it was just a matter of habit.

NANCY. But you're going back to her?

ROBERT. Ay.

NANCY. Next week! And probably you'd have gone long ago if you hadn't hurt your leg the day the coachman was drunk! And all the time you've been making love to me! Why did you? Why did you not tell me about this as soon as you knew? You must have known weeks ago! Months ago!

ROBERT. There's something I learnt just yesterday.

NANCY. What?

ROBERT. That her folk have turned her out of the house.

NANCY. Oh.

ROBERT. She's gone to friends of mine.

NANCY. Not to Mossgiel?

ROBERT. There's no room at Mossgiel, She's gone to the mill at Tarbolton. But even there there's very little room. She'll have to leave before her confinement.

NANCY. When?

ROBERT. In a few weeks.

NANCY. Are you going to marry her?

ROBERT. No.

NANCY. Why not? You don't love her. Do you?

ROBERT. No.

NANCY. I know you don't. I'm sure of it. You would have gone to her as soon as you knew what had happened. You couldn't have gone on writing to me day after day when you were laid up, and then visiting me almost every evening, and treating me so tenderly, if you hadn't loved me. I know you're a sincere person, Robert. I know you couldn't be so false. And I know you wouldn't have let this dreadful thing happen if you'd met me before you went on your tour. You wouldn't, Robert, would you?

ROBERT. Na, Nancy, I wadna.

NANCY. You wouldn't, I know, for sometimes you've written to me three times in a day. You couldn't have forgotten me in a week or two. Could you?

ROBERT. No.

NANCY. You love me: not her? Really?

ROBERT. Yes.

NANCY. Robert, promise me you'll come

back, I realise of course that you must go and speak to the girl's mother, and provide for her confinement. You have enough money, have you?

ROBERT. Oh yes.

NANCY. Good. I realise you must do all this. But you will come back, dear? Promise.

ROBERT. Oh I'll come back. But some day soon I'll have to start earning a livelihood, either from a farm or in the Excise, and…

NANCY. Yes yes, I know. But you musn't go away and leave me here for ever, never to see you again. Robert, my dear, I couldn't bear it. I love you so. Say that you'll wait for me. I know the position seems hopeless, but something may happen. My husband may, eh, well, it's possible that, anything might happen. Anything. And we've been so happy until now, in spite of the barrier between us. We may not have been able to express our love like others, but we've known a spiritual union far more satisfying than falls to the lot of the majority, because you at least have sensibility rare among even the most exalted of men, and even I have a measure of it, for I do write letters rather better than the average, even among women of rank. Of course it isn't modest of me to say so, but I can because you've told me so often, and who could judge better? Robert, you do feel that we have a love that's quite unique, worth keeping alive in spite of my always being out of your reach, worth clinging to in the hope that one day I'll be free to come to you as I long to come to you, in flesh as well as in spirit, a woman. Say you agree with me, Robert. Say that you'll wait. Please.

ROBERT. Nancy!

NANCY. Oh, Robert, no!

ROBERT. Nancy, ye're sae bonnie!

NANCY. But Robert, the tea things.

ROBERT. I'll git them oot o the wey. There.

NANCY. The door.

ROBERT. I'll sneck it.

(*He does so*)

NANCY. But Robert, dear, I shouldn't trust myself. I'm so weak.

ROBERT. Nancy, sit here.

NANCY. No no.

ROBERT. I winna hairm ye.

NANCY. Do you promise?

ROBERT. Ay.

NANCY. You do promise?

ROBERT. Ay ay.

NANCY. Oh Robert, darling. Oh my love.

F A D E

SCENE 2

The stable at Willie's Mill, Tarbolton. February, 1788.

A corner showing an end stall stacked with bales of moss-litter. A small unglazed window, with the shutters open, in the white wall right. Beside the window a harness peg.

Robert enters from the shadows, left, and hangs up his saddle. Jean enters behind him.

JEAN. Rab!

ROBERT (*turning*). Jean! Ye suldna hae come oot here in that state.

JEAN. Whan the miller said ye were here and had taen yer horse to the stable, I juist left him and flew.

ROBERT. I wad hae been wi ye in a meenit.

JEAN. I wantit to see ye by yersell.

ROBERT. Tak yer wecht aff yer feet. Here. Sit on this moss-litter. Hae ye seen yer mither sin ye left hame?

JEAN. Na.

ROBERT. What are they thinkin o?

JEAN. I think they're determined to shame ye into daein something aboot me.

ROBERT. I canna mairry ye, Jean.

JEAN. Na?

ROBERT. I warnt ye.

JEAN. I'm no blamin ye, Rab. I ken it's my ain faut, this. But what am I to dae? I canna bide here.

ROBERT. Na.

JEAN. I canna gang hame. They winna hae me.

ROBERT. I'll talk to yer mither.

JEAN. She winna listen.

ROBERT. We'll see. Will ye be aa richt here for a wheen days yet?

JEAN. I suppose sae. Ye can speir at Willie.

ROBERT. I hae to hurry to Dumfries. Whan I come back I'll mebbe fin a room for ye in Mauchline.

JEAN. In Mauchline!

ROBERT. To be near yer mither. Shairly she'll look in to see ye whiles gin I fin ye somewhaur near her to bide.

JEAN. But if you rent the room folk'll come to hear o't.

ROBERT. They ken ye're here. They ken what gart ye come here. Hou muckle waur will it mak it if they ken that I'm peyin for yer room?

JEAN. Nae waur at aa, I daursay.

ROBERT. Then I'll fin ye a room, and I'll see yer mither, and I'll see ye hae the howdie[10], and Dr Mackenzie, but dinna let onyane try to tell ye, because I'm daein aa this, that ye hae ony claim on me as a wife, for ye haena.

JEAN. Na, Rab.

ROBERT. Ye acknowledge that? Ye ken I warnt ye weill. I telt ye in sae mony words that if onything happened to ye, and ye fand yersell in juist this sort of pickle, it wad be naebody's faut but yer ain.

JEAN. Ay, Rab.

ROBERT. Damn it, a body can hardly look at ye.

JEAN. Ye needna feel sae sorry for yersell. I'm no blamin ye.

ROBERT. Tell yer folk that. Keep tellin them. I'm the blaggard that ruint their dochter: the fiend incarnate: the black beast. And aa the time the truith is I'm sae damnt saft I canna disappeynt ye.

JEAN. Mebbe ay, Rab, but I'm the ane that's gaun to pey for it.

ROBERT. You are, are ye? This'll mean the cuttie-stule again. Hou dae ye think I'm gaun to feel aboot that? They'll pit it into print. It'll be read aa ower Scotland. It'll be kent in ilka big hoose in the Borders, and ilka castle in the Hielans, whaur I stoppit on my twa tours. I'm gaun to enjoy that, eh?

JEAN. I'm sorry, Rab.

ROBERT. Oh I'm shair ye're sorry. What guid will that dae? Ye were sorry the first time.

JEAN. Ay.

ROBERT. No hauf as sorry as I was, and yet I didna learn. I micht hae kent no to gang near ye again. I was born a fule.

JEAN. Ay, Rab.

ROBERT. Dinna sit there and say 'Ay, Rab. I'm sorry, Rab.' Hae ye nae spunk at aa? Can ye no say something for yersell, or dae something? Ye could pou my hair or scart my een oot or claw me or kick me. What gars ye sit there and look sae damnt pathetic? Dae ye hear me? Yer nose is rinnin. Jean. Jean! Here, tak a grip o yersell.

JEAN. Leave me. Leave me alane!

ROBERT. Aa richt, but blaw yer bubblie nose!

JEAN. I haena a hankie.

ROBERT. Tak his ane. Here. (*He holds the handkerchief to her nose*) Blaw. (*She blows*) That's better. Nou for heaven's sake dicht yer een. Here. Haud yer face up. (*She lifts her face. He wipes her eyes*) There nou. (*She gives a sudden wail*) Oh haud yer tongue, Jean, or ye'll hae me cuttin my

throat! What's garrin ye stert aa ower again?

JEAN. Ye're greitin, Rab. Ye're greitin yersell.

ROBERT. Nae woner. What a Godless mess.

JEAN (*rising and grasping him with her arms, and burying her face in his chest*). Oh Rab, I'm gled ye're back!

F A D E

SCENE 3

The Armour's kitchen, Mauchline, March, 1788.

Mrs Armour is sitting by the fire, knitting. Adam is heard calling, beyond.

ADAM (*beyond*). Mither! Mither!

(*He enters excitedly*)

MRS A. Guidness gracious, Adam, what's cam ower ye?

ADAM. Rab Mossgiel's here again! He hasna gane back to Edinburgh efter aa! He rade in this morning, frae Cumnock!

MRS A. He's been fower days awa, though. Whaur has he been?

ADAM. He maun hae been somewhaur faurer sooth!

MRS A. Is there nae talk?

ADAM. He's seen Hamilton the lawyer and Bauldy Muckle!

MRS A. Bauldy Muckle?

ADAM. Ay. He's taen the room in Bauldy's laund abune Dr Mackenzie's surgery, and they say he's bocht a big mahogany bed frae Morrison the jeyner!

MRS A. A room! A bed!

ADAM. Ay. And they say he's bringin Jean back frae Willie's Mill in Tarbolton!

MRS A. Jean! Back to Mauchline!

ADAM. Ay! He's mebbe gaun to mairry her efter aa, mither!

MRS A. Mairry her! Dear me, he'll mebbe be comin in, and yer faither awa at the new Mains. (*Knock*) Losh!

ADAM (*at the window*). He's here!

MRS A. I'm no fit to be seen.

ADAM (*going into the passage*). That daesna maitter.

(*Knock*)

MRS A (*calling*). Tell him I'm no at hame! Tell him we dinna want him! Shut the door in his face!

(*Knock*)

ADAM (*from the door to the passage*). Mebbe he winna gang awa, mither. Aa the neibors'll be watchin. I'd better let him in.

---

[10] midwife

(*He disappears again*)
MRS A (*calling*). Juist daur, I tell ye!
ADAM (*beyond*). Come in, Mr Burns. My
mither says she daesna want to see ye.
ROBERT (*entering*). I shanna keep her lang.
MRS A. I dinna want ye here. I want
naething to dae wi ye.
ROBERT. Mrs Armour, try to think o Jean.
MRS A. We had to wash oor haunds o Jean
athegither. She wadna agree to compear
afore the Session. She wadna name ye and
confess her sin.
ROBERT. It was the Session's wark, was it?
MRS A. She was in a state o wickedness.
Her faither couldna hae her in the hoose.
ROBERT. What if she hadna fund a shelter
at the mill? She could hae walkit the roads,
I suppose?
MRS A. That was for yersell to settle. It was
you that bairned her.
ROBERT. Ay, it was me that bairned her,
and she'll no walk the roads. I hae fund her
a room, and I'm haein it furnished.
MRS A. Here in Mauchline!
ROBERT. In the Back Causey. I thocht it
wad be haundie for Dr Mackenzie.
MRS A. But aabody'll ken that you hae
peyed for it.
ROBERT. Nae dout. Ye ken hou they clash
here.
MRS A. Ye'll be gaun to mairry her, then?
ROBERT. I haena said sae.
MRS A. But if ye're peyin for the room.
ROBERT. It was me that bairned her.
MRS A. But ye canna bring her to the toun
here, and set her up in a room that aabody
kens ye hae peyed for, withoot mairryin her!
ROBERT. That's juist what I'm daein.
MRS A. It's an affront to the Kirk!
ROBERT. What wey no? The Kirk wad
raither hae her oot on the roads.
MRS A. The Kirk says ye suld hae mairrit
her, and sae ye suld!
ROBERT. I mairrit her. Yer man cut the
paper.
MRS A. Ay ay, we ken that, and ye canna
say he hasna acknowledged the faut, but it's
Jean that's peyin for it, no him!
ROBERT. Ay, he's seen to that, and you're
no muckle better. What gart ye allou him to
kick the lassie oot o the hoose?
MRS A. Hou could I stop him? She defied
him.
ROBERT. Can ye no defy him yersell?
MRS A. Me!
ROBERT. Ay you. The puir lassie's juist on
her time. I'll be bringin her ower to the

Back Causey the nicht. Will ye gang ower
and keep an ee on her?
MRS A. The faither wadna hae that. He
winna condone her sin fornent the haill toun.
ROBERT. Someane'll hae to keep an ee on
the lassie. I canna.
MRS A. What wey no?
ROBERT. I hae business in Edinburgh.
MRS A. Business! And ye'll be comin back?
ROBERT. I canna be shair o that.
MRS A. Then what's gaun to happen to
Jean? The faither'll no hae her here, I tell ye.
ROBERT. I'll see that she has aa she needs
to keep her whaur she is.
MRS A. But that's juist an open affront!
ROBERT. Ye brocht that on yersells, I dout.
Ye suldna hae kickit her oot o the hoose.
MRS A. Man, Burns, the faither'll kill ye
for this.
ROBERT. Whaur is he?
MRS A. What's that to you?
ROBERT. Whaur is he?
MRS A. Ower at the new Mains.
ROBERT. The new Mains? Are they biggin a
new place athegither?
MRS A. Ay. They're at the dwallin-hoose nou.
ROBERT. Whan will he be back?
MRS A. No till the week-en. He's bidin on
the job.
ROBERT. I'll see him whan I come back frae
Edinburgh, then. I'm aff nou to Tarbolton
to fetch Jean. Ye'll be ower the nicht to see
her?
MRS A. I'll hae to think o't.
ROBERT. She wad be gled to see ye.
MRS A. Ye caaed on her afore ye rade sooth
the ither day?
ROBERT. Ay.
MRS A. Hou did ye fin her?
ROBERT. A peetifou sicht. Try to mak up
for it. I'll dae my best. Guid ein.
(*He leaves*).

FADE

SCENE 4

Mrs Maclehose's parlour in the Potters'
Row, Edinburgh. March, 1788.
   Mrs Maclehose is preening herself before
a mirror. A distant clock strikes three
double chimes. She rings a small hand-bell.
Janet enters.
JANET. Ye rang, mem?
NANCY. That was the quarter, Janet. Light
the other candles. Is it dark outside?
JANET. Pitch.

NANCY. Good. I couldn't bear to lose his visits now.

JANET. Na, mem.

NANCY. I know he's mine, now. I'm sure he'll wait for me. He did come back, you see, as I said he would.

JANET. Ay, mem but watch yersell. Ye're mebbe shair o Mr Burns nou, but ye're no juist athegither safe wi him. Mr MacLehose is mebbe awa in Jamaica, but he's still in the wey.

NANCY. You musn't say things like that, Janet.

JANET. But it's the truith, mem.

NANCY. I mean about my not being safe with Mr Burns. I have Mr Burns well under control, I can assure you.

JANET. Weill, mem, I hope sae, but ye're shairly no the first.

NANCY. Janet!

JANET. Weill, mem, I whiles worry aboot ye.

NANCY. Don't be ridiculous. He knows how to behave with a lady. These other girls you're hinting at are a different matter, and if you only knew, most men figure in these doubtful incidents until they settle in life.

JANET. Ay, and some o them canna settle, it seems.

NANCY. You're not suggesting that Mr Burns is like that? (*Door bell*) There he is! Hurry!

(*Janet leaves*)

JANET (*beyond*). Guid ein sir. Thank ye.

ROBERT (*coming in and taking Mrs Maclehose in his arms*). Nancy!

NANCY (*returning his kiss and breaking away*). Robert! Really, Robert. Janet will be shocked.

JANET (*at the door*). Oh dinna heed me. I'm awa.

NANCY. Yes, Janet, and don't bring the tea until I ring for it.

JANET. Na, mem.

(*She leaves*)

NANCY. You have her blessing, anyway.

ROBERT. I'm sure I'm very pleased, my dear. I would feel very uncomfortable if she was unfriendly. Has Lord Craig been in?

NANCY. Yes. Mr Kemp can't have suspected that you were my surreptitious visitor, or at least he hasn't passed the information on, for Lord Craig thinks your friend Ainslie is the guilty man.

ROBERT. Yes. You did say Robin paid you an occasional visit in my absence.

NANCY. Yes. And Lord Craig may have had someone watching. At any rate, he asked me outright if it was Mr Ainslie who was paying me attentions.

ROBERT. Well, Robin's a lot more respectable than I am.

NANCY. He isn't respectable enough, apparently. Lord Craig talked about some disreputable episode with a girl on his father's farm.

ROBERT. Oh.

NANCY. Yes. And he says that if I make a practice of receiving him he will feel compelled to withdraw my allowance.

ROBERT. But surely you denied that Robin was the man he had been warned about?

NANCY. Oh yes, but he didn't seem to believe me.

ROBERT. That was fortunate for me, but we'll still have to be very careful. You think he's having you watched?

NANCY. I can't think otherwise how he found out about Ainslie.

ROBERT. I ought to try to stay away from you. After all, I leave sometime next week, and it would be pity for the sake of a visit or two, precious as they are, to endanger your livelihood. You depend on Lord Craig altogether?

NANCY. Almost, yes.

ROBERT. We must be very careful.

NANCY. You say you're leaving sometime next week?

ROBERT. Yes, I'll make another attempt to secure a settlement with Creech, but I'm afraid I'll have to leave with the fee for my copyright still owing. I can go on with my farming plans if he pays me that by next March.

NANCY. And you must hurry away for the farm?

ROBERT. Yes.

NANCY. It's all settled, isn't it: the lease and so on?

ROBERT. It was yesterday, yes.

NANCY. Then what other business have you?

ROBERT. Business?

NANCY. To keep you into next week?

ROBERT. Well, Nancy, it would hardly be polite to call you business.

NANCY. You mean you're staying on just to see more of me?

ROBERT. Yes, but with Lord Craig suspicious it might be unwise.

NANCY. Robert, we could meet somewhere out of the town. In Leith, perhaps. Tomorrow afternoon.

ROBERT. Not tomorrow.

NANCY. Why not?

ROBERT. I have an arrangement.

NANCY. With someone else?

ROBERT. Eh, yes.

NANCY. More important than I?

ROBERT. No, but it's something I can hardly drop.

NANCY. Why?

ROBERT. Well, it's the Excise Board.

NANCY. But I thought you were going to keep the Excise in reserve.

ROBERT. Yes, but I have to arrange for my course of instruction.

NANCY. Instruction?

ROBERT. Yes.

NANCY. But must you take that now?

ROBERT. Yes.

NANCY. Why?

ROBERT. Because it has in be paid for. If I waited until I was desperate enough to want to take advantage of my commission I might not be able to afford it.

NANCY. Oh. And where will you take it? Not here?

ROBERT. I have to take it in my own parish.

NANCY (*coldly*). Oh. I suppose that means Mauchline?

ROBERT. No. The nearest officer to Mossgiel is James Findlayson in Tarbolton.

NANCY. But that's near Mauchline, isn't it?

ROBERT. It's nearly six miles away.

NANCY. Oh. How long will the course take?

ROBERT. Six weeks.

NANCY. Couldn't you have taken it from your new farm?

ROBERT. Ellisland. I have no house there yet. I have to build it.

NANCY. So you'll be staying at Mossgiel for a while yet?

ROBERT. I'll be riding between Mossgiel and Ellisland all summer. I have to build the new house before November, when my lease starts.

NANCY. Wouldn't you be better living beside your new house all the time, after your Excise course was over?

ROBERT. Well, you see, there's a mason at home who'll be helping me with the plans.

NANCY. Oh. I wish all this wasn't going to take you so far away, Robert.

ROBERT. I'm sorry, my dear. I had to take the farm where I could get it.

NANCY. It makes our time here seem almost at an end.

ROBERT. I'll still be within a few day's ride of Edinburgh, you know.

NANCY. Yes, but it won't be like this.

ROBERT. It'll maybe be as well, Nancy, when it's so dangerous for us to be seen together. I should maybe stop coming now.

NANCY. No no, please. They're so precious, Robert, these meetings here. When I think how few there may be left I feel that almost any risk is justified. I'm going to miss you more than I can bear, I think.

ROBERT. Puir Nancy.

NANCY. Won't you miss me?

ROBERT. Ay. I've never known anyone just like you before.

NANCY. Oh but Robert, you've been patronized by the Duchess of Gordon and Miss Burnett, and dozens of ladies of rank.

ROBERT. Ay, patronized.

NANCY. Well, there's your friend Peggy Chalmers. Her letters haven't been patronizing, and she's obviously a lady.

ROBERT. Ay, but Peggy's no more than a friend. I mean, Nancy, that you're the only educated woman I've ever been at all intimate with; that I've ever loved, or been loved by.

NANCY. Dear Robert. If I had only been free.

ROBERT. Yes.

NANCY. You'll write to me, Robert, often?

ROBERT. Yes.

NANCY. More than during your last absence, please.

ROBERT. I thought I had explained that.

NANCY. Yes, but you've no idea how worried I was.

ROBERT. Worried?

NANCY. Yes, in case you'd never come back to me from, eh, Mauchline. But you did, dear, in spite of everything.

ROBERT. Yes.

NANCY. You'll send me copies of all your new poems?

ROBERT. Yes.

NANCY. And I'll tell you how I like them. I could have helped you, more than you think, perhaps, if I had known you before you published your Kilmarnock edition. I'd have warned you about "The Holy Fair", for instance.

ROBERT (*politely*). Yes.

NANCY. And I think if your love songs had been written for me, my dear, they might have been a little less, eh, hearty, perhaps.

ROBERT. Yes.

NANCY. You must write a song for me some day, Robert. Perhaps you'll write several.

ROBERT. I have a tune in my head now.

NANCY. For a song?

ROBERT. For you.

NANCY. Have you written any of the words?

ROBERT. They're not nearly ready for you yet.

NANCY. What is the tune? Can you hum it?

ROBERT. I have a poor ear, I'm afraid. It goes something like this. (*He hums 'Rory Dall's Port', but only in part*) No. I haven't got it quite right, I doubt.

NANCY. How will you get it right?

ROBERT. There's someone at home who can hum it to me, over and over, until it sinks in.

NANCY (*suspiciously*). One of your sisters?

ROBERT (*uncomfortably*). Yes.

NANCY. Yes, you told me one of them had a good ear. It seemed a sad tune.

ROBERT. Ay, it's sad.

NANCY. It'll be a sad song, then?

ROBERT. If I can juist get it richt, Nancy, it'll brek folks' hairts.

NANCY. Robert, I think I'm going to cry.

ROBERT. There's little left to dae. (*She cries against his chest*) Puir Nancy.

FADE

SCENE 5

Jean Armour's lodging in the Back Causey, Mauchline. March, 1788.

Jean is in bed, looking pale and weak. Steps are heard, and a knock.

JEAN. Come in.

(*Robert enters*)

ROBERT. Hullo, Jean.

JEAN. Hullo, Rab. I kent it was you. Adam said ye were back again.

ROBERT. Hou are ye?

JEAN. Gey dwaibly, I dout.

ROBERT. Nae woner, twins again.

JEAN. Ay.

ROBERT. And baith gane, this time.

JEAN (*tearful*). Ay.

ROBERT. Puir lass. Puir puir lassie.

JEAN. Ye're sune back frae Edinburgh. What gart ye gang for sic a short time?

ROBERT. I was makin an offer for a ferm at Dumfries.

JEAN. An offer? For a ferm? Sae that was what took ye to Dumfries?

ROBERT. Ay, I hae a seiven years lease, stertin in November. Afore that I hae to big a new hoose.

JEAN. A new hoose! Ye'll be gaun doun there to bide sune, mebbe?

ROBERT. Na na, I'll be here for a while yet, for I hae the plans to wark oot wi yer faither, and in case the ferm fails, and I'm no very optimistic aboot fermin, Jean, I hae a commission in the Excise, and I maun tak six weeks instruction in Tarbolton frae Jamie Findlayson the gauger.

JEAN. Ye're no gaun to ferm and be a gauger tae?

ROBERT. Na na, but I want to be able to stert as a gauger gin eir I feel the ferm winna pey.

JEAN. Ye're bein gey cannie. Is it a puir ferm?

ROBERT. Na, but it's to be improved, and improvements cost siller, whiles faur mair nor folk ettle.

JEAN. But ye'll be weill aff nou, shairly?

ROBERT. I had to send a lot to Mossgiel, Jean, to pit things richt there. I dinna hae that muckle left.

JEAN. Ye'll be bidin at Mossgiel, then, till ye stert biggin yer hoose?

ROBERT. Na. The Mossgiel folk irritate me. I can see they feel ashamed o me. I thocht o bidin here.

JEAN. Here!

ROBERT. Ay.

JEAN. Ye canna dae that.

ROBERT. What wey no? Dae ye no want me?

JEAN. Want ye? Dinna play cat and moose wi me, Rab. Are ye offerin to mairry me? Ye wad hae to gang on the cuttie-stule again. Daddy Auld wadna tak the waddin till we atoned for oor sin.

ROBERT. We're dune wi the cuttie-stule nou, Jean. We hae nae need to mairry again. I had a lang talk wi Hamilton the lawyer. Gin I get written attestations frae Jamie Smith and Willie Hunter that they were witnesses to a declaration o consent, and gin I can show that I was fined by a magistrate for contractin an irregular mairriage, I can ask Daddy Auld to tak his certificate o bachelorhood and mak spales wi't.

JEAN. Whan were ye fined by a magistrate?

ROBERT. Gavin Hamilton can fine me. He's a Justice o the Peace.

JEAN. Oh. Sae ye're gaun to bide wi me and say we're man and wife?

ROBERT. Ay.

JEAN. That we were man and wife lang eir ye gaed awa?

ROBERT. Ay.

JEAN. But at Willie's Mill ye said ye couldna mairry me.

ROBERT (*fencing*). I hadna seen the ferm then.

JEAN. But ye had seen it by the time ye took this room for me.

ROBERT. I had still to gang to Edinburgh and mak an offer for it.

JEAN. But Rab, I was sae dowie, and ye gied me nae hint.

ROBERT. Ye wad hae telt yer mither. I want naething said till I hae seen Daddy Auld. He'll be kittle to haunle, a wee.

JEAN. I see. Rab, dae ye ken what I thocht?

ROBERT. Na.

JEAN. I thocht ye had fund a lass amang the Edinburgh gentry.

ROBERT. What gart ye think that?

JEAN. There's been nae end o talk. Some o them had ye in bed wi the Duchess o Gordon, nae less.

ROBERT. Weill, that's a lee, onywey.

JEAN. I woner, Rab, for ye're an unco deil.

ROBERT. I'm gaun to be a respectable mairrit man nou.

JEAN (tearful again). I canna believe it.

ROBERT. Oh but it's true. Nou dinna greit again. Dae ye hear? Ye'll hae to keep calm nou, and try to get better. This fire's gey low, and the creel's tuim. Whaur dae they keep the peats?

JEAN. Somewhaur through the close at the stair fute. But Rab, ye canna be seen gaun ootbye for peats.

ROBERT. We canna hae ye cauld, and I'm shair ye wad be the better o some tea.

JEAN. Ye dinna drink *tea* nou?

ROBERT. I brocht ye some frae Edinburgh.

JEAN. Dear me.

ROBERT. Ay. I'll fetch the peats, though. (*He takes the creel to the door. Turning*) Jean, dae ye ken a tune caaed Rory Dall's Port? It's Hielan.

JEAN. No by the name. Can ye hum it?

ROBERT. It's something like this.

(*He hums*)

JEAN (*interrupting*). Na na. Listen.

(*She hums*)

ROBERT. That's it! Hum it richt through.

JEAN. Gie me a chance, then. (*She hums the tune through*) It's bonnie, but it's gey dowie.

ROBERT. Ay, it's dowie.

JEAN. Are ye pittin words to't?

ROBERT. I was thinking o't. Hum it again. (*She does so, happy to be serving him again. His thoughts are far away*).

FADE AND CURTAIN

YOUNG AUCHINLECK

A Comedy in Three Acts

1962

CHARACTERS

In the order of their appearance:

MRS DODDS
Boswell's mistress.

MRS MacAUSLAN
a landlady.

JAMES BOSWELL.

LORD AUCHINLECK
Boswell's father.

JOHN BRUCE
Lord Auchinleck's butler.

THOMAS
Boswell's English servant.

JOHN JOHNSTON of GRANGE.

MRS ELIZABETH MONTGOMERIE-
CUNNINGHAME of LAINSHAW,
Boswell's cousin.

PEGGY MONTGOMERIE
her sister.

MRS BLAIR.

KATE BLAIR of ADAMTON
her daughter, an heiress.

SUSIE
a maid.

AUNT BOYD
Peggy Montgomerie's aunt.

COUNSELLOR BOYD.

MRS BOYD.

MARY ANNE BOYD
their daughter, an heiress.

MISS BETTY BOSWELL
Lord Auchinleck's cousin.

SEUMAS
Counsellor Boyd's butler.

MRS MacBRIDE
John Johnston's landlady.

JOSEPH
Boswell's Bohemian servant.

The play covers the period 1767–1769 in the life of James Boswell, the biographer of Samuel Johnson.

Young Auchinleck was first performed on 20 August 1962 at the Gateway Theatre, Edinburgh, in an Edinburgh Festival Production by the Gateway Company. The cast was as follows:

MRS DODDS	Magda Miller
JAMES BOSWELL	John Cairney
LORD AUCHINLECK	Brown Derby
JOHN BRUCE	James Gibson
THOMAS	Glenn Williams
GRANGE	Victor Carin
LIZZIE	Lennox Milne
PEGGY	Anne Kristen
MRS BLAIR	Jean Taylor Smith
KATE	Janet Michael
SUSIE	Margery Mitchinson
AUNT BOYD	Doreen Peck
COUNSELLOR BOYD	Colin Miller
MRS BOYD	Isabel Paton
MARY ANNE	Maureen Morris
BETTY	Jean Faulds
SEUMAS	Sean Cotter
MRS MacBRIDE	Marsail McCush
JOSEPH	Sean Cotter

The production was directed by Kenneth Parrott with assistance from James Gibson.

ACT ONE

ACT TWO

ACT THREE

ACT ONE

SCENE 1

Edinburgh. Mrs Macauslan's parlour.

Mrs Dodds sits drumming impatiently with her fingers on the arms of a sofa. Her shawl is draped over a chair, and her pattens lie on the floor below it. She suddenly seems to make up her mind, rises, puts on her shawl, and lifts her pattens.

MRS DODDS (*calling*). Mrs MacAuslan!

MRS MACAUSLAN (*entering*). Ay, mem?

MRS D. If Mr Lacey comes, tell him I couldna bide. He's keepit me here an hour and a hauf.

MRS M. Oh Mrs Love, I wadna be impatient. Dinna be sae ready to tak the huff wi the gentleman. He's mebbe been keepit on some important law business.

MRS D. Did Mr Lacey say he was a lawyer?

MRS M. Na, eh, but I jaloused it, ye see.

MRS D. Did he no say he was a banker frae London?

MRS M. Was that what he said? Ay. But ye see, Edinburgh's a smaa warld, Mrs Love, and Mr, eh, Lacey's weill kent here, wi his faither a Lord o Session and Justiciary. To caa him Mr Lacey's gey mair nor I can manage.

MRS D. Sae ye ken wha he is?

MRS M. I dout sae. But dinna fash, I winna let a word oot. Yer secret's safe wi me. Mr Boswell peys weill for his accommodation, though he was gey sweirt at first to tak my price.

MRS D. If ye want to please the gentleman, Mrs MacAuslan, ye'd better no let on ye ken his secret. His name's Lacey. Ae slip o the tongue, and he wad ne'er come back here.

MRS M. Dinna fash, Mrs Love, I ken my business. My tongue winna slip, aither on his name or yer ain.

MRS D. Sae ye ken my name tae?

MRS M. Ay, Mrs Dodds, but dinna fash. I winna betray ye. I think I hear someane nou. (*Turning as Boswell enters*) Oh here ye are, sir. We were beginnin to think ye werena comin.

JAMES BOSWELL. That will do, Mrs MacAuslan.

MRS M. Ay, sir.

(*She leaves*)

JB. I dislike that woman's manner. It is insinuating.

MRS D. Ye're late, James. Ye askit me to be here by three o'clock.

JB. I am sorry, my dear, but I had to sit late

with Crosbie. Poor Hay's case[1] is to go for trial, and we have the defence to prepare.

MRS D. I see. Ye haena a kiss for me?

JB. Forgive me, my dear. Yes. (*He kisses her without enthusiasm*) You pretty creature.

MRS D (*sharply*). James!

JB. Yes?

MRS D. Ye promised me ye wad keep aff the bottle.

JB. Oh come, my dear, you know what these Edinburgh lawyers are. It is impossible to do business with them except in a tavern, and the preparation of the defence in a capital trial means oceans of claret. It is impossible to avoid.

MRS D. But ye hae said yersell it isna guid for ye.

JB. I know. I know. But if I am to survive as an advocate here I cannot for the life of me see how I can help myself. All I can hope to achieve is a reasonable moderation, and I assure you that in spite of about five hours at Clerihue's I am in complete command of myself.

MRS D. Ye're no juist yersell, for aa that.

JB. You do not mean that I am drunk?

MRS D. Na. na. But ye're no yer ordinar.

JB. In what way?

MRS D. Weill, ye sent for me. And here I am. And ye didna even kiss me till ye were askit.

JB. I see. You sense a lack of ardour.

MRS D. Ay, juist.

JB. I am sorry, my dear, but I am out of spirits. I have been occupied all afternoon with the affairs of a poor fellow who is likely to end on the gallows. I believe his story, but I very much doubt if we shall be able to prove it, and the judges are hostile to me. (*Smugly*) I was too smart for them in my last capital case, and persuaded the jury into a verdict which the Lord Justice Clerk said was 'contrar to aa the evidence'.

MRS D. Whan ye mak a fule o him ye mak a fule o me. We haena aa been to London.

JB. My dear, you know that I think the Scots accent pretty on your lips.

MRS D. Then forget aa aboot this case and let's be freinds.

JB. I only wish I could, but it is a hanging matter. I hate to think of an innocent man going to the gallows.

MRS D. Then what wey did ye send for me? Shairly ye kent in the forenune that ye wad be seein Mr Crosbie on the maitter.

JB. I did not realize then that our case was so poor.

MRS D. Ye can say what ye like, James, but ye're no yersell. I hae kent ye come straucht here frae the condemned cell and forget aa aboot in it five meenits.

JB. That was quite different. By that time my part in the affair was over. I came to forget. Now the matter lies ahead of me. It requires thought. I am pre-occupied.

MRS D. I dinna feel flaittert.

JB. Come, come, Mrs Dodds, this is unreasonable. You can hardly expect me to forget the prospect of an innocent man's doom at the mere sight of a pretty face.

MRS D. It's nae innocent man's doom that flashes ye, Mr Boswell, and weill ye ken it.

JB. Then what 'fashes' me, Mrs Dodds?

MRS D. Ye think I'm gaun to cost ye ower muckle.

JB. What did you say?

MRS D. If ye're worrit aboot the cost o the flat ye can forget aa aboot it. It was yer ain idea in the first place. Ye were aye grummlin aboot the inconvenience o meetin me here. Ye wantit to be able to drap in on me whaneir the mood cam ower ye. And it was you that wantit me to hae a maid. Ye said menial wark wad speyl me for ye. I dinna bring the maitter up.

JB. Have I mentioned expense? The cost of the flat has hardly entered my head.

MRS D. I'm sorry, James. I thocht it had gart ye turn a wee thing cannie on me.

JB. You have a mercenary mind, my dear. I do not find it endearing.

MRS D. If I was wrang, James, I apologise. But ye shairly see that it isna very plaisent for me to think that ye grudge the siller I cost ye.

JB. You ought not to think it.

MRS D. Hou can I help it, whan ye're sae cheyngeable? Ye haena been sae fond o me this last wee while, deny it if ye like. It's fower days sin ye last sent for me, and the last time ye saw me ye said ye had the flat nearly fixed. What am I to think?

JB. If you think I grudge the expense you do me an injustice. At the same time, you know I make very little at the bar. Business is hard to come by. And you know my father allows me only a hundred a year.

MRS D. See. The expense daes worry ye.

JB. Not in the way you think.

---

[1] Robert Hay, a young soldier charged with theft in the street from a sailor. His defence was that he had no recollection having been drunk at the time. See note 6.

MRS D. If it worries ye at aa ye can forget aboot it. It was yer ain idea.

JB. Was it? Did you not say that if you were to be mine alone it was only fair that I should make provision for you?

MRS D. Was it no you that said that?

JB. No, Mrs Dodds, it was you.

MRS D. At least ye agreed wi the logic o it.

JB. I did indeed. And what I am anxious to know is that if I am to undertake the expense I can be assured of your constancy.

MRS D. My constancy. What dae ye mean?

JB. Just what I say.

MRS D. Sae there has been something. Ye hae heard some clash.

JB. Not 'clash' Mrs Dodds. My informant was a gentleman.

MRS D. Wha?

JB. He knew you in Moffat, before I met you.

MRS D. What's his name?

JB. I cannot tell you.

MRS D. And what daes this 'gentleman' say?

JB. He says that since your husband left you, you have had other affairs.

MRS D. Oh.

JB. Do you deny it?

MRS D. Hae you no haen ither affairs?

JB. Then you do not deny it?

MRS D. Ye haena answert me. Hae you no haen ither affairs?

JB. Oh well, affairs, yes, but not one, I assure you, since I met you.

MRS D. I sweir, James that I haena haen a single affair aither, sin I met you.

JB. But before that, at Moffat?

MRS D. Ye hae nae richt to ask that.

JB. I have surely some right to know that a lady I propose to set up as my mistress is not a by-word for inconstancy. It would lower me.

MRS D. I see what ye mean, James, and ye need hae nae fear. As lang as ye're willin to hae me I'll be true to ye. I sweir it.

JB. But you have had other affairs.

MRS D. No sin I met you.

JB. But since your husband left you?

MRS D. Ye hae nae richt to ask that, I tell ye. I dinna speir into your auld affairs.

JB. How many were there?

MRS D. How many what?

JB. You know what I mean. How many lovers?

MRS D. Ane.

JB. Is that true? My friends said affairs, plural.

MRS D. Oh men aboot me, but there was juist the ae affair.

JB. Who was it?

MRS D. Ye didna ken him. His name wad mean naething to ye.

JB. Where is he now. In Town here? Or in Moffat?

MRS D. He's gane abroad.

JB. Abroad. Was he a gentleman?

MRS D. Ye hae nae richt to press me like this.

JB. Do you still think of him.

MRS D. I heana this while back.

JB. Does he write to you?

MRS D. Oh he wadna daur dae that. He's wi a tutor.

JB. A tutor, eh? Is he heir to a title?

MRS D. I canna tell ye that.

JB. But is he a gentleman? Not a common sailor or soldier?

MRS D. He's gane abroad for his education, the wey you did.

JB. Has he, by Gad? And you led him a pretty dance, eh?

MRS D. He was gey fond o me.

JB. And you were fond of him?

MRS D. At the time.

JB. But not now?

MRS D. Ye ken that, James. I'm fond o you nou.

JB. (restlessly). I hate to think of the fellow having you. It galls me. I even hate the idea that you ever had a husband. I lie awake at nights. I see him enjoying you. It makes me quite ill.

MRS D. But James, that's juist silly.

JB. I know, but I cannot help it. I have more than usually quick sensibility; a hot imagination. It makes a slave of me.

MRS D. If ye wad juist forget aboot the past and tak what was offert I wad mak yer slavery gey plaisent, I promise ye.

JB. You would, eh?

MRS D. I wad that. Guess what colour I'm weirin.

JB. Colour? (Looking at her costume) Grey?

MRS D. I dinna mean on tap. Dae ye no mind o tellin me aboot a great French, eh, coortesen, was it ye caaed her?

JB. Courtesan.

MRS D. Ay. Weill, dae ye no mind? She wore black next her skin, to mak it mair seductive.

JB. I do remember.

MRS D. Then look. (She lifts her skirt and petticoat to give him a short provocative glimpse of a pair of black knickers) Are ye pleased?

JB. (touched and delighted). My dear girl, did you go to that trouble to please me?

MRS D. I had to send aa the wey to London for them.

JB. Well, my dear, you must let me pay the bill, although it is too late now for me to claim the usual privilege.

MRS D. What privilige is that?

JB. The privilige, my dear, of being allowed to put them on.

MRS D. Hoots, James, I can think o a better privilige than that.

JB. (*moving towards her*). Haha, you little rogue, I think I know what you mean.

MRS D (*retreating provocatively*). Dae ye?

JB. (*preparing to give chase*). The privilege of taking them off.

MRS D (*backing behind sofa*). If ye're souple eneugh to catch me.

JB. (*suddenly checking himself*). Oh.

MRS D (*worried*). What's wrang?

JB. I have just remembered.

MRS D. What?

JB. I am unable to stay.

MRS D. Ye canna bide? What wey no?

JB. I had forgotten. I have to dine tonight with my father. He has invited the Lord Justice Clerk. He would never forgive me if I failed to appear.

MRS D. James. Ye wadna hae sent for me the day if ye had kent ye were to dine wi yer faither.

JB. It was a sudden invitation. I knew nothing of it until I was leaving the court.

MRS D. Ye had time then to send and put me aff.

JB. I wanted to see you, my dear, even for a short time like this.

MRS D. Yer mind's still on that clash frae Moffat.

JB. Oh no, I assure you.

MRS D. Oh but it is. Man, I woner at ye. Ye keep ravin to me aboot the famous signoras o Italy, ilka ane wi a past as lang as her airm, ripe in experience and cultivated in the airt o luve, and aa ye can think o whan it comes to a mistress o yer ain is that she's kent twa men afore ye.

JB. You are quite right, my dear. I am inconsistent.

MRS D (*almost in tears*). I'm growin tired o it, Mr Boswell. I dae my best to please ye, but ye're juist impossible.

JB. I do not blame you for being angry, my dear.

MRS D. Ye arena dinin wi yer faither the nicht. Are ye?

JB. No.

MRS D. Then it is the clash that flashes ye?

JB. No.

MRS D. Then what's wrang wi ye? Hae ye met someane else?

JB. No.

MRS D. Then what's the matter?

JB. I have something to tell you.

MRS D. I'm listenin.

JB. A confession to make.

MRS D. Confession?

JB. A shocking confession, I'm afraid. You will never forgive me.

MRS D. What is it?

JB. You know how the gentry here drink.

MRS D. Oh is it drink, juist?

JB. Let me speak.

MRS D. I'm no stoppin ye.

JB. A few nights ago I was at Fortune's, in a party with Lord Mountstuart. We were drinking toasts.

MRS D. Ay.

JB. You know how drink inflames me. I have nothing of that cold Scots temperament that keeps so many of them steady to the tenth bottle.

MRS D. Cauld Scots temperament, Mr Boswell. Watch what ye say. There's naething cauld aboot me, and are ye no Scots yersell?

JB. My ancestor Godfrey de Bosville came over with the Conqueror, Mrs Dodds, so I claim some southern blood.

MRS D. That daesna accoont for me.

JB. I am trying to make a rather difficult confession.

MRS D. Then leave the cauld Scots temperament oot o it, Mr Boswell, and come to the peynt.

JB. I was drinking toasts.

MRS D. Ye telt me that.

JB. I was determined to excel everyone in enthusiasm for my chosen lady.

MRS D. And wha was she?

JB. You, my dear.

MRS D. Ye didna lift my name at a pairty at Fortune's!

JB. I used a pseudonym, my dear. I called you my Circe.

MRS D. Yer what?

JB. I can explain that some other time. Let me come to that point.

MRS D. Ye gat fou.

JB. Yes. Very.

MRS D. And what then?

JB. It was shocking. My lips can hardly bring themselves to utter it.

MRS D (*guessing*). Ye spent the nicht wi a bawd.

JB. Yes.

MRS D. James, hou could ye? Ye ken ye hae me to come to whan yer nature gets the better o ye.

JB. I could not go to you. You had forbidden me to call at your lodging.

MRS D. Ye ken I canna help that. I wad be putten oot o it if I let a man come caain for me at aa hours o the nicht.

JB. I understand, my dear. I do not blame you. I am attempting to explain.

MRS D. Ye haena muckle patience, James.

JB. No.

MRS D. Ye could hae waitit till the mornin, and sent for me then.

JB. I know.

MRS D. Ye'll hae to stop drinkin sae muckle.

JB. Yes.

MRS D. Ay, but I mean it this time. Ye'll hae to mak a rale solemn promise.

JB. I do promise.

MRS D. And ye'll hae to hurry and tak that flat.

JB. You may not want me to take the flat when I have told you everything.

MRS D. There's mair to tell, is there?

JB. Yes.

MRS D. James! No twa bawds in fower days?

JB. It is worse even than that.

MRS D (*slowly*). I think I ken what's wrang.

JB. Yes. The creature infected me.

MRS D. Ay. Weill, James, I'm gled ye telt me. It was honest o ye.

JB. I did not mean to tell you. The shame was so appalling. I intended to cause a break by bringing up your old affairs. Then when I realised how eager you were to study my happiness I knew it would be cruel to leave you without a frank explanation. Now I suppose you will refuse ever to see me again.

MRS D (*shrewdly*). Ye'll no be able to see me again for a gey while.

JB. (*leaning forward and taking her hands*). Do you mean that after I have taken my cure I may return to you? (*Kneeling*) You dear, adorable creature. If I could only be worthy of you.

MRS D. Ay ay, James, ye'll hae to mend yer weys. Ye see yersell, shairly, that ye canna gang on this gait. Ye'll hae to regulate yer life. That's what's needit. Whan ye get fou and lie wi thae bawds, what else but ill can ye ettle?

JB. If you forgive me this once, my dear, I promise you I will fix up your flat without a day's delay.

MRS D. Ye see that it's the best wey, shairly?

JB. I promise you, my dear, that the first instalment of the rent will be paid tomorrow.

MRS D. Ye'll send me word whan I can move in?

JB. I will indeed, I promise you. I swear it.

MRS D. And ye'll try no drink sae muckle?

JB. I assure you I will never touch a drop.

MRS D. James, ye dinna mean that.

JB. Oh but I do. At least, I swear that never again will I allow myself to get into such an abandoned condition that I behave like a depraved animal.

MRS D. It wad be better for yer ain sake. Wad it no?

JB. (*moving rather too close*). My dear, I really do think you are fond of me.

MRS D. James, ye'd better awa, in case we're temptit to dae onything we wad baith regret.

JB. (*sitting back on his heels*). I have too much respect for you, my dear, to take advantage of you to your detriment.

MRS D. Gang nou, then, and ye'll mak things easier for baith o us.

JB. My dear, I worship you. I kiss your foot. (*He does so*)

MRS D. Ye silly thing. It's aa glaur aff the causies.

JB. It is adorable. And so is its neighbour. I kiss it too.

(*He does so. Her nose wrinkles ever so slightly*).

F A D E

SCENE 2

Edinburgh. Lord Auchinleck's sitting-room.
    John Bruce, back, is checking over a table laid for tea. Lord Auchinleck enters, right, in a temper.

LORD AUCHINLECK. Oh ye're there, John. Is Mr James in?

BRUCE. Ay, my lord. He's up in his room wi Mr Johnston o Grange.

LORD A. He was oot this forenune?

BRUCE. Ay, my lord.

LORD A. Whaur was he, dae ye ken? He wasna at the kirk.

BRUCE. I dinna ken my lord.

LORD A. Tell Tammas to gie him my compliments, and I want a word wi him doun here at ance.

BRUCE. Ay, my lord. (*Calling*) Tammas! (*Thomas enters*)

THOMAS (*to Bruce*). Did you call, sir?

BRUCE. Lord Auckinleck's compliments to Mr James, and he wants a word wi him doun here at ance.

THOMAS. Mr James is still indisposed, sir.

LORD A (*to Bruce*). If he was weill eneuch to gang oot this forenune he's wantit.

THOMAS (*to Bruce*). My master has a visitor, sir.

LORD A (*to Bruce*). Tell the gommeril to dae what he's telt.

BRUCE. Ye hear his lordship. Mr James is wantit at ance, veesitor or nae veesitor.

THOMAS. Very well, sir. (*Bowing as he passes Lord Auchinleck*) Excuse me, my lord. (*He goes out, left*)

LORD A. That man's mainner's insolent. He caas ye 'sir' as if ye were dirt aneth his feet, and whan he caas me 'my lord' it's as muckle as to say that I'm juist a Scots judge, and no in the peerage.

BRUCE. I'll talk to him aboot his mainner, my lord, but he aye juist says he's cairryin oot his maister's instructions.

LORD A. His maister's instruction! I dinna ken what we're comin to. English talk, English claes, and nou English servants. Dinna let that craitur serve tea here the day.

BRUCE. It'll be akward gin he daesna, my lord, for the hoosekeeper has the efternune aff, and the lassies are alane in the kitchen.

LORD A. Ye mean ye dinna want him in there aside them?

BRUCE. No withoot me there, my lord, to keep an ee on him.

LORD A. We'll juist hae to thole him here, then, till I can hae a word wi his maister.

BRUCE. Thank ye, my lord.

(*Thomas enters, followed by Boswell and Johnston of Grange*)

THOMAS. Mr James, my lord, and Mr Johnston of Grange.

LORD A (*to Bruce*). Send that craitur to the kitchen, and tell him to keep his hands aff the lassies.

BRUCE (*to Thomas*). The kitchen.

THOMAS. Very well, sir.

(*He bows to Lord Auchinleck and leaves, back*)

LORD A. You're excused tae, Mr Johnston.

GRANGE (*coming out from behind Boswell*). I was just about to take my leave, my lord.

LORD A. The suner the better.

JB. (*stepping forward*). This is insufferable, sir. John Bruce is present.

LORD A. You'd mebbe better leave us tae, John.

BRUCE. That's aa richt, my lord. The table's set.

(*He leaves, back*)

LORD A (*as Johnston timidly edges towards the right*). Guid efternune Mr Johnston. I'm sorry to hae cut short yer veesit, but I hae a maitter to talk ower wi my son here that juist canna wait.

GRANGE. I understand, my lord. Goodbye, James.

JB. Goodbye, John. I apologise for my father's insolence.

LORD A. Ye what! Come back, Mr Johnston.

GRANGE (*turning*). Yes, my lord.

LORD A. Ye'll understan, sir, that I hae guid gruns for my insolence. James mebbe hasna telt ye, but I ken aa the time he was in London he sent ye instalments o his journal, and that you read them oot to yer freinds.

JB. Only to Mr McQuae, sir, and he had my permission.

LORD A. Ay weill, but what mebbe he daesna ken is that Mr McQuae telt his freinds everything, and that aa yer exploits wi the trollops o the London taverns were common knowledge in Paurliament Hoose.

JB. John cannot be held responsible for the indiscretions of Mr McQuae.

LORD A. Indiscretions! What were the indiscretions o Mr McQuae to the indiscretions in yer journal? Mr Johnston suld hae kent better than to read them oot to onybody, permission or nae permission. He suld hae warnt me what was gaun on. He showed little regaird aither for yersell or for the dignity o my office. Hou dae ye think I felt, Mr Johnston, a Lord o Session and Justiciary, to ken that it was common knowledge amang my colleagues on the bench that my son was a profligate.

JB. Leave us, John.

GRANGE. If I may, my lord.

LORD A. Ay, ye may. I woner James was sae fulish as to let ye cross my door. He kens what I think o ye...

JB. He very kindly called to enquire after my health.

LORD A. Yer health. That's anither maitter...

JB. (*hastily*). Leave us, John. Please.

GRANGE. Good afternoon, my lord.

(*He leaves, right*)

LORD A. This illness o yours. Ye haena said what it is yet.

JB. It is a recurrence of the skin complaint I contracted on the Continent.

LORD A. Hae the doctors a name for it?

JB. You know what these surgeons are. They never name a complaint in case they prove to be wrong.

LORD A. Weill, I hope I'm wrang, and it's no the complaint ye picked up in London.

JB. Sir!

LORD A. If ye dinna want folk to think the warst ye suld hae mair care o yer reputation. Thae journals hae made it impossible for ony man to think weill o ye, and ye canna say I didna warn ye weill against them. Yet ye're still at it.

JB. At what, sir?

LORD A. Readin the spicey bits oot to yer freinds.

JB. Who says so?

LORD A. It daesna maitter wha says sae. But ye were readin them oot juist the ither nicht at Leddy Betty MacFaurlin's. I hope she wasna praisent.

JB. Who says this? I have a right to know.

LORD A. Dae ye deny it?

JB. (after an embarrassed pause). Lady Betty was not present.

LORD A. I'm glad to hear it. Man, Jamie, ye hae disappeyntit me. I thocht whan ye cam back to Edinburgh to settle doun at the bar that aa that nonsense was mebbe ahint ye, and I had high hope for ye. For ye hae brains, whan ye like to apply them. There's nae denyin it. Ye're a fluent speaker, ye're ingenious in argument, and ye're beginning to hae a guid grip o the law. Mind ye, ye press yer case ower faur whiles, whan it's as plain as the neb on yer client's face that he's as guilty as Cain, but that's a faut that'll weir aff. Ye could rise high in the profession, I tell ye, and follow me on the bench, if ye juist werena sic a born fule.

JB. Thank you, sir.

LORD A. Oh ye needna be sarcastic, for a born fule's juist what ye are. I'm juist back frae a walk wi ane o my colleagues.

JB. Indeed.

LORD A. He's an auld freind o mine, and he's been a guid freind o yours. He's taen yer pairt whiles whan I was gey sair angert at ye. Mind ye, he's aye seen mair peynt in yer scribblin than I hae. He's a wee thing gien to that faut himsell.

JB. You mean Lord Hailes.

LORD A. Ay, juist. Nou ye ken he's a friend, James. He's no the sort o man to say onything juist to mak mischief.

JB. What has he said?

LORD A. He says ye hae ruint yersell nou.

JB. In what way?

LORD A. Ye dinna ken?

JB. No, Sir.

LORD A. Ye can think o naething in yer praisent conduct that ye need feel ashamed o?

JB. No, sir. Of course, if Lord Hailes has been listenin to the rumour of the Town he may have heard anything.

LORD A. This, sir, is nae maitter o idle clash.

JB. If it is some story of a drinking bout, or an amorous adventure, I can assure you that some of my colleagues in the Faculty take a delight in exaggeration.

LORD A. This is nae mere maitter o a thick heid or a bit tousle wi a trollop. This is serious.

JB. Adultery, perhaps?

LORD A. Ye're pleased to be facetious, sir. And I wadna put that past ye aither.

JB. Perhaps you will be good enough to come to the point.

LORD A. The peynt is that ye hae written a scurrilous sang aboot the Hamilton lawyers in the Douglas case,[2] and sung it to yer brither advocates in Paurliament Hoose.

JB. My song was a mere jest. It was not scurrilous.

LORD A. No scurrilous! I heard it was gey sair on Sir Adam Fergusson, and he was cut to the quick. Dae ye no realise that yer career's ruint the meenit ye stert to mak enemies amang the very men that'll sune hae the pouer to mak ye or brek ye. Sir Adam's an able man, and has influence. He'll sune be on the bench, and ance he's there, and a wheen ithers like him, ye can say fareweill to yer ain hopes o elevation.

JB. Lord Hailes may not know it, but I showed the song to Sir Adam himself, and he laughed quite heartily.

LORD A. It was a gey soor lauch, I'm telt. Man, Jamie, hae ye nae sense ata? To gang and show a sang like that to the very man maist likely to tak offence at it. It was juist plain gyte athegither.

JB. There was no malice in my song whatsoever. Sir Adam could not possibly take offence.

LORD A. Ye see, Jamie, ye're juist no wyce. Ye hae nae idea hou ither folk think. If it wasna that I kent yer brither John's condeetion was brocht aboot by a crack on the heid when he was a laddie I wad begin to think there was insanity in the faimily.

---

[2] A *cause célèbre* of the day over rights of inheritance. See also note 9.

JB. In that case I would have you to thank for passing it on to me.

LORD A (*meaningly*). That wad depend wha's side it was on. You're a queer ane to talk. What else hae ye been sin the day ye were born but an insult to yer mither and me baith. Hou dae ye think she wad feel if she could ken hou ye were turnin oot. Was she no a devout wumman? Did she no adhere aa her life to dacent Christian principles?

JB. This is absurd. You are talking as if I had broken the ten commandments. All I have done is write a harmless political ballad.

LORD A. Ye'll sune finoot if it's hairmless, my lad. And it's no aa ye hae dune. This book ye're gaun to write aboot Corsica.[3]

JB. Yes, sir?

LORD A. Lord Hailes is concerned aboot the wey ye're tryin to arouse interest in it afore it comes oot.

JB. It is the practise to do so, among authors in London.

LORD A. Oh London, London. Onything's aa richt if it's juist dune in London. But I can see nae hope for onyane, in this life or the next, that writes deliberate lees for the newspapers.

JB. What leads Lord Hailes to say that what I have written is not true?

LORD A. Juist the fact that ye couldna resist the temptation to boast to aa yer freinds aboot yer cleverness: hou ye had inventit a Corsican courier, that was traivellin aboot amang the crouned heids o Europe, seekin support for his maister, the gallant General Paoli.[4]

JB. (*correcting his pronunciation*). Paoli.

LORD A. I dinna care what ye caa him, but he's juist an imposter if he's willin to take support frae ony man that taks advantage o his poseetion as the director o a newspaper to fill it wi lees aboot him.

JB. The General knows nothing of my efforts in his favour.

LORD A. And what wad he think if he did? Dae ye think he wad thank ye for them, if he's an honest man?

JB. He is an honest man.

LORD A. Then what gars ye try to mak his haill cause rideeculous?

JB. There was no harm in my little subterfuge.

LORD A. Ance it's kent it'll mak ye baith fair lauchable. Dae ye no see that? Man, Jamie, I hate to hussle ye like this. There's guid stuff in ye, if ye wad juist gie't a chance to come oot.

JB. Inherited from you, no doubt.

LORD A. Ah weill, if that's hou ye're gaun to tak it, there need be nae mair atween us. I can aye disclaim responsibeelity for ye by garrin ye pack yer bags and clear oot o here. And if ye're thinkin ye'll be aa richt whan I dee, whateir yer conduct, I wad remind ye that whan ye were hell bent on rinnin aff to London to seek a commission in the Gairds ye as guid as signed awa yer inheritance for a hundred a year. I can leave my estate in the haunds o fower trustees, to be administered for ye as they think fit, and I can see that it's sae puirly endowed that they'll be hard putten to it to manage its upkeep. Sae ye see, my lad, if ye hae ony regaird for yer future, or for yer praisent, for that maitter, for ye canna be makin that muckle at the bar, ye'd juist better listen to me, little as ye like it.

JB. I seem to have no alternative.

LORD A. Ye're richt. Ye haena. Sae cock yer lugs weill, and I'll tell you hou ye can win yersell back into favour. Thae affairs o gallantry, as you caa them, dae yer reputation nae guid, and yer scribblin's juist a distraction frae the law, and maks faes for ye. Gin ye dinna gie up baith ye'll be ruint. Nou there are twa things ye need, Jamie, to tak ye oot o the bit. Ane's a mair settled plan o life, and the ither's an incentive to serious wark, and I think ye could fin them baith in ae object.

JB. A wife.

LORD A. Hou did ye guess that?

JB. Sir John Pringle has written to me from London.[5] You confide in him, evidently.

LORD A. What wey no? He's aye taen an interest in ye, and he and I correspond regularly. He didna say wha I had in mind?

JB. No. He may have thought the choice was my affair.

LORD A. Nae doubt. Nae doubt. I wadna ask ye to tak a lassie ye didna like. But consider the maitter weill. Ye're nae innocent, and ye'll ken that a couple can mak a guid enough job o mairriage withoot gaun into it at first wi staurry een. Affection can come later on. The main thing is to mak a proper match.

---

3 Boswell's *Account of Corsica* (1768) was to establish his literary name across Europe.

4 Pasquale de Paoli, revolutionary fighter for Corsican home rule.

---

5 10 February 1767.

JB. In respect of property, you mean?

LORD A. Juist that.

JB. Did all this apply to your own marriage, sir? Did you take my mother for her dowry, and let affection come later?

LORD A. Hou daur ye, sir! That was a personal maitter atween yer mither and me, and nou that she's gane it's my concern alane. It's shairly no for you, that can sink to the gutter, to stert speirin into oor behaviour. Certies, sir, ye hae some effrontery, whan I canna propose that ye try to win the favour o a dacent lassie, but ye stert to mak objections because she's weill endowed.

JB. I thought she was chosen because she was well endowed, without regard to her other qualifications.

LORD A. She was chosen for aa sorts o reasons, but the fact is that she is weill endowed. Is there ony hairm in it?

JB. If she is attractive otherwise, of course, there will be no harm in it.

LORD A. If ye dinna fin her attractive ye'll be gey ill to please.

JB. You find her attractive yourself, sir, I gather.

LORD A. Aa richt Jamie. I see the jibe. I admit ye're clever. But I'll try to keep my temper. The peynt aboot this lassie is that I hae kent her sin she was a lassie, and I ken she's second to nane in her principles. I can see she's bonnie. And forbye aa that she has an estate o her ain and a fortune o ten thousand, and her maither's willin to regaird ye as a possible suitor if she can be shair that ye'll come into Auckinleck at my daith and hae a guid income in the meantime.

JB. (quickly). Did you say a guid income in the meantime?

LORD A. Frae the date o the mairriage, that means.

JB. Oh. And if I find myself willing to accept this lady you are prepared to meet her mother's requirements?

LORD A. I am that. But it'll no juist be a maitter a your bein willin to accept her. She'll hae to be willin to accept you. And afore she's that, I doubt, ye'll hae to mend yer weys and mak yersell gey attentive.

JB. I understand. May I ask the young lady's name? She is young, I hope.

LORD A. She's eichteen.

JB. Do I know her?

LORD A. Ay. She's a faur-oot cuisin.

JB. A cuisin?

LORD A. She's my ward, Kate Blair.

JB. Kate Blair. I have not seen her since she was a child.

LORD A. Ye wad hae seen her in kirk if ye had been there this mornin. Whaur were ye.

JB. In the tolbooth, with Hay.

LORD A. Has he confessed.

JB. No. I do not think he is guilty.

LORD A. Ye're gyte. The man's a villain. Did ye press for a confession?

JB. Yes.

LORD A. And he wadna gie in, eh? He's hopin ye'll lodge an appeal.

JB. I have.

LORD A. Ye'll dae yersell nae guid, I tell ye. Ye gang ower faur. It's a kind o vanity in ye, Jamie. Whan ye tak on a case ye hate to be bate.

JB. I am sure he is innocent.

LORD A. Weill, I dout he's gaun to hing.[6]

JB. (solemnly). He is reconciled to it. I read him some passages o scripture, and I think he grew composed.

LORD A. You read him passages o scripture?

JB. Why not?

LORD A. Jamie, I juist dinna understaun ye.

JB. I have thought so for a long time, sir.

LORD A. Dae ye understaun yersell?

(Tirling pin)

JB. I think we have visitors.

(John Bruce enters, back, goes out, right, and returns with Mrs Montgomerie-Cunninghame of Lainshaw [Lizzie] and her sister, Peggy Montgomerie)

BRUCE. Mrs Montgomerie-Cunninghame o Lainshaw, my lord, and Miss Peggy Montgomerie.

LORD A. Tea, then, John.

BRUCE. Ay, my lord. Tammas!

(Thomas enters with a kettle and joins Bruce at the table)

LORD A. Weill come to Edinburgh, Lizzie. And you tae, Peggy.

LIZZIE. Thank ye, uncle Sandy.

LORD A. Hou was aa at Lainshaw whan ye left?

LIZZIE. Oh juist the same, uncle Sandy. Gey quait.

LORD A. And hou's the Captain's gout? Ony better?

LIZZIE. Waur, if onything. He needs a lot o attention. I haurdly see my bairns nou at aa.

LORD A. They're aa weill, are they?

LIZZIE. Oh ay, I think sae. Peggy taks them aff my haunds nou.

PEGGY. Annie gets bonnier ilka day, uncle

---

[6] 25 March 1767.

Sandy, and the laddies are stoot as young stots. Yer namesake Sandy's the warst deil o the lot. Dae ye ken what he was up to last week?

LORD A. Na.

PEGGY. He tried to ride his faither's mear and fell aff in a dub.

LORD A. He didna hurt himsell badly?

PEGGY. Na, but ye suld hae seen him rinnin in greitin wi his dowp aa glaur. I dinna ken what it was, but he gart me think o Jamie. He was juist the same, ance.

(*Laughter, except from Boswell*)

LORD A. He's juist the same yet.

(*The girls' laughter ceases abruptly at the spite in his voice. Thomas comes forward with the tea tray*)

THOMAS (*to Lizzie*). Tea, my lady?

LIZZIE (*with a perceptible change of voice*). Thank you.

THOMAS (*to Peggy*). Madam?

PEGGY (*likewise*). Thank you.

LORD A. And what hae ye been daein in Edinburgh?

LIZZIE. I was seeing about a school for little Annie.

LORD A (*angered by the effect of Thomas*). What's come ower ye?

LIZZIE (*blandly*). What do you mean, uncle Sandy?

THOMAS. Tea, my lord.

LORD A (*gruffly*). Thank ye.

THOMAS. Thank *you*, my lord.

LORD A (*interpreting this as a pointed criticism of his speech, and rising in such agitation that his cup rattles in his saucer*). Look here, lassies. Dae ye mind if I leave ye wi Jamie? Ye'll hae a lot to talk aboot, and I hae a memorial to look through for the mornin. It's a case that's comin up. Ye'll excuse me.

LIZZIE. Certainly, uncle Sandy.

LORD A. Thank ye. (*To John Bruce*) I'll tak my cup ben wi me, John. But something on a plate for me. And fetch it yersell.

BRUCE. Ay, my lord, shairly.

(*Lord Auchinleck leaves with his cup, left, to be followed almost immediately by John Bruce with a plate*)

THOMAS (*to Boswell*). Tea, sir.

JB. Thank you, Thomas. Offer the ladies something to eat.

THOMAS. Yes, sir.

LIZZIE. Uncle Sandy seemed upset about something.

JB. Yes. (*Pointedly ignoring the matter*) What have you been doing in Edinburgh,

apart from your effort to find a school for little Annie? Have you been to the play?

LIZZIE. Not yet, James. Have you seen it yourself?

JB. No. I have been indisposed.

PEGGY. So we understand. Was it anything serious?

JB. My old Continal complaint.

PEGGY. I hope you will soon recover.

JB. I am almost well again, thank you.

THOMAS. Bread and butter, my lady or cake?

LIZZIE. Cake, thank you.

THOMAS. Madam?

PEGGY (*taking bread and butter*). Thank you.

THOMAS. Sir?

JB. Nothing, thank you.

THOMAS. Thank *you*, sir.

(*He returns to the table and stands there watchfully*)

PEGGY. There is something I should like you to do for me, James. I have ordered a gown at the mantua maker's.

JB. Yes?

PEGGY. I took the liberty of asking them to deliver it to you. You will be calling at Lainshaw on your way home, when the court rises. Will you fetch it for me?

JB. My dear Peggy, I shall be delighted. And I hope I may have the pleasure of seeing you in it before I leave for Auchinleck.

PEGGY. Nou Jamie, keep that sort o flaittery... (*Remembering Thomas*) Thank you, James. I knew you would oblige me.

(*John Bruce returns*)

BRUCE. I'll leave Tammas wi ye, Mr James. Will that be aa richt?

JB. Thomas may go too. I will serve the ladies.

BRUCE. Juist as ye like, sir. (*With a nod back*) Tammas.

THOMAS. Yes, sir.

(*Thomas bows to the company and withdraws, John Bruce ushering him out and himself bowing as he leaves*)

PEGGY. I nearly said something I suldna.

LIZZIE. Ay, thank the Lord that man o yours is awa, Jamie. He maks us aa as stiff as stookies.

JB. I think he lends elegance to an occasion, but we can certainly be more intimate without him.

LIZZIE. Ay. Yer faither didna seem himsell, Jamie.

JB. No. We had been having a quarrel.

PEGGY. Oh, aboot yer new affair?

JB. My new affair?

PEGGY. It's aa ower the Toun. Is it no, Lizzie? Ye're haein an affair wi some mairrit wumman, meetin her in secret, at some Mrs MacAuslan's.

JB. Who told you this?

LIZZIE. The haill Toun's talkin o it.

JB. Have you been visiting Lady Betty MacFarlane?

PEGGY. Ay, juist, and ye were fou there ae nicht and let the haill thing oot.

JB. She might have had the loyalty not to repeat it.

PEGGY. Oh it wasna Leddy Betty that telt us.

JB. Who was it?

PEGGY. Ah na, Jamie, that isna fair. We're no gein awa ony names. And it's yer ain faut for being sae silly.

LIZZIE. Ay, Jamie, ye suld hae mair sense.

PEGGY. What is she like?

JB. She is perfectly adorable.

PEGGY. Is she bonnie?

JB. Beautiful. (*Smugly*) And she is most generous to please me.

LIZZIE. Jamie, they say she's juist a baggage. They say that whan her man left her she bade for a while wi the waiter at the Buccleuch Airms in Moffat.

JB. A waiter! Who told you this?

LIZZIE. Nae names, Jamie. Sae ye didna ken?

JB. What?

LIZZIE. That she had bidden wi a waiter?

JB. I am not interested in her past. In any case, I intend to give her up.

PEGGY. Ye dinna. What wey that?

JB. I intend to settle down.

LIZZIE. And no afore time.

PEGGY. Hae ye someane in mind? Is it the ane ye caa Zélide, the Dutch leddy? Daes she still write to ye?

JB. She has written regularly ever since I left Holland.

PEGGY. And is she the ane ye're ettlin to mairry?

JB. She is still a possibility.

PEGGY. There's someane else, then?

JB. My father has appointed a candidate.

LIZZIE. Oho, yer faither. Wha?

PEGGY. I ken. Kate Blair o Adamton.

JB. What makes you think that?

PEGGY. She was in yer pew at the kirk the day, and I heard yer faither sayin to her maither, in the vestry on the wey oot, that he didna ken whaur ye had gotten, because John Bruce had telt him ye had left the hoose, and he was shair ye were on yer wey to the kirk.

JB. He could have asked me if I was going to the church. He had obviously planned a surprise for me. So Miss Blair is in town?

LIZZIE. Ay, fleein aboot wi her cuisin Jeannie Maxwell.

JB. That coarse creature.

PEGGY. She's gey bonnie, Jamie, and they say she'll sune be the new Duchess o Gordon.

JB. She ruins herself by her vulgarity of speech. Does Miss Blair speak with the Scots accent?

PEGGY. That isna kind o ye, Jamie. We baith speak wi the Scots accent. Ye dinna think the less o us for it, dae ye?

JB. I prefer the correct London style, although of course what matters is worth, and you two are delightful people, and very dear friends, I assure you.

PEGGY. Guid. That's better.

JB. Miss Blair's mother speaks with the Scots accent.

LIZZIE. Ay, for ordinar. But she whiles tries the new mainner tae.

JB. But does the daughter?

PEGGY. Could ye no mairry her, Jamie, if she didna speak in the new London mainner?

JB. That would depend, of course. Is she beautiful?

PEGGY. Oh ay.

JB. Is she really?

LIZZIE. A wee thing hard, mebbe, but bonnie nanetheless.

JB. Has she a good figure?

PEGGY. Ay, Jamie, her figure's juist perfect.

JB. Perfect? Are you sure? Do you think so, Lizzie?

LIZZIE. There's nae sayin hou it'll settle doun mind ye. She micht rin to fat like her mither. But there's nae dout it's aa richt at praisent.

PEGGY. There ye are Jamie. What mair could ye want? A bonnie face, a perfect figure, a braw estate, and a fortune alang wi them.

JB. You make her sound most attractive. But is she intelligent? Has she applied herself to her education? It will take a perfect paragon of a woman to wipe out my memories of Zélide.

PEGGY. Jamie, ye're juist impossible to please.

(*Tirling pin*)

LIZZIE. There's someane else comin in.

(*John Bruce enters, back, and hurries out left, where he calls:*
'*They're here nou, my lord!*' *He then goes out right and returns with Kate Blair of Adamton and Mrs Blair, her mother. Lord*

Auchinleck appears, right. Thomas appears by the tea table)

BRUCE. Miss Blair o Adamton, my lord, and Mrs Blair.

LORD A. Kate, ye're lookin bonnier than ever. I'm gled ye were able to fetch her up, Mrs Blair. I think ye baith ken aa the folk here, save mebbe my son. He's been oot o the country for a while. James, this is my ward, Miss Blair o Adamton.

JB. Your servant, Miss Blair. You are quite grown up since I saw you last.

LORD A. And Mrs Blair, her mither.

MRS BLAIR. Ye'll mind o me, shairly, Jamie. Ye cam aboot Adamton a lot wi yer faither whan ye were a laddie, afore my man deed.

JB. I do remember you indeed, Mrs Blair. Quite clearly.

(*Thomas comes forward with the tea tray*)

THOMAS (*to Kate*). Tea, my lady.

KATE. Thank you.

THOMAS (*to Mrs Blair*). Madam?

MRS BLAIR (*changing voice immediately*). Thank you, my man.

(*John Bruce comes forward with eatables*)

BRUCE. Breid and butter, Miss Kate or wad ye raither hae cake?

KATE. Bread and butter please, John.

BRUCE. And you, Mrs Blair?

MRS BLAIR (*momentarily forgetting Thomas*). Breid and butter for me tae, John. I hae to think o my waist, my lord.

LORD A. Hoots, wumman, ye're as jimp as a lassie yet.

(*Kate and Boswell suffer mutual embarrassment. Peggy and Lizzie exchange glances*)

THOMAS (*to Lizzie*). More tea, my lady?

LIZZIE. No thank you.

THOMAS. Then may I take your cup? (*Doing so*) Thank you, my lady. (*To Peggy*) More tea, madam?

PEGGY. No thank you.

(*She hands Thomas her cup*)

THOMAS. Thank you, madam. (*To Boswell*) Sir?

JB. (*handing his cup*). No thank you, Thomas.

THOMAS. Thank you, sir.

JB. Have you been to the play yet, Miss Blair?

KATE. I intend to go some evening with Miss Maxwell.

JB. May I have the honour of keeping seats for you, and perhaps escorting you?

KATE (*looking at her mother as Lizzie and Peggy exchange another look*). Eh…

MRS BLAIR (*back in the new manner*). That would be a great treat for her, James. Would it not, my dear?

KATE. Yes, mother.

LIZZIE (*rising*). I really think we ought to be leaving now, uncle Sandy.

MRS BLAIR. Oh do not leave because we have come, Mrs Montgomerie-Cunninghame.

LIZZIE. We have been here for some time, Mrs Blair, and we have promised to call on Sir Alexander Dick.

LORD A. See them to the door, then, Jamie.

JB. Yes, sir.

LIZZIE (*curtsying*). Good afternoon, uncle Sandy.

LORD A. Guid afternune, lassies.

(*Peggy curtsies. They withdraw, right, with Boswell*)

LORD A. My son was at the Tolbooth this mornin, whan we were in kirk, tryin to get a condemned man to confess. It's a help whan they dae. It lets the public ken ther's been nae miscarriage o justice.

MRS BLAIR. Is the man to be hanged, my Lord?

LORD A. I dout sae. But dinna let us dwall on thae unplaisent maitters. I juist wantit ye to ken what keepit Jamie frae the kirk.

(*Boswell returns*)

MRS BLAIR. We are sorry not to see you in church this morning, James. We hear you were in the Tolbooth.

JB. Let us forget that, Mrs Blair. It might distress Miss Kate, if I may so call her. Miss Kate, I have some interesting memorials of my travels upstairs, particularly my uniform of a Corsican chief. And if you are interested in eminent authors I have some letters addressed to me personally by such as Rousseau and Voltaire, not to mention our own Samuel Johnson. If you would care to see them, and with your mother's permission, I should be happy to show them to you.

MRS BLAIR. That would be most interesting. Would it not, my dear?

KATE. Yes, mother.

LORD A. Feenish yer tea first, Miss Kate.

KATE. I have had all I want, thank you, my lord.

JB. Then shall we go? You do not mind our leaving you, father?

LORD A. No a bit. (*As they withdraw*) John, you can leave us nou tae, and tak that craitur alang wi ye.

BRUCE. Thank you my lord. (*Nodding back*) Tammas.

THOMAS. Yes, sir.
(*They withdraw, as before*)
LORD A. Weill, that didna tak lang.
MRS BLAIR. It didna. Did it? Ye think he fins her attractive?
LORD A. The laddie was soupit clean aff his feet.
MRS BLAIR. Dae ye think sae?
LORD A. I'm shair o it.
MRS BLAIR. Weill, my lord, it wad be a grand match.
LORD A. It wad be the makin o my son, if he could win her.
MRS BLAIR. Weill, it's in their haunds nou. Dinna bring back that servant, my lord, but could I please hae anither cup o tea?
LORD A. I'll serve ye wi my ain haunds, Mrs Blair.
MRS BLAIR. That's a great honour, my lord. (*As he moves back towards the table*) Nae sugar.
LORD A (*turning with a shrewd smile*). Oh ay. Na.
(*As he moves towards the table again Mrs Blair spreads her feet and relaxes with a deep sigh of relief*).

F A D E

SCENE 3
Adamton. The terrace.
    Susie enters to Kate Blair, reading in a chair.
SUSIE. Miss Kate.
KATE. Ay, Susie?
SUSIE. Young Auchinleck's English servant's in the kitchen, oh what a man, and he's gien me this letter to haund ye, and I wasna to let yer mither see me daein it.
KATE. He had nae richt to tell ye that.
SUSIE. Na, Miss Kate.
KATE (*reading*). Ssh.
MRS BLAIR (*off*). Susie.
SUSIE. Oh. Dear me, she's comin through!
(*Mrs Blair enters*)
MRS BLAIR. I gaed into the kitchen the nou, Kate, and fand Mr Boswell's servant.
KATE. Ay. He's gien Susie a letter for me.
MRS BLAIR. Ye ken that's wrang Susie. Ony gentleman that wants to haund in a letter for Miss Kate suld dae sae at the front door.
SUSIE. Ay, mem.
MRS BLAIR. Bide within caa, then, but dinna gang to the kitchen.
SUSIE. Ay mem.
(*She leaves*)
MRS BLAIR. What's in it?

KATE (*handing over the letter*). He wants me to meet him at the edge o the wuid. Read it.
MRS BLAIR (*reading*). He wants to see ye alane, daes he, wi me oot o the wey.
KATE. He daesna say that.
MRS BLAIR. That's what he means, the deil. Ye'll hae to watch him. Susie!
(*Susie enters*)
SUSIE. Ay, mem?
MRS BLAIR. Tell that servant o Mr Boswell's that if his maister wants to see Miss Kate he can come up to the hoose.
KATE. Dinna put it like that, mither. Say 'Mrs Blair's compliments to Mr Boswell, and if he would like to see Miss Blair he must call at the house'. Will ye mind that?
SUSIE. Ay, Miss Kate.
MRS BLAIR. Mind, then. 'Mrs Blair's compliments'.
SUSIE. Ay, mem.
MRS BLAIR. Awa, then. And come straucht back up.
SUSIE (*leaving*). Ay, mem.
MRS BLAIR. If he's been waitin at the edge o the wuid he'll see the Nabob leavin!
KATE. Sae he will!
MRS BLAIR. Dinna fash. It'll dae him nae hairm to ken he has a rival. Nou he'll be here in twa meenits. Be ready for him. Gie him nae encouragement. His faither said that ance he made up his mind to win ye he wad mend his weys, but there's been nae sign o it. Whether he's gaun aboot that wumman yet I dinna ken, but I dae ken he's still peyin her rent. And they say he was seen fou in a close in the Luckenbooths on the nicht o the Advocates' Anniversary wi Lord Kinnaird's bastard dochter Jeannie, and ye ken what she is.
KATE. Wad it no be better juist to tell him what we ken, and that he's to mend his weys or tak himsell aff?
MRS BLAIR. That's juist what ye canna dae, lassie. It wadna be delicate. What wad he think o ye gin he kent ye were willin to tak him efter finnin oot the kind o life he had led?
KATE. I dinna think I like him, mither. I wad juist as sune gie him the door.
MRS BLAIR. Wad ye no suner hae Auchinleck than that place o the Nabob's?
KATE. Ay.
MRS BLAIR. Then play yer cairds weill. Kepp him at airm's length till he mends his weys, but dinna cut him aff athegither.
(*Calling*) Are ye there, Susie?

SUSIE (*entering*). Ay, mem.

MRS BLAIR. Fin Miss Kate's French grammer.

SUSIE (*rushing off*). Ay, mem.

MRS BLAIR. Be studyin yer French. (*Susie returns with a book*) Is that it Susie?

SUSIE. I think sae, mem.

MRS BLAIR (*taking it and giving it to Kate*). Is that it, Kate.

KATE. Ay.

MRS BLAIR. Compose yersell, then. And you, Susie, watch yersell wi that man o Mr Boswell's. He's a bad ane.

SUSIE. Ay, mem,

(*Bell*)

MRS BLAIR. There's the bell nou. Show the gentleman through.

SUSIE (*leaving*). Ay, mem.

MRS BLAIR. Nou dinna think the waur o Mr Boswell for bein wild a wee, Kate. Gentlemen are aa the same whan they're young.

KATE. Ay, mither.

MRS BLAIR. They say he's clever, and could dae weill at the bar, and his faither'll be leavin him a fortune.

KATE. Ay, mither. Speak in the new mainner.

MRS BLAIR. I will, dinna fash.

(*Susie enters*)

SUSIE. Mr Boswell, mem.

(*She leaves as Boswell enters. Mrs Blair makes heavy weather of the new manner*)

MRS BLAIR. Good afternoon, Mr Boswell. My daughter showed me your note. I am afraid I cannot allow you to meet her in secret until you have come to better terms with each other. It would not be proper.

JB. I realise that now, Mrs Blair. I apologise.

MRS BLAIR. I shall leave you together now, then. There can be no harm in your meeting here, with my knowledge and consent.

JB. I am much obliged to you, Mrs Blair.

MRS BLAIR. You will stay for tea, perhaps?

JB. Yes, thank you, if I may.

MRS BLAIR. I shall see you later, then.

JB. Thank you. (*Mrs Blair leaves*) Miss Kate, I hope you are not angry with me.

KATE. I did not think I had given you any encouragement to suppose that you could ask me to do anything improper, Mr Boswell.

JB. Improper, Miss Kate?

KATE. You have heard my mother. It would not have been proper for me to meet you today without her knowledge.

JB. Perhaps you are right.

KATE. You know I am, Mr Boswell. If it became known that I was willing to behave in such a way, my reputation would suffer.

JB. I had not thought it might become known.

KATE. Then you ought to have thought of it.

JB. If I have been thoughtless I am most sincerely sorry, Miss Kate.

KATE. Thank you, Mr Boswell.

JB. You have received my letters?

KATE. Two.

JB. You have not answered them.

KATE. I hardly knew how to answer them, Mr Boswell.

JB. Do you realise that you have kept me in great suspense? I have described my feelings for you with the utmost frankness. You know that I am the victim of a most disturbing passion. Why do you torture me like this?

KATE. If you are tortured, Mr Boswell, it is not my fault.

JB. But you are the cause of it.

KATE. Not willingly.

JB. But it is in your power to make me happy. I have asked for a lock of your hair. It would have given me some encouragement to hope that you might return my affection. But you did not send it. Can you not realise that its refusal was a severe blow to me?

KATE. The lock of hair was forbidden by my mother.

JB. But you would have sent it.

KATE. No.

JB. Why not?

KATE. She said it would be improper in the present state of our relationship.

JB. But you would have sent it, perhaps, if she had not said so?

KATE. No.

JB. Why not.

KATE. It would not have been proper.

JB. But that was your mother's view.

KATE. She was right.

JB. Then there is no hope for me.

KATE. I did not say so.

JB. Then there is hope.

KATE. I cannot say that either.

JB. But surely you know your own feelings, Miss Kate. You do not love me?

KATE (*cautiously*). Not at present.

JB. You think love may develop in time?

KATE. I cannot say what may develop.

JB. Perhaps you love someone else?

KATE (*cautiously*). No.

JB. My dear Kate, then there is hope for me.

KATE. I did not say so.

JB. But you have just said that you may love me in time, and that you love no one else.

KATE (*thinking hard*). In time I may love someone else, Mr Boswell, and not you.

JB. There is as much hope for my rivals, you mean?

KATE. Rivals?

JB. You need not dissemble Miss Blair. I met Fullerton the Nabob on the road. I believe he has some interest in you.

KATE. You have no right to question me about my other friends, Mr Boswell.

JB. (*stressing the plural*). You say friends. Am I to take it that the Nabob is not my only rival?

KATE. You may believe what you like.

JB. Then you do not deny it?

KATE. I neither deny nor affirm it.

JB. Then there is only the Nabob?

KATE. I have not said so.

JB. The Nabob is wealthy, they say.

KATE (*smugly*). They say so.

JB. But he has no style.

KATE. I prefer not to discuss him.

JB. I know at least that you do not love him.

KATE (*worried*). How do you know that, Mr Boswell?

JB. Because you have said you love no one, Miss Kate. And he did not appear to have received much encouragement. He was 'Glowering like a houlet' as they say.

KATE. There is no need to be vulgar, sir.

JB. If you think that vulgar you cannot like the Nabob. His accent is thick.

KATE. They say he has a warm heart, Mr Boswell.

JB. Warmer than mine?

KATE. I did not say so.

JB. You do not prefer him?

KATE. To you, Mr Boswell? (*Carefully*) No.

JB. Kate, you are a darling. (*Seeing no encouragement*) But perhaps you prefer someone else?

KATE (*with a sudden suppressed giggle*). Perhaps.

JB. Kate, you are provoking me. Tell me honestly. Is there anyone you like better than me?

KATE. Yes.

JB. (*crestfallen*). Who?

KATE (*with a goggle*). Jeannie Maxwell. (*Boswell laughs heartily, encouraged to think all is yet well*)

JB. Indeed, Kate, you are the most provoking little rogue who ever lived. But tell me, remember that I am serious, is there any *man* you like better than me?

KATE (*cautiously*). No.

JB. (*overjoyed*). Then you like me better than any other man.

KATE. Oh no!

JB. What!

KATE. I said there was no man I liked better, not that I liked you better than any other man.

JB. (*exasperated*). Upon my soul we are back where we started! Miss Blair, I am not to be trifled with. I am a member of a learned profession, the son of a judge, and heir to a considerable estate. I have travelled extensively and attended the courts of the greatest princes in Europe. I am the personal friend of some of the greatest literary figures of the day. I cannot be insensible of the fact that in paying my addresses I am entitled to the most respectable consideration in your power to offer. I ask you to be serious with me. If you cannot return my passion please say so and put me out of my misery, for I assure you I do love you to the point of despair, and it would be better for me to cut myself off from you completely, than to remain in my present situation, tortured by doubt.

KATE (*worried*). You need not cut yourself off from me completely, Mr Boswell.

JB. I must if you can give me no hope.

KATE. I hardly know what to say, Mr Boswell.

JB. (*seeing hope in her hesitation*). Would you be sorry if you were never to see me again?

KATE (*cautiously*). Yes.

JB. (*eagerly*). Then you do feel some affection for me?

KATE. Affection! No.

JB. Liking, perhaps?

KATE (*cautiously*). I really do not know. No *special* liking.

JB. (*rather bluntly*). Tell me, do you like Auchinleck?

KATE (*just as sharply*). Yes, I do like Auchinleck.

JB. More than you like me?

KATE. Yes.

JB. (*hurt*). That at least is frank.

KATE. It is the truth, Mr Boswell.

JB. Then I suppose I must accept it, and be glad it is not even worse. You do not mind my coming here to see you, I gather?

KATE. No.

JB. I may return?

KATE. Yes.

JB. Then if you ever feel that you love me you must tell me so.

KATE. Yes.

JB. And you will tell me too if you ever love another, so that I suffer this misery of doubt no longer than is absolutely necessary?

KATE. Yes.

JB. Before we join your mother may I kiss your hand?

KATE. Yes, Mr Boswell.

(*He kneels and kisses her hand. She she suppresses a giggle*).

F A D E A N D C U R T A I N

ACT TWO

SCENE I

Lainshaw. The drawing-room.
　Peggy Montgomerie on a couch reading. Mrs Montgomerie-Cunninghame enters, left, and sits down beside her with an exclamation of exasperation.

LIZZIE. Oh!

PEGGY. Is the Captain in ane o his bad moods?

LIZZIE. Ay. But I suppose I suldna grummle. He's in pain, puir sowl. It's a terrible thing, gout.

PEGGY. Mind ye, Lizzie, I think his diet could be lichter.

LIZZIE. Ay ay, Peggy, I ken that, but as sune as he's oot o pain and his flute's back to normal he's cryin oot for a gigot, of beef collops, or pork chops, or onything else Dr Johnson says is fatal, and if I deny him onything he's for caain the hoose doun.

PEGGY (*with a little reflective giggle*). It's funny.

LIZZIE. What's funny?

PEGGY. That the doctor's name here suld be Johnson.

LIZZIE. Oh, Dr Johnson. Ye're thinkin o cuisin Jamie.

PEGGY. Ay.

LIZZIE. He'll be caain in ony day nou, on his wey back frae London.

PEGGY. Juist what I was thinkin. I was readin his book.

LIZZIE. Ye'll hae to tell me aa aboot it afore he caas in, or I'll neir be able to face him.

PEGGY. Ye suld read it, Lizzie. Ye wad enjoy it.

LIZZIE. Me. I hae nae interest in Corsica. I dinna ken whaur the place is.

PEGGY. Read it and fin oot. (*Handing book*) Here. Ye're lookin tired. Sit and hae a look at it and I'll fetch ye a gless o maderia.

LIZZIE. Thank ye, Peggy, I wad enjoy that. (*Putting down the book*) The maderia, I mean.

PEGGY. Ay. (*Turning on her way out left*) Lizzie, I think that whan Jamie caas this time we suld speak in the new mainner.

LIZZIE. The new mainner! What's come ower ye?

PEGGY. I dinna ken. I suppose it's the effect o his book. It's written in the maist elegant English. And ye mind what he said whan he cam back frae London the first time; that whan Leddy Betty MacFaurlin and her sisters were doun there they juist soundit rideeculous.

LIZZIE. But we arena doun there. We're at hame here in Lainshaw.

PEGGY. Ay, but I'm shair we'll soond juist as rideeculous to onyone straucht back frae doun there. Ye ken hou Lord Eglinton aye teases us.

LIZZIE. But he daesna like us ony the less for it.

PEGGY. Mebbe no. I whiles woner.

LIZZIE. Weill, Peggy, ye can dae what ye like, but I canna see mysell usin ae mainner wi my ain man and ainther wi Jamie. Are ye gaun to fetch me that gless o maderia?

PEGGY. Ay. (*Halted by the sound of horses*) That canna be the Boyds back! It's horses! (*She runs and looks out right*) Ye couldna guess!

LIZZIE (*drily*). Ay, I can guess. Talk o the deil.

PEGGY (*turning*). I'll fetch three glesses. (*She runs quickly left, then suddenly halts*) Glasses.

(*She leaves, left. Lizzie rises and moves right. Boswell enters to meet her*)

JB. Lizzie!

LIZZIE. Jamie!

(*They kiss, politely*)

JB. Is anything wrong? The whole place seems deserted.

LIZZIE. Oh we hae freinds bidin wi us, and they're awa oot wi the bairns for a picnic, and the servants hae gane wi them to cairry their baskets. Hae ye traivelled faur?

JB. Only from Bothwell Castle. I spent the night with the Duchess of Douglas.

LIZZIE. That soonds bad, Jamie.

JB. Do you know what the old hag wrote to me in London? That I could have the warmest bed in the house, which was her own, if I did not insist on her leaving it.

LIZZIE. I hope ye had a cauld nicht, then.

JB. I have to draw the line somewhere.

(*Peggy enters with a tray, left*)

PEGGY (*in the new manner*). Good afternoon.

JB. My dear Peggy. You look lovelier than ever. Put that tray down till I salute you.

PEGGY (*using the tray as a shield*). Keep your distance, James, and do not waste your flattery on me.

JB. Oho, the new manner.

PEGGY. I thought you approved of the new manner.

JB. I do indeed, Peggy, except that it does seem to take the warmth out of your welcome.

LIZZIE. See.

JB. Has there been some discussion on the subject?

LIZZIE. Peggy was sayin that if we didna…

PEGGY. Lizzie! I'll neir forgie ye if ye tell him what I said. (*Giving up the new manner*) A gless o wine, Jamie.

JB. I insist on my kiss first.

PEGGY. Very weill, ye sall hae it.

(*She holds up her cheek. He kisses it*)

JB. A very cousinly kiss.

PEGGY. Ye can keep the ither kind for Kate Blair.

JB. Kate Blair. I gave up all thought of her before I went to London. She would answer neither one way nor another, and she played the same game with the Nabob. A man in Ayr told me she was notorious there. He said she was just a damned jilt.

PEGGY. And wha's taen her place, Jamie?

LIZZIE. Ay, tell us the latest. Is it a London leddy?

PEGGY. Or hae ye gane back to Zélide?

JB. It was to have been Zélide. She wrote to me before I left for London begging me to visit her in Utrecht. She said we could make a good match, and ought to meet and talk it over.

LIZZIE. But ye haena been ower to Utrecht again, hae ye?

JB. My father refused his permission. It would have been rather a costly journey, you understand.

PEGGY. Poor Zélide. But ye said she had siller, Jamie. Could she no hae come to veesit you?

JB. She had too proud a nature. In fact, we are no longer friends. When I wrote that I was unable to join her she answered like a termagant.

PEGGY. That meant she was fond o ye.

JB. Certainly. She was wildly in love with me.

LIZZIE. But juist ower able to haud her ain.

JB. What did you say?

LIZZIE. If I ken you, Jamie ye dinna want ony larned leddy that can argie wi ye whan ye lay doun the law. You want some respectfou craitur that'll treat ye as her lord and maister.

JB. That is a proper attitude in a wife, surely.

LIZZIE. Dae ye think sae?

(*Knocking, left, and an impatient, peevish male voice off calling 'Lizzie?' More knocking, and again 'Lizzie?'*)

PEGGY. Yer lord and maister, Lizzie.

LIZZIE. Dear me. I woner what he wants nou.

(*She goes out left*)

JB. So the Captain is ill again?

PEGGY. I think he's juist born lazy.

JB. He eats and drinks too much. He should be more asbtemious.

PEGGY. You canna talk, Jamie, wi that bilge in yer waistcoat.

JB. Is it as noticeable as that?

PEGGY. I doubt sae. (*As he straightens his waistcoat*) And ye hae cast oot wi Zélide?

JB. Yes.

PEGGY. And wha's yer favourite nou? Or hae ye gane back to yer Circe frae Moffat?

JB. Peggy, I shall be obliged if you will never mention that woman again. She is a thing of the past.[7]

PEGGY. I'm sorry, Jamie. Hae ye met someane else, then? Or wait: there was anither heiress on your list, and some great beauty wi eicht thousand a year and an estate in Yorkshire. A faur oot cousin.

JB. Miss Bosville of Gunthwaite.

PEGGY. Ay. Is she in the rinnin nou?

JB. No. She is out.

PEGGY. Hae ye seen her?

JB. I called at Gunthwaite on my way north.

PEGGY. To propose?

JB. Yes.

PEGGY. And she didna tak ye?

JB. I was too late. She had just become engaged to McDonald of Sleat.[8]

PEGGY. Engaged. Oh, Jamie, what bad luck.

JB. Yes.

PEGGY. Sae ye'll be tryin Kate Blair again, efter aa?

JB. I have had more than enough of Kate Blair. In any case, they say Sir Alexander Gilmour of Craigmillar is interested. He has far more to offer her than I.

---

7 Cf. note 11.

8 Sir Alexander McDonald, who Boswell and Johnson visited on Skye in 1773.

PEGGY. Puir Jamie, and you sae famous nou, wi aa the great men in London comin chappin at yer door.

JB. (*pleased*). Who told you that?

PEGGY. Lord Eglinton was in on his wey hame.

JB. So people here know?

PEGGY. That ye're famous? Oh ay.

JB. I hope my father is impressed.

PEGGY. If he is he'll be the last to admit it.

JB. Yes. He is the one person in the world I should like to think well of me, and he treats me like an idiot. Where men like Dr Johnson, men of acknowledged genius in literature, find a word of praise for me, he has nothing but censure. He sneered at my Corsican book, and called it quixotic.

PEGGY. Ye saw Dr Johnson whiles, did ye?

JB. He was living at Oxford, with a friend. I made the journey to see him. The good old man came forward with outstretched arms, and kissed me on both cheeks. I shall receive a very different welcome from my father. He will give one of his grunts.

PEGGY. Mebbe no, Jamie. The Doctor liked yer book, did he?

JB. He said so, but when I wrote later asking for his opinion in a letter he was too wily to be drawn. He said I had so much vanity already that to add to it would be bad for my character.

PEGGY. That meant he liked it, though.

JB. Oh yes, he admired it enormously. And did you see the very flattering review in the London Chronicle?

PEGGY. Lord Eglinton had it, and was haundin it roun. But ye ken what a wag Sandy is. He said ye wrote it yersell.

JB. I hope no one believed him.

PEGGY. Weill, I dinna ken, Jamie. Ye ken the folk here as weill as I dae: aye gey eager to caa the feet frae their freinds.

JB. Do you believe I wrote it myself?

PEGGY (*smiling*). I wadna be surprised.

JB. Peggy!

PEGGY. Did ye?

JB. Did I, eh, what?

PEGGY. Write it yersell?

JB. (*with a look like a naughty boy*). Yes.

PEGGY. Yer faither said ye did.

JB. So he knows?

PEGGY. I dout sae.

JB. Then it will be my own fault if he is gruff with me. I ought to learn not to play the fool.

PEGGY. Dinna let yer faither fash ye, Jamie. Ither folk like ye for whiles playin the fule.

JB. Do you like me, Peggy?

PEGGY. Nou Jamie, nane o that.

JB. Do you like me, Peggy?

PEGGY. There's nae need to speir if ye ken the answer.

JB. Answer my question.

PEGGY (*mocking the new manner*). Mr Boswell, you forget yourself!

JB. Be serious with me, please.

PEGGY. I'm nae heiress, Jamie. I can hardly pey my sister for my board. And I'm gey near auld eneugh to be yer mither.

JB. I know your age exactly. You are two years older than I. No more. And you do not look it.

PEGGY. Thank ye. Ye were juist in time wi that last bit.

JB. I mean it. Peggy, I find myself drawn to you every time I call here.

PEGGY. Jamie, ye're juist oot o somebody to practise on. And what wad yer faither say?

JB. He could make no possible objection to you. You are as well born as I. You are a member of the family.

PEGGY. I hae nae tocher.

JB. Please do not tease me.

PEGGY. Then dinna provoke me.

JB. Peggy I am serious. I love you. Really and truly. I have been blind not to realise it sooner, but I do now, clearly.

PEGGY. Be fair, Jamie. Whan an auld maid's content she suld be left in peace.

JB. Peggy, will you marry me?

PEGGY. It wad serve ye richt if I said 'Ay'.

JB. I am serious, Peggy. Look, I will go down on my knees.

PEGGY (*drawing back hurriedly*). Ye'll dae naething o the kind. What if Lizzie cam in, or the Boyds.

JB. The Boyds?

PEGGY. Did Lizzie no tell ye? Aunt Boyd's here frae Donaghadee, and she has her guid-brither wi her, a Coonseller Boyd, some kind o lawyer, and there's Mrs Boyd, his wife, and their dochter, Mary Anne.

JB. I remember Aunt Boyd. Is the Counseller from Dublin?

PEGGY. Ay.

JB. I have heard of him. He married an heiress.

PEGGY. Ay, and his dochter's anither.

JB. An heiress?

PEGGY. Fifteen thoosand a year.

JB. A year!

PEGGY. Ay.

JB. The daughter who is here?

PEGGY. Ay. And Jamie, she's the bonniest wee craitur ye could hope to clap yer een on.

JB. Pretty, eh?

PEGGY. Ay. And listen. Dae ye ken what they're here for?

JB. No.

PEGGY. They want to mak a match. And Aunt Boyd's telt them aa aboot you, the heir to Auchinleck, and they're fair deein to meet ye.

JB. You are joking.

(*Lizzie returns*)

PEGGY. Here's Lizzie. Ask her.

JB. Lizzie, is this true?

LIZZIE. What?

JB. That Aunt Boyd is here with an heiress?

LIZZIE (*to Peggy*). Oh did ye tell him? I thocht ye were gaun to leave it to Aunt Boyd.

PEGGY. Ye ken he worms things oot o ye.

LIZZIE. Weill, they're comin nou.

(*Commotion right*) I saw them frae the winnock. You bide wi Jamie, Peggy, and I'll gang to the bairns.

(*She goes out, right*)

PEGGY (*mocking the new manner*). What were you saying, Mr Boswell, when we were interrupted?

JB. Saying? What do you mean?

PEGGY. You were making a proposal, I believe.

JB. Upon my soul, so I was. You are a good girl, Peggy, to make fun of it. Many a person in your situation would have taken advantage of me.

PEGGY. It's a guid thing I ken ye weill, Jamie.

JB. It is indeed. Peggy, I am sorry if I seem to have trifled with you. I do like you, my dear cousin, very much.

PEGGY. Thank ye, Jamie. I'm gled ye dae.

JB. And you do not harbour any resentment?

PEGGY. Na. Juist dinna dae it again. That's aa.

JB. You are so lovely, sometimes, that I cannot resist you.

PEGGY. Ye'll juist hae to try.

JB. I know what I shall do. I shall draw out a document, in proper legal form, in which you agree to be banished from the country if you ever take a proposal from me seriously. You will sign it, and I shall be safe.

PEGGY. Aa richt, Jamie, and ye can gie me a copy to hing up in my room.

JB. Oh no, it must be a secret between us.

(*Aunt Boyd enters, right, with Counsellor Boyd and his family*)

AUNT BOYD. Jamie Boswell! Me niece Lizzie's just after telling me ye're here on yer way home from London.

JB. Aunt Boyd! How are you?

(*They kiss*)

AUNT B. Now let me introduce yez. This is Counsellor Boyd, me husband's brother.

JB. (*bowing*). A member of my own profession, sir.

COUNSELLOR BOYD (*likewise*). But not like yerself, Mr Boswell, distinguished as a man of letters.

JB. Sir, you are too kind.

AUNT B. And Mrs Boyd.

JB. (*bowing as Mrs Boyd curtsies*). Your servant, madam.

MRS BOYD. Delighted, sir.

AUNT B. And last, but not least, Miss Mary Anne herself.

JB. (*bowing very low*). Miss Boyd, I am charmed.

MARY ANNE (*curtsying*). Thank you, Mr Boswell.

JB. You have been out on some excursion, I believe?

COUNSELLOR. We have indeed, Mr Boswell, and a rare time we have had, to be sure. But we are all rather soiled, sir, after romping with Lizzie's dear children, and as we shall be meeting at dinner, I believe, I feel sure ye'll excuse us now if we hurry off and make ourselves decent.

JB. Certainly, sir. I look forward to meeting you again with great pleasure, I assure you.

COUNSELLOR. Thank you kindly, sir. Very well, me dears.

(*Bows and curtsies as The Boyds retire, right, leaving only Aunt Boyd, who lingers, then returns to Peggy*)

AUNT B. Have ye told him, Peggy?

(*Knocking, off left, and the Captain calling 'Lizzie! Lizzie!'*)

PEGGY. That's the Captain again. I'd better see what he wants.

(*She goes out, left*)

AUNT B. Has he told ye?

JB. Told me what, Aunt Boyd?

AUNT B. About the match, Jamie? It would be the most wonderful thing in the world, for both of yez. She's the best catch in Dublin, and if ye would only steady yerself she could do no better than take ye. Do you like her?

JB. Aunt Boyd, she is enchanting. I have never in my life seen anyone so lovely.

AUNT B. Praise be to God. I knew she would stun ye. But mind ye, she's young yet, and ye musn't rush yer fences. Pay

court to her now. We'll give ye every
chance. Then when the spring comes ye'll
come to Dublin with Peggy and Lizzie, and
if she likes ye, and ye're bein true to her, ye
can have her for the asking.
JB. But are her parents aware of your plans?
AUNT B. Oh they would hate me to say so,
ye understand, but sure, they know
everything.
JB. Aunt Boyd, this is most generous of you.
You quite overwhelm me.
AUNT B. Ye'll start to work on yer father
now, won't ye? They'll be after a good
settlement.
JB. I quite understand.
AUNT B. There now, I knew it would be all
right. Now just you stay where ye are and
she'll be down to ye. It's a lovely day, and
ye can show her the roses.
(*She leaves, right, as Peggy enters, left*)
PEGGY. Dae ye like Mary Anne, Jamie?
JB. (*trying not to appear too enthusiastic*).
She is lovely, there is no doubt. (*Worried*)
Eh, Aunt Boyd has gone to arrange a *tête-à-tête*.
PEGGY. I see, and I'm in the wey.
JB. Oh no.
PEGGY. Oh ay, Jamie, but dinna fash, I'll
gang back to the Captain. (*Turning as she is
about to leave, left*) Jamie?
JB. Yes?
PEGGY. Guid luck.
(*She disappears. Mary Anne Boyd enters,
right*)
MARY A. Oh. I thought me cousin Lizzie
was here, Mr Boswell.
JB. She has gone to attend to the children,
I think.
MARY A (*hesitating shyly*). Perhaps I…
JB. Please stay, Miss Boyd.
MARY A. It'll be quite proper, perhaps. Me
father and mother'll be down in a minute.
JB. I hope not, Miss Boyd, for upon my
soul I should hate to have such a delightful
encounter terminated too rapidly.
MARY A. They'll be down soon, I'm sure,
Mr Boswell.
JB. I love the Irish tone.
MARY A. Tone, Mr Boswell?
JB. Of voice.
MARY A. Oh do ye notice it? Me teacher
said I was after losing it entirely.
JB. I do not mean that it is more than barely
perceptible. But what remains is most
pleasing to the ear, I do assure you, after the
uncouth gutturals of my own country.
MARY A. Ye are far too kind, Mr Boswell.

JB. Not in the least. Would you think it
improper, Miss Boyd, if I were to suggest an
inspection of the Lainshaw gardens?
MARY A. I hardly know what to say, Mr
Boswell. I don't know what is customary
here.
JB. I have been so long abroad that I hardly
know myself. It is such a beautiful day.
MARY A. Yes, Mr Boswell.
JB. It would be a pity to lose the
opportunity of a seat in the sunshine.
MARY A. Yes, Mr Boswell.
JB. In the scent of the flowers.
MARY A. Yes Mr Boswell.
JB. You agree?
MARY A. Eh, yes, Mr Boswell.
JB. You make me very happy, Miss Boyd.
Let us go.
(*They go out, back. Peggy enters slowly, left,
and gazes after them wistfully. Thomas
enters, right*)
THOMAS. Forgive my intrusion, madam,
but I thought my master was here.
PEGGY (*in the new manner*). Your master is
in the garden, Thomas, with a young lady.
THOMAS. In that case, madam, he will not
care to be disturbed. Perhaps you, madam…
PEGGY. He may not care to be disturbed by
me either, Thomas.
THOMAS. I was going to suggest, madam, if
it is not an impertinence, that you give him
my message when he comes in to dinner.
PEGGY. Certainly, Thomas. What is your
message?
THOMAS. I was to give the horses corn,
madam, but there was none, so I gave them
oats.
PEGGY. In Scotland, Thomas, the word corn
is applied to oats, as it is wheat in England.
THOMAS. Then oats were intended?
PEGGY. Yes, Thomas, your master has been
guilty of a Scotticism.
THOMAS. I understand, madam. You think
my message unnecessary?
PEGGY. Quite.
THOMAS. Thank you, madam.
(*He bows and leaves. Peggy looks after him
regally, enjoying her double triumph*).

F A D E

SCENE 2

Edinburgh. Lord Auchinleck's sitting-room.
  Lord Auchinleck enters in a temper.
LORD A. John Bruce!
BRUCE (*entering*). Ay, my lord?

LORD A. Is Mr James in?

BRUCE. Ay, my lord.

LORD A. Tell Tammas I want him doun here at ance.

BRUCE. Ay, my lord. (*Calling*) Tammas!

THOMAS (*entering*). Yes, sir?

(*Tirling pin*)

LORD A (*to Bruce*). See wha that is.

BRUCE. Ay, my lord.

(*He goes out right*)

LORD A (*to Thomas*). Get oot o my sicht.

THOMAS (*bowing*). Very well, my lord.

(*He leaves. John Bruce enters, right, with Mrs Blair*)

BRUCE. Mrs Blair, my lord.

(*He hovers*)

LORD A. This is an unexpected pleisure.

MRS BLAIR. It's gaun to be nae pleisure to me, my lord, or to you aither, I dout.

LORD A. Will ye sit doun, mem?

MRS BLAIR. Thank ye.

LORD A. A gless o wine, mebbe?

MRS BLAIR. Thank ye, my lord, na.

(*Bruce retires*)

LORD A. And what's brocht ye up aa yer lane like this. Is Kate no in Toun wi ye?

MRS BLAIR. Ay, my lord. Did ye no ken?

LORD A. Na.

MRS BLAIR. Then ye haena heard?

LORD A. What?

MRS BLAIR. Yer son proposed to her yesterday.

LORD A. Proposed!

MRS BLAIR. Ay, and the lassie's neir been mair insultit in her life.

LORD A. Insultit? Oh, I see what ye mean. Ye're thinkin o the Irish lassie he was coortin at Lainshaw.

MRS BLAIR. Na, na, my lord, and I'm no thinkin o that wumman he keeps in Edinburgh aither.

LORD A. Ye ken aboot that?

MRS BLAIR. Ay my lord.

LORD A. It's a bad business. But if it's no that, what is it?

MRS BLAIR. Ye ken that Nabob, Fullerton?

LORD A. Ay.

MRS BLAIR. Weill, it seems he met yer son in some tavern the ither day, and telt him that the match atween Kate and Sir Alexander Gilmour had come to naething.

LORD A (*eagerly*). Oh, that's aa ower, is it?

MRS BLAIR. Ay, my lord. The settlement he offert didna come up to oor expectations.

LORD A (*insincerely*). I'm sorry to hear that.

MRS BLAIR. Nae maitter. The Nabob telt yer son, sae alang he cam yesterday forenune, as bold as brass, and threw the lassie's disappeyntment in her teeth.

LORD A. Na!

MRS BLAIR. Ay. Syne he said he was still willin to offer himsell, but he wasna to be danglet on a string. He wantit an answer ance for aa. She could tak him or leave him. Syne he gaed doun on his knees and made a formal proposal, and what could the lassie dae but turn him doun.

LORD A (*disappointed*). Dear me.

MRS BLAIR. But what else could she dae?

LORD A. Oh naething. He suldna hae held a pistol at her heid.

MRS BLAIR. And that's no aa, my lord. Wha dae ye think turnt up the very meenit yer son had gane?

LORD A. Wha?

MRS BLAIR. The Nabob.

LORD A. Na!

MRS BLAIR. Oh but ay, and he gaed through the same rigmarole, word for word.

LORD A. Na! (*Anxiously*) She didna tak him either, then?

MRS BLAIR. Hou could she?

LORD A (*relieved*). I see that.

MRS BLAIR. And that wasna the end aither. The pair o them met at the Cross, at Edinburgh Cross, my lord, whan aa the young bucks were getherin for an airin, and aa the young advocates were skailin frae Paurliament Hoose, and actit oot the haill rigmarole.

LORD A. Ye mean they telt aa their freinds?

MRS BLAIR. Ay, juist, my lord. They gaed doun on their knees, and pat their haunds to their hairts, and stretched oot their airms, juist like play-actors, and Kate's maid Susie says their freinds were lauchin that lood ye could hae heard them doun the Hiegait to the Nether Bow.

LORD A. This is preposterous!

MRS BLAIR. Ay, my lord.

LORD A. But it's naething to some o his ither antics, I can tell ye.

MRS BLAIR. Naething!

LORD A. Ye'll fin oot in time, mebbe, though for my sake I hope no. I had juist sent for him to reist the lugs aff him whan ye cam to the door.

MRS BLAIR. Has he dune something dreidfou?

LORD A. Mrs Blair, I'm sorry to hae to say it, for my hairt was set on the match, but yer dochter's weill redd o my son.

MRS BLAIR. My hairt was set on it tae, my lord.

LORD A. Weill, mem, I wad be lettin my inclinations come afore my duty gin I didna advise ye that Kate could dae better elsewhaur.

MRS BLAIR. I wish I kent whaur.

LORD A. The lassie's young yet. And she's bonnie. Dinna despair.

MRS BLAIR. Ye'll hae a word wi yer son aboot his conduct, my lord?

LORD A. A word! Mrs Blair, I'll deive the young deil. Ye'll paurdon me if I send for him nou.

MRS BLAIR. Let me leave ye first, my lord. I couldna face him.

LORD A. I dinna woner. (*Calling*) John Bruce!

BRUCE (*entering*). Ay, my lord?

LORD A. Send Tammas nou for Mr James. And you caa a chair for Mrs Blair.

BRUCE. Ay, my lord. (*Calling*) Tammas!

THOMAS (*entering*). Yes sir?

BRUCE. Lord Auchinleck's compliments to Mr James, and he wants him doun here at ance.

THOMAS. Yes, sir.

(*He bows to Lord Auchinleck and Mrs Blair and leaves, left*)

BRUCE. Come then, Mrs Blair, and I'll caa a chair for ye.

MRS BLAIR. Thank ye, John. Guid ein, my lord.

LORD A. Guid ein, Mrs Blair. I'll caa and hae a crack wi ye afore ye leave the Toun.

MRS BLAIR. Thank ye, my lord.

(*Mrs Blair leaves with John Bruce, right. Thomas enters, left, followed by Boswell*)

THOMAS (*bowing*). Mr James, my Lord.

(*He bows and retires, back. Boswell looks distinctly apprehensive*)

LORD A. Sit doun.

JB. I am working on a memorial in the Brodie case. I should like to return to it as soon as possible.

LORD A. Sit doun. (*Boswell does so*) Mrs Blair's juist been in. She's been tellin me aboot yer ploy wi the Nabob.

JB. My what, sir?

LORD A. Ye ken what I mean, sir. Yer jeynt proposal, and yer ongauns efterwards wi yer freinds at the Cross. I suppose ye ken ye hae lost Adamton nou.

JB. I am not interested.

LORD A. Ye could hae shown yer lack o interest in mair ceevil fashion, sir.

JB. I was treated shamefully. I had my dignity to consider.

LORD A. Yer dignity.

JB. Yes, sir. Why should I wait her convenience when I have better prospects elsewhere?

LORD A. Better prospects elsewhaur?

JB. Yes, sir. In Ireland.

LORD A. I wad warn ye, sir, that I hae to be consultit afore ye mak ony arrangements for yer future. Or are Miss Boyd's folk willin to tak ye withoot a settlement?

JB. I have assumed that if their offer is good you will not be so indifferent to my interests as to make yours less so.

LORD A. Sae ye're pursuin the maitter?

JB. Yes, sir. I have arranged to visit Dublin in the spring with my Lainshaw cousins.

LORD A. Weill, I can tell ye nou, Jamie, ye'll gang withoot my consent to ony settlement wi Miss Boyd.

JB. That is vindictive. She is a better match than Miss Blair.

LORD A. Mebbe ay, Jamie, but ye're haein my consent to nae match wi ony dacent lassie till ye mend yer weys.

JB. My ways?

LORD A. Ay, yer weys. I wad be as bad as yersell gin I gied my consent to ony proposal whan I ken ye're keepin a mistress.

JB. That is my affair. And it could be adjusted.

LORD A. It's gane raither faur, has it no?

JB. What do you mean, sir?

LORD A. Ye're a faither, they tell me.

JB. Other unmarried men have had the same misfortune.

LORD A. Ay, but dae they no see it for what it is, a black disgrace, and try to keep quait aboot it?

JB. I have not boasted of it.

LORD A. Hae ye no? Hae ye no written to ane o the maist highly placed men in Europe, the Earl Marischal, and askit him to be the bairn's god-faither?

JB. Has he said so?

LORD A. Na, but ye were that prood o his letter, it seems, that ye couldna keep it to yersell.

JB. He at least was good-natured about it.

LORD A. I daursay. He could afford to be. Ye're no his son.

JB. I am well aware of that, sir.

LORD A. Sae ye complain o my anger?

JB. Some sons could have hoped for a little understanding.

LORD A. Jamie, I can understaun what's rational, but in your conduct, try as I will, I can see naething but dounricht insanity.

JB. You have mentioned that before.

LORD A. Ay, but nou I'm shair o it. Consider, sir, hou you, a young Scots advocate, on a veesit to London, could worm yer wey into the hame o Lord Mansfield, the Lord Chief Justice o the King's Bench, juist whan an appeal was comin up afore the Hoose o Lords against a decision o the Coort o Session to tell him whaur the decision gaed wrang!

JB. He asked for my opinion, sir.

LORD A. What gied ye the impiddence to gang near him at aa?

JB. I went to win his influence to the cause of Corsica.

LORD A. Corsica. Corsica! What aboot Scotland? What gart ye tell the man that the coorts here were a nest o corruption, and that the verdict in the Douglas case had nae basis in law, but was determined by the superior influence o the Hamilton faction?[9]

JB. You held that opinion yourself, sir.

LORD A. Ay, ay, in a private conversation wi my son. But whan the verdict gaed against my ain view I didna hurry doun to London to the Lord Chief Justice o the King's Bench and try to prejudice the appeal by tellin him my private opeenion o my colleagues!

JB. They are not my colleagues, sir.

LORD A. They're yer superiors, ye fule!

JB. In position, yes. But not in judgement, evidently.

LORD A. What dae ye mean by that, ye young upstert?

JB. The House of Lords threw out their verdict. Douglas won his case.

LORD A (quietly). A, Jamie, and what happened then?

JB. (frightened). What do you mean, sir?

LORD A. I mean the riots, sir! Was it no eneuch that ye suld hae inflamed the Toun wi yer sangs, and yer poems, and yer pamphlets, and yer lees that ilka Lord o Session had a bribe in his pooch, withoot dressin up like a blaggard, wi yer face blackent, whan the news o yer victory cam through frae London, to heid the rabble, sir, and aid it, and abet it, to fling stanes through aa their lordships' winnocks, and yer ain faither's amang them?[10]

JB. The window of my own room was broken, sir.

LORD A. I suppose ye did that yersell juist to put aff the scent.

JB. That is ridiculous.

LORD A. The haill thing's rideeculous. And you were the cause o it.

JB. No sir.

LORD A. Oh ay, my lad. There's a clear case against ye. I can tell ye that.

JB. Let them bring it. I am not afraid.

LORD A. Ye wad like naething better, I wad sweir, than to be able to staun up in coort and mak an exhibeetion o yersell. It wad be a singular experience to record in ane o yer journals. And the disgrace to yer ain faither wad be nae dissatisfaction to ye aither.

JB. You are obsessed.

LORD A. Am I? I whiles think that aa yer fulish conduct; yer cauld-bluidit lechery, yer deliberate professional stupidity, yer complete lack o ony reserve in yer confidences to yer freinds, are aa aimed at me. Ye hate me.

JB. I dislike your way of always talking me down.

LORD A. I dinna woner. It canna be plaisent. But talk ye doun I will till ye learn to behave yersell, unless ye tak yersell oot o the wey.

JB. If that is what you wish, I will do it.

LORD A. Ye wad hae dune it lang syne, Jamie, gin ye had been able to keep yersell, but ye couldna. And it'll be waur nou that ye hae faimily responsibeelities.[11]

JB. Your own income is not all earned, sir. Most of it was inherited. I am entitled to an allowance from it.

LORD A. Ye hae an allouance.

JB. It is inadequate.

LORD A. It's aa ye're gettin. Dinna think it wadna be a relief to be quat o ye, but ye wad be a disgrace to me whaureir ye gaed to bide, and ye're better here whaur I can keep an ee on ye, for I'm growin mair convinced ilka day that ye're no compus mentis.

JB. That is a legal phrase.

LORD A. Tak care I canna gar it stick. Ye ken whaur ye wad to be the nicht, Jamie, if it wasna be lockit in the Tolbooth. Whan I heard what ye had been up to I telt the Lord President no to spare me. I offered him my resignation. Though there were tears in my een, I begged him to arrest ye.

---

9   The case in Scotland was won on the casting vote of Lord President Dundas. On the House of Lords as court of appeal, compare *Flouers o Edinburgh*, p.144.

10   27 February 1769. Boswell's friend Lord Marischal later wrote: 'You broke, I am told, your father's windows because they were not enough illuminate. Bravo, bravissimo!'

---

11   Boswell's daughter, Sally, born to Mrs Dodds in 1767.

But the guid man wadna listen. (*Tirling pin*)
There's someane comin in. Awa to yer room
and think shame o yersell.
(*Boswell glares at his father, bites his lip and
goes out, left, as John Bruce, enters, back,
and goes out, right, to return with Miss
Betty Boswell*)
BRUCE. It's yer cuisin, my lord.
LORD A. Hullo, Betty. Sit ye doun.
BETTY. Thank ye, Sandy.
LORD A. Wine, John.
BRUCE. Ay, my lord.
LORD A. Whaur's yer brither the nicht?
BETTY. He has a client to see at Clerihue's.
He's gaun to caa for me on his wey hame, if
I can bide till then.
LORD A. Shairly. I'm gled to see ye. (*As
John Bruce serves wine*) Thank ye, John.
Ye can leave us nou.
BRUCE. Thank ye, my lord.
(*He leaves*)
LORD A. I'm at my wit's end aboot Jamie.
BETTY. The riots?
LORD A. Sae it's as weill kent as that?
BETTY. Weill, it's kent aboot Paurliament
Hoose. My brither telt me.
LORD A. I dinna ken what to dae aboot the
laddie at aa. I tried to gie him an object in
life, apairt frae his profession.
BETTY. Kate Blair?
LORD A. Ay, but he cairrit on in his auld
wey, as wild as ever, and nou he's unsultit
the lassie.
BETTY. Sae I hear.
LORD A. Ye ken that tae?
BETTY. Ay.
LORD A. Nou he tells me he's for fleein aff
to Dublin to propose to that Boyd lassie,
but wi his conduct sae dounricht criminal I
juist daurna gie my consent. The bother is,
ye see, that he's ower shair o his inheritance.
BETTY. Ye hae that document he signed a
whilesin.
LORD A. Ay but ye see, Betty, I'm no juist
shair I can mak use o it. It gies me the
pouer to leave the estate in the haunds o
fower trustees, on the grund that he isna fit
to administer it.
BETTY. Weill there's nae dout on that peynt.
LORD A. If he isna fit to administer his ain
affairs he isna fit to sign a document sayin
sae. It's a legal peynt. I wad hae to establish
his unfitness in law, and that, I dout, wad
bring disgrace on the faimily. There's his
brither John, ye see. He's haen to be
restrained again.
BETTY. Anither ootbrek?

LORD A. Ay. Mind ye, we aa ken the cause
o his affliction. But wha wad believe it if we
were to stert castin dout on Jamie's sanity
tae.
BETTY. It's a gey kittle peynt. The estate's
entailed, is it?
LORD A. Ay, but he daesna ken it, and if I
can keep him guessin, and gie him a fricht, I
micht bring him to heel yet. What I need,
Betty, is some wey o destroyin the young
deil's confidence in the idea that whan I dee
he's shair to be in clover.
BETTY (*shrewdly*). Weill, Sandy, it's no for
me to say it, but there's a clear wey oot.
LORD A (*sharply*). Ye see that?
BETTY. I hae my responsibeelites tae, Sandy.
My brither shows nae sign o settlin doun. I
dout he's no ane o the mairryin kind. And if
he has nae heir, and dees afore I dae,
Balmuto will come to me. If I hae nae heir,
it'll gang oot o the faimily. And it's been
oors for mony a lang day nou.
LORD A. We're naither o us young, Betty.
BETTY. Hoots, Sandy, a man's no ower auld
at sixty.
LORD A (*modestly*). Mebbe no.
BETTY. And mony a wumman's haen a
bairn at my age.
LORD A (*uncomfortably*). I daursay. But a
bairn needna come into the maitter. If you
were to mairry, yer brither micht tak the
hint. And if I were to mairry again I wad
hae to mak proveesion for my wife in case
she survived me.
BETTY. We needna think o that yet aither,
Sandy.
LORD A. I'm thinkin o the effect on Jamie's
expectations.
BETTY (*chuckling*). I see what ye mean.
And if there was a bairn into the bargain he
wad be a gey anxious man.
LORD A. Ay, gey.
BETTY. Juist think o his face when he heard
the news.
LORD A. Ay, it wad be a comical sicht.
BETTY. It wad be droll athegither.
(*Their amusement gives way to an
embarrased silence*)
LORD A (*to cover his awkwardness*). Mair
wine?
BETTY. Thank ye.
(*He stands over her to pour it. As he fills
her glass he puts his left hand on her
shoulder, rubbing it up and down. She sinks
her head into his side, closing her eyes. He
puts down the decanter and strokes her
with his right hand also*)

LORD A. Thank ye for makin it easy for me. It's taen me twa years to come to the peynt.

FADE

SCENE 3

Donaghadee. Aunt Boyd's parlour.

Aunt Boyd enters with Peggy Montgomerie.

AUNT B. Here now, sit down, Peggy dear, and rest yerself, and tell me all about it before Jamie comes down. I'm sorry yer sister couldn't come. It wad be the Captain, I suppose. Still bad, is he?

PEGGY. It was the bairns. Someane had to bide wi them, and she thocht I suld hae the holiday. But the Captain was to hae ridden wi us to Portpatrick.

AUNT B. And didn't he?

PEGGY. Na, his fute grew sae bad he had to turn back at Ballantrae, sae we had to ride a day's journey by oorsells, and guess what happened?

AUNT B. What?

PEGGY. Aunt Boyd, we canna gang to Dublin wi Jamie. He's juist impossible.

AUNT B. But what has he been doing, my dear?

PEGGY. He says he's in luve wi me.

AUNT B. What! And him after coming to propose to Mary Anne!

PEGGY. Ay. It's absurd athegither.

AUNT B. But ye didn't encourage him, surely?

PEGGY. I did not, I can tell ye. I focht him ilka inch o the wey, except on the boat.

AUNT B. Except on the boat?

PEGGY. The boat settled his nonsense.

AUNT B. Oh I see. He was sick?

PEGGY. Ay gey.

AUNT B. But this is preposterous altogether, Peggy. Doesn't he himself mean to go on to Dublin?

PEGGY. He'll hae to. He's expectit.

AUNT B. But so are we.

PEGGY. I ken. But wi Jamie in his praisent mood I juist couldna face them. He's gaun to tell Mary Anne a lot o lees.

AUNT B. Ye mean lies?

PEGGY. Ay. He's gaun to tell her that he canna mak ony proposal yet because his faither hasna agreed to a settlement.

AUNT B. His father hasn't agreed to a settlement!

PEGGY. It seems he hasna. He's wild wi Jamie, ye see, for no makin a match wi Kate Blair.

AUNT B. The Lord save us. The whole family's ready to welcome him with open arms. Poor Mary Anne's been waiting for the visit all winter. He's all the rage, ye see. There's been a new edition of his book published, and everyone's mad about Corsica, and thery're all tying to meet him, the best people in Dublin, and they're starting a fund, and we're all subscribing, to help the gallant General Paoli.

PEGGY. I could wring his neck for him.

AUNT B. And so could I. This all happened on the way doun, ye say?

PEGGY. The ae day we were alane on the road.

AUNT B. Well I declare. And ye say ye resisted him?

PEGGY. I did that. And it wasna easy. He was that mad wi me at Ballantrae that he gat fou wi the inn-keeper.

AUNT B. Now tell me the truth, Peggy. Ye don't want him yerself?

PEGGY. Aunt Boyd, ye ken me better than that. I'm nae fit match for Jamie Boswell. What wad his faither say?

AUNT B. But ye haven't been flirting with him, have ye?

PEGGY. Here he is. Ask him.

(Boswell enters)

AUNT B. What's this Peggy's after telling me, Jamie?

JB. I have no idea.

AUNT B. She says ye're after making love to her on the way to Portpatrick, and you've no intention of proposing to poor Mary Anne.

JB. That is so.

PEGGY. Ye can gang to Dublin yersell, Jamie, if ye're no gaun to propose to Mary Anne. That's what ye cam for.

JB. I have a right to change my mind.

PEGGY. It's raither late in the day, shairly. But cheynge yer mind if ye like. Ye're juist no gaun to involve me in the maitter.

JB. You are expected with me. So is Aunt Boyd. You must both come.

AUNT B. I'm staying where I am too, Jamie, if ye don't come to your senses.

JB. Whatever will they think, if I go alone?

AUNT B. They'll know exactly what to think when ye tell them ye've changed yer mind.

JB. I've no intention of being so crude.

PEGGY. Ye see, Aunt Boyd. He's gaun to tell them a lot o lees.

JB. I shall tell them the truth: that I cannot make a definite offer meantime.

PEGGY. Think o the lassie's feelins.

JB. Do you want me to marry a girl I do

not love? And you know that I cannot make her an offer. My father has refused a settlement.

AUNT B. Then why in the name of God did you leave Scotland?

JB. I thought that if I was successful I could bring my father round.

AUNT B. Then ye can go ahead yet.

JB. I have changed my mind. I am in love with Peggy.

PEGGY. Havers! Ye juist canna resist ony lassie ye fin yersell alane wi for an hour.

JB. I have resisted dozens.

PEGGY. Whan? Ye canna mak a trip to London but ye come back boastin aboot aa the chalmer-maids that hae offert to warm yer bed for ye.

AUNT B. I'm going out of here. When ye've fought it out between yez ye can come for yer supper.

(*She leaves*)

JB. You had no right to tell Aunt Boyd.

PEGGY. I had to let her ken what wey I wasna gaun to Dublin.

JB. You must come. We must all go and behave as if nothing had happened and lay the blame for my caution on my father.

PEGGY. Na na. They're gaun to be disappeyntit, Jamie, gin ye dinna propose, and I'm no gaun to be there to share their displeisure.

JB. If you do not go, neither will I.

PEGGY. Ye canna no gang nou.

JB. I can if you can.

PEGGY. It's no me Mary Anne's waitin for. It's you.

JB. I tell you I will not go without you.

PEGGY. Dinna be sic a bairn.

JB. How can you talk to me like that, when I have just made the biggest decision of my life? Do you think a fortune is nothing to me, that I can afford to throw it over on a mere whim? Do you think I could even contemplate such a sacrifice if I was not certain of my feelings for you. (*About to kneel*) Peggy my dear cousin, believe me, I do love you with all my heart and soul.

PEGGY. Get up on yer feet. Ye're juist a born clown.

JB. You are trying to anger me!

PEGGY. I'm trying to gar ye behave honourably. Ye're supposed to be a gentleman.

JB. It would not be honourable to deceive Mary Anne.

PEGGY. That's juist what ye're gaun to dae, though. Ye're gaun to haud oot hope, and keep her waitin.

JB. It is the kindest course, surely?

PEGGY. The kindest coorse is to gang through wi the haill thing nou ye're committit to it. This infatuation o yours winna lest, Jamie. It isna the first time ye hae fancied yersell cairrit aff yer feet. There was that actress in Edinburgh. Then there was Zélide. Then yer Italian *signora*. Then that ither actress in London. Then the gairdener's dochter at Auchinleck. Then yer Circe frae Moffat.

JB. I have asked you never to mention her name.

PEGGY. Yer conscience is bad, eh? But I'll mention them aa.

JB. These were mere passing fancies.

PEGGY. I'm no feenished yet. There was Kate Blair.

JB. My father compelled me to that.

PEGGY. Man, ye raved aboot her. Ye swore ye wad hae deed for her. Ye even proposed to her efter Mary Anne cam hame here to Ireland.

JB. To be able to tell my father that I had followed his wishes.

PEGGY. And nou there's me, and no for the first time. Dae ye ettle me to hae ony confidence in ye? Can ye no see, Jamie, that yer best coorse is to tak the best match that's offert, and try to stick to yer bargain? And ye could quite weill, I'm shair, if ye juist arranged yer life to hae the lassie ye picked aye fornent ye. Tak Mary Anne, Jamie, and neir let her oot o yer sicht, and ye'll be as constant in yer devotions as a kirk elder.

JB. Peggy I have made a solemn declaration of my love.

PEGGY. Ay ay, Jamie, but hou mony hae ye made in yer day? Tell me that.

JB. You refuse to take me seriously?

PEGGY. Ay.

JB. You think I shall forget you the moment I see Mary Anne?

PEGGY. I'm shair o it. Ye ken what happened the first time ye met her.

JB. You think it will happen again?

PEGGY. Ay.

JB. Then why are you afraid to come to Dublin with me? If you are right, I shall be swept off my feet.

PEGGY. Sae ye will.

JB. Then you have nothing to fear.

PEGGY. Ye're richt. I haena.

JB. Then you will come with me?

PEGGY. Ye winna be dour and disappeynt her juist to prove I'm wrong.

JB. If I have the will to resist her you must believe you are wrong.

PEGGY. Ay weill, but ye'll hae to resist her.

JB. If I do so you will take me seriously?

PEGGY. Ay, if.

JB. Then it is settled? You are coming?

PEGGY. I suppose sae.

JB. (*jubilantly*). I must tell Aunt Boyd. She will come now too.

(*He leaves. Peggy slowly begins to cry*).

FADE

SCENE 4

Dublin. An ante-room in Counsellor Boyd's. Mrs Boyd enters with Mary Anne, both splendidly dressed in the height of fashion, and very nervous.

MRS BOYD. Now you sit down, my dear, and when Mr Boswell's party arrives yer father will bring them straight in here. Then I'll take Aunt Boyd and cousin Peggy to the drawing-room, where they can talk to Dr Duffy and the Vicar till the other guests come. Your father will guard the door here, and you'll have Mr Boswell all to yerself.

MARY A. Yes, mamma.

MRS BOYD. Now don't make things difficult by being shy, me dear. For all you know he may be as nervous as yerself. Don't be forward, of course, or he'll think the less of ye, but don't discourage him.

MARY A. No, mamma.

MRS BOYD. If he seems too sure of himself, ye can be haughty a little, but if he's nervous, poor soul, and fusses, and walks up and down, and seems to find it difficult to come to the point, help him all ye can.

MARY A. Yes, mamma.

MRS BOYD. Ye can ask him if he remembers the picnics at Lainshaw.

MARY A. Yes, mamma.

MRS BOYD. And if he's kept the lock of yer hair.

MARY A. Yes, mamma.

MRS BOYD. Ye're looking lovely, me dear. You'll have no difficulty I'm sure. And remember, when he's come to the point refer him to yer father, and before ye know where ye are it'll all be settled, and we'll be able to announce it to the guests.

MARY A. Yes, mamma. Do I look nervous, mamma?

MRS BOYD. Not a bit of it. Well, just a little, maybe. But it's very attractive.

(*Counsellor Boyd enters, also nervous*)

COUNSELLOR. Ah, here ye are. Now when they come, mother, take the women off at once, and introduce young Peggy to the Doctor before he's had too much to drink. I'll stay here with Mr Boswell and Mary Anne, and when the other guests start to arrive Seumas will call me, and they'll be left all alone.

MRS BOYD. Sure I've told her the whole plan.

COUNSELLOR. Ah good. Ye're looking a perfect picture, Mary Anne. I'm sure no man could resist ye. And remember, Mr Boswell's a very famous man. The whole of Dublin's waiting to meet him, even the great Lord Lieutenant himself. We'll be invited to the castle yet, just you see.

MRS BOYD. Now, father, ye'll be making her nervous.

COUNSELLOR. Ye're not nervous. Are ye, me dear?

MARY A. No papa.

COUNSELLOR. That's right. Sure I knew ye weren't.

(*Seumas enters*)

SEUMAS. The chaise is coming forward now, sir.

COUNSELLOR. Thank ye, Seumas. (*Seumas withdraws*) Now stay there, mother, and they'll be with ye in a minute. Good luck, Mary Anne, and God bless ye, me dear.

MARY A. Yes, papa.

(*Boyd leaves*)

MRS BOYD. Now remember, me dear. If he's nervous, make it easy for him. Smile sweetly, me dear, and let him take yer hand, and if he seems slow, and backward, and flustered at all, let him have just a tiny peep of yer dainty little foot.

MARY A. I feel sick, mamma.

MRS BOYD. Oh no, Mary Anne, ye musn't feel sick now. Come come, me dear, ye must pull yerself together. Sure ye aren't sick. It's just imagination. Come, now. Show that ye're the plucky one. Smile. Come now, Mary Anne. Smile.

(*Mary Anne smiles*)

MRS BOYD. That's my clever one. And I tell ye, me dear, without a word of a lie, a single smile the like of that would melt any man's heart.

MARY A. They're coming now, mamma.

MRS BOYD (*in a panic*). So they are. Now calmly, me dear. Don't be flustered. Just rise when they come in, and be ready to curtsey. An don't fidget with yer panniers.

MARY A. No, mama.

(*Counsellor Boyd enters with Aunt Boyd, Peggy Montgomerie, and Boswell*)

COUNSELLOR. Well, here they are, all safe and sound.

MRS BOYD (*rushing to Aunt Boyd*). How are ye, me dear. (*She kisses her*) And Peggy, me dear. ye're looking lovely.

(*She kisses Peggy*)

AUNT B (*kissing Mary Anne*). My dear Mary Anne, ye look a perfect picture. Doesn't she now, Peggy.

PEGGY (*in the new manner*). She does indeed.

(*She kisses Mary Anne*)

COUNSELLOR (*to Mary Anne*). And here's Mr Boswell, me love.

JB. My dear Mary Anne.

(*He bows and kisses her hand. She simpers and curtsies. Mrs Boyd beams. Aunt Boyd and Peggy look apprehensive*)

COUNSELLOR. Ye're looking well, Mr Boswell. Did ye have a good trip?

JB. A delightful drive down to Dublin. You have a beautiful countryside.

COUNSELLOR. They say it's the soft rain that gives Ireland its beauty, and the women their lovely complexions.

JB. In that case, looking at Miss Mary Anne, I should say there has been no lack of it lately.

COUNSELLOR (*to Mary Anne*). Now there's a pretty compliment, me dear.

MRS BOYD. Ye've made the poor girl blush, Mr Boswell. Shame on ye. Aunt Boyd, me dear, and you too, Peggy, I'm neglecting me other guests. I have the Vicar in the drawing-room, Aunt Boyd. Ye know him, don't ye? And Peggy, I have a young gentleman specially for you. (*Boswell looks worried*) A member of the medical profession, he is, by the name of Duffy. He has a lovely little family place outside of Ballymore, and (*archly*) he's a bachelor.

AUNT B. Sure I've met him. He's a most distinguished looking gentleman, Peggy dear, and a most amusing talker.

MRS BOYD. Ye must both come along, then, or he and the Vicar will wonder what's keeping me. We'll leave Mr Boswell with Mary Anne. They'll have so much to say to each other.

COUNSELLOR (*bowing them out*). I'll be seeing you later, ladies.

(*Mrs Boyd, and Aunt Boyd and Peggy leave*)

JB. Are you expecting a large party, Sir?

COUNSELLOR. Ye have no idea how difficult it was to keep down the numbers, Mr Boswell. The whole of Dublin seems to want meet ye.

JB. Indeed, sir. That is most gratifying. Their interest in Corsica, I persume?

COUNSELLOR. Exactly. Ye have them all mad on Corsica, Mr Boswell. The money for the fund is simply pouring in. I'm told the Lord Lieutenant wants to meet you.

JB. I must ensure that he knows where to find me.

COUNSELLOR. I've let it be known, Mr Boswell, that he can always find ye here.

JB. Most obliging of you, sir. I thank you.

(*Seumas enters*)

SEUMAS. There's another chaise coming forward to the door sir.

COUNSELLOR. Thank ye, Seumas. (*Seumas leaves*) Ye'll excuse me, Mr, Boswell, I'm sure.

JB. Certainly, sir.

COUNSELLOR. Mary Anne will take care of ye, eh? Won't ye, me dear?

MARY A. Yes, papa.

COUNSELLOR. I'll he seeing ye soon again, Mr Boswell.

JB. Thank you, sir.

(*The Counsellor leaves. Boswell immediately turns to Mary Anne*)

JB. Tell me, who is this Duffy?

MARY A (*puzzled*). Dr Duffy.

JB. Yes.

MARY A. He's just a young surgeon from Ballymore.

JB. Young. Younger than I?

MARY A. Oh I wouldn't say that. About the same age, maybe.

JB. Is he handsome?

MARY A. Yes, Mr Boswell. Quite.

JB. More handsome than I?

MARY A. Eh, no, Mr Boswell.

JB. He has a property, your mother says.

MARY A. Yes, Mr Boswell. Ballymagee.

JB. Large?

MARY A. No, Mr Boswell. The Duffys go back to the Flood.

JB. To the Flood! Has he style?

MARY A. Style, Mr Boswell? He has a dashing sort of manner, if that's what ye mean.

JB. (*agitatedly*). Bless my soul. Dashing.

MARY A. Well he's the most reckless man in Dublin on a horse. They say he'll kill himself yet.

JB. (*walking up and down*). They do, eh? Bless my soul. Reckless.

MARY A (*thinking she knows what is wrong*). Mr Boswell?

JB. Yes?

MARY A. Are ye worried about Dr Duffy?

JB. Worried?

MARY A. Yes. (*Beaming encouragement*) Because ye can set yer mind at rest. I haven't the slightest interest in the man.

JB. My mind? At rest?

MARY A (*helpfully*). Sure ye're nervous, Mr Boswell. Aren't ye, now.

JB. Nervous?

MARY A. Sure ye know what I mean. Ye think maybe I won't take ye if ye ask me.

JB. Ask me? Ask me what?

MARY A (*rebuffed*). That's not for me to say, Mr Boswell.

JB. Then I have simply no idea what you mean, Miss Boyd.

MARY A (*reproachfully*). Then ye haven't kept the lock of me hair?

JB. Hair? Oh, the lock. Oh yes, Miss Boyd, I assure you. I have kept it among my private papers.

MARY A. Ye said ye would wear it next yer heart, Mr Boswell.

JB. Did I say that? Ah yes, Miss Boyd. But then, you understand, I have been constantly travelling and changing costume. I thought it would be safer at home in my cabinet.

MARY A (*growing angry*). And ye didn't bring it with ye?

JB. Eh, well, no, Miss Boyd. I like to think of it safe in my cabinet.

MARY A. Ye said ye would bring it, Mr Boswell, to claim the dear head that grew it.

JB. Did I really say that?

MARY A (*beginning to show tears*). And now you've forgotten all about it.

JB. Please, Miss Boyd, no tears. I can explain.

MARY A. Explain what?

JB. Why I cannot make a formal proposal.

MARY A. Have I mentioned a proposal, Mr Boswell?

JB. No, but, eh…

MARY A. But I seemed to expect it? Well, do ye wonder?

JB. No indeed. But consider my difficulty. My father has refused his consent.

MARY A. Yer father?

JB. Yes.

MARY A (*furious*). Then why did ye come? Why didn't ye write to me and say so?

JB. I thought it would be more manly to tell you in person.

MARY A. Manly, Mr Boswell. It was heartless! Ye couldn't have played me a dirtier trick if ye'd been the Devil himself! I hate ye! (*Running from the room*) Mama! (*Boswell is about to sneak out but suddenly comes back into the room and waits, uneasily. Counsellor Boyd enters*)

COUNSELLOR. The girl's in tears, Mr Boswell. I demand an explanation.

JB. I should have had a word with you in private before my meeting with Miss Boyd, sir, if you had not been at such pains to leave us together.

COUNSELLOR. Pains, sir. What do you mean?

JB. I had no opportunity to speak to you, sir, before you were called away.

COUNSELLOR. Do you suggest that I was called away on purpose, sir?

JB. Perhaps not, sir. But I had no opportunity to speak to you.

COUNSELLOR. And what would you have said, sir, if I had not been called away?

JB. That my father had refused his consent to the match.

COUNSELLOR. Yer father. Why, sir? Did he not think Mary Anne was good enough for ye?

JB. He had another match in view, sir.

COUNSELLOR. Then why didn't ye write and say so, instead of building up the poor girl's hopes, sir, just to cast them down? (*Mrs Boyd enters*)

MRS BOYD. She says his father's refused his consent! Why in the name of goodness?

COUNSELLOR. Because he has another match in mind.

MRS BOYD. Then why didn't he write and tell us?

COUNSELLOR. That's just what I've been asking the young scoundrel.

JB. You are too hasty, sir. I wanted to explain that my father's choice is not mine.

COUNSELLOR. Ye're no use to us without yer father's consent. Ye depend on him don't ye?

JB. To an extent, yes.

COUNSELLOR. Then why did you come here to make fool of us all? (*Aunt Boyd enters, followed by Peggy*)

AUNT B. I've just seen poor Mary Anne. Jamie, ye're a downright disgrace, so ye are, and ye'll just come with us this minute. (*To Mrs Boyd*) I'm sorry, me dear, but I should have known better than to bring him. He told me at Donaghadee that he had changed his mind.

MRS BOYD. Changed his mind!

AUNT B. I mean, that his father had refused his consent.

COUNSELLOR. Then ye're as bad as he is for bringing him.

AUNT B. I know. I should never have done it. I'll never forgive meself. Call the chaise for us, will ye?

COUNSELLOR. I will that. (*Leaving*) Seumas!

MRS BOYD. Well, good night to yez. I'll have to see to me poor daughter.

(*She leaves*)

AUNT B. I knew it was mad.

PEGGY. I'm sorry, Aunt Boyd. I was shair he wad cheynge his mind as sune as he saw her again.

AUNT B. Ye were nothing of the sort. Ye just wanted to test him.

PEGGY. I said that juist to mak him come.

AUNT B. Ye were hoping this would happen. I knew it. Ye were as nervous as a kitten all the way to Dublin. Ye were afraid that he would take her.

PEGGY. I wantit him to tak her!

AUNT B. Don't sin yer soul.

(*She turns her back on Peggy and goes to the door*)

JB. I did not take her, Peggy.

PEGGY. Ye're a hairtless bruit. Nae man that could disappeynt a lassie like that has an unce o feelin in him.

JB. You said I could not resist her.

PEGGY. I was shair o it, I tell ye.

JB. I have passed my test.

PEGGY. Dinna boast about it. I feel ashamed to be wi ye. If I had thocht for a meenit that ye were serious I wad neir hae come.

JB. Now you know I am serious.

PEGGY. You serious. Ye're juist irresponsible. Naebody kens whaur they are wi ye. Whan they ettle ye to dae ae thing, ye dae anither juist to draw attention to yersell. Ye're like a speylt bairn. Aabody's to be conscious o ye, or ye stert pouin the hoose doun. Ye dinna care what hairm ye dae, as lang as you're no ignored. Ye upset folk everywhaur ye gang, and disgrace aa connectit wi ye. Nae woner yer faither canna thole ye. I canna aither.

JB. (*stung by the reference to his father*). You talk like an Irvine fishwife.

AUNT B (*slipping in from the doorway*). Quiet, the pair of yez!

(*Seumas enters*)

SEUMAS (*to Aunt Boyd*). The chaise is at the door now, ma'am.

AUNT B. Come on, then, let's get out of here.

JB. (*as Peggy goes to the door*). I am not coming with you.

AUNT B. Ye can't stay here!

JB. That is not my intention. (*To Seumas*) Call a carriage.

SEUMAS. A carriage, sir? Yes, sir.

(*He leaves*)

AUNT B. Where are ye going to spend the night?

JB. I shall be back at our lodgings in due course. I have some calls to make.

AUNT B. Come back sober, then, and don't disgrace yer cousin as ye did at Ballantrae.

(*She leaves behind Peggy. Boswell remains, in a state of great agitation*).

F A D E   A N D   C U R T A I N

ACT THREE

SCENE I

Edinburgh. Lord Auchincleck's sitting-room.

Lord Auchincleck and Miss Betty Boswell are seated opposite each other, with glasses and a decanter on the table between them. They are both asleep.

Boswell enters, right, walks towards the left, and stops to regard them. He gives a short, derisive bark of laughter and Lord Auchincleck stirs. Boswell tip-toes hastily out, left.

LORD A (*waking*). John Bruce!

(*Bruce enters, back. Miss Betty stirs*)

BRUCE. Ay, my lord?

LORD A. Did onyane come in the nou?

BRUCE. I dinna ken my lord.

BETTY. Dear me. I drappit aff to sleep.

LORD A. I did mysell.

BETTY (*to Bruce*). My brither hasna caaed yet?

BRUCE. No yet, Miss Betty.

LORD A. Ye'd better send that Tammas craitur doun to Clerihue's to see what's keepin him.

BRUCE. Ay, my lord.

(*He leaves, back*)

BETTY. I hope he hasna gotten fou.

LORD A. There's nae sayin. It's gey late.

(*Thomas enters, back, bows and leaves, right*)

BETTY. Weill, we'll sune ken.

LORD A. If he isna fit to tak ye home, Tammas can caa a chair for ye.

BETTY. Oh, I'll be aa richt. Dinna fash.

LORD A. I woner if Jamie's hame yet. I thocht there was someone in the room whan I waukent.

BETTY. It's faur ower airly for him yet, shairly.

LORD A. No thae days. He's been keepin better oors sin he cam hame frae Dublin, though it's nae credit to him. He's been rinnin roun the doctors again.

BETTY. The auld complaint?

LORD A. Ay. He had some wild nichts in Dublin, I hear.

BETTY. To droun his disappeyntment, nae dout. He micht hae kent better than gang near the lassie withoot yer consent to a settlement.

LORD A. He thocht he could win me roun if he was weill received.

BETTY. Ye were quite richt to be firm, Sandy.

LORD A. I thocht there was still a chance for him wi Kate Blair, if he juist poued himsell thegither. But if they hear he's defiled himsell again, I dout it's the end.

BETTY. Weill, it's a peety.

LORD A. It was a chance o a lifetime. An estate wi a faimily connection's worth twa wi nane, for its chances o bidin in the faimily are dooblet.

BETTY. If ye keep a ticht grip on him, he'll mebbe steady up yet.

LORD A. I see nae hope nou at aa. There's a limit to what a respectable mither can ignore in a guid-son.

BETTY. Ye haena said onything aboot us yet?

LORD A (rather uncomfortably). I haena haen a chance. I'll let drap a hint at the first opportunity.

BETTY. I wish I could be there to see his face.

LORD A (not too enthusiastically). It'll mak him gey anxious. I hae nae dout o that.

BETTY. Ye'll hae him in the haillie o yer haund.

LORD A. I think sae. (Thomas enters, right) Weill, whaur's Mr Claud?[12]

THOMAS. Mr Claud Boswell is still at Clerihue's my lord.

LORD A. Did ye remind him that he was supposed to pick up Miss Betty on his wey hame?

THOMAS. I explained that you were anxious, my lord.

LORD A. And what did he say?

THOMAS. He was facetious, my lord.

LORD A. Facetious?

THOMAS. Yes, my lord. I formed the opinion that he was in a mild state of inebriation.

LORD A. Oh ye did. He made a fule o the wey ye spoke, did he?

THOMAS. No, my lord. Not on this occasion.

LORD A. What did he say, then? That's what I want to ken.

THOMAS. His remarks were not such as I would care to pass on, my lord.

LORD A. Ye mean he swore at ye?

THOMAS. No, my lord. He did not swear.

LORD A. Then what did he say?

THOMAS. He was jocular, my lord.

LORD A. In what wey?

THOMAS. I would not care to say, my lord.

LORD A (thinking). I see. And he didna mak ready to leave?

THOMAS. No, my lord.

LORD A. Then caa a chair at ance for Miss Boswell.

THOMAS. Very well, my lord.
(He bows and leaves right)

LORD A. Ye hae mentioned oor intentions to Claud, then?

BETTY. I mentioned them as a possibeelity.

LORD A. And hou did he tak it?

BETTY. I think he felt that I was tryin to force his haund.

LORD A. To gar him hurry up and mairry, ye mean?

BETTY. Ay. And I think he felt we were interferin, in a wey, and he wasna very pleased.

LORD A. Sae he wadna be sympathetic?

BETTY. Na. He was sarcastic, a wee.

LORD A. Aboot oor ages?

BETTY. Ay.

LORD A. I dout he's been excercisin his sarcasm in public. And we'll hae the same bother frae Jamie, I dout.

BETTY. They can aa say what they like, Sandy, as faur as I'm concerned.

LORD A. And me tae.
(Thomas enters)

THOMAS. The chair is waiting, my lord.

LORD A. Gang you wi it, then, and escort Miss Betty to her ludgin.

THOMAS. Very well, my lord.

LORD A. Wait on the stair.

THOMAS. Yes, my lord.
(He leaves, right)

LORD A. Guid nicht, then, Betty. (He kisses her) Ye'll be in the morn again, mebbe?

BETTY. Thank ye, Sandy. (She kisses him again) Guid nicht.
(She leaves)

LORD A. John Bruce!

BRUCE (entering). Ay, my lord?

LORD A. Fetch me my caunle nou, John. I'm gaun to my bed.

BRUCE. Ay, my lord.
(He leaves, back. Boswell enters, right)

JB. Father.

LORD A (turning). Hou lang hae you been there?

JB. I have just come this minute.

---

11 Lord Balmuto.

LORD A. Hou did ye ken I was alane? Hae ye been listenin?

JB. (*sharply*). No, sir.

(*Bruce enters*)

BRUCE. Yer caunle, my lord.

(*He places the lit candle on the table beside the lamp, and removes the decanter and glasses. Lord Auchinleck and Boswell wait till he retires*)

LORD A. Weill, what dae ye want?

JB. I have just come from Clerihue's. Your cousin Claud was causing a certain amount of merriment.

LORD A. Indeed.

JB. I gather that there is some suggestion that you are to marry Miss Betty.

LORD A. And what aboot it?

JB. So it is true?

LORD A. It's a possibeelity. Hae ye ony objection?

JB. Yes, sir.

LORD A. On what grund?

JB. It is unfair to me.

LORD A. I winna be daein it to please you. I'll be daein it to please mysell.

JB. It will prejudice my position as your heir.

LORD A. My estate isna entailed, Jamie.

JB. You cannot in fairness pass me over, when you came into it yourself through the male line.

LORD A. It's a legal maitter. I can dae what I like wi it.

JB. There is a moral aspect.

LORD A. Aa richt, Jamie, there's a moral aspect. Hae ye shown ony interest in it? Has yer conduct shown ony sign that ye're fit to be trustit wi it? Ye could hae been shair o it gin ye had won Kate Blair. Ye did naething to gie the lassie's mither ony confidence in ye.

JB. The hope of Miss Blair was not a sufficient inducement.

LORD A. Sae she wasna guid eneuch for ye?

JB. I have wishes of my own.

LORD A. The Boyd lassie. Ye werena fit for her aither.

JB. I could have won her, sir, in spite of you.

LORD A. Ye could, eh? Sae she wasna guid eneugh for ye aither?

JB. She was not my choice.

LORD A. Ye gaed aa the wey to Dublin to tell her that, did ye?

JB. No, sir. I discovered it during the journey.

LORD A. Discovered what?

JB. Where my wishes lay.

LORD A. What dae ye mean, sir?

JB. I am in love with my cousin Peggy.

LORD A. Oho, eh? And what daes she say to this?

JB. I have reason to believe that she returns my feelings.

LORD A. Has she said sae?

JB. I have not yet made a formal proposal.

LORD A. Juist try it, my lad, and ye'll fin ye're faur wrang. The lassie wadna look at ye. She kens ower muckle aboot ye.

JB. I think she loves me, in spite of my faults.

LORD A. She kens ower weill what yer fauts are. Hou can she dae onything but scunner at ye whan she kens what was wrang wi ye the last time ye gaed to London?

JB. (*accusingly*). If she knows that, who told her?

LORD A. She's bound to ken. Her sister Lizzie kent.

JB. Who told her?

LORD A. I dinna ken.

JB. You did, sir.

LORD A. Sae you and she hae been discussin the maitter?

JB. No, sir. She discussed it with my brother David. He told me so in a letter. And she said it was you who had told her.

LORD A (*slightly ashamed*). She was defendin ye. She said there was nae hairm in yer sordid affairs. I thocht it was time she kent juist whaur they landit ye.

JB. So you betrayed a secret learnt from a man I had consulted professionally?

LORD A. I didna say whaur I had gotten my information.

JB. Sir John Pringle had no right tell you.

LORD A. What wey no?

JB. I should never have confided in him if he had not been a physician.

LORD A. Did ye offer him a fee?

JB. He would have been insulted.

LORD A. Then ye hae nae case against him, and ye ken it. He was concerned for yer weill fare. He thocht I suld ken.

JB. He could hardly have thought you would use the information to disparage me to my cousins.

LORD A. Mebbe no. Bit I did. Sae yer cousins ken. And if Peggy can gie ye ony encouragement kennin what she daes, she's juist a penniless adventurer.

JB. Take care how you speak, sir.

LORD A. Sae ye wad threaten me?

JB. Yes, sir. You shall say nothing against her.

LORD A. I dinna hae to say onthing. It's obvious. If the lassie's willin to tak ye, kennin what she daes, she's oot for Auchinleck and naething else.

JB. She has every right to expect to be its mistress.

LORD A. Nae dout that's what she expects, but she'll be disappeyntit. I wad sell oot suner nor see it.

JB. She is as fit to be its mistress as that creature of yours.

LORD A. Watch what ye say, sir.

JB. Peggy is a member of your family. Her mother was your own elder sister, who was passed over to let the descent follow the male line. If you had not been favoured by the very principle you deny in my case, she would have been born to Auchinleck instead of me. She is therefore a fit mistress for it, and I have a right to succeed you.

LORD A. Ye succeed me, Jamie, if I choose, and I dinna. Ye're no fit to represent the faimily. Ye're a disgrace to the Boswell name. Whan I dee, Jamie, ye'll get as little as the law compels me to leave ye.

JB. If you sell the estate you betray a family trust.

LORD A. I mebbe winna hae to sell it yet.

JB. You will make youself ludicrous. If you proceed with this affair you will be the laughing-stock of the country.

LORD A (growing sheepish in spite of his spirit). I'm used to that, haein you for a son.

JB. You will disgrace the whole family.

LORD A. It's used to disgrace.

JB. You will bring ridicule on your high office.

LORD A. You hae dune that tae, wi yer scribblin.

JB. Do you think you are in love?

LORD A. Mind yer ain business, sir!

JB. Have you forgotten my mother?

LORD A. I warn ye, sir; I'll hae nae mair o this!

JB. How can you think to defile her memory by going to bed in cold blood with an ugly old woman you have chosen with no other object than to disinherit her son?

LORD A. Quait, sir!

JB. You hated my mother.

LORD A. Havers!

JB. You domineered over her until you broke her spirit, and then despised her for her meekness. She could hardly move without suffering your derision. Now you strike at her through her children.

LORD A. Tak care, sir, or I winna be responsible for my actions.

JB. (triumphant). So you threaten me? You? A judge?

LORD A (suddenly pulling himself together).

Ye gart me lose my temper. If ye werena ill, Jamie, I wad fin it hard to forgie ye.

JB. (uneasily). Ill?

LORD A. Ay, ill. Can ye deny that ye hae been rinnin roun the doctors again? Dae ye think I dinna ken aboot yer ongauns in Dublin? Ye're that famous nou, Jamie, as the champion o the brave Corsicans, that whan ye mak a fule o yersell folk are gey quick to tak notice. They ken aboot yer Dublin exploits doun in London. I had three letters frae different freinds, and they had aa heard. (Boswell is silent) Ye see, Jamie, yer new luve for yer dear cuisin daesna seem to hae gien ye ony respect for her.

JB. (ashamed). She quarreled with me, and I started to drink. I was too upset to know what I was doing.

LORD A. Jamie, ye're rotten. Rotten at the rute. (Contemptuously) And ye dinna look weill. Awa to yer bed.

(Boswell glares at him for a while with bitter hatred, then turns and leaves, left. Thomas enters, right)

LORD A. Did Miss Betty win safely to her door?

THOMAS. Yes, my lord. One of the chairmen was hit by domestic refuse thrown from a window, but otherwise the journey passed without incident.

LORD A. Thank ye for lookin efter her, Tammas. Guid nicht.

THOMAS (astonished by the note of gratitude). Good night, my lord.

(He bows and leaves. Lord Auchinkleck lifts his candle and turns out the lamp).

FADE

SCENE 2

Edinburgh. The lobby of John Johnston's lodging.

Darkness. Knocking is heard, intermittently. Johnston's landlady, Mrs MacBride, enters from the left in a nightgown and shawl.

MRS MACBRIDE (crossing to right). Quait, will ye! Ye'll wauken the haill hoose. (Off right) Wha's there?

JB. Let me in. I want to see Mr Johnston.

MRS M. Mr Johnston's in his bed. Wha is it?

JB. James Boswell. I must see Mr Johnston immediately.

MRS M. He's in his bed, I tell ye.

JB. I must see him. Tell him I am here.

(Johnston of Grange enters, left, with a coat over his nightgown, also carrying a candle)

GRANGE. What is the matter?

MRS M (*returning*). It's Mr Boswell, sir.

(*Boswell enters, hastily dressed and wild in the eye*)

GRANGE. James!

JB. I had to see you.

GRANGE. Leave us, Mrs MacBride.

MRS M. Ay, Sir.

(*She goes out, left*)

GRANGE. James, you are drunk.

JB. No, John. You are quite wrong. I am ill.

GRANGE. Ill?

JB. Yes. I cannot sleep. Mr MacDonald has drugged me. I am quite deranged. I fear for my sanity.

GRANGE. You have had nothing to drink?

JB. I tell you I have been drugged by my doctor.

GRANGE. Here. Sit.

JB. Thank you. Stay with me, John. Do not leave me for a moment. I am in danger.

GRANGE. Danger?

JB. From myself. I have had a most horrible nightmare. I woke up in a frenzy, then I found myself at the door of my father's room, meaning to kill him.

GRANGE. Kill Him!

JB. Yes. You know he threatens to marry again.

GRANGE. No!

JB. He means to marry his cousin.

GRANGE. Miss Boswell!

JB. Yes. Have you ever seen such a creature? Does the very idea not make you sick?

GRANGE (*diplomatically*). They are rather old.

JB. She is a harridan. An ogress. Scheming to do me out of my inheritance.

GRANGE. She cannot do that.

JB. My father says the estate is not entailed. He says he can leave it as he wishes.

GRANGE. But his cousin is too old to bear a child.

JB. Oh no. Oh no. I have consulted my medical friends. It is unlikely, but not impossible.

GRANGE. But that may not be your father's idea. And you have younger brothers.

JB. Poor John is mad, and my father knows that David would never consent to be put over me. David despises him, and he knows it. They quarreled before David went abroad.

GRANGE. He cannot cut you all off.

JB. He will if he can. He hates us. Hates us because of our mother.

GRANGE. Your mother?

JB. Yes. When we were children, she took our side. When he raged at us, she tried to protect us. He blamed her for all our faults. He does so still. And now he means to take revenge on us all.

GRANGE. No no, James. Not revenge, surely.

JB. Yes, revenge. By taking this creature. By publicly repudiating my mother's memory in a ludicrous parody of marriage. It is an insult. How can one believe one was conceived in love when one of the partners to the act is willing to betray it in this obscene way? It is an outrage. Whenever I think of it I feel I must prevent it.

GRANGE. You cannot prevent it.

JB. Take care of me, John, for God's sake, or you will find me attempting it.

GRANGE. Not by violence!

JB. Yes. I tell you I found myself at his door meaning to throttle him with my bare hands. Do you know what I have discovered, John? That for years now I have wanted to do this terrible thing. Without realising it, I have been contemplating the consequences. You know I have seen men die. I have prepared them for death. I sat for hours in the condemned cell with Hay and Raybould.[13] I helped them to come to terms with their destiny. I watched them on the scaffold. And many others too, not my clients. When I go to London I find myself drawn to Tyburn. When I was last there I saw six creatures hanged. I watched their deportment, looking for signs of terror. I was amazed at their composure. I asked myself if I could face the same fate so bravely. I tried to convince myself that I could. Do you know why? Because I knew I was more guilty than any of them. Most of them were mere robbers and forgers. In my heart I was a murderer.

GRANGE. James, you are raving.

JB. Do you think I am mad?

GRANGE. You are terribly ill. You are over-wrought. You do not know what you are saying. For God's sake be careful. If you are heard to utter threats you can be charged.

JB. Charged. Yes, I could be charged. What a situation! A son, threatening to murder his father, a judge. I should have the right to defend myself. I could expose and ruin him.

GRANGE. I cannot listen. I will not listen. If you go on like this I will leave you.

JB. No.

GRANGE. I must if you talk in this criminal

---

13 John Raybould, convicted forger.

fashion. I will not be involved by hearing it. You must try not to think of your father. You will see him in a different light when you are well.

JB. (*laughing weirdly*). I used to see him as God. Or rather, I saw God in his image. It was the effect of St. Giles, where God was the God of the Catechisms. A jealous God. A stern reproving Father. He took me there every Sunday. Week after week I was told by a sinister black creature with a terrifying voice that if I was not God's elect I would be damned. I would endure the tortures of Hell throughout eternity. I knew I could never be one of the elect. My father made it clear every day. Whatever I did, I was damned.

GRANGE. That is old doctrine now.

JB. It was the fashion then. It sank into my soul.

GRANGE. You have learnt better since.

JB. Oh yes, I found another religion, when I pursued my damnation by visiting the play-house. I met some players. They were Roman Catholics. I found that I could be saved if I repented. I ran off to London and joined their church.

GRANGE. You fool, you must never mention it. You would lose your place at the bar. You could never hold office.

JB. I was rescued from that danger. My father wrote to Lord Eglinton and begged him to win me back my sanity.

GRANGE. He was quite right.

JB. I was thrown into the fashionable life of London. I met low women and accommodating actresses and elegant ladies of easy virtue. I was encouraged to look lightly on the vices of the London buck. My father was relieved that I had forsworn my new religion, but I was uneasy in my emancipation. Confession remained a necessity. I recorded my sins in my journals.

GRANGE (*dreading a new outburst of confession*). Yes James, I know. But it is late. We should both be in bed.

JB. No no, stay with me yet. I am coming to terms with myself. You must hear me.

GRANGE. You are too ill and tired to think clearly.

JB. I am seeing myself clearly for the first time in my life. I know I must save myself now, or it will be too late. I have decisions to make. I have business for you.

GRANGE. Not now.

JB. Yes. Listen. I must rid myself of Mrs Dodds at once. You must see Dr Cairney.

He attended her at the birth of our little girl. He must make arrangements for the child's future care. He did the same service for me when I had my boy by Peggy Doig. You have power to act with him for me.

GRANGE. If you wish it.

JB. Draw out a settlement. She must agree to surrender the child, in which case I shall make a year's further provision for her, at the present rate.

GRANGE. Is that necessary? You are under no obligation to her.

JB. I have treated her shamefully.

GRANGE. She has not been injured by it.

JB. I do not mean by not marrying her. I infected her once, though I swear not wittingly. And lately I have gone to her only when I have been drunk. She was hurt by it. She knew that I had ceased to respect her.

GRANGE. She had no right to your respect. She used you as a means to a livelihood.

JB. Many fashionable marriages are means to a livelihood, on a larger scale. I have been trying for several years now to double my prospects by a splendid match, pursuing young girls who had the same motive. Were any of us less sordid than Mrs Dodds?

GRANGE. If you think so highly of her, why are you disposing of her?

JB. You know I went to Ireland with my cousin?

GRANGE. Miss Montgomerie?

JB. Yes. I found that I loved her. She is no heiress. She has only the interest in a thousand pounds.

GRANGE. You mean to marry her? Will you have your father's approval?

JB. Oh no. He says she will not take not take me, because of my vile disorders.

GRANGE. She can know nothing of these matters, surely!

JB. Oh yes, he has told her. At least he has told her sister.

GRANGE. Yet you say she loves you. Has she said so?

JB. She has not said so in so many words, but I know she loves me, in spite of my faults, for on our way back from Ireland there was a terrible storm. I had been drinking and rioting in Dublin, and my constitution was shattered. I was as sick as a dog. Wretchedly ill. I wanted to throw myself overboard and put myself out of my misery. John, she sat with my head in her arms and comforted me when she thought I was too overcome to be aware of it. And I was revolting to myself. Nauseating. John, am I not entitled to believe that she loves me? Really loves me, forgiving everything, as my mother loved me, and as my father never did?

GRANGE. Yes, but your father: will he agree?

JB. I know now where I stand with my father. In taking that creature he repudiates me and my mother both. You see, I can think of it now without a frenzy of violence, for I know what I must do. I must repudiate him.

GRANGE. James, you would be foolish.

JB. It is my only hope of salvation. I can free myself only by giving up all hope of advantage from him.

GRANGE. You are entitled to advantage from him. You are his son.

JB. I am his son no longer. I am myself. I have found someone who cares for me as I am, forgiving everything. She has given me the power to disown him.

GRANGE. But you must consider her too. Is it fair to her to defy your father?

JB. My father said that if she was willing to marry me she was an adventurer. Tomorrow I shall write to her. I shall ask her if she is prepared to take me, with all my faults, and live with me somewhere abroad, in obscurity, on the little we have between us. If she agrees to that she will prove my father wrong.

GRANGE. She may refuse you in your own interest.

JB. She loves me. I know she loves me. She will want to make a man of me.

GRANGE. You are asking her to make a considerable sacrifice.

JB. Oh no. I am asking her to make me worthy of her. Since she loves me, it is her only hope too. If I cannot renounce my father I cannot be myself, and I have never been able to be what he wants me to be. It is not in my nature. When I act from his motives, and not my own, I feel the falsity of my situation so strongly that I despise myself and in my loss of self respect I commit the grossest follies of self abasement. And I burn always with hatred of the cause, my servile dependence on my father. It has driven me to the most dangerous absurdities. It has threatened my very liberty. You know that I headed the mob which broke his windows, though he was not on the Hamilton side. I might have been jailed for it. And then tonight, in the agony of my illness, and crazed with drugs, I found myself at his door, ready to murder him.

GRANGE. James, please!

JB. You need not be afraid now. I have recovered my sanity. You see I know there is someone else I must consider, and towards her I am moved by love. Through her I can cast out my hatred. Let my father go to his creature. Though he insults my mother, she is beyond knowledge of it, and I who am left to resent it have someone to remind me that I must not let myself be involved by it into making it worse[14]. The memory of my dear mother, and the thought of my sweetheart, demand that I must not not allow my father to destroy me. I must weed him out of my soul and think only of them.

GRANGE. Yes James. (*Hesitantly*) Do you think you could sleep now?

JB. You think I am right?

GRANGE. You will know in the morning.

JB. I know now.

GRANGE. There is only my bed. Since you are ill, you are welcome to it.

JB. If I may sleep in your room, your chair will do. I do not think my nightmares will return, but if they do, I shall be glad to have you near me.

GRANGE (*lifting the candle*). Come, then.

JB. (*standing*). I feel giddy.

GRANGE. Lean on me. Are you ready?

JB. Yes.

(*They leave, left*).

F A D E

SCENE 3

Lainshaw. The drawing-room.

Mrs Montgomerie-Cunninghame is sitting at work on a piece of mending. Thomas enters, right, and bows.

LIZZIE (*in the new manner*). Well, Thomas?

THOMAS. I have been to the village, my lady. There is no mail from the south.

LIZZIE. Thank you, Thomas, I will tell Miss Montgomerie.

THOMAS. Thank you, my lady.

(*He leaves, right. Peggy enters, left*)

PEGGY. I saw him comin up the drive. Weill?

LIZZIE. Naething yet.

(*Peggie gives a little gasp of distress*)

LIZZIE. I'm sorry, Peggy, Sit doun.

PEGGY. I prayed aa nicht there wad be letters the day.

LIZZIE. I canna forgie him for this, Peggy. It's cruel.

PEGGY. Oh there's nae sayin what's wrang.

---

[14] *Sic.*

He did talk o gaun doun to Devon to see his freind Mr Temple, and if he's traivellin in oot o the wey places like that his letters are bound to tak time. We dae ken he's been up to Stratford.

LIZZIE. Dinna delude yersell, Peggy. There's something wrang when a man ye hae juist promised ti mairry flees aff aa ower the country insteid o hurryin straucht to yer side.

PEGGY. He did come, Lizzie.

LIZZIE. No at ance. I'll neir forget hou hurt ye were whan ye offert to traivel hauf wey to Edinburgh to meet him and he said he couldna, because he had to dine that nicht wi the Duke o Queensberry. And whan he did come for that ae short veesit he was gey restrained wi ye. Ye said sae yersell. Na na, Peggy, there's something wrang in his fleein aff like this, and writin ye juist twa letters in sae mony months.

PEGGY. I still think it's juist delay in the mails.

LIZZIE. But what gart him gang awa at aa? It daesna seem naitural in the circumstances.

PEGGY. He had to see Dr Kennedy, for ae thing. He was rin doun.

LIZZIE. That I juist canna understaun. His health couldna hae been that bad if he was able to traivel. And we hae doctors in Edinburgh.

PEGGY. Dr Kennedy was recommended by Dr Gregory himsell. And Jamie aye gangs to London whan the coorts rise onywey.

LIZZIE. He didna hae to gang this time, shairly.

PEGGY. He had to gang and see General Paoli. Efter aa, he did aa he could to organise help for the Corsicans, and nou they're bate and the General's in exile in London, it's shairly naitural that he suld hurry doun to see him.

LIZZIE. But he hasna juist been to London. Is there onything urgent aboot the Shakespeare Jubilee at Stratford?

PEGGY. Ye ken it was organized by his freind Mr Garrick.

LIZZIE. Mebbe ay, but his future wife suld come afore a freind. And what's urgent aboot his veesit to his freind in Devon?

PEGGY. He's been promising to veesit him for years nou, and aye pat it aff. He felt guilty aboot it.

LIZZIE. But no aboot leavin you. If Lord Eglinton hadna said he had heard o yer engagement in London I wad think he had cheynged his mind.

PEGGY. I canna believe it. He's gane raither faur to turn back nou. He hadna cheynged his mind whan he coaxed Lord Monboddo into speakin in oor favour to his faither. And he's left Tammas here to look efter me. And there's been nae sign o ony cheynge o mind in his letters.

LIZZIE. They were baith written a gey whilesin, afore the annuncement o his faither's engagement. He aye hoped that wadna happen, ye ken.

PEGGY. He was shair it was gaun to happen whan he proposed to me, Lizzie. What wey suld it mak ony difference nou?

LIZZIE. I dinna ken. There was something gey wild aboot that proposal o his. Ye didna believe, nou did ye, that he ettlet to gang and bide wi ye abroad?

PEGGY. I didna care. I juist thocht he needit to ken that he maittert to somebody.

LIZZIE. I think he hoped that if you agreed to tak him his faither micht cheynge his mind.

PEGGY. Weill, he hasna. But what difference suld it mak?

LIZZIE. He mebbe thinks nou, wi his prospects sae puir, that it wad be fulish to mairry ye. Ye wad hae a gey struggle.

PEGGY. He kens I wadna mind that.

LIZZIE. Ay, but mebbe he wad.

PEGGY. Lizzie, that isna fair. He gied up a fortune for me.

LIZZIE. In Dublin. He hadna his faither's consent.

PEGGY. Dinna, Lizzie. I juist canna face the idea that I mean naething efter aa.

(Thomas enters, right, in haste)

THOMAS. My Lady?

LIZZIE (in the new manner). Yes, Thomas?

THOMAS. Lord Auchinleck is coming up the drive.

LIZZIE. Lord Auchinleck! (Recovering) Show him in when he comes, Thomas.

THOMAS. Yes, my lady.

(He bows and hurries out, right)

LIZZIE. Let me speak to him, Peggy. It's aa very weill to show yer luve for Jamie by takin him withoot ony prospects, but Jamie's his auldest son, and he has a richt to be acknowledged as his heir, and you hae a richt to be treatit as his heir's betrothed, and I hae a richt to speak for ye, as yer aulder sister, and I can put yer case wi faur mair freedom than ye can yersell.

PEGGY. Ye ken that attitude'll juist anger him.

LIZZIE. Na, na, I'll be reasonable wi him.

PEGGY. This is my affair, Lizzie. Jamie's telt me juist what to say.

LIZZIE. What you can say and what I can say are twa different things.

PEGGY. I dinna want ye to interfere, Lizzie.

LIZZIE. Ye need someane to staund up for ye. Ye hae nae faither.

PEGGY. I dinna want ony hagglin for a settlement. It's no dignified.

LIZZIE. Ye're entitled to a settlement.

PEGGY. I'll neir forgie ye if ye mention sic a thing. I hope ye'll leave me to face him alane.

LIZZIE. Na na, I'm gaun to bide and see fair play.

(*Thomas enters, right*)

THOMAS. Lord Auchinleck, my lady.

(*Lord Auchinleck enters. Thomas withdraws*)

LIZZIE. Guid efternune, uncle Sandy.

LORD A (*hostile*). I wad like a word wi Peggy.

PEGGY. Leave us, Lizzie. Please.

LIZZIE. I think I suld be here.

LORD A. What I hae to say is for Peggy alane.

PEGGY. Lizzie. Please.

LIZZIE. I dinna think it's richt.

LORD A (*fiercely*). Ye heard what she said.

LIZZIE. She's a fule. (*She is about to leave, left, but turns. Sardonically*): Oh, congratulations on yer engagement, uncle Sandy. (*She leaves with an air of triumph. Lord Auchinleck glares after her*)

PEGGY. I'm sorry she said it like that.

LORD A. She was aye an impiddent bissom.

PEGGY. I hope ye'll be very happy.

LORD A. Dae ye? Sae ye dinna share the views o my son?

PEGGY. I dinna ken what ye mean.

LORD A. He's juist read the notice o my engagement, it seems, and he's aired his opeenions in a letter.

PEGGY. A letter!

LORD A. It's juist come frae London. Has he written to you on the subject?

PEGGY. I haena heard frae him lately. I thocht he was in Devon.

LORD A (*sneering*). He daesna seem to approve o second mairriages.

PEGGY (*sincerely*). I see nae hairm in them.

LORD A. I can understaund that, if ye're willin to tak Jamie.

PEGGY. That wasna worthy o ye, Sir!

LORD A. Onything's worthy o me. I'm juist a ludicrous instance o crude appetite gettin the better o judgement in a failin auld man.

PEGGY. He didna say that?

LORD A. He said faur mair nor I can forgie, and I warn ye, Peggy, that if ye mairry him ye'll rue the day ye did it.

PEGGY. I'm his if he wants me.

LORD A. Ye'll neir see Auchinleck.

PEGGY. I took him wi nae expectations.

LORD A. Oh, we aa ken hou noble ye are. There's haurdly a body in the country, north or sooth, that hasna learnt hou ye agreed to tak him withoot a penny, and gang abroad wi him, and bide in obscurity.

PEGGY. Hou can onyane ken that, but me and Jamie?

LORD A. Because he's been reading yer letter oot to aa his freinds, he's that prood o it.

PEGGY. I'm gled he's prood o it.

LORD A. If ye dinna ken him weill eneugh to realize that he couldna bide in obscurity ye dinna ken him at aa. He canna gang aff to London withoot puttin a paragraph in that newspaper o his, to let aabody ken he's comin.

PEGGY. It's juist his kind o fun.

LORD A. Fun! The laddie's an eediot.

PEGGY. Some folk think he's clever, and they're juist as guid judges as yersell. Dr Johnson admires him.

LORD A. That poke pudden. He juist tolerates the laddie because he follows him aboot like a dug, fawnin on him.

PEGGY. He mair than tolerates him. He's aye gled to see him. And he has ither famous freinds. There's Mr Garrick.

LORD A. An actor.

PEGGY. He's a great actor.

LORD A. Hou dae ye ken? Hae ye seen him?

PEGGY. Na, but Jamie says he's a great actor.

LORD A. The critics are gey sair on him whiles.

PEGGY. Jamie says hauf o the critics are hired by his rivals. And there's General Paoli. He thinks the warld o Jamie.

LORD A. That organ-grinder's monkey.

PEGGY. He's the bravest general in Europe, Jamie says.

LORD A. It didna dae him muckle guid. He was bate.

PEGGY. The odds were against him.

LORD A. Dae ye no see, lassie, that aa thae folk put up wi him juist because he flatters them in print? Hou dae ye ken they dinna despise him in their hairts? They wad if they kent him.

PEGGY. They mebbe see the best in him.

LORD A. They dinna see the warst, that's

certain, or they wadna be seen in his company. As for you, I dinna ken hou ye can bring yersell to conseeder him. Nae dacent lassie wad gie him a thocht. He's vicious. Ye ken that. He's haen ae sordid affair efter anither.

PEGGY. I ken aa aboot Jamie's affairs.

LORD A. Ay, aa that he's telt ye.

PEGGY. Ay, and aa that I hae heard.

LORD A. Ye ken he's defiled himself, time and time again.

PEGGY (*beginning to break down*). You telt us that!

LORD A. He's been keepin a common trollop in Edinburgh.

PEGGY. That's a thing o the past.

LORD A. He gied her a bairn. Dae ye ken that?

PEGGY. Ay.

LORD A. And ye think he's fit to mairry ye?

PEGGY. Ye were willin to let him mairry Kate Blair.

LORD A. I thocht the chance o winnin a lassie like that wad gar him pou himsell thegither.

PEGGY. But it didna.

LORD A. Na.

PEGGY. Hou dae ye ken he winna pou himsell thegither for me?

LORD A. If that's what ye hope for ye're blin. Hae ye nae idea what gart him flee aff to London.

PEGGY. To see General Paoli.

LORD A. To see the famous Dr Kennedy. Did ye no ken he was badly?

PEGGY. I kent he was rin doun.

LORD A. Rin doun. Was that what he caaed it? He's defiled himself again. And dae ye ken whaur?

PEGGY (*suddenly quiet*). Na.

LORD A. In Dublin. Whan ye were ower there thegither. Whan he was supposed to be faain in luve wi ye. That's what luve means to Jamie. I thocht it my duty to tell ye. Guid efternune.

(*He leaves, right. Peggy seems to be more excited than distressed by the revelation. Lizzie enters*)

LIZZIE (*drily*). That was gey shabbie.

PEGGY. Did ye hear him?

LIZZIE. Ay.

PEGGY. Nou we ken what's keepit Jamie awa. He's been ashamed to come near me.

LIZZIE. Ay.

PEGGY. It was aa my faut. I wadna believe he was serious, and whan he proved it by no takin Mary Anne, I raged at him for hurtin the puir lassie's feelins.

LIZZIE. Raged at him?

PEGGY. To hide my happiness. I felt ashamed to be winnin it at Mary Anne's expense. It was like stealin.

LIZZIE. But what did ye say?

PEGGY. I telt him it was nae woner his faither couldna thole him, I couldna aither. I micht as weill hae lasht him ower the face wi a whip. Nae woner he ran wild. Puir Jamie. (*She brusts into tears. Her sister consoles her in silence*).

F A D E

SCENE 4

Lainshaw. Peggy Montgomerie's sitting-room.
Thomas enters, right, with Boswell's new servant, Joseph, carrying a portmanteau.

THOMAS. This way. Now. Down.

(*They lower the portmanteau to the floor*)

JOSEPH. My master says ve have to loosen ze straps.

THOMAS. Very well.

(*They work on the portmanteau*)

THOMAS. You are not English?

JOSEPH. Not Eengleesh. No.

THOMAS. I thought not. Where do you come from?

JOSEPH. Bohemia!

THOMAS. Where is that?

JOSEPH. Across ze sea. You are Eengleesk, not Scotteesh?

THOMAS. Thank you. I am glad it is obvious.

JOSEPH. Ze Scotteesh speak so deeferent. I cannot tell vat zey say.

THOMAS. You will grow accustomed to them. What is your name?

JOSEPH. Yoseph.

THOMAS. You mean Joseph?

JOSEPH. Ya. Yoseph.

(*Boswell enters with a portfolio, which he places beside the portmanteau*)

JB. Leave us, Joseph. Wait within call, and when I have finished with Thomas he will show you to your quarters.

JOSEPH. Yes, sir.

(*He bows and leaves*)

JB. When are you leaving?

THOMAS. Tomorrow, sir. I enter the service of Lord Auchinleck on Monday.

JB. You understand why I no longer wish to keep you?

THOMAS. Yes, sir.

JB. You had no right to carry tales from Lainshaw to Auchinleck.

THOMAS. I did not realize that anything I was saying could lead to trouble, sir.

JB. John Bruce says you told Miss Boswell that Miss Montgomerie aimed at Auchinleck.

THOMAS. I said that Mrs Montgomerie-Cunninghame hoped that one day Miss Montgomerie would be mistress there.

JB. You had no right to repeat anything you heard here.

THOMAS. I understand, sir. I am sorry.

JB. You understand that when you enter my father's service you must resist any temptation to reveal anything of a private or confidential nature concerning anyone at Lainshaw?

THOMAS. Yes, sir.

JB. I hope you appreciate that you were fortunate not to be dismissed without notice when your indiscretions were discovered.

THOMAS. Yes, sir.

JB. You owe it to Miss Montgomerie that you were allowed to remain.

THOMAS. Yes, sir.

JB. Remember that, and do nothing further to injure her reputation.

THOMAS. No, sir.

JB. You may go.

THOMAS. Thank you, sir.

(*He leaves, right. Boswell looks left and calls*)

JB. Peggy! (*More loudly*) Peggy!

(*Lizzie enters, left*)

LIZZIE. Jamie!

JB. Lizzie! Where is Peggy? Is she ill? Thomas said she had gone along the road to meet me, but turned back.

LIZZIE. She turnt back whan the groom cam wi word that ye were bringin the Douglas. She didna want to meet ye in company.

JB. But I rode on ahead of the Douglas to meet her.

LIZZIE. She thocht ye micht both come thegither, and took fricht. She's cheyngin into anither dress. She's excited, Jamie.

JB. But she is quite well?

LIZZIE. Oh ay.

JB. I am so glad. I was worried. She said she would meet me on the road if she was well, but that if she still had her headaches she would wait in her room here.

LIZZIE. Weill, she's aa richt.

JB. Good. You do not mind my bringing the Douglas to be my groomsman? The Captain will not feel slighted, I hope.

LIZZIE. The Captain's delighted. He's promised to rise and dress in his regimentals.

JB. How kind of him. Is he keeping better?

LIZZIE. Na, Jamie, he's failin nou, I dout.

JB. I am sorry, Lizzie. I hope he will not find the excitement too much for him. Perhaps I should have pressed the Douglas to come, but I thought he would lend distinction to my wedding.

LIZZIE. That was what I thocht, as sune as I heard the news. It wad hae been a gey hole-in-the-corner affair, wi juist the captain and me here, and the meenister and the dominie, and yer faither absent.

JB. Yes.

LIZZIE. Yer faither's bein mairrit the day tae?

JB. Yes.[15]

LIZZIE. I think it's a peety ye didna put aff yer ain waddin, Jamie, and gang to yer faither's.

JB. Allow me to differ. I know Peggy does not agree with me, and neither does Dr Johnson, but I will never countenance the creature who is to take my mother's place.

LIZZIE (*as Peggy enters, left, beautifully groomed and dressed*). Here's Peggy nou. I'll leave ye.

(*She leaves, right. Boswell and Peggy regard each other from opposite ends of the room, constrained and awkward*)

PEGGY. Jamie.

JB. Lizzie explained why you did not meet me on the road. You have recovered from your headaches?

PEGGY. Ay.

JB. I am so glad.

PEGGY. Is yer cauld better?

JB. It was nothing. It disappeared as soon as I reached Edinburgh.

PEGGY. Ye didna bide wi yer faither?

JB. No. I stayed with John Johnston.

PEGGY. I think ye suld hae gane to yer faither's waddin, Jamie. We could hae waitit.

JB. Do you think he would have come to ours?

PEGGY. Mebbe no, but he did agree to oor engagement in the end.

JB. What else could he do? He saw I was adamant. And he made no move towards a settlement for us.

PEGGY. I wasna thinking o that.

JB. I realize that, but it indicates his attitude. He disapproves. If I had attended his wedding I should have insulted you, as well as my mother.

PEGGY. I'll be sorry if I come atween ye, Jamie.

---

[15] Father and son, respectively, married in Edinburgh and Ayrshire, opposite coasts of Scotland, on 25 November 1769.

JB. Nothing comes between us but his insult to my mother.

PEGGY. Na na, Jamie, yer ain conduct hurt him. And he was angert wi me because I seemed to condone it.

JB. You forgave it, but he could not.

PEGGY. I think he will, some day, whan he sees that ye mean to be different. Ye see, whan he railed at me because I was willin to tak ye, kennin aa aboot ye, I reminded him that he was willin to let ye mairry Kate Blair, though he kent aa aboot ye himsell.

JB. What did ye say?

PEGGY. That he thocht the chance o winnin a lassie like that wad gar ye pou yersell thegither.

JB. He told me that.

PEGGY. What did you say?

JB. That she had not been a sufficient inducement, but that you would be.

PEGGY. Ay, but he didna believe that.

JB. No. He knew about my wild nights in Dublin.

PEGGY. Ay.

JB. I hope I am forgiven.

PEGGY. It was my faut that ye ran wild in Dublin.

JB. No.

PEGGY. Ye were hurt because I wadna believe ye were serious.

JB. No. I knew you believed. I was angry because you would not admit it. I should have given you time.

PEGGY. Mebbe. And are ye weill nou, Jamie?

JB. Yes. I have the assurance of Duncan Forbes, the Horse Guards surgeon.

PEGGY. But I thocht ye were gaun to Dr Kennedy.

JB. Yes. I had been reading advertisements. Sir John Pringle advised me against him from the beginning, but I would not listen. I found him a babbling quack. He did me no good. I took Sir John's advice in the end and returned to Duncan Forbes, who had treated me once before. I have been well for weeks now.

PEGGY. Is Sir John Pringle satisfied that ye're weill?

JB. (hurt at her apparent doubt). Yes, and he is the King's Physician, so I have excellent testimony.

PEGGY. I wasna thinkin o that. Sir John's a correspondent o yer faither's.

JB. Yes.

PEGGY. Then he'll hear, nae dout.

JB. I suppose so.

PEGGY. I'm gled. (Still worrying but trying to appear flippant) And did ye meet mony beauties on yer traivels?

JB. I know what you are thinking, Peggy, but you are quite wrong.

PEGGY. Ye werena soupit aff yer feet again?

JB. Not once, I assure you. I have examined myself minutely for signs of inconstancy, and I am satisfied that for the first time I am in the grip of a compelling love.

PEGGY (teasingly). Hou did ye examine yersell for signs o inconstancy?

JB. I have observed myself in the company of attractive women.

PEGGY (worried). Attractive? Hou can ye caa them attractive if they didna attract ye?

JB. They did attract me, but not sufficiently to break my resolution.

PEGGY. Sae ye had a struggle, did ye?

JB. Not a struggle, but on one occasion at least I had a moment of dismay.

PEGGY. Dismay?

JB. A dread of my inconstancy returning.

PEGGY. Whaur was this?

JB. At Shakespeare's Jubilee. You see, Peggy, I am going to be perfectly frank with you, because it was on this occasion[16] that I satisfied myself completely that I had nothing to fear.

PEGGY. What happened?

JB. I was introduced to a Mrs Sheldon, an Irish beauty, and I felt myself dazzled. I imagined for a terrible moment that she was beginning to steal me away from you. I left her and went over to the orchestra, and stood there gazing deliberately at Mrs Baddeley, the most beautiful woman on the English stage. At once Mrs Sheldon was effaced.

PEGGY. But what aboot Mrs Baddeley? Did ye begin to worry aboot her?

JB. Oh no. For when I turned away from her and looked at Mrs Sheldon she was effaced in her turn. I realized then that neither had the power to attract me in the absence of sensation.

PEGGY. Sensation?

JB. The immediate sensation of her appearance. For when I ceased to gaze on either, your image was firm in my mind. You were independent of sensation, a fixed and permanent idea.

PEGGY. Except whan ye were gazin at the twa Stratford beauties.

JB. Ah yes, but what compelled me to turn

---

16 6 September 1769.

from the one to the other, and compare the strength of their sensations, and measure both against the power of your idea?

PEGGY. What?

JB. My overwhelming concern for you. My firm determination to be loyal.

PEGGY. And that's something new, is it?

JB. I have never known such a thing. I used to think of my vices with the most appalling shame, and resolve never to repeat them, but my resolution was powerless. At the first opportunity I behaved just as before. It was as though I was compelled by something within me, stronger than my will to do what I most wished to avoid. Now I do what I resolve, with a strange new feeling of being master of myself. I am a new man, I swear it.

PEGGY. Jamie, I think I believe ye. Ye haena kissed me yet.

JB. (*suddenly abashed*). Peggy. (*Kneeling impulsively*) I am not worthy of you. I am not fit to kiss the soles of your feet.

(*He reaches for a foot*)

PEGGY (*moving back hurriedly*). Jamie Boswell. Dinna you daur!

JB. My dear Peggy, what is wrong?

PEGGY. Jamie, I dinna want my shune lickit. I want a man. Someane I can look up to and respect. Staun up straucht. Haud up yer heid.

(*She puts her arms round his neck and kisses him. Lizzie enters, right, and they look round indignantly*)

LIZZIE (*amused*). I juist wantit to warn ye. The Douglas and his pairty are comin forrit nou. And the meenister's here, and the dominie wi the register.

JB. Wait, Lizzie, for a moment. I have something to show you.

(*He goes to the portfolio*)

LIZZIE. I'll hurry back.

(*She leaves, right*)

PEGGY. What is it, Jamie.

JB. Patience, my dear.

(*Boswell fetches quantities of written sheets from the portfolio*)

PEGGY. What are aa thae papers?

JB. (*searching*). I told you I intended to write a life of Dr Johnson. These are notes.

PEGGY. But there are hunders o them. Whan did ye fin time to write aa thae?

JB. I wrote down every night as much as I could remember of our conversation during the day.

PEGGY. But could ye mind it weill eneugh?

JB. I have trained myself to remember, by keeping my journals.

PEGGY. And are ye gaun to print everything he's said in yer praisence?

JB. All I can remember, yes.

PEGGY. Blethers and aa? Shairly he daesna aye talk sense. Ye hae pokit fun yersell at some o his havers. Think o yon nonsense aboot whaur the swallows gang in the winter.[17]

JB. You see, you remember it.

PEGGY. Ay, because it was sae silly.

JB. No, because it was astonishing that such a mind as Dr Johnson's could entertain such foolishness.

PEGGY. It daesna dae him muckle credit.

JB. The fact that you remember it as astonishing does him credit. In a person normally foolish it would not be astonishing. That it is in him is a measure of his wisdom.

PEGGY. Sae ye're gaun to show hou wyce he is by writin doun aa his blethers?

JB. I will show the whole man, and his better qualities shall shine all the brighter by contrast with his absurdities. A partial portrait, conceived in flattery, cannot be a likeness, for it is a mere record of virtues, divorced from the man behind them. And while we may respect virtues, we can love only people. I will paint my dear old friend whole, pock-marks and all, and my readers shall love him, as I love him, in spite of his blemishes.

PEGGY (*moved*). I think I see what ye mean.

JB. (*holding up a paper*). Here is what I have been looking for. Our marriage contract.

PEGGY. But I thocht there was to be nae sic thing.

JB. This one is unique. I wrote it myself.

PEGGY (*amused*). Oh.

JB. In it we agree to take each other, out of our great mutual love, and with all our faults, and there is not a single mention of any sordid consideration of money or property. I signed it in London on the thirty-first of October, and who do you think witnessed my signature?

PEGGY. Dr Johnson.

JB. And who besides?

PEGGY. General Paoli?

JB. Yes. They did so on the occasion of their meeting for the first time, when I introduced them. A momentous occasion, and here we have a record of it.

PEGGY (*reading it*). What language is that?

---

[17] That they hibernate underwater.

JB. Italian.

PEGGY. What does it say?

JB. 'I, the undersigned, was present and saw James Boswell, Esquire, subscribe this document. Pasquale de Paoli.' And Peggy, I showed him your valuable letter, accepting me without hope of advantage, and he read it over very solemnly, two or three times, and said 'Questo e sublime', which means 'This is sublime'. By the way, are you persevering with your French?

PEGGY. I telt ye Jamie, I haena haen muckle time.

JB. We can work on it together. And the new manner?

PEGGY. I dae quite weill in company, but I dinna fin it naitural yet.

JB. That will come with practice.

PEGGY. Nae dout. But ye'll aye let me caa ye Jamie? I juist canna caa ye Mr Boswell.

JB. You will find it quite natural in good company, my dear. When we are alone I shall allow you some liberty.

PEGGY. I hope sae.

(*Lizzie enters, right*)

LIZZIE. Aabody's here nou. I hope ye winna be lang, though there's nae great hurry. The Captain's wi them, and Tammas is servin wine. What was it ye wantit to show me Jamie?

JB. Bless my soul, I had forgotten. Our marriage contract. You have to sign it too, Peggy, and guess who are to witness your signature?

PEGGY. Wha?

JB. The Douglas himself, whose cause I led to victory, and your humble servant.

LIZZIE. A mairriage contract?

JB. You will be disappointed with it, but I think it is a noble one. Read it.

(*He hands it to Lizzie, by now returned, who reads. He lifts the lid of the portmanteau*)

JB. (*to Peggy*). And now for your gown.

PEGGY. I was beginnin to think ye had forgotten aa aboot it.

(*Boswell lifts a white gown out of the portmanteau*)

JB. I did not trust it to Joseph. I packed it myself.

PEGGY (*as he holds it up for her to look at it*). Jamie.

LIZZIE (*looking up from the contract*). Oh, that's bonnie.

JB. White for my Peggy.

(*He presents it to her. She holds it in front of her, as Lizzie looks on enraptured. He turns back to the portmanteau*)

JB. And look. (*He pulls out a white suit*) My wedding suit.

(*The girls look rather startled*)

LIZZIE. White for you tae.

JB. It is symbolic.

LIZZIE. It's bye the ordinar.

PEGGY (*quickly*). It's gey braw, Jamie.

JB. I am glad you like it. (*To Lizzie*) Do you like our marriage contract?

LIZZIE. Ay, Jamie, though maist folk wad say it was haurdly worth puttin on paper.

JB. That is what makes it unique.

LIZZIE. It's a curiosity, there's nae dout.

JB. (*taking it with his free hand*). Thank you. (*Puts it on the portfolio*) It is precious. And you like your gown, Peggy, my dear? (*Peggy, too moved to speak, nods her head*)

JB. Let us both dress before we appear. Where is Joseph, Lizzie?

LIZZIE. I'll send him to yer room, will I?

JB. Yes, please.

LIZZIE. And then I'll come back and help you, Peggy.

PEGGY. Thank ye. (*Lizzie runs off, right*) Dear me, this'll be the third time I hae dressed the day.

JB. You really like your gown? (*Peggy nods her head again*) Do you like my suit?

PEGGY. Is it a common colour in London? At waddins, I mean? For men?

JB. No, but it is not unkown at royal weddings, on the Continent.

PEGGY (*laughing affectionately*). Ye're juist the same auld Jamie.

JB. (*always on guard when he suspects he is being laughed at*). What do you mean?

PEGGY. Oh I dinna mean that ye haena cheynged in some weys. But ye still haena lost aa yer foibles.

JB. Foibles?

PEGGY. Ay, Jamie. The wee absurdities that mak ye luvable.

(*She goes to him, holding the wedding gown before her, and kisses him. He embraces her with a white garment in each hand*).

FADE AND CURTAIN

THE HYPOCRITE

1967

To Kate with love

CHARACTERS

In the order of their appearance:

TOWN CRIER.

MRS LUCY LINDSAY
a grass widow.

LORD KILMARDINNY
a judge, her uncle.

JENNY GILLIES
her maid.

THE REVEREND SAMUEL SKINNER, DD
of the Tolbooth, Edinburgh.

SIMON ADAIR
Master of Allander, a Writer to the Signet.

SIGNOR GIORGIO BAROCCI
an Italian engraver.

LADY KILGALLON of Auchengool (Phemie).

JOSEPH SKINNER
son of the Rev. Samuel Skinner, a manufacturer.

KITTY
wife of Joseph Skinner, and daughter of Lady Kilgallon.

THE REVEREND DAVID KEMP
of Auchengool.

ROBIN DOW
elder in Auchengool.

NEIL BELL
landlord near Perth of the Bridge End Tavern.

QUEENIE
his daughter.

JOHN DRUMMOND
Provost of Perth.

JAMES HAY
a Perth baillie.

MUNGO MEIKLE
a baron baillie to the Earl of Allander.

SAUNDERS WATSON
elder in the Tolbooth, an undertaker.

Chairmen, Caddies, Fishwives.

The Hypocrite was first performed on 2 August 1967 at the Royal Lyceum Theatre, Edinburgh, in a company production with the following cast:

TOWN CRIER	John Porter Davison
LUCY	Clare Richards
LORD KILMARDINNY	Walter Carr
JENNY	Judith Carey
REVEREND SKINNER	Leonard Maguire
SIMON	John Shedden
BAROCCI	Tom Conti
LADY KILGALLON	Marillyn Gray
JOSEPH SKINNER	Kenneth Poitevin
KITTY	Brigit Forsyth
REVEREND KEMP	Martin Heller
ROBIN DOW	Tony Kinnie
NEIL BELL	Richard Wilson
QUEENIE	Janet Michael
PROVOST DRUMMOND	Hugh Evans
BAILIE HAY	Brian Carey
MUNGO MEIKLE	Walter Carr
SAUNDERS WATSON	James Gibson
TOWNSPEOPLE	Janet Michael
	Stuart Forbes
	William Forsyth
	Russel Laing
	Robin McLachlan
	Simon Scott
	Keith Smith
	Victor Vincent
	and Frank Wright

The Director was Richard Eyre.

The commissioning producer was originally Tom Fleming.

The action takes place in Edinburgh and Perth at some time around the middle of the eighteenth century.

SCENE PLOT

PROLOGUE	*The Saltmarket, Edinburgh.*
ACT ONE	*Mrs Lucy Lindsay's flat in the Lawnmarket, Edinburgh.*
ACT TWO	*The Library of Auchengool House, near Perth.*
ACT THREE	*The Bridge End Tavern, near Perth.*
ACT FOUR	*Mrs Lucy Lindsay's flat in the Lawnmarket, Edinburgh.*
ACT FIVE	*Dr Samuel Skinner's study in the Tolbooth Manse, Edinburgh.*
EPILOGUE	*The Saltmarket, Edinburgh.*

PROLOGUE

The Saltmarket, Edinburgh.

A stylised representation of the Saltmarket, Edinburgh, as it was about the middle of the eighteenth century. This should be capable of being faded out to bring up each of the scenes involved in the action of the play. Caddies may be used between scenes to change properties, as required.

The Prologue opens with a combination of ballet and parade of the characters of the play, those not subsequently involved in the action being Chairmen, Fishwives, Caddies and a Town Crier.

Street cries, perhaps, from the Fishwives, blending with musical accompaniment. Caddies may pass with Signor Barocci's cases of paintings and engravings, followed by Barocci himself. Chairmen may bring on Mrs Lucy Lindsay in a sedan chair, from which she may alight, enter a stair bottom and disappear. Others pass up or down on their various concerns.

TOWN CRIER. An exhibition will be held in Yaxley Davidson's hoose[1] at the Cougait Port, frae Monday first, atween the hours o ten i the forenune and five i the efternune, at the whilk Signor Barocci, the famous engraver, will display original warks o Italian art, by Raphael, Titian and Tintoretto, forbye engravings o his ain execution, efter the famous maisterpieces in the Sistine Chapel and the Farnese Palace, Rome, by Michelangelo, Raphael and ither sichlike famous men o genius. Price o admission, three shillings.

(He goes off ringing his bell. Street cries and music).

ACT ONE

Mrs Lucy Lindsay's flat in the Lawnmarket, Edinburgh. The parlour. Doors from the stair landing, and from an inner room. Lord Kilmardinny is discovered sitting. Mrs Lucy Lindsay enters to him from the inner room.

LUCY. Uncle Tom.

KILMARDINNY. Lucy.

(She holds up her cheek for him to kiss)

LUCY. Will you have some tea?

KILMARDINNY. I daurna bide. I'm ower thrang. I hae twa lang memorials to digest for a case comin up in the mornin, and if I dinna win back to them sune I'll be oot o

my bed aa night. I hae heard from the Faculty o Procurators.

LUCY. What do they say?

KILMARDINNY. They hae ruled that you're the deserter nou.

LUCY. But, uncle, you know that's a lie. He left me and ran away to London. He said to establish himself and then send for me. But he didn't mean it. The faculty know he didn't mean it. They wouldn't have given me a pension if they had believed him.

KILMARDINNY. Ye gat yer pension because he didna manage to establish himsell, and couldna afford to keep ye. The faculty made enquiries. But he's established himsell nou in Jamaica, he says, and he wants you to gang oot and jeyn him.

LUCY. He doesn't. He's just saying it, knowing I won't.

KILMARDINNY. Weill, Lucy, as lang as he says it, and you dinna pit him to the test, the faculty says it has a soond case for withdrawin yer pension.

LUCY. And are they going to?

KILMARDINNY. Ay. They'll let ye hae it for twa months mair, and assist yer passage to Jamaica, but efter twa months, gin ye haena sailed, they'll accept nae responsibility for ye.

LUCY. Well, it was only twelve pounds. If I scrape I can manage without it.

KILMARDINNY. Ay, but I dout yer faither's faculty'll follow the procurators.

LUCY. The surgeons?

KILMARDINNY. I dout sae.

LUCY. But if I hadn't married I'd have had a pension for life, as my father's dependant.

KILMARDINNY. Ay, Lucy, but ye did mairry, and nou ye're yer husband's dependant.

LUCY. But he's left me.

KILMARDINNY. If the procurators rule that you're the deserter, nou that yer man's able and willin to hae ye, the surgeons arena likely to disagree, when it's gaun to save them siller.

LUCY. But, uncle, with both pensions gone, what will I do?

KILMARDINNY. Ye could aye pit the scoondrel to the test.

LUCY. Go out there and join him? Never.

KILMARDINNY. Na. Weill, I sympathise. I aye wonert what ye saw in him. He was handsome, I daursay, till he began to debauch himsell. And he was clever, in a wey, though crookit. I canna say I'll blame ye gin ye refuse to jeyn him.

LUCY. But how am I to live?

KILMARDINNY. Weill, Lucy, I daursay I

---

[1] In Chambers *Annals* which also cites Perth tavern siege, 10 July 1735 (see Act 3).

could manage to raise my ain allouance a wee.

LUCY. Oh, Uncle Tom, I wasn't hinting at that. Nothing was further from my mind.

KILMARDINNY. I'm shair no, but unless ye tak the boat to Jamaica, and pit yersell at that scoondrel's mercy again, I dinna see what else we can dae aboot ye. And I dae no sae badly on the bench, and though I'm extravagant in things like books and claret I'm a bachelor, wi naither wife nor family to support, sae I aye hae a pickle to spare. Dinna fash aboot takin a bit favour, my dear.

LUCY. Oh but, Uncle Tom, I'd feel such a drain on you.

KILMARDINNY. Deil the bit! Though mind ye, that scoondrel of a husband suld be keepin ye, no me. Gin it hadna been for the scandal it wad hae caused ye could hae been free o him. Ye had grunds for divorce ten times ower. But he was the deserter then, and the twa faculties were willin to help ye, and it haurdly seemed worth while to mak the haill maitter public. Divorce is ugly. It stirs up dirt.

LUCY. There was never any dirt in my life to stir up, Uncle Tom.

KILMARDINNY. I'm shair no. But an unscrupulous coonsel for the defence can mak glabber oot o guid clean mouls. (*Partly in fun*) Thae tea pairties o yours, for instance, wi play actors frae the Teylers' Haa,[2] and penters frae St Luke's Academy.[3]

LUCY. Oh, Uncle Tom.

KILMARDINNY. I ken. I ken. I'm no sayin they arena aa as innocent as Adam. Aa I'm sayin is that ance ye win into the divorce coort, there's nae sayin what's gaun to be said aboot ye, and it's better no to risk it.

LUCY. It would have been the best thing from the beginning, Uncle Tom.

KILMARDINNY. Na na. It wasna the best thing at the time, and I dout if it wad be the best thing nou; though mind ye, we could mebbe stop juist short o it. We could at least hae him watchit.

LUCY. Out in Jamaica?

KILMARDINNY. Ay, Fairbairn and Witherspune are stertin a brainch oot there, and they could arrange to hae the job dune for me. I'm shair that if it was weill watchit he wad be fund up to his auld tricks within

a week, though they say there's a dearth o weemen oot there.

LUCY (*rather eagerly*). Then you wouldn't object to a divorce for me after all, Uncle?

KILMARDINNY. I dout if we wad need to gang as faur as that, gin we could win prufe o his infidelity. A word to the Faculty o Procurators and they micht weill cheynge their rulin aboot wha was the deserter.

LUCY. You think they would give me back my pension?

KILMARDINNY. Ay, and the surgeons micht tae. It's worth tryin.

LUCY (*persisting*). But if you did get proof of infidelity, and the procurators wouldn't alter their ruling, would you agree to a divorce for me then?

KILMARDINNY (*suspiciously*). Lucy, my dear, what dae ye want a divorce for? There isna someone else in yer mind, is there? For I warn ye to be carefou. Ony scandal, my dear, and yer hopes o gettin back yer twa pensions are richt doun the stank. And though I dinna mind helpin ye, my dear, as the innocent pairty to a disastrous mairriage, I wad be laith to help ye to bide awa frae yer lawfou husband to hae a clandestine affair wi some blaggard wi nae mair scruple nor to mak advances to ye in yer praisent defenceless situation. Wha is it, Lucy? There is someane, is there? It isna ane o thae play-actors, is it? Or a penter?

LUCY. Oh, Uncle Tom.

KILMARDINNY. Oh, I dinna share the common opinion o them as a lot a useless riff-raff. I value their work. But there's nae dout they're freer in their weys nor ither folk.

LUCY. Uncle Tom, you are a silly. I like having unusual men around me. I admit it. Clever ones. (*Quite unscrupulously*) That's why I like you so much. (*He smiles complacently*) But I do make sure there's never the slightest ground for any scandal. You're the only one who's ever here alone. Except perhaps...

KILMARDINNY. Except wha?

LUCY. Except the minister.

KILMARDINNY. Oh, Skinner. Weill, his claith maks him a respectable eneuch visitor, my dear. But if we were to pey attention to aa we hear aboot him...

LUCY. Ah, yes, uncle, but they say it's money he's always after, so I'm as safe as a leper. In any case, I don't believe a word they say about him, for I'm sure he's as straight laced as anybody in the Kirk.

---

[2] See *Flouers o Edinburgh*, note 8.

[3] Edinburgh art school in which Allan Ramsay Jr began his training, founded by subscription in 1729.

KILMARDINNY. The straight-laced kind are gey aften the warst, Lucy. Oh ay, it's the truith. Ye hear some unco queer stories whan ye sit on the bench. But that reminds me. Thae memorials. I maun hurry awa. (*Knock. Jenny Gillies opens the door from the landing, and looks in*)

JENNY. Dr Skinner, mem.

LUCY. Dr Skinner.

KILMARDINNY. Oh, Skinner.

LUCY. Show him in.

KILMARDINNY. I'll hae to gang.

LUCY. Oh, don't hurry away, Uncle Tom. You'll have to stay and pass the time of day.

KILMARDINNY. I canna thole the man. I hear eneuch o him in the kirk.

LUCY (*as Skinner enters*). Good afternoon, doctor. You know my uncle, Lord Kilmardinny.

KILMARDINNY. Efternune, doctor.

SKINNER (*unctuous and sanctimonious in manner*). Good afternoon. Good afternoon. Yes, Mrs Lindsay, we have met before, in this very room. Still keeping a close eye on her material interests, my lord?

KILMARDINNY. Weill, someane has to dae it, whan the blaggard she mairrit winna.

SKINNER. Ah, yes, but I understand he is at last able, as well as willing.

KILMARDINNY. That has still to be putten to the test, doctor.

SKINNER. Oh, but surely? He's bluffing, do you think, to avoid having to support her?

KILMARDINNY. Juist. He's coontin on the fact that she kens him ower weill to trust him, and winna risk gaun aa the wey oot there to Jamaica juist to fin that he canna maintain her efter aa.

SKINNER. But his circumstances can be investigated, surely?

KILMARDINNY. They will be. Dinna fash.

SKINNER. Good. Good. You see, Mrs Lindsay, you're in excellent hands.

LUCY. Oh, I know. And Uncle Tom isn't only capable. He's generous. More than generous.

KILMARDINNY. Nou, Lucy, nane o that.

SKINNER. I can guess, my lord, and it does you credit. I only hope I can fulfil my own obligation to your niece with half your success.

KILMARDINNY. Your obligation?

SKINNER. As her minister. I have my duty in respect of her spiritual, as you of her material welfare, my lord.

KILMARDINNY. Weill, I'm shair ye'll fin yer responsibility a plaisent ane, doctor. Apairt

frae a lamentable lack o judgment whaur men are concerned…

SKINNER. Ah yes, haha…

KILMARDINNY. …she's no sic a bad craitur.

LUCY. Oh, Uncle Tom.

SKINNER. A charming young lady, my lord. An ornament to her family. And patient in adversity. Devoutly receptive to the will of God.

LUCY. Oh, doctor.

KILMARDINNY. Ay, weill. I leave her in your hands, doctor. Impress on her the value o discretion.

SKINNER. Discretion?

KILMARDINNY (*facetiously*). Ay, in respect o her gentlemen freinds. (*Looking at Skinner rather impudently*) She has some unco queer craiturs in here for their tea. Try to knock some sense into her heid. She's whiles a wee thing reckless o her reputation.

LUCY. Oh, Uncle Tom, you're not serious.

KILMARDINNY. Dae ye think no?

LUCY. Of course you're not. (*Kissing him heartily*) Goodbye, Uncle Tom.

KILMARDINNY. Guid-bye, lassie. (*Looking rather smugly at Skinner*) Efternune, doctor.

SKINNER (*coldly*). Good afternoon, my lord. (*Kilmardinny leaves*)

LUCY. He was only joking, doctor.

SKINNER. Joking, yes. But how? At whose expense? (*Mimicking Kilmardinny, rather nastily*) 'She has some unco queer craiturs in here for their tea'. I have a feeling he was being personal. Offensive.

LUCY. Oh, doctor, no. He didn't mean that you were a queer creature. He'd never be so rude. I'm sure the thought never crossed his mind.

SKINNER. He was eyeing me with a kind of leer.

LUCY. No, doctor, you're quite wrong. He was poking fun at me, not you, and quite good-naturedly. Just before you came in he was warning me to be discreet about the friends I entertained here, and suggesting that perhaps some of my actor and artist friends might cause gossip, but of course I told him that I never on any account received any of these gentlemen alone.

SKINNER. I see. That puts a different complexion on the matter. And if that was the kind of advice he was giving you, I heartily endorse it, though he's rather a peculiar person to be warning you against actors and artists. He's a patron of this new Edinburgh Company that's presenting plays in the Taylor's Hall.

LUCY. But there's no harm in that, surely?

SKINNER. You think not?

LUCY. The drama is one of the arts, doctor. It has attracted some of the greatest geniuses of the age. Shakespeare, for instance. You wouldn't say there was any harm in Shakespeare, surely?

SKINNER. No, Mrs Lindsay, don't prevaricate. Why instance Shakespeare? Has there been the slightest suggestion of any intention to produce Shakespeare? Are we not just as likely to be offered the work of filthy fellows like Wycherley and Farquhar?[4]

LUCY. Oh, come, doctor. What makes you say that?

SKINNER (severely). You see, my dear, you know what I mean. (Accusingly) You're obviously familiar with their work.

LUCY. Well, I know the sort of play they write. You have to make allowance for their period.

SKINNER. Come, Mrs Lindsay. You aren't being straight with me. You've read them.

LUCY. Well, yes, but why not?

SKINNER. I knew it. I'm afraid your uncle doesn't set you a very good example, my dear.

LUCY. But my uncle didn't recommend them to me.

SKINNER. Perhaps not. But he's a subscriber to Allan Ramsay's library, and if it wasn't for that library neither Wycherley nor Farquhar would have been heard of here.[5] No no, my dear, your uncle may be very shrewd in his management of your material affairs, but he's a regrettable influence on your immortal soul.

LUCY. Oh, come, doctor. Just because he's a patron of the arts.

SKINNER. Yes, it sounds very well. But what does it mean? It means encouraging plays that teach people to think of adultery as no more than an amusing habit. Not only by subscribing to a library that stocks them in book form, but by helping to set up a company of loose-living people in the town here, to act them out before people's very eyes. Inviting people to watch their filthy goings-on in public. Imagine a father and mother sitting together, perhaps with a daughter, at a play where the hero, the hero I say, is planning with a friend how to trap a married woman into visiting him alone, for an immoral purpose. That sort of thing will destroy all our moral standards. It's sinful. It's wicked. It's an affront to decency. It ought to be prohibited by law. And your uncle encourages it. A judge, yet he's allowed himself to be enrolled as a patron. I suppose he thinks his support of value, yet I wonder anyone can take him seriously, considering the ridiculous views he sometimes expresses in those essays of his in the *Idler*.

LUCY. I think his essays are well written and very intelligent.

SKINNER. Oh, come come. How can you take a man seriously who writes an essay contending that Scotch authors can never excel in English, because it is not their natural tongue, and yet writes that very essay in English?

LUCY. The *Idler* sells south of the Border. I supposed he is entitled to write in a tongue he doesn't speak, for the benefit of those who speak it, even if he feels he can never excel in it.

SKINNER. Why don't you speak the same coarse broad Scotch as he does, if you admire his views so much?

LUCY. I'm not of my uncle's generation, and I speak as I was taught at school. In any case, we weren't discussing his speech, but his encouragement of the drama. You were suggesting that the new company would put on nothing but the plays of Wycherley and Farquhar. So far they've given us only recent London successes.

SKINNER. London, yes. A sink of iniquity.

LUCY. Even in London, doctor, standards are very different now from what they were at the Restoration. And the laxity then was a reaction against the puritanism of the Commonwealth.

SKINNER. I can hear your uncle and his kind in every word you speak. Mrs Lindsay, my dear young lady, don't despise puritanism. It's a better guarantee of respect for female chastity than the laxity of the Restoration libertine. All this talk of encouraging the arts. It's very fashionable just now, and no doubt you want to feel that you're a little ahead of the times. It's natural in a lively young woman. But it has its dangers, and while I'm glad that your uncle has warned you against too great familiarity with these actors and artists you feel so interested in, I'm afraid he doesn't

---

4 William Wycherley (d.1716) from England and George Farquhar (d.1707) from Ireland.

5 Ramsay's circulating library, founded in the 1720s, was subject to raids by the civic authorites. His theatre produced Farquhar's *The Virgin Unmask'd* in 1736.

set you the sort of example likely to impress you that his advice is meant with any great seriousness.

LUCY. I'm sure my uncle has never been guilty of anything in the least dubious. He can't afford the slightest deviation from the strictest principle. He's a judge.

SKINNER. Just what I say. He can't afford it, yet he takes the risk. His encouragement of these filthy books. This company of actors. And actresses. Actresses! I ask you, Mrs Lindsay. What woman could live that sort of life and remain respectable?

LUCY. Oh, but surely...

SKINNER. I know what I'm talking about. I hear all the scandal. And it doesn't stop at books and acting.

LUCY. What doesn't?

SKINNER. Your uncle's folly, my dear. He's a patron of the Musical Society.

LUCY. Doctor! What harm can there possibly be in music?

SKINNER. Not in music. But in the way it's presented. That festival in St Cecilia's Hall.[6] That oratorio.

LUCY. That was sacred music. The Messiah.

SKINNER. It should have been sacred. But what did they do with it? Used it as an excuse to dress up young girls as angels.

LUCY. They looked very pretty.

SKINNER. Mrs Lindsay, they were half naked.

LUCY. Oh come, doctor. Bare arms.

SKINNER. More than their arms.

LUCY. Oh doctor. I often wear a gown showing just as much.

SKINNER. At a rout. At a ball. But not in a sacred oratorio. And I'm not sure that dancing itself isn't just another opportunity for provocation.

LUCY. Really, doctor. You don't suggest that when I dress for a ball I deliberately set out to be provocative?

SKINNER. I'm afraid I think it's a weakness of most attractive women, my dear, that they enjoy exercising their power over men, and fashionable balls give them licence to go further than modesty ought to approve.

LUCY. Do you really think so?

SKINNER. I do. But I don't wonder that even the most respectable of women think nothing of a low gown, my dear, when men like your uncle seem to condone much worse.

LUCY. Much worse?

SKINNER. Don't you know what I mean?

_____
6 Concert hall in Edinburgh's 'unsalubrious' Cowgate.

The new St Luke's Academy, he subscribed to that too.

LUCY. But surely, doctor, it was badly needed. You wouldn't have the country without a single school for artists. So few of them can afford to go to Rome.

SKINNER. That at least is a blessing.

LUCY. Then if St Luke's is saving them from having to go to Rome, why are you against it?

SKINNER. It doesn't so much save them from having to go to Rome, as bring Rome here to Scotland.

LUCY. You mean religious ideas?

SKINNER. That, and worse. Drawing from the naked figure. Can you deny that at St Luke's they have a girl who stands without a stitch of clothing on, in front of students, so that they can draw her?

LUCY. But that's always been the case, in teaching studios.

SKINNER. It's never been the case here in Scotland.

LUCY. Because there's been no teaching.

SKINNER. It's completely unnecessary. Surely men can learn to draw from the clothed female figure without submitting a poor starving girl to the shame and humiliation of standing in front of them naked.

LUCY. No, doctor. What the clothed figure looks like depends not only on the clothes, but on what's underneath them. And even what's underneath that. The students at St Luke's study anatomy. The muscles. And even the skeleton. They have to, to be able to draw the clothed figure with real skill.

SKINNER. You are familiar with these men?

LUCY. The students? Some of them yes.

SKINNER. My dear Mrs Lindsay, I sincerely do think you keep dangerous company. Consider the appalling implications of what you have just said. It is the man who cannot look at a woman without thinking of what is underneath her clothes who sees her most truthfully? Is it not more important that he should see into her mind? Into her soul?

LUCY. But we're talking of artists, doctor.

SKINNER. Exactly. Shouldn't the artist try to show the reality of the spirit, rather than that of the flesh?

LUCY. He has to show the one through the other, the spirit through the flesh.

SKINNER. You think he cannot suggest a woman's personality without revealing what is underneath her clothes?

LUCY. You're trying to make what I say sound foolish, doctor, but you can't really pretend that any man can look at a woman and think there is nothing underneath her clothes.

SKINNER. Surely we needn't consider whether there is anything underneath her clothes or not.

LUCY. Oh doctor. You can't just not consider whether or not there's anything underneath a woman's clothes, or a man's either. You know there's something. You may not try to imagine what it's like, but you must know it's there, and that it affects what you see.

SKINNER. Really, Mrs Lindsay, this is becoming most indelicate.

LUCY. Is it my fault? You force me to say these things or lose the argument.

SKINNER. The argument is that any man who cannot look at a woman without immediately speculating on what is underneath her clothes is no gentleman. And no woman ought to be compelled to earn her living by standing naked in front of men. We're talking of artists, Mrs Lindsay, and St Luke's Academy.

LUCY. Nobody is compelled to be a model, doctor.

SKINNER. I can't think of any girl doing it who wasn't compelled by indigence, unless she's an absolute strumpet. It isn't decent. If you had a daughter, Mrs Lindsay, would you allow her to do such a thing? And if not, can an institution which offers such employment, and depends on it, be good; be admirable!

LUCY. I see nothing wrong with the employment of a model.

SKINNER. You haven't answered my question. Would you allow your daughter to do it?

LUCY. I have no daughter.

SKINNER. I said, if you had one.

LUCY. It can't be wrong to pose in the genuine interest of art.

SKINNER. You compel me to be blunt, Mrs Lindsay. If you don't think it wrong, would you do it yourself?

LUCY. The necessity isn't likely to arise.

SKINNER. But if it did?

LUCY. I can't see any likelihood of it.

SKINNER. You're avoiding my question. You would be willing to do it, if a model was otherwise unobtainable?

LUCY. I wouldn't think it wrong, but...

SKINNER. But what?

LUCY. Well, I know some of the students. I meet them socially. The situation in my case wouldn't be the same as with a girl whose contact with them was purely professional.

SKINNER. You see, my dear, you can't give me a straight answer.

LUCY. Because your question isn't fair. The fact that you ask it involves you in thinking of me as a model, and your attitude to models isn't an artist's. You think they're indecent. I don't like to be thought of like that. That's why my answer was hesitant.

SKINNER. Aren't you simply admitting that if you acted as a model you would be indecent?

LUCY. No, I'm saying that if you think of me as a model you think of me as something indecent. The indecency is in your view of the matter.

SKINNER. Oh, come, Mrs Lindsay. Any woman who appears undressed in front of men is indecent, surely?

LUCY. I don't agree, if the men are artists. (*Suddenly struck by the thought*) Or husbands! You've been married twice, doctor. (*Beginning to enjoy shocking him*) Did your wives never undress in your presence?

SKINNER (*emphatically, but not very convincingly*). Never! Never!

LUCY. Oh come. You've had children.

SKINNER. Mrs Lindsay, this conversation is becoming exceedingly embarrassing.

LUCY. Who started it, doctor? It was you who introduced the subject of the model at St Luke's Academy.

SKINNER. I had no idea you would defend the creature.

LUCY. You knew my uncle was a subscriber. You knew he was my guardian and that he helps to support me, and that I owe him my gratitude. Besides, I have friends at the Academy. Men whom I respect. Men of great talent. I felt compelled to defend them.

SKINNER. However well meaning they may seem to be, they are indulging in dangerous enthusiasms. I think they threaten our moral standards. An artist may be able to think of a naked girl as a mere object to be accurately reproduced on a piece of paper or canvas, but ordinary men are made of flesh and blood, and have instincts and appetites, not wrong in themselves but difficult to control in the face of needless stimulation.

LUCY. Only artists attend St Luke's Academy, doctor, so how can these ordinary men you speak of be upset by anything that goes on there?

SKINNER. They learn what goes on.

LUCY. But they don't see it.

SKINNER. They may think of it. They may imagine it.

LUCY (*naughtily*). You think that if they imagine it they will have sinful desires?

SKINNER. You think to mock me, but it is true.

LUCY. Oh come.

SKINNER. It is true.

LUCY. Doctor? Do you imagine what goes on? Do you have sinful desires?

SKINNER (*pretending cunningly to be trapped by her coquetry*). All men have sinful desires, Mrs Lindsay. But some of us pray to God to be given strength to resist them. The laxity I have been speaking of makes it more difficult for us.

LUCY. Poor Dr Skinner. Do you really find it difficult to control yourself, when you think of things you shouldn't?

SKINNER. Don't mock me, Mrs Lindsay.

LUCY. When you think of the model at St Luke's Academy?

SKINNER. In spite of my cloth, I am like other men.

LUCY. When you see girls dressed as angels, at musical festivals?

SKINNER. Please.

LUCY. When you see ladies groomed for a ball, showing too much shoulder? (*She shows a little shoulder*) Have I myself given you difficulty, doctor?

SKINNER (*pretending fear*). You are trying to provoke me.

LUCY. Showing my ankles, perhaps? (*She shows her ankles*) I remember now sometimes thinking that you did seem to notice them.

SKINNER. Mrs Lindsay, I warn you, for both our sakes, do not play with me. I try, God knows, to keep my instincts under control, but I have been married, as you have just said, and now I am alone, and I am not old, and I find it hard sometimes to be content with my lot. And when you provoke me like this, I warn you, I find it hard to keep my head.

LUCY (*half afraid*). Really, doctor.

SKINNER (*in for the kill*). You see, Lucy, I love you.

LUCY. You what!

SKINNER. I love you. I do. And if you were free to marry me I would declare my love and ask you to be mine, but because you are tied to this man and cannot free yourself I have to conceal my feelings, difficult as it is; and now I have failed. May God forgive

me, but when you started to mock me, and tantalise me with your shoulders and your ankles, you looked so adorable that I couldn't contain myself. Lucy, please don't despise me. Pity me. Say you are not offended. Say you are not angry.

(*Knock*)

LUCY. Ssh! (*Calling*) Yes?

JENNY (*opening door from landing*). It's the Maister o Allander, mem, wi a foreign gentleman.

LUCY. Show them in. (*Quickly, to Skinner*) I daren't turn them away. It would arouse suspicions. We can discuss our feelings some other time. Ssh! (*Simon Adair and Barocci enter*) Ah, Simon, how pleasant to see you. And this is Signor Barocci?

SIMON. It is indeed. Barocci, meet my dear friend, Mrs Lindsay.

LUCY. Welcome to Scotland, Signor. Simon has told me so much about you that I think of you almost as an old friend.

SIGNOR. Ah, Mrs Lindsay, I know you very good from Simon and he has told me very much, and that I will meet all the best lovers of the arts in all Scotland in your at home, and that your uncle who is a lord will be my friend, and his friends also will attend, when I come to show my pictures to the Scotch.

SIMON. Don't misunderstand him, Lucy. He knows not to expect company here today. I brought him at once because you insisted that I should.

LUCY. But you are quite right. You know Dr Skinner?

SIMON. I know of him, of course.

LUCY. Doctor, this is the Master of Allander, Simon Adair. I'm afraid he's Episcopalian.

SIMON. Traditional in our family, doctor.

SKINNER (*coldly*). So I understand.

LUCY. Signor Barocci, this is a well known Edinburgh divine.

SIGNOR. Divine?

LUCY. Minister. Clergyman.

SIGNOR. Ah. A priest of your church?

LUCY. Well, yes, in a way. The minister of the Tolbooth Church here. Dr Skinner.

SIGNOR. Doctor?

LUCY. Of Divinity.

SIGNOR. Ah, divinity.

SIMON. Presbyterian, you know. I have explained.

SIGNOR (*his face falling*). Ah, yes. Presbyterian. I understand. (*Formally*) Your servant, sir.

SKINNER (*coldly*). Yes, indeed.

SIMON. Signor Barocci has come to exhibit engravings of some of the masterpieces of Italian Art in the main towns of Scotland. It was my idea. I met him during my Grand Tour, and thought his engravings from the masters so true to the originals that an exhibition of them here would enable many, who are too busy or too poor to travel, to learn something of a body or work hitherto out of their reach.

SKINNER. The, er, Signor's exhibition has been announced by the Town Crier.

SIMON. That is so.

SKINNER. What is his, eh, what is your religion, Signor...?

LUCY. Barocci.

SIGNOR. Si, yes?

SKINNER. What is your religion?

SIGNOR. Religion? I am a Christian.

SIMON (*to Barocci*). He means, what is your church? (*To Skinner*) Being Italian, doctor, he is naturally of the Church of Rome.

SIGNOR. Si, yes. The Church of Rome.

LUCY (*sensing trouble*). Now, gentlemen, we mustn't upset Signor Barocci as soon as he arrives in Scotland by bringing up the subject of religion. It causes too much bad feeling.

SKINNER. Nevertheless, the question of religion may have to be considered, if he intends to exhibit works of so called religious art, and I gather from the announcement of his exhibition that among the works he intends to display are engravings of the ceiling in the Sistine Chapel. The Sistine Chapel is in the Vatican, the seat of the Pope.

SIGNOR. The ceiling is by Michelangelo, a great master. Surely it is not to be condemned because he was not a, what is it you say, eh, a...

SIMON. Presbyterian.

SIGNOR. Si, Presbyterian.

SIMON (*to Skinner*). Signor Barocci is right. Great art cannot be dismissed because it adorns a church other than our own.

SKINNER. Can it be great art if it pretends to represent God, and invites the ignorant to worship an attempted likeness in place of a reality?

SIMON. I don't think the Roman Church offers these likenesses of Christ as something to be worshipped in place of Him. What do you say, Barocci?

SIGNOR. No no. The statues and paintings of Christ and His Mother are to help our people to conceive what the Holy Family was like, but they are offered as statues and paintings, not as the holy presences themselves.

SKINNER. Signor...?

SIMON. Barocci.

SKINNER. Ay. I have been told by people I trust implicitly that your people kneel before these statues and paintings and pray to them.

SIGNOR. Excuse me, no. They pray to the holy presences of which the statues and paintings are a representation; a representation greater than the ungifted among our people could conceive for themselves.

SKINNER. Sir, you quibble.

SIMON. Come, doctor. Signor Barocci is a guest in our country.

SKINNER. A guest in our country cannot expect hospitable treatment unless he respects our institutions. The established church in this country is the Church of Scotland, Signor, and in our Church to attempt to represent God or Christ in a so called work of art is considered sacrilege, and to bow down before such a representation is idolatry. Our authority is the Ten Commandments.

SIMON. You are refusing to accept Signor Barocci's assurance that his people do not worship their paintings and statues, but the presences beyond them.

SKINNER. That, Master, as I have already said, is a quibble.

LUCY. Please, doctor.

SKINNER. My dear Mrs Lindsay, I dislike being unfriendly to a foreign visitor, but if he has come to encourage the people of Scotland to gape at works of sacrilege, forbidden by God Himself, for God spake these words, saying, 'Thou shalt not make unto thee any graven image, or likeness of any thing that is in heaven above, or that is in the earth beneath, or that is in the water under the earth. Thou shalt not bow thyself down to them, nor serve them!' These are God's own words, so if Signor Barocci has come to display such likenesses I can only warn him that I will do all in my power to rouse my Church, ay, and the civil magistrates of any town he visits, into taking any steps which may be necessary to ensure that he is prevented. My dear Mrs Lindsay, I have to go. I hope I may see you again very soon. (*Contemptuously*) Gentlemen, I leave you. (*He walks to the landing door, opens it and leaves*)

LUCY. Oh dear.

SIGNOR. Is it possible he can prevent my exhibition?

SIMON. He might make things difficult. If he succeeds in persuading the ministers to preach against your exhibition anyone who attends may find himself being disciplined by his kirk session. And if he can persuade the magistrates that your exhibition is an encouragement of Popery, which is outlawed here, they may forbid it.

SIGNOR. But what of your friends? Of your father, the earl? Of the lady here, her uncle, the lord? And all their friends? Are they not patrons of the arts? And will they not see that I have justice? I have come a long way. I have spent much money. Master, I trusted you.

SIMON. I had almost forgotten that people like Skinner existed. And they have such power to work up the mob.

SIGNOR. You think there is no hope?

LUCY. Oh surely, Simon. The doctor won't be able to do more than frighten off the members of the High Flyer congregations, and I doubt if any of these would have attended the exhibition anyway. The Moderate side of the Church will be more broadminded than to listen to him.

SIMON. You may well be right.

LUCY. And in any case, he may just have been in a rather nasty mood. I'm not sure that he was pleased to have his visit here interrupted by yours. You know what he's like.

SIMON. Oh yes. He's said to be a great lady's man. Is he paying you particular attention?

LUCY. If he was, Simon, I would be too discreet to divulge anything.

SIMON. You would be keeping no secret. He is widely believed to be assiduous in his duties towards the lonely of his parish, particularly the unattached ladies. He is known as the Widows' Friend.

LUCY. I've heard, though, that to qualify for really serious attention they must have money. His late wives were both of them heiresses.

SIMON. Yes, but I'm sure he's not above enjoying the company of those without it, provided they are as attractive as you.

LUCY. My dear Simon, you are the most bare-faced flatterer I've ever met.

SIMON. Not at all, I assure you.

LUCY. You really think I'm attractive enough to be able to take his mind off the persecution of poor Signor Barocci?

SIGNOR. What do you say? Oh Simon, my friend, I do not wish that Mrs Lindsay should sacrifice herself to such a man for my sake.

LUCY. Shall we say, signor, that I shall sacrifice myself for the sake of art?

SIGNOR. Oh no, I beg. No sacrifice.

SIMON. She is joking, Giorgio. She means only that she will take advantage of his interest in her charming person to try to persuade him to be more tolerant.

LUCY. Exactly. I think I may have just enough power over him to force him to listen to me.

SIMON. In any case, he hardly has time now to stop the exhibition in Edinburgh. It moves at the end of the week.

LUCY. And where do you take it then, Signor?

SIGNOR. To Perth, is it?

LUCY. Oh, what a pity.

SIMON. Why?

LUCY. His influence is strong there. His son is married to the daughter of Sir Colin Kilgallon of Auchengool.

SIMON. What of it? My father's estate is much larger, and as close to the town as Sir Colin's.

LUCY. But the doctor was once the Minister of Auchengool, and on several occasions Moderator of the Perth presbytery. He will have influence with every minister in the county, except, of course, your father's nominee at Allander.

SIMON. There are surely other Moderates in the county.

LUCY. I know of none.

SIMON. I shall have to make immediate enquiries. Barocci, we must leave at once. When are you likely to see the doctor again, Lucy?

LUCY. He normally visits me once a week.

SIMON. What bad luck. The exhibition will be almost due in Perth before you can influence him.

LUCY (*with a knowing look*). He may come sooner this time.

SIMON. Lucy, I hope you haven't been encouraging him to hope for favour from you?

LUCY. If he did, Simon, he would be quite at my mercy.

SIMON. I'm serious. Please, Lucy, don't trifle with him. I'm sure he could be vindictive.

LUCY. Don't worry. I'll be very careful.

SIMON. I do hope so. Well, Barocci, we

must ask Mrs Lindsay to excuse us.

SIGNOR. Yes, excuse, please.

LUCY. Don't look so worried, Signor. I'm sure you'll be able to hold your exhibitions. If the doctor does try to oppose them, they will be the better made known.

SIMON. A very good point. Yes, cheer up, Barocci. I'm sure everything is going to be perfectly all right. Goodbye, Lucy.

LUCY. Goodbye, Simon. Goodbye, Signor. I'm sorry you can't stay for tea.

SIGNOR. It would have been a great pleasure. But we are so worried by your friend, the doctor.

LUCY. He may prove to have been a blessing in disguise.

SIGNOR. Disguise?

SIMON. A figure of speech, Giorgio. Come. (*He opens the landing door for Giorgio, and Lucy follows them out*).

ACT TWO

The library of Auchengool House. One door. Window looking out over rural landscape. Lady Kilgallon sitting at bureau, working on household accounts. Enter to her, Dr Skinner. She does not hear him.

SKINNER (*coughing*). Hhm. Lady Kilgallon. (*She turns to him*)

LADY K. Oh gude efternune, Doctor. I had nae idea ye were here yet.

SKINNER. I sent a message ahead with my baggage.

LADY K. I ken, but I didna hear ye come forrit, or see ye aither, though the winnock here looks straucht doun the drive.

SKINNER. I thought you would realise that I would be strolling over from the manse. I wanted a quick word with Kemp and his session clerk, but he was out visiting.

LADY K. Is it kirk business that's brocht ye, then?

SKINNER. Yes. I want Kemp to use his influence with the Perth presbytery to prevent an Italian adventurer from holding an exhibition in the town of filthy Popish pictures. He tried to exhibit in Edinburgh at Yaxley Davidson's but I had him stopped. Davidson was summoned before his kirk session and threatened with public denunciation and loss of communion. He didn't argue.

LADY K. And ye say this Italian's for bringin his picturs here?

SKINNER. To Perth, yes. I've no idea where he intends to hold the exhibition, but I've no doubt we'll be able to find out in time to stop him.

LADY K. Ye say his picturs are filthy? Papish?

SKINNER. The whole thing's a scandal. He's been brought here by young Simon Adair, who met him in Rome when he was on his Grand Tour. The man's a Papist, and the pictures are sacrilegious, idolatrous and filthy.

LADY K. Filthy? Shairly no. The young Maister o Allander was aye a respectable eneuch laddie.

SKINNER. Episcopalian, remember. His father still keeps the old curate on at the castle as a private chaplain.

LADY K. Piscies, ay, but dacent eneuch folk. Filthy, ye say? Hou filthy?

SKINNER. My dear Lady Kilgallon, I hesitate to tell you.

LADY K. Come, Doctor. Ye needna be bashfou wi me.

SKINNER. It would be a shock to your modesty.

LADY K. Hoot, Doctor, I dout I hae little o that left. Ever sin Sir Colin had his last stroke he's needit nursin like a bairn.

SKINNER. He's no better, then?

LADY K. He's waur, I dout. I canna see what pleisure life can be to him. I declare he wad be better awa.

SKINNER. Oh, Lady Kilgallon!

LADY K. Wait till ye see him for yersell. Helpless. Canna feed himsell. Canna wash himsell. Canna blow his ain nose. Sae dinna talk to me aboot modesty, Doctor. Forbye, ye're my dochter's guid-faither, sae the talk's in the faimily. Filthy, did ye say the picturs were?

SKINNER. There's no other word. They're just not fit to be seen by Christian people.

LADY K. I see. Nakit weemen?

SKINNER. Yes, and naked men.

LADY K. Na! Nakit men?

SKINNER. Yes, I assure you, my dear Lady Kilgallon. Dozens of naked men. I might almost say hundreds, in every conceivable sort of attitude.

LADY K. No cover't at aa?

SKINNER. Not a single part of them concealed.

LADY K. Weill, that's gaun a bit ower faur, there's nae dout.

SKINNER. It's scandalous.

LADY K. And you're gaun to stop it?

SKINNER. With the help of the presbytery. You don't mind if I have Kemp and his session clerk along here to meet me? I left word with his wife that I'd be here, and that I hoped they'd visit me as soon as Kemp reached home. I couldn't fix a time to meet him at the manse, because his wife had no idea when he'd arrive.

LADY K. It's aa richt, Doctor. Dinna fash. I hae telt ye ower and ower again: use the hoose as yer ain. Ye're ane o the faimily.

SKINNER. You make me feel one, certainly. You are very kind. And how's Kitty? My son tells me we may expect our first grandchild soon.

LADY K. Oh Kitty's weill eneuch, though whiles gey seik in the mornins, and she gars Joseph pey for it. She's gey wilfou wi him, and I'm shair he's as patient as a saunt. But whiles she gangs ower faur, and he turns moody, and syne she flings oot at him, and bawls the rufe aff, and he gangs white aboot the gills, and sulks, but I daursay they'll improve whan the bairn's born. It's an anxious time.

SKINNER. No doubt. No doubt at all. Do you think it's a question of money? Perhaps he has business worries?

LADY K. Joseph? Nane that I ken o. Claith's sellin weill, and I think he's talkin o biggin anither shed. I wad say he was thrivin. There's ae thing, though, Doctor.

SKINNER. Oh?

LADY K. I whiles think he looks doun his neb at Kitty a wee.

SKINNER. Surely not!

LADY K. It's the wey he's been eddicated, I think.

SKINNER. But he's had no more than the normal school education. He didn't have the brains for college.

LADY K. He has nae lack o brains.

SKINNER. Well, perhaps he lacked the interest.

LADY K. Ye're right there, mebbe, for the ae thing he's interested in is siller, and quite richt tae. But it's the wey ye hae brocht him up to speak, in the English mainner like yersell.

SKINNER. It's the fashion of the future, I'm sure.

LADY K. Mebbe, but it seems to mak him raither critical o Kitty, for whan she's in her tempers she's gey coorse, juist like her faither, and ye can see it offends his mair refined ear, gin ye can caa it that.

SKINNER. You aren't suggesting that he's a little stuck-up, Lady Kilgallon?

LADY K. Weill, I woner, whiles.

SKINNER. It isn't perhaps the boy's own

fault, altogether. His mother was a Maule of Panmure.[7]

LADY K. Dr Skinner! Oor Kitty's a Kilgallon o Auchengool!

SKINNER. Oh I'm not condoning his manner. But it's fairly natural that he should have acquired it. His mother had it.

LADY K. I fin it irritatin mysell whiles. Oh I ken I'm naebody. Juist the dochter o a Glesca weaver.

SKINNER. Oh come, Lady Kilgallon.

LADY K. Mind ye, I had a guid eneuch tocher to let me mairry a title, and I like to be treatit like a human bein.

SKINNER. But Joseph doesn't turn his nose up at you!

LADY K. At the wey I speak, mebbe. And if I feel it Kitty will tae, sae I hope ye'll hae a word wi him. Juist tell him it'll mak things a wee thing easier if he minds that there's no muckle faut in no haein taen up the English yet. It's easy eneuch to learn the new weys gin ye bide in Edinburgh, but here in Perth it's weill nigh impossible.

SKINNER. I'll have a word with him. Don't worry.

LADY K. Weill, tak yer chance nou. That was his horse in the stable yaird. Whan he comes in I'll leave ye, to stert the lassies aff on the denner, and I'll see that Kitty bides awa tae.

SKINNER. Thank you my dear Lady Kilgallon. It's very considerate of you to confide in me like this, and to give me an opportunity to put matters right.

LADY K. Dinna mention it, Doctor. Here he comes.

(*Joseph Skinner enters*)

JOSEPH. Oh hullo, father. I didn't know you were coming.

SKINNER. I've come on church affairs. A matter that cropped up suddenly.

LADY K. I'll leave and see the lassies stertit to the denner.

JOSEPH (*to Lady Kilgallon*). How's Kitty been today?

LADY K. Gey irritable. Sulkin up in her room. I wadna gang near her yet.

JOSEPH. If you're sure she won't cast it in my teeth that I didn't go up to her at once.

LADY K. I'll tell her yer faither wantit a word wi ye.

SKINNER. It's perfectly true.

LADY K. I'll leave ye.

---

7 Title in the peerage reinstated in 1743 after forfeiture in 1716.

(*She leaves*)

JOSEPH. What's wrong?

SKINNER. Oh nothing. Nothing, really. She says Kitty's been flaring up at you occasionally.

JOSEPH. Her condition.

SKINNER. More than that.

JOSEPH. How?

SKINNER. It seems that you sometimes give the impression of being disgusted by the way she speaks.

JOSEPH. Well, father, they do stick here to the old way, when everyone else knows it's finished.

SKINNER. Everyone in polite society in Edinburgh, perhaps. But here in Perth it's still in fashion, so it can't shame you. Don't let it make trouble. Lady Kilgallon's well worth pleasing, my boy. Kilgallon estate may be entailed on Kitty, but her mother can leave her own fortune any way she likes.

JOSEPH. I'm well aware of that, father, and I'm not so sure as I used to be that Kitty will get it, or even our children, should we have them.

SKINNER. What! Surely she hasn't quarrelled with her mother!

JOSEPH. Oh no.

SKINNER. Then have you?

JOSEPH. No, father. But ever since Sir Colin had his last stroke Lady Kilgallon's been growing more and more restless, and now she's started visiting again, alone, and there are rumours that she always turns up where the Earl of Allander's visiting, and leaves with him. He's brought her home here on several occasions lately.

SKINNER. Really! Did they seem more than friendly?

JOSEPH. I couldn't be certain, but he must have felt very friendly to go out of his way so far as to ride home with her.

SKINNER. This is bad news.

JOSEPH. Yes. Sir Colin might pass away any day, and she's young enough to marry again, I suppose.

SKINNER. The Earl isn't likely to be after her money. He's one of the wealthiest men in the country.

JOSEPH. He's a widower and I suppose she's attractive enough.

SKINNER. She can be quite forward.

JOSEPH. Blatantly.

SKINNER. Look here, Joseph, we can't have our hopes ruined like this. I'll have to contrive something. But I expect Kemp and his clerk to walk over from the manse.

(*Knocking beyond*) This is probably them. I have a matter to discuss with them. It won't take me very long. See if you can arrange to leave me here with your mother in law after they have gone. And see that we aren't disturbed.

JOSEPH. But what can you do, father? Don't please let her know that I've passed on any gossip.

SKINNER. You know me better than that, surely. Just leave the whole thing to me. (*Kitty enters*) Oh, here's Kitty.

KITTY. Guid efternune, Doctor. My mither telt me ye were here. The meenister and the session clerk are here to see ye. Will I fetch them in here?

SKINNER. Yes, thank you, Kitty. But how are you? Aren't you going to give your father-in-law a kiss?

JOSEPH (*as she holds up her cheek*). I'll fetch Kemp, father.

(*He leaves*)

SKINNER. I can't tell you how delighted I am by the news of the coming event. You're looking very well.

KITTY. I dinna feel it.

SKINNER. Oh, come. Of course, it's a trying time.

KITTY. Ay, and Joseph daesna mak it ony easier. I whiles think he regrets haein mairrit me. He grues at my Scots tongue.

SKINNER. Ah, yes. But your mother has explained that little difficulty, and I've had a word with him. You'll find him much kinder now, I'm sure.

KITTY. I hope sae.

(*Joseph enters with the Reverend David Kemp and Robin Dow, his session clerk*)

JOSEPH. Your visitors, father.

SKINNER. Ah, Kemp, how are you?

KEMP. Very weill, thank ye. Very weill.

SKINNER. And you, Robin? It is Robin, isn't it? Robin Dow? Session clerk?

DOW. That's it, juist.

SKINNER. Well, gentlemen, I have work for you to do, if I can persuade you to see eye to eye with me.

JOSEPH. We'll leave you, then, father.

KITTY. But will the gentlemen no want some refreshment?

SKINNER (*sharply*). Not now, thank you. Not now. Perhaps after we have finished our business. But not now. You agree, gentlemen.

KEMP. Oh, decidedly.

DOW (*obviously disappointed*). Ay, ay, agreed.

SKINNER. Thank you.

(*Joseph and Kitty leave*)

Sit, gentlemen. Have you heard anything here yet of an Italian adventurer called Barocci, who came to Edinburgh last week and tried to stage an exhibition of engravings, of paintings and sculpture from Rome.

KEMP. Rome!

SKINNER. Yes, Rome. Some of them from the Vatican itself. (*Gasps of horror*) Engravings of ceiling paintings and murals. Even a few originals. A painting by a Popish painter called Raphael claiming to be a likeness of Christ Himself.

KEMP. Na!

SKINNER. Oh but yes, and it was obviously the likeness of some Italian model. Some idle fellow, no doubt, who found posing for an artist less strenuous than honest labour. But you have heard nothing?

KEMP. Na!

DOW. Na!

SKINNER. Then I'm glad I've hurried here to warn you, for young Simon Adair is going to bring Barocci here, to exhibit his pictures in Perth.

KEMP. In Perth!

DOW. Whaur?

SKINNER. Be seated please, gentlemen. Now, Robin, I'm sure you'll know most of the elders in the presbytery. I thought if you were to seek them out and ask them to keep their ears open, they could report to Mr Kemp here, as the moderator, as soon as they heard of negotiations for the use of premises. You would approve, Mr Kemp?

KEMP. Shairly.

SKINNER. Thank you. Then when you had found where it was proposed to hold the exhibition you could summon the proprietor before his kirk session, as we did in Edinburgh, and threaten him with public denunciation and loss of communion.

KEMP. There are some gey hard sinners in Perth, Doctor, men ootside oor Kirk, that could haurdly be gotten at that wey.

SKINNER. Then rouse the multitude against them. Let every minister in the presbytery use his pulpit to awaken the people's consc-ience to the evil of these pictures. For evil they are. I saw them, and I was horrified at the effrontery of the gentlemen who are giving this Italian their countenance. Apart from the sacrilege involved in purporting to represent the features of our Lord, the nakedness of some of the figures shown is an affront to modesty and decency.

KEMP. Nakedness?

SKINNER. Yes, nakedness. I tell you, gentlemen, there are naked men and women in the same pictures as our Lord and His Mother.

KEMP. Naked althegither?

SKINNER. Some of them, yes.

DOW. Weemen?

SKINNER. Men and women both.

KEMP. In picturs that pretend to show oor Lord!

DOW. Shairly no!

SKINNER. Gentlemen, you have no idea. There were at least two pictures supposed to be of Mary Magdalen, and though she wore some clothing it was of course disarranged, and (*lowering his voice*) her breasts were naked!

KEMP. Na!

DOW. Na!

SKINNER. And in several pictures, supposed to be of Christ's mother, whom you know the Papists worship, the Holy Child Himself was shown (*in a faint whisper*) with his genitals exposed!

KEMP. Sacrilege!

DOW. Filth!

SKINNER. Did you say filth? You know nothing yet. Besides these so-called religious pictures, which brazenly violate the second commandment, there are others of pagan gods and goddesses, and in these the indecencies beggar description. I saw a picture of Venus and Mars, and though Mars was fully clothed in armour, Venus was stark naked, and (*whispering again*) squeezing milk out of one of her breasts with one hand, while she rested on Mars' shoulder with the other!

KEMP. And it's proposed to exhibit that in Perth!

SKINNER. My dear Mr Kemp, that is only one of many. I could go on for an hour recounting horror after horror, but I am sure you have no desire to be sickened.

KEMP. If aa this is true, and I dinna dout ye for a meenit, Doctor, I think we suld caa in the ceevil magistrates tae. Maist o them are elders, and they wad be horrified to hear what ye hae juist telt us.

SKINNER. You are quite right, and I thought that as moderator you might approach the provost.

KEMP. But ye hae seen the picturs, Doctor.

SKINNER. Yes, and I shall be very pleased to support any appeal you make to him, and give my evidence. Perhaps we could see him together after a meeting of the presbytery tomorrow afternoon, before I go to Dundee.

KEMP. Dundee?

SKINNER. After Perth, they intend to stage the exhibition in Dundee. I intend to stop it there too.

KEMP. Ye're greatly to be commended for yer energy in this maitter, Doctor.

SKINNER. Thank you, Mr Kemp. (*To Dow*) Now you'll remember, Robin, about seeking out the elders, and asking them to keep their eyes and ears open in the town for any sign of an attempt to negotiate the renting of premises.

DOW. Ay ay, Doctor. I'll gang doun into the toun the nicht as sune as I hae taen my supper. I left it to hurry oot to Mr Kemp.

KEMP. My meal is waiting too.

SKINNER. Then I shan't keep you. (*He rings a hand bell. Kitty enters*) Ah, Kitty, we have finished our business now.

KITTY. Will the gentlemen tak some refreshment nou? A stoup o claret, mebbe, or some yill?

SKINNER. They have both left their suppers, and must hurry back for them. Is that not so, gentlemen?

KEMP. Ay, Miss Kitty, thank ye. We maun gang at ance.

DOW (*crestfallen*). Ay, Miss Kitty, thank ye.

KITTY. Some ither time, then, whan ye hae mair leisure.

KEMP. Thank ye. Guid efternune. Shall I caa here for ye on my wey to the meetin the morn, Doctor?

SKINNER. How kind of you, but no. I'll meet you there. I'll be spending the forenoon in the town. Till then, goodbye. Good afternoon, Robin.

DOW. Efternune, Doctor.

(*Kitty sees them out. Joseph enters*)

JOSEPH. You're finished with them, then?

SKINNER. Yes. Where is your mother-in-law? Still in the kitchen?

JOSEPH. No. She's with Sir Colin. He takes a horrible concoction at this time every day for his heart pains. She has to force him to swallow it.

SKINNER. Does she stay long with him?

JOSEPH. No no. She can't stand the sight of him. She'll be down soon.

SKINNER. Wait here in case Kitty comes back, and remove her.

JOSEPH. Yes.

(*Kitty enters*)

KITTY. Puir Robin Dow was gey disappeyntit,

Doctor, that ye chased him oot withoot ony yill.

SKINNER. He had work to do, and really had to rush.

KITTY. Wad ye like some claret yersell, then?

SKINNER. Well, since my work is over for the day.

KITTY (*to Joseph*). You?

JOSEPH (*awkwardly*). No thank you. Not yet.

KITTY (*apeing his accent nastily*). Really. (*Shrugging*) Ah weill.

(*She leaves*)

SKINNER. What did she mean?

JOSEPH. I suppose she thought it unusual of me to refuse.

SKINNER. Then try to be more natural. But get rid of her.

(*Lady Kilgallon enters*)

LADY K (*lifting her eyes upwards*). Did ye hear him?

SKINNER. Sir Colin?

LADY K. Ay. He maks as muckle adae aboot takin his medicine as a bairn hardly oot o hippens. Whaur's Kitty?

SKINNER. She's very kindly gone to fetch me a stoup of claret.

LADY K. I think I wad like ane tae.

JOSEPH. I'll fetch it.

LADY K. Oh thank ye, Joseph. (*Joseph leaves*) He can be a perfect gentleman, whiles.

SKINNER. I'm sorry he doesn't seem to have been behaving very well lately, but I've had a little talk with him, and explained that he must be especially considerate with Kitty just now, and I think you'll find that he'll improve. We must remember it's their first child.

LADY K. Ay.

(*Joseph enters with two stoups of claret*)

JOSEPH. Kitty's going to lie down for a while, and have her dinner in her room. I said I'd take it up to her.

LADY K. I think she's wyce, and it's kind o ye Joseph. (*Taking stoup*) Thank ye.

SKINNER (*taking stoup*). Thank you, Joseph.

JOSEPH. If you'll forgive me, then, I'll see that a tray's prepared for her.

LADY K. That's a guid laddie.

SKINNER. Go ahead, my boy. I quite understand.

(*Joseph leaves*)

LADY K. My certie, but ye hae made a difference.

SKINNER. A little appeal to his better nature. He's a good boy, really.

LADY K. Weill, here's to oor first oy.

SKINNER. Oh grandchild, yes.

(*They drink*)

LADY K. Mind ye, it's a thocht. They say ye never feel young again.

SKINNER. You mean after becoming a grand-parent. I wonder. Does it worry you?

LADY K. It daes a wee. I wad hate to feel past it.

SKINNER. Past it. Past what?

LADY K. Life. It's slippin bye me fast the nou, wi this comin on, and my man gane.

SKINNER. Oh come, come, my lady, not gone.

LADY K. He's feenished as a man, Doctor.

SKINNER. Lady Kilgallon, he's still alive.

LADY K. Ye needna be sae mim-moued, Doctor. Ye ken what I mean. And he was a vigorous man in his day. Aye oot and aboot efter deer and hares and muircock, chasin across the country wi his neibor lairds, ridin the wildest horses he could lay his haunds on, and jumpin onything that cam in his wey. He wasna an easy man to thole whiles, but ye couldna say he hadna ony vigour.

SKINNER. A hard drinker, though.

LADY K. Oh, ay, they were a roysterin lot, his freinds hereaboots, and they peyed for it. No mony o them hae lestit. Colin held oot as lang as maist o them, but the drink struck him doun in the end.

SKINNER. You do think it was that?

LADY K. I hae nae dout. Drink's aa richt in moderation, but the wey Colin took it was past aa reason.

SKINNER. It's a great pity. And very hard on you.

LADY K. Ah weill, it's aa bye wi nou.

SKINNER. You certainly are too young to be left without a, eh, healthy partner.

LADY K. I dae feel it whiles, Doctor. (*In a burst of confidence*) There are times I feel sae restless I can haurdly contain mysell.

SKINNER. We all have our struggles, Lady Kilgallon, and I'm sure you are no exception. For a woman so personable there must be constant temptations.

LADY K. Temptations?

SKINNER. There must be men in the neighbourhood who admire you, and are not too scrupulous to make advances.

LADY K (*flattered*). Oho, hae ye been hearin stories?

SKINNER. Me? No. Has someone been making advances to you?

LADY K. Dear me no. At least, no in ony wey that ye could caa offensive. The Earl o Allander's ridden hame wi me ance or twice frae Leddy Mary Drummond's but I didna think ocht o it. He's no a man I tak to. Ower auld and scraggy to be muckle o a gallant, and raither effeminate in his mainners. He daesna appeal to me.

SKINNER. You seem to appeal to him, though. I must say I can't quarrel with his taste.

LADY K (*coyly*). Oh, Doctor.

SKINNER. I do think you should be careful not to encourage him, though, under the circumstances. It might look as though you were anticipating, eh, a certain, eh, event, eh, an event which happens to all of us sooner or later, and to some of us sooner than others.

LADY K (*bluntly*). This is his third stroke, Doctor. He can haurdly survive anither.

SKINNER. No. And I suppose it is only natural that you should consider possibilities, and look ahead.

LADY K. Nou Doctor, the thocht's haurdly crossed my mind. And if ye're thinking I could be content wi the like o the Earl o Allander I declare ye misjudge me sairly. I sweir I haena gien the idea a thocht. But as ye said yersell I'm young to be left withoot a, eh, healthy man, and whan an eligible bachelor peys me mair nor ordinar attention I canna deny that it quickens my bluid a wee. It, weill, it shows me I still hae a chance.

SKINNER. You need have no doubt on that score, I assure you.

LADY K. Dae ye think sae? (*Quite directly*) Dae ye fin me attractive, Doctor?

SKINNER. My dear lady, that is something I have no right to tell you.

LADY K. What wey no?

SKINNER. You are a married woman, Lady Kilgallon, and I am a minister of the Church.

LADY K. Suppose for a meenit that I was a weeda, and you were a lawyer or a doctor. Wad ye fin me attractive?

SKINNER. Well, I really have no right to tell you.

LADY K. Come on.

SKINNER (*as though outmanoeuvred*). You make my position very difficult, Phemie. You know I find you attractive.

LADY K. You caaed me Phemie.

SKINNER. It was a slip of the tongue. Forgive me. I had no right to be so familiar.

LADY K. But ye dae fin me attractive?

SKINNER (*as though resenting having to make the admission*). Yes.

LADY K. You're no that auld aither, Doctor.

Dae ye no miss mairrit life, for aa ye're a minister?

SKINNER (*as though struggling against surrender*). Yes, I tell you.

LADY K. We could comfort ane anither.

SKINNER. Don't tempt me. It would be wrong.

LADY K. It wad dae naebody ony hairm.

SKINNER. Your husband.

LADY K. Ye could tell him to his face and it wad mean naething. He's juist an object. An object.

SKINNER (*insincerely*). Surely not.

LADY K. I need a man, Samuel.

SKINNER. The children.

LADY K. They needna ken.

SKINNER (*suddenly afraid they will be interrupted before they have arrived at an understanding*). I hear someone!

LADY K (*whispering suddenly*). The nicht! I'll come to yer room!

SKINNER. Ssh!

(*Joseph enters*)

LADY K. Oh it's you, Joseph. Hou's Kitty?

JOSEPH. She's going to try to sleep now. Dinner's ready. Are you coming?

LADY K (*to Skinner*). Ay, come.

(*She gives him her arm. Joseph follows them out, wondering*).

ACT THREE

The Bridge End Tavern, near Perth. Door from road. Door to kitchen and courtyard under stairs leading to upper rooms. Neil Bell discovered lifting pewter stoups from one of the tables. Simon Adair comes downstairs, followed by Barocci.

SIMON. Oh, Neil.

NEIL. Ay, Maister?

SIMON. My friend's cases. You've had them put where they can come to no harm?

NEIL. They're through at the back o the yaird.

SIMON. Under cover?

NEIL. In the barn.

SIMON. They won't have to be moved until he needs them, I hope?

NEIL. Weill na, Maister, as lang as he needs them afore the back end. The barn'll be tuim till hairst.

SIMON. He'll need them within a few days, I expect. Until then, you'll see that no one touches them?

NEIL. Shairly, Maister.

SIMON. Come then, Barocci, and I'll introduce you to Perth. (*As they leave*) The

people are no more tolerant here than in Edinburgh, but my father has considerable influence, since his estate borders the town, and we may not be repulsed.

(*Queenie comes downstairs just as they disappear*)

NEIL. Are their rooms in order.

QUEENIE. Ay, faither. I woner at the young Maister bidin here, whan he could juist hae gane hame to the castle.

NEIL. To be wi his freind, likely.

QUEENIE. He could shairly hae taen his freind to the castle tae.

NEIL. Ay, but his freind has aa thae cases. He's mebbe come to dae some kind o business wi them in the toun.

QUEENIE. He winna hae cast oot wi his faither, think ye?

NEIL. The Maister!

QUEENIE. He mebbe daesna like the idea o his faither makin a fule o himsell wi Leddy Kilgallon.

NEIL. Ye suldna cairry clash, lassie. What though he's ridden hame wi her ance or twice frae a freind's hoose? It's his guid mainners. Her ain man's no able to tak her aboot nou, and nae gentleman wad see her ride hame alane.

QUEENIE. She rides oot alane.

NEIL. That's different.

QUEENIE. I dout it's mair nor juist clash, faither.

NEIL. It's queer ye suld be sae shair o it, for Sir Colin's groom was in this mornin, on his wey to the smiddy, and he had a different tale to tell.

QUEENIE. And what did he say?

NEIL. Weill, Queenie, ye ken the rule in oor tred. Ye hear aa, but ye tell nocht.

QUEENIE. Sae ye think I canna be trustit?

NEIL. Na na, but it's an unco tale, and Tam Weir suld hae haen mair sense nor to pass it on, for it could cost him his job.

QUEENIE. Oot wi it, faither. What was it?

NEIL. He said ane o the Auchengool lassies saw Leddy Kilgallon comin oot o a guest's room juist as it was growin licht the ither mornin.

QUEENIE. Na.

NEIL. Ay!

QUEENIE. A guest's? Ye mean a man's? Some man that was bidin there?

NEIL. Ay, and what man, think ye? Her ain dochter's guid-faither. Him that used to be minister o Auchengool afore Mr Kemp.

QUEENIE. Dr Skinner! I dinna believe it!

NEIL. That's what Tam Weir said.

QUEENIE. Ye ken Tam Weir. He wad say onything aboot Leddy Kilgallon. Ye ken hou she yokit on to him aboot smugglin drink ben to Sir Colin. It's juist spite, faither.

NEIL. Na na. I ken Tam Weir hates her, but I dinna blame him. He's Sir Colin's man, and he juist has to dae what Sir Colin tells him. And I'm shair he's as truithfou as maist.

QUEENIE. But Dr Skinner! Wi a wumman in his room! Faither, it juist isna possible, for Mr Kemp was sayin in his sermon yesterday that it was Dr Skinner that stoppit some Italian in Edinburgh frae showin aff a lot of filthy picturs wi nakit weemen in them. That daesna soond like a man that wad commit adultery. Forbye, he's a meenister.

NEIL. Did ye say an Italian?

QUEENIE. An Italian.

NEIL. Did ye say he stoppit an Italian frae showin his picturs?

QUEENIE. Ay.

NEIL. Mr Kemp said this?

QUEENIE. Ay yesterday, they say, in Auchengool kirk. And he said the Italian was comin to Perth, to try the same thing there, and the folk suld band thegither and drive the man furth o the toun.

NEIL. But Queenie, the Maister and his freind!

QUEENIE. Oh ay, his freind!

NEIL. Italian!

QUEENIE. Foreign, onywey.

NEIL. Italian, there's nae dout! And thae cases I had putten awa in the barn for him!

QUEENIE. The picturs, think ye?

NEIL. I dout sae.

QUEENIE. But the young Maister wad hae naething to dae wi onything filthy, faither. I'm shair o that. There's naething I dinna ken aboot the men that caa here, and there's nae man mair to be trustit to behave like a gentleman whan ye fin yersell alane wi him than oor ain young Maister.

NEIL. I wad hae thocht that.

QUEENIE. Then ye jalouse that the picturs arena filthy efter aa?

NEIL. Wha kens.

(Distant murmuration of the crowd. They drift to the door looking out on the road)

NEIL. There's a pairty on the brig.

QUEENIE. There's a lot o them!

NEIL (as the sound increases). Provost Drummond!

QUEENIE. And Beylie Hay!

NEIL. And Kemp himsell!

QUEENIE. And ilka man o the toun watch!

NEIL. And a rabble at their heels! I woner what this means. Mischief, by the look o it. Queenie, rin oot to the yaird and fin ane o the ostlers, ony o them, and gar him ride hell for leather for Mungo Meikle, the Earl's baron beylie, and tell him we need help. Say the toun magistrates are here to usurp his authority.

QUEENIE. Ay faither.

NEIL. That'll fetch him. Gaun, Queenie! (Queenie leaves hurriedly by the back door. The murmuration increases. Enter Provost Drummond, Bailie Hay, the Reverend David Kemp, Robin Dow, and several others, including members of the town watch with halberds, who take up positions at the doors)

NEIL. Ay Provost? Will it be brandy for the lot o ye? Ye look as if there's something the maitter. Are ye efter somebody?

PROVOST. Hae ye ony foreigners bidin here?

NEIL. There's naebody bidin here the nou bune the young Maister o Allander and a freind o his frae Edinburgh.

PROVOST. Is the freind foreign?

NEIL. I dinna ken. I neir thocht o speirin.

KEMP. Ye need hae nae dout, Provost. It was the Maister o Allander that brocht the Italian ower here frae Rome.

(Growl at the mention of Rome)

PROVOST. Are they in the hoose the nou?

NEIL. They gaed oot ower to the toun no twa meenits syne. It's a woner ye didna meet them.

PROVOST. Whilk rooms hae they?

NEIL. What wey?

PROVOST. I'm gaun to hae them lookit.

NEIL. Ye hae nae jurisdiction here, Provost. Whan ye cross that brig to come ower here ye're ower the toun boonds and into Allander estate. The Earl's baron beylie's the authority here.

PROVOST (ignoring this). Beylie Hay.

HAY. Ay, Provost?

PROVOST. Tak twa o yer men and hae a guid look through their rooms.

NEIL. Ye daurna.

PROVOST. Dae what ye're telt, Beylie.

HAY (worried). What will the Earl say?

KEMP. What can he say? He canna uphauld idolatry.

HAY. But we hae nae authority on his grun.

KEMP. The presbytery has authority in speeritual maitters ower the haill county. This is a speeritual maitter. And you're an elder o the Kirk, forbye.

PROVOST (to Hay). Dae what ye're telt.

HAY. But if we touch their property.

KEMP. Filthy abominations! (*Growl*) The presbytery wants them destroyed.

HAY. But the presbytery suld ask the baron beylie to destroy them.

KEMP. Him! And his maister neist door to a Papist! Ye ken he still keeps the auld curate at the castle, that had Allander pairish afore the Revolution. We suld hurry, Provost, afore the Maister and his Italian freind come back.

PROVOST (*to Hay*). Are ye gaun to look through their rooms, Beylie, or will I hae to dae it mysell?

(*Murmuration from beyond the door. 'Come on, Beylie. On wi it. Ay, on wi it. He's feart.' etc*)

HAY (*to Neil*). Whilk rooms hae they?

PROVOST (*as Neil remains silent*). Look through them aa.

HAY (*to the men of the town watch*). Keep haudin the doors. Willie. Jock. You come wi me.

(*The three march up the stairs. They have no sooner gone out of sight than there is a yelling outside the front door and shortly afterwards Simon Adair enters with Barocci, to be stopped by the guards. Barocci looks dishevelled and terrified. Outside cries can be heard: 'Papist! Idolator! Anti Christ!'*)

PROVOST (*to guards*). Let them bye.

(*They stagger forward*)

SIMON. Provost Drummond! What do you mean by this? Mr Kemp, what are you doing here? What's going on, Neil?

NEIL. Beylie Hay's awa up the stair wi twa o the toun watch. I could dae naething to stop them.

SIMON. But they have no jurisdiction here!

NEIL. Juist what I telt them.

SIMON. You should have sent for Mungo Meikle.

NEIL. I did juist that, Maister, the meenit I saw this rabble comin.

(*Growls of anger*)

SIMON. Good man. On a fast horse, I hope.

NEIL. Ay, Maister.

SIMON. Well, Provost, what do you mean by this demonstration? Or have I you to thank, Mr Kemp? Do you know that the rabble outside has used threatening language to my friend? They even laid hands on him, the scoundrels. Look at his clothes.

PROVOST. Ye suld hae kent better nor fetch yer freind here, sir.

SIMON. Why should I not bring my friend here? Why should I not take my friend anywhere I like. What has my friend done

to be treated like this? (*As Bailie Hay reappears*) Ah, Bailie Hay, where have you been? What have you been up to? Have you dared to interfere with our baggage?

HAY. I was telt to gang through it by the Provost, Maister.

SIMON. How often have you been told, Bailie, that your jurisdiction is confined to the town.

KEMP. This is a speeritual maitter, Maister. Allandale estate's in the boonds o Perth presbytery.

SIMON. There's nothing spiritual about rifling people's property. I ask you again, Bailie. Have you interfered with our baggage?

PROVOST (*to Hay*). Did ye fin what ye were efter?

HAY. Na, juist claes.

PROVOST. Then the picturs are somewhaur else. (*To Neil*) Had they ony baggage that isna in their rooms?

SIMON. You're exceeding your duty, Provost.

PROVOST. Am I? Is it no yer freind's intention to exhibit thae picturs in Perth?

SIMON. Of course it's his intention. And why not? They're great works of art.

(*Angry murmuration, growing to an outcry*)

KEMP (*crying loudly*). Great works of sacrilege! Inducements to idolatry! Filthy and indecent likenesses of naked men and women! Perverted atrocities!

(*Great cheer from beyond the door. Ominous pressure on the guards*)

NEIL. This is my hoose. I warn ye, Provost. Keep oot the rabble.

PROVOST. The gairds are daein their best. Beylie Hay, tak yer twa men ootbye and tak a look through the biggins aboot the yaird.

SIMON. Keep all your men here, Bailie Hay, and help to guard the front door, for I warn you that if the rabble is allowed in, and anyone is injured, or any property damaged, I shall hold you responsible.

PROVOST (*to Hay*). Dae what ye're telt, Beylie.

HAY (*to his two helpers*). Come on.[8]

*SIMON (*hurriedly moving to block their way through the back door*). I am unarmed, Bailie, and you have the advantage of me.

---

8 In the 1970 imprint, Hay and his helpers at this point exit unopposed. The passage which follows here is from two sheets of McLellan typescript inserted into the 1967 Lyceum prompt copy.

But if you are to pass through this door it will be over my dead body.

PROVOST. Caa his bluff! Gie him a jag i the wame!

SIMON. If you do, Bailie, you will be tried for armed assault, and you will be found guilty. You have no jurisdiction. You are not in Perth.

KEMP. He's in the bounds o the presbytery!

PROVOST. Order yer twa men the shift him oot o the wey!

NEIL. I warn ye, Provost. It wadna be juist airmed assault. It wad be hamesucken. Attackin a man in his ain hoose.

PROVOST. Havers! It's your hoose. No his.

NEIL. He's bidin here, and peyin his lawin. It's his hoose tae.

PROVOST. It's your hoose, I tell ye!

NEIL. I'm juist the tenant. He's the laird. At least his faither is.

PROVOST. It still isna his hoose!

KEMP. And it's still in the bounds o the presbytery!

PROVOST. Come on, Beylie. Dae yer duty.

HAY (*to Simon, unconvincingly*). Staun oot o the wey, Maister, or I warn ye, I'll hae to force ye.

SIMON. Just you dare.

PROVOST. Gie him a jag i the wame!

KEMP. Gar yer twa men shift him, ye fule!

HAY (*rounding on Kemp*). Wha's a fule?

KEMP. You, Beylie Hay, and a couard forbye!

HAY. Oho, eh, a couard! You shift him oot o the wey, sin ye're sae bauld! You shift him!

KEMP. That's your job, and I'm no airmed.

HAY. Naither is he! You shift him!

PROVOST. It is your job, Beylie, and I'll tak the responsibeelity. I order ye to shift him.

SIMON. You cannot order him. You are not in Perth.

KEMP. He's in the presbytery!

HAY (*still angry with Kemp*). We ken that!

PROVOST. I can order him! I hae ordert him! I dae order him! Beylie, dae what ye're telt!

HAY (*rounding on the Provost*). You dae it!

PROVOST. It isna my job! It's yours!

SIMON. The Bailie's right. You have no right to order him to commit a felony.

KEMP. It wad be nae felony! It wad be an act o kirk discipline! If the Beylie refuses to cairry oot yer order, Provost, it's yer duty to supplant him!

PROVOST. I hae nae need to be telt my duty by you, Mr. Kemp! (*Drawing his pistol and pointing it at Simon*) I hae him covert, Beylie. Oot to the yaird wi yer twa men and look through aa the biggins.

NEIL (*coming between Simon and the Provost*). I'm haein nae murder dune here, Provost.

SIMON (*coming in front of Neil*). There is no need for you to risk your life for me, Neil. (*Facing the Provost*) Besides, he's bluffing.

PROVOST (*as Baylie Hay and his two men slip out through the back door*). I'm bluffin nane! Mak ae move and I'll pou the trigger!

BAROCCI. Do not risk your life, Simon.

NEIL. Na, Maister. (*Sensing the movement behind him*) And ye're ower late onywey. They hae slippit oot.

SIMON. You shouldn't have distracted me.

NEIL. Dod, Maister, I didna want to see ye blawn to bits.

SIMON. It was well meant, Neil, and I am very grateful. But it has played into their hands.

(*The murmuration of the crowd swells by the front door*)

NEIL. Listen!

(*Voices are heard. 'Mak wey there. Mak wey for the Baron Beylie. Mak wey for the Baron Beylie'*)

*SIMON. It's Mungo! Thank God.[9]

(*Mungo Meikle enters, parting the two front door guards with his broadsword. He is followed by several armed men, all of whom immediately take up positions beside the guards of the town watch. Besides their broadswords they carry pistols in their belts, whereas of the town contingent only the Provost has a pistol*)

SIMON. Thank God you have come, Mungo.

MUNGO (*a great mountain of a man*). Hae they as muckle as laid a haund on ye?

SIMON. No, but Bailie Hay has gone through our baggage.

MUNGO. Whaur is he?

SIMON. Out in the yard, searching for some cases of pictures which belong to my friend. I'm afraid that if they find them they will damage them. They are precious.

(*Growls, silenced by a scowl from Mungo Meikle*)

MUNGO. Hou mony men has he oot there wi him?

SIMON. Two.

MUNGO. Airmed?

SIMON. Beylie Hay has a broadsword. His men have halberds.

MUNGO (*to one of his men*). Order Beylie

---

9 The earlier fair copy (in which Mungo simply entered as Hay exited) resumes here.

Hay to come in here at ance. If he resists, present yer pistol. Tell him ye'll blaw his heid aff. (*The man leaves by the back door*) I'm surprised at ye, Provost, lendin yer coontenance to sic lawless ongauns. As for you, Mr Kemp, I hae nae dout you're at the bottom o the haill affair. I hear ye preached a sermon yesterday, incitin yer congregation to destroy this gentleman's picturs, whan he brocht them to Perth.

PROVOST. He winna show them in Perth. That's a certainty.

MUNGO. Mebbe no, but till they get to Perth you'll leave them alane.

KEMP. This estate is within the boonds o the presbytery. The presbytery has ordert their destruction.

MUNGO. Through the toun Magistrates? Whan they're on Allander estate? That's a wee thing irregular, Mr Kemp.

KEMP. Then in the name o the presbytery I order you to seek them oot and destroy them.

MUNGO. But ye hae heard what the Maister says. They belang to his freind.

(*Enter Mungo's Messenger leading in Bailie Hay and his two helpers*)

PROVOST (*to Hay*). Did ye fin what ye were efter?

HAY. Ay, they're in the barn, in wuiden cases.

MUNGO (*to two of his men at the back door*). Fin them and gaird them, you twa. (*As the men leave*) I was speirin at ye, Beylie Hay. What dae ye mean by usurpin my authority?

PROVOST. He was cairryin oot my orders.

MUNGO. And what richt had you to order him to interfere wi ony man's property on Allander estate? Dae ye no ken that I could hae ye disairmed this meenit and flung in the castle pit, for brawlin on the Earl's grun? Ye're mebbe cock o the midden ower that brig, Provost, but here ye're naebody, and the suner ye tak Baylie Hay and yer toun watch furth o the tavern here, and back ower the brig, the better for ye.

PROVOST. Aa richt. Aa richt. But I warn the Maister: let his freind juist try to bring thae filthy picturs ower the brig, and they'll be brunt at the cross. And what's mair, his freind'll leave the toun astride a stang.

SIMON. The pictures aren't filthy.

KEMP. Filthy, sacrilegious and idolatrous!

SIMON. Nonsense. You know nothing about them.

PROVOST. We were telt aa aboot them by Dr Skinner.

SIMON. But you haven't seen them for yourselves.

KEMP. Can ye deny that they pretend to portray Jesus Christ? Can ye deny that they show nakit men and weemen?

(*Growls from beyond the front door*)

SIMON. They are engravings of famous paintings. Great works of art.

KEMP. Papish abominations.

SIMON. Popish, yes. But great works of art.

KEMP. Ye see, he admits it. Papish.

PROVOST (*sarcastic*). Oh but the Maister thinks there's naething wrang wi bein Papish. He's next door to a Papist himsell.

SIMON. I'm an Episcopalian.

(*Growls*)

KEMP. The evil is in oor ain midst.

MUNGO (*infuriated*). What did ye say? Episcopalian? Evil? Mr Kemp, and you tae, Provost, I hae warnt ye that I could hae ye arrestit for brawlin on the Earl's grun. Will ye tak yersell aff at ance, afore I order my men to grip ye?

PROVOST (*with hand touching pistol*). Juist you daur.

MUNGO. Oho, eh! (*Drawing his pistol*) Ye wad cock yer groset at me, Provost Drummond. (*Provoking him by poking him with the point of the broadsword*) Ye wad draw yer pistol, mebbe, and shute me, if I laid haunds on ye? (*The Provost takes his hand from his pistol*) It's primed, is it? (*He prises it out of the Provost's belt with the point of the broadsword, so that it falls to the floor. The Provost jumps in alarm*) Oho, eh! Ye thocht it micht gan aff, did ye, and blaw yer taes aff? See here, Provost, oot wi ye! (*To the whole town contingent*) Oot wi ye! Oot wi the lot o ye!

(*Mungo and his men press against the town contingent and persuade them out through the front door*)

KEMP. Mair will be heard o this. The last word hasna yet been spoken.

MUNGO. Your last word'll sune hae been spoken, gin ye dinna haud yer tongue! (*As he leaves*) Come on, ower the brig wi ye! The haill lot o ye! G'on, ye useless rabble! On wi ye, gin ye dinna want some reid-het leid in yer hin-ends!

(*The murmuration of the crowd recedes into the distance*)

SIMON. Thank God they've gone.

SIGNOR. What people. None of them have seen my pictures. Yet they want to destroy them.

NEIL. I think yer freind could dae wi a dram, Maister. I hae French brandy and Hollands gin.

SIMON. Brandy, Barocci?

SIGNOR. Si, I thank you.

SIMON (to Neil). For me too.

NEIL. Brandy for the twa gentlemen, Queenie.

QUEENIE. Ay, faither.

(She leaves by the back door)

NEIL. I'll juist see that yer freind's cases are safe and soond, Maister.

SIMON. Do, Neil.

(Neil follows Queenie)

SIGNOR. This is the finish. I have wasted my time and my money. I go back to England. To London.

SIMON. Perth does seem to be out of the question.

SIGNOR. They say they will burn my pictures at a cross. Why at a cross?

SIMON. A market cross. They have a stone cross where they hold their market. It's the most frequented part of the town, where they make all proclamations.

SIGNOR. And burn pictures they have never seen.

SIMON. They certainly threatened to do so. Yes, Barocci, Perth is off.

SIGNOR. And the other town, Dundee.

SIMON. Oh no, we must try Dundee. It will be different.

SIGNOR. Different? From Edinburgh? From Perth?

SIMON. Ah yes, for in Edinburgh we had the bad luck to encounter Dr Skinner. And by chance he had connections with Perth also. He used to be the minister of a parish here. But as far as I know he has no connections with Dundee. (Neil returns) Are the cases all right, Neil?

NEIL. Ay, and twa o Mungo's men are still on gaird, and'll bide there till he caas them aff. (Queenie enters) Thank ye, Queenie. (Taking the brandy from her) Yer brandy, gentlemen.

(Queenie lingers by the back door as he serves them)

SIGNOR. Thank you.

SIMON. Thank you, Neil. I have been telling Signor Barocci not to lose heart. Perth is out of the question, but he may have more luck in Dundee, for all the trouble has been caused by Dr Skinner, and as far as I know he has no connections there. You will know him well, Neil. He held Auchengool parish before Mr Kemp. Where had he been before that?

NEIL. He cam to Auchengool frae a pairish up in Angus, but if it's Dr Skinner that's fashin ye, ye needna gie the man anither thocht, Maister. Queenie, tak some yill oot to the twa gairds in the yaird, and hae some mair ready for Mungo's ither men whan they come back.

QUEENIE (understanding what her father is after). Ay, faither. (She leaves by the back door)

NEIL. I had to get her oot o the wey, Maister. It's no a maitter for a young lassie to hear. But yer freind Dr Skinner...

SIMON. He's no friend of mine.

NEIL. Na, nor o mine aither. I aye kent he was a hypocrite. Nou it's a thing I wadna talk aboot for ordinar, but seein the man's fashin ye, and ye're in dout as to what to dae neist, I think it's mebbe my duty to yer faither's son to tell ye that Leddy Kilgallon was seen comin oot o Dr Skinner's room the ither mornin, juist afore it grew licht.

SIMON. No! Who says so?

NEIL. Sir Colin's groom, Tam Weir. An honest man if ever there was ane.

SIMON. He seems to carry tales out of his employer's house, though.

NEIL. Weill, mebbe, but withoot ony disloyalty to Sir Colin.

SIMON. In any case what has this story got to do with my friend Signor Barocci's plans?

NEIL. It micht hae a lot to dae wi his plans Maister, for Tam Weir thocht it his duty to let his maister ken hou the land lay.

SIMON. That was making mischief, with a vengeance.

NEIL. Weill, there was mebbe guid eneuch excuse, Maister, for my leddy was whiles gey sair on him for peyin mair heed to Sir Colin's orders than to her ain, and what wey suld he no, and him Sir Colin's groom?

SIMON. But if Sir Colin is so enfeebled in mind and body that he has to be looked after like a child, perhaps Lady Kilgallon is the correct person to issue orders, even to Sir Colin's personal servants.

NEIL. Weill, mebbe sae, I dinna ken. But the fact is that Tam Weir telt Sir Colin aboot his wife gaun to Dr Skinner's room, and the upshot was that Sir Colin gart Tam fetch the factor, and gart the factor send for his lawyer.

SIMON. Divorce!

NEIL. Juist that, though ye maunna let on I telt ye.

SIMON. You need have no fear, I assure you. Besides, I simply can't believe you.

NEIL. Nou Maister...

SIMON. I mean, I simply can't believe that Sir Colin's groom wasn't mistaken. There may have been some quite innocent explanation of the whole thing.

NEIL. Wi Dr Skinner! I dout it. It's no the first time there hae been rumours. He has a reputation...

SIMON. I know. The Widows' Friend. But this amounts to a charge of adultery. And divorce. It would ruin him.

NEIL. There's nae dout.

SIMON. And it would rebound on Sir Colin's own family. He has his daughter to consider, married to Skinner's son. No, no, I'm sure Sir Colin will be prevailed upon to think twice. That is, if the story's true.

NEIL. I'm shair it's true.

SIMON. Even so, I'm sure Sir Colin was simply giving vent to his anger. He'll never press for divorce. It would be foolish.

NEIL. Ye canna be shair.

SIMON. His factor will probably humour him, and let the matter drop, or even put the matter in the hands of Lady Kilgallon herself, if Sir Colin is as bad as they say.

NEIL. He wasna sae bad that he didna flee aff the haunle, onywey.

SIMON. It will come to nothing.

NEIL. Mebbe, but will Dr Skinner ken that? Dae ye no think the fear o the haill maitter being made public'll gar him want to lie low for a while?

SIMON. If Lady Kilgallon was seen coming out of his room.

NEIL (*beginning to show offence*). I dinna dout Tam Weir's word.

SIMON. Very well, you may be right, and Dr Skinner may be in no position to make further trouble for my friend here. You understand, Signor Barocci, what we have been discussing?

SIGNOR. Si, yes. Dr Skinner can now say nothing against my pictures, because he had another man's wife in his room.

SIMON. That's what it amounts to, yes. So you see, Barocci, you mustn't give in. We must go on to Dundee.

SIGNOR. Simon, I am sorry, but I cannot afford another loss, and I cannot risk my Raphael, or my Titian, or my Tintoretto. They are too precious to be burnt at a cross.

SIMON. But this time there will be no Dr Skinner.

SIGNOR. Perhaps no Dr Skinner. But another Scotch priest, is it minister you name them? Your Mister, what is his name, Kemp? Another of him, perhaps. Another crowd of people, is it rabble you name it? More yelling and screaming and saying filthy, and sacrilege, and idolatry? No, Simon, my friend.

SIMON. Giorgio, don't you realise how wrong it is to give in to this sort of thing? We have to make a stand or we are allowing these dullards to prevail, to impose their standards on all around them. We must go on until a sufficient number of open-minded and intelligent people have seen the beauty of what we have to offer, to ensure that the ignorant and bigoted will never again go unopposed. We have a duty, Giorgio. A duty to Scotland.

SIGNOR. You may have a duty to your country, Master Simon, but I have a duty to my pictures. They must not be destroyed.

SIMON. They have not really been in any danger.

SIGNOR. If your father's great Mungo had not arrived...

SIMON. But he did.

SIGNOR. Si, yes, but just in time.

SIMON. Yes, but there won't be the same trouble at Dundee.

SIGNOR. How do I know? And there is the expense of the journey, perhaps for nothing. And I have been at the expense of the journey here, and to Scotland, and all for nothing.

SIMON. Giorgio, I will guarantee you against loss out of my own pocket. I will pay the expenses of the Dundee journey. And we can go most of the way by boat, down the firth, and stay on board until we are sure of a favourable reception. Will a boat be available, think you, Neil?

NEIL. I wad think sae.

(*A slight commotion*)

SIMON. Or wait. This sounds like Mungo.

(*Mungo enters, alone*)

MUNGO. They're awa back ower the brig, Maister, and I hae telt my men to watch the brig-end till I caa them aff. Ye need hae nae fear nou o ony bother, but I wad advise ye to move oot o here the nicht.

SIMON. Just what we were discussing. Brandy, Mungo, or gin?

MUNGO. Yill, if ye please, Maister.

SIMON. Yes ale, Neil.

NEIL. Ay, Maister.

(*He leaves*)

SIMON. Mungo, can you find a boat to take us down the firth to Dundee, with our baggage and my friend's cases?

MUNGO. Ay, Maister, there's a lugger in the nou frae Broughty Ferry, and the skipper's aff yer faither's estate, ane Jock Wylie.

SIMON. Can his business here wait?

MUNGO. Hoot ay, for onything you want, Maister.

SIMON. Find out.

MUNGO. Ay, Maister, and I'll see the cases loadit, and the twa o ye safely on board.

(*Neil enters*)

NEIL. Yer yill, Mungo.

MUNGO. Thank ye. Yer health, gentlemen.

SIMON (*raising his glass*). To success in Dundee. (*Barocci gives a wry look*) Yes, Barocci, success. Raise your glass, man and keep up your courage.

(*Barocci raises his glass, like a condemned man. Mungo drinks off the contents of his stoup without drawing a breath*)

MUNGO (*putting down his empty stoup*). I'll see Jock Wylie aboot his lugger nou, Maister. The suner the better.

SIMON (*rising*). Thank you.

(*Mungo leaves*)

Can you have a meal ready in half an hour, Neil?

NEIL. Gin ye'll tak beylt ham or cauld reist mutton, or I could gie ye smokies dune in milk.

SIMON. Lay out what you have.

NEIL. Ay, Maister.

(*He leaves*)

SIMON. Come, Barocci, let us check our baggage.

SIGNOR. We go to Dundee?

SIMON. Yes, by boat.

SIGNOR. I am not happy.

SIMON. Oh come, Giorgio, you will cheer up when you find that our luck has turned. And remember, I will bear any loss.

SIGNOR (*shrugging apologetically*). If not, I cannot continue.

SIMON. I understand.

(*They go upstairs. Neil enters and starts to lay the table. Queenie enters to help*)

QUEENIE. Did ye say they were gaun on to Dundee, faither?

NEIL. Ay.

QUEENIE. Thae twa men that Beylie Hay had oot in the yaird wi him.

NEIL. Ay?

QUEENIE. They were talkin aboot Dr Skinner.

NEIL. Ay?

QUEENIE. Ane o them said he suld hae been there wi the Provost, but the ither ane said he couldna, because he had to set oot for Dundee as sune as he had spoken to the presbytery here.

NEIL. God, the man isna blate! Awa to dae the Lord's wark in Dundee, efter touslin wi Leddy Kilgallon.

QUEENIE. Mebbe he daesna ken she was seen leavin his room.

NEIL. Mebbe ye're richt.

QUEENIE. Suld ye no warn the Maister, faither, that Dr Skinner's in Dundee?

NEIL. Na, lassie. Say nocht to a sowl. That rabble was gey wild the day, and Mungo Meikle himsell was fasht a wee, or he wadna hae advised the Maister to slip awa frae here efter daurk. Na na, lassie, I'm a loyal Allander tenant, but I'll hae nae peace o mind till that Italian and his picturs are weill awa frae this Tavern. Sae see to the haddies, and haud yer tongue.

QUEENIE. Ay, faither.

ACT FOUR

Mrs Lucy Lindsay's flat in the Lawnmarket. Jenny Gillies opens the landing door and ushers in Lord Kilmardinny.

JENNY. I dinna think she'll be lang, my lord. Will ye tak a sait?

KILMARDINNY. Thank ye, Jenny.

(*Jenny goes to the door of the inner room, knocks, and opens*)

JENNY. Lord Kilmardinny's here, mem.

(*Jenny returns to the hall door as Mrs Lindsay enters from the inner room*)

LUCY. Good afternoon, uncle Tom. (*She holds up her cheek to be kissed*) I didn't expect you today. I understood you were busy.

KILMARDINNY. I'm aye that, but I hae news for ye.

LUCY. From Jamaica?

KILMARDINNY. Frae Fairbairn and Witherspune. I telt ye they had opent up a brainch oot there.

LUCY. Yes. You were going to instruct them to act for me.

KILMARDINNY. Juist that. I askit them to keep an ee on yer man, to see if he was behavin himsell. Weill, he isna.

LUCY. Some other woman! She must think very little of her reputation. He's still a married man.

KILMARDINNY. She has nae reputation to think o, lassie. She's daurk.

LUCY. Black!

KILMARDINNY. Ay.

LUCY. Surely not! Really! Only once, or does he make a habit of it?

KILMARDINNY. He maks mair nor a habit o it. In this country she wad be his lawfou wife.

LUCY. You mean he lives with her?

KILMARDINNY. Mair or less. They hae twa bairns.

LUCY. Oh uncle Tom, no!

KILMARDINNY. I dout sae.

LUCY. And you have proof of all this?

KILMARDINNY. I hae askit for sworn testimony.

LUCY. Then I can get a divorce.

KILMARDINNY. Weill, we'll hae soond legal grund, but I wadna advise it. It's an affront, lassie, his leavin ye and takin up wi a wumman like that, and a divorce wad juist draw attention to it.

LUCY. But uncle Tom, I want my freedom.

KILMARDINNY. What wey that? (Suspiciously) Hae ye someane in mind?

LUCY. No, I just want my freedom.

KILMARDINNY. There is someane, Lucy. Oot wi it. Wha is it?

LUCY. Uncle Tom, there's nobody. I just want to be free of that man.

KILMARDINNY. He'll no bother ye, I'll wager, and if he daes ye can aye tell him that we ken aa.

LUCY. I want to be free of him.

KILMARDINNY. Think, lassie, o the disgrace o haein it brocht oot in coort. And I dinna want to seem selfish, but ye hae me to think o tae, Lucy.

LUCY. I know, uncle Tom, but surely nobody will think less of you because you have a niece who was misguided enough to marry a rotter.

KILMARDINNY. It isna that, Lassie. It's what he left ye for.

LUCY. Surely if I don't mind it being known you shouldn't. Though it will give spiteful people a chance to laugh, I admit.

KILMARDINNY. There's nae dout, and if I were you, lassie, I wad think aboot it. See here, suppose ye leave it like this, that if someane comes alang ye feel ye can settle doun wi, and ye feel he's interested in you, ye can let faa a hint that ye can get a divorce gin ye want it, wi nae bother at aa. Sall we leave it at that, eh?

LUCY. But you'll have to go on supporting me, uncle Tom. If I had a divorce I'd surely be granted my pensions again.

KILMARDINNY. I hae been to the twa faculties. The procurators think the wey I dae, that the haill maitter wad be better keepit quait, and they're willin to help ye again.

LUCY. By the same amount?

KILMARDINNY. By mair. Twall pounds insteid o eicht. They acknowledge that things are growin dearer.

LUCY. And the surgeons?

KILMARDINNY. The same as afore.

LUCY. Uncle Tom, it's really very generous of them.

KILMARDINNY. Ay ay, no bad. And dinna think for a meenit because the procurators are gaun to be mair generous that I'll reduce the allouance I used to mak.

LUCY. Oh uncle Tom, you're too kind.

KILMARDINNY. Na na, I can weill afford it, and if ye keep the haill thing quait ye'll be pleasin me tae, and to tell ye the truith if ye're gaun to mairry again I wad like ye to be weill eneuch aff to be able to tak some time to mak up yer mind, and no be forced to jump at the first man that cam alang wi eneuch siller to keep ye.

LUCY. Oh uncle Tom, I'd never think of giving myself to any man just for his money.

KILMARDINNY. Ye could dae waur.

LUCY. You don't mean it.

KILMARDINNY. Weill, ye did ance afore.

LUCY. Uncle Tom, that's mean.

KILMARDINNY. Mebbe ay.

LUCY. And it's silly. One would think by the way you're talking that I was suddenly going to be sought after by every man I met. I'm a lot older than I used to be. I doubt very much whether, even if I did get a divorce and was known to be free to marry, any man would look at me.

KILMARDINNY. I ken ane that wad jump at ye gey quick, gin he wasna yer uncle.

LUCY. Oh uncle Tom, you're so good for my spirits. Shall I tell you a secret?

KILMARDINNY. What?

LUCY. If you weren't my uncle, I would jump at you too.

KILMARDINNY. Wad ye?

LUCY. Yes.

(She kisses him, almost wantonly. He suddenly becomes uncomfortable)

KILMARDINNY. Lassie, this isna richt. I say fulish things whiles. I'd better gang.

LUCY. Oh uncle Tom, have I been forward?

KILMARDINNY. Not a bit. I hae been juist a wee thing blunt aboot my feelins, and they're feelins I'm not supposed to hae. (Knock)

LUCY (calling). Yes?

JENNY (entering). It's the Maister o Allander, mem, and his Italian freind.

LUCY. Back already! Show them in, Jenny.

(*To Kilmardinny*) Now that's strange, uncle Tom.

KILMARDINNY. What's strange aboot it?

LUCY. They were going to be away for a fortnight at least. (*As Simon and Barocci are ushered in*) Simon, you're back very suddenly. Has something gone wrong?

SIMON. Yes. Good afternoon, Lord Kilmardinny.

KILMARDINNY. Efternune.

LUCY. Signor Barocci, have you met my uncle?

KILMARDINNY. Ay ay, Signor Barocci and I are auld I freinds. I peyed twa veesits to his exhibition, whan it opened in Edinburgh, and wad hae gane back again gin yer freind Dr Skinner hadna gotten to wark on it. Dinna tell me he followed ye to Perth, Signor.

SIGNOR. Si, yes, and to Dundee.

KILMARDINNY. Dundee. What connections has he there?

SIMON. None, except with his Church. Everywhere we went we found he had called a meeting of the local presbytery and given them his views on the exhibition, and they went back to their pulpits, with hardly an exception, and preached inflammatory sermons. The mobs he gathered both at Perth and Dundee had to be seen to be believed.

KILMARDINNY. It's a woner ye gat aff wi sae little skaith. Dae ye still hae the picturs?

SIMON. Yes. I had the help of my father's baron bailie at Perth, for we were lodging on Allander land, and we went to Dundee by boat, knowing we could stay aboard until we had found safe quarters and were assured of a good reception.

LUCY. That was clever.

SIMON. Not clever enough.

KILMARDINNY. Skinner had been there afore ye?

SIMON. Not only there, but somehow he had found that we were coming by boat, and even which boat.

KILMARDINNY. Sae there was a rabble waiting for ye at the harbour?

SIMON. Exactly. A howling horde of lunatic savages. We didn't dare risk even going alongside. We had to put to sea and land on the south coast of the firth about a mile from Broughty Ferry. We didn't dare make for the Ferry itself, in case there was another rabble there. There was a gale blowing up when we turned, and we ran into a storm. The mast was broken. It really is a miracle that we're here safe and sound, pictures and all, instead of at the bottom of the sea.

LUCY. Dear me, Dr Skinner has a lot to answer for.

KILMARDINNY. It isna juist Skinner's wark, Lucy. Nae ae man could steer up aa that bother gin the folk roun aboot him werena as bad as himsell.

SIGNOR. That is what I say, my lord. Simon keeps saying that it will be safe to hold the exhibition here in Edinburgh again because before very long it will be said in court that he has been lying with another man's wife, but he is not the only man in Scotland who says my pictures are filthy when they are told that the naked body is shown.

LUCY (*excitedly*). What did you say? Dr Skinner lying with another man's wife? What does he mean, Simon?

SIMON. It shouldn't perhaps have been mentioned yet, but it will no doubt soon be an open secret. Have you heard, my lord, that Sir Colin Kilgallon is filing suit for divorce?

LUCY. Sir Colin Kilgallon! But surely Dr Skinner hasn't been to bed with Lady Kilgallon! His own son's mother-in law! Isn't that incest, or something equally dreadful?

KILMARDINNY. Na, lassie, it's no even within the prohibited degrees o consanguinity. The law's gey queer, in some weys. But wha says the Doctor's been sleeping wi Leddy Kilgallon, or that Sir Colin's gaun to file suit for divorce?

SIMON (*cagily*). We first heard rumours in Perth.

KILMARDINNY. Rumours! Hhh!

SIMON (*piqued into going too far*). Ah yes, just as we thought. But they are in fact true.

KILMARDINNY. Na!

SIMON. Oh yes. My partner tells me that we have been asked to handle the business. He had been instructed before I returned. Sir Colin must be really badly roused. (*Apologetically to Lord Kilmardinny*) This is all between ourselves, of course, my lord. Signor Barocci I told because he had already heard the rumours, and I'm sure Mrs Lindsay will say nothing to anyone, at least until the case is proclaimed.

KILMARDINNY (*with professional disapproval*). I hope no. It wad be a serious maitter for you, my lad, if Sir Colin kent ye were clashin aboot his private affairs.

SIMON. I am aware of that, my lord. I was careless. But it would have been a really serious slip only if Sir Colin had been concerned to keep his wife's infidelity secret. It seems he is determined to make it public.

KILMARDINNY. It'll mebbe prove to be a serious slip if Sir Colin daesna manage to prove his case. Leddy Kilgallon'll be efter ye for blackenin her character.

SIMON. I understand that, my lord.

LUCY. But when did it happen, Lady Kilgallon's infidelity?

KILMARDINNY. Nou cannie, Lucy. Ye suldna encourage a lawyer to gossip aboot his client's affairs.

LUCY. But he said he heard rumours in Perth. He can surely tell me about the rumours.

KILMARDINNY. Let him tell ye whan I'm no here, then. I'll mebbe hae the case to try. I'd better no allou mysell to be prejudiced. Guid efternune, Lucy.

LUCY. Good afternoon, uncle Tom, and thank you for everything.

(*She holds up her cheek, very demurely, for him to kiss*)

KILMARDINNY (*having kissed her sedately*). Behave yersell, nou. Guid efternune, Simon. Dinna encourage her.

SIMON. No, my lord. Good afternoon.

KILMARDINNY. Guid efternune, Signor Barocci. I hope ye will be able to haud yer exhibition again. It was daein us a service. We need faur mair opportunities here to growe acquant wi warks o art. It's haurdly to be wonert at that some o us are whiles a wee thing suspeecious o them, when we see sae little o them frae ae year's end til anither.

LUCY. Uncle Tom, I can see that if Sir Colin's case does come to you for trial, you're going to find it very difficult indeed to be impartial.

KILMARDINNY. I think, in case it daes, I'd better win awa oot o here, and bide awa, mebbe, till it aa blaws ower. Guid efternune, Signor.

SIGNOR. Good afternoon, my lord, and thank you.

KILMARDINNY. Thank *you*.

(*He leaves*)

LUCY. Now, Simon, what's this about Dr Skinner and Lady Kilgallon?

SIMON. All I know definitely is that Sir Colin is filing suit for divorce, and that my partner and I are to act for him.

LUCY. Yes yes, but what about the rumours you heard in Perth?

SIMON. They may not be true.

LUCY. There seems to be something behind them, at least. Please don't tease me, Simon.

Tell me what you heard. If you don't I'll ask Signor Barocci.

SIGNOR. I do not know, except that he lay with another man's wife.

SIMON. We heard the rumour first from the innkeeper at Perth. Sir Colin's groom told him that a servant girl had seen Lady Kilgallon coming out of Dr Skinner's room, and couldn't keep the news to herself.

LUCY. She told Sir Colin!

SIMON. No. She told the groom, and he told Sir Colin. He had some sort of grudge against Lady Kilgallon, apparently.

LUCY. And Sir Colin was furious?

SIMON. He sent for his factor, and told his factor to call his lawyers, and they have asked us to prepare case for counsel.

LUCY. You know, I'm not surprised.

SIMON. At Sir Colin?

LUCY. No, at Dr Skinner.

SIMON. I must say I was rather surprised at them both, though I didn't take long to remember that there had been rumours about Dr Skinner. And perhaps it could have been expected of Lady Kilgallon too.

LUCY. I don't know her. Is she attractive?

SIMON. Not to me.

LUCY. But to men?

SIMON. I am a man, Lucy. Are you suggesting I am deficient in some way?

LUCY. Oh no, Simon. Of course not. But I mean to the sort of man Dr Skinner is?

SIMON. I don't quite follow. What sort of man *is* Dr Skinner, in the sense under discussion?

LUCY. Well, more interested in the possibility of physical conquest than in the development of a personal relationship, if I may put it that way.

SIMON. I think you put it admirably. But is he really like that? I knew he liked to exercise his fascination, but always for purposes of material advantage.

LUCY. Oh no, he sometimes exercises his fascination where there is no hope of material advantage whatsoever.

SIMON. Lucy! He hasn't been exercising his fascination on you?

LUCY. Oh but yes. Do you remember the last time you called here, just before you set off for Perth?

SIMON. Yes. Yes, I remember! He was here when we arrived.

LUCY. Don't you remember how unpleasant he was?

SIMON. I certainly do.

LUCY. You had interrupted him. He had

just declared a guilty passion, which he couldn't control.

SIMON. Good God, really! What a scoundrel! And he goes straight to Perth and does the same again with his own son's mother-in-law!

LUCY. More successfully than with me, evidently.

SIMON. Lucy, did he lay a finger on you?

LUCY. Oh no.

SIMON. If he did, I will call him out.

LUCY. Simon, you mustn't think of any such thing. You mustn't indicate in any way that I've breathed a word of what happened.

SIMON. The very declaration itself was an insult. He should be called out. What do you do in Italy, Barocci, when a man insults a defenceless woman by pressing his attentions on her?

SIGNOR. Swords or pistols.

SIMON. You see. I'll have to call him out. It's a matter of honour.

SIGNOR. You cannot, because of his black cloth. We do not challenge priests.

SIMON. You're right. I had forgotten. Then what do you do with them?

SIGNOR. Pay a servant to slit his throat.

LUCY. Signor Barocci! You mustn't put ideas into Simon's head.

SIGNOR. Forgive me. I am a stranger here.

LUCY. Simon, you must forget what I have told you. He didn't really annoy me. He was rather pathetic, really.

SIMON. The man's a scoundrel. He was obviously acting a part. Trying to seduce you.

LUCY. Oh Simon!

SIMON. Obviously.

LUCY. Well, don't be so heated about it. It's all over now and he isn't likely to try it again. He'll be disgraced, won't he, when Sir Colin's case is brought into court.

SIMON. Completely exposed and very deservedly ruined, I should think.

LUCY. Then I agree with you, Simon, that he isn't likely to try to stir up trouble now, if Signor Barocci holds another exhibition.

SIMON. That's what I tell him, but he won't listen.

SIGNOR. You heard what my lord your uncle said, that Dr Skinner could not have stirred up trouble if most of the people here had not been exactly like himself.

SIMON. Yes, Giorgio, but you forget that just as he was leaving, Lord Kilmardinny also said that he hoped you *would* hold an exhibition.

LUCY. Yes, which was as much as to say that he hoped Dr Skinner would be disgraced, and that if he was you could hold your exhibition again without fear of opposition.

SIMON. It's true, Giorgio. I'm quite sure that without Dr Skinner to stir up trouble you have nothing to fear.

SIGNOR. Simon, I am sorry, but I cannot forget my landlord, Mr Davidson. His face, when he told me that he had been forbidden to let me exhibit my pictures. When he was told that his minister would rebuke him from the preaching box. And that he would be excommunicated. Excommunicated!

SIMON. But you can exhibit your pictures now in some house in another parish, and nothing will happen.

SIGNOR. No, Simon. I cannot forget the rabble on the bridge at Perth, crying filthy, and sacrilege, and idolatry, and burn them at the cross, and send him forth, out of the town, on a stang. That is a wooden horse, Mrs Lindsay. They threatened to carry me out of the town with one leg on each side of a tree.

LUCY. But that was Perth, Signor Barocci.

SIGNOR. Si, that was Perth, yes. But Dundee. It was worse. The rabble on the harbour wall. Drown him, they cried. Sink the boat and all that is in it. And then the storm. And the boat creaking. And the mast breaking. And the waves, like mountains. Worse than on the French channel. No, I am sorry. I return to England. The people there are more tolerant.

LUCY. Oh, Signor Barocci, you shouldn't judge the Scots as a whole by the behaviour of an ignorant rabble in two insignificant provincial towns.

SIGNOR. All the trouble started here, in Edinburgh.

LUCY. Yes, with just one man. But he will be disgraced, and your exhibition will be safe.

SIMON. She's right, you know, Giorgio. You ought to stay.

LUCY. He hasn't arranged to leave, has he?

SIMON. Yes, in spite of all that I could do to prevent it.

SIGNOR. I am sorry, Mrs Lindsay, to seem ungrateful. Some of you have been very kind. Simon, my dear friend, has ensured that I have suffered no loss. But I would lie if I did not admit that I am terrified. I have lost my courage. And I love my pictures. I cannot stay.

SIMON. I really think it's tragic, Giorgio, that you should decide to leave just when we have Skinner beaten.

SIGNOR. I am sorry, my friends, but I have made my arrangements, and sail from Leith tomorrow.

LUCY. Tomorrow!

SIGNOR. Yes, and I pray that there will be no rabble at the harbour to stop me.

SIMON. How can there possibly be, if you haven't advertised your departure.

SIGNOR. I have not advertised it.

LUCY. I'm sorry, Signor Barocci, that you're leaving like this.

SIGNOR. I am sorry too.

LUCY. I feel so ashamed for my country.

SIMON. Oh come, Lucy. He hasn't really given our country a chance. We're not all bigoted fanatics and hypocrites.

SIGNOR. That is true. I have said before. Some of you have been very kind.

SIMON. But the majority of us have treated you badly. Yes Barocci, I suppose you are right, and I can only apologise for ever having thought of asking you to come here.

SIGNOR. You meant well, Simon.

SIMON. Yes.

LUCY. Would you like some tea? I can ask Jenny to serve it now.

SIMON. It's very kind of you, Lucy, but I really must see my partner and hear about the Kilgallon case.

LUCY. Oh yes.

SIGNOR. And I must prepare for my voyage to London.

LUCY. London?

SIGNOR. Yes. Good-bye, Mrs Lindsay, and thank you for being so sympathetic, and your uncle, for being so appreciative.

LUCY. Good-bye, Signor Barocci. I feel so sorry.

SIGNOR. Yes.

SIMON. Good-bye, then, Lucy. I shall see you soon again, I hope.

LUCY. I hope so. Good-bye.

(*She ushers them out, closes the door, stands for a little, then moves to the window and looks out. Suddenly there is a knock, and the door opens*)

JENNY. Dr Skinner, mem!

LUCY. Dr Skinner!

JENNY (*whispering hurriedly*). He cam afore, but whan I telt him wha was wi ye he said he wad caa back!

LUCY (*as Dr Skinner appears*). Very well, Jenny. I'm not at home until Dr Skinner leaves.

JENNY. Na, mem.

(*She leaves and closes the door*)

LUCY (*coldly*). Good afternoon, Doctor.

SKINNER. Good afternoon. The Master of Allander has just been here, with that Italian.

LUCY. They are friends of mine.

SKINNER. I waited for them to leave.

LUCY. That was very wise of you, Doctor.

SKINNER. I see from your manner that they have said something to prejudice you against me.

LUCY. You've taken great pains to prevent Signor Barocci from holding his exhibition.

SKINNER. I did what I saw to be my clear Christian duty.

LUCY. Signor Barocci is a Christian too, Doctor.

SKINNER. A Papist.

LUCY. That hardly affects the artistic value of his pictures.

SKINNER. It affects what he regards as suitable subject matter.

LUCY. What could be more suitable than the great stories from scripture, or from the classical mythologies?

SKINNER. Our religion forbids us to portray the Lord, and decency forbids us to display the naked body.

LUCY. We have argued this question before, Doctor. I have no desire to go over the ground again.

SKINNER. They have obviously said something to prejudice you against me.

LUCY. I am angry with you for reviling a really wonderful exhibition of beautiful and moving pictures, and stirring up hatred against a distinguished visitor to our country, and endangering his life.

SKINNER. Nonsense. He would never have been in danger if he had respected our standards. It's the least a visitor can do.

LUCY. You have made me ashamed of my countrymen. You're so fanatical, and bigoted, and prurient.

SKINNER. Prurient!

LUCY. Yes, prurient. What else does your pretended fear of the human body amount to?

SKINNER. Pretended fear!

LUCY. Yes.

SKINNER. I see. I knew they had been saying something.

LUCY. Saying what?

SKINNER. Spreading vile rumours to discredit me, because I have frustrated them.

LUCY. Rumours? What sort of Rumours?

SKINNER. Filthy lies.

LUCY. What sort of lies?

SKINNER. They have had the nerve to say that I have committed adultery with the mother of my son's wife.

LUCY. Is it not true?

SKINNER. True! My dear Mrs Lindsay, can you really believe for a minute that I could be so base! so unnatural!

LUCY. I think you *could* be so base, Dr Skinner.

SKINNER. You think I could!

LUCY. Have you forgotten your last visit?

SKINNER. I see. So you misjudged me, and thought perhaps that I was leading up to an improper suggestion? My dear Mrs Lindsay, you have been quite mistaken. You knew little of me not to realise that my feelings were genuine, although it was perhaps wrong of me to declare them, in view of your married state. Yet I made it clear at the time, I think, that I did so under an irresistible compulsion, and that my intentions towards you were honourable, and would be proved so if you were ever in a position to obtain a divorce.

LUCY. Did you say just the same sort of thing to Lady Kilgallon?

SKINNER. Mrs Lindsay, you are being deliberately offensive. You have obviously been poisoned against me. You believe their vile story.

LUCY. It seems a very probable one.

SKINNER. You would hardly be so sure unless they had told their story with some appearance of having irrefutable evidence. What exactly did they say to substantiate it?

LUCY (*hedging*). Nothing. I just think, knowing you, that it seems a very probable one.

SKINNER. I should have thought that, knowing me, you would have laughed at their lies.

LUCY. On the contrary. I judged that with a woman of easy virtue the tactics you used with me would prove very successful.

SKINNER. I would hardly have called Lady Kilgallon a woman of easy virtue.

LUCY. She must have been, to allow you to succeed.

SKINNER. You wrong her as well as me by believing your friends' lies.

LUCY. My friends are truthful men, Doctor.

SKINNER. But I am not!

LUCY. I no longer think you so.

SKINNER (*trying again*). You think you know something. Tell me why you are so convinced that their story is true.

LUCY (*hedging again*). Because it fits your behaviour towards me.

SKINNER. I tell you that is not so. My behaviour towards you was the result of a sudden breaking down in a resolve that I have kept honourably for months in the face of constant temptation; a resolve to conceal my genuine love for you until you were free, and I could declare it honourably. I know it was wrong of me to be so weak, and perhaps knowing the strain I was under in pretending mere friendship I should have kept away from you, but I had to see you. I couldn't live without seeing you. I love you.

LUCY. You have lived without seeing me for well over a week. Was the strain so overwhelming that you had to have Lady Kilgallon to console you?

SKINNER (*trying a new line*). Lady Kilgallon again. Why do you harp on her? Are you jealous?

LUCY (*indignantly*). Jealous, Dr Skinner! Jealous!

SKINNER. I mean, did the silly story they told you perhaps make you feel angry because you thought I had been false to you?

LUCY. I certainly did think you had been false to what you declared your feelings to be. And it did make me angry with you, yes.

SKINNER. But then, you see, you had believed the story. Lucy, there is no need for you to be angry. It was a lie.

LUCY (*leading him on*). You swear it?

SKINNER. I give you my solemn oath.

LUCY. And you really declare that you love me, and that if I was ever able to obtain a divorce you would ask me to be your wife?

SKINNER (*blandly*). Yes.

LUCY. My uncle Lord Kilmardinny was here today. He says that my lawyers in Jamaica will be able to procure sworn testimony that my husband is living with another woman, by whom he has two children. Divorce now is only a matter of time. (*As Skinner pales*) Well, aren't you pleased?

SKINNER. Eh, yes, delighted.

LUCY. Doctor, you are a bare-faced liar. You have turned as white as a sheet.

SKINNER. It's just that it's so sudden. The culmination of months, of years, of hoping against hope.

LUCY. Years! That's interesting. How many? Have you really been in love with me for years?

SKINNER. Since I first set eyes on you.

LUCY. Your second wife was still alive then.

SKINNER. I mean, since shortly after I lost her.

LUCY. Don't try to keep it up, Doctor. I am not impressed.

SKINNER. You do know something.

LUCY (*unable to hold out*). Yes, I know something.

SKINNER. Tell me: what are they saying? What are they saying to make you so sure that they aren't lying?

LUCY (*carefully*). There is a rumour, Doctor, that Sir Colin Kilgallon is going to petition for divorce, with you as co-respondent.

SKINNER. How did you hear this? From your uncle?

LUCY. My uncle never discusses his judicial business with me, Doctor.

SKINNER. From the Master of Allander.

LUCY. Signor Barocci heard the rumour in Perth.

SKINNER. And you believed a rumour picked up in Perth?

LUCY. It came from a source very close to Sir Colin.

SKINNER. From whom?

LUCY. I am not going to tell you, Doctor.

SKINNER. Who told Sir Colin that I lay with his wife? That is what I want to know. Whoever he is, he's a liar, and I will bring his lie home to him. Who was it?

LUCY. You will no doubt learn when he appears in court as a witness.

SKINNER. There is to be a case, then. It is more than a mere rumour.

LUCY. I haven't said so.

SKINNER. You talked about this man appearing in court.

LUCY. He will, won't he, if the rumour is true.

SKINNER. And you refuse to name him?

LUCY. It would be unwise.

SKINNER (*cunningly*). Tell me, when does your own case come up?

LUCY. My own case?

SKINNER. For your divorce.

LUCY. Not until I instruct my lawyers to go ahead with it.

SKINNER. It will not precede mine, then?

LUCY (*not understanding*). Oh no.

SKINNER. Sir Colin *has* issued instructions, then?

LUCY. Has he?

SKINNER. You implied it.

LUCY. You are very clever, Doctor, but I wonder if in the end you will turn out to

have been quite clever enough.

SKINNER. You think I am ruined. Don't you?

LUCY. It looks like it.

SKINNER. And you have no pity?

LUCY. Oh yes, pity. But I see justice in it.

SKINNER. You are gloating. You, a woman who pretended friendship. You did more. You led me on, provoking me with suggestive movements of your body, and titillating me with salacious conversation. You deliberately set out to trap me into a declaration of passion, so that you could gloat over my guilt.

LUCY. Rubbish.

SKINNER. Because I am a minister of the gospel; because I held the Lord in awe and would not admit his likeness in the work of human hands; because it was my duty to denounce the wanton exposure of the human body, to the end that jaded men might stimulate their faded appetites, to the neglect and perdition of their immortal souls; because, I say, of every Christian duty laid upon me by my cloth, you deliberately took advantage of my widowed condition, and my unsatisfied flesh, to bring about my ruin.

LUCY. Dr Skinner, I think you're going mad. It was Lady Kilgallon who took advantage of your unsatisfied flesh, if it wasn't rather the other way about; and if anyone but yourself has ruined you, it was she, not I.

SKINNER. So you think I'm ruined? And no doubt young Adair and that Italian think I'm ruined. And Sir Colin Kilgallon. And your uncle, the generous patron of the arts. You'll all have to think again, my dear. There will be no scandal. No one is going to ruin the Reverend Samuel Skinner. There's too much at stake.

(*He leaves abruptly as Lucy stares in bewilderment*).

ACT FIVE

Dr Skinner's study in the Tolbooth manse, Edinburgh. Skinner is discovered sitting at his desk, staring before him, his hands clutching some legal documents. Saunders Watson enters to him.

SAUNDERS. Ye sent for me, Doctor. Is there something wrang?

SKINNER. There is, Saunders, and I need your help. Sit down, will you?

SAUNDERS. Thank ye, Doctor.

SKINNER. As ruling elder in the Tolbooth

you will no doubt have its welfare very much at heart?

SAUNDERS. Oh ay, Doctor.

SKINNER. And you'll be aware how much its welfare depends on my reputation?

SAUNDERS. Oh ay, Doctor. The weilfare o ony kirk depends on its meenister's reputation, and that's what's gart the Tolbooth flourish abune aa ithers.

SKINNER. It's kind of you to say so, Saunders.

SAUNDERS. Hoots na, Doctor, it's juist the truith. There's nae mair upricht man nor better preacher in the country. Dod, but ye dang that Italian doun, that micht hae tried to haud anither exhibition o thae Papish picturs. They say he's sailed frae Leith, and we hae seen the last o him.

SKINNER. Yes, Saunders, but my work for the Lord has made me enemies.

SAUNDERS. Ye can aye coont on that, Doctor.

SKINNER. Yes, but it sometimes looks as if one's enemies may prevail. I have been struck a sore blow, Saunders.

SAUNDERS. I'm wae to hear it, Doctor.

SKINNER. I have been given notice that I am to be accused in the divorce court of committing adultery.

SAUNDERS. Adultery! You! Wha has the nerve to say the like o that?

SKINNER. You will be astonished, Saunders. It's alleged by none other than my own son's father-in-law, Sir Colin Kilgallon.

SAUNDERS. Sir Colin! I thocht he had been stricken dumb, Doctor.

SKINNER. He had, but some foul liar, in league with the young Master of Allander, told him that I had spent a night with his lady, and the shock so affected him that he recovered his speech, and used it to initiate divorce proceedings.

SAUNDERS. Someane in league wi the young Maister o Allander?

SKINNER. Yes.

SAUNDERS. The man that brocht that Italian ower frae Rome?

SKINNER. Yes.

SAUNDERS. Naebody'll believe the like o him against the like o you, Doctor.

SKINNER. I'm afraid you're mistaken, Saunders. There are quite a number in the town who call themselves patrons of the arts, who profess regret that the Italian has gone, and some of them are regrettably men of position and influence. Quite a number are members of the legal fraternity.

SAUNDERS. Dae I no ken it. The Music Society's nearly aa lawyers thegither.

SKINNER. Some of them even judges, Saunders.

SAUNDERS. Oh ay, Doctor. Kilmardinny for ane.

SKINNER. Exactly. And it seems quite possible that if this divorce case goes ahead, Lord Kilmardinny may be the officiating judge.

SAUNDERS. That wad doun the scales a wee against ye, Doctor, for he had a essay on the Italian's exhibition in the *Idler*, praisin it, and miscaain his ain kith and kin for wantin to hoond the dirty blaggard awa oot o here and ower the Border.

SKINNER. I read it.

SAUNDERS. Ay, Doctor, but I wadna let it fash ye. The feck o folk think the wey we dae.

SKINNER. But it may be Lord Kilmardinny who officiates at this divorce case.

SAUNDERS. Ay, Doctor, but nae judge can gang against the evidence, and if ye hae a guid coonsel, Doctor, he'll sune expose ony witness that daurs to tell a lee aboot ye.

SKINNER. That's a very comforting theory, Saunders, but things don't always turn out that way. Suppose an evil man with power over an infatuated girl, who compels her to swear to a lie, then you have two people prepared to swear to the lie, and it becomes acceptable as evidence.

SAUNDERS. But if it's a lee, Doctor, ye suld be able to fin twa witnesses or mair to nail it doun.

SKINNER. Not so, Saunders. Take the present case. Sir Colin's groom has a spite at his mistress, for some injustice she is alleged to have inflicted on him, and he's succeeded in persuading one of the chamber-maids to swear that she saw her coming out of my bedroom, one morning before dawn, when I was last at Auchengool as a guest.

SAUNDERS. The chalmer-maid saw Leddy Kilgallon?

SKINNER. No, but she is ready to swear she did. And I can produce no witness to prove that at the moment Lady Kilgallon was alleged to be leaving my room, she was in fact elsewhere.

SAUNDERS. Mebbe no, Doctor, but shairly ye can fin evidence o the spite the groom has at Leddy Kilgallon?

SKINNER. Possibly, but…

SAUNDERS. Oh ay, Doctor. And ye said, I

think, that this groom had some pouer ower the chalmer-maid. Nae dout he had haen his will o her, and she was feart he wad forsake her. Shairly ye can fin witnesses to prove onything o that kind?

SKINNER. I don't feel confident, Saunders. Although I have no doubt that what I have told you is true, in court it would be treated as hearsay.

SAUNDERS. But if ye were to get the lawyers on the job, Doctor, they'd sune fin the evidence ye want. The truith can aye be fund, Doctor, gin ye persevere in the sairch.

SKINNER. I doubt it very much, Saunders, and in any case I think the disastrous effect of the mere fact of the case coming into court at all would be sufficient reason for taking whatever steps we can to stop it.

SAUNDERS. Stop it!

SKINNER. Yes, Saunders, stop it. If this case comes before the court there will be a great deal of mud thrown, and no matter how innocent I am proved to be, some of it will stick. And we have to think not only of myself, but of the church of which I am a minister. Its standing will suffer if my reputation is tainted.

SAUNDERS. But naebody bune a haundfou o the maist extreme Moderates wad believe a word against yer character, Doctor. Yer record is weill kent: minister the Tolbooth; ex-moderator o the presbytery o Perth; secretary o the Society for the Propagation o Christian knowledge. Naebody in his senses wad believe ye could commit ony sin at aa, Doctor, faur less adultery.

SKINNER. I am touched by your faith in me, Saunders but am convinced that if this case comes into court some mud will stick. And since I have the good of my church and of the Church of Scotland, and of the Christian cause itself, very much at heart, I am determined to go to any length to stop it.

SAUNDERS. But hou can ye stop it, Doctor? Ye're no gaun to settle wi Sir Colin oot o coort, pey him siller to hush the haill thing up?

SKINNER. He might not agree to such a course, even if I could bring myself to admit to a sin I had not committed.

SAUNDERS. Na. Then hou are ye gaun to stop the case, Doctor?

SKINNER. What I am going to propose may astonish you Saunders.

SAUNDERS. Eh?

SKINNER. Don't condemn it without very careful consideration. At first it may startle you, but give yourself time to recover from your first shock, and you will find it not such a preposterous idea.

SAUNDERS. What, Doctor?

SKINNER. I sent for you, Saunders, not just because you are my ruling elder, but because you are an undertaker.

SAUNDERS (understanding). Doctor!

SKINNER. Do you understand?

SAUNDERS. Ye arena thinkin o haein yersell buried, mebbe, while ye slip aff abroad?

SKINNER. It's the only way to save the good name of the church, Saunders.

SAUNDERS. But ye wad hae to practise deceit, Doctor; on yer congregation; on yer relatives and freinds; on yer very ain son himsell. Yer daith wad cause them grief, Doctor. And ye wad involve ither folk in deceit tae. Ye wad hae to fin some medical man to sweir that he had attended ye and that ye were badly wi some fatal disease or ither. What explanation were ye thinkin could be gien for yer daith, Doctor?

SKINNER. I was hoping that you and some medical friend could say that I had been stricken by a palsy.

SAUNDERS. There ye are, ye see. Ye wad hae to ask twa o us to lee, forbye leein yersell, for ye wad hae to pretend to be someane else, and tak a fause name.

SKINNER. Yes I know, Saunders, and yet, for the sake of the kirk, we should be able to shoulder the burden of one comparatively minor sin. And we can be comforted in the anguish of our repentance by God's assurance of forgiveness in the end.

SAUNDERS. Ay, Doctor, but there's the maitter o my honour as an undertaker. It's a responsible tred, for it's open to serious abuses. Ye micht be wantin to bury the corp o someane ye had murdert, Doctor.

SKINNER. Me! Murder someone!

SAUNDERS. It's juist an instance o the kind o thing that micht growe to be a habit if folk in my tred werena to be trustit, Doctor.

SKINNER. But it has no relevance to this scheme of mine, Saunders, where I am asking you simply to allow me to disappear in order to prevent the good name of the church from being tainted by the mere fact of the appearance of its minister in the divorce court. Surely you don't refuse to help me to protect the good name of the church, Saunders.

SAUNDERS. I dinna like the deceit involved. I'm sorry to seem to be preachin at ye,

Doctor, but ye'll see for yersell that if we were to try to gang through wi this plan we wad hae to lee like heathens.

SKINNER. The whole affair would blow over in a few weeks.

SAUNDERS. Ye dae yersell an injustice, Doctor. Ye dinna ken hou weill ye're thocht o. There wad hae to be a memorial. There wad be an appeal, and syne some conseederation o the form it wad tak, then the orderin o the wark, whateir it was to be, and syne the service o dedication. The haill maitter micht hang on for weill ower a year, and aa that time yer relatives and freinds bein remindit o their loss, and the like o mysell, that was in the secret, remindit o my lee. Na na, Doctor, it winna dae. Ye'll hae to show mair faith in yersell, and in the pouer o the truith to prevail, and bid here and fetch the case.

SKINNER. I'm disappointed in you, Saunders.

SAUNDERS (*beginning to grow impatient*). Disappeintit, Doctor, whan aa I'm daein is to try to keep you yersell to the rules o strict Christian behaviour. Ye suld be pleased that yer teachin has borne sich fruit, Doctor, that ye canna coax me to tell a lee for aa yer gift o the gab. Nou pou yersell thegither, Doctor. I ken it'll be an ordeal to hae to face a lot o leears in coort, but ye're weill thocht o, and yer faes arena, and wi guid lawyers ye'll win through withoot skaith.

SKINNER. Then you refuse to help me?

SAUNDERS. I dinna think ye're juist yersell, Doctor, or ye wadna be askin me.

SKINNER. You compel me to humble myself, Saunders.

SAUNDERS (*not understanding*). Na na, Doctor, juist to pou yersell thegither.

SKINNER. You don't understand. (*Pause*) I'm a guilty man, Saunders. A poor sinner. I did commit adultery with Lady Kilgallon.

SAUNDERS (*after a pause*). I see.

SKINNER. A wanton woman, Saunders. I was too weak to withstand her.

SAUNDERS. But this'll ruin ye.

SKINNER. Not only me, Saunders, and that doesn't matter. It'll bring disgrace and ridicule on the Tolbooth church and on the Church of Scotland itself, and on the Christian religion. It must be kept from becoming public knowledge. Don't you see that?

SAUNDERS. Ay, Doctor.

SKINNER. Then you'll do as I ask?

SAUNDERS. There's the medical side o the maitter, Doctor.

SKINNER. Tom Forrest the surgeon will help me, for he has come to me before in troubles of his own, and I have obliged him with the strictest secrecy. If he is willing to swear to the fact of my death, and its physical cause, will you have any difficulty?

SAUNDERS. Some awkwardness, mebbe, wi my man on the job, and wi Girzie Dodds yer hoose-keeper. But i daursay I'll win bye.

SKINNER. Then there's no time to waste. Find Tom forrest for me quickly. The sooner I see him the better. He'll be in the Sheep's Head Tavern about this time, I should think. Don't tell him what I want till I have sounded him out, but fetch him as quickly as you can.

SAUNDERS. Ay, Doctor. (*Turning at the door*) Oh, ye micht stert cairryin on an airmfou o books, Doctor, ilka time ye're oot, and hidin them whaur Girzie winna see them. If I took ony aff the shelves here she micht smell a rat.

SKINNER. I see. Yes, I'll attend to that. And you be ready to act within a few days.

SAUNDERS. Fin the books sune, then.

SKINNER. Yes. (*Knock*) Yes?

(*The door opens and Joseph Skinner enters, breathless and excited*)

JOSEPH. Oh, you have someone here.

SKINNER. Joseph! I had no idea you were in town. Good afternoon then, Saunders. You know what I want.

SAUNDERS. Ay, Doctor. Guid efternune, Mr Joseph.

JOSEPH. Good afternoon, Saunders. (*Saunders leaves, closing the door quietly*)

SKINNER. Has something happened?

JOSEPH. Father, prepare yourself for a shock.

SKINNER. What is it?

JOSEPH. Kitty's father had another stroke last night. He passed away this morning.

SKINNER (*quietly*). Sir Colin! Dead!

JOSEPH. Yes.

SKINNER. It is the hand of God. Shielding his own. I know I am unworthy but I am His instrument, and therefore He has saved me. (*Pause*) There will be no divorce case.

JOSEPH. No.

SKINNER. My enemies may spread filthy talk about it, but nothing will ever be proved in court.

JOSEPH. No.

SKINNER. I shall be able to remain and carry on with my work.

JOSEPH. Were you planning to go away?

SKINNER. I thought it might be wiser.

JOSEPH. I don't know why you don't retire anyway, father. You have sufficient of a fortune to live like a gentleman.

SKINNER. It is my work, Joseph. I revel in it.

JOSEPH. But there will be some talk, father, even with the divorce case dropped.

SKINNER. It will not be believed if I remain at my post, Joseph.

JOSEPH (conceding). Perhaps it is less likely to be.

SKINNER. I have no doubt of it whatsoever. And if you have any tendency to think I may be uncomfortable because of any incompatibility between my duty and my recent behaviour, remember that in this instance I sinned for your sake. You know that.

JOSEPH. Yes, father.

SKINNER. Sir Colin's estate is entailed on Kitty?

JOSEPH. Yes, but it is heavily burdened with debt.

SKINNER. Will her mother clear it?

JOSEPH. She may.

SKINNER. How has she taken Sir Colin's death?

JOSEPH. She pays the usual homage of tears and a long face, but I am sure she is glad to be free of all the worry he gave her.

SKINNER. Has she seen anything at all of the Earl of Allander lately, or said anything to indicate that she is still interested?

JOSEPH. The Earl did call to pay his respect just before I left. I thought he came rather quickly. Rather more quickly than was seemly.

SKINNER. But has Lady Kilgallon said anything to indicate whether or not she returns his interest?

JOSEPH. I can't say she tries to repel him, but she is slightly less effusive than before your, eh, last visit.

SKINNER. We must keep her out of his clutches at all costs. It would be a tragedy if your prospects were ruined because the need for male companionship compelled her to accept his advances.

JOSEPH. What troubles me is that she is keen on title. That was why she married Sir Colin.

SKINNER. An earl would be a step higher.

JOSEPH. Yes.

SKINNER. But the man is almost emaciated.

JOSEPH. Yes.

SKINNER. She is still vigorous. He would never content her.

JOSEPH. No.

SKINNER. We must ensure that he is never put to the test. How has Kitty taken her father's death?

JOSEPH. She's badly shocked. She was fond of him.

SKINNER. We must be careful to respect her sorrow.

JOSEPH. Yes, father. Sir Colin's death has lifted a great burden off our spirits, but it would be unseemly to let Kitty even sense it.

SKINNER. How did she view the charges brought against her mother and me?

JOSEPH. I don't think she really believed them. She said she didn't.

SKINNER. Will she come to believe them, do you think, if her mother and I should remain, eh, friends?

JOSEPH. I should be careful to let her know as little as possible, for some time at least.

SKINNER. I quite agree. How is her health? Is she still suffering from sickness?

JOSEPH. The sickness has almost gone. Now it's gluttony. She eats like a horse.

SKINNER. An excellent sign. After all, she is eating for two now. I only hope her grief over her father's death will not destroy her appetite.

JOSEPH. I daresay there is a danger, but her mother's determined to keep her from brooding. She is bringing her to Edinburgh to buy clothes.

SKINNER. Clothes! Oh, of course, mourning.

JOSEPH. Yes.

SKINNER. And when are they coming?

JOSEPH. They are here.

SKINNER. Here! Already!

JOSEPH. Yes. Her mother said the sooner she was distracted from her grief the better.

SKINNER. Did they come south with you?

JOSEPH. No, I rode ahead. But they turned up in Edinburgh before I left to come here to you.

SKINNER. Left?

JOSEPH. We are all to stay with Kitty's aunt, Lady Kilcogie. Her mother thought that to stay here might be inadvisable. But they will be calling soon.

SKINNER. Calling! I hope they won't be seen!

JOSEPH. Does it matter now?

SKINNER. Oh. Of course not. The more natural their behaviour now the better. You know, Joseph, I had suddenly forgotten the good news.

JOSEPH. Good news, father! You really will have to be more careful than that in front of Kitty. A single remark like that and she would learn everything.

SKINNER. You are quite right, my boy. I must be much more careful. Do I hear a stir? (*Murmuration*)

JOSEPH. Yes. They are here, I think. (*There is a knock at the door and it is immediately opened by Lady Kilgallon, who enters and ushers in Kitty*)

LADY K. Can we come in?

SKINNER (*rising*). My dear Lady Kilgallon, I have just heard the sad news. (*To Kitty, taking her hands in his and speaking with an air of great distress*) My dear child, how I grieve for you. The loss of a father. So important to a girl. So many memories. From early childhood. The dearest of all. So poignant. (*She bursts into tears*) But loss comes to us all, my dear, and in your case you have been given time to prepare yourself, and I know you will be brave. There now, don't cry, my dear. You still have Joseph. Look after her, Joseph.

JOSEPH. Yes, father. (*Placing a chair for her*) Come, my dear. Sit.

(*She sits, crying steadily and snuffling*)

SKINNER (*to Lady Kilgallon*). And you, my dear lady. Your sorrow too must be well nigh unendurable. A long and intimate companionship, even if it comes gradually to a close, with early and constant warning of its impending end, cannot be finally concluded without grief too deep for words. Memories of youth and courtship. Marriage. The birth of a child. Precious events which can never be forgotten. All crowd the mind and overwhelm it.

LADY K (*playing up, perhaps, for the sake of Kitty*). Ay, Doctor. We had twenty cantie years afore he had his first stroke.

SKINNER. They will be difficult to forget.

LADY K. Ay.

SKINNER. But the Lord in His wisdom has ordained that what we find difficult to forget we like best to remember. Beyond the present sorrow is always a past joy.

LADY K. Ay. I woner if Joseph could tak Kitty into the paurlor and let her lie back on the sofa. Thae chairs o yours here are gey hard on the banes, Doctor, and the lassie's haen a lang day's traivel.

JOSEPH. Certainly, mother.

LADY K. Ye'll realise, Kitty my dear, that nou yer puir faither's passed awa there are a wheen maitters I hae to discuss wi Joseph's faither aboot yer jeynt prospects.

KITTY. I'm shair o the estate onywey. My faither telt me that.

LADY K. Ye're quite richt, my dear, and naebody's gaun to try and tak it frae ye. Aa I'm concerned to dae is let ye hae it free o debt, sae that ye can pass it on to yer ain auldest wi yer mind easy.

JOSEPH. Yes, dear, let us go and leave them to talk business.

SKINNER. That's right, Joseph. Look after her well.

LADY K. Hae a guid rest, my dear.

(*Joseph and Kitty leave*)

SKINNER (*awkwardly*). I really do feel sorry for you in your bereavement, Lady Kilgallon, although it would be hypocritical in me not to acknowledge that it removes a threat of ruin from both of us; or from me, at least.

LADY K. Ye needna feel sorry for me, Doctor. I had lost my man ower lang afore his daith for it to mak ony difference.

SKINNER. You did have time to prepare your mind for his passing, certainly.

LADY K. Ay, Doctor. Am I to tak it frae yer mainner that ye regret what happened the last time we were thegither?

SKINNER (*anxious not to be too crude*). My dear Phemie, I have repented of it on my bended knees. I feel so ashamed to have had so little self control that I could profane your person, and force you into adultery, when with a little patience I could have waited until I was able to offer myself honourably, and accept you without shame.

LADY K. Samuel, dae ye still want me? (*As he hesitates*) Or dae ye no?

SKINNER. Want you? Well, of course I find you attractive; far too attractive, in view of the weakness of my character, as you know.

LADY K. That means ye canna resist me, daes it?

SKINNER. I suppose it does, yes.

LADY K. I wish ye could aye say juist what ye mean, but bein a minister I suppose ye canna.

SKINNER. Well, I do have to make finer distinctions than most people.

LADY K. Nae dout. Nae dout. And it winna fash me gin I can juist be shair whaur I am wi ye. If ye canna resist me ye had better mairry me, for ye wadna feel very comfortable gin ye didna, aye haein to repent.

SKINNER. But the scandal.

LADY K. Oh I dinna mean juist at ance. We maun wait till efter a dacent interval.

SKINNER. It must be for some time, and even after a considerable interval there will still be some scandal, in view of our unusual relationship to each other, through Joseph and Kitty.

LADY K. I hae lookit it up in the Bible, Samuel. Leviticus eichteen. And I can fin naething against it.

SKINNER. You are right, there is nothing. 'The nakedness of thy father's wife's daughter, begotten of thy father, she is thy sister, thou shalt not uncover her nakedness'. Kitty would become Joseph's father's wife's daughter, but not begotten of his father.

LADY K. Juist what I said. There's naething against it.

SKINNER. People will talk, nevertheless.

LADY K. Gin there's naething wrang wi it there's naething wrang wi it, Samuel, sae let them clash.

SKINNER. I quite agree.

LADY K. Weill, that's settled, and I can tell ye it's a relief. And ye winna regret it. I'll no juist see that Kitty has Kilgallon free o debt. I'll help Joseph wi his new shed.

SKINNER. How kind of you.

LADY K. He has a guid heid on him. He minds me o my faither. He'll dae weill, will Joseph.

SKINNER. I'm glad you think so. I'm sure you're a good judge.

LADY K. Nane better. (*Rising*) Weill, Samuel, I'd better fin Kitty and tak her to caa on the dress-maker. There's little time atween daith and the burial. I'll see ye whan ye come to Auchengool for it.

SKINNER. Yes. (*Knock*) Oh, I think this will be one of my elders on kirk business. (*Calling*) Yes? (*The door opens and Saunders sticks his head in*) Come in and sit down, Saunders. I shan't keep you a minute. (*To Lady Kilgallon, formally, for the benefit of Saunders*) I'll take you to Joseph and Kitty.

LADY K. If ye hae business, Doctor, juist gae straucht aheid. I'll fin my ain wey to the paurlor, and Joseph can look efter me there.

SKINNER. Very well, my lady, if you will.

LADY K. Guidbye, the nou.

SKINNER. Goodbye.

(*She leaves, and he turns into the room*)

SAUNDERS. I fand Tam Forrest for ye, Doctor, but he was sittin in the Sheep's Heid greitin fou, and I thocht it wyce juist to tell him to mak his wey here ance he was sober eneuch to walk straucht and no disgrace ye.

SKINNER. How fortunate. The more I live the more I see the hand of God in all that happens. Go back to the Sheep's Head, Saunders, and tell Tom Forrest that he must on no account come near me. If remorse

has driven him to drink he will soon be shouting his sins from the house-tops, and those of us who exercised compassion towards him may be implicated in his guilt.

SAUNDERS. But what aboot the cause o yer daith, Doctor?

SKINNER. I am not going to die after all, Saunders. The Lord has seen fit to save me to carry on His work.

SAUNDERS. To save ye?

SKINNER. Sir Colin Kilgallon has passed away after another stroke. There will be no divorce case.

SAUNDERS. I see.

SKINNER. Yes. There will be no need to carry out the plan we discussed, and I hope you will obliterate all memory of it from your mind. Forget what I said too, Saunders, about the weakness of my flesh. You will know that even the best of us are so sorely tried at times that we fall by the wayside. Your house-keeper used to unburden her soul to me, Saunders, when she was more than usually distressed, and she spared me no details. (*Saunders gives an inarticulate grunt*) Yes. So you will be the soul of discretion. Nothing must happen to impede our work. Allan Ramsay the bookseller threatens to build a theatre in Carruber's Close.[10] We must stop him.

SAUNDERS. Ay, Doctor.

SKINNER. Hurry off to the Sheep's Head, then, Saunders, and make sure that Tom Forrest knows he must stay away.

SAUNDERS. Ay, Doctor.

SKINNER. Thank you.

(*Skinner conducts him to the door, and they leave*).

EPILOGUE

The Saltmarket, Edinburgh.

As Prologue, except that the baggage carried by the caddies consists of coils of rope rather than cases of pictures.

TOWN CRIER. Signor Emilio Bellini and his son Signor Guido, that hae performed on the ticht raips mony hazardous wonders in

---

10 Ramsay's foundation of Scotland's first dedicated theatre in 1736 was blocked in 1737 after Edinburgh's civic authorities invoked Westminster legislation proscribing the performance of plays for profit outside London. Public theatre in Edinburgh would remain illegal until 1767.

aa the capitals o Europe, will on Friday neist at three in the efternune, afore ony that care to assemble, walk a raip streitchit atween the hauf mune battery in the Castle, and a lum heid in Brodie's Loan on the sooth side o the Gressmercat, firin a pistol, baitin a drum, and performin a variety o ither antics on the wey. Collection. Collection. Collection.

(Street cries, music, etc., then the characters of the play enter for the last time to take their bow, Mrs Lucy Lindsay, perhaps, appearing from her sedan chair).

ONE ACT PLAYS

JEDDART JUSTICE

A Border Comedy in One Act

1933

* * *

THE CHANGELING

A Border Comedy in One Act

1934

* * *

THE SMUGGLER

A Folk Play in One Act

1939

* * *

THE CAILLEACH

A Tragedy in One Act

1946

JEDDART JUSTICE

To John Brandane

CHARACTERS

SIR GIDEON MURRAY of Elibank.
LADY MURRAY.
MEG MURRAY.
JEAN MURRAY.
Geordie and Hobbie, retainers.
WILL SCOTT of Harden.

Period: Early in the 17th century.

A room in Elibank Castle, on the river Tweed, Innerleithen.

Two doors, one large leading in from the main stairway, the other small, leading to an inner room. A double window with a stone seat below. A table on which stand a flagon, a drinking cup and two heavy candlesticks bearing lit candles.

It is early morning and not quite light, though the light outside is bright enough to render the light of the candles almost unnecessary.

When the curtain rises, Lady Murray and her twin daughters, Meg and Jean, in hastily thrown-on clothes are discovered looking out of the window. Meg, the elder daughter, is very plain.

LADY MURRAY (*at the window*). They're aa there nou, and they hae gotten the kye back. See.

JEAN. They hae been sair driven, puir beasts. Look at the reek comin aff them.

LADY M. And there's yer faither! Thank the Lord. I thocht there micht be fechtin.

MEG. And they hae brocht back a man wi them! A young ane! See him atween Geordie and Hobbie yonder, wi his haunds tied. I woner wha he is?

JEAN. It's Will Scott o the Harden! I hae seen him mony a time in Peebles.

LADY M. Sae it is! It's been the Scotts richt eneuch then.

JEAN. Certies, but they arena blate, tryin tae lift kye frae their ain neibors!

LADY M. Weill, they haena managed it. But I'll hae to win awa doun and see if yer faither's aa richt. He looks gey tired, puir man. Thank God that nicht's bye. I was sair worrit. Ye can blaw oot the caunles nou. It's growin lichter. And I'll see the lassies stertit to the breakfast. I'll be sune back.

(*She leaves by the main door. Jean blows out the candles. The sky is gradually becoming brighter*)

JEAN. I'm glad it's lichter. I hate the hauf dark. Dear me, I'm tired. It's been an awfou nicht. I woner if there was ony fechtin.

MEG. Geordie's gotten the mark o a clowt onywey, look. He hadna that bash on his breist plate afore. And the lad they hae wi them has the sleeve o his sword airm torn!

JEAN. Sae he has! And there's bluid on't!

MEG. It daesna seem to be worryin him muckle.

JEAN. Na. He's gey prood like.

MEG. What age dae ye think he'll be?

JEAN. He isna auld. I wad say five and twenty.

MEG. He's aulder not that, shairly?

JEAN. No to my wey o thinkin.

MEG. I wad say he was eicht and twenty onywey. He isna juist a laddie.

JEAN. Oh ye're that auld yersell ye think ilka boy's a bairn that's ablow thirty.

MEG. I'm no as auld as your Tam Elliot onywey.

JEAN. Mebbe no, but it's different wi men. And less o the 'your Tam Elliot'! I haena taen him yet.

MEG. Oh ye'll tak him aa richt.

JEAN. Ay, whan I'm ill aff as you are.

MEG. I want less o yer impiddence.

JEAN. Dinna stert castin things up then.

MEG. I didna stert.

JEAN. Wheesht! Here's my mither.

(*Lady Murray enters*)

LADY M. I canna get a word wi yer faither at aa, he's that thrang. But I hae gotten the breakfast stertit. There was a fecht at Ettrick Watter and twae o the Scotts were killed. And yer faither poued young Will o the Harden aff his horse whan he was gey near feenishin aff Geordie.

JEAN. Is young Will the only ane they brocht in?

LADY M. Ay, I'm wonerin what yer faither's for daein wi him. Hae they still gotten him oot there. (*She goes to the window*) Ay look, yer faither's at them nou. I hope he isna sweirin at the young laird the wey he sometimes daes wi me, or the laddie'll be thinkin he isna very genteel. But they're movin inside nou.

MEG. What will my faither be for daein wi the lad mither?

LADY M. I wad like tae ken. Jean, awa doun the stair on yer tip-taes and see if if ye can fin whaur they put him. I dout he's for the dungeon, for yer faither's gey crabbit, nae woner. Be as quait as ye can. (*Jean leaves*) Ye ken what I think Meg? He's for the gallows tree.

MEG. Young Will Scott?

LADY M. Ay. And what else can ye ettle, for it's aye what yer faither did wi them that cam liftin the kye.

MEG. But Scott's a neibor laird, and they were aye English that cam afore, ower the Border.

LADY M. Weill I ken, but it maks it waur, in a wey, the lad bein a neibor. He suldna hae tried to lift kye frae sae near his ain door. I suppose he deserves aa he gets.

MEG. He isna mairrit yet, is he?

LADY M. Na, and it's queer, for he's a braw lad and worth the catchin. But his mither's aye at Harden yet, keepin the hoose.

MEG. What is the hoose like?

LADY M. O it's a grand touer, wi a braw braid barmkyn biggit heich on a bonnie bit craig and there's a hantle o guid grun to't.

MEG. And ye think my faither's for hangin him?

LADY M. I dout sae. But wheesht! Here's Jean.

(*Jean enters*)

JEAN. They hae putten him in the dungeon!

LADY M. I was shair o't. Let's see. Is there ocht daein ootbye?

(*They go to the window*)

JEAN. There's the meenister!

LADY M. Sae it is. He'll hae come oot when he heard aa the steer.

JEAN. And there's Tam o the Dykeside and his brither Archie awa roun to the burying-grun wi spades!

MEG. And there's Jock Forbes gaun ower to the gallows tree!

LADY M. He'll be for cuttin doun the auld carle that was hangit last week for stealin the yowe.

JEAN. It looks as if there was to be a new corp mither.

LADY M. Juist what I was sayin to Meg.

JEAN. Young Scott.

LADY M. Ay

JEAN. Weill, he had nae richt comin here for kye.

LADY M. Na. Still and on, I canna help thinking it'll be a shame to hang him oot there, and him sic a braw young deil. It's peetifou to think that in a day or twa he'll look nae better nor that craw-peckit auld scunner they're cairryin awa the nou.

JEAN. There's my faither oot again!

LADY M. Cairryin a new raip!

JEAN. Sae he is!

LADY M. There's nae dout aboot it nou.

MEG. It's a black burnin shame.

JEAN. What's cam ower you? Ye were aye keen eneugh on hangin afore.

MEG. Listen, mither, could ye no coax my faither to let the lad aff?

LADY M. Yer faither winna let him aff Meg. Ye ken that as weill as I dae.

MEG. Weill, I think it's a sin. He kens I hae been waitin on a man for years and when he gets a braw young laird, wi a guid family ahint him and a guid lump o grun to his name, aa he can think o is to mak a bogle o him. Can ye no ask my faither to let him aff if he'll promise to mairry me?

JEAN. Mairry you?

MEG. What wey no?

JEAN. What wey suld *you* hae him?

MEG. You hae gotten a man.

JEAN. No yet.

MEG. Ye hae the chance o him.

JEAN. Ay, and look at him.

MEG. He's better nor naething.

JEAN. You can hae him then and I'll tak young Scott. He's mair likely to tak me nor the like o you onyway. Awa an look at yersell in the gless.

MEG. Ye arena that plaisint yersell to look at and it was my idea onyway.

JEAN. It daesna maitter whause idea it was. He winna look at you.

MEG. Will he no?

LADY M. Wheesht, the pair o ye! Here's yer faither comin up. Awa oot o here. I'll try to talk him roun if he's willin to listen.

MEG. Ask for me, then mind.

JEAN. Dae nae sic thing.

LADY M. Awa see quick! And I'll ask for Meg. You hae your chance o a willin man, Jean, and Meg hasna, and it isna likely she'll eir hae't.

(*Meg and Jean leave by the inner door. Sir Gideon enters by the other*)

SIR GIDEON (*gruffly*). Gie me a dram, will ye?

LADY M. Ay faither. Are ye for hangin Will Scott?

SIR G. What else dae ye think, and thae men o his keepin me oot o my bed aa nicht, and drivin my beasts to daith. I'm tellin ye, wumman, I'm gaun to put a stop to aa that kind o thing.

LADY M. Ay, but young Scott's sic a braw bit laddie, and it was aye the way on the Borders for the young anes to be liftin kye by the licht o the mune.

SIR G. Ay, and it was aye the wey to put a bit raip roun the necks o them that were catchit.

LADY M. The laddie's a near neibor.

SIR G. He suld gang faurer oot for his kye, then.

LADY M. He's a laird.

SIR G. He'll mak the better bogle.

LADY M. Weill, faither, what I was thinkin o was this. Could ye no offer to let the lad aff if he promised to mairry Meg?

SIR G. Mairry Meg! God, I neir thocht o that.

LADY M. Ye ken we'll neir hae her aff oor haunds, gin we dinna dae something bye the ordinar, and she couldna hae gotten better nor young Scott if she had been the bonniest lassie on the Border.

SIR G. Well she isna that.

LADY M. What dae ye say, then.

SIR G. It isna sic a bad notion, mind ye. It isna a bad notion at aa. It wad be a grand match. But dae ye think he wad tak her? He micht tak Jean!

LADY M. Dinna gie him the chance of Jean. If the warst comes to the warst she can aye tak Tam Elliot, but Meg has naebody. And I'm shair he'll be glad to tak her. I dinna think the thocht o the tree'll be very plaisant to a laddie like him. He's been weill broucht up tae. Ye wad think his mainners wad mak him tak her, sin gin he wasna feart to hing.

SIR G. Weill, I'll ask him. But he'll likely want to see her, afore he gies his promise.

LADY M. I suppose he will.

SIR G. Mak her ready then. And put on some mair claes yersell. Ye're hauf nakit. (Lady Murray goes out by the inner door)

SIR G (shouting through the main door). Geordie! Hobbie! Geordie! (An answering shout is heard) Bring the prisoner up here. (Geordie and Hobbie enter with Will Scott, who is heavily chained. Sir Gideon lays his drawn sword on the table) Richt, then, leave us. And keep weill awa frae the door. In fact ye'd better gang doun the stairs athegither.

(Geordie and Hobbie retire)

SIR G (to Scott). Weill, young man, I hae them thrang at it, clearin the gallows tree for ye, and puttin up a bit new raip, and aa the craws and rats are getherin, and the dugs are lookin sleekit. But there's a chance for ye yet. It isna sae lang sin yer grandfaither and mine used to gang liftin the kye thegither sooth o the Border, and I hae mind o hoo they focht thegither at Annan Brig, and I hae been thinkin that o late the twa faimilies hae been driftin ower faur apairt. Nou I'm no at aa pleased wi the wey ye tried to sneak aff wi my kye last nicht, but I think I could mebbe manage to keep yer haunds aff them withoot gaun as faur as to make a corp o ye. If ye were mairrit to a dochter o mine, nou, ye wadna be sae likely to tak this airt again whan yer kye were gettin scarce. Eh? In fact, you and me could mebbe dae a bit liftin thegither whiles, gin the wind was in the richt airt. But there ye are, I'll let ye aff withoot the hingin gin ye'll mairry my dochter.

SCOTT. Yer dochter? I thocht ye had twa.

SIR G. As faur as you're concerned, Harden, there's but the ane. I keep by the auld custom. The auldest gangs first.

SCOTT. I think I ken what ye're efter. It's Meg ye mean.

SIR G. Ay. Meg.

SCOTT. I hae heard o Meg. Meg wi the muckle mou.

SIR G. Oh she isna braw. But what else dae ye ettle? Dae ye think that efter bein catchit tryin to win awa wi a man's kye ye're gaun to be sent back hame wi a praisint? Nou ye'll be sensible, Harden, and no sae prood. Ye hae a lang life afore ye, gin ye're carefou, and it wad be a peety if ye were to damn yersell richt at the stert because ye canna appreciate that looks are but skin deep. Ye'll hae seen a corp hingin to a tree afore nou, ye'll mebbe hae helpit yersell to tie the raip, and ye'll ken that a hingin corp isna a bonnie thing. Nou what dae ye say? Will ye hae my dochter? She'll mak a better bride nor the dule-tree.

SCOTT. I hae sair douts o that.

SIR G. God, but ye arena blate! (Lifting his sword) Look here, see, if I hae ony mair o yer snash ye'll see neither the gallows nor Meg.

SCOTT. Bring her in then and let me look her ower.

SIR G. Man, but ye're cannie. But we'll hae her in. (Going to the inner door) Bring her in, mither.

LADY M (at the door). She isna juist ready yet.

SIR G. Mak her hurry, then. (Turning to Scott) She'll be in a meenit, Harden. (To his wife, after a pause) Hurry her up, wumman!

LADY M. Here she's. Come on, Meg. (Lady Murray enters with Meg. Both have evidently tried to improve their appearance, but Meg in her anxiety to appear to advantage *has added some finery to her costume which makes her appear altogether ludicrous)*

SIR G. This is my wife Harden.

(Lady Murray curtsies. Scott bows)

SIR G. And this is the dochter I was tellin you aboot. *(Meg curtsies. Scott stares)* Weill, whaur's yer mainners? *(Scott bows)* Nou what dae ye say? Staun ower there, Meg, whaur he can see you better. What dae ye say then, Harden? *(Scott hesitates)* She isna juist lookin her best the nou. She wadna hae muckle sleep last nicht, wi aa the steer. But that's yer ain faut. What hae ye gotten to say then? Hae ye lost yer tongue?

SCOTT. I'll hing!

LADY M. Oh!

SIR G. Ye damnt impiddent young scut!

(Meg goes over to Scott in a towering rage and attacks him)

MEG. Ye deil! Hangin's ower guid for ye! I'll teir the een oot o yer heid! Oh mither!

(She runs over to her mother's arms, weeping. Sir Gideon hurries to the main door)

SIR G. Geordie! Hobbie! Here! Geordie! Hobbie! *(Geordie and Hobbie enter)* Tak him oot and ower to the tree! And quick's the word! Jump!

(He hastens Scott through the door at the point of the sword. The ladies are left)

MEG. Oh mither, what an affront.

LADY M. Dinna heed, pet. He'll suffer for it nou.

(Jean enters, also titivated)

JEAN. I telt ye what wad happen.

MEG. Oh you haud yer tongue!

LADY M. Ay, you keep quait, Jean!

MEG *(going to the window)*. I juist hope he enjoys himsell nou, for I'll enjoy watching him!

JEAN. Ye bluidthirsty bissom.

MEG. Oh ay, tak his side. I suppose it wad hae been different gin he'd been askit to tak you.

JEAN. I hae no dout.

MEG. Huh!

LADY M. Wheesht, the pair o ye. That's nae wey to be cairryin on and a man gaun to his daith. Whaur's yer releegion?

MEG. He's gaun to a daith he weill deserves.

LADY M. I ken that, but it's a solemn and serious maitter nane the less, sae if ye're gaun to watch it dae it without fechtin. They're oot nou and the meenister's gaun to ask a blessin. We suld be doun on oor knees.

(They are at the window, watching and listening intently. The voice of the minister is heard faintly)

JEAN. Can ye mak oot what he's sayin?

LADY M. No a word. The wind's in the wrang airt.

MEG. I dinna think he can be as lood as the last man, though.

LADY M. Na. The sky's fair daurk wi the craws.

JEAN. Ay.

LADY M. It's queer how they aye ken.

JEAN. Ay. *(The minister's voice dies)* That's him feenished nou.

LADY M. He hasna taen lang.

JEAN. Na.

LADY M. They arena puttin the bandage on young Scott's een. There's something wrang!

JEAN. They seem aa to hae stertit talkin!

LADY M. Ay.

JEAN. They're comin awa frae the tree althegither!

LADY M. I ken what's wrang! He's cheynged his mind! Look! They haena putten the chains on him again!

JEAN. Na, and they're comin in!

MEG. If my faither daesna hang him, I'll choke him wi my ain haunds. He said he wad hing and he's gaun to hing. He isna gaun to win oot o't nou!

LADY M. Wheesht nou and dinna be silly. He'll be for takin ye. Ye'll neir hae a chance like this again.

MEG. I'm no waitin for them. I'm gaun oot o here.

LADY M. Bide whaur ye are, see, and dinna stert a shindy. What will he think o ye if ye gang into tantrums like that. Sit doun here, see.

MEG. Are my een reid?

LADY M. Na na. Wipe them. There nou, that's better. Sort yer bodice. Here they come. I hear them on the stair. Staun you back oot o the wey Jean. You suldna be here at aa!

(Sir Gideon enters with an extremely shamefaced Will Scott)

SIR G. The sicht o the raip did the trick. There's yer man Meg. He's thocht the better o't.

MEG. Oh has he? Weill, he's ower late. He said he wad hing, sae he can juist hing and I hope he enjoys it.

SIR G. God's truith! Sae you're for cheyngin yer mind and aa! Look here, see, if ye canna mak up yer minds to tak ane anither, I'll hang ye baith. I canna pit it aff the hail morning. I need some sleep.

JEAN. I'll tak him faither.

MEG. Oh will ye? Ye'll dae nothing o the

kind! He was gaun to mairry me or hing and he's gaun tae hing!

JEAN. But you arena wantin him.

MEG. It daesna maitter.

SIR G. I thocht you had a man, Jean?

JEAN. I wad raither hae this ane.

SIR G. Weill, if Meg daesna want him, I suppose he micht as weill gang to you.

MEG. He shanna gang to her. He's gaun to hing. He's gaun to pey for his affront to me the day!

JEAN. They arena gaun to waste a guid man juist to please your spite! If you dinna want him he's mine!

MEG. Oh is he? I'm tellin ye he's gaun to hing!

SIR G. Stop, the pair o ye! Stop, dae ye hear! Look here, Harden, the meenister's doun there yet. Grab the ane ye want and fetch her wi ye, supposin ye hae to pou her by the hair o the heid! I'm heain nae mair puttin aff o time.

(*He goes to the door*)

SCOTT. I'll tak the young ane then.

MEG (*taking a candlestick from the table and starting a chase round the room*). Oh ye'll tak the young ane will ye? Ye'll tak the young ane? I'll sune show ye that ye're wrang there, my man!

JEAN. Leave him alane. He's mine.

MEG. Oot o my wey, see, or I'll fell ye!

JEAN. Oh mither!

MEG (*to Scott*). Come on, you! Jump! Ye winna hing, will ye no! Ye wad raither hae a waddin! Weill, ye'll hae it! By God ye'll hae it! It winna be my faut if ye arena wishin for the rest o yer days ye had been hangit!

SIR G. Haud on! What's this?

MEG. Staun back oot o my wey! On you! Doun wi ye!

(*She chases Scott from the room. Sir Gideon follows*)

SIR G (*receding*). Haud on, wumman! Haud on! Ye canna gang to the meenister like that!

(*Lady Murray and Jean are left*)

JEAN. Is she for takin him efter aa, mither?

LADY M. It looks like it, pet.

(*Jean bursts into tears*).

CURTAIN

THE CHANGELING

CHARACTERS

ARCHIE ARMSTRONG.
KATE, *his wife*.
JEAN, *his aunt*.
JOCK ELLIOT, *known as the Laird's Jock*.
ROBBIE ELLIOT.
TAM ELLIOT.

The action takes place in Archie Armstrong's cot-house on the Stubholm Brae, below the junction of the waters of Wauchope and Esk, in the Debatable Land. The time is about 1600.

The kitchen of Archie Armstrong's cot-house. In the middle of the back wall is a crude hearth of unhewn stone. To the right of this is a small doorway leading to an inner room, and to the left are a wooden bucket, a heather besom and a pile of logs. In the right wall is a low doorway which opens on the brae-side. In both right and left walls is a small shuttered window. There are a few wooden seats and a wooden cradle.

When the curtain rises Kate Armstrong and Jean, her husband's aunt, are sitting by the hearth. Kate is a woman of about twenty-eight. Jean is very old. It is after nightfall, and the kitchen is lit, dimly and weirdly, partly by the fire and partly by a cruisie.

KATE. He's a lang time i' comin.

JEAN (*dozent, not deaf*). Eh?

KATE. He's a lang time i' comin.

JEAN. Ay.

KATE. It's gey bricht ootbye, wi the mune. I hope he isna catchit.

JEAN. Catchit? Wha?

KATE. Airchie.

JEAN. Oor Airchie winna be catchit.

KATE. I wish I was shair o't. I cann forget that dream I had last nicht.

JEAN. Eh?

KATE. I canna forget that dream I had. I hope the bairn's aa richt. It cam into the dream tae, puir wee thing.

JEAN. The bairn?

KATE. Ay. I hope it's aa richt.

JEAN. Ye may weill say. I woner ye let it oot o yer haunds. Yer sister Bell's a fushionless craitur.

KATE. Ay. Whiles she is.

JEAN. I woner ye let her tak it awa, and it no lang aff the breist.

KATE. She wad hae it for a day or twa. It was a notion she had, puir craitur, and her wi nae bairns o her ain.

JEAN. Eh?

KATE. I was sayin she had nae bairns o her ain.

JEAN. Oh ay. Na.

KATE. But she'll look weill efter the bairn. I dinna fear sae muckle for it. It's Airchie I'm worryin aboot.

JEAN. Airchie'll be aa richt. It'll tak a gey wheen o the Elliots to catch oor Airchie.

KATE. He's late, though. It's gey quait.

JEAN. Quait?

KATE. Ay.

JEAN. It's quaiter nor it used to be hereaboots on a munelicht nicht. I mind whan I was a bit lassie, afore Johnnie o Gilnockie was hangit. The haill o the Watter wad be oot reivin, and the weemin-folk ower at Gilnockie waitin. We used to sit at a big fire in the barmkyn yaird and talk aa through the nicht. We were a gey cheerie lot whiles.

KATE. And yer men awa reivin, and likely to be killed?

JEAN. Oh we were worrit sometimes tae, but we aye tried to keep oor hairts up, and thocht o what the men wad bring hame. There were kye aye by the hunders, and my faither used to bring me fine lace bannets and gowden bracelets, and aa sorts o bonnie ferlies. But it's cheynged days sin Johnnie the Laird was hangit, and my faither alang wi him. It's a yowe here nou, and a cou there, and gey aften naething at aa. The Airmstrangs arena what they used to be.

KATE. It maun hae been awfou for yer mither whan her man was hangit.

JEAN. Eh?

KATE. It maun hae been awfou for yer mither whan her man was hangit.

JEAN. Oh ay. Ay. It was a sair, sair day for her.

KATE. I hope it winna happen to Airchie. I dreamed last nicht he was hangit.

JEAN. Na, na, oor Airchie winna be hangit. He's ower clever for that. Dreams gang by the contrar, my hinny.

KATE. I hope sae. But wheesht! What was that?

JEAN. Eh?

KATE. It was like a whaup, and whaups dinna steer for naething at this time o the nicht!

JEAN. Eh?

KATE. There it's again!

JEAN. What's wrang?

KATE. Wheesht! I hear something. (*Going to the window, right, and looking through a chink in the shutter*) I can see naething bye the ordinar. Ooh! There's someane comin to the door. (*She stands by the door*) Oh, I hope it's Airchie! (*Someone knocks softly*) Wha's there? Speak!

ARCHIE. It's me.

KATE. Oh thank the Lord.

(*She makes to open the door*)

ARCHIE. Dinna open the nou! Cover the licht!

KATE. Eh?

ARCHIE. Cover the licht.

KATE. Staun in front o the fire and haud a bowl ower the cruisie!

JEAN. Eh?

KATE. Haud a bowl ower the cruisie! Staun in front o the fire! Cover the licht.

JEAN. Ay ay.

(*The kitchen is darkened. The door opens and moonlight streams in. Archie enters. A thud is heard*)

KATE. What's that?

ARCHIE. It's a yowe. Shut the door. Is it shut?

KATE. Ay.

ARCHIE. Aa richt. We'll hae the licht again. (*The light is restored*) By God, I'm wabbit. I hae cairrit it aa the wey frae the Brockwuid, wi the mune sae clear that I had to keep to the trees and the daurk corners. (*Going to the cradle with the sheep, which is rolled in a sack*) Is there watter in that bucket?

KATE. Ay, but what's wrang? Were ye seen?

ARCHIE. I was guttin the beast at the Brockwuid Burn whan Will Elliot's Robbie cam alang. He gied a roar like a bull whan he saw me, and gaed aff like a warlock in the wind.

KATE. Wad he see it was yersell?

ARCHIE. I dinna ken, but they hae missed the yowe, for whan I cam awa I could hear shouts gaun ower the brae in aa airts.

(*He is removing the sheep from the sack*)

KATE. And ye brocht the beast here! Oh Airchie, man, they'll be efter ye. Ye'll be hangit. Could ye no hae laid the beast ootbye?

ARCHIE. A guid yowe. See here, wumman, help me wi the claes oot o the creddle.

KATE. The claes oot o the creddle!

ARCHIE. Ay, the claes oot o the creddle. My haunds are aa bluid.

KATE. But what for dae ye want the claes?

ARCHIE. For the yowe, wumman. It's oor ae chance. We'll hap it weill up and cover the horns. Jean!

JEAN. Eh?

ARCHIE. Gae to the winnock and keek through the shutter. Tell me gin ye see a move.

JEAN. Ay.

ARCHIE. Come on, nou, Kate, wi the bairn's claes.

KATE. Oh Airchie Airmstrang, are ye fair gaen gyte? Could ye no hae left the beast ootbye? Oh man, tak it awa yet. Throw it ower the back winnock there, to the hole ablow the Linn. Dinna keep it here, man. Dinna keep it here.

ARCHIE. See here, rowe it up, will ye. I'll hae to wash mysell and clean aff aa the bluid. (*He starts to wash his hands in the bucket*) Come on, see wumman. Dinna staun there gowpin.

KATE. But they'll fin it, Airchie. They'll fin it. Throw it oot whan ye're telt.

ARCHIE. Oh wumman, wumman, will I hae to dae it mysell? They'll be here afore I'm through wi't. Rowe it up in the claes and hap it up, see, wi juist the een keekin oot. They'll neir jalouse it isna the bairn.

KATE. Oh Airchie Airmstrang, what a thing to say! A deid yowe like yer ain bairn! Ye're hairtless!

ARCHIE. Look here, are ye gaun to help me or are ye no? Ye'll hae me catchit, I'm tellin ye, gin ye dinna dae what ye're askit. Dae ye want to feenish me?

JEAN. There's something movin doun by the Watter, Airchie!

ARCHIE. Eh! Oh Kate, stert! Quick!

(*Kate starts to put the sheep into the cradle*)

ARCHIE. I'll hae to hide my jerkin and brogans. Tell me if it comes ony nearer, Jean.

JEAN. Eh? Ay.

KATE. It winna dae. It winna dae at aa. See here, if ye winna throw it ower the Linn I'll dae it mysell!

(*She moves to the window with the sheep*)

ARCHIE. Stop, see! Gin ye open that shutter wi the licht in ye'll hae them doun on us this meenit!

KATE. Let the licht be covert, then, for it's gaun ower the winnock!

ARCHIE (*who has dried his hands*). Come back, see! Come back! Tak yer haunds aff that beast! Dae ye hear? Tak yer haunds aff that beast or I'll fell ye to the grun!

KATE. Oh ye'll fell me to the grun, will ye! Ye'll fell me to the grun! I'll gang hame to my mither the morn gin they hang ye or no!

ARCHIE. Ay, greet. Greet. That'll help. (*He starts to put the sheep into the cradle*) Gae ower to the winnock, see, and keep watch. Jean!

JEAN. Eh?

ARCHIE. Is it ony nearer?

JEAN. What?

ARCHIE. Whateir ye saw.

JEAN. Oh that. I think it maun hae been the licht o the mune on the Watter.

ARCHIE. Tach, wumman, ye're doitit. Let Kate tak the winnock, nou, and gae ye ben the hoose and fetch me my ither brogans, and tak thae wat anes wi ye, and this jerkin, and put them weill in at the back o the press.

(*Kate is at the window, sobbing*)

JEAN. Eh?

ARCHIE. Put them weill in at the back o the press. (*Wiping his knife*) And see, put that knife wi them. Hide it weill.

JEAN. Ay.

ARCHIE. Mind, then. (*Jean leaves*) Nou keep a guid watch. Dae ye see ocht?

KATE. I see aa sorts o things.

ARCHIE. Ach, ye're useless. But that yowe's weill happit. Nou I'll hae to throw oot this watter and thae bits o clouts. Is there onyane aboot?

KATE. There's a licht movin!

ARCHIE. Whaur?

KATE. Across the Watter!

ARCHIE. Let me see. God, wumman, ye're a stippit ane. Wha'd cairry a licht and the nicht sae clear? There's nae licht that I see. Aa's quait and still. Cover the licht again, till I throw oot this watter.

(*Kate covers the light. Archie opens the shutter of the back window. Moonlight streams into the room and the noise of a waterfall is heard. Archie is seen to throw out the water from the bucket and several pieces of sacking. The shutter is closed and the light restored*)

ARCHIE. Nou back to the winnock wi ye. I'll put the bucket at the fire to dry. And I'll gie the flair a bit soop wi the besom.

(*He removes the traces of blood from the floor. Jean enters. She startles Kate*)

KATE. Oh mercy me, what a fricht ye gied me!

ARCHIE. Wumman, ye're a bundle o nerves. Keep lookin oot, will ye. Gie me the brogans, Jean. We'll put them here. (*He puts the brogans beside the fire*) Nou awa til yer bed.

JEAN. My bed!

ARCHIE. Ay. It's ower late for the like o ye to be up.

JEAN. I wantit to see what wad happen.

ARCHIE. Awa til yer bed whan ye're telt!

(*Jean leaves*) Nou that's everything, I think. The bucket'll sune be dry. Is everything quait?

KATE. I think sae.

ARCHIE. Ye think sae. Come ower to the creddle, see, and sit wi yer back to the door, and gin they come, stert rockin it, see, and speakin saft. See there, it's wee Jock to the life.

KATE. What a thing to say. It's mair like the Deil.

ARCHIE. Sit doun, then. Sit doun.

KATE. What's that! Oh what's that!

ARCHIE. The nicher o a horse!

KATE. Futesteps!

ARCHIE. Ay!

(*He hurriedly places the bucket beside the logs*)

KATE. Look oot!

ARCHIE. Na na. There micht be someane lookin in. Keep sittin weill ower the creddle, nou, and talkin as if the bairn was in it! I'll sit here by the fire.

KATE. Oh Airchie! Airchie! I'm frichtent! Listen to them!

(*Various sounds indicate that a party of men, some with horses, is just outside*)

ARCHIE. Talk to the bairn, wumman! Talk to the bairn!

KATE. Oh my wee lamb. My wee lamb.

ARCHIE. Oh my God, wumman, dinna caa it a lamb! Think o something else!

(*The sounds outside continue. The Laird's Jock is heard issuing orders: 'Sim, gae roun the back, but watch ye dinna faa ower; Rab and Will, tak ye a side the piece. The rest o ye staun bye except Robbie and Tam. Nou watch weill.'*)

KATE. My wee pet. My wee pet. Are the men comin to hang yer faither?

ARCHIE. Dinna talk aboot hangin, wumman!

(*The Laird's Jock hammers at the door. Kate moans*)

JOCK. Open the door, there!

ARCHIE (*fairly loudly*). Wha's that? What's wrang? (*In a hoarse whisper*) Talk to the bairn, wumman! (*More loudly again*) It's a queer time o the nicht for this sort o cairry on.

(*He opens the door*)

JOCK. We hae gotten ye, then!

ARCHIE. What's come ower ye?

JOCK. Ye'll sune fin that oot, my man! Staun back!

(*Kate moans*)

ARCHIE. See here, Jock, ye micht quaiten doun a wee. There's nae need to bowf the

rufe aff. The bairn here's at daith's door, and the wife's fair dementit. What's the maitter that ye're here the nicht?

(*Jock has pushed his way into the kitchen. Tam follows. They are booted and spurred, and wear corselets and steel-caps. Robbie stands by the open door. He is a mere youth, very stupid looking, and dressed, like Archie, in breeches and shirt. He wears no stockings, however, and is bare-footed*)

JOCK. I'll sune tell ye what's the maitter. Yer bairn's at daith's door, is it, and yer wife's fair dementit? She'll be waur sune. Airchie man, she'll be waur sune, for ye'll hae the craws at yer een the morn as shair as ye're the biggest leear on the Borders. Whaur's that yowe ye hae stolen frae my faither's fauld?

(*Kate moans*)

ARCHIE. Yowe? Frae yer faither's fauld? Man, Jock, ye're makin a fule o yersell the nicht. And ye micht speak saft and no frichten the wife, for she has eneuch to fash her the nou wi the bairn seik, withoot the like o ye comin in and yellin the hoose doun. What's this aboot a yowe?

JOCK. Ask Robbie here. He'll tell ye.

ARCHIE. Him! He's hauf-wittit.

ROBBIE. Hauf-wittit yersell! I saw ye at the Brockwuid fauld the nicht.

ARCHIE. No sae lood. No sae lood. Ye saw me at the Brockwuid fauld, did ye? Weill, I haena been ower the door aa nicht, sae ye're a leear.

ROBBIE. I'm nae sic thing.

ARCHIE. Stop yer shoutin, then, and hae some respect for my wife and bairn.

JOCK. Ach, yer wife and bairn. Whaur's that yowe?

ARCHIE. See here, Jock, I said I had nae yowe, and I want the hoose quait. If ye think there's a yowe here ye can look for it, though I'm tellin ye ye winna fin as muckle as a trotter. Whan ye hae dune lookin clear oot o here and leave us in peace, for the bairn's faur gaen, and this isna giein it the ghaist o a chance.

JOCK. Richt, then, we'll look. We'll look, aa richt. And nae tricks, mind, for I hae men aa roun the hoose.

ARCHIE. Hurry and be dune wi't, then, and tak yersells oot o here.

(*Jock and Tam make a thorough search of the kitchen. Tam's search carries him to the vicinity of the cradle. He stumbles clumsily*)

KATE. Oh my wee pet. My wee pet.

ARCHIE. See here, Tam, if ye're gaun to

look ower there try to be a wee thing
quaiter. There's nae need for ye to kick
everything ower. Gie the bairn a chance.

TAM. Aa richt. Aa richt.

(*Jock and Tam find nothing, and become
puzzled*)

JOCK. Ye hae been gey smert this time,
Airchie.

ARCHIE. Ye're a damnt fule, Jock.

JOCK. We hae ben the hoose to look yet.

ARCHIE. Ye'll fin naething there bune the
auld ane in her bed.

JOCK. And the yowe in ahint her, likely.
Come on, Tam. We'll look the ither end nou.

(*Jock and Tam leave the kitchen. Archie
follows to the door. Jean is heard screaming.
Kate moans, and listens intently to what
goes on. Whenever the men in the room
raise their voices she whimpers with fear*)

JEAN. What are ye wantin in here? Mercy
me, ye arena blate, mairchin straucht intil a
room and an auld wumman in it in her bed!
What are ye wantin? There's naething here!

JOCK. We'll mak shair o that. Come on,
rise up and staun oot o the wey.

JEAN. Jock Elliot, dae ye ken what ye're
sayin!

JOCK. Rise up and staun oot o the wey!

JEAN. I neir heard the like o this in aa my
born days!

ARCHIE. Let them hae their ain wey, Jean.
They're juist makin fules o themsells.

JOCK. Haud yer tongues, the pair o ye! Is
there naething there, Tam?

TAM. No a thing.

JOCK. That's queer. Look ablow the bed
again. Tak everything oot. What's that! Na.
There's the ither bed, though. Tak a guid
look. The press there. Naething? Gae back
to yer bed, auld wife.

JEAN. Eh?

JOCK. Gae back to yer bed!

JEAN. Thenk ye.

JOCK. We want nae impiddence!

ARCHIE. No sae lood. No sae lood.

JOCK. Oh haud yer tongue. Nae sign o't,
Tam?

TAM. Na.

JOCK. That's queer. Hae ye tried that corner
o the thack?

TAM. Ay. There's naething there.

JOCK. That's queer, ye ken. Gey.

(*They return to the kitchen*)

ARCHIE. Weill, there ye are. I telt ye ye
were wastin yer time.

JOCK. What hae ye dune wi't? Hae ye
hidden it somewhaur ootbye?

ARCHIE. I tell ye, man, I haena seen yer
yowe. I haena been ower the door aa nicht.

JOCK. Whaur are yer brogans?

ARCHIE. Ower there at the fire.

(*Jock examines Archie's dry brogans. He is
puzzled*)

JOCK. There's something gey queer aboot
this.

ARCHIE. Ah, queer. If it was Will's Robbie
there that said he saw me there's naething
queer aboot it. The laddie isna richt i' the
heid.

JOCK. Are ye shair ye saw Airchie at the
Brockwuid, Robbie?

ROBBIE. Ay I'm shair!

ARCHIE. Dinna shout, then. Dinna shout.

JOCK. Ye're positive?

ROBBIE. Ay I'm positive.

JOCK. Wad ye sweir to't?

ROBBIE. Ay I wad sweir to't.

(*Kate moans*)

JOCK. Dae ye hear that, Airchie? He says he
wad sweir to't. He believes he saw ye,
onywey.

ARCHIE. He didna. He couldna. I haena
been ower the door.

JOCK (*sarcastically*). Ye didna tak the
yowe?

ARCHIE. Na, I'm tellin ye.

JOCK. Wad ye sweir to't?

ARCHIE (*with great solemnity*). See here,
Jock, I'll gie ye my solemn aith. Gin eir I
laid a haund on a yowe o yer faither's may
the guid Lord abune gar me eat the flaish
that's in that very creddle.

JOCK (*impressed*). That's solemn eneuch.
Eh, Tam?

TAM (*almost speechless with awe*). Ay.

JOCK. What hae ye gotten to say nou,
Robbie? Dae ye still sweir ye saw him?

ROBBIE. I dinna ken.

ARCHIE. There ye are.

ROBBIE. I thocht I saw him.

JOCK. Ah, thocht.

TAM. Huh.

ROBBIE. I saw something.

JOCK. Ye said it was Airchie.

ROBBIE. It was like Airchie.

JOCK. Like. Ye didna say that. Ye said it
was him.

ROBBIE. I thocht it was him.

JOCK. Huh.

ARCHIE. I ken what ye hae seen, Robbie.
They say Maggie Broun has an ill will at ye.
Weill, she has an ill will at me tae.

TAM. And what aboot it?

ARCHIE. She's a witch.

TAM. She's nae witch!

ARCHIE. She is, and she's bewitched Robbie into thinkin he saw me. That's what's happened.

TAM. Wha telt ye Maggie Broun was a witch?

ARCHIE. If ye dinna believe that ye'll believe naething. What wad ye say yersell, Jock?

JOCK. I wad say she was, but I dinna ken. It's juist what I hae heard.

ROBBIE. I wad say she was a witch.

TAM. Huh. Ye wad say onything.

ARCHIE. She has a hare-shotten lip, Tam. Ye canna deny that.

ROBBIE. And she has lang shairp teeth like the fangs o a dug. And lang, peyntit finger-nails.

TAM. Awa, see! Wha telt ye that? That's the daft-like wey they talk aboot her, and she's a hairmless auld body. She's my wife's auntie.

ARCHIE. Juist that, sae ye uphaud her. But she has a hare-shotten lip, for aa that. Has she no, nou, Jock?

JOCK. Oh there's nae dout aboot that.

ROBBIE. And there's nae dout but her teeth are like fangs, for I hae seen them. She chased me aa day whan I was a laddie for tyin a stane to her cat's tail, and she bared them at me like a dug.

TAM. Ah!

JOCK. Oh there's nae dout, Tam, but she's a queer ane, yer wife's auntie or no, for they say queer things aboot her. And hou dae ye accoont for Robbie seein Airchie the nicht, if ye say she had nae haund in it?

ARCHIE. Ay?

TAM. Oh I dinna ken that.

JOCK. Na, ye dinna ken that. There ye are, ye see.

TAM. Ah weill.

JOCK. Weill what? Ye say she has an ill will at ye, Airchie?

ARCHIE. She has that, for I gied her cat a kick mysell the ither day, for comin spittin at me. She skrecht at me like ane dementit, and cursed like an auld randy. It wasna cannie.

JOCK. I hae heard she's a bad ane.

ROBBIE. A bad ane! I'll tell ye something. It was afore she cam here frae Carlisle. They say she was chased oot o the place. There was a man caaed Dick o the Coo. A Gordon. She bewitched his wean!

JOCK. Bewitched his wean?

(Kate moans)

ROBBIE. Ay.

TAM. Wha telt ye that?

ROBBIE. I'll tell ye wha telt me. It was the reiver they hangit in Peebles last year for murderin a wee lassie at Talla Linn.

(Kate moans)

JOCK. I ken the ane.

ROBBIE. Ay. He telt me aboot Maggie Broun twa year syne, ae day in Suport.

TAM. And what did he tell ye? Lees, I'll wager.

ARCHIE. Quaiter, though. Quaiter.

ROBBIE. It wasna lees, for what wey was she chased oot o Carlisle? Tell me that.

TAM. Oh I dinna ken. It's juist the queer look she has.

ROBBIE. There ye are. She looks queer. There ye are.

JOCK. But hou did she bewitch Dick o the Coo's wean?

ROBBIE. I'll tell ye. It was ae nicht i' the gloamin at the back end o the year. Dick was ootbye, and his wife was aa her lane wi the bairn. She had lain it to sleep i' the creddle afore it grew daurk, and stertit to mak bannocks, and whan the bakin was ower she sat doun on the stule at the fire for a rest, withoot lichtin the cruisie. Nou the creddle was there, see, whaur yer ain is, Airchie.

(Archie begins to look uncomfortable. Kate moans)

ROBBIE. And the fire was ower there, juist whaur yer ain is tae.

JOCK. Weill?

ROBBIE. She noddit for a while, and whan she waukent it was gey near daurk, and the fire was doun, and she felt frichtent o something, something ower juist whaur the creddle was. She was sittin here, see, and the creddle was there.

(He points. Kate moans)

JOCK. Ay weill, come on.

ROBBIE. Weill, she was sae sair frichtent she sat for a while as still as daith, syne she ups, wi her hairt dingin, and lichts the cruisie.

JOCK. Ay?

ROBBIE. Syne she gangs ower to the creddle.

TAM. Ay?

ARCHIE (impatiently). Ay, come on feenish it.

ROBBIE. She gangs ower to the creddle.

JOCK. Ay?

ROBBIE. And the bairn isna there!

ARCHIE. Eh!

JOCK. Isna there!

KATE. Oh my wee pet!

ROBBIE. Na, but the creddle isna toom!
JOCK. Isna toom!
ROBBIE. Na, for the Deil's in it!
(*Kate moans*)
JOCK. The Deil!
TAM. Eh!
ROBBIE. Ay, the Deil, turnt into a bairn!
(*Kate moans*)
JOCK. Turnt into a bairn!
ROBBIE. Ay, but the queerest eir ye saw!
Bad-lookin!
TAM. Eh!
ROBBIE. A wee bad-lookin craitur wi a raw
o grinnin teeth!
(*Kate moans*)
ROBBIE. And horns!
JOCK. Horns!
KATE. Oh my wee Jock! My wee Jock!
ROBBIE. Ay, horns!
TAM. Godsake!
ROBBIE. And queer big bulgin een!
KATE (*wildly*). Oh! Oooooooh! Oh!
JOCK. There's shairly something gey faur
wrang wi yer wife, Airchie. Quait Robbie,
the nou.
ARCHIE. It's the bairn, ye see. We suldna be
here makin a noise. It's gey faur gaen and
she's upset. She's been like this aa nicht.
(*He goes to her and comforts her*) Wheesht,
wumman, they'll be quait nou. They winna
be lang. Ye'd mebbe better leave, Jock.
JOCK. I daursay. I didna believe the bairn
was badly, ye ken. I thocht ye were juist
sayin it to gar us leave ye alane.
ARCHIE. Na, it's badly, aa richt, puir wee
thing.
JOCK. Ay, it looks it. Its een are gey queer.
(*Kate moans*)
ARCHIE. Ay, they're badly swallt.
(*Jock moves closer to the cradle in his
curiosity to see the child. Kate stares at him,
and her eyes widen with fear. She leans over
the cradle to prevent him from discovering
the sheep*)
JOCK. They are that.
ARCHIE. Staun back, man! Staun back!
(*Kate screams and falls back in a faint, and
as she does so clutches wildly with her
hands, catching the piece of cloth which
conceals the sheep's horns. The whole head
is exposed. Jock leaps back abruptly, raising
his hands. His eyes stare in sheer horror*)
JOCK. Look!
(*Tam stares too, backing to the door*)
TAM. Horns!
JOCK. Oooooooh!
ROBBIE. Aaaaoooowh!

(*Robbie flees at once. Jock and Tam stare in
fascinated horror for a second more. Archie
kneels by his wife*)
JOCK. The Deil!
TAM. Rin, man, rin!
(*He too rushes outside*)
JOCK (*following*). Oooooowh!
(*Outside there arises a medley of sounds:
shouts of fear, questions, orders, the
padding of feet and the stamping of horses*)
JOCK. My horse! My horse! Sim! My horse!
For God's sake! Sim! What's wrang? Here!
Here!
TAM. Mak the Watter! The Watter's the
thing!
ROBBIE. Aaaaooowh!
(*Jean enters from the bedroom, clad heavily
from top to toe in weird bed-garments*)
JEAN. What's happened, Airchie? What's
happened? Did they fin ye oot? Oh what's
wrang wi her?
ARCHIE. She fentit wi fricht, silly wumman.
JEAN. Did they fin ye oot?
ARCHIE. Na. Quait. She's comin roun.
(*Kate slowly opens her eyes, raises her head
and looks round*)
KATE. Are they awa, Airchie?
ARCHIE. Ay, ay, they're awa, lass.
KATE. Oh thank the Lord.

C U R T A I N

THE SMUGGLER

CHARACTERS

In order of their appearance:

ELSPETH HAMILTON
a cottar.
JANET HAMILTON
her daughter.
JAMIE HAMILTON
her son.
MARY MCALISTER
a neighbour.
JEANIE MILLER
a neighbour.
DUNCAN MCKILLOP
mate of the revenue cutter 'Prince Augustus Frederick'.
Two seamen of the cutter's crew.
DOCTOR FULLERTON
a surgeon.
KATE MCBRIDE
another neighbour.

The action occurs in a cottage in Blairbeg, on the Isle of Arran, on a winter evening in the Eighteenth Century.

In the left wall, downstage, a fire-place with low white-washed jambs. In the left wall, upstage, a door leading through the thick white-washed wall to the byre. In the back wall, left, a window consisting of three panes of glass above a pair of wooden shutters. In the back wall, slightly right of the middle, a doorway backed by the interior of a wooden entry from which a door, on the left, gives egress to the brae. In the right wall, middle, a door to an inner room. In the right wall, downstage, a built-in bed.

A creel of peats downstage from the fire. An elbow chair upstage from the fire. By the window in the back wall a bunker with a hand kirn, two buckets of water, a tin can, a crock and two bowls. Against the back wall, between the doorway and the wall right, a dresser, Against the right wall, upstage, a stool. A small table right centre, slanting towards the audience. By this table two chairs.

There is bright moonlight beyond the window, and a glow from the fire. The table is lit by two candles. There is a beam of light also from the byre door and a shadow of someone moving in the byre beyond.

A figure passes the window, and the door opens in the entry. Janet Hamilton enters, closes the door, and starts to remove her head-shawl.

ELSPETH (*from the byre*). Is it yersell, Janet?
JANET (*putting her shawl on the bed*). Ay.
ELSPETH (*entering with a candle which she places on the bunker*). What did she say?
JANET. She's kirnin, but she'll be doun as sune as she's dune.
ELSPETH. And had she nae advice to offer?
JANET. Ay.
ELSPETH. What was it?
JANET. Something no cannie. I wad watch mysell wi her, mither.
ELSPETH. She's a wyce auld body, for au she looks sae doitit. What did she say?
JANET. I hate to think what the Kirk Session wad think o't.
ELSPETH. The Kirk Session need neir ken. The cou's seik, ye fule. Will the Kirk Session tell us hoo to save it?
JANET. Na.
ELSPETH. Then tell me what she said.
JANET. It's heathen.
ELSPETH. Havers! What did she say?
JANET. Ye're to tak a bowl o clear waal watter.
ELSPETH. Fetch a bowl frae the dresser. (*She herself brings water in a can from the bunker. They meet again at the table. She pours the water into the bowl*) Ay?
JANET. Put in a gowden ring.
ELSPETH. A gowden ring. (*She takes her wedding ring from her finger. Dropping it in*) Ay?
JANET. And a siller croun.
ELSPETH. A siller croun. (*Taking a crown from a little cloth purse tied round her waist and hanging beneath her skirt*) It's a guid thing we arena puir. (*Dropping it in*) Ay?
JANET. And a lump o coal.
ELSPETH. Coal!
JANET. Ay.
ELSPETH. Whaur are we to fin coal? Peat wadna dae?
JANET. It's to be pitch black.
ELSPETH. And she hadna a wee bit she could gie ye hersell?
JANET. Na.
ELSPETH. That's awkward. Coal. Coal. Wait! I ken whaur there's a bit coal. I saw a bit o coal the ither day. Whaur was it nou?
JANET. Doun at the Duchess Anne's quay, likely, whaur they melt the taur.
ELSPETH. Na, nearer nor that. No faur frae the door somewhaur. I ken! It's whaur Sandy MacMillan was tryin to strauchten a

crookit swee. He brocht up some coal because he said it wad saften the airn better. And I saw it lyin juist whaur he had the fire, no twa days syne. Ye didna see it yersell?

JANET. Na

ELSPETH. I'll hae to fetch it, then. Watch my ring, will ye, and the croun piece. Dinna tak yer een aff them.

JANET. Na. (*As her mother goes to the bed for her shawl*) Ye'll need a licht wi ye.

ELSPETH. I'll gang through the byre and tak the ling towe. (*Lifting the candle from the bunker and taking it with her*) I winna be lang.

(*She goes by the byre door. Until she returns a beam of candlelight shines from the byre into the kitchen. Janet goes to the window and looks to the left, obviously watching her leaving. She then returns to the table, picks up the can in which her mother has brought water from the bunker, and returns it to its place. She then goes to the fire. She stirs it and puts on some extra peats. A face appears at the window, which she does not see, then the door opens a little, with a slight sound. She turns looks at the door, then calls, afraid*)

JANET. Wha's there? Speak!

JAMIE (*appearing at the entry door*). Wheesht, ye fule! It's mysell!

JANET. Jamie! What are ye daein here?

JAMIE. Ye're aa by yersell?

JANET. Ay. My mither's awa ower to Sandy McMillan's.

JAMIE. I was watchin. I saw her leavin.

JANET (*as he staggers to the chair at the table*). Ye're hurt!

JAMIE. Ay.

JANET. What happened?

JAMIE. We had a fecht wi the gaugers.

JANET. I thocht ye were at the fishin.

JAMIE. I said sae to keep my mither quait. Help me to the fire, Janet. I'm cauld, lyin oot on the brae. When will she be back?

JANET. She'll be back juist at ance.

JAMIE. I'll hae to hide, then.

JANET. Hide! Frae yer ain mither!

JAMIE. I'll hae to. Ye ken what she was like when my faither was killed. She made me sweir I wadna smuggle.

JANET. But hoo can ye hide in here, and her gaun aboot aa the time?

JAMIE. Juist till I'm restit. Juist till I can move again. Then I'll mak my wey to Invercloy and bide wi Uncle Jock till I'm haill again. I can come hame then and say I hae been fishin.

JANET. And what will Uncle Jock say, whan ye suld hae been in his boat?

JAMIE. It was his boat I was in.

JANET (*as he sways*). Steady Jamie. What can I dae?

JAMIE. Watter, Janet. I hae sic a thirst. (*She goes to the bunker and lifts the can, then suddenly stiffens*)

JANET. Did ye hear ocht?

JAMIE. Na.

JANET. Wheesht! (*Pause*) I was shair I heard the byre door. Wait.

(*She goes into the byre. Jamie sees the bowl, dips his fingers into it and puts them to his lips, discovers that the liquid is water and lifts the bowl to drink greedily. She speaks from the byre, suddenly*) Hide! I see her licht on the brae.

(*Jamie moves quickly to the room door, still holding the bowl and turns*)

JAMIE. Keep her oot o the room here, mind!

JANET (*entering*). Ay. (*As he leaves*) Hae ye left ony trace? (*Looking at the floor by the fire*) Bluid!

(*She takes a cloth from the bunker and rubs at the floor, then at the table which Jamie has touched in the passing, then at the floor beyond the table. She has just finished and is back at the bunker rinsing the cloth when she suddenly straightens, conceals the cloth, and moves to the table. A shadow flutters in the byre door, then Elspeth enters, fetching back the candle*)

JANET. Did ye fin the coal?

ELSPETH. Juist whaur I thocht it was. (*Suddenly gasping*) Whaur's the bowl?

JANET (*genuinely flabbergasted*). It isna there!

ELSPETH. Na, it isna there. What hae ye dune wi't?

JANET. Me! I haena touched it!

ELSPETH. Wha touched it then?

JANET. I dinna ken.

ELSPETH. Did ye tak yer een aff it? Hae ye been ootbye?

JANET. Na.

ELSPETH. Ye sweir ye haena touched it?

JANET. Ay.

ELSPETH. Ye did touch it.

JANET. Na. I didna touch it! I sweir it!

ELSPETH. Wad ye sweir it on the Buke?

JANET. Ay!

ELSPETH (*awed*). That's queer. I woner could it be the wee folk. They micht no want the cou made haill.

(*A shadow crosses the window. There is a shout from beyond the door*)

MARY (*outside*). Are ye there, Elspeth?

ELSPETH. Ay Mary. Come in.

MARY (*entering*). Did ye tell her what to dae, Janet?

JANET. Ay.

MARY. Has there been ony improvement?

ELSPETH. I dout the wee folk are against us, Mary. They hae stolen awa the bowl.

MARY. Eh?

ELSPETH. We had the bowl on the table, wi the ring in it, and the croun piece, but I had to gang ower the brae to Sandy McMillan's for the lump o coal, and when I won back in the bowl had gane.

MARY. Na! But wasna Janet here?

ELSPETH. Ay.

MARY. Aa the time yer mither was oot?

JANET. Ay.

MARY. Ye didna touch it yersell?

JANET. Na.

MARY. And ye saw naebody else touch it?

JANET. Na.

ELSPETH. She says she wad sweir it on the Buke.

MARY (*awed*). That's queer.

ELSPETH. I dout it was the wee folk.

MARY. I woner. Dae ye leave them their meal ilka nicht on the hoose-door flag?

ELSPETH. Ay.

MARY. Ye haena missed a nicht?

ELSPETH. Na.

MARY. It can haurdly be them, then.

ELSPETH. Wha else can it be?

MARY (*cunningly*). I'll sune fin oot. Janet, fetch yer mither a riddle.

JANET. A riddle!

MARY. Ay, a riddle.

JANET. What's the riddle for?

ELSPETH. Dae what Mary tells ye, ye limmer, and stop yer speirin. The riddle's at the byre door.

(*Janet takes the candle from the bunker and goes into the byre for the riddle*)

MARY. Ye're shair she's tellin the truith?

ELSPETH. Mary! Ye dinna think she wad steal frae her ain mither!

MARY. Ye think no?

ELSPETH. I'm shair o't.

MARY. Then yer cou's cronached, I dout. Ane o yer neibours wi an ill will at ye maun be castin a spell ower it.

ELSPETH. But wha could dae that?

MARY (*as Janet's shadow moves in the byre doorway*). We'll see nou.

(*Janet enters with the candle and the riddle. She places the candle on the bunker and hands the riddle to Mary*)

JANET. What are ye for daein wi it?

ELSPETH. Haud yer tongue and ye'll see what she's for daein wi't.

MARY (*to Janet*). It's a wey o finnin oot wha stole awa the bowl.

JANET. It's deil's wark! Janet Hunter o the Clachan had to staun fornent the Kilmory congregation for three Saubbaths on end for turnin the riddle, and after that she was haundit ower to the Factor for a leatherin!

ELSPETH. Wheesht, ye fule! Nane need ken what gangs on in here gin ye keep yer coonsel.

JANET. Nae guid can come o't. It's wrang.

ELSPETH. Dinna let her fash ye, Mary.

MARY. She daesna fash me. Wha can ye think o that micht wish ye ill?

ELSPETH. Dizzens in this place.

MARY. Wha in parteecular?

ELSPETH. Nane in parteecular. Juist dizzens.

MARY. Think o a wheen.

ELSPETH. Weill, there's Flora Kerr for ane. She has an ill will at me for chasin her cou the ither day aff oor rig o corn. I threw a stane to frichten it and hit it on the ee. And her sister Jean canna forgie me for throwin a pail o hot watter ower that big deil o a cock she has, whan it was chasin my hens awa frae their ain meat. And Mary McMillan says I didna pou my thistles the year afore last till they were aa seedit, and that's the wey her rig has sic a plague o them nou. And there's Kate McBride, and yer kizzen Jeanie McAlister, and I dinna ken wha else, aa wi a spite at me for something.

MARY. And ye canna tell what ane suld maist wish ye ill?

ELSPETH. I dout no. Flora Kerr, mebbe.

MARY. For chasin the cou? Did ye blin it?

ELSPETH. Na na, I juist gied it a fricht.

MARY. It micht be her, I daursay, but hardly for that. I tell ye what, Elspeth; we'll try faimily names first, and ance we fin the faimily name we'll try christian names alang wi't. (*She holds up the riddle in her right hand*) Tak an end in yer richt haund. (*Elspeth does so*) Nou move roun backwards, against the sun. (*They move round anti-clockwise for a complete turn*) Stop! Nou doun on yer hunkers.

JANET. I wadna dae it mither!

ELSPETH. O haud yer tongue!

(*Elspeth and Mary sit*)

MARY. Are ye ready?

ELSPETH. Ay.

MARY. Haud ticht, then and try to haud it still. And whan it turns dinna fent wi fricht.

ELSPETH. Has onyane fentit afore?

MARY. They nearly aye fent. (*To Janet, who is looking on fearfully*) Keep an ee on the winnock, Janet.

(*Janet crosses to the window and stands against it, immediately behind them*)

MARY. We'll stert, then. (*In a louder voice, as though speaking to someone at a distance*) By Peter, By Paul; It was a Kerr. (*Nothing happens*) Na.

ELSPETH. Na.

(*Janet is looking on anxiously, her head turned away from the window*)

MARY. By Peter, By Paul, it was a McMillan. (*Nothing happens*) Na.

ELSPETH. Na.

MARY. By Peter, by Paul, it was a McBride. (*Nothing happens*) Na.

ELSPETH. Na.

MARY. It shairly wasna ane o my name. But we'll try. By Peter by Paul, it was a McAlister. (*Nothing happens*) Na. That lets auld Jeannie oot o't.

ELSPETH. Ay.

MARY. Weill, that's ilka auld name in Blairbeg, save yer ain. (*As Janet begins to look uneasy*) It shairly wasna an incomer! They wadna hae the pouer.

ELSPETH. Ye wad haurdly think sae.

MARY. There's but the ae name left, then, and that's yer ain.

JANET (*moving to the table*). There's an incomer caaed Mathieson wi a sclent in her ee, and an Adam wi a wart on her chin! I wad try aa the incomers' names tae!

ELSPETH. Ye were to watch the winnock! Ye'll hae us foun oot.

MARY. Ye're geyan eager, aa at ance, to hae us try mair names! Ye want us to put aff yer ain! What are ye feart o?

JANET. Naething.

MARY. She's been leein! She took the bowl!

JANET. I didna!

MARY. We'll try yer name, then?

ELSPETH. Janet, ye shairly didna steal frae yer ain mither?

JANET. Na, mither, I didna. (*To Mary*) Try my name if ye like.

MARY. We will. Doun Elspeth. By Peter, By Paul, it was Janet Hamilton. (*Nothing happens*)

JANET. What did I tell ye?

ELSPETH. Are ye shair there's ony sense in this cairry on Mary? The riddle turns richt roun, does it, if ye caa the richt name?

MARY. Ay.

ELSPETH. Nae maitter hoo ticht ye may haud it?

MARY. The tichter ye haud it the better.

ELSPETH. Has it turnt afore this for yersell?

MARY. It's turnt dizzens o times for mysell.

ELSPETH. Weill, it's gey slow the nicht.

MARY. We haena foun the richt name.

ELSPETH. Cairry on, then, whaur we left aff.

MARY. We had gotten to Hamilton.

ELSPETH. What Hamilton could it be, if it wasna Janet or me? And it wasna me.

MARY. It couldna be Jamie?

(*Janet moves instinctively to the room door*)

JANET. It's been an Incomer! Try aa the incomers' names!

MARY. We haena tried Hamilton yet. What's come ower ye? Ye suld be at the winnock. Ye suldna be ower at the door. (*Janet looks terrified*) Wha's in the room, Janet?

ELSPETH. What's wrang, lass?

JANET. She frichtens me! She's in towe wi the Deil! I wadna listen to her. I wad chase her!

MARY. She's feart I fin something oot. She's hidin something. (*To Janet*) Wha's in the room?

ELSPETH. I'll sune fin oot if there's ocht or onyane.

(*She crosses to the room door and is about to enter when she suddenly stiffens at a sound from the byre. There's a low call of 'Elspeth!' and Jeanie Miller puts her head in at the byre door*)

JEANIE. Hide yer whisky, Elspeth! The gaugers are here! They're on the brae-face fornent the hoose door!

(*She leaves hurriedly as she came. Janet rushes to the window*)

ELSPETH. Aa I hae's hidden. It hasna been oot sin the faither was killed. Jamie daesna touch it. What aboot yer ain?

MARY. Mine's aa richt.

JANET (*at the window*). They're comin! (*Moving to the room door again*) Oh, what'll we dae?

ELSPETH. Dae naething. They can dae naething.

(*The glow of a ling tow appears beyond the window. Two figures are seen. One remains at the window. The other passes to the entry door. Their voices are heard as they part. The door is opened and Duncan Mckillop enters, in the uniform of the mate of a revenue cutter, carrying a cutlass in its scabbard. His hand rests cautiously on its, hilt, ready to draw*)

DUNCAN. Weill Mistress Hamilton, hoo dae I fin ye the nicht?

ELSPETH. Duncan McKillop! I woner ye can cross that door.

DUNCAN (*ignoring her*). Guid ein, Janet. (*Janet turns away coldly*)

ELSPETH. Dae ye feel nae shame, ye cauld-bluidit blaggard?

DUNCAN. Nane at aa. What wey suld I?

ELSPETH. Ye killed my man!

DUNCAN. He tried to kill me.

ELSPETH. Ye were for makin a prisoner o him. He was juist tryin to win awa frae ye. He didna want to hurt ye at aa.

DUNCAN. I didna want to hurt him.

ELSPETH. Ye killed him, though.

DUNCAN. He was smugglin, wumman. He was breakin the law. He was in the wrang. I wasna.

ELSPETH. Ay, ay, I ken aa that. Ye dinna need to deive me wi't. Shairly the least ye can dae nou is to keep oot o my sicht!

DUNCAN. I'll hae to look roun the hoose, I dout.

ELSPETH. Could ye no hae sent ane o yer men?

DUNCAN. Na.

ELSPETH. What wey no? They aa ken the smell o whisky as weill as yersell.

DUNCAN. It isna whisky I'm efter.

ELSPETH. Eh.

DUNCAN. I dout yer son's takin efter his faither, Elspeth.

ELSPETH. Hoo that? Jamie's at the fishin.

DUNCAN. Like aa the rest o them. When I first cam ower him the day he was in Jock Hamilton's lugger, oot frae Invercloy wi a load o Shisken Whisky for the Ayrshire coast.

ELSPETH. Shairly no!

DUNCAN. And when I saw him last he was wadin for the shore juist this side o the Clauchlands, wi bluid on his sark.

ELSPETH. He didna facht.

DUNCAN. The haill crew o the lugger focht. They sank a boat we sent ower to board them.

ELSPETH (*after a pause*). They'll hang him for that, if ye fin him.

DUNCAN. Whaur is he?

(*Janet moves back almost into the room doorway*)

ELSPETH. I dinna ken.

DUNCAN. Did he come here?

ELSPETH. Na.

MARY (*weirdly*). The riddle was richt!

DUNCAN. What was that?

MARY. Naething!

DUNCAN. There was something. What was it?

JANET. It was naething. Her heid's fou o auld farrant havers. She daesna ken what she's sayin!

DUNCAN. Whaur's yer brither?

JANET. I dinna ken.

DUNCAN. I'll tell ye. (*Pointing to the room door*) He's ben there.

JANET (*putting out her arms as if to bar the way through*). Na na, he isna!

DUNCAN (*drawing his cutlass*). I thocht sae. (*Lifting one of the candles from the table*) Oot o my wey.

JANET (*advancing a step towards him*). Leave him alane, Duncan! Dinna tak my brither tae!

DUNCAN (*waving his cutlass*). Oot o my wey.

(*He drives her out of his way and enters the room. She follows immediately*)

MARY. The riddle was richt. It was a Hamilton. It was yer son Jamie.

(*Elspeth stares at the room door. Duncan Mckillop returns, without the candle*)

ELSPETH. Is he there?

DUNCAN. Ay but he's faur through. He'll hae to be cairrit.

(*Elspeth crosses quickly to the room as Mckillop moves upstage to the entry*)

DUNCAN (*in the entry, to the figure at the window*). Broun!

BROUN (*at the door*). Ay, sir.

DUNCAN. He's here, aa richt, but he'll hae to be cairrit. Fin a mate and fetch up a litter.

BROUN. Ay, ay, sir.

(*Broun's figure passes the window, going left. Duncan Mckillop turns back towards the kitchen. Janet enters from the room*)

JANET. My mither wants ye, Mary.

MARY. Has she found the bowl?

JANET. Ay, Jamie had it. He was thirsty.

MARY (*turning and dipping the can into the water bucket*). I kent ye were tryin to hid something.

ELSPETH (*beyond*). Mary!

MARY (*crossing to the room with the can full of water*). I'm comin.

DUNCAN. I suppose ye ken it's wrang to hid a man on the run?

JANET. He's my brither, Duncan. I could dae naething else. And he's sae sair hurt. Ye canna tak him, Duncan. Ye canna tak him ower to Ayr like this. He isna fit to sail. He wad dee on the wey ower the watter.

MARY (*entering suddenly*). Whaur did yer mither put the lump o coal?

JANET. What dae ye want wi't?

MARY. Whaur did she leave it?

JANET. I dinna ken.

MARY (calling). Whaur did ye leave it, Elspeth?

ELSPETH (entering and passing them). I'll fin it myself. Watch him, Mary.

(Mary returns to the room. Elspeth finds the piece of coal and is about to return also)

JANET. Ye're no for usin on Jamie what she ettlet for the cou?

ELSPETH. He's badly, is he no?

(She follows Mary into the room)

JANET. He suld hae Doctor Fullerton. Duncan, could ye no mak up for what ye did to my faither by helpin to save puir Jamie?

DUNCAN. Save him for what? The gallows.

JANET. He micht juist be deportit. He micht be aa richt yet.

DUNCAN. I dout it. He's gane ower faur this time. What could I dae onywey?

JANET. Ride for Doctor Fullerton. It wadna tak ye lang.

DUNCAN. I hae nae horse.

JANET. Ye'll fin a pownie in the loan.

DUNCAN. It wad tak twa hours.

JANET. What o that? It's for the laddie's life.

DUNCAN. It's to send me oot o the wey sae that ye can shift him alang the brae face. Na, na Janet. Think again.

JANET. Ye're what my mither said, a cauld-bluidit blaggard! (Moving to the bed for her shawl) I'll hae to fetch the Doctor mysell.

(Mary crosses from the room carrying the bowl)

JANET. Hoo is he, Mary?

MARY. It's ower soon to ken.

(She takes the candle from the bunker and goes out into the byre)

JANET. Will ye keep him here till I win back, Duncan?

DUNCAN. He'll hae to gang as sune as there's a litter brocht.

JANET. He suld be seen by the Doctor.

DUNCAN. Mebbe he will afore we tak him on board. The Doctor's at the quay the nou.

JANET. Doctor Fullerton! What quay?

DUNCAN. The Duchess Anne's. Or he was aboot an hour syne. We had a man hurt the day tae.

JANET. Oh. (Coaxingly) Duncan, keep Jamie here till he's been seen. I'll try to catch the Doctor afore he maks hame for Kilmichael.

DUNCAN (agreeing gruffly). Hyrry then.

JANET. Thank ye, Duncan. I ken ye werena to blame for my faither's daith.

DUNCAN. Wheesht!

JANET (running to the entry and looking out). It's the litter!

DUNCAN. Ye're ower late, then, Janet. I daurna bide nou. Ye wad tak ower lang.

JANET (running to him pleadingly). I wad flee, Duncan.

DUNCAN (looking to the door). There's nae need. He's here.

(She turns and follows his look. Doctor Fullerton enters)

DOCTOR. Guid een, McKillop. Mair trouble here?

DUNCAN. Jamie Hamilton, Doctor. I tracked him here efter the fecht at the Clauchlands. He's in the room.

JANET. Here's the Doctor, mither.

DOCTOR. Whaur's he hurt, dae ye ken?

DUNCAN. In the chist and ribs. A pistol shot and twa strokes o the cutlass.

DOCTOR. Lay oot the litter by the fire, then, on twa-three chairs. I'll mebbe hae to operate.

(He goes into the room)

DUNCAN (speaking towards the entry). Fetch it in, Broun. The Doctor wants it ower by the fire. (As they fail to negotiate the doorway) Cannie. (They halt, retreat and wait) Roun nou. (They try again successfully) That's richt.

BROUN (turning towards the fire). Ower here?

DUNCAN. Fornent the fire on twa-three chairs (Pulling out the chair from the fire-place end of the table) Haud it. (He places the chair in position for the head of the litter) Doon. Nou. (The head of the litter is lowered on to the chair) Richt. (He brings the other chair from the table and places it on the fire-place side of the litter. Nodding towards the stool for the benefit of Broun who has relinquished the head of the litter) That stule. (Broun turns and looks, sees the stool, and fetches it to Mckillop, who places it beneath the foot of the litter) Thank ye. Richt. (The litter is lowered) Bide by the door.

(The two men leave. Elspeth hurries in from the room, fills a pot with water and hangs it on the swee. Janet enters, goes to the bed, pulls out a truckle chest and removes some linen, which she places on the table)

ELSPETH (to Janet). Whaur did Mary gang?

JANET. I dinna ken.

DUNCAN (from the entry). She gaed into the byre.

MARY (coming from the byre with the candle and bowl). I'm here.

DOCTOR (*coming from the room*). What's in the bowl?

MARY. A pickle watter.

DOCTOR. What were ye daein wi't?

MARY. Naething.

DOCTOR (*to Elspeth*). Ye didna fetch her here to heal Jamie, shairly.

ELSPETH. Na, Doctor.

DOCTOR. Let me see. (*He steps forward and takes the bowl from Mary*) A ring, a croun, and a lump o coal. I thocht sae. (*To Elspeth*) Has she been in at the lad?

ELSPETH. I didna ken ye were comin Doctor, and she was here to see the cou onywey.

DOCTOR. I'll hae ye up afore the Kirk Session yet, ye auld beldam, gin ye dinna mend yer weys. Fetch the lad ben, McKillop. Be cannie wi him.

(*Duncan Mckillop goes into the room*)

DOCTOR (*to Janet*). Hae a blanket and bowster haundie.

(*Janet goes to the bed and fetches a blanket and pillow*)

DOCTOR. Whause ring's this?

ELSPETH. Mine.

DOCTOR. Tak it. Whause is the croun?

ELSPETH. Mine tae.

DOCTOR. Ye're luckie to get it back. (*He hands her the crown*) And that's that. (*He throws the piece of coal into the fire*) Ye hae faur mair regaird for rank black supersteetion than for the maist advanced discoveries o medical science. Gin I had ony sense, I wad let ye aa dee. (*As Duncan Mckillop enters with Jamie*) That's richt, McKillop. Ower to the fire here. He's blae wi the cauld. (*To Elspeth*) Whan did he come in the nicht?

ELSPETH. Haurdly hauf an hour syne.

DOCTOR. He'll hae been lyin oot on the brae. (*As Jamie is lowered onto the litter*) Cannie, nou, McKillop. Easy daes it. The bowster, Janet. That's richt. And the blanket ower him. Thank ye. (*To Mary*) Nou listen, auld wife. Toom the watter oot o this bowl and hauf fill it wi whey.

MARY. Whey?

DOCTOR. Ay, whey?

(*Mary goes to the bunker*)

DOCTOR. And ye, guid wife. Ye're juist keepin the fire frae the laddie. Hae ye ony kailworms?

ELSPETH. Ay.

DOCTOR. Dried and pouthert?

ELSPETH. Ay.

DOCTOR. Fetch a pickle.

(*She goes to the dresser. The Doctor takes a mortar and pestle from his saddle bag and*

lays them on the table, then produces a small canvas bag from which he measures a quantity of powder by means of a horn spoon which he takes from his skirt pocket*)

ELSPETH (*coming from the dresser*). What's that, Doctor?

DOCTOR. Deid bees grund into a pouther. Hae ye the kailworms?

ELSPETH. Ay.

DOCTOR. Thank ye.

MARY. The whey, Doctor.

DOCTOR. Juist haud the whey the nou. (*Measuring some dried kailworms into the mortar*) Thank ye, guid wife. (*He returns the surplus*) Nou fetch me a toom bowl. (*She returns to the dresser. He produces a horn and measures out a minute quantity of another ingredient*)

ELSPETH (*returning with the empty bowl*). Is that anither pouther, Doctor?

DOCTOR. Ay.

ELSPETH. What pouther is it?

DOCTOR. Gin I gaed about tellin folk aa they wantit to ken I wad sune no hae a tred secret left. (*Pounding the contents of the mortar with the pestle*) It's the pouther o a human skull.

ELSPETH. A human skull! And what are ye makin, Doctor?

DOCTOR. A drink to gie the laddie strength. (*Lowering his voice*) He couldna thole the knife withoot it.

ELSPETH (*exclaiming*). The knife!

DOCTOR. Wheesht, wumman! Hae ye nae sense? The toom bowl. Thank ye. (*He pours the powder from the mortar into the empty bowl*) The bowl o whey, auld ane.

(*Mary hands him the bowl of whey. He adds it to the powder gradually stirring the mixture carefully. He then holds up his spoon and watches how the drops fall from it. He turns towards Jamie*)

DOCTOR. Haud up his heid Janet.

(*She does so. He groans*)

DOCTOR. Try to drink this, lad. Ye'll feel a lot the better for it. Up a wee yet. A wee yet. That's it. Drink. (*As Jamie splutters*) Come, nou! Ye canna ettle a medicine to dae ye ony guid gin ye dinna fin it nesty to tak. That's better. Drink up ilka drap. Ilka drap. (*As Jamie suddenly goes limp*) Puir sowl. We'll let him aff the lave. He's waik. He's gey waik. (*Returning to the table*) But that'll put strength in him. (*To Elspeth*) Did ye put watter on the fire?

ELSPETH. It'll be beylin sune, Doctor. And Janet put some claiths on the table for ye.

DOCTOR. I see them. (*He signals to her*) Come here. (*She joins him at the table downstage right*) Rowe a pad o claith to gang atween the laddie's teeth. It'll help him to staun the pain. (*Elspeth goes to the dresser*) Auld wife. (*Mary joins him. He picks up an instrument from his bag*) Put this in the fire and mak it reid hot. (*She crosses to the fire, fascinated, and puts an end of the instrument among the peats*) McKillop. (*Mckillop joins him*) Caa in yer men, will ye, to help to haud him doon, but dinna let him see them till I'm ready to start. (*He returns to the table, removes his bag from it, and starts to lay out his instruments on a sheet of Janet's linen. He wipes each carefully and runs his eye professionally along its edge, close to the candle, before putting it down. All look on in fascinated horror, including Mckillop, who stands in the background with his two men. When he has completed his survey and the instruments are ready, the Doctor suddenly lifts an hourglass from his bag and approaches the patient briskly*)

ELSPETH (*in alarm*). Oh Doctor!

DOCTOR. What?

ELSPETH. Dinna hurt him.

DOCTOR (*scathingly*). I hae to coont his pulse afore I stert. (*To Janet and Mckillop*) Haud the caunles close will ye. (*They do so. He kneels and lifts Jamie's wrist. He feels for the pulse, stiffens, and puts the hourglass back on the table. He takes a small metal instrument from his skirt pocket and holds it over Jamie's mouth. He removes it, holds it to the light of one of the candles, and scrutinises it gravely. He finally with his finger and thumb pulls back Jamie's eyelids and looks into his eyes*) Closer wi the caunles!

(*They hold the candles closer. He straightens and remains gravely still*)

ELSPETH (*worried*). What is it, Doctor? What's wrang?

(*He draws the blanket slowly over Jamie's face. Janet gropes for support. Elspeth kneels suddenly, pulls the blanket off Jamie's face, and shakes him by the shoulders*)

ELSPETH. Oh Jamie. Jamie.

(*She breaks down*)

DOCTOR. Try to coax yer mither to her chair, Janet. (*He helps also*) Come on, Mistress Hamilton, ye can dae the laddie nae guid that wey.

(*She allows herself to be supported to the elbow chair. She sobs brokenly. The Doctor draws the blanket over Jamie again, and starts to pack away his instruments*)

DUNCAN. I needna bide, then Doctor.

DOCTOR. The law can dae naething wi him nou, McKillop. Dae ye want the litter?

DUNCAN. Na. Can I hae a certificate?

DOCTOR. I'll send it to Ogg at Brodick.

DUNCAN. That's aa I want (*After a sympathetic pause*) Guid nicht.

(*He leaves with his men. They pass the window*)

MARY (*as Elspeth sobs and Janet comforts her*). It was yer medicine that killed him!

DOCTOR (*pausing in his packing*). Gin I didna ken ye were ignorant I wad hae ye drount for a witch!

JANET (*suddenly pointing to Jamie*). Look!

ELSPETH (*rising in her chair*). Jamie!

JAMIE (*raising his head*). Are they awa, Doctor?

DOCTOR (*looking from the entry*). Ay. (*Turning*) Nou listen, guid wife. Dae ye hear me?

ELSPETH. I think I'm gaun to fent.

JANET. Sit doun, mither.

DOCTOR. That's richt, Janet. She'll sune steady. Guid wife, will ye pey attention? I canna bide lang. I want to ride past McKillop on my wey awa. Are ye listenin?

ELSPETH. Ay, Doctor.

DOCTOR. Let Janet tak the measurements for the laddie's coffin to the jeyner the nicht. Keep him lyin on that litter, ready to draw the claith ower his heid, till the coffin comes the morn.

ELSPETH. Ay, but the kistin?

DOCTOR. Hae the auld ane here wi the mort-claiths when the jeyner comes, and tell him the corp isna ready. When he's waitin ye can fill him wi drink – ye winna fin it hard – and whan he's noddin dae the kistin yersells. Ye'll hae to fill the coffin to the richt wecht wi stanes, but wrap them weill roun in case they rummle.

ELSPETH. But the funeral.

DOCTOR. Yer lair's on the Holy Isle?

ELSPETH. Ay.

DOCTOR. Send word to the Dominie to gar the bairns dae the biddin, and order the funeral boat. I'll hae the meenister at the quay at flood tide the day efter the morn. Gae through the haill rigmarole as if he was a real corp, or ye'll hae me in the High Coort at Edinburgh.

JANET. But what aboot Jamie, Doctor?

DOCTOR. Hide him till he's weill. He'll heal in a day or twa. Then Jamie, are ye listenin?

JAMIE. Ay.

DOCTOR. Mak yer wey to Greenock. There's a brig caaed the Scotia, an emigrant boat, leavin for Canada wi cleared oot cottars on the last Friday o the month. Fin the maister and tell him yer name. He'll hae gotten warnin frae me by that time. He'll gie ye a job on the crew. And when ye win ower to Canada bide there. Ye're juist a nuisance here. I telt ye no to try to save a cargo, did I no? I telt ye no to fecht wi the gaugers?

ELSPETH. Doctor!

DOCTOR. Ay?

ELSPETH. Ye arena in the smugglin tae!

DOCTOR. I ken what gangs on. And what could the Arran folk dae wi their baurley gin they didna mak whisky o't? What sort o profit wad it mak on the mainland, wi the freight they hae to pey?

ELSPETH. But what am I to dae withoot my laddie? I winna hae a man aboot the place nou at aa.

DOCTOR. Ye'll hae to follow him when he's settled oot in Canada. Ye wad be gaun sune onywey. Blairbeg's to be cleared o hauf its cottars at the tairm. It's to be made into twa-three dacent-sized ferms. But I'll hae to win awa nou if I'm to catch up wi McKillop. Dinna fash. I'll keep an ee on ye.

(*He takes up his saddle-bag and leaves. Mary rushes into the byre*)

ELSPETH (*to Jamie*). Ye leein young blaggard! I thocht ye promised no to smuggle.

JANET. Hoo was he to mak siller for ye?

ELSPETH. Was the fishin no guid eneuch?

JANET. Ye ken yersell the fishin was ruint by the saut tax. Leave him alane mither. He's no weill.

ELSPETH. Ach, I feel sae mad I could choke him!

(*Mary comes in from the byre*)

MARY. The cou's on its feet again!

ELSPETH. What aboot it?

MARY. It was the watter wi the ring in it, and the croun, and the lump o coal, and that's brocht yer Jamie back frae the deid.

JANET. Wheesht!

(*Voices are heard*)

ELSPETH. He'll hae to gang back to the deid, I dout, for I hear Jeanie Miller.

JANET. And someane wi her. Will they hae heard frae the gaugers?

ELSPETH. I wadna woner. And they'll bide aa nicht. Lie still, nou, ye young deil, and dinna move a hair. Sit doun, Janet, and hae a guid greit. Gie them nae mair nor a bit keek at him, Mary.

(*Janet and Elspeth pretend to cry quietly as the entry door opens and Jeanie Miller enters with Kate Mcbride. Mary stands by the 'corpse', waiting*)

JEANIE. We heard aboot Jamie.

ELSPETH *and* JANET *weep a little more loudly*.

KATE. We thocht we micht be able to bring ye some comfort.

(*Jeanie moves towards the 'corpse'*)

JEANIE (*to Mary*). Did the Doctor operate?

MARY. He hadna time.

KATE. Puir Laddie. Had he muckle pain?

MARY. He was spared that. He gaed awa in a fent.

(*She pulls back the cover slowly. They gaze solemnly. She replaces the cover. They wipe their eyes with their petticoats, in tearful sympathy*).

CURTAIN

THE CAILLEACH

CHARACTERS

In the order of their appearance:

FLORA KERR.

JANET KERR
her daughter.

JOCK KERR
her husband.

JAMIE
her son.

DONALD THE MOGAN
a neighbour.

MEG KELSO
a friend of Janet's.

MARY MACKILLOP
a neighbour.

JEANIE LOGAN
a neighbour.

The action occurs in a cottage at the Currie, on the Isle of Arran, in the year 1652, when the Castle of Brodick was garrisoned by troops of Cromwell.

COSTUME

FLORA KERR
A gown of red flannel with a drugget skirt super-imposed, the gown showing below the skirt like the fringe of a petticoat, and above the skirt like a blouse. A small plaid worn over the shoulders and fastened at the breast with a round brooch. Hair fastened in a knot at the back of the head. Feet, legs and head bare.

JANET KERR
A gown of red flannel and a drugget shirt. Hair worn in two pleats hanging over the breast and tied at the ends with ribbon. Feet, legs and head bare.

JOHN KERR
A shirt of grey flannel. A jacket of homespun with a row of small buttons reaching from the neck to the skirt. Breeches, unbuttoned below the knee. Feet, legs and head bare.

JAMIE KERR
A shirt of grey flannel. Breeches, unbuttoned below the knee. Feet, legs and head bare.

DONALD THE MOGAN
A shirt of grey flannel. Jacket. Breeches. Mogans (cloth stockings without feet). A blue bonnet similar to a Kilmarnock bonnet but less generous in circumference. Feet bare.

MEG KELSO
A gown of red flannel and a drugget skirt. A small plaid worn over the shoulders and fastened at the neck with a round brooch. A white head-dress formed of a square of lawn folded into a triangle and fastened in such a way that one corner hangs in a taper over the back of the neck. Feet bare.

MARY MACKILLOP
As for Flora Kerr, but with the addition of a large plaid worn over the head shawl fashion.

JEANIE LOGAN
As for Mary MacKillop.

The kitchen of a cottage at the Currie, on the Isle of Arran, during the afternoon of a day in the autumn of 1652.

Left, a hallan separating the kitchen from the byre. In the middle of this a waist-high wooden door. Downstage from this door, against the hallan, a dresser, and upstage a bench with dairy utensils. In the left upstage corner a short ladder leading to a loft of rough planks laid across the rafters of the byre. In the left of the back wall, which is of whitewashed unhewn stone, a door leading on to the brae. Against the back wall, right, a kitchen table. In the right wall two built-in beds with a passage between them leading to the other room of the house.

In the middle of the floor, downstage, a peat fire on a hearth of flags. From an unseen rafter directly above this hangs a long chain terminating in a hood which holds a pot. Three-legged stools around the fire and by the kitchen table. A net frame in the corner downstage right with a net almost completed. A rock and reel and a peat creel by the fire.

The kitchen is lit partly by a gleam of sunlight from the door, and partly by a gleam dimly piercing the roof high above the fire, where there is an opening to allow smoke to escape. Daylight shows dimly also above the hallan, upstage. The peat fire gives a red glow.

When the curtain rises Flora Kerr and her daughter Janet are discovered, Flora busy at the kitchen table and Janet, with knitting in her hands, sitting staring into the fire.

FLORA (*coming from the kitchen table with*

some cut vegetables, which she places in the pot). It's milkin time, Janet. Dinna sit glowerin into the fire. Stert, see, while I fetch in the peats for the nicht. The men'll sune be in for their kail.

(She lifts the creel from beside the fire and goes out by the main door. Janet listlessly puts by her knitting, lifts a luggie from the bench by the hallan and goes into the byre. Jock Kerr and his son Jamie come to the main door briskly and furtively)

JOCK *(in a whisper).* Watch the door. Tell me whan she's on her wey back. *(Calling out)* Are ye there, Janet?

JANET *(from the byre).* I'm at the milkin.

JOCK. Are ye nearly through wi't?

JANET. I haena richt stertit.

JOCK. Wyre in, then.

(He climbs the ladder and fetches from the loft a sail, which he places on the floor and unrolls, working with stealthy haste. He then reaches up again and fetches down a targe and broadsword, a musket, a powder horn and a bag of shot)

JOCK *(to Jamie).* Has she filled her creel yet?

JAMIE *(from the door).* She hasna stertit. She's talkin to auld Jeanie Logan.

JOCK. Here, tak the shot and the pouther horn. I'll rowe thir in the sail. *(He starts to do so)* Nou, mind, we're gaun fishin, if she speirs.

JAMIE. She'll think it gey queer that we canna bide for oor kail.

JOCK. We haena the time. We can tak some bannock.

JAMIE. She'll think it queer.

JOCK. Let her. Watch her, will ye, while I win doun the net.

(He climbs the ladder again. Donald the Mogan comes to the door. He carries something wrapped in a piece of sail-cloth, and speaks excitedly)

DONALD *(to Jamie, at the door).* Is yer faither there?

JAMIE *(cautioning him to speak quietly).* He's in the laft.

DONALD *(putting in his head and looking up).* Come on, man, or we'll be late. The Sannaig men are ower the Tor, and ready to strike.

JOCK *(coming down the ladder with the net).* Hou faur hae the sodgers gotten?

DONALD. They're hauf wey to the Currie, drivin the kye to daith.

JOCK. They jalouse we're rising, think ye?

DONALD. I dout sae.

JAMIE *(suddenly).* She's on her wey!

JOCK. Oot wi ye, Donald. Whaur are we getherin?

DONALD. By the burn at the Brock's Hole.

JOCK *(as Donald leaves).* We'll be there at yer heels. Tak the net, Jamie.

(Jamie comes from the door and takes the net. Jock reaches up to the loft again and fetches a pair of oars)

JOCK. Janet!

JANET *(from the byre).* Ay?

JOCK. Bide in the hoose the nicht.

JANET. I was gaun ower the brae to Meg Kelso's. She's haudin a rockin.[1]

JOCK. Bide in the hoose, I tell ye! *(Flora enters with a creel of peats)* Keep her inbye the nicht, mither, or she'll be stravaigin like the rest o them to the Castle wuids. I'm haein nae sodgers' trollops in this hoose.

FLORA. Nou Jock, ye ken she wadna look at the thievin deils.

JOCK. She was on the shore last nicht by the Clach Mhor.

FLORA. She was ower the brae at her auntie's, she said.

JOCK *(lashing sail, oars and net into a single roll).* She didna gang near her auntie's. She was doun on the shore. Tak an end, Jamie.

FLORA *(before Jamie can comply).* What's aa the gear for?

JOCK. There are herrin aff the Rudha Salach. We're for the fishin.

FLORA. Withoot yer kail?

JOCK. Keep it, and gie's some bannock. We'll hae to rin awa or we'll taigle the ithers. Donald the Mogan's on his wey doun nou.

FLORA *(wrapping bannock in a cloth).* Will ye be safe on the shore the nicht? What aboot the sodgers that gaed North to Sannaig this mornin?

JOCK. They'll hae liftit the best o the Sannaig kye, nae dout, sae they'll be ower eident to bother a wheen folk at the fishin.

FLORA. Keep weill oot o their wey gin ye dae see them, though.

JOCK. Ay; ay.

FLORA *(handing the bannock to Jamie).* Here, lad, ye'll need it eir lang.

JOCK *(as Jamie stuffs the bannock into his shirt).* He'll hae to wark for't. *(Bending)* Come on, son. Lift. Guid ein, wife.

JAMIE *(bending also).* Guid ein, mither.

FLORA *(as they lift and go).* Guid ein, and God bless the wark. *(She watches them go, sniffs, hurries to the pot, and stirs vigorously)* Janet?

---

[1] Social gathering of spinners.

JANET (*from the byre*). Ay?

FLORA. Yer faither says ye were on the shore last nicht by the Clach Mhor. I thocht ye said ye were ower at yer auntie's.

JANET. I meant to gang to my auntie's, but it was sic a braw nicht that I gaed for a danner.

FLORA. Ye said whan ye cam in that ye had been to yer auntie's.

JANET. I didna.

FLORA. Oh, but ye did, for I askit hou she was, and ye said she was a wee thing better.

JANET. I canna hear ye.

FLORA. Ye said she was a wee thing better.

JANET (*to the cow*). Staun, will ye? Staun, I say! Oh, ye limmer, I'll fell ye wi the creepie!

FLORA (*reproachfully*). Janet!

JANET. I canna hear ye. (*To the cow*) Staun at peace, will ye!

(*There is the sound of a blow*)

FLORA. Janet, lass. Leave the auld cou alane.

JANET. She tried to caa the luggie ower my lap.

FLORA. Can ye woner, and ye in sic an ill temper wi her.

JANET. My temper was aa richt till she stertit to kick.

FLORA. Havers. It's yer temper that's turnt the beast wild. Be cannie wi her, for the simmer's bye, and she'll sune be gaun dry on us aathegither.

FLORA. Oh, mither, dinna deive me when I'm fasht! She's haudin back on me.

FLORA. Leave her alane and come and steir the kail for me. I'll strip her mysell. (*Janet comes from the byre with the luggie and places it on the bench by the hallan*) What were ye daein last nicht by the Clach Mhor?

JANET. I was haein a bit dauner, I tell ye!

FLORA. On the road to the Castle.

JANET. I haena been near the Castle!

FLORA. I hope no. Hae nae truck wi the English sodgers, lass, for aa they're sae jauntie. They hae yer brither Tam's bluid on their haunds.

JANET (*quietly*). My brither Tam was a sodger tae, mither.

FLORA. Yer brither Tam gaed oot wi the Duke[2] to fecht for his King. Wad ye tak sides wi the very rebels he shed his bluid to destroy? God's curse on them, say I, for they hae mair crimes to their credit than the Deil himsell: the King beheidit, the Duke hangit, and nou the Castle garrisoned and

---

[2] James Graham, Marquis of Montrose, executed 1650.

---

the haill o Arran at their mercy. There's no a puir cottar atween here and the Black Watter can be shair he'll keep his cou. A pairty gaed North to Sannaig this very day. There'll be some toom bellies there afore the week's oot.

JANET. I suppose the Duke's men liftit nae kye in England whan they needit meat?

FLORA. Will ye haud yer tongue afore I curse the day I bore ye? Ye're like the rest o the silly trollops that walk the wuids wi them at ein, beglaumert by their swagger and their swack claes, thinkin ilka ane's a lord frae anither warld because he's shod in guid leather instead o gaun barefute, and has a fine breistplate roun his ribs instead o a coorse flannel sark. There's some o ye winna look at a dacent neibor lad nou ye're grown sae parteecular, but I tell ye the English despise ye in their hairts, for aa they're sae anxious to hae their will o ye. They despise ye as ye're beginnin to despise yer ain men-folk.

JANET. Oh, mither, strip the cou will ye, or ye'll hae me dementit.

(*Flora lifts the luggie from the bench by the hallan*)

FLORA. I'll hae to watch ye, ye limmer. I hae my douts o ye nou. Steir the kail, will ye, or it'll stick to the pat.

(*She goes to the byre. Janet stirs the kail for a while then stares motionless into the fire. Meg Kelso enters by the main door*)

MEG. Hullo Janet.

(*Janet puts her finger to her lips and nods towards the hallan*)

JANET. Wheesht. Oh, Meg. I'm gled ye hae come. Watch what ye say. I telt her ye were ettlin me ower for a rockin.

MEG. Ye were for oot, then?

JANET. Ay, but my faither winna let me cross the door. He maun hae heard something. Meg, will ye dae me a favour?

MEG. What?

JANET. I was to see the Serjeant the nicht at the Caird's Cave. Ye'll be takin that airt yersell?

MEG. Ay.

JANET. Caa at the cave, will ye, and tell him I canna meet him. Tell him I'll try to see him on the Saubbath, efter the kirk skails, at the same place.

MEG. On the Saubbath! Janet, ye canna.

JANET. I'll hae to.

MEG. They'll hae ye up afore the kirk session. They'll mak ye confess at the pillar.

JANET. If they catch me.

MEG. They micht.

JANET. I'll hae to tak the risk.

MEG. Janet, ye're stippit. He's a mairrit man.

JANET. He isna.

MEG. His men aa say he is.

JANET. He says he isna. (*Urgently*) Meg, promise ye'll see him.

MEG. I will if I can.

JANET. Wheesht.

(*Flora comes from the byre with a luggie*)

FLORA. That cou's ruint. She winna let doun a drap. (*Seeing Meg*) Oh, hullo, Meg. Sae ye're haein a rockin the nicht?

MEG (*uncomfortably*). Ay.

FLORA. Janet canna come, I dout.

JANET. She kens. I telt her.

FLORA. Ay weill. Some ither time, mebbe, whan it's safer for young lassies to be oot at nicht.

MEG. She's safe enough comin ower the brae to oor hoose, shairly, Mistress Kerr.

FLORA. Mebbe, but her faither says she's to bide at hame.

MEG. Ay. Weill, I'll awa. Guid ein, Janet. Guid ein, Mistress Kerr.

FLORA (*coldly*). Guid ein to ye.

JANET. Guid ein, Meg. (*When Meg has left*) Ye werena very civil, mither.

FLORA. Can ye woner? She's juist the very kind that mak ye ashamed o yer sex. Afore the sodgers cam to the Castle she could hardly let yer brither Jamie oot o her sicht, and nou she wadna look the grun he walkit. I dinna want ye to encourage her.

JANET. There's nae hairm in her.

FLORA. She's aye alang that shore o nichts. (*Sniffing*) Mercy me, the kail's burnin. Ye limmer, ye hae something on yer mind the nicht. That lassie and ye hae been up to something.

JANET (*stirring vigorously*). Dinna be silly.

(*The sunlight has gradually given place to twilight. A voice is heard from beyond the main door*)

VOICE (*beyond*). Mistress Kerr. Can I come in Mistress Kerr? It's Mary MacKillop.

JANET. Keep her ootbye! She has the evil ee!

FLORA (*loudly*). Haud on the nou, Mary. (*To Janet, in a whisper*) Dae ye want to gie her an ill will at us? She wad ruin us.

JANET. I'm no bidin if she's comin in here. Her look means daith.

FLORA. Gae ben the hoose. Hurry.

(*Janet leaves the kail and retires hurriedly through the passage right*)

FLORA. Are ye there, Mary?

MARY (*beyond*). Ay.

FLORA. Shut yer een ticht, then, and I'll guide ye. (*She goes to the door and meets Mary Mackillop, who is holding her left hand over her eyes and groping with her right for the door post. She leads her to a seat by the fire*) There. Back a step. Sit doun.

MARY. Thank ye.

FLORA (*sitting by the pot*). Nou bless the hoose.

MARY. God bless this hoose an aa that belangs to it: faither, mither, son and dochter; the beasts ower the hallan; the hens in the loan; and the sheep on the hill.

FLORA. The corn on the rig and the hey in the stack.

MARY. The corn on the rig and the hey in the stack.

FLORA. The kirn, the collie and the cat.

MARY. The kirn, the collie and the cat.

FLORA. And keep aa safe that meets my ee.

MARY. And keep aa safe that meets my ee.

FLORA. Aa richt, ye can open.

(*She resumes the stirring of the pot. Mary Mackillop opens her eyes and stares into the fire. Never until the subsequent entrance of Janet does she turn her head*)

MARY. I'm in bother again, Flora.

FLORA. Quait, Mary. Janet's ben the hoose. What's wrang nou?

MARY. I tethert my goat this mornin by the whins ayont the Brock's Hole, and gaed ower there a while syne to fetch her in. Juist when I was bendin to lowse the preen I heard a steer aneth me in the breckans. I turnt without thinkin and lookit doun. I saw an English sodger, Flora, makin for the Caird's Cave.

FLORA. And whaur's the ill? The meenister himsell wadna blame ye for witherin the haill garrison wi yer blackest look.

MARY. Dinna mistake me, Flora. Aye afore I cross my door to gang abroad on the brae I ask for the Lord's blessin on ony that may meet my een.

FLORA. There's nae hairm dune, then, mair's the peety.

MARY. Whan I saw the English sodger, Flora, I laid God's curse on him.

FLORA. Na!

MARY. I did. I hate them. I hate the haill breed o them.

FLORA. I canna fin it in my hairt to blame ye. We hae baith lost laddies.

MARY. God rest them. Flora, there's mair to tell.

FLORA. Ay?

MARY. I turnt to gang hame wi the curse on

my lips, whan wha should I see but the men o the clachan, oor ain amang them, getherin amang the birks by the burnside, and some had muskets, Flora, and some had swords, and some had heuks and scythe blades tied to wans.

FLORA. But Jock and Jamie gaed aff to the fishin.

MARY. They were there on the brae wi the ithers, Flora, getherin for a spulzie.

FLORA (pulling the pot to the side of the fire and rising). The sodgers that gaed North to Sannaig this morning!

MARY. Juist that. They're on their wey back nou, for I could hear them, oot o sicht aneth the heuch, drivin the kye on hard.

FLORA. Oot o sicht! And ye saw oor ain men wi yer twa een?

MARY. Ay.

FLORA. Wi a curse on yer lips!

MARY. Oh Flora, hae peety on me. My evil een are nae faut o my ain. I wished the men nae ill. My ain was there amang them.

FLORA (in a whisper). They're doomed.

MARY. Na, na, Flora. Ye ken ye can help me. Ye hae the airt. Ye can save them gin ye try.

FLORA (looking fearfully towards the other room). Wheesht, for God's sake. Ye ken it's forbidden.

MARY. To save oor men, Flora. Shairly ye'll dae it to save oor men. (As Flora hesitates) Shairly.

FLORA (suddenly, with determination). I will. I will, though the Deil himsell suld hae my sowl frae this day on. (She goes to the dresser for a bowl, then moves quickly to the kitchen table) I hope there's time. (She puts some salt in the bowl and fetches it the to fire, where she mixes the salt with some soot) Did they see ye?

MARY. Na. I stude whaur I was till they made doun the brae, and then I hurried here.

FLORA (back at the kitchen table). It wadna tak them lang to win doun ower the heuch.

MARY (staring always into the fire). I hurried, I tell ye. I left the goat and ran like the wind.

FLORA (coming quickly to the fire with the bowl, to which she has added further ingredients). Shut yer een ticht, and think o what ye saw. See it aa ower again.

MARY (complying). I'm seein it nou.

FLORA. Can ye see my twa men?

MARY. Ay, and my ain man tae. I see them aa.

FLORA (taking some of the mixture from the bowl and making the sign of the cross with it over Mary's eyes, then sprinkling the remainder over the fire). Faither, Son and Haly Ghaist banish aa evil frae her ee. Matthew, Mark, Luke and John, save aa she may see. Mither Mary shield them. Peter and Paul protect them. Brigit, Moire and Molas, bless them and keep them. (The fire burns with a greenish flame) Ye're shair ye see Jock and Jamie?

MARY. Ay.

FLORA (as the fire burns red again). It's lowin reid again. (Mary opens her eyes) I hope we were in time.

(There is a sudden sound of a distant shot)

MARY. It's stertin nou.

FLORA. God help them. I hope they'll be aaricht.

(A few more shots are heard, very distant. Janet rushes into the room impetuously)

JANET. There's fechtin somewhaur! I heard some shots! (As both women in the kitchen turn their eyes towards her) Mither, she's glowerin at me.

(She stares, fascinated, into Mary's eyes)

FLORA. She canna hairm ye, lass. She's blessed the hoose.

JANET. She's glowerin at me yet!

FLORA. Mary!

MARY (excitedly, staring through Janet into space). I hear the piobaire sith.

JANET. What does she say?

FLORA (listening). She hears the fairy piper. It means a daith.

JANET (with quiet dread). She was lookin at me!

FLORA. Ay. (Suddenly lifting her head as the sound of a bagpipe comes very faintly from a distance) Janet, can ye hear ocht?

JANET. I hear a piper, faur awa.

FLORA. I hear it tae! (She rushes to the door and looks far beyond, listening intently. The sound of the bagpipe grows slightly more distant. She turns and looks rebukingly at Mary) It's nae fairy. It's someone on the Tor! Duncan MacMillan o the Lagantuine likely.

JANET (hysterically, to Mary). Ye auld Hielan beldam, ye were tryin to frichten me! (Her fear returning as Mary returns her gaze) Mither, she's glowerin hard at me again!

FLORA. Then dinna flyte, ye fule! Mary, for God's sake leave us in peace. Ye and yer fairy piper. Ye'll hae us aa oot o oor wits.

MARY (perversely). I heard the piobaire sith.

FLORA. Ye heard Duncan MacMillan o the Lagantuine. I can hear him masell yet, and I ken his drones. (The bagpipe is skirling *merrily and triumphantly, distinctly, but not loudly*) And he's at nae lament. Listen. Daes that forbode daith and disaster?

(*Mary backs towards the door and looks at Flora maliciously*)

MARY. Believe what ye like, Flora Kerr, but I heard the *piobaire sith*.

FLORA. Ye heard a mortal man.

MARY (*weirdly*). I heard the *piobaire sith*, I saw a lamb in the breckans aside a deid tup. (*Looking at Janet as she moves through the door*) There is a bairn in this hoose wi nae faither.

FLORA (*calling after her*). God's curse on ye, ye witch! I'll hae ye drount.

MARY (*turning*). Ye daurna say a word. I ken ower muckle.

(*She goes*)

FLORA (*sitting on a stool, brokenly*). Oh, Janet.

JANET. What wey did ye let her cross the door?

FLORA. She wad hae wished us ill.

JANET. She couldna hae wished us ony waur than she's dune nou.

FLORA. She was aa richt till ye stertit to flyte. Ye caaed her an auld Hielan beldam.

JANET. I couldna thole her glower.

FLORA. We're like to pey for it nou then. Janet, I fear for yer faither. She saw a lamb in the breckans, she said, aside a deid tup.

JANET (*starting to stir the pot without replacing it on the fire*). Hielan havers.

FLORA. It ill becomes ye to talk like a queyn frae the Lallans, whan ye're hauf Hielan yersell. Dinna forget that I'm a MacMillan, and I tell ye we wha hae the Hielan bluid see deeper than yer Kerrs and Kelsos.

JANET. And hear fairy pipers.

FLORA. She heard something afore we did.

JANET. She mebbe has shairper ears.

FLORA. Ay, and shairper een. Oh Janet, dinna provoke, the pouers o daurkness by yer disbelief. She saw a lamb in the breckans aside a deid tup.

JANET. Ay, ay, I hear ye.

FLORA (*without heeding her*). My ain mither had the second sicht, and kent aa the *riochd nan daoine*.[3] Whan ye see a doo, she said, it's a MacKelvie; whan ye see a hare it's a Hamilton; whan ye see a puddock it's a Sillars; and whan ye see a sheep it's a Kerr. And she saw a lamb in the breckans aside a deid tup. There is a bairn in this hoose, she said, wi nae faither.

JANET. Oh mither, haud yer tongue, will ye! Ye're waur than she was.

FLORA. Ye believe her. Ye believe her, I say. I see it in yer een.

JANET (*shrinking from her look*). I dinna believe a word o't.

FLORA. What for were ye steirin the kail, then? The pat's aff the fire.

JANET (*rising and backing away*). Dinna glower like that, mither. Dinna. Ye're juist like her.

FLORA (*weirdly, staring through Janet as though having a vision*). Janet, yer faither's deid.

(*Jeanie Logan is heard at the door, cheerily*)

JEANIE. Oh, Flora! Flora!

JANET. It's Jeanie Logan.

FLORA (*calling out*). Ay?

JEANIE. Ye're missin aa the fun. There's been a fecht, and the Sannaig men hae won their kye back. The English ran awa.

FLORA (*running to the door*). Was ony bluid shed?

JEANIE. I dinna ken. Come on. Ye can see the kye frae the Dunan. They're airtin North again.

(*Flora and Janet run away after her. The bagpipe is still heard distinctly, skirling merrily and triumphantly. Pause. Jock Kerr comes in briskly and furtively through the hallan door, carrying the musket. He is followed by Jamie with the broadsword and targe*)

JOCK (*from the ladder, having quickly replaced the musket in the loft*). Richt. (*Reaching for the broadsword and targe*) The sword's clean?

JAMIE. Clean as the day it left the smith.

JOCK. To the door, then. (*Jamie moves to the door and keeps a look-out. Jock climbs the ladder again and conceals the targe and broadsword. He descends to the floor*) Can ye see her?

JAMIE. She's at the Dunan. Here's Donald nou.

(*Donald the Mogan comes to the door. Both enter*)

JOCK (*to Donald*). Hae ye cleaned yer heuk?

DONALD. Ay.

JOCK. Haud on. (*He rushes to the other room and returns with a large Bible*) Lay yer haunds on the Buik. (*All do so*) Sweir by the Almichty God that no a word o what we did this ein shall eir pass yer lips. (*The twilight deepens*)

DONALD. I sweir.

JAMIE. I sweir.

---

3 'shapes of men' (Gaelic)

JOCK. And I sweir tae. Watch her, Jamie. (*Jamie returns to the door. Jock replaces the Bible in the other room. On his return he lifts a spirit jar from under the upstage bed, and pours some of the drink into a wooden caup*)

JOCK. Drink, Donald. Are we aa richt, Jamie?

JAMIE. Ay.

(*Jock takes the caup from Donald, who has drained it at a gulp, and pours another drink*)

JOCK (*to Donald, pouring*). Did ye bury his buits ablow the tide mark?

DONALD. Ay.

JOCK. Then his ghaist canna walk. We'll hae to meet at fower i' the mornin and bury the corp. Ye'll be there?

DONALD. Ay.

JOCK (*To Jamie*). Here. (*He hands the caup to Jamie, and while Jamie is drinking helps himself to a swig from the jar, which he then replaces*) Come on for the fishin gear. This wey, Donald.

(*All leave by the hallan door. The room is now lit mainly by the fire. The sound of the bagpipe dies away completely. Flora enters briskly by the main door, followed by Janet*)

FLORA (*taking a large plaid from the upstage bed*). I'll hae to gang and seek them. I canna rest. (*She wraps the plaid over her head and shoulders*) Gin they're aa richt they'll need their kail. Put the pat back on the fire and hae it het for them.

(*She hurries out again. Janet puts the pot back on its hook and starts to stir. Meg Kelso comes to the door and stands silhouetted against the twilight beyond*)

MEG. Janet!

(*Janet is startled*)

JANET. Wha's that?

MEG. Are ye alane, Janet?

JANET. Oh, Meg, I didna ken ye. (*Rising and going to her as she enters*) Did ye gang to the cave?

MEG. Ay.

JANET. Did ye see him?

MEG. Ay.

JANET. What did he say?

MEG (*dully*). Naething.

JANET. Did ye no tell him what I askit?

MEG. Na.

JANET. Eh! What's wrang wi ye? Ye did see him?

MEG. Ay.

JANET. Then what did he say?

MEG. Naething. (*She sits on a stool and sobs brokenly*) Oh, Janet.

JANET (*gently*). What's wrang, Meg? Tell me. (*Shaking her angrily*) Tell me what's wrang, will ye!

MEG. He's lyin on his face in the myrtle, wi a gash in his back.

JANET (*recoiling*). Oh, God.

MEG. I saw it dune. It was yer ain faither, and yer brither Jamie, and Donald the Mogan.

JANET (*putting her hands to her face*). Na, na. Shairly.

MEG. I tell ye it was. They were rinnin to mak up wi the Sannaig men for the raid on the lifters, whan they saw him watchin aathing frae the cave mou. They turnt roun and gaed for him. Oh, Janet, it was dreidfou. (*She sobs again. Janet goes quietly to the pot and stirs automatically, her face dazed*)

MEG. I canna forget it. I canna smell bluid in the peat reek. I can see naething that isna reid and eerie. (*Moving her tongue between her lips*) My lips are sautie.

(*She sobs again*)

JANET (*quietly*). They'll need their kail whan they come in, she said.

(*She continues to stir*)

MEG. I hear them! (*Rushing to the door and looking out*) They're comin! I canna face them! I canna!

JANET (*looking up listlessly*). Gae through the hallan, then.

(*Meg hurries out by the hallan door. Flora enters briskly and joyfully*)

FLORA. Is the kail het, Janet? They're safe and soond. (*Putting away her outer plaid*) Oh, but I feel joco. We'll hae to mak a nicht o't. (*She fetches out the spirit jar. Jock and Jamie come to the door with the fishing gear*) Come in, ye pair o leein scoondrels. Ye and yer fishin. (*She pours out a drink for each man*) Here see, put that awa. I'm gled to see ye back. (*The drinks are accepted silently*) Dod, but I'll hae ane mysell. Janet?

JOCK. Nane for the lass.

FLORA. Hoots, man, it wad dae her nae ill.

JOCK. It wad dae her nae guid. (*Going to the ladder*) Haund up the gear, Jamie.

(*Jamie hands up the fishing gear, which Jock starts to replace*)

FLORA. Man, but ye're an auld curmudgeon. (*Holding up her caup*) Weill, here's to the Sannaig kye. They'll fill nae English bellies efter aa. Ay, Janet, ye're quaiter nou. Ye little thocht yer braw sodgers wad tak fricht at the sicht o a wheen cottars airmed wi heuks. There wasna ane had the spunk o a rabbit, they tell me. They left the kye and ran like the wind.

JOCK (*coming from the loft*). Stop yatterin, wumman, and hae the table laid.

(*He pours another two drinks from the jar. Flora goes to the dresser and starts to lay the table for supper*)

FLORA. Man, Jock, gin ye kent o oor ongauns wi Mary MacKillop, and aa the worry she's gien us for naething, ye wadna be sae sour. She had me frichtent to daith.

JOCK. What was she daein in here?

FLORA (*busy laying the table*). Bletherin. Juist bletherin. First she had a story aboot cursin an English sodger at the Caird's Cave. (*The men eye each other uncomfortably*) Syne she saw ye men getherin at the burn for yer bit fecht, whan the curse was still on her lips, sae she thocht she had cronached ye aa wi her ill een. Syne she glowered at Janet and said she heard the fairy piper, and aa the time it was Duncan MacMillan. (*She laughs contemptuously*) She thinks she has the second sicht.

JOCK (*pouring another drink*). The haverin cailleach. She suld be drount.

FLORA. Drount. She suld be brunt. Nae words can tell hou she's made me suffer sin I heard thae shots. Oh, Jock I'm gled ye're back.

(*She runs to him and kisses his head happily*)

JOCK. Wumman, ye're gyte.

FLORA (*carrying on with her work*). Ye wad be gyte tae gin ye'd been through it aa. I was shair I had lost ye. As shair as I can see ye there nou. For whan she heard the fairy piper she saw a lamb in the breckans, she said, aside a deid tup. And her een were eldritch. And aye glowerin at Janet. And whan she gaed, says she, in a veyce that wad hae curdlet yer bluid, (*mocking Mary MacKillop's sinister voice*): 'There is a bairn in this hoose wi nae faither'.

JANET (*putting her hands to her face and crying piteously*). Oh, Christ, hae peety on me!

(*All three stare at Janet, puzzled*).

CURTAIN

VERSE

THE CARLIN MOTH

An Island Fairy Tale in Four Scenes

1946

* * *

SWEET LARGIE BAY

A Dramatic Poem

1956

* * *

ARRAN BURN

A Poem for Television

1965

THE CARLIN MOTH

An Island Fairy Tale in Four Scenes

To Kathleen

CHARACTERS

THE CARLIN MOTH.
THE LASS.
HER MOTHER.
THE LAD.

The Carlin Moth was first performed on
16 May 1946 in an adaptation for radio
produced by Moultrie R Kelsall and
broadcast by the BBC Scottish Home
Service with the following cast:

THE CARLIN MOTH	Janet Robertson
THE LASS	Matlida Thorburn
HER MOTHER	Jean Taylor-Smith
THE LAD	Gordon Jackson

The text presented here is McLellan's original
stage version.

SETTING

Outside a Cottage on an Island

SCENE ONE

*Upstage, the window and door of a white-
washed cottage. Left, a fishing-net draped
over a frame, the posts of which have pegs
for other gear. Beside the frame a bench and
a small herring barrel. Centre and
downstage right, the foliage of bushes and
trees.*

*The sun is setting. The Carlin Moth,
invisible to the audience, breaks into a
dance, the shadows she casts resembling
those of a fluttering moth. She pauses in her
dance, her shadow visible among the foliage
downstage right:*

THE MOTH
The gowden lowe that warms the
    shimmerin sea
Flees as the bleize o the reid sinkin sun
Dees in the lift ahint the faurmaist isles.
Blae mirk steals ower the ripple, and eerie
    gloamin
Abune the daurklin hills brings oot the
    staurs.
*(Her shadow flutters beyond the foliage in
the centre of the stage)*

The quait reid deer wind doun frae stanie
    scaurs
To seek the green blade in the corrie bield,
And muckle troots slip frae their hidie-holes
To lowp across the pules at deein flees,
And though the merle quaitens in the trees
And wi the mavis and the reid-breist sleeps,
The ghaistly houlet hovers ower the neeps
Seekin the squeekin mouss aneth the shaw,
And whaur the rabbits courie by the kail
The sleekit weasel threids the dry-stane waa.
(Her shadow flutters beyond the fishing-net)
Nicht has its life, baith guid and ill, and I,
For guid or ill, wauk wi the brichtenin mune,
And sune, whan the wearie fisher lifts his
    line,
And coonts his catch, and pous him to the
    shore,
His lamp will leme ayont the winnock there,
And it will draw me in.
*(Her shadow flutters back across the stage,
to still again beyond the foliage downstage
right. A homsely crofter Lass enters left,
agitated)*
THE LASS
                        Come mither, hurry.
(The Mother, out of breath, follows slowly)
THE MOTHER
Lassie, dinna be in sic a flurry.
The lad's no in yet, and the tide's at ebb.
He'll hae to draw his boat abune the wrack.
THE LASS
Mither, let's gang back. Were he to come
Afore we'd left the hoose and won the
    loanin
I ken I couldna face him.
THE MOTHER
                        There's time, I tell ye.
Dinna be sae blate. The lad's a neibor
Wi nane to lift a haund aboot his hoose.
Sae wha can say, gin we redd ower his flair
And mak his bed, and set his supper ready,
That there was thocht o ocht but kindliness
For the lad in his laneliness.
THE LASS
                        Na, mither, he'll jalouse.
He'll ken I want him.
THE MOTHER
                        He'll think ye micht, ye fule.
And whaur's the ill? His pulse will quicken
To think a lass has thocht to comfort him.
THE LASS
Watch for me weill, then. Tell me whan he
    comes.
(She enters the cottage. Her Mother keeps

*watch left. The Carlin Moth's shadow flutters
again across the stage, to still beyond the
fishing-net. The Lass reappears at the door)*

THE LASS
Whaur is he nou.

THE MOTHER
     He's drawin in his oars.
He'll be a while yet.

THE LASS
     Mither, it's daurk inside.

THE MOTHER
Then licht the lamp.
*(The Carlin Moth's shadow flickers
momentarily)*

THE LASS
    The lamp. He'll see the lowe.

THE MOTHER
No till he's on the brae.

THE LASS
     Then warn me airily.

THE MOTHER
Ay ay, awa, wark fast.
*(She moves offstage left as the Lass goes
back into the cottage. The Moth's shadow
suddenly changes its orientation as the lamp
is lit)*

THE MOTH
     Nou comes the hour
Whan mair than mortal craiturs are asteer,
Born amang mortal thochts to fill the daurk
Nae mortal ee can pierce. Up in the hills
The banie witch gangs bizzin like a bee,
Behunkert ower her besom. The awesome
 kelpie,
Deep in his black den in the fernie gill,
Chinners and graens abune the splashie din
O tummlin watter. Roun the muckle stanes
That staun in broken rings aboot the muirs
The peerie craiturs frae the chaumert cairns
Fling taes heid heich in skirlin fowersome
 reels,
Drunk wi the heather yill. And in the still
Lown loanins by the byres the hornie kye
Staun slaiverin wi fricht, for fairy fingers
Rise frae amang the ferns to draw their milk.
I tae maun to my wark. I tae am born
Whan mortal thochts rax oot into the mirk.
And roun the leme that lichts the room
 inbye
The lanely fisher dreams I wait for him.
*(She is seen in silhouette entering the cottage
swiftly. The Mother suddenly appears left)*

THE MOTHER
He's comin nou. Mak haste.
(The light from both door and window is

*momentarily dimmed. There is a scream. The
Lass emerges from the cottage in a panic)*

THE LASS
     Oh mither, a ghaist
Flew bye me as I spread the claith, and laid
A daurk haund on the lamp and dimmed
 the lowe.

THE MOTHER *(scornfully)*
Havers, ye tawpie. It was a jennie-meggie.
Whaur had ye gotten?

THE LASS
    The dishes were to lay.

THE MOTHER
Then lay them. Quick.

THE LASS
    I canna gang. I'm feart.

THE MOTHER
Then bide ye here and watch. I'll gang mysell.

THE LASS
Na, dinna leave me.

THE MOTHER
    Look to the brae, my dawtie.
The lad's in sicht and ye hae nocht to fear.
*(She enters the cottage, but reappears
immediately, shaken)*
That's queer. Ye said the dishes were to lay?

THE LASS
I hadna stertit to them.
*(The Mother draws the Lass to the door,
and points)*

THE MOTHER
     Look. They're laid.

THE LASS
The kettle. I left it on the fender last
And nou it's on the swee. And look. It moves!
(She flees in terror)

THE MOTHER
Oh dinna leave me. Wait.
*(She follows. The Carlin Moth moves in the
cottage making shadows in the window. A
crofter Lad enters left with bass and scull,
which he drops beside the bench. He moves
towards the cottage, but suddenly pauses,
startled)*

THE LAD
     Wha's in the hoose?
Come oot and name yersell.
*(The Carlin Moth, now a crofter lass
idealised, appears carrying a storm lantern.
She hangs the lantern on a post beside the
bench)*

THE CARLIN
     There. Sit ye doun
And set yer line to dry, and clean the fish.

THE LAD (*amazed*)
Hou cam ye here?

THE CARLIN
                    Ye brocht me here yersell,
For ye hae wished me here. Ay, mony a day
Whan ye hae sawn yer corn in the broun
    yirth,
Or cut yer hey, or sailed alang the rocks
To troll for gowden lythe abune the weed,
Yer thochts hae dwalt aboot the steadin here
Whaur nae haund caaed the kirn or gethert
    cream,
And mony an ein, whan ye hae gaen inbye
To rest yer banes aside a fire lang deid,
Yer thochts hae dwalt upon yer lanely bed,
And ye hae wearied sair, and wished for me.

THE LAD (*afraid*)
I dinna ken ye. Neir in aa my days,
Ower aa the isle, hae I set een on ye.

THE CARLIN
And yet ye ken me weill, for ye yersell
Hae fashioned me to meet yer hairt's desire.
Is there a crofter lass in ony clachan,
Or smeekit tinker bissom in a tent,
That has sic gentle haunds, sae snawie white?
Yet I hae soopit oot the hoose inbye,
And made the fire, and laid the table for ye.

(*The Lad seizes her extended hands and
draws her to the light*)

THE LAD
Ye maun be mortal, for I can feel yer haunds,
And they are warm. And yet I ken fou weill
Ye are nae neibor lass. Whaur is yer hame?
Whaur hae ye been eir nou?

(*The Carlin steps back from the light*)

THE CARLIN
                        My hame is here,
And I hae been a moth.

THE LAD
                    A moth!

THE CARLIN
                        A moth,
And in the sair bricht glare o sunny day
I sleepit aye upon a nettle leaf
Aneth the elder by the gairden waa,
Safe in the shade. I waukent in the mirk
Whaneir a lamp was lichtit and I flew
Abune the roses and the grozet busses
Whaureir there was a leme, but whan I socht
This ein the lowe abune the wick inbye
I bleized and shrivelt. Nou I am a queyn.

THE LAD
A witch, I caa ye!

(*The Carlin steps farther back into the
darkness, her voice harshening*)

THE CARLIN
                    I am as ye wad hae me.
Caa me witch and ye shall see my een
Bleize in my runklet face like fiery coals;
My banie neb shall curl like a heuk
Abune my tuithless mou; and muckle warts
Shall spreid aboot my chin and sprout lang
    hairs
As teuch as bristles on an auld boar's back.

THE LAD
Come back into the licht!

(*The Carlin returns into the light
unchanged, and smiles provokingly*)

THE CARLIN
                        Noo caa me witch.

THE LAD
Na na, bide as ye are.

THE CARLIN
                    Then mak me a promise.

THE LAD
I promise what ye will.

THE CARLIN
                    This is my will:
That gin I bide wi ye frae this day on
And dae aa wifely darg aboot the hoose,
And milk the kye and mend the nets for ye,
And ower the fender sit wi ye at ein,
Or at the faa o nicht lie by yer side,
Ye shall say nocht to ony. Speak ae word
And I maun tak my former shape again
And flutter in the mirk abune the flouers
Or sleep by day aneth the elder tree.

THE LAD (*in a hoarse whisper*).
Na, bide like this.

THE CARLIN
                    Then sweir ye winna talk.

THE LAD
I sweir, and gin I say a mortal word
May I be lanely till I end my days.

(*She advances to him*)
(*They embrace*).

SCENE TWO

*The same. A few days later. Forenoon. The
Mother is nodding on the bench downstage
left. The Carlin Moth, in her human form,
appears with a cogie from the trees right,
sees the Mother, places the cogie out of
sight behind the trees, creeps stealthily to
the window, looks in, becomes alarmed, and
retires swiftly into the trees again.*

   *The Lass comes from the cottage and
walks to her Mother at the bench, seemingly
dispirited. She sits beside her Mother and*

sighs. Her Mother raises her head and opens her eyes.

THE MOTHER
Weill, hae ye dune?

THE LASS
                        Ay, aa there was to dae.

THE MOTHER
I neir kent sic a lad. He maun be thrang
Afore the cock craws at the hen-hoose door.
The pipe-cley curliewurlies roun his flair
Are aye as clean as milk, and aa his linen
As sweet as myrtle and as fresh as air.
Keek in his jeelie-pan. Ye'll see yer face
As clear as in a gless. Its haurdly cannie.

THE LASS
There's ae thing clear. He daesna need a wife.

THE MOTHER
A wife's mair nor a dish-clout. Dinna haver.

THE LASS
He daesna seem to want ane.

THE MOTHER
                        Hou dae ye ken?

THE LASS
He passed me on the brae the ither day
Whan he cam aff the hill. His collie dug
Cam slinkin at my heel and frichtent me.
He haurdly turnt his heid, the hairtless deil.

THE MOTHER
Ye didna mention it.

THE LASS
                        I was sae shamed.

THE MOTHER
He haurdly turnt his heid?

THE LASS
                        Haurdly at aa.
A jerk it was, to caa the collie in.

THE MOTHER
Mebbe he's shy.

THE LASS
                Oh mither, it micht be sae,
And yet I dout it. He didna look awa,
Or at his taes, but socht aa ower the brae,
His een aye gleg, as if he had nae thocht
Save for a taiglet yowe amang the slaes,
Or a puir wanert lammie in the bracken
Wantin its mither's milk. He wasna shy.

THE MOTHER
I canna mak it oot. He canna think
That aa thae tuithsome pancakes I hae bakit
And left upon his dresser ilka day
Hae drappit through his ceilin frae the lift.

THE LASS
Or aa the bonnie flouers that I hae gathert
And left in watter by the winnock for him.

He canna think they grew there wantin rutes.
He's no sae glaikit.

THE MOTHER
                        Na, there's something wrang.

THE LASS (*dejected*)
He daesna like me.

THE MOTHER (*preoccupied*)
                        Hoots, he daesna ken ye.

THE LASS
He's seen me.

THE MOTHER
                Haurdly at aa.

THE LASS
                        Oh I can thole it.
He's seen me and he daesna like my face.
He hates my fernie-tickles. Ay, that's it.
It canna be ocht else. My middle's jimp,
My breists are shapely and my hips are smaa,
And shairly my legs are braw? Oh dinna lee.
Mither, my legs are braw?

THE MOTHER (*mildly scandalised*)
                        Oh haud yer tongue.

THE LASS
I ken it's naething else. He hates my face.
Yet morn and ein through ilka weary day
I lave it weill wi meal and butter-milk.
A wee roun box o pouther frae a toun
To mak my reuchent skin as saft as silk
He'd loe me then. But there, ye winna listen.

THE MOTHER
I'm thinkin.

THE LASS
                What aboot?

THE MOTHER
                        The hoose inbye.

THE LASS
And what aboot it?

THE MOTHER
                        Lassie, there's someane else.

(*The Carlin Moth can be seen listening from the trees right*)

THE LASS
Oh mither na! Whiles I hae wonert that.

THE MOTHER
Ye silly queyn, we canna be shair he loes her,
But this bye-ordinar polishin and scrubbin
Is nae mere man's wark. Someane else
Caas like yersell ilk day to dae his reddin
And she wins aa the credit.

THE LASS
                        Ay, but mither,
We haena seen a body aa the week.

THE MOTHER
That's what I dinna like. She canna be
Some puir auld manless craitur frae the
    clachan
That daes the wark for siller. Sic a ane
Wad gang aboot the brae afore oor een
And whan we caaed wad aye be thrang
    inbye.
THE LASS
Wha can she be?
THE MOTHER
                    Some ither stricken queyn.
That daes her wark in secret like yersell.
THE LASS
But wha?
THE MOTHER
            I canna think.
THE LASS
                    Nae mair can I.
(Pause. The Carlin Moth moves quietly and
swiftly behind the fishing-net)
THE MOTHER
It canna be that hissie frae the castle fairm?
THE LASS
But she's aye keepit thrang amang the kye
And bides ower faur awa to caa sae aften.
THE MOTHER
I dinna ken. The auld road through the
    wuid
And ower the balloch on the castle brae
Wad fetch her here wi nae great waste o
    time.
And she could caa efter she lowsed at ein,
Juist whan the brae was quait.
THE LASS
                    Ay ay, but mither,
She's sic a muckle lump to tak that gait.
The castle brae's sae stey, and she's sae
    creishie,
She'd melt afore she won the auld mairch
    dyke,
And tell me if I'm wrang, but shairly, mither,
The lad wad scunner at sae coorse a tyke?
THE MOTHER
She likes her parritch. That I dinna dout.
THE LASS
Shairly it canna be. (Pause) And yet it
    micht.
THE MOTHER
It micht.
THE LASS
        I dout it, though.
THE MOTHER
                    Oh ay, it micht.

THE LASS
There's ae thing clear. She hasna won her wey.
We haena seen the lad and her thegither.
THE MOTHER (pointedly)
We haena been here at nicht.
THE LASS
                    Oh mither,
Ye dinna think he's daein ocht he suldna
Wi sic a laithly pudden-poke as that?
Oh I wad hate him.
THE MOTHER
                    Dinna think the warst
Afore the warst is kent.
THE LASS (scornfully)
                    Whan will we ken?
THE MOTHER
We'll ken this very nicht.
THE LASS
                    Ye wadna spy!
THE MOTHER
Na, na, but if ye could forget the fricht
The bogle gied ye here the ither ein
We could come daunrin ower again the
    nicht
Wi mebbe a muckle scone straucht aff the
    girdle,
Or mebbe some cruds and whey. We needna
    be late,
But juist in time to catch him comin in
As we were comin oot. It's nae great sin
To spare a thocht whiles for a lanely neibor.
He couldna tak it ill. Ye needna be blate.
THE LASS
But what if she was here?
THE MOTHER
                    We'd ken the warst,
And if she wasna, dinna ye see, ye silly,
He'd learn the truith aboot the wark inbye
That till this day he hasna kent was oors.
Whan will he leave the clippin to come hame?
THE LASS
I dinna care. I winna come. I couldna.
THE MOTHER
Oh ay, ye'll come.
THE LASS
                    Mither, ye couldna coax me
Gin ye tried aa day. Hou could I thole
To walk in there and fin that brosie queyn
Clumpin aboot his hoose in muckle buits
For aa the warld as if she were its mistress?
What could I say to her? What wad she
    think?
She'd mak me oot as shameless as hersell.
And if I saw her in his airms... Oh mither,
I grue ein at the thocht.

THE MOTHER

      Keep cuil, ye fule,
Come hame and think the matter ower in
 peace.

THE LASS

I needna. I ken my mind. Frae this day on
I dinna set a fute inside his door.
Or wait, I'll hae the flouers I brocht the day.
What wey suld she hae credit for my flouers?

THE MOTHER

Hear me, ye tawpie. Bide.

(*The Lass goes quickly into the cottage. Her
Mother follows to the door and waits. Pause.
The Lass returns slowly, carrying a bunch
of flowers at which she gazes tragically*)

THE LASS

      Oh but they're bonnie,
And I was blye whan I was pouin them.
Mither, my hairt's like leid.

THE MOTHER

      Yer heid's like feathers.

THE LASS (*moving slowly right*)
Ye dinna understaun.

THE MOTHER

      Whaur are ye gaun?

THE LASS (*bursting into tears*)
To droun mysell.

(*The Mother seizes her by the arm and drags
her left*)

THE MOTHER

      Come hame, ye senseless limmer,
And let me splairge a pail o watter ower ye.

THE LASS (*listlessly*)
Oh lowse me. Let me gang.

THE MOTHER

      Na na, come hame.

(*She drags the Lass off left. Pause. The Carlin
Moth emerges from the net, goes to the trees
right, lifts her cogie and enters the cottage
briskly, shutting the door with an impatient
bang*).

SCENE THREE

*The same. Evening of the same day. The
Carlin Moth, still in her human form, enters
furtively and breathlessly right, crosses to
the left, looks beyond, and enters the
cottage swiftly. Pause. The Lass enters
swiftly left, looks towards the cottage, goes
to the trees right and looks beyond. Her
Mother enters left also, carrying some
scones wrapped in a cloth. She goes to the
window of the cottage and looks in.*

THE MOTHER

Whaur has he gotten nou?

THE LASS

      I canna see.
He maun be in the glen amang the birks
Crossin the watter at the steppin stanes.

THE MOTHER

We're weill on time, and aa seems quait
 inbye.

THE LASS

Mither, I'm gled I cam. Oor thochts this
 morn
That gart me greit sae sair seem silly nou.
Look at me weill and tell me: Am I braw?

THE MOTHER

Ay ay, ye'll dae, but mind what I hae telt ye.
Whaneir he passes through the rick-yaird
 whirlie
And crosses to the stable wi his collie
Tak ye the scones inbye. I'll sit me doun
And wait aside the nets to greet him first.

(*The Lass takes the scones*)

THE LASS

And I shall bide inbye until ye caa.
I ken my pairt. Mither, my silly breists
Will burst my bodice, for they rise and faa
Like a wee shuilfie scuddie's beatin hairt.
Think ye he'll notice? I wad feel sic shame.

THE MOTHER

Ye laced yer bodice laich yersell, ye limmer.
Gang ower and watch the brae. He'll be in
 sicht.

(*The Lass moves right, to the trees, and
looks beyond. Her Mother remains on the
bench. The sun is setting*)

THE LASS (*worried*)
Mither, I canna see him on the brae.

(*The Mother rises and moves right*)

THE MOTHER

He suld be this side o the glen by nou.

THE LASS

He's naewhaur to be seen. I hear his whistle!
He's aff the muir and doun amang the corn,
Herdin his collie at the yearlin quey.

THE MOTHER

The yearlin quey suld be amang the rashes.

THE LASS

It's in the corn.

THE MOTHER

      Wha left the yett, I woner.
It couldna weill hae been the lad himsell,
For he's been aa day clippin, and at nune
The quey was in the rashes wi the tups.
Someane's been bye that wey. I woner wha.

(*Light appears in the cottage window*)
Lassie, look roun.

THE LASS (*startled*)
                    Mither, the ghaist again.

THE MOTHER
The ither queyn.

THE LASS
              She wad hae heard us, shairly,
And come oot, or else she wad hae hidden
And left the hoose in daurkness till we gaed.

THE MOTHER
I woner.

THE LASS
          Mither, come awa.

THE MOTHER
                    Na na.
We'll hae to settle this. Ye hae the scones.
Gang forrit to the door and gie a chap.

THE LASS
I canna. Gang yersell.

THE MOTHER
                    Then bide ahint me
Dinna gang awa.
(*The Lass stands by the trees fearfully. Her
Mother goes to the cottage door and
knocks. The door is suddenly opened and
the Carlin Moth appears, transformed into a
fat, ugly farm girl, and weirdly lit by a ray
of light from the setting sun*)

THE CARLIN (*coarsely*)
                    Weill, what's yer will?

THE MOTHER (*taken aback*)
We cam to see the lad. We brocht some scones.
We thocht he was at hame.

THE CARLIN
                    He's on the hill.
And I can mak him aa the scones he wants.

THE MOTHER (*recovering*)
Ye shameless tink, what brings ye here at
   nicht?

THE CARLIN (*leering*)
What dae ye think?
(*She slams the door*)

THE LASS
                    Mither, it's as we thocht.

THE MOTHER
Ay lass, I dout sae.

THE LASS
                    I canna credit it.
That ugly puddock.

THE MOTHER
                    Weill, we ken the warst.

THE LASS
Hurry, afore he comes.

THE MOTHER
                    Gang ye yersell.
I'll bide and face the blaggard.

THE LASS
                    Na, come hame.
Mither, I hear him whistle in his collie.

THE MOTHER
Haste ye awa, then. I maun hae my say.

THE LASS
Nocht ye can say will mend my broken
   hairt,
And ocht ye say will fling it in his face.
Think o my pride.

THE MOTHER
                    I hear him comin nou.

THE LASS
Oh mither, dinna bide.

THE MOTHER
                    Awa and leave me.
(*The Lass hurries out left. The Lad enters
right, whistling to announce his arrival to
the girl inside the house. He halts abruptly
on seeing the Mother*)
Guid ein, my lad. Ye hae a cheerie whistle.

THE LAD (*apprehensively*)
What brings ye here?

THE MOTHER
                    I cam like ony neibor
Thinkin to mak a lanely lad his supper,
And brocht some girdle scones.

THE LAD (*suspiciously*)
                    I dinna see them.

THE MOTHER
My dochter had them, but she's gaen awa.

THE LAD
What gart ye bide yersell? Ye arena wantit.
(*A narrow slit of light shows at the cottage
door*)

THE MOTHER
I ken it weill.

THE LAD
                    What dae ye ken? Speak oot.

THE MOTHER
I ken ye werena caaed three times in kirk,
Ye and that sou-faced slut ye keep inbye.

THE LAD (*hoarsely*)
I'll cut yer tongue oot at the rute, ye beldam.
Ye haena seen the lass.

THE MOTHER
                    The lass, forsooth.
She's like a tattie bogle.

THE LAD
                    Ye lee, I tell ye.
She wadna show hersell. Ye haena seen her.

THE MOTHER
The shameless queyn cam flauntin to the
   door
Whaneir I gied a chap. Ay, ye may gowp.

(*The Carlin Moth has opened the door fully
and stands silhouetted against the light
from within, but beyond reach of the dying
ray of sunlight*)

THE CARLIN (*coarsely*)
Send the auld hag awa and come inbye.

THE MOTHER (*indignantly*)
Nae dout I'm auld and mebbe no weill-
   faured,
But gin I could be aulder than the hills,
I wadna growe to fricht the very staurlins,
As ye dae whan ye gie the hens their mash.

THE LAD
Auld wife, ye're daft. The lass is like a flouer.

THE MOTHER
Lad, she's bewitched ye.

THE LAD (*startled*)
                Bewitched!

THE MOTHER
               Ay, she's bewitched ye.
A fozie neep beglaubert in the rain,
Hauf eaten by a tup, and fou o snails,
Wad put her face to shame, she's sic a sicht.

THE LAD
Ye're blin, ye houlet.

THE MOTHER
          Look at the muckle trollop.
(*To the Carlin Moth*)
Come forrit to the licht and let him see ye.

THE CARLIN
Send her awa.

THE MOTHER
           She kens hersell I'm richt.

THE LAD (*afraid*)
Lassie, what's wrang? Come forrit to the
   licht.
Prove that she lees, the ill-tongued wurricraw.
(*The ray of sunlight flickers and dies. The
shadows weaken. The Carlin Moth is seen
dimly in the twilight. She is grotesque*)
Ye witch!

THE MOTHER
       I telt ye sae. Juist look at that.
Hoo ye could stamack it I dinna ken.

THE LAD (*trembling*)
Cannie, auld wife. The craitur isna mortal.

THE MOTHER
Hae ye gaen gyte? Shairly ye ken the queyn?
She mucks the byre doun at the castle
   fairm.

(*The Carlin Moth backs slowly into the
cottage*)

THE LAD
Yer een hae leed. I tell ye she's a witch.
I fand her warkin here aboot the hoose
Ae nicht whan I cam lanely frae the shore.
She was as fair a lass as ony rose,
In aa her weys as dentie as a deer,
And whan she promised she wad be my
   bride
Gin I said nocht in ony mortal ear
I took her to my breist and gart her bide,
I couldna thole to pairt wi sic a prize.
(*The light in the cottage dims momentarily*)
What hae I said? Deil tak my tongue, she's
   lost.

THE MOTHER
Ye glaikit sumph. She's solid as a stot.
(*The shadow of the Carlin Moth flutters in
the cottage window*)

THE LAD
She's lost, I tell ye. Seek inbye and see.
Save for a moth that flutters roun the lamp
Ye'll fin nae craitur there.

THE MOTHER
              A moth?

THE LAD
                Ay, look!
(*The shadow of the Carlin Moth flutters for
a second beyond the nets, then disappears.
The Mother trembles with fear, and clutches
the Lad by the arm*)

THE MOTHER
God save us baith.

SCENE FOUR

*The same. Several months later. Moonlight.
A storm lamp hangs from the post of the
net-frame. By its light the* Lad *is hanging a
splash-net to dry, stretching it backwards
and forwards across the frame as the* Lass
*feeds it to him from the coil on the ground.
They finish.*

THE LASS
There nou, I maun gang hame. It's growin'
   late.

THE LAD
Sit doun a wee and rest.

THE LASS
             I daurna bide.
I'm shair my mither saw us leave the shore.
She'll ken I'm here wi ye.

THE LAD
            She lat ye come

And spend the haill ein on the watter wi me.
She canna think I mean ye ony hairm.

THE LASS

We were in sicht whan we were on the watter.

THE LAD

That may be sae, but shairly she winna fret.
She kens I hae the net to spread to dry
Afore I tak ye hame.

THE LASS

              The haill net's spread.

THE LAD

Ye dinna want to bide. Ye dinna trust me.

THE LASS

It wad be wrang to bide.

THE LAD (curtly)

              Then ye can gang.

(He sits)

THE LASS

I canna gang mysell. It's efter daurk,
And sune the mune will drap ahint the hill,
And there's the burn to cross, and there are
   trees.
It's black amang the trees ein wi the mune.

THE LAD

Then tak the lamp.

THE LASS

          Oh, ye're a hairtless deil.
Ye ken I hae the auld kirk ruin to pass.
The leme aboot the waas wad draw the bats,
And they wad flee at me.

THE LAD

              Then bide a wee.

THE LASS (sitting)

I canna dae ocht else. (He moves towards
   her) Dinna come near.

THE LAD

Lassie, I loe ye. Dinna be sae cauld.

THE LASS

Gin ye were eident ye wad tak me hame.

(The Lad moves closer)

THE LAD

I winna hairm ye, but the mune's sae bricht
And the quait sea sae siller in its licht
And aa the hills sae still, I canna thole
To let ye gang and leave me aa my lane.

THE LASS

I canna help but think that in the simmer
Ye sat oot here and made the same sheep's
   een
At yon big randy castle milk-hoose limmer.

THE LAD

I sweir I didna. She was nocht to me.

THE LASS

She maun hae come gey aften to the hoose,

For aye whan I caaed ower here wi my
   mither
The haill day's darg was dune, and aa thing
   ready
To greet ye comin aff the hill at ein.
Shairly ye kent she cam? Nou dinna lee.

THE LAD

I didna ken wha cam until the day
I left the clippin at the corrie burn
To fin her here inbye. Shairly yer mither
Has telt ye that the queyn dumfounert me?

THE LASS

My mither's queer. She speaks aye in yer
   favour.

THE LAD

She canna dae ocht else. She kens the truith.
And shairly, lass, ye dinna think I'm blin?
Ye canna think I could hae gien a thocht
To sic a muckle fat monstrosity?

THE LASS

I thocht ye mebbe likit sonsie craiturs,
For some men dae, ye ken.

THE LAD

              She wasna sonsie.
She was as braid as ony gable end.

THE LASS

Her een were black as slaes.

THE LAD

              I hate black een.

THE LASS

She had the daurkest brous that I hae seen.

THE LAD

I hate dark brous. They mak a lass look hard.

THE LASS

She wasna bonnie. Was she?

THE LAD

              Dinna haver.
She was as ugly as a dune auld sou.

THE LASS

She was. I think she was.

THE LAD

              She gart me grue.

THE LASS

Oh I'm sae gled. Ye wadna lee to me?
For whan the craitur cam there to the door
She tried to hint that ye and she were jos.

THE LAD

I didna ken she eir cam near the hoose.
I wad hae chased her doun the brae. I sweir
   it.

THE LASS

Sweir that ye haena ance gien her a thocht.

THE LAD

Lassie, we're wastin time. It's growin late.

THE LASS

Havers, the nicht's young yet. Look at the mune.

It winna drap ahint the hill for hours.

Blaw oot the lamp and sit up close to me.

THE LAD

I'd leifer leave the lamp. I like to see ye.

THE LASS

The munelicht flaitters mair, and I'm sae plain.

THE LAD

Lassie, ye arena plain. Nae burnett rose

Blumes eir sae bonnily aneth the sun

As ye dae wi the lamplicht on yer face.

(*The Lass lowers her head to his breast*)

THE LASS

The mune's gaen to my heid. Be cannie, lad.

(*She lets her head fall into the crook of his arm, waiting to be kissed. The shadow of the Carlin Moth flutters for a second among the trees, right. The Lad starts visibly and stiffens. The Lass waits in vain for her kiss*)

What's wrang wi ye? Ye're like a lump o leid.

(*The Lad gathers his wits awkwardly*)

THE LAD

My haunds. I had forgotten. They stink o fish.

THE LASS (*offended*)

Ye mean mine stink o fish?

THE LAD

I mean my ain.

THE LASS

Ye ken ye dinna.

THE LAD

I sweir I mean my ain.

THE LASS

Yer ain were roun my waist, oot o yer thochts,

And mine were on yer shouthers.

(*She sniffs at her hands*). But they're clean

Save for the sautie tang o the wat net.

Was it my braith that gart ye draw awa?

THE LAD

I sweir it was my haunds.

THE LASS

Oh dinna lee.

THE LAD (*exasperated*)

Deil tak ye, then, ye jaud, it was yer braith.

THE LASS

Ye hairtless deil, that ye suld tell me sae.

THE LAD

I didna tell ye till ye forced me to.

THE LASS

A lad wi ony mainners wad hae leed.

And wha are ye to be pernicketty

Whan yer ain haunds are fyled wi finnock guts

And aa yer guernsey clartie wi their scales?

I woner I could thole to hae ye close.

I'd suner hae a drukken tinker maul me.

THE LAD

He'd hae to be gey fou to think o it.

THE LASS

Oh ye're a blaggard. Gin I had the pouer

I'd pyke yer een oot like a corbie craw,

Or scart yer skin aff like a heilan cat.

(*The Lad loses his patience completely*)

THE LAD

Ye jezebel. Awa afore I fell ye.

(*The Lass retreats from him*)

THE LASS

God keep me safe. There's murder in yer een.

THE LAD

Awa, I say, afore I dae ye ill.

(*She flees. Pause. He sits and turns to where he last saw the Carlin Moth*)

Oh, carlin moth, what gart ye flutter sae

Whan ye were lang forgotten, and I was fain

To tak the mortal lassie in my airms?

THE MOTH (*invisible*)

Nae mortal lass shall hae what ance was mine.

THE LAD

Then flee ance mair into the lamp-wick's lowe

And be a comely queyn again, and bide

By day and nicht again my dearest jo.

THE MOTH

That canna be, for I can tak but ance

The form a mortal fashions in his dreams,

And whan I rase the first time frae the lowe

Ye didna haud me to yer ain conceit

But lat the mortals roun ye smittle ye

Wi ugly thochts born o their jealousy,

And whan I grew sae monstrous that ye grued

Ye wished that I suld be a moth again.

THE LAD

And nou I wish ye were my queyn again.

THE MOTH

It canna be.

THE LAD

It shall.

THE MOTH

It canna be.

THE LAD

It shall, or I will kaim the fullyery

And fin the ae green leaf whauron ye lie,
And I will kep ye in my cuppit haunds
And tak ye to the fire that burns inbye
And cast ye helpless in its lowin hairt,
And aither ye will rise a queyn again
Or shrivel into nocht and be nae mair.

THE MOTH

Ye shanna fin me though ye seek for me
On ilka leaf that growes on ilka tree,
For I am free to flutter in the air.

(*Her shadow flutters across the foliage,
away from him. He follows*)

THE LAD

Gang whaur ye will. I'll follow till ye tire.

(*He follows her offstage. The Lass returns
suddenly, distraught*)

THE LASS

Oh lad, whaur are ye? Hae ye gaen inbye?

(*She goes to the cottage door, opens it, and
looks fearfully into the dark interior*)

Lad, are ye there? God keep me safe frae
   hairm.

I'll hae the lamp.

(*She goes to the net-frame and takes the
lamp from the post. The shadow of the
Carlin Moth reappears and plays around
her. She screams and runs off. The Moth
recites from beyond the fishing-net, her
shadow motionless against the cottage wall*)

THE MOTH

The antlert stag aneth the corrie gills
May roar his challenge wi his hinds at heel,
The jealous tup amang the benty knowes
Herd wi his curly horns his skeerie yowes,
But while the lass rins lost aboot the loan
The lad seeks shaddas in the birken shaw,
And gin they chance to tak ilk ither's airt
I'll skeer the lass, or draw the lad awa.

(*She dances, her shadow moving to the
foliage in the centre of the stage*)

Doun in the sea the restless saumon speed
To fin the burns whaur they were born
   langsyne,
And though there may be slack daurk pules
   aheid
Whaur they maun lie in autumn's drouth
   and pine
For winter's spate to gie their fins the pouer
To cairry them abune the craigie linns,
Yet whan they win the shallas on the muirs
And rowe abune the graivel redds in pairs
And toom their heavy wames, their journey
   dune,
They canna set against the bliss they fin
A lang held dream o ecstasy sae sweet

That aa their bliss is dule, their journey
   vain.

(*She dances, her shadow moving among the
foliage downstage right*)

The pouer to bigg a braw warld in his brain
Mairks man the only craitur that can greit.

(*She dances off*).

CURTAIN

SWEET LARGIE BAY

A Poem for Radio

For Kathleen

PERSONS

In the order of speaking:

JOCK
an old crofter.
JAMIE
his son.
KATE
Jamie's wife.
MARY
their daughter.
JOHNNIE
their son.
JEANNIE
a neighbour's daughter.
PAM
a typist on holiday.

Sweet Largie Bay was originally commiss-ioned for radio and first broadcast on 2 August 1956 in a production by James Crampsey for the BBC Scottish Home Service with the following cast:

JOCK	CRM Brookes
JAMIE	Jameson Clark
KATE	Jean Taylor Smith
MARY	Effie Morrison
JOHNNIE	Clark Tait
JEANNIE	Mary Riggans
PAM	Gwyneth Guthrie

The work gained the 1956/57 Poetry Award of the Scottish Committee of the Arts Council of Great Britain.

The setting of the poem is a small holiday resort on an island in the Firth of Clyde. The time is the present.

CANTO I: SPRING

JOCK
Heich on the brae, abune sweet Largie Bay,
In the beild o the gable o my auld byre,
The grey gable warm in the spring sun,
I sit dozent, dwammin to the bees' bizz,
The bizz o the bees amang the crocuses.

My brood yowes cairry on the bare hill,
My coo bells heavy frae the lea park,
But my mear stauns idle by the loan yett,

And doun by last year's riggs, whaur nae seed brairds,
The withert breckans smoor my plou stilts,
And in the barn, in the dank daurk,
My corn gangs foustie, and my tattie setts
Waste aa their fushion raxin ower the flags
For yird and licht they canna fin inbye.

Their blin white rutes rax ower the cauld stane flags
As my ain thochts rax back, and I dwam,
Here by the grey gable in the warm sun,
Mindin the day I brocht my Flora here.

She passed my huskin stane a lichtsome queyn
And thrang aboot the kitchen did her darg,
And sang aboot the milk-hoose and the byre,
And in the gairden, by this gable end,
This grey gable then sae snawie white,
She made this bouer and plantit thir wheen flouers,
And aye whan I cam aff the hill at ein
She sat amang them while I dibblet kail,
She sat amang the flouers and bade her time,
Then inbye in the daurk she floured for me.

This cankert ploom tree rotten at my feet
Rase straucht and lissom then into the lift
And wantoned staurrie blossoms to the bee.
Ilk took its gowden grain and shed its sheen
And witherin petals snawin to the mouls
Hanselt the waddin in the thornie spur,
And green bairns grew to sook the simmer sap
And swall to ripeness by the turnin year.

Sae Flora gied her lips to my bee's kiss,
Mated my blue een to her daurk curl,
Her straucht neck's nape to my braid blade;
Niffert her burnett blee for the set fruit;
Tint her jimp middle in the quicken wame.
Her rid bluid in the white mither's milk,
And fondlet aa creation in her lap.

Then was there rowth o life on Largie brae.
The bairn in hippens crooned to the kittlin's purr,
Toddlers spak chookie to the kecklet hen,
Moo to the cauf and grumphie to the pig,
And weans ran leggie wi the lowpin foal.
Aa drew bane frae the milk o the same green gress,
Flaish frae the corn o the same coutert tilth,
Aa had their rutes in Largie, grew frae its grun,
Warmed by its sun and wattert by its shouer,
My haund to the plew and Flora's to the kirn.

Nou like this trunk that moulders at my
      feet
She mingles in daithly quait wi the cauld
      cley.
Her ripe fruit scattert and her seed
Brairdit in ither beilds. Nane bides on
To keep the tryst o aulder generations
Wi the brae's acres or the hame's hearth:
And sae I sit alane aside her bouer,
Bidin my time to the hive's drowsie hum,
My auld mear idle, my riggs seedless,
My byre and milk-hoose sangless, my hoose
      hairtless:
Inbye in the tuimness the lood knock
      chappin,
The daith-clock in the waa's timmers tickin,
Haste me to jeyn her in her last lang sleep.

JAMIE

Doun in the bay ablow, on the shore road,
By the rid stane villa wi the three dormers,
The curlie wuiden skews and rig-tap
      touries,
I hunker by the straucht edge o the lang lawn
Weedin the yella lilies in the borders.

KATE

On the weill-trimmed hedges in the warm
      sun
I air my blankets. Alang the lang lawn
I wark my wey wi my twa cane switches,
Dingin the stour frae my plush chairs and
      sofas.

JAMIE

Whan she hauds her haund I hear in the
      quick quaitness
The courtin shuilfies twitter in the laurels,
And ower the lums' reik and the brae's
      birks abune me,
The lang dirlin wheeple o the wheelin
      whaup.

KATE

Whan the faur whaup wheeples, his haunds
      idle.
He looks through the lums' reik to the brae
      abune him.

JAMIE

I look to the grey gable on the brae's brou
And see my faither sittin, auld and
      fushionless,
Wi his hirsel hirdless and his riggs in stibble.

KATE

His thochts gang an auld gait. My brou
      daurkens.

JAMIE

In the lang whaup's wheeple are aa my
      springtimes.
I heard it wi the laverock ower the moss-
      hags
Whan I followed my faither braithless wi
      the collie;
And wi the peesweep in the lown hame
      hallie
Whan he scattert his seed corn on rigg and
      furra
And I harrowed ahint him, hauf his heicht.
Nou whan I hear it my man's haund
      hankers
For the plew stilts and the ram's horn
      haunle,
And I wad fain to the brae to turn his
      stibble
And gether his brood yowes to the green lea.

KATE

I gang my dinger wi my twa cane switches.
I whirl and wham and droun the wheeplin
      whaup
And raise a steer o stour amang the laurels.

JAMIE

Her din deives me. I pey the price o peace.

KATE

Here is his breid's butter. Here in the
      simmer,
On the lang lawn by the sweet scentit roses,
Tired tounsfolk will tattle ower their tea,
Or snooze in the sun in the sea breezes.

JAMIE

I am jeyned in wedlock to a desirable villa
Wi a sea view and aa modern conveniences
And a mistress popular wi aa her boarders.
I bide at haund to cairry her chairs and
      sofas.

KATE

Need keeps him on his knees, his gab stappit.
I brush my plush. I finger my feather
      bowsters.
I turn my ticks and fill my lungs wi their
      freshness.

I look to the lift. The wather is set fair.
Aa will sun safely while I feed my fires.

I warstle alang the lawn. I sclim the terrace.
I crunch ower the grush to the front porch,
      pechin,
And staun on the step to win back my
      braith.

Here in the stained pane's dim kirk-licht
The ageless aspidistra sits sanctified
On the spire-peyntit coat-rack's bracket,
And the awesome barometer's biddable
  needle
Warks a mysterious inner will's wonder.

Through the pine-lined waa's pew-smell
I tip-tae ower the tiles, my mou mim,
And enter the praisence o my dear faither in
  heaven.

There on the waa abune the stair-case
  landin,
At the hairt o his life's labour's monument,
He reigns in his frame, his name hallowed.

In his auld age he was a Largie legend,
For he had gane awa to sea a beirdless
  hauflin
And sailed afore the mast in jauntie clippers
As faur awa as China and Jamaica
And the horrible cannibal isles o the Pacific.
But he was weill grund in the faith o his
  faithers,
And though he walkit mony a fremit shore,
And saw the gruesome skull-shrines o the
  pagans,
And eldritch graven gods in heathen temples;
And though he sensed the seeds o fell
  temptation
In shameless nakit black plantation slaves
And slinky slae-eed oriental dancers,
He cam back pure in hairt at the end o his
  traivels
To the sweet Largie lass o his airly schule-
  days.

Eir then he had lang sailed maister and
  saved siller
And wi his guineas and my mither's tocher
He bocht a smack he christened Largie
  Lassie,
And spankit ower the firth to Ayr and Girvan
Wi saund and lime and graivel and saut
  herrin.
Yet ilka Saubbath morn the haill year
  through,
Whateir the cost in possible loss o profit,
Whether the day dawed gurlie-grey or
  gowden,
The Largie Lassie lay in Largie bay.

Then was my faither as I first mind him,
Wi respectable velvet-collared black frock-
  coat,
Lum hat, silk grauvit, snaw-white dickie,
Elastic-sidit buits and a poke o peppermints

Hidden wi his hankie in his coat-tail pooch,
Steppin oot doucely to the soond o bells
  and seagulls,
Wi me in ae oxter and my mither in the
  ither,
To the kirk aside the quay at the end o the
  bay.

Siccan a man, hou could he help but prosper?
Eir sail gied wey to steam he made a
  fortune
And bocht, wi either wyce, lang-sichtit
  skippers,
Forbye shares in the first o the Largie
  puffers,
An interest in the new rid saund-stane
  quarry.
Syne, in fulfillment o a lang ambition,
Wi maist materials at preferential prices,
He biggit, richt fornent oor auld white
  cottage,
The very ane we use nou as a back-hoose.
This solid, lofty and commodious
Gem o Victorian domestic architecture,
This ornamental memorial to aa his
  enterprise,
This handsome inheritance for his ae
  daurlin dochter.

Warm in my gratitude for his beneficence
I steal awa saftly frae his glazed image
And gang to the kitchen to pick up my
  scuttle.

Here till this mornin was the winter hearth:
On the lang daurk nichts by the warm
  cooker
Was rustle o paper page and click o needle,
Kittle-lid rattle and tea-cup tinkle,
Tittle-tattle, mummle-jummle and sleepie
  heid.

Nou for the simmer season the flittit faimily
Will hae its hame in the auld white back-
  hoose.
There frae oor lang day o labour wi the
  boarders
We will steal oor meagre meenits o restless
  leisure
And frae the lichtnin nicht oor quick sleep.
At the hearth that was ance my mither's my
  dochter Mary
Will dree my mither's weird o weary waitin
For the faurawa sailor faither o her new-
  born bairn.

I gang for coal to the back-door bink and
  see her,

Ower and awa frae the day's breinge and
    bustle,
Sittin in the sun by the sooth back-hoose
    gable,
Her bairn on her knee sleepin and her een
    seaward.

Lichtly I lay doun my lood shule
And fill my scuttle wi my haunds quaitly.
I will brek her spell wi nae coal-clatter.

MARY

A year syne the day I was wanton and silly,
Daffin wi Robin on Largie brae lea,
Nou I am nursin a cuddle wee babbie
And Robin's awa on the waefou sea.

My faither and mither are sweir wi ilk ither
And bicker the waur wi the weir o the years,
They canna ken the sweet pain o the twinin
That turns ilka thocht o my Robin to tears.

A lass wi a babbie can feed him and clede
    him,
Dawt on and dandle him crouse on her knee,
But wha's gaun to dawt on and dandle his
    mammie,
Wi Robin awa on the waefou sea?

Faither abune us, aye watchin ower us,
Send him fair wather and keep him frae
    skaith,
Haste him hame sune ower the weary wide
    watter
And let him be gentle and kind to us baith.

KATE

'Sae sat my mither ance in the same place
And croodlet ower me in my milky sleep
And wearied for my faither ower the frith.
Sae while the tide turns and the waves lave
Will mony a Largie lassie weary yet.

Saftly I lift my laid and slip awa
Back to my darg in the spring quickent
    hoose,
Whaur fires and flairs bared and winnocks
    wide
Sweeten in drouth the foust o the wat winter.

Abune the stairs I warstle wi my scuttle
To rype the ribs and feed the greedy grates,
And as the deein eizels lowe to life,
And the fresh fires flicker in the sun's beams,
I strauchten in the licht o ither springs
And ease my back's banes wi pains lang bye.

Here in this best bedroom is my mither's
    daith-bed.

Here haund in loof wi my greitin faither
She focht for her last gasp forfochen.
There in the chair ower by the braid dormer,
Sittin wi his face to the firth and his een
    inward,
Syne sinkin in his sleep, my faither
    followed.
Nou in bed and chair fremit folk haud
    holiday.
Daith's dim ghaist is for my ee alane.

Through the door nou to my ain wifely life.
In this bed my bridal. Here in jeazen
I was twice tortured. In this laich chair
By this fire greedy at my breist my bairns
Drained my pain. Nou bed and chair mak
    profit.
For my bairns' sake I maun gether gear.

Through nou to whaur they frettit in their
    fevers.
Here I hae sat through lang lamplicht nichts
Keepin watch ower them in their mumps
    and measles,
My hope hingin hushed on ilka hairt-beat,
And wi the fire deein my fear growin.

Nou they are weill and haill and Mary
    mairrit,
Sune in my shune to hae my hoose here
And hain its gains to shorten her Robin's
    exile;
While John my laddie, strappin in his teens,
Bides at his books and laids his heid wi leir.
A serious senior secondary scholar.
For him nae scrabble in the soor acres
For a lean leivin o auld claes and kail,
Nor ony wumman-run back-door existence
O brushin boarders' buits and dryin dishes.
Aither he will lord it in a learned profession
Or sail wi some prospect o a maister's
    ticket.

My scuttle tuim, I wander to the winnock
And see him lanely on the quait shore,
Thrang by the black shack and the wuiden
    jetty
Whaur my auld faither efter he retired
Hired a wheen boats and yarned o the
    seiven seas.
Nou the same boats serve my son in turn:

JOHNNIE
Hame frae the academy
In reikie Ardrossan,
Awa frae declensions
And conjugations,
Frae algebra, geometry

And trigonometry,
On this sunny Setterday
By the shore o Largie,
To the bark o the black-back.
And the pipe o the pyet,
And the lap o the watter
On the piles o the jetty,
I dip my brush deftly
And coat my boat.

The weemin o Largie
Are airin their blankets,
And thrang wi their switches
And brushes and dusters
Are canin their carpets
And soopin and dichtin
Their airm-chairs and sofas,

And Jeannie MacMillan
Is helpin her mither
And winna be able
To tak a bit dauner
And staun in the bygaun
To mention the wather.

But mebbe she'll gang
To the kirk in the mornin
And sit whaur the leme
O the winnock ower her
Will cast the licht
O heaven aboot her
While I sit ahint her
And adore her.

JEANNIE
Aa the gairdens
Are gay wi lilies,
And up on the face
O the auld stane quarry
The poussies are white
On the hingin sallies,
And ower in the wuids
Whaur the banks are greenest
The primroses keek
Frae the mossie hallies,
And young Johnnie Kerr
Is hame till Monday,
And doun on the shore
By his auld black shack,
Forgets his books
Amang his boats.

My mither's inbye
And I'm dune wi my dustin
And aa can be left
For an efternune's airin,
Sae what's there to hinner me
Takin a dauner
Along the shore road

To the pier
For the paper?

But first I maun tak aff
This stourie auld apron,
And cheynge thir auld shune
For a pair that are better,
And wash mysell cleanly,
And kaim my hair neatly.
And pick a braw ribbon
And tie it wi care.

JOHNNIE
O could I bide in Largie aye
Wi neir a need to gang awa
And put the firth atween us.
I'd gledly slave aboot the brae
Like aa my faither's folk afore me,
If I could whiles look doun by day
And see her in her gairden,
Or staunt by nicht abune her licht
And ken that she was near me.

JEANNIE
As I pass through the yett
And click the latch
Will he lift his heid
And see me?
As I gang my gait
Alang the shore
Will he strauchten and speak
And leave his wark
And move to the road
To meet me?

JOHNNIE
Through the souch o the sea
On the saund aside me,
And the skrech o the gulls
In the air aboot me,
And the lilt o the laverock
Ower the muir
Awa ayont
The brae abune me,
Comes the quick click
O a yett's latch,
And I catch my braith
And keek and ken
That she is comin near me.

JEANNIE
He heard the latch's click!
I saw him keek!

JOHNNIE
Gin I dinna move ower
To the road to meet her
She winna staun and speak.

JEANNIE
I saw him keek!
He kens I'm comin!

JOHNNIE
Yet I wad feel a fule
Gin I gaed ower
And she gaed walkin on.

JEANNIE
He kens I'm comin!
Whan will he speak?

JOHNNIE
And yet she will walk on
Gin I staun still.

JEANNIE
Whan will he speak?
And will he come to me?
And if he comes, what then?
I daurna let him see
That at the very sicht o him
I stoun wi fricht.
I canna let him ken
Hou my puir knees are trummlin
And my wame turnin
Wi my hairt thumpin,
And hou my cheeks are burnin.

JOHNNIE
I canna let her gang!

JEANNIE
I daurna staun!

JOHNNIE
'Hullo, Jeannie.'

JEANNIE
'Hullo, John.'

JOHNNIE
She smiled as she gaed bye!

JEANNIE
He waved! Gin I had stude
He wad hae come to me!

JOHNNIE
I could hae gart her bide
Gin I had thocht to try
But I was sic a fule
I couldna risk my pride
And waved, and let her gang!

JEANNIE
O bonnie Largie Bay!
O gowden shore!
O sunny lift

And shimmerin emerant sea!
Through ilka year I leive
I'll haud ye dear,
For on this sweet spring day,
As I gaed bye,
He waved to me!

JOHNNIE
O what suld gar me grieve
Although I lat her gang?
She smiled as she gaed bye,
And gied me wave for wave!

JEANNIE
O bonnie Largie braes!
O twiggy birks!
O mossie hazels
Hingin wi gowden tassels!
On this sweet day o days,
As I gaed bye,
He waved, and wad hae come to me,
But he was shy!

JOHNNIE
She smiled as she gaed bye
And gied me wave for wave,
And I ken nou that she'll listen
Whan I tell her o my luve,
And gin I dinna tell her sune
I'll shairly tell her later,
For I hae at least ae simmer mair
To bide at hame aside her,
And mebbe eir the hawthorn's white,
And shairly eir it's green,
I'll set her on a gressie bank
Aside a plashie linn,
And there, by bonnie Largie burn,
Wi shadie birks abune her,
She'll hear the rinnin watter say
Hou dear I fin her.

CANTO II: SUMMER

JOCK
Wi the white hawthorn come the snawie
 lambs,
The lang-tailed gowk cries simmer ower the
 braes,
The first fat clocker keckles in the barn
And syne the swallas fin their last year's
 nests
And wheel abune the byre efter the bees,
That blunder to the hive on weary wings,
Heavy wi nectar frae the plane-tree flouers.

Wi the green hawthorn comes the specklet
 cauf
Oot to the gress to try its trummlin legs;

The lambs growe fat, black at the neb and
  knees
And butt wi hairmless horns like fechtin tups;
The swalla nestlin gulps and gowps for mair;
The gowkie cowps its willie-waggie brithers;
And ower the teemin hive the pampert
  drones
Hurtle across the sun to try their speed,
For weill they ken that doun amang the kaims
The nurse bees cram lang hingin cells wi
  cream,
And sune fat maggots will be virgin queens.

The year weirs on, and wi the risen sap
My thin bluid quickens, and I dodder oot
To milk my quait coo in the cuill byre;
Or stacher to the muir on feeble shanks
To keep my coont amang my nursin yowes.
Yet this I ken is my last simmer's lease,
For nae shaw breks whaur ance I drew my
  drills,
Nae blade growes green whaur ance I cast
  my corn,
Daisies and buttercups will be my hairst,
And come the tairm my rick-yaird will be
  tuim
And my bare barn haud nae beast's winter.

JOHNNIE
Wi the hawthorn green
On the braes o Largie,
And by the shore
The gairden hedges
Lowin rid
Wi flouerin fuchsias,
Come the daily steamers
And the motor coaches,
And the stauners and starers
Takin aimless dauners,
And the smeikie tinkers
Wi their skirlin pipers,
And the white-kneed hikers
Wi muckle ruckers,
And the fat-kneed floosies
In fits o giggles
At the gallus gazers
In college blazers.

Come the bare-fuite faithers
In shirts and braces,
And the mirthfou mithers
In petticoat tails,
And the bashfou dochters
In flimsie whimsies,
And the spartan sons
In bits o thingmies,
And the nakit toddlers
Wi spades and pails.

As I sit by my shack
To hire my boats
And shell my baits
Or whip my hooks,
I peer through the steer
At a lassie here,
Or a lassie there,
And legs and airms
And shouthers are bare,
And the cup o the breist
And the straucht o the back
And the swall o the hips
Are clear and clean.
In rid or black
Or blue or green
Against the sheen
O the burnin shore
Or the shimmer o the sea.

And I dream a dark dream
O a shapely queyn
That lies aa day
In the Largie sun,
A wanton queyn
Wi wicken een
That burn aa nicht
In the back o my brain,
An Jeannie MacMillan's
Hamely air,
And Jeannie MacMillan's
Kindly smile,
Are lost in the lowe
O my daurk desire
Like the quait o the lichtsome
Largie spring
In the blare o the simmer din.

JEANNIE
Wi the green hawthorn
Came my mither's boarders
And fleet on my feet
I flit aboot the hoose.
But and ben again,
Up and doun again.
In and oot
And roun aboot;
Makin beds and soopin flairs,
Shakin mats
And rugs and carpets.
Dustin chairs
And chists a drawers;
Servin at
The boarders' tables
Breakfasts denners
Teas and suppers,
Scrapin pats
And pans and ashets.

Washin plates
And cups and saucers.
Drying plates
And cups and saucers,
Puttin plates
And cups and saucers
In their places
In the presses,
Syne oot amang,
The rooms again,
Ben and up
And doun again,
Fillin aa
The rubber bottles,
Turnin back
The boarders' bed-spreads,
Settin tables
For the mornin.
Checkin ower
The sauts and peppers,
Layin fires
And sifitin cinders.
Till my feet
Are fat and fiery
And my heid
Is like a peerie
And I'm faur ower
Dowf and weary
To be fasht
By ony fury
Ower the fickleness
O Johnnie
Sittin aa day
By his jetty
Fidgin fain
For lazy limmers
Lyin shameless
On the shore!

MARY

Are aa men fickle?
Wha wad hae thocht to see
My brither Johnnie
Jilt his Jeannie?
Will my ain rovin Robin,
Whan he gangs ashore
At Shanghai
Or Singapore,
Mind his Mary?
God forgie me
That I suld dout him
As I feed his first-born
Here on the brae
Abune the back-hoose gairden,
In this quait neuk
Aneth this flouerin rowan,
Whaur I first brocht him

To whisper saftly
In secret aside him.

But a deidly dreid
Turns my hairt to leid
When I think o the distance
That lies atween us,
And see hou a kindly laddie
Like my brither Johnnie,
Doun yonder on the shore.
Can be as fause as ony.

Drink, babbie, deep,
Dinna let yer mammie's
Douts o yer daddie
Fret ye or fash ye
Or keep ye frae sleep.

KATE

My dochter Mary daesna ken her fortune,
Sittin on the quait brae by the flouerin rowan
Wearyin for her Robin wi his bairn at her
    breist.
A jo lang wearit for hauds hope o bliss
And milky mitherhood's bliss in itsell,
But I hae eaten through my young Eve's
    aipple
To fin the maggot lyin at the core.

JAMIE

She stews in the heat that cooks a dizzen
    denners
And hates me for the man she killed in me.
I that could clip a fleece or draw a furra,
That gaed ance to the heich hills for the
    lambin,
Tireless aa day in the wildest wather,
Or in the fierce heat o a simmer's heytime
Swung my scythe through a braid acre's
    drouth,
Staun nou by a sink amang a lang day's
    dishes
And wi a wat clout wash awa my pride.

KATE

He blames me for a faut that fortune
    faithert.
I didna doom the croft on the bare brae.
It was the tractor and the combine harvester
Rowin ower the plains o the dominions
That left the scythe to blunt on the barn waa
And the horse plew to moulder by the dyke.

JAMIE

My scythe and plew won me my milk and
    meal.
I droun my manhood in this simmer's slitter
For a draw and a dram and a lazy winter.

KATE

The sink he grues at hauds his bairns'
   fortune.

JAMIE

The shame I shouther gars my bairns grue
   tae,
And yet for their contempt I failed my faither.
I could hae stored his barn against the winter
And let him weir oot on the brae that bred
   him,
Dreamin his days ower by my mither's ghaist.

KATE

He can end his days in comfort wi his kin
   here.

JAMIE

If he suld leive to see anither simmer
What comfort will this boarders' bedlam
   offer?
The scrapins o the pans in a thrang kitchen
And a sleepless sofa in a crammed back-
   hoose.

KATE

Shairly the Lord will treat him tenderly
And tak him in the stillness o the winter.

JAMIE

She tuimed his rick-yaird for the lang lawn's
   lilies
And nou she kills him by the calender
Because his corp micht claim a boarder's bed.

KATE

The boarder's bed yields mair nor the
   plewed acre
And the fringe o flouers alang the lang
   lawn's edges
Is worth the haill clip o his faither's flock.
If he can cheynge it then he needna thole it,
But he stauns helpless ower the sink that
   soors him
And scunners at the man he canna better.

JAMIE

She scunners at the man she made in
   mairraige,
Or else she wadna shun him in her son.

KATE

To lift my son abune the saip and dish-clout
I pey my ain price withoot thocht o my
   pride.
In this warm June I scomfish by this cooker,
The heat that roasts this mutton melts my
   creish.

I lay my braith and body on the altar
And in the reik that rises are the years o my
   prime.

JAMIE

The roast's reik and the sink's stink rise
   thegither.
Her martyrdom may runkle her son's neb
Nae less than my sacrifice o my manhood.

KATE

Hoots toots and havers. Deil the fear.
He that was my wee trootie, my croodlin doo,
My stoot stot and syne my swankie birkie,
Will he my responsible dominie or lawyer
Bite the haund that beyled his bairn's
   dumplin?
Can he look asklent at my pat and ladle
That cam a callant hungry to my kail?
I hae been ower lang his kindly providence.
I haud him by the strings o my apron.

JAMIE

Some queyn will play pleuk on the strings o
   his hairt.
He will kiss the lily haund that hauds the
   lipstick.
And what will his mither dae then, puir
   thing?

KATE

He will mak his idol efter my ain image.
Will I play second fiddle to my imitation?

JAMIE

He has turnt his back nou on the hamely
   Jeannie.
He will hae nane o the milk o the ither
   mither.
He has a drouth to droun in the wine o
   some wanton.
Whan she haunds him the cup he will drink
   deep.

PAM

Here I come, bag in haund, to catch my
   boat-train.
Lad mad, in my war pent, I am aff on the
   hunt.
As I click across St Enoch's heich on my
   heels
The faithers o faimilies ee my nylons:
As I ripple aneth the claith o my latest
   creation
The een o their weemen growe green wi
   spleen.
My shune and my shouther-bag are in the
   new blue

And my hat taks a trick. It taps my trifle.
I open my purse and I pick oot my ticket,
I smile to the collector and I speir politely
'This is the train for the Largie boat, isn't it?'

COLLECTOR
'That's right, ma'am. The rear portion for
   the pier.'

PAM
He caaed me ma'am. I mak the richt
   impression.
But whan I bend for my bag he keeks doun
   my blouse.
I blush and cock my neb and trip doun the
   train.
I staun fornent a door wi a stourie haunle
And look for a gallant to save my gluves.
I see a likely lad in kilt and bannet
And caa him come hither wi my sheep's een
But a pat-bellied porter pops up at my oxter.
As I step aff the platform I show my knee
And whan I turn to tip him his look lifts.
I sit in my corner and I muse on men.
I hae what draws them as the flouer the bee
And in my bag on the rack are the pick o
   my petals.
My filmy faldarals and bits o briefs.
On the shore o Largie I will rival the rose.
For a year's wild week I will be queen o
   hairts.
I will haud oot hopes like the sangs o
   mermaids
And leave their wrecks alang the sea-weed's
   edges.
I will banish my bald boss and his dictation.

JOHNNIE
She has come at last.
My day-dream's daurlin,
My daurk danger,
My deadly dear;
And nou thegither
We rowe at anchor,
In the lap o the flood
In the growin gloamin,
As the lichts o Largie
Dapple the ripple,
And the hills abune them
Daurken and heichten,
And the staurs ower aa
Leme bricht and clear.

PAM
I am his catch.
For the bait o his broun airms and his braid
   shouthers
I took his hook,

I that was fresh and ready for my run
Lie oot o my element wi my gills gowpin.
I flap at his feet.
Whan he has trimmed my fins
He will hae me his tuithsome morsel
Quait on his plate.

JOHNNIE
She is my wee wow,
My film-page fairy,
My couldna-care-less
Fashion magazine
Step-in show-aff.
My hing-up hinnie.
My cover luve:
My million dollar
Staurlet stunner,
My gildit lily
In technicolour,
My gorgeous, curvaceous,
Close-up and generous
Tee-vee screen queen.

Frae the Sunday sermon's
Wicked city
She brings the forbidden
Serpent secret:
She offers the taste
O the bitten aipple.

PAM
Whan will he lift his line?
Whan will he pou ashore?
Wi his can o mussels,
Amang his flukes and haddies,
I wait his will.

JOHNNIE
Ower the heichest hill
The plew and pole staur
Leme mair lichtly,
As ane by ane
The lichts o Largie
Dee and are dune.

PAM
The nicht growes chill.

JOHNNIE
In the dim bay
Amang the daurkent hooses
Aa is still.

Nou I will lift my line
And pou ashore
And saftly and secretly
Will lead my daurklin stranger
Through daylicht memories
O slaps and whirlies

In dykes and hedges
To the benmaist beild
O the auld stane quarry
Whaur hingin willas
And rhododendrons
And the tendrils o hinnie-suckle
And briers
O brambles
Will coorie ower us
And roun us
And screen us
Frae aa the starin
Staurrie een
Abune us.

JEANNIE

At my bedroom skylicht, barefute in my goun,
I droun the staurs in tears. The haill o
    heaven
Blears afore my een, rins doun my cheek
And faas in saut draps bitter to my tongue.
This is the taste o torment.
He that was my lad afore aa Largie
Has aa nicht, frae the middle o the bay,
Cried oot, to aa my freinds,
And to my faes tae, that I'm a dirty drudge.
He that has dawdlet through his holidays
Amang the haill-time beauties on the beach,
And fed his een on idle hot-hoose peaches,
Ripe in their cream,
Grues at the flue's smudge on my tired brou,
And the black runkles on my wark-worn
    haunds.
To the wide watter and the fower winds,
And to the hills that hae beildit us baith
    frae birth
And ken oor twa hairts' secrets,
He has cried me skivvy, pat-scarter and
    dichter-up,
And in the quarry wi his pentit leddy
Whispers in a skrech in millions a leafy lugs
That his new neb is faur ower delicate to
    thole me:
I hae the smell o cabbage in my hair.

O this is dule, that in a single nicht,
In a short hour afore a gloamin's end,
My love suld curdle like forgotten milk
And what was ance sae sweet be smoored
    in foust.
My sicht is soored nou by a cock's-craw
    kiss
And frae the black and close air o the quarry
A canker spreads to smittle aa my thochts.
The hills o Largie nou are cauld bare stane,
The braes are dirt and the sea's wat and
    saut,

And aa the trees and flouers and sangs o
    birds
That made a paradise to haud my Johnnie
Are trash and glitter in an auld maid's
    midden.

O let me sclim oot o this slavey's grave
And leave luve's banes amang its pats and
    pans
To tak a new shape in a toun's thick
    thoosands.
Let me tae hae a fause-face like a doll
And walk in fashion wi a million ithers
And droun my shame in my ain shape and
    name.
Then whan the rowan's rid and Largie's
    tuim,
And idle kimmers tittle at their hedges,
Nae ee will see me lanely on the road
And strip me to the bane as I gang bye.

CANTO III: AUTUMN

JOCK

Wi the rid rowan come the antlert stags
Doun frae the corries hidden in the mist
To gether hinds alang the breckan braes;
And efter heavy rain the siller troots
Leave the saut firth and fling against the
    spate
To win their redds abune the muirland
    linns:
The last o simmer's bees atween the shouers
Jouk oot for nectar to the purple ling
As autumn's cannie hissies, born to hing
Through the lang winter clustert on the
    kaim,
Slauchter the laggard lads that lost the race,
The gluttons feckless wi the winter's store,
Shair o a resurrection in the spring,
For glory's boy that won their queen in
    daith
Has left fower simmers' thoosands in her
    wame.

Wi the rid rowan in the years gane bye
The restless tups fed fat aroun the ricks.
Ready to rin the hirsel wi the yowes
Whan in the staurrie lift the Druid Swan
Stertit to coont the days till lambs wad drap.
But nou nae mair the weill-waled o the heft,
The mither dochters o an ancient line,
Quick wi the growin burden o their kind,
Will thole the snaws o Yule on Largie brae;
The last o the lang flock that fed my faithers
Maun hear the hammer three times in the
    ring.

JAMIE

This is the day I sell my faither's yowes.
Up on the brae in the park by the tuim rick-
    yaird
They coorie thegither ready for the road.
As I scrape the saip aff my face in the daw's
    forelicht
I hear them bleat. Thay sing the sad sangs
O lost lambs or wethers gethert for the
    butcher.
The haill hill cries oot in a last agony.

KATE

Wi fient a fash I fry the breakfast bacon.
Cantie ahint his back I crack the eggs.
What is there in the sale o a wheen neglectit
    yowes.
Or in his dotterin auld faither's laith fareweill
To his tuim hauf-tummlet-doun ruckle o a
    croft,
That he suld hing his fupple and gie us aa
    the grues?
This is the day I dee for aa the simmer.
Nou wi the rid rowan and the black bramble
The last o the tounsfolk are awa hame to
    the mainland
And back in the big hoose I mither my ain
    again.
Up in the best bedroom ablow the blankets
My Mary lies touslet aside her babbie's
    daddie:
Hame frae the sea at last is her sailor Robin.
Will I chap at their door again or let them
    lie?
I pou the pan aff the cooker and up I gang
Chap chap! I chap lichtly and syne I listen.
Gin I hear nae soond I will leave them to
    their dreams.

MARY

I haud my braith.
She will ettle me nou
To rise cantie and crouse,
But I fand in the daurk
That my Robin was fause,
And I couldna meet her ee
Withoot tellin her aa.

Gin it werena for my bairn
I wad weary to dee.

I lie as still as daith,
Gin she suld chap again
And wauken Robin nou,
He wad fin that I ken
That he hasna been true,
For I couldna meet his ee
Withoot showin my pain.

Gin it werena for my bairn
I wad weary to dee.

O let her gie me time
For the sake a my bairn,
To learn to hide my pain
Ahint a guilefou smile,
For gin it suld be seen,
And Robin brocht to shame,
He michtna come again.

I haud my braith
And lie as still as daith.

KATE

Hech, but her Robin snores, and she lies
    soond,
And cantie in his crib her babbie croons
    crousely.
Nae rap o mine will wauken sic a warld.
Their wames' wants can wait. Sweet dreams
    are rare.
Tip on my taes I slip alang the landin.
Here atween the waas o his bairn's memories
In the bed that held him haill and in
    seikness
My Johnnie has lain through his last
    laddie's hour.
This is the day he maks himsell a man.
Efter his breakfast he packs his bags for
    college.
I mak to chap but fin the door ajee
And hear the cistern soond abune the ceilin.
I cross to the bathroom and cry 'Breakfast,
    Johnny!'
And rin awa doun to dish his eggs and
    bacon.

JOHNNIE

I hear her through the splutter o the
    spiggot.
As her futesteps fade on my ettled answer
I staun in steam and sloonge awa my sleep.
This is the day I win my final freedom.
Though I hae haunlet my boats wi a man's
    muscle
And tried Eve's aipple in the deid o nicht
In this mither's mansion I bide a bairn.
But I will blush nae mair to lift my razor
And shave my thin beginnin o a beird.

In my student's chalmer by the Kelvin's
    banks
Nae ee that saw me rowed in my babbie-
    clouts
Will fin pretension in my new man's
    mainners:
On Gilmorehill in cloisters and quadrangles

I will be gallus amang chiels o leir,
A deidly deil amang the cute Q-Emmas.

The baacock chokes the spiggot in the
    cistern
And the last gurgle dees alang the pipes.
Nou in the ripe gairden ayont the gless
The hoose lies quait to the daw's rosie lowe.
I see the trees o schule-days in their glory;
The sturdy aipple laden green and gowden
And the thin ploom riven wi its rid glut;
And laddie's ploys amang the back-end's
    prizes
Rise to my mind to haud my hairt at hame.
Yonder's the brae whaur weill I ken the
    hazels
Haud husky clusters russet at the edges,
And ower its brou the park aside the rick-
    yaird
Whaur mushrooms lie like staurs in
    constellations:
And syne the hush that hings aboot the
    hoose.
Hauds a faur soond that teirs my hairt in
    twa.

The auld ane's sheep are gethert aff the hill.

Like a puir lamb wanert frae its mither
That grat in the spring as I lay by Largie
    burn
They cry against hunger and daith and
    desolation.
As I hear them bleat I hear the lamb again
Greitin by the burn in the spring for the
    daith o a dream:
My dream o Jeannie lyin still aside me
In the scent o the hawthorn by the wimplin
    watter.
Nou the green haws turn broun and the
    dream's deid.
Ower in the auld stane quarry its rank corp
Lies mauchie amang mouls and puddock-
    stules.
The skeerie sheep cry oot against its murder.

JEANNIE
I hear the auld man's sheep. Frae my
    bedroom skylicht
On this last mornin o my life in Largie
The faur soound draws my ee to the brae's
    brou.
There abune the auld stane quarry whaur
    luve lies butchert
The helpless craiturs sune to hear the hammer
Sing the sad end o a lang auld sang.
As they bleat oot the dirge o their deein line
They cry my coronach. Their dowie drones

Wail the haill tale o my hairt's torture.
To droun the soond I shut my winnock
    ticht.

Nou in my quait room let me calm my sough.
Am I a silly sheep torn frae my heft,
Shair that the dugs that drive me will me ill,
That I suld greit against the weird I dree?
Better be Miss MacMillan in my tweeds
Awa to fin my fortune on the mainland
Than stourrie Jeannie soopin flairs at hame.
And better faur to be blue-eed angel,
Winsom and loesome in my snawie apron,
Layin saft silken haunds on fevert brous,
The sweetest solace o a ward o patients,
And hairts' desire o hauf a dizzen doctors,
Than juist anither auld maid in the makin,
Brekin my hairt ower trash like Johnnie
    Kerr.

Keek in my gless I pass him on the steamer.
Wi my brous abeigh and lookin through my
    lashes
I sklent alang my neb in cauld contempt.
Or will that show him aa the hurt I hide
And gar him think I hide nae hurt at aa?
O God abune, if I could feel nae hurt
Then I could smile him ony wey I willed,
But whan I try to smile against the truith
The very teeth I bare are draps o dule.

I hear the sheep again. Nou they are near.
As their wild cries rise through the fower
    stane waas
I move to watch them on their wey awa.
There's Johnnie's faither wi his stick and
    dugs.
Quat o his back-door darg he plays the
    man,
And bred in the bane a shepherd o the hills
He walks the mountains on a taurrie road.

JAMIE
Nou for a last hour I come into my ain.
Wi my grip again on my ram's horn haunle
And my eident dugs quick to the bid o my
    whistle
I gang the auld gait to the back-end sales,
And though this time I drive brood yowes
    for wethers
And leave my faither's hirsel to the breckans
I taste an auld memory sweet to my mind.
Here oot the stale air o the kitchen
My nostrils tingle to the tang o the wrack,
The taur and carbolic reik o the warm
    sheep
And the yirdy smell o deein leaves in
    ditches.

Efter the tide the shore lies laved and fresh,
Soarts on its scaurs and pyets at its pules,
And sangless whaups doun frae the muirs
    for winter
Rin on their lang thin shanks amang its
    stanes.
The tounsfolk o the simmer are nae mair.
This is my warld again. Heich wi my heid
I walk the middle o the road my maister.
In the hooses I pass are my freinds and
    neibors
And whan I meet a man I greet an equal.

JOCK
The thin road lies aneth me like a string.
Here on the brae in the bouer by the grey
    gable
I sit like a giant in the faur-aff days o the
    Gaelic
And see the last act o my line in Largie
Played oot afore me like a tale o the wee
    folk.
I see my son wi my dugs like flees on a flair
Creep wi my sheep alang the edge o the bay.
Ayont on the laigh grun at the fute o the
    glen
Whaur the burn drouns in the firth by the
    auld stane quay
And the kirk and the big hotel rise abune
    ither biggins
I see the park penned aff wi wuiden hurdles
Whaur ithers o my kind frae neuks in the
    hills
Will lean on the railin roun the glaurrie ring
And hear their draft yowes and their wether
    lambs
Gang wi a bang to some dealer frae the
    mainland.
Whan my ain yowes tak their bids afore
    their time
Auld freinds o sales lang bye will wag their
    powes.
O that I could jeyn them whan the sheep
    gang to the steamer
And tak my dram wi them as in the days o
    my strength.

But nou a shouer blaws ower me aff the hills
And the laigh warld o the bay is veiled frae
    my sicht.
Back comes my mind to the brae close
    aboot me.
Here in the sough o the wind and the rain's
    reishle
I stoun to a stillness as quait as the grave.
I strain for the cry o sheep sae lang in my
    lugs

But the wind airts ootward. I hear nae
    bleat.
The hish o a runnel faur in the hills ahint me
Tells me my loss. I hae nae sheep to hear.
I tak my stick and stacher doun the loan.
My mear meets me and I rub her neb.
At the rick-yaird yett is my greedy quey
    cauf
And in the falla riggs her milky mither.
My cauf sooks my haund and my coo moos.
They will be taen sune tae and eir the tairm
I will be left wi a wheen hens and a rooster.
I fin my fowls a step alang the loan.
Oot o the shouer in the stour aneth the
    hedge
They staun wi their dowps doun dozin
    dowfly.
Gin they could ken their end they wad be
    dowf.
Ane efter the ither ilka week in the winter,
Doun in the villa wi the lawn·and laurels,
They will be laid on the table tender and
    tasty,
And I will be there to swalla my life's
    leavins.

I win the loan-end yett. Whaur are my sheep?
I lean and look hard ootward ower the bay;
But the mist curls thick ower the gray brae's
    breist,
And aa I see is my last look lost.

The rain dreeps on. I shelter in the barn.
Here are my keel-can and my clippin-stules.
Like Flora's things aboot the hoose inbye
They mak a warld I wander like a ghaist.
I haunt my stable and I see my shears.
I haunt my byre and fin my lambin-stick.
Nae maitter whaur I gang in haud or hoose
I fin nae neuk whaur I can feel nae loss.

Back in the end I come to Flora's bouer
And sit amang the weeds that ance were
    flouers
And doze my hours awa amang her years;
And aye the rain rins doun the gable skews.

JEANNIE
The shouer clears as I hurry to the pier.
Nou I lift my heid to look weill aroun me.
Can I win aboard withoot meetin Johnnie?

JOHNNIE
I lean on the steamer rail fornent my faither.
Wi his stick and dugs and a wheen freinds
    frae the sale
He stauns on the pier to wave me aff to
    college.

JEANNIE

I hurry roun his faither and his freinds.
They slap ilk ither's backs and skrech like
    roosters.
Syne I see Johnnie leanin on the rail
And I canna win bye withoot meetin his ee.

JOHNNIE

She meets my ee and stares me through and
    through.
I look hard at my faither and his freinds.

JEANNIE

I sclim the gangway and slip doun the stairs.
Till the steamer sterts I will bide ablow.

JOCK

I doze awa my hours in flora's bouer,
But nou nae rain rins doun the gable skews:
I wauken wi the sun warm on my knees
And gowp to see the brae-face gane sae
    green
And the bay ablow me sae clean and clear.
The wat road by the shore winks back the
    blink
And the rufes o the hooses leme aa alowe;
And there's the steamer curlin frae the pier,
Leavin its wake to widen white ahint it
And its black trail o reik to spread and fade.
Nou while it sails faur oot across the firth
I hae my sheep again for a last lang look.
I will watch them till my een blear wi the
    strain.

JEANNIE

Up on the deck nou wi the steamer weill oot
I see the Largie hills in aa their glory.
Nae brae hings here to hide their purple
    shouthers
Or mak a mystery o their splintert taps,
Risin in the heicht o the lift through swirlin
    mists
To peynt blue fingers at the gowden sun.
Nou that I tak my leave I ken I loe them.

JOHNNIE

Leanin alane I tak my last look tae.
Fondly I fin my shack abune the wake
And my hame ahint it and the croft on the
    brae.
The auld ane yonder will be lorn for his
    sheep.
I turn to whaur they coorie in the bow.

JEANNIE

I see him turn and haste to move awa
And fin mysel aside the Largie sheep.
Here in the bow they shiver in terrible terror.

The steamer pitches to the channel jabble
And slides them slither on the dirten deck.
On helpless trotters they totter ower the
    watter
Syne heave heich birlin to the whirlin lift.
If they could greit nou they wad deive the
    seagulls
But their tongues are numb. Their stricken
    een
Cry to the wail o the engines a dumb squeal.
I sit on the nearest sait and come ower queer.

JOHNNIE

I see her by the sheep and peety baith,
But peety turns to shame. I canna face them.
I hurry ablow and huddle in a neuk.

Did I doom the dumb sheep for a crease in
    my breeks
And the grun that grew me for a mim-
    moued mainner?
Did I spurn my breed and leave its last
    bride virgin
For the tuim glamour o a manna mainland,
A dream-life in a toun o airy castles
Rowed aff a reel in a shadda show warld
Or bogle on a bubble o thin gless?
Whan the snaw lies white and deep in the
    Largie corries
And the raven pecks the ee o the stervit
    stag,
Whan the auld ane's fire is black and his
    bed forsaken
Will it be my faut that the brae is barren?

CANTO IV: WINTER

JOCK

Wi the white snawdrift comes the scarlet
    berry
That gars the merle haunt the leafy holly
And the rid robin raid the thornie haw:
Sae life's bricht seed is scattert faur and wide
And faas amang the wrecks o leaves and
    flouers
That rase in pride ance to the simmer sun;
And nou while thick trunks bend afore the
    gale
And tapmaist brainches toss and twigs are
    tashed,
While fell frost kills the bud and chills the
    sap,
Or rain glaurs aa the grun and rots the rute,
Hollies and haws unborn lie smoored in
    mouls.
To thole the bite o bitter winter's braith
Like the thin queen at the still cluster's hairt
Or the blin cauf inside the cauldrife hind.

But the worn stag that focht its last October
To rowe forfochen at its young fae's feet,
Was ower faur through to thole a cauld
    December,
Forbidden the bite hained for the hird's ain
    hunger.
And lies nou ready to the raven's beak.

KATE

Nou leme the hot-hoose lilies in a ring.
This is the day o doom and the beyled ham
Lies laid in plates for lang and solemn faces
And ritual fire lowes gowden in the bottle.
Religion's man has read in the black book
And held his haund heich ower the bent
    heids;
And the lang box wi the haunles and the
    tassels,
Raised aff its trestles in the hushed plush
    paurlor
And borne wi decorum to the laurelled lorry,
Leads aff the sad procession clad in black.

JAMIE

Wi my son aside me I follow my deid
    faither,
Closest o his kin we lead the lave.

JOHNNIE

Back in Largie for this day alane,
Amang twa generations o my elders
Oot in their moth-claes for the grave-yaird
    air
I haud my bowler to the wind and rain.
Traivelt in time I walk in a lost age,
And wi my new ee see its custom queer.
This is a warld o auld men deep in daith.

Drookit wi the drip on craig and leg
They gether here a stoun and there a straik
And stab in the back and stifness in the
    jeynt;
And funeral fute and ae fute in the grave
Step to the clip-clap o the hurried horse,
And nane amang the murners kens his turn,
Though aa ken that the corp they follow
    nou
Will heid a wheen afore the winter's bye.

JAMIE

Wild blauds o wind lowp ower us aff the
    brae
And skite the white faem aff the brekkers'
    backs,
And shouers stot aff the taur to faa afresh
And the sheughs choke and the feet feel the
    floods.

JOHNNIE

O to be back in the smoke-room at the
    union.
Warm at the fire efter the logic lecture.

JAMIE

Nou we turn into the glen in the teeth o the
    torrent.
Here in the holm by the burn's biggest bend
In grun first sacred whan the sun was god,
By the herrit cairn o a giant that fell in a
    fecht,
And the stanes o the clauchan o a simple
    saunt,
Are buried the banes o the feck o the folk o
    Largie.

Syne by this open hole wi hats in haund
We staun bare-heidit to the wather's warst,
And the meenister murns again and the
    waefou words
Are torn by a whirl o the wind and flung to
    the firth.
And the dart o the glaur in the grave
    growes aye the waur.
And the betherel's haund is ready to the
    shule.

This is a box o dirt withoot my faither:
Time's trash efter God's will was dune.
Here we sink it aside my mither's mouls,
And twa that floured thegither on the brae,
And set and sawed their seed, and lost their
    sap,
Will moulder nou, thegither, in the grun.

ARRAN BURN

A Poem for Television

For Kathleen

Arran Burn was originally commissioned for broadcast on BBC television. The production by Finlay J Macdonald was first transmitted on 2nd December 1965 with still photographs by Alan Daiches. A second transmission on 2nd December 1966 was accompanied by film of the island by Alex Pearce. The poem was read on both occasions by Iain Cuthbertson.

ARRAN BURN

Look whaur the mist reiks ower the split
    craigs
In the hairt of the desolation o creation,
Whaur primal convulsions o fire and ice
And doun the years the weir and teir o the
    wather,
Wind, rain, frost, thaw and drouth,
Hae wrocht in the end this unremarkable
    miracle,
That beauty is born whaur the corbies cry
    daith.

See alchemy o warm air on the chill stane
And the draps seep through the screes to
    the corrie heid
And runnels gurgle whaur the gresses growe
    green.

Sune nou the stags that graze quaitly
    thegither,
Whan the first rowan spills its reid seed,
Will ken in the nostril the hinds lang
    forgotten
And the stir o the rut in the unbiddable
    bluid,
But the sturt and the struggle bide on the
    drap o the berry,
And for a while yet their tines haud nae
    threat.

Gress will gie them flesh till the first o the
    frosts,
Syne dearth will drive them to the corrie lip
And the burn's white streak draw them
    doun
Straucht as a gled's dive into the glen heid
Whaur the cowed hinds will gether to thole
    the inevitable
Jealous discipline o the antlered maister.

But first the leaf maun faa, and till the turn
Nae male unease will echo frae the hills,
But the gill cry peace abune the wide muir
And the linns utter benedictions ower
    ancient memorials.

For here were laid the banes o the isle's Adam.
Here the god and faither o his kindred
Lay his days o daith by his crock o meal,
And in the mysterious nicht drank his
    Druid milk.
Nou the broun breckans croun the stanes
Lang herried by the Viking and the scholar,
And the banes that moulder in the rufeless
    chaulmer
Were pykit by a black-back in the spring.

Here the yowe that cried her desolation
Grazes again wi her lost lamb forgotten,
And like the hinds aboot the brae abune her
Draws to the rut and the lang winter cairry,
For in a field by the fanks the tups are fed
    wheat.

But the leaf maun faa first, and the cauld
    blast
Scatter its gowden shouer on the linn pules
Abune the troots that gether for the floods,
Plump wi their raun, and restless for the
    run,
And the lowp, and the splash, and the bore
    through the spate
To the slack o some runnel lost in the lang
    ling.
There in the graivel the hen will rowe her
    redd,
And spill her raun, and the cock shed his
    milt.

But first the leaf maun faa, and till the rains
The linns will roar nae thunder ower the
    muirs
Nor the last stanes o the lost magic circle
Trummle on the bog abune their tummelt
    maiks.
Here played the bairns o the isle's Adam,
The sun their guidsir and the yird their
    grannie,
At ring-a-rosie in the wame o time,
And day followed the nicht, and spring the
    winter,
And whan the seed was sawn the hairst was
    gethert,
And the miracle o birth defeated daith.
Nou the ring is broken and the rite forgotten,
And the sun and the yird are nae mair sacred,
And the nicht and the winter are still to
    come.

But the god that followed made aa things
    guid.
The sun and the yird are still in wadlock
And the leaf maun faa still and the berries
    scatter
On the pules aneth the linns whaur the
    troots are plump.

For look abune the burn in this lown hallie.
See this sunken waa smoored in breckans.
Here a bald abbat brocht a martyr's bane
And spak in Gaelic o the risen Christ,
And wrote his passion in a book o skins,
And lit his haly rude, and rang his bell;
And whan the bell was rung the douce
    disciples
Pat heuk and flail aside, and stane and divot,
To bend their knees in their first kirk o
    sticks,
And chaunt in Latin for the sauls o sinners.
Nou this bit rickle is aa their memorial
And the yowes graze wi nae man in sicht,
Though Christ's bell rings yet, in the glen
    fute.

Come nou to the muir's lost clachans.
See whaur the ash leans ower the lang shallas
And the gress is green by the forgotten ford.
Yonder dwalt folk that were sib to the
    fairies.
Adam their forebeir, watchin by nicht
Frae his wee stane hoose aneth his hillock,
Saw them won frae the stane ring by the
    men o the rude
And pey their siller penny to the Viking
And their merk to the Norman, their
    sheepskin chief.

By their darg on this muir in their run rigs
They peyed their rent and held their banes
    thegither,
And nae disaster o wat, frost or drouth,
Nae blight or sickness in corn or beast,
Nae human epidemic or injustice,
Nor ony hazard o their baron's wars,
Sword or fire, or famine efter pillage,
Broke the lang line o their succession.

Yet they gaed in the end to make wey for
    sheep.

See the yowes graze nou wi nae man in sicht
And the breckans creep doun to the auld
    gortchens.
Seeds o thistles drift ower tummelt lintels
To sills and hearth-stanes on flairs o ling
In the grey ghaists o Gaelic byres and
    kitchens.

Through the tuim winnock hear the hish o
    the shallas
And the souch o the ash in the wind frae
    the balloch.

Wi the lambs and the whaups gane this is
    aa their elegy,
Though gulls may wail whiles ower some
    broken banes.

But the burn draps nou at the muir's edge,
And here in this deep den it slides and
    tummles
Ower jummelt rocks aneth heich hingin
    shaws
To holes and neuks in coontless pules and
    runnels.
Doun and doun it rummles and chaunts
    and chinners
Aneth the nuits that ripen on the hazels
And the berries o haw and slae and the hips
    o the rose.
Spume rains aff the fulyery o birks
On yella taid-stules amang rotten sticks
Aside the pule aneth the fernie faa
Whaur the foremaist o the saumon frae the
    firth lie baffelt.
Cock and hen they ken they will fling in
    vain
Against this waa till the gales roar again
And the rains swall the torrent and gie them
    grip.
Here till the floods come is the end o their
    epic.
Atween here and the burn mooth they will
    dree their weird
In a back-end o hide and seek wi the otters,
For they tae, dug and bitch, are up frae the
    firth,
And wi the drap o the berry will hae their
    holt howkit,
And their spring whalps safe in the wame
    for the winter.

Whaur they play nae saumon is safe,
But they lie low nou till the daurk faas,
For oot on the brae they hear the shepherd
    whistle
As he tents his tups in the field abune the
    ferm,
And they ken his collie is back aff the hill.

Nou look whaur the burn rins oot to the
    heid o the holms.

Here was a kirk was first a simple clauchan.
And syne the chapel o a Romish saunt,
And syne the hoose o the grim god o Knox.

Here the folk o the lost runrig clachans
Forgied their neibors' debts for generations
And heard their banns cried and their sins
admonished
And cam for consolation in seikness and
daith.
Nou their banes bide, and their names, cut
in stane,
Though wind and wather play havoc ilk
winter
And the face o the auld saunt is weirin awa.

But the burn winds nou amang the braid
holms,
Slawly and saftly by fields in hedges
And bien ferms white in the beild o their
trees.
Here fat kye suckle ither mithers' cauves
And milkers graze heavy wi hingin udders.
Coles o hey and stooks o corn wait the
liftin
And neeps and kail swall for the days aheid.
Aa thocht nou is for the lang winter dearth.
The folk o the ferms hain like squirrels.
Hey is piled heich to the barn rufe
And ricks are thackit against the rain wi
rashes.
In the wat and cauld to come fodder maun
be haundie
To the byre and the cauf shed and the bull's
box.

And aye the burn rins nearer to the firth,
Windin by wuids nou and cottage gairdens,
Whaur guidsirs howk tatties or gether
aipples.
And roun by the sawmill, whaur wuidmen
cut posts.
And strainers and streitchers and stobs for
fences,
And rafters and runners, and framin and
sarkin.
And praps for coal-pits, and logs for fires.

Syne doun by the backs o the villas and
bungalows
And the pub and the private hotels and the
tearoom.
By nettles and dockens and tangles o brambles
And cowps o auld cans and aa sorts o
bottles,
Sauce bottles, wine bottles, whisky and gin
bottles,
Chemists' and druggists' and doctors' bottles.
And torn and dune hot watter bottles,
And auld airn bed-ends, and sewers, and
drains.

And syne, in the end, ablow the shore road
brig
And oot across the links by green and
bunker
To the braid bay o boats and bathin boxes.
Here, efter the steer and bustle o the
simmer,
Aa is idle. Alang the strand,
Laved by the lazy waves o the flood tide,
The sated whaup and pyat bide the turn,
Dozin in dizzens on their lang thin shanks
Aside the serried gulls, aa silent nou,
Wi feathers fluffed and beaks sunk in their
breists.
Efter the scrabble is their hour o rest,
And here is peace was ance a simmer's
bedlam.
For here at the sun's heicht cam folk in
boat-loads:
Faithers o faimlies wi rugs and deck-chairs,
And mithers wi picnic and baby baskets;
And lassies wi records and baby transistors
And towels and sun-tan and bits o bikinis;
And laddies wi harpoons and fins and
goggles;
And toddlers wi reels and lines and sinkers
And hooks and nets and spades and
buckets;
And crawlers in harness and plastic panties;
Girners and greiters and yellers and
skrechers
And tooters and whistlers and roarers and
lauchers
And lollipop lickers and sweetie sookers
And waders and splashers and dookers and
divers
And haddie and fluke and poddlie fishers
And snoozers and snorers, and litter leavers.

Nou the clean bay lies white aneth the hills,
And aa is silent, till the lane boatman,
Draggin his dinghies abune the line o the
wrack,
Opens his tractor throttle. The seabirds rise,
And wheel across the bay in sudden fricht,
And the whaup's twa winter notes stir
memories
O days by cairn and clachan on the muirs
Whan its spring sang was uttered haill and
clear;
The perfect elegy for the lost folk o the
glens.

FOUR WARTIME POEMS

*c.*1943–4

SANG

There's a reid lowe in yer cheek,
mither, and a licht in yer ee,
and ye sing like the shuilfie in the slae
but no for me.

The man that cam the day,
mither, that ye ran to meet,
he drapt his gun and fondlet ye
and I was left to greit.

Ye served him kail frae the pat,
mither, and meat frae the bane,
ye brocht him cherries frae the gean
and I gat haurdly ane.

And nou he lies in yer bed,
mither, and the licht growes dim,
and the sang ye sing as ye hap me ower
is meent for him.

THE LANELY FISHER

By the watter o the Fjallavatn,
in the lang grey dim o a simmer nicht,
there lie to the feet o the lanely fisher
the bluid-beddablet feathers o the shalder,
the peckit banes o the wee tammie-norie,
and daith's angel, the deil-faured skua,
twangs in the eerie glume aboot his heid
like the fingert gut o a boss fiddle,
seeks in its lichtinin dive his thin-baned
   croun,
its wud een lowin wi the watter's licht,
its forkit tail the fleein skirts
o a fang-tuithit troll; and at a likely rise
he lifts his heid in fricht, and jerks his flee:
the quick troot gowps in the toom air,
strauchtens, hits the watter wi a skelp,
and waukens the haill heich craigie quaich
ai the muckle black-back's bogle craik,
and the hairt-wrung wail o the wheelin
   whimbrel.

WINTER

Deep in their stanie holes in the steilie burn
the stairvelin troots lie thin in frozen sleep,
their toom wames worm-hames, and the
   hoodie craws,
at ilka yowe-hoast frae the snaw-smoored
   fank,
tichten their quait daurk daithly ring
to gether wi black beak to the blank een
o the first cauld corp, and flame and smeik
belch in the heich craigs frae deidly muzzles
to scatter shot-stangs at the fleein hares
that lowp and cowp and streitch, and stain
   the wraiths
abune the grushie moul whaur the Iceland
   queen[1]
sleeps in her seed by her deid simmer rutes.
The reid blude seeps to her happit bed
to sloke her life drouth at the sun's turn.
The eggs in the redds and the lambs in the
   ourie yowes
bide their time tae, for pouthert snaw
spumes frae the splintert tap o the heichest
   scaur:
Daith's icy banner ower the haill isle warld.

NICHT WATCH

Sae lane and dowie,
dowf and dreary,
cauld and weary,
and the hairt in my breist like leid.

The grun aneth me
sae saft and snawie,
sae clear and staurrie
the lift abune me,
the gun aside me
sae daurk and daithly,
and the war sae faur frae dune.

O, could I sit by my fire,
O, could I sit wi my wife again,
and O, could I watch on the rug at my feet
the bairn I hae haurdly seen.

---

[1] Author's note: The Iceland Queen, *koenigia
islandica* – an annual peculiar to Iceland
and the Faroes which flowers above 2,000
feet.

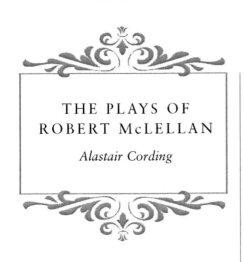

THE PLAYS OF ROBERT McLELLAN

Alastair Cording

WHEN ROBERT MCLELLAN began to write plays in the 1930s, Scottish drama was barely established as a concept, let alone as a fact. Attempts in the '20s to emulate Irish theatre had, after some early minor successes, petered out without the firm establishment of an indigenous theatrical tradition. Scotland's professional theatres seemed positively antipathetic to any native movement, and the sputtering torch of national culture was still being held aloft by non-professional enthusiasts of limited resources. These enthusiasts had for a decade presented dozens of new plays with Scottish settings, sometimes in imitation of Irish examples, sometimes not. They had never even attempted a serious employment of Scots language on the stage. Despite their effort and the artistic modesty of most of their plays, Scottish drama even in its mildest form was no more securely based than when they began.

It was against this background that Robert McLellan began to write – not just for a specifically Scottish stage, using Scottish themes and settings: McLellan wrote uncompromisingly in Scots. His plays were immediately successful and in demand with Scottish audiences. The validity of Scots language as a theatrical medium was overnight established.

McLellan's earliest work, though superficial, displays the basis of his talents. *Jeddart Justice*, a one-act play first performed in 1934 is a short, lively adaptation of a border-tale subsequently featured in Alexander Reid's *The Lass wi' the Muckle Mou'*. It is a comic early portrayal of Border reiving and rough justice, in which young Will Scott, captured by Sir Gideon Murray in the act of stealing cattle, is given a choice between the gallows and Murray's

ugly eldest daughter, Meg. At first he prefers the rope, but at the 11th hour changes his mind only to discover that the outraged Meg refuses to grant him a second chance to win her hand. Dismayed, he offers to marry her prettier younger sister, at which suggestion Meg jealously claims him for her own and drives him to the minister with a candlestick as a goad. The dialogue of *Jeddart Justice* is swift, natural and gripping, lightly but firmly sketching in thoroughly believable characters. The use of Scots is completely unselfconscious and the brief plot handled with theatrical verve. The following year brought another one-act piece, *The Changeling*, also set in the Borders, but among the common folk. To the brisk dialogue and swift pace of *Jeddart Justice* is now added the spice of superstition as Archie Armstrong desperately strives to conceal a stolen sheep from suspicious pursuers. At first he hides the carcass in a baby's cradle, feigning innocence of the theft, but as his questioners in their search draw ever nearer to discovering the truth, he clutches at the straw of witchcraft to explain away incriminating evidence. The men's increasing disquiet during the discussion of the uncanny which follows is matched by their physical movement towards the cradle, until the climax is reached by the uncovering of a horned head where the baby's should be. Imagining it to be a demon, the laird's men flee in confusion, and Archie is saved. Simple and direct though it is, *The Changeling* indicates the author's careful construction of increasing tensions, and shares with *Jeddart Justice* a spirit of natural vigour and earthiness.

Toom Byres (1936), a three-act comedy, was McLellan's earliest success, sufficiently popular to achieve publication. Set in the near anarchy of the Scottish Borders in the early years of James VI's reign, it traces a stormy love affair between Wat Scott of Hanginshaw and Peggy Ker of Kinnelknock, whose families pursue a feud of almost antique origin. Wat, his formal approach to Peggy's father having been met with gunfire, resorts to methods more traditional in the Borders, kidnaps Peggy. Peggy is less than content with this rough wooing: her self-respect is damaged by the implication that she would marry any man who abducted her. Aided and abetted by

Wat's sisters, Elspeth and Mary, the young couple bicker irresolutely until they are interrupted by the arrival of Sir Robert Scott of Drumford, official enforcer of the King's Peace for the area. Sir Robert, ignorant of the attraction between the young couple, and thinking to end a highly inconvenient feud has his secretary draw up a document, as Wat has all along hoped, obliging resolution by marriage in the Kinnelknock-Hanginshaw dispute. Wat's sisters find hesitant but congenial husbands in Peggy's two brothers, but Peggy remains intractable towards Wat. Only after he is driven to an outburst of violent rage is the air cleared and their quarrel finally made up.

Light as it is, and flawed by a last Act devoid of tension, *Toom Byres* yet displays the vitality and convincing grasp of period setting which distinguishes so many of McLellan's plays.

By the addition of conventional comic plotting and recognisable stock characters – in this case, the 'romantic' young couple, Wat with his measure of swash-buckling appeal, and Sir Robert, the much-put-upon rough-and-ready administrator – to his skill with Scottish period setting and command of the Scots tongue, McLellan created with *Toom Byres* a new popular form in Scottish drama. Up to this time, such period pieces had been generally dealt with in a strain of highly superficial romantic escapism. McLellan's portrayals, as typified by *Toom Byres*, were not necessarily less lightweight, but were gifted with an obvious Scottish identity in language and sympathy, a wealth of rich and hearty humour, and a ready recognition of the coarse realities of living conditions and human foibles. The success of *Toom Byres* led to the development over the years of a minor genre of such plays in Scotland. McLellan himself soon turned away from such straightforward entertainment.

Generally recognised as McLellan's most accomplished work, *Jamie the Saxt* came relatively early in his career as a dramatist, receiving its first performance in 1937, in the hands of the Glasgow Curtain Theatre. Written during this earliest and most productive period of his connection with the stage, the play combined the robust energy of his earlier comedies in Scots with a new seriousness of purpose. The skills of period setting learnt in writing *Toom Byres* and *Jeddart Justice* found a fresh purpose in

Jamie the Saxt, for its subject-matter is the personality of King James the Sixth of Scotland: creation of historical flavour giving way to recreation of historical fact. Rather than blunt the edge of the author's wit, narrower restrictions enhanced its incisiveness, for Jamie Stewart proves incongruously devoid of the sober majesty which his social role seems to demand, while his triumph is the result of an attractively cunning intelligence utterly unsupported by physical strength.

The play is a battle of wits between the King and his unruly subjects, most prominent and implacably hostile being the rebellious Earl of Bothwell. It begins with Jamie in a very precarious situation indeed, his court riddled with intrigue and disaffection, his Queen estranged by his open suspicion of her fidelity, and Bothwell a popular champion supported by an arrogantly assertive Scottish Kirk. The setting of the first Act is the house of an Edinburgh Baillie, Nicoll Edward, in which the king has taken up residence after Bothwell has raided and looted Holyroodhouse itself. The King's attempts to control the situation go awry: Lord Huntly despatched to arrest the 'Bonny Earl' of Moray murders him instead; the appalled nobility allow Bothwell to seize control of the Palace of Holyroodhouse, and Jamie finds himself in the hands of his bitterest enemy. Bothwell's triumph is short-lived however, for he proves too avaricious for power and insufficiently diplomatic to retain the support of the other nobles at court. An attempt by the king to escape from the palace provokes a confrontation which Jamie astutely exacerbates until Bothwell finds himself at bay and forced to withdraw. The closing Act brings Bothwell down completely. Having lost the support of the English exchequer for his political ambitions, he has rashly sought new allies among his longstanding rivals, the Roman Catholic faction under Huntly. This unites against him, the King, the nobility, the jealously anti-papist English monarch and an acutely embarrassed Presbyterian Kirk, rejecting with unseemly haste its erstwhile popular champion. The play concludes with King Jamie, at last relieved of the forces which have kept his kingdom in turmoil for years, turning his attention to the contemplation of the English Crown which he can hope to inherit in the immediate future.

In the introduction to the 1970 edition of the play, Ian Campbell observed that Jamie the Saxt 'Is essentially [...] a portrait of a remarkable King under stress. The success of the play depends on this stress, and its continuing dramatic importance until the safety of the king and government are assured.' Most of the other characters exist only insofar as they contribute to that tension and by contrast Jamie seems all the more human and sympathetic as he struggles to maintain himself amidst the fluctuating forces which oppose him. It is easy to identify oneself with the desperate opportunism of his man who makes up in volubility what he lacks in physical strength; driving to distraction fully armed, triumphant enemies with his unquenchable invective and insistent trivial pedantry. When Bothwell thwarts his attempt to escape and confronts him with damning letters to Hume and Huntly, Jamie twists the conversation into a petty but intricate argument about Bothwell's acquittal by the Court of Session.

> The Prosecution wisna free to speak oot, or Craig wad hae been flummoxed on ilka peynt he raised! The gowk havert the maist illogical nonsense I eir heard in aa my life! Him and his Uvierus! Wha was Uvierus to be coontit an authority? A doctor wha maintained the auld error o the Sadducees in denying the existence o speerits! Uvierus, forsooth! I could hae quotit some authorities! What aboot the Daemonomanie o Bodinus, that's fou o witches confessions? What aboot the fowerth book of Cornelius Agrippa...?

The King's indignation is directed as much at the shameful ignorance of his favourite interest as it is at Bothwell's victory. The other major factor in his character eliciting a favourable response is the total lack of dignity which makes him so strikingly human. In Act I, the tension of intrigue and the threat of impending violence is momentarily relieved by the arrival of the King who responds to his courtiers' elaborately formal greeting with startling homeliness:

> Ay, weill, here we are. (*Falling into his chair*) God, I'm wabbit.

The rest of the court struggle to maintain the outward show of self-possession and formality demanded by their position: the Queen deeply wounded by James' cutting references to her supposed infidelity, 'hurries out' rather than show her tears; Bothwell and Colville act out the rigmarole of surrender to the King as they strip him of real power; and the English Ambassador is greeted in Act III with an orderly calm which everyone including himself knows to be utterly false. James on the other hand hardly troubles to maintain his innocence in the entrapment of the Bonny Earl, and has little time for the standard courtesies of diplomacy – referring to Queen Elizabeth as 'an auld miser' in front of her Ambassador. On every occasion he speaks with a frankness at times breathtaking, revealing a curious mixture of perceptiveness, intelligence and almost childish simplicity. Crowing over his shamed nobles about their manipulation by the English and boasting his single-handed triumph over the intrigue, he is reminded by Melville of its purely chance nature. Momentarily crestfallen, he exclaims, 'God, I forgot'. It is moments like this which bestow most of the comic effect which popularised the play.

The streak of brutal insensitivity, even cruelty, apparent in James' fascination for 'confessions' of witchcraft wrung from old women by torture, provides the vital relish without which McLellan's portrait would loosen its grip. This glimmer of vindictiveness, witnessed early in the play in the quarrel with the Queen, prevents any suggestion of reductive sentimentality from distorting the picture, just as Nicoll Edward's educational remarks on a public execution indicate the commonplace brutality of the age, and prevent the King's predilection for witch trials from appearing outstandingly vicious.

The detailed knowledge of history revealed in *Jamie the Saxt* is an impressive though hardly theatrical accomplishment. Careful structuring and McLellan's noted ability for swift but precise characterisation reduce the apparent confusions of labyrinthine politics and a cast list of 22 to a simple movement through four clear-cut stages in King James' security. The return to Nicoll Edward's house in the final Act lends an air of cyclical completion and provides a yardstick of national prosperity against which to measure the real increase of the King's power over the strife-torn kingdom: the fight which breaks the peace – Bothwell's supporters are still capable of armed attempts to rescue their imprisoned friends – indicates the limitations of that power, but is not the threat to James personally that mere rumour of insurrection was in Act I; and there is a steady progress away from the apparently universal disloyalty witnessed in the first Act. Nicoll Edward and his wife are indeed the epitome of solid middle-class normality by which a modern audience can gauge the tenor of the age, and without them the struggle for power among the nobles would occur in a vacuum of exaggerated importance. As it is, the contest is much more personal: sympathy is for Jamie, not for the nobility or justice of his cause. Their presence provides choric commentary on the action, and their more mundane accents and interests contribute largely to the bustling vitality which pervades Jamie the Saxt.

Outstanding is McLellan's use of Scots. *Jamie the Saxt* unhesitatingly plunges into a vast range of styles and accents: from the King's pedantically-flavoured articulacy to the direct simplicities of Nicoll Edward's household, embracing between Sir Robert Bowes' Elizabethan English the barely comprehensible Cockney of his servant, and most remarkably the Queen's Danish-accented Scots. Such variety contributes largely to the constantly-changing tempo of the play and to its effervescent vitality, and could only stem from a total familiarity with, and a remarkable sympathy for, Scots as dramatic expression.

The 1940s saw the playwright return to the one-act form in *The Smuggler*, *The Cailleach* and *The Carlin Moth*. The first two of these are historical essays more distinguished by their unusual settings than by their dramatic power. *The Smuggler* is set in early 19th century Arran, and *The Cailleach* during the Cromwellian occupation. In 1946 came *The Carlin Moth*, a verse play which turned the author's attention towards a new medium, radio. In this dark fantasy a young fisherman is enchanted by a strange moth-woman who appears to him as a young girl, a symbol of idealised beauty which cannot – to the fisherman's distress – be shared with other mortals.

First performed in 1946, *Torwatletie*, a three-act light comedy, struck a notable blow for the recognition of a native Scots drama when it was produced in Edinburgh during the 1947 Edinburgh Festival by Glasgow Unity Theatre, though not as part of the official programme. The production thus inaugurated the Festival Fringe.

Set in the Laird of Torwatletie's house in Galloway in 1716, the play has as background the 1715 Jacobite rebellion and the smuggling rife in the South-West coast. Torwatletie, an inactive sympathiser towards the former, is up to the ears in the latter, employing a long-forgotten secret passage which connects his bedroom with the dovecote to collect his contraband. This passage becomes a central feature when news is brought of a fleeing Highland Jacobite seeking concealment. Torwatletie agrees that the escapee, Glenspittal, should stay in the dovecot and be fed via the secret passage. An escape is organised with the shady Doctor Dan, the smuggler's principal contact. Unfortunately Torwatletie's sister Mirren, having embraced the reformed Kirk with spinsterly passion, zealously watches her every action for signs of ungodly behaviour and one of her prying kirk friends overhears the plotters in a hilarious sequence of concealments during Act I. The government forces a Presbyterian chaplain on the household as a spy and Torwatletie finds himself under the unpleasant shadow of the Reverend Joshua MacDowell, whose presence, even if he fails to trap Glenspittal, promises a tortuous dose of unsought dogmatism:

> On the Saubbath we'll hae prayers efter breakfast, afore ye set aff for the forenune service at Kirkronald. Syne we'll hae prayers efter denner, afore ye set aff for the service i' the efternune. Efter the fower hours I'll examine ye aa in the carritches, and efter supper we'll read a chapter or twa and sing a wheen psalms, and hae a guid lang warsle wi the Lord in prayer afore we gang to bed.

After various farcical complications, Glenspittal makes a successful escape, MacDowell being silenced by marriage to the zealous Mirren and a handsome dowry from Torwatletie's estate.

Similar in style to *Toom Byres*, *Torwatletie* suffers from the same anti-climactic weakness in that the marriage-solution is known to all some time before the last Act finishes, though there is a greater display of skill in handling the convolutions of the plot. The stock-figures employed are less obvious, and permit a good measure of satirical caricature. It is an unpretentious but lively comedy.

In *The Flouers o Edinburgh* (1947) McLellan's adroit use of vigorous character and Scots language finds a new task. His earlier work was focussed wholly on character and historical reconstruction. *The Flouers o Edinburgh* set in the self-conscious 'Athens of the North' of the 18th century Scottish capital, deals directly with the central problem of Scottish nationality – the dichotomy of values and sympathies created by political union with England. Scottish language and customs are now the protagonists. McLellan's view of Scotland is hard-headed and his arguments rooted in common-sense. The most obvious aspect of this realism is his refusal in the play to make England a scapegoat which absolves Scotsmen from responsibility for national decline.

The play is a contrast of the old, pre-18th century Scotland, backward but independent, and the new Hanoverian 'North-Britain' looking to London as the seat of power and aping its manners. The redoubtable Lady Athelstane is the principal champion of the Old. Dispossessed of her estates at Craigengelt by her family's involvement in the 'Forty-Five', she lives in a flat in an Edinburgh 'laund' with her niece Kate and servant Jock, entertaining a devoted circle of aging male admirers. The latter include Lord Stanebyres, whose estate borders Craigengelt, and who proposes marriage to her 'fower times a year'. His son Charles, recently returned from an educational Grand Tour of Europe, has been singled out by Lady Athelstane as a prospective suitor for young Kate and the play commences as they prepare to receive his first visit.

Young Charles proves to be a bitter disappointment, for his experience of London society has taught him to despise the speech and manners of his home, which he regards as 'provincial', 'coarse' and even 'savage'. The superiority conferred upon him by his ability to enunciate a carefully formal Augustan English apparently permits him to dispense with normal politeness towards his fellow-countrymen; he returns to Edinburgh after a three years absence without informing his father; he openly disparages the 'inadequacies' of speech in Scottish authors; he criticises severely the outmoded fashions and Scots language of the young women; and he plans to further his way into politics by assisting in the sale of Lady Athelstane's estate to 'improvers'.

All in all, he is a thoroughly unpleasant, self-centred and high-handed young prig, whose concept of a Parliamentary career is the lining of his own pockets. By contrast, an English Army Officer, Simkin, is full of praise for the attractive features of Scotland, though he finds the language incomprehensible and the conditions of life sometimes primitive. His pleasing remarks on the Edinburgh lassies win the heart of Kate, aggrieved and offended as she is by Charles. Others are less pained by Charles' attitude, English speech and manner. The poets Lindsay and Dowie, and the Advocate Baldernock, who by necessity must deal with London's values, welcome his suggestions on the eradication of 'Scotticisms' in their speech; and thus provide a delightfully farcical sub-plot with their struggles to 'civilise' themselves. Against this background is played Charles' attempt to win election to parliament by bribery and nepotism, though he pretends to others – and indeed to himself – that it is possible to 'advance one's own interests and those of the community at the same time'. He has won the seemingly invincible support of the Duke of Argyll, but unlooked-for opposition appears in the person of a retired Nabob, a servant of the East India Company returned to his homeland with fabulous wealth to seek election as a representative of Indian princes. Before the Nabob's casual expertise in graft Charles fails miserably.

Lady Athelstane, meanwhile, has been saved from poverty when her exiled brother – now a General in the army of Brunswick and consequently an ally of Britain against France – is pardoned and restored to his family estate. His return proves something of a mixed blessing, however, for he is an impossible bully and boor. Lady Athelstane, her long-cherished dream of idyllic retirement as a sisterly companion to a gentle cavalier thus rudely shattered, soon sends for Lord Stanebyres and at last takes him as a husband. Charles, nothing daunted by his failure as a politician, turns to the legal profession and to courting – and 'improving' – Kate. He wins her hand only after she has forced from him a formal declaration in Scots. He continues to demand total Anglicisation, however, and the play ends with little promise for the nation's future.

As always, McLellan's Scots is accurate without seeming contrived or stilted –

indeed, it is colourful and racy by comparison with the formal English of Charles or Simkin – and his historical sense is detailed yet lively. The various levels on which the main theme is considered are simple, direct and well-knit, with language and custom as its principal mirrors; and the author's approach free from obvious facile prejudice. He is not recommending a 'return' to some misty heather-clad Scottish never-never land; he asks only that Scots should recognise the dangers and follies which await them in an attempt to become more English than the English themselves. There is a tacit understanding in the play that Charles, however unattractive his self-seeking brusqueness, is yet well-suited to the Hanoverian deviousness which has supplanted the old order. The collapse of his private schemes is a personal rebuff rather than the moral triumph of the play, for he proves himself well able to secure compensation from his victorious opponent. Lady Athelstane's brother is a further embodiment of the rising spirit of political and moral pragmatism. Once a Jacobite exile in a sympathetic France, he now fights on England's side against the French, having deserted to Brunswick out of personal pique. His attitude to the 'Forty-Five' is that 'They [the English] bate us and we took their tairms and settled doun and made the best o't.' The figure who for two Acts of the play is regarded as the noble ideal of romantic Jacobitism turns out instead to be a brutalised martinet who 'made the best o't' in a style far less than edifying.

The dramatic structure within which the argument is carried holds no surprises. Always naturalistic, the conventions of love story, threatened happiness, reasserted justice, and matrimonial conclusion are firmly obeyed, save for the deviation in the last scene which emphasises the reality of the problem represented by Charles. Though in less serious works McLellan had already proved his competence in handling complex entrances and exits demanded by tangled plots, The Flouers o Edinburgh had doubtful moments, especially in Act II when coincidence must be strained to bring Lord Stanebyres, then Lady Athelstane and company to the very inn where Charles is negotiating the bribery of burgh officials. Compared with the well-developed argument and comedy, the vitality of the historical setting and the convincing characterisation, such faults are not serious and The Flouers o Edinburgh endures as an intelligent and entertaining work.

The 1951 Festival of Britain production at the Glasgow Citizens' Theatre was McLellan's Mary Stewart, a grim account of the tragic Queen's fall from power. Five Acts trace the progress of Mary to her ruin, from her recovery of power after the murder of Riccio, through the appearance of Bothwell as her self-appointed and over-ambitious protector, Darnley's death, and Bothwell's subsequent bid for power by abduction of the Queen, to her degradation as a prisoner consigned to Lochleven. The labyrinthine complexity of the period's politics is marshalled with impressive dexterity and confidence, avoiding the more obvious clichés of romantic legend, but as living creations, Mary, Bothwell and the other characters in the play lack depth and complexity, their personalities defined only by their political function.

The political force at work in the play is personified in Secretary Maitland, quietly and skilfully gathering power and weaving intricate webs of deceit. An opportunist, his defection from the Queen is prompted by the dictates of the situation rather than by personal malice; yet he is also driven by a petty spite against Bothwell over a disputed abbey at Haddington. Mary shares Bothwell's fate by clinging to an abstract morality irrelevant to the Secretary's schemes.

The narrow range of emotions resulting from the preoccupation with politics – while satisfying the needs of intrigue and conflict – fails ultimately to flesh out the humanity of the characters, particularly the Queen. Mary is explained in terms of a fixation for the English Succession, with a consequent passion for a stable Scotland wholly lacking in her self-seeking nobles.

Striking dramatic moments are few; the first and last Acts display a measure of irony with the Queen a neglected prisoner of her brutal aristocracy, her true situation cruelly misunderstood by the Edinburgh mob; there is in Act II an economic symbol in the vacant throne temporarily occupied first by the dryly humorous Moray and later by Bothwell who is angry and embarrassed to be discovered there; and throughout the third Act the quiet gentility of Mary's relaxation counterpoints the mounting tension of intrigue which culminates in the vast explosion of Kirk o Fields. These few effects only emphasise the lack of theatrical vitality in the play as a whole. There is altogether too much talk in *Mary Stewart*, too much emphasis on clarifying political motives and plots. Only once does the insistent delving into factual confusion truly have value: in the account of the conflicting intrigues afoot at Kirk o Fields McLellan provides the motive for Mary's continued trust in the suspect Bothwell.

As always, McLellan's command of Lallans is superb, and history plays into his hands by permitting Darnley's to be the only English voice in the play, setting him apart from his fellow-conspirators and emphasising his lack of a secure foundation amid them. However, in *Mary Stewart* there is no evidence of the range of theatrical exploitation of the language featured in *Jamie the Saxt*.

Mary Stewart was followed in 1954 by *The Road to the Isles*, a departure from McLellan's historical preoccupations which sought to come to grips with the problems of contemporary rural Scotland. While seriousness of purpose and depth of argument distinguish the play from earlier theatrical excursions into the West Highlands – for example, John Brandane's *The Glen is Mine* – it is, like *Mary Stewart*, sadly lacking in dramatic impact.

The Road to the Isles concerns an attempt by a group of nationalist idealists to re-establish a farming community in a remote glen deserted since the Clearances. Their efforts are related through their contracts with a local farm and boarding house where live the Howies, whose son is a prominent zoologist. The arguments which occur between the settlers, Howie senior and Dr Howie give McLellan an opportunity to deal with the Highland problem at considerable length. These discussions are relived at intervals by the antics of Hawthorn, an English actor who marries the widow of the local laird; and by a rather wooden love affair between Sandy Colquhoun, the most able of the settlers, and Mary, Dr Howie's assistant. The reclamation project gradually disintegrates through the personal weaknesses of its members and the sheer magnitude of the task they have taken on, but although the isolated glen is eventually abandoned McLellan suggests a less idealistic, more

practicable possible future when some of the settlers remain in the area to work a less remote farm.

Some pleasingly-observed types are paraded on the stage: MacLaren the propagandist of the settlers' organisation, a persuasive dreamer careful to exclude himself from physical hardship; Wilkie, an exponent of 'natural' farming methods who deserts the project to stand for Parliament as a Rural Fundamentalist in the centre of industrial Glasgow; and MacLeod, a proudly Scottish actor rejected by the 'Glasgow Civic Theatre' for his lack of a good English accent.

Through these personalities are exposed the forces which disrupt the implementation of nationalist dreams and draw discredit on them – the overindulgence in quarrels about racial purity and the 'true' language of Scotland. Their ludicrous antithesis appears in Hawthorne, the English actor imported by the same company which spurned MacLeod. Having become the local laird by marriage, he throws himself whole-heartedly into this romantic role, sporting the approved Highland dress of the Scottish landowning class and changing his name to the impressively antique form Othran-MacEachran. This combination of kilt and English upbringing wins him first the directorship of the Glasgow Theatre, then of the Edinburgh Festival.

As argument, *The Road to the Isles* is erudite, objective and provocative. As theatre it is dull. Lengthy arguments about land-development for a future Scotland attest to the author's firm and detailed grasp of agriculture, but not to his awareness of an audience. Dr Howie's bee-keeping offers but meagre comedy in return for the awkward and distracting explanations it necessitates, and the play rambles to a soporific close with Howie senior dilating upon the nature of Scottishness to a drowsing Mary. Once again is seen the author's tendency to prolong his last Act long after all tension has evaporated from the play. Characterisation is less sure than in earlier works, and the convention of the love story which has been tacked on to the body of *The Road to the Isles* forces the weakest figures, Mary and Sandy, into undue prominence.

The major satiric balance apparent in the play, the rising fortune of Hawthorn/Othran-MacEachran and the decline of the resettlement project, make a bitter comment on the distorted values of the Scottish nation, but the satire is so obscured by debates and sub-plots that it frequently appears to be an intrusion poorly linked to the major theme. This is a pity indeed, for the Othran-MacEachrans are living symbols of the ills which take so long to elucidate in economic, sociological and agricultural terms.

James Boswell, the biographer of Samuel Johnson, provides the subject for *Young Auchinleck* (1962) tracing his life through the two years prior to marriage to his cousin Peggy. Boswell is seen in lust and love, arrogant and considerate, brought low by venereal disease and elated by childish naivety. In his progress towards the taking of a wife, the mainspring of the action is his embittered relationship with his father, which drives him to wild excesses of rebellion and brings him to the verge of madness. It is an interesting recurrence of a common theme in Scottish literature, and can hardly fail to recall the father-son conflict in Weir of Hermiston, especially when Lord Auchinleck resorts to deliberate coarseness in a brutal assault on his son's more refined sensibilities. This conflict should provide a depth of motive to Boswell's otherwise erratic behaviour; but the connection is not realised in dramatic terms.

The structure of *Young Auchinleck* counterpoints light and darkness, fluctuating between the grim acrimonious interviews between Lord Auchinleck and Boswell, and the bubbling comedy in the vignettes of 18th century middle-class life in which the young lawyer pursues his successive love-affairs. Unfortunately, the episodic nature of the play fails to penetrate beyond the flamboyant surface of the characters.

The Hypocrite is said to have been written in response to the controversy which followed the 'nude on the balcony' incident at the 1963 Edinburgh Festival, as an indictment of Scotland's all-too-prominent streak of censorious bigotry.

Set in 18th-century Edinburgh of *The Flouers o Edinburgh*, it traces the triumph of Samuel Skinner, a minister of the Tolbooth Kirk, in his vindictive campaign against art in general and the works of a visiting Italian engraver in particular. Interrupted in a calculated assault on the affections of the attractive Mrs Lucy Lindsay by the arrival of young Simon Adair and his friend Barocci, Skinner spitefully seizes the opportunity to boost his reputation as a strict puritan minister by condemning a proposed exhibition of Barocci's engravings and promising to raise the militant bigotry of the Kirk to support him. Barocci and the painters whose work he copies – Raphael, Titian and Tintoretto – are Papists. Their art is not afraid to represent God and Christ, nor ashamed to depict the naked body. No further charge is required to convince the Godly that Barocci and Simon Adair are salacious agents of the Antichrist. Having forced the exhibition in Edinburgh to close, Skinner forestalls Simon's plan to take it to Perth by rousing the unco' guid to the defence of 'decency' before the engravings even reach the town. Saved from a threatening crowd outside Perth by the timely arrival of his father's Baillie, Simon takes Barocci on to Dundee by ship, but there they cannot even land owing to the ferocity of the mob, who by now demand the burning of the pictures and the death of the artist. Shocked and afraid for his safety, Barocci abandons Scotland to its ignorance and returns to Italy. However, Skinner is seen stealing from the bedroom of his son's mother-in-law and is named in a divorce suit by her crippled husband: it seems that if Barocci cannot receive a fair hearing, then at least he can be revenged. Hypocrite that he is, Skinner cannot thole the prospect of public disgrace. He dexterously persuades one of his elders who is also an undertaker into arranging a disappearance before the trial can take place; but at the last moment the crippled husband dies and the divorce proceedings are halted before they reach open court. Skinner victoriously buys the elder's silence with judicious use of blackmail; and by promising marriage to the far from bereaved widow, secures for himself the wealth and lands of the deceased cuckold.

The play which began with a town-crier announcing the arrival of Signor Barocci's exhibition comes to an ironic close with his advertisement for Signor Emilio Bellini and his son Guido, tight-rope artistes who

> will on Friday neist at three in the efternune, afore ony that care to assemble, walk a raip streitchit atween the hauf mune buttery in the Castle, and a lum heid in Brodie's Loan on the sooth side o the Grassmercat, firin a pistol, baitin a drum, and performing a variety o ither antics on the way.

What distinguishes *The Hypocrite* from McLellan's earlier work is the ironic manipulation of an identifiable Scottish theatrical style, the light adventure-comedy in the period setting. In defence of Art we find the genteel, educated romantic young laird, Simon Adair; the Scots-speaking, crusty but lovable judge, Lord Kilmardinny; and the attractive and mischievous Mrs Lucy Lindsay – a Nancy Maclehose figure. There is even a hint of Rob Roy in Mungo Meikle, the ferociously armed Baillie who routs the mob in Perth. These stock characters are in themselves pleasingly drawn individuals: their defeat by Skinner and his swiftly-sketched two-dimensional cohorts is therefore all the more dispiriting. Narrow puritanical zeal is seen in the play to embody a physical vigour far beyond the energy which the educated liberal sensibility can muster. Even in conversation with Skinner, neither Lucy nor Simon is equipped to deal with his stream of half-truths, insinuations and hyperbolic accusations.

Skinner himself is a fascinating creation: his energy seems as boundless as his self-love, and his perverse imagination as powerful as those of the great painters he attacks: the lingering prurience of his 'outraged' description of the etchings to his fellow-bigots conjures up images of sensuality on an overwhelming scale, and strains with barely-contained excitement. McLellan, attacking a force far from dead in contemporary Scotland, deliberately refuses to provide an easy but false solution to Art's problems: his hypocrite is not to be laughed out of court, but to be feared.

It is as champion of the Scots tongue in the theatre, who never once gives the impression of strain, falsification, or even special pleading in its use, that McLellan has his most obvious virtue in terms of Scottish drama.

His use of Scots is confident, varied, strikingly theatrical and always wholly natural in the mouths of his characters. McLellan finds in Scots a range of expression unhampered by notions of a dominant 'received pronunciation'. In *Jamie the Saxt* he accepts the challenge of the Danish-born Queen's heavily accented Scots unhesitatingly and faultlessly, and successfully accommo-dates the full range of Scottish society from servant-lad to scholar-king without a single moment of doubt. In *The Flouers o*

Edinburgh the Scots tongue takes on major thematic importance as the symbol of a healthy Scottish nation, and it could not be more satisfactory. *Young Auchinleck*, and *The Hypocrite* contain strong but less central echoes of this, and it is used briefly but to good effect in *The Road to the Isles*. As critic Allan Leach commented in Library Review 23,

> The possibility that simplified versions of his plays and stories might have a wider market has never tempted him into the use of 'Stage-Scots' and he had knowingly paid the price for this. He describes his language as 'parish of Lesmahagow – more or less', and it is based securely on that spoken around him in Lanarkshire when he was a boy.

The spontaneous quality of his language – he cannot be charged with using 'synthetic Scots' – marks him as the first author to make a solid achievement in the realm of a totally distinct Scottish drama.

The end to which he deployed his skills and the style in which he almost invariably worked are of some importance in the context of Scots language as a medium of expression. McLellan only once took leave of the naturalistic convention in which he worked so well, and with few exceptions his attention is focussed exclusively on the past, and on individual personalities. Undoubtedly, McLellan brings the past to life with a rigorous frankness long required to dispel the saccharine mythology which all too often clouds Scotland's notion of its heritage; but the possibility of finding there a focus for contemporary problems, he has largely ignored. Christopher Small's observa-tion that McLellan is imprisoned in historical portrayals 'because the true purity of the Scots tongue is only to be found in the past' may be open to question: but his assessment of the author's final estimation is not.

> I am sure they will remain in the permanent body of whatever 'Scottish Drama' turns out to be. But the fact remains that they occupy a rather small space of whatever is meant by the consciousness of ourselves which drama speaks about and enlarges – what we look for from literature or the stage, if we look for anything real at all.

Early in his career, Robert McLellan proved himself a capable entertainer who engages the intellect as well as the senses. It can only

440

be regretted that the promise of *Jamie the Saxt* and *The Flouers o Edinburgh* was not fulfilled until *The Hypocrite* in 1967.

McLellan's plays are marked by a sense of vigorous naturalism, of a breadth of experience which does not exclude the coarse. He also has a gift for creating absorbing individual characters. The early plays, up to *The Flouers o Edinburgh* are content to exploit these features in the service of light, entertaining comedy. *Jamie the Saxt*, for all its skill, does not purport to be more than a comic exploitation of a fascinating theatrical portrait. Credit must therefore be given to the author for pursuing deeper aims in his later plays when he could so easily have continued to write commercially-appealing historical comedies, but his failure to develop an adequate dramatic style for his serious work is obvious – until *The Hypocrite*, which comes very late in his career.

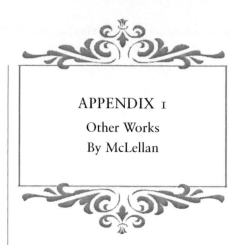

APPENDIX 1
Other Works
By McLellan

Titles identified with the dagger symbol (†) are unpublished. Debut production details for plays, where relevant, are in brackets beginning with name of producer. For some details the editor is indebted in part to the interim bibliography by Allan Leach (1971) cited in the second appendix. Further details can also be found in the second appendix.

Jeddart Justice (James Hastie, Curtain, 1934), published in Bone and Hulley's Grampian Plays Series (Glasgow, 1934).

The Changeling (Mernard Kelly, Clydebank Little Theatre, 1935), first published in JM Reid (ed) *Scottish One-Act Plays* (Porpoise Press, 1935).

Tarfessock, a Tragedy in Three Acts (†) (Ian Wilson, Curtain, 1934), contemporary drama in Scots set in the Kilsyth Hills.

Flight of Graidhne, A Celtic Folk Tale in One Act (†) (c.1934, production details not traced), set 'at Tara' in third century Ireland (in English).

Cian and Ethlin, A Play in five Scenes (†) (JB Russell, Curtain, 1935), Druid allegory set 'long ago in the West' (in English).

Toom Byres (Grace Ballantine, Curtain, 1936), first published 1936.

Jamie the Saxt (Grace Ballantine, Curtain, 1937), first published 1970.

Portrait of an Artist (†) (Grace Ballantine, Curtain, 1939), three-act contemporary drama of bohemian life in Glasgow; lead role of Duncan Macauley written for actor Duncan Macrae.

The Smuggler (c.1939) production by Arran's Whiting Bay Drama Club for Scottish Community Drama Association in 1940; first published 1986.

Torwatletie (Robert Mitchell, Unity Players,

1946), published by William MacLellan (Glasgow, 1950).

'Perrie Becomes Captain' (short story) in *Best Broadcast Stories*, ed. Hilton Brown (London, 1944).

The Carlin Moth (Moultrie R Kelsall, Scottish Home Service, 1946), first published in Winifred Bannister (ed) *North Light* (Glasgow, 1947).

The Cailleach (performances by c.1946), published 1948.

The Flouers o Edinburgh (Robert Mitchell, Unity Players, 1948), first published 1981.

Mary Stewart (John Casson, Citizens, 1950), *not previously published.

An Tàcharan (Glasgow, [1950]), Gaelic translation by Iain M Macmhathain of *The Changeling* (pamphlet).

A' Chailleach (Glasgow, [1950]), Gaelic translation [by Lachlan Mackinnon] of *The Cailleach* (pamphlet).

The Road to the Isles (Michael Langholm, Citizens, 1954), *not previously published

As Ithers See Us (†) (James Crampsey, Scottish Home Service, 1954), documentary drama for radio on James Currie, first biographer of Robert Burns.

Sweet Largie Bay (James Crampsey, Scottish Home Service, 1956), published 1977.

Rab Mossgiel (James Crampsey, Scottish Home Service, 1959), *not previously published.

Kirstan and the Vikar, a parable in Scots (†) (1959, unproduced), full-length drama set on fictional north-European island in World War Two: stage and radio versions exist.

Kilellan (†) (1960, unproduced), draft episodes for proposed STV television sit-com based on guest house in *The Road to the Isles*:

- *Guests*
- *Ghosts*
- *Poachers*
- *The Tinkers*
- *Bumbee Willie*
- *Scandal*
- *Politics*

Balloon Tytler (†) (James Crampsey, Scottish Home Service, 1962), radio play on Scots polymath James Tytler (1745–1804).

Young Auchinleck (Kenneth Parrott, Gateway, 1962), *not previously published.

Pageant for the Burgh of Kirkintilloch (†) (performance in 1964), 750th anniversary pageant comprising episodes from withdrawal of Romans up to time of Tom Johnston's tenure as Councillor (1914–18).

Waverley Gallery (†) (James Crampsey, Scottish Home Service, 1964), series of character sketches from Scott dramatised for radio:

- *Dandy Dinmont Depones*
- *Mause Headrigg Testifies*
- *The Fire at Wolf's Crag Tower*
- *Jeanie Deans goes to London*
- *Dugald Dalgetty at Inverary*
- *Peebles v Plainstanes*

A Cure for the Colonel (†) (1964, not broadcast), episode for BBC television's *Doctor Finlay's Casebook*.

Mum and Sally (†) (1965, unproduced), 30-minute two-hander for television about middle-class social mores.

The Old Byre at Clashmore (†) (Stewart Conn, Scottish Home Service, 1965), radio drama set in the Highlands.

Arran Burn (Finlay J Macdonald, BBC TV, 1965), published 1977.

The Hypocrite (Richard Eyre, Edinburgh Royal Lyceum, 1967), published 1970.

My Dear Dear Sister (†) (1970, in draft), play in ten scenes about the English Lake poets centring on Dorothy and William Wordsworth.

A Pageant of Dumbarton (†) (1970), 750th anniversary pageant commissioned by Councillor James E Hill comprising episodes from time of Aneurin to era of living memory; production (c.1972) adapted by Robin Richardson and Charles Baptiste.

The Isle of Arran (Newton Abbot, 1970), general reference book.

The Ancient Monuments of Arran (Edinburgh, 1977), HMSO guide book.

Linmill Stories (Edinburgh, 1990), cycle of short stories written between 1939 and 1965, first broadcast on BBC radio over four series, 1960–65.

McLellan also wrote numerous dramatised episodes for BBC schools radio, chiefly in the three series *This is My Country*, *Scottish Heritage* and *Scenes from Scottish History*, produced in the 1950s and early 1960s.

APPENDIX 2

Bibliographical and Textual Note

Texts in this collection are founded upon two sources: McLellan's original typescripts in final draft, versions of which survive for all titles; and previously published imprints where these were produced in his lifetime. Reference to both has been made as necessary.

McLellan generally oversaw proofs for texts published (one notable exception being in the case of the flawed 1970 imprint of *The Hypocrite*). Although printed editions, with some reservations, have generally been assumed to reflect final preferences, McLellan's typescripts in some instances are taken to provide superior readings.

The principles which McLellan established for setting Scots forms and spellings appear to have been settled early, and his orthography in print, including distinctive hallmarks, such as his setting of the Scots word 'freind' (always in this form) largely remained consistent throughout his career. In some cases, such as in certain words employing Scots 'ou' (where strictly monolingual English educational practice has rendered its Scots signification 'oo' ambiguous for most readers) McLellan seems to have allowed some contextual license and (if so) this can occur at times even within the same passage (see for example p.43, col.2, 'won oot'/ 'win out', which is retained as it appears in the 1936 imprint).

An occasional degree of licence in McLellan's Scots orthography can sometimes be found in his typescripts and drafts, although this (with the exception of the early play *Tarfessock*, not included in this collection) is generally not major. The completed 1940 typescript of *Torwatletie* (under the title 'The Bogle') is one example of a slightly less 'formal' setting than appears in print. (Interestingly, the third act of this earlier version, otherwise the same in

most respects as the one eventually published, also contains passages of more extended interrogation which McLellan appears to have decided to cut.) Another instance is the rare handwritten MS for *Toom Byres*, dated 1936, which suggests an orthography loosely based on MacDiarmid and is one of the only times when McLellan made any significant use of 'intrusive' apostrophes – a feature which he always subsequently avoided, including in the published edition of the same play.

Within reason, I have usually retained apparently inconsistent forms of words which sometimes appear in typescripts and imprints where these can be interpreted as intentional. One example is his occasional use of the unusual form 'cann' (for 'canna') which might at first sight appear to be typographical error, but is, I think, evidence of the degree to which McLellan's generally faultless ear hears the subtly distinct Scots standard for the contraction which, in English, becomes 'can't'. (One good example of this is Kate's use of both forms back-to-back in the opening dialogue of *The Changeling*, the second enacting her emphasis.) Within these parameters, and keeping in mind matters of general consistency and minor change in custom across time, the texts in the current volume fully strive to respect and maintain McLellan's orthographical practice and intent.

Materials, including copies of typescripts for works not previously published, were kindly provided by the Arran Theatre and Arts Trust, with other versions, including prompt scripts for some specific productions, viewed in National Library of Scotland archives.

Previously published imprints consulted include:

Toom Byres (William MacLellan, Glasgow, 1936).

The Cailleach [copy with minor handwritten corrections by the playwright] (William MacLellan, Glasgow, 1948).

Jamie the Saxt, edited by Ian Campbell and Ronald Jack (John Calder, London, 1970).

Playscript 19: The Hypocrite (John Calder, London, 1970).

Sweet Largie Bay and Arran Burn, Two Poems in Scots, edited by Duncan Glen (Akros, Preston, 1977).

Collected Plays Volume One [contains *Torwatletie, Jamie the Saxt, The Flouers o*

Edinburgh, The Changeling, The Carlin Moth and short introduction by Alexander Scott] (John Calder, London, 1981).

'The Smuggler' in *Chapman 43–4, Scottish Theatre*, edited by Joy Hendry (Edinburgh, 1986).

Some other imprints, such as *Jeddart Justice* (Glasgow, 1934), were viewed in the National Library. A fuller list of McLellan's early publications can be found in Appendix 1.

McLellan always paid close heed to matters of historical veracity. Campbell and Jack in their 1970 edition of *Jamie* provided a list of sources which they could establish the playwright had used in his composition of that play. Encompassing various of the works in the current volume, a provisionally extended partial checklist of items which he consulted, reference to some of which has been of use editorially, can be given:

Calendar of Scottish Papers, vols. ii, x and xi (Edinburgh, 1900, 1936).

Frank Brady and Frederick A Pottle, eds., *Boswell in Search of a Wife, 1766-1769* (Melbourne, London, Toronto, 1957).

David Calderwood, *The History of the Kirk of Scotland*, vols. ii and v (Wodrow Society, 1842, 1844).

Robert Chambers, *Domestic Annals of Scotland from the Revolution to the Rebellion of 1745* (1861).

Revd. George Drummond, *A Town Eclogue* [for *The Hypocrite*] (1804).

J DeLancey Ferguson, ed., *The Letters of Robert Burns* (Oxford, 1931).

Sir Phillip Francis, ed., *Letters of James Boswell to Reverend WJ Temple* (1857).

Kay's Original Portraits and Caricature Etchings (1837).

[Andrew Lang, *The Mystery of Mary Stuart* (1902)].

[Reginald Henry Mahon, *Indictment of Mary Queen of Scots*, (Cambridge, 1923)].

Sir James Melville, *Memoirs of his own life* (Bannatyne Club, 1827).

David Moysie, *Memoirs of the Affairs of Scotland* (Bannatyne Club, 1830).

[Archibald Munro, *The Story of Burns and Highland Mary* (Paisley, 1896)].

Chauncey Brewster Tinker, ed., *The Letters of James Boswell* (Oxford, 1924).

Chauncey Brewster Tinker, *Young Boswell* (London, Boston, 1922).

Patrick Fraser Tytler, *The History of Scotland from the Accession of Alexander III to the Union*, vols. iii and iv (1828).

There has been little if any in-depth study to date of McLellan's life and work (see Douglas Gifford's introduction). Examples of general works which contain some direct references (mostly very few and very brief), as well as a miscellaneous selection of other sources with unique information, some by McLellan himself, can include:

JK Annand, ed., *Lallans 10* (Edinburgh, 1978), special issue dedicated to McLellan.

Winifred Bannister, *James Bridie and his Theatre* (London, 1955).

Priscilla Barlow, *Wise Enough to Play the Fool* (Edinburgh, 1995), biography of Duncan Macrae.

Ian Brown, ed., *The Edinburgh Companion to Scottish Drama* (Edinburgh 2011).

John Calder, *Pursuit, The Uncensored Memoirs of John Calder* (London, 2001) [faultily indexed].

Donald Campbell, *Playing for Scotland, a History of the Scottish Stage, 1715–1965* (Edinburgh, 1996).

Sarah Dunnigan, Douglas Gifford, and Alan MacGillivray, *Scottish Literature* (Edinburgh, 2002).

Cairns Craig, ed., *The History of Scottish Literature, Volume 4* (Aberdeen, 1989).

Bill Findlay, ed., *A History of Scottish Theatre* (Edinburgh, 1998).

Joy Hendry, ed., *Chapman Magazine* (43–9, Edinburgh, 1986–7), series of issues carrying running debate on Scottish theatre.

Eleanor J Howe, 'Robert McLellan and the Scottish Theatre' (unpublished dissertation, Scottish National Library Archives, 1978).

David Hutchison, *The Modern Scottish Theatre* (Glasgow, 1977), discussion in chapter 4.

Allan Leach, 'The High Purposes of Literature: Robert McLellan and his Work' (*Library Review*, Vol 23, 1–2, Spring/Summer 1971), short bibliographical survey with 'interim checklist' of the playwright's works, published and unpublished, as of that date.

Hugh MacDiarmid, NLS MS 27068: draft review of *Torwatletie*, 1946.

Robert McLellan, 'Sweet Largie Bay' (*Radio*

Times, 27 July 1956), brief autobiographical article.

Robert McLellan, 'Living in Scotland Today' (*Scottish Field*, December 1956), autobiographical article.

Duncan Macrae, 'Jamie the Saxt' (*The Prompter*, April 1953) article on original Curtain production.

Alexander Reid, 'Robert MacLellan' [*sic*] (*Scotland's Magazine*, January 1959), biographical article.

Lesley Thornton, 'Forty Years On' (*Radio Times*, 3 February 1978), extracts from interview.

Roderick Watson, *The Literature of Scotland, the Twentieth Century* (London, 2007).

Archive material on McLellan was consulted in the National Library of Scotland and the University of Glasgow Scottish Theatre Archive. Other holdings with direct relevance include the special collection of radio playscripts deposited by the BBC in the late 1960s originally to Rothesay Library, now held by Argyll and Bute Library Service HQ. Relevant local materials are also kept by Brodick Heritage Museum on the Isle of Arran. I am grateful to curators and staff from all these institutions for all help given.

Colin Donati

APPENDIX 3
Glossary

Illustrative phrases are from the texts and definitions according to uses in context:

aa at ance, suddenly; instantly
abune, above (see also **bune**)
ae, one; **oor ae chance**, our only chance
agley, awry
airns, fetters
airt, direction; **airtin north**, heading north
alowe, ablaze
ashet, serving-plate
atomy, skeleton
auld ane, parent, family elder
auld farrant, old fashioned
auld sang, old story
awmrie, cupboard
aye (rhyme with 'eye'), ever, always; **aye at books**, constantly studying

babbie-clouts, nappies (see also **cloot**)
back end o the year, autumn
badly (*eg* **was badly**), unwell
Bailie, magistrate
bairned, made pregnant
balloch, narrow mountain pass
bane-fire, bonfire
barmkyn, fortified enclosure
bate (**sae ye're bate**), defeated
bawbee, any small coin
beasts, livestock
beglaubert, muddy
beglaumer, fascinate, deceive
beild, bield, shelter
ben the hoose, (in) the inner (private) chamber(s) of a house
benmaist, innermost
benty, thick with wild grass
betherel, gravedigger
better o..., better for, better on account of...
beyn (rhyme with 'fine'), tub
bide the Keeper, continue as Warden
bieldiest bit, most sheltered part
bien, comfortably off, snug
bigg, build; **biggit heich**, built high

biggin, building

bink, shelf (for coal or peat)

birks, trees

bit, (diminutive) a bit laddie, a young boy; a bit raip, a length of rope; a bit sang, a short song (etc)

blae, pale

blate, diffident; isna blate, not backward in coming forward

blin, blind

blink, gleam

body, person; puir body, poor soul

bogle, ghost

booth, stall or counter at market

bowster, pillow

brae-face, slope of a hill

brairds, germinates

breckans, ferns

breinge, push forward

brindle, show resistance

brock, n. badger

brod, board, table; gane bye the brod, gone by the board

brogans, light leather footwear

brosie, plump

bruit, rumour

brume-shank, broom handle

bull (rhyme with 'mull')

bune, except, but for, apart from; ony bune mysell, anyone except me

Burgh, town under a Royal Charter

Burgh Mair, land belonging to a Burgh

burnett blee, dark-brown complexion

burnside, bank of a stream

buss, bush

but the hoose, (in) the outer (public) rooms of a house (compare ben)

bye (eg yer time's bye), past, gone

bye the ordinar, exceptional

bye-blaws, illegitimate children

byke, hive

byre, cowshed

caa, drive, push, turn; caa the kirn, operate (by turning) the churn

caa canny, take care

caa doun, demolish

caa the feet frae, trip (someone) up

caddie, street porter

caird, vagrant

cairry n. (the lang winter cairry), gestation

cailleach (Gaelic), old woman

cann, (see Appendix 2)

cannie, lucky, fortunate, shrewd; no cannie, not auspicious

cannie!, be careful!

cantie, cheerful

carle, man

carlin, old woman (seen as threat)

carritches, the Catechism

carse, low land by slow river

causey, paved street

Cawmeltoun, Campbelltown

certies, for certain

chap, knock, strike

chap o seiven, seven o'clock precisely

cheenie, china tea set

cheynge its front, change its tune

chief (eg gey chief wi), on close terms

chinner, grumble

chitterin, shivering

chuckie stanes, pebbles

clachan, small village

clash, gossip

clattie, dirty

cley corp, effigy

clishmaclavers, nonsense

clockin hen, sitting hen

closs, close, alley

clout, cloot, rag

clowt, hit

clype, n. informer; vb. to tell tales

cock on a midden, 'king of the heap'

collieshangie, dispute

collops, portions of meat

compear, appear before tribunal

compter, sideboard

coney, rabbit

coorie, courie, huddle close

corbies, crows, rooks

corn-skrech, corncrake

cot-hoose, farm-cottage

cottar, farm tenant

corp, body (living or dead)

Cougait (street name), Cowgate

cowp, vb. overturn; n. midden

cowpit, upset; struck down (by illness)

cowt, colt

crabbit, bad-tempered

crack, (1) chat; (2) explosion

crackin, chatting

craitur, person

craw: rasp at the craw, see tirling pin

creepie, milking stool

creish, grease

creishie, unctuous, fat

cronached, doomed to die

crouse (rhyme with 'loose'), contented; craw crouse, behave with self-conceit

cruisie, boat-shaped candleholder

cuddy, horse

cuif, simpleton

cuill, to cool (down)

curliewurlies, ornamentations

cut gey close to the bane, keep a tight hold over finances

cuttie-stule, repentance-stool in kirk

daffin, flirting

daith-clock, deathwatch beetle

dang, dung, see ding (vb.)
darg, work
dauner, stroll, wander
deacon, master of a trades guild
deed ay, yes indeed
deive, deafen; disturb
deuks, ducks
dicht, wipe
ding, n. knock; (heart)beat, vb. strike, hit
doitit, confused
dominie, head teacher
donnart, crazed
doocot, dovecot
doos, doves
douce, polite
doun ('oo'), down
doun bye, in the neighbourhood
dout ('oo'), think; I dout sae, I reckon so;
   I dinna dout, I have no doubts
dowie, depressed
dowf, dull
dowp, backside, tail-end
doxie, sweetheart
dozent, weak (with age)
drookit, soaked through
drouthy, thirsty
drugget, coarse woollen cloth
Druid Swan, Cygnus
dub, bog
dule, misfortune
dule-tree, tree used as a gallows
dumfounert, dumfounded
dunt, strike, blow
dwaibly, infirm
dwam, daydream

ee (plural een), eye
eident, eager, keen
ein, evening
ein, even; ein sae, even so
eir, ever; gin eir I..., if ever I...
eir, ere; lang eir..., long before...
eizels, embers
eldritch, unearthly
'engauns', see ongauns
ettle, intend, aim; ettle ill, mean to cause
   harm

fancit, fancied
fand, foun, fund, see fin
fank, sheepfold
fash, trouble, annoy(ance)
fashious, troublesome
faur gaen, advanced (in sickness)
faur oot, distant (in kinship)
faur through, close to death
faut, fault
feck: the feck o, the majority of
feid, feud
fell, adj. cruel; vb. kill; fell ye to the grun

fent(it), faint(ed)
ferlie(s), strange wonder(s)
fernie-tickles, freckles
fettle, form, temper; in grand fettle, in fine
   form
fey, sense of being fated
fin, find
finger (rhyme with 'singer')
finnock, sea trout
flyte, quarrel
for aye, always, forever
forebye, besides
forenune, late morning
forfochen, exhausted
fornent, in front of
forrit, forward
fou as wilks, drunk
foustie, mouldy
fozie, (beginning to turn) soft
fower hours ('oors'), four o'clock
   refreshment
freind ('ee'), friend
fremit, foreign, aloof
Freuchie ? in idiom: as Scots as Freuchie
fulyery, foliage
fupple, lip (see hing)
fushion, strength, nourishment
fushionless, insipid
fyle, pollute

gab, mouth
gaberlunzie, mendicant
gaed, went
gait, street, way; nae gaun that gait, no
   profit in that course of action
gang abroad, walk out in the open
gangrel, vagrant
gar, compel; gar yer twa men shift him,
   have your two men move him
gauger, customs official
Gawn (name), Gavin
gear, possessions
gey (rhyme with 'eye'), a gey job, a difficult
   struggle; hae gey need o, have real need
   for; a gey steer, a suspicious commotion;
   a gey while, a long time, (etc); adv. very
geyan, extremely
gie ower nou, give up now
gill, ravine, gulley
gin, if; gin it hadna been that...
girnal, granary
glaikit, daft
Glaschu (16th c. form), Glasgow
glaur, mud
gled, bird of prey
gleg, keen, alert
glisk, glimpse
glower, look (vb. and n.)
gomeril, idiot
g'on ('gaun'), 'go on'

goun, gown
gowkie, cuckoo; **puir gowks**, poor fools
gowp, stare
gravit, cravat
greit, **greet**, weep; **I could hae grat**
grippit, caught
grozet-buss, gooseberry bush
growin (rhyme with 'gowan'): **growin on**, getting older
grue, to shudder
grun, land, estates
grush, grit, gravel
guid-brither (**-faither**, **-son**), brother-in-law (father-, son-)
guidsir, grandfather
guidwife, wife
gumption, common sense
gurlie, sullen
gyte, mad (with rage, longing, etc)

haddie, haddock
haly rude, holy cross
haill, (1) whole; (2) well, in good health
haillie o yer haund, 'palm' of your hand
hairst, harvest
hain, retain; **weill worth hainin**, well worth keeping
halflin laddies, teenage boys
hallan, partition in a cottage
hallie, sheltered hollow (in landscape)
hamesucken, violent assault committed under victim's own roof
hanselt, favoured with good-luck gift
hantle, number, amount (of)
hap wrap, **weill happit**, well-wrapped
hasht, vandalised
haud aff, keep away
haud doun (**a wee**), show (a little) restraint
haud yer wheesht, hold your peace
heft, pasture
heich, **heicher**, **heichest**, high, higher, highest
heicht(en), height(en)
heid o the watter, source of the river
Heilands, Highlands (of Scotland)
herrit, harried, raided
heuch, cliff, crag
heuks, reaping hooks
Hie Gait, High Street
hin end, hind end; 'last straw'
hing, hang; **hing his fupple**, 'be down in the mouth'
hippens, nappies
hird o kye, herd of cattle
holm, low land by river
hotchin, swarming
hot-trod, mustered pursuit
hour (pronounce 'oor')
hou that?, how so?
howdie, midwife
howes, vales

howf, meeting place, tavern
howk, dig; **their holt howkit**, (of otters) their den dug
houlet ('oo'), owl
hungert (soft 'ng'), hungry
hunker doun, crouch down
hurlt, attached for punishment to wheel of driven cart

i', in
ile, oil
ilka word o't, every word of it
ill aff, hard up
ill coonselt, imprudent
ill-daers, evil-doers
ill-faured, ugly (cf. **weill-**)
ill-likit, out of favour
ill-pleased, displeased
ill slept, over-tired
ill to fin, hard to find
ill will, animosity (**hae an ill will at**)
inbye, inside, near at hand
is't, is it

jalouse, suspect, discern
jauntie, carefree
jeazen, childbed
Jeddart, Jedburgh
Jeddart justice, execution without due trial
jeel, congeal
jeelie, jam
jennie-meggie, daddy-long-legs
jessie, 'soft' man
jeyn (rhyme with 'fine'), join
jeyner, joiner
jimp, dainty, small
jo, sweetheart
joco, droll, merry; **the joco**, 'ploy'
jougs, fixed fetters
joukit oot, dodged out
joukery(-poukery), skulduggery
joukie wee birkie, sly young man
juist that, precisely

kail, kale; food generally
kailworms, caterpillars
kaim, comb
kain (*eg* **kain eggs**), rent in kind
keek, peep
kelpie, mythical water horse
kenspeckle, conspicuous
kirkyaird, churchyard
kirn, churn
kist, chest, trunk, box; **the kistin**, the time of laying into coffin
kittle, restive; **kittle to haunle**, difficult to control
kittlin, kitten
knock, clock
knowe, knoll

kye, cattle
laich, laigh, low
laigh grun, low-lying ground
lair, grave-plot
land, laund, rented apartment
landwart, rural
Lang Gait (street name)
lang-nebbit, nosey
lauchable, comical
lave, (the) remainder; bide wi the lave, stay
  with the others
lave, to bathe, wash
lawin (peyin his lawin), tavern dues
lawn, fine linen
leal, loyal
lear, leir, education
leddie, leddy, lady
leme, shine
leid, n. (the element) lead
leive, to live
leivin image, living likeness
lichtsome, carefree
lift, steal; liftin kye, stealing cattle
lift, the sky
lifters, theives
liftit (yer brither's liftit), arrested
ling, rope; heather
lingtowmen, smugglers
links, open ground
linn, cataract, stream
lippen, depend (on), trust (to)
Lithgie, Linlithgow
loan(in), farm track
loesome, lovable
Lords o the Session, Supreme civil judiciary
  in Scotland
lown, gentle, peaceful
lown hallie, peaceful hollow
lowp, lowpit, jump, jumped
lowe, glow, flame
lowin, glowing, burning
lowse, (1) loosen; (2) release; Paurliament
  lowsed, Parliament rose
lowsed at ein, finished work in the evening
lug, ear
luggie, wooden milk-bucket with handles
lunts, torches, firebrands
lythe, pollock

made haill, restored to health
maiks, others of the same kind
main, moan
mains, (group of) farm buildings
mairch, n. border; vb. share a common
  boundary
man, husband
manse, kirk minister's residence
maucht, bodily strength
maun, must; maun hae, must have
maunna, mustn't

mavis, song-thrush
mear, mare
meat, food in general
meikle, much; as meikle as, as much as
mell, mallet
mense, common sense
mensefou, dignified
merle, blackbird
messan, small dog
Mey, May
midden tap, crest of a dunghill
Middle Mairch, Central Borders
mim-moued, prim in speech
mind, remember; remind; let me mind ye,
  allow me to remind you
mirk, (pitch) dark; midnicht mirk
miscaa, to slander
mislike, dislike
mistrust, distrust
moderator, presiding minister in Scottish
  Kirk
mogan, (footless) stocking
mort-claith, pall
moss-hagg, peat bog
moth-claes, dress clothes (for funeral)
mou, mouth
moul, soil
mowdie, mole (the creature); makin moul
  for the mowdies: dead
muckle (also same as meikle), large
mummery, superstitious prayer

na na, certainly not
neb, nose
neibors, neighbours, comrades
neir, nair, never; neir want for..., never go
  without...
neep, turnip
Nether Bow, vicinity around 'nether' gate
  (ie arch) in city wall
niffert, bartered, exchanged
noo, nou, now
nor, than: mair nor, more than; waur nor,
  worse than, (etc)
nuits, nuts

ocht, anything
ongauns, business
oonchancy, ill-omened
oot bye, outside
oot o the wey, out of the ordinary
ootgait, exit
ootsider, person not a relation
out (pronounce 'oot')
orra times, occasionally
o's, of us
ourie, oorie, gloomy, disquieted
ower the Border, England
oxters, armpits

Paip, Pope
pairt-takars, allies
past tholin, beyond endurance
pechin, out of breath
peerie, n. spinning top; adj. small
peesweep, lapwing
pilniewinks, thumbscrews
pingle pan, small saucepan
ploy, plot, affair; in the ploy, part of the
    conspiracy
pockmantie, portmanteau
poddlie, tadpole
poke, bag
poke pudden, steamed pudding
pooch, purse, pouch
poortith, poverty
port, city gate
pou it tae, pull it shut
poupit, pulpit
pousin, poison
pousent, poisoned
pouther(t), powder(ed)
preen, pin
press, large cupboard
prig (I priggit ye), entreat, request
Provost, chief magistrate of a Burgh
puddock, frog
pugglet, out-of-breath
puir, pair, poor
put (rhyme with 'but')
put to the horn, proclaim as an outlaw
putten oot, disconcerted
pyot, magpie

quait, quiet
quaiten, to calm down
quaich, two-handled cup
quattin time, closing time
quey, heifer
queyn, girl

raiks, journeys (to fetch water)
raip, rope
rax, reach
redd, sweep (away); disentangle (from); be
    redd o, be clear of
redd ower his flair, tidy up his floor
redds, salmon spawning beds
reek, reik, smoke or vapour
reekin hot, steaming hot
reid, rid, red
reist the lugs aff him, twist his ears off
reivers, raiders
rejeyn, rejoin
reyn, rein
riddle, large seive
rig (run rig), strip of arable ground
rig-tap touries, roof-ridge decorations
rockin, friendly gathering of spinners
rookit, adj. left with nothing

rowe it up, roll it up
rowth o time, plenty of time
rummle, noise (in general)
rypit, searched (thoroughly)

sair heid, headache
sang, story; made a sang, complained
sark, shirt
sarkin, roof-boarding
saunt, saint
saut scart, salted cormorant ?
scart, scratch
scaur, sheer precipice
sclaitters, woodlice
sclent in her ee, squint in her eye
sclim, clamber (up)
scourt, cleansed, purged
scowt, boat
screed, passage of writing
screive, write
sederunt, conference
Session, see Lords o the Session
shank, (1) leg; (2) pole
shaw, (1) plant-stock; (2) thicket (of trees)
sheuch, ditch, street-gutter
shindy, a commotion
shougle, shoogle, shake or jolt
shouthers, shoulders
shuilfie, chaffinch
shule, shovel
shune, shoes
sic, sich, such
siller, money
skails, pours, scatters; efter the kirk skails,
    after the church congregation disperses
skaith, injury
skaithless, unharmed
skeer(ie), agitate(d)
skeerie-malinkie, skittish
skrech, (shrill) cry
slap, gap (in a dyke or hedge)
sleekit, sly, deceitful
sloke, quench thirst
smeek us oot, smoke us out
smittle, contagious
smittlet, infected
smoor, smother
snash: staun nae snash, stand for no abuse
sonsie, cheerful, buxom
soop, soup, sweep; soupit aff yer feet
sou-faced, face like a pig
soum, swim
soun (sleepin soun), fast asleep
souter, shoe-mender
souther, solder
spales, fire-lighters
spence, parlour, larder
speir, ask; winna speir ower muckle, won't
    enquire too deeply
speirs at, interrogates
spiggot, tap

spulzie ('y'), raid, plunder
stam it ben his thrapple, force it down his throat
stang, wooden pole
stank, gutter; doun the stank, down the 'drain'
steik the door, close the door
steikin, stitching
still and on, nevertheless
steer, stir
steerin times, 'interesting times'
stey brae, steep slope
stookie, plaster figure
stookit, bundled in stacks
stot, bull-calf
stoun (gat sic a stoun), shock
stour, (thick or airborne) dust
stramásh, commotion
straucht, straight; that's straucht!, that's irrefutable
strauchtent weill oot, properly resolved
stravaig, tour around (on foot)
strip, to milk (cow, etc)
sumph, simpleton
swack claes, fancy clothes
swallt-heidit, big-headed
swee, vb. to swing; n. metal rod for pots over a fire
sweirt, reluctant
syne, then, next, since; a meenit syne, a minute ago

tabard, overcoat; turnt yer tabard, changed your allegiance
tacket, boot-nail
tae, n. toe; adv. too
taid, toad
taigle, hinder, entangle
tairm (at the tairm), time of end or renewal of contract/ tenancy
tak no weill, fall sick
tammie-norie, puffin
tattie-bogle, scarecrow
tattie setts, potatoes for planting
taurrie-breeks, sailor
tawpie, thoughtless girl
thack, thatch
thae, those
thairm, gut (used as haggis skin)
the day, today
the morn, the morrow
the nicht, this evening
the nou, at present, this instant
thir, these; thir twa year, these two years
thole, suffer
thowless, spiritless
thrang, busy, preoccupied
thrapple, windpipe
Three Estates, the, Scotland's pre-1707 Parliament

til't, to it
tine, lose; tint her jimp middle, lost her slender waist
tirling pin, serrated metal rod and ring on house-door which callers rasp to announce arrival
tittle, gossip
tocher, dowry
tod, fox
tolbooth, town hall with prison
toom, tuim, empty
tosh yersell oot, dress up in finery
Tounsfolk, citizens
towsie: a towsie nicht, a rough night
tow, towe, cord, rope or string; in towe wi, in league with
trauchlet, bedraggled, harrassed
tred, trade
troch, trough
Tron, (the) vicinity around (site of) public weighing machine
tuithsome, sweet, appetising
tummler, acrobat
twynin, parting

unco, extraordinary
unco guid, 'holier-than-thou'
unco queer craiturs, very unusual people
uphaud, uphold

vauts, vaults, cellars

waal watter, natural spring-water
wabbit, exhausted
wan, stick, pole
wame, belly
wared, spent
warstit, bested
warstle, wrestle
watter, river
watter kelpie, river horse
wauk, wake; wauken(t), awaken(ed), aware; she's wauken, she's awake
waukrife, sleepless
waur (could dae waur), worse
wearit (has wearit ye), tired (out)
wecht, weight
weill ben, in close collusion (with)
weill-faured, good-looking (cf. ill-)
weill-waled, well-chosen
wey, wye, way
whaeir, who(so)ever
what wey no, why not
whaup, curlew
whaureir, wherever
wheen, number (of); a wheen, a few
wheesht, hush
whiles, sometimes
whilesin, (a) while ago
whimbrel, curlew

whins, gorse bushes
whing, stab
whitterick, stoat
will that!, certainly shall!
willie-waggie, wagtail
win awa, escape
win back, return
win bye, pass by
win haud o, catch hold of
win naewhaur, achieve nothing
win ower, cross over
win doun frae, climb (safely) down from
winnock, window
winterdyke, clotheshorse
woner, wonder; **I wadna woner but,** (it)
   wouldn't surprise me if
wud, mad
wuid, wood
wuiden skews, wooden gables
wurrie-craws, demons
wyce, intelligent
wyce-like, sensible
wynd, narrow street
wyre in, 'get to it'
wyte, fault; **tak the wyte,** take the blame

yammer, outcry
yeld kye, barren cattle
yett, gate
yetts steekit, gates closed
yestrein, yesterday
yill-hoose, ale-house
yird, yirth, earth
yowe, ewe

Some other books published by **LUATH** PRESS

A Gray Play Book

Alasdair Gray
ISBN 978-1-906307-91-2 PBK £25
ISBN 978-1-906817-13-8 HBK £50
(*limited edition*)

I hope you are the kind of reader who enjoys enacting plays in the theatre of your mind.
ALASDAIR GRAY

Alasdair Gray wrote plays before becoming known as a novelist, and has recently had new work staged. Over 50 of his plays are collected here with prefaces, making this a Scots playwright's autobiography.

With long and short plays for stage, radio and television, acted between 1956 and 2009, an unperformed opera libretto, a rewrite of the *Odyssey* produced at age nine, excerpts from *The Lanark Storyboard* and full film script of the novel *Poor Things*, this is a chance to see a unique collection of Gray's work gathered together.

Hugely enjoyable
SCOTTISH REVIEW OF BOOKS

Singin I'm No a Billy He's a Tim

Des Dillon
ISBN 978 1 908373 05 2 PBK £6.99

What happens when you lock up a Celtic fan? What happens when you lock up a Celtic fan with a Rangers fan? What happens when you lock up a Celtic fan with a Rangers fan on the day of the Old Firm match?

Des Dillon watches the sparks fly as Billy and Tim clash in a rage of sectarianism and deep-seated hatred. When children have been steeped in bigotry since birth, is it possible for them to change their views?

Join Billy and Tim on their journey of discovery. Are you singing their tune?

Explosive. EVENING NEWS

His raucous sense of humour and keen understanding of the west-coast sectarian mindset make his sisters-under-the-skin message seem a matter of urgency and not just a liberal platitude.
THE GUARDIAN

The sheer vitality of the theatrical writing – the seamless combination of verbal wit and raw kinetic energy, and the pure dynamic strength of the play's structure – makes [Singin I'm No a Billy He's a Tim] *feel like one of the shortest and most gripping two-hour shows in current Scottish theatre.*
THE SCOTSMAN

The Merry Muses of Caledonia

Robert Burns
Edited by James Burke and Sydney
Goodsir Smith, with contributions from
J DeLancey Ferguson and Valentina Bold,
illustrated by Bob Dewar
ISBN 978-1-906307-68-4 HBK £15

Lusty in language and subject matter, this is Burns unabashed. Labelled in the 19th century as 'not for maids, ministers or striplings', *The Merry Muses* still has the power to shock and titillate the modern reader.

This new edition, produced for the 250th anniversary of Burns' birth, includes specially commissioned illustrations from top political satirist Bob Dewar and an introduction by Burns scholar Valentina Bold. In addition, *The Merry Muses* was always intended to be accompanied by music, and for the first time the book is completed with notes to the tunes, created with reference to unpublished papers by James Burke, which he originally compiled for a 1959 edition of the book.

Poems, Chiefly in the Scottish Dialect: The Luath Kilmarnock Edition

Robert Burns
With contributions from John Cairney and
Clarke McGinn, illustrated by Bob Dewar
ISBN 978-1-906307-67-7 HBK £15

Poems, Chiefly in the Scottish Dialect, was the first collection of poetry produced by Robert Burns. Published in Kilmarnock in July 1786, it contains some of his best known poems including 'The Cotter's Saturday Night', 'To a Mouse', 'The Twa Dogs' and 'To a Mountain Daisy'. *The Luath Kilmarnock Edition* brings this classic of Scottish literature back into print.

New material includes an introduction by the 'Man Who Played Burns' – author, actor and Burns expert John Cairney – exploring Burns' life and work, especially the origins of the *Kilmarnock Edition*. Looking to the future of Burns in Scotland and the rest of the world, Clark McGinn, world-renowned Burns Supper speaker, provides an afterword that speaks to Burns' continuing legacy.

Jules Verne's Scotland: In fact and fiction

Ian Thompson

ISBN 978-1-906817-37-4 HBK £16.99

I still see, as in a vision, beautiful picturesque Edinburgh, with its Heart of Midlothian, and many entrancing memories; the Highlands, world-forgotten Iona, and the wild Hebrides.
JULES VERNE, 1895

Jules Verne's first visit to Scotland lasted a mere five days, but that was enough to instil within him a lifelong passion for the small country; a passion which had a profound impact on his literary work and fuelled his creative imagination.

Two journeys, 20 years apart, and five novels set partly or wholly in Scotland, show how the influence of the country rippled all the way through his life. *Jules Verne's Scotland* guides the reader through Verne's journeys, first in 1859 and again in 1879, where he witnessed the majesty of Edinburgh and the industrial buzz of Glasgow together with the unspoilt beauty of the Highlands and Islands.

As well as providing insights into Verne's travels in Scotland, Ian Thompson provides analysis of novels such as *The Underground City* and *The Green Ray* that immortalise Scotland in their pages.

The Blockade Runners

Jules Verne
Translated by Karen Loukes
with an introduction and essay
by Professor Ian Thompson
ISBN 978-1-905222-20-9 PBK £7.99

Blockade runners in the American Civil War risked the Unionist blockade to trade in the Confederate ports. The potential profit for those who evaded the blockade was a great temptation for some merchants, regardless of their political views.

In *The Blockade Runners*, a Scottish merchant James Playfair hatches a scheme to sail across the Atlantic during the American Civil War sea blockade smuggling weapons to the Confederates in exchange for cotton. His mission is put at risk when Jenny, the daughter of an abolitionist, is discovered on board. Will he risk everything to save her father, a prisoner of the Confederates?

Torn between his desire for a successful mission and his growing love for Jenny, James must choose his allegiances carefully.

A superbly constructed novella.
IAN THOMPSON

The Underground City, a novel set in Scotland

Jules Verne
Translated by Sarah Crozier, with a foreword by Professor Ian Thompson
ISBN 978-1842820-80-3 PBK £7.99

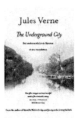

Ten years after manager James Starr left the Aberfoyle mine underneath Loch Katrine exhausted of coal, he receives an intriguing missive that suggests that the pit isn't barren after all. When Starr returns to and discovers that there is indeed more coal to quarry, he and his workers are beset by strange events, hinting at a presence that does not wish to see them excavate the cavern further.

Could there be someone out to sabotage their work? Someone with a grudge against them? Or is something more menacing afoot, something supernatural that they cannot see or understand? When one of his miners falls in love with a young girl found abandoned down a mineshaft, their unknown assailant makes it clear that nothing will stop its efforts to shut down the mine, even if it means draining Loch Katrine itself!

One of the strangest and most beautiful novels of the nineteenth century.
Michel Tournier,
WORLD LITERATURE TODAY

The Green Ray

Jules Verne
Translated by Karen Loukes, with an afterword by Professor Ian Thompson
ISBN 978-1-905222-12-4 PBK £7.99

The green ray – a beam of green light seen at the horizon at the setting of the sun – is a phenomenon that is well known to sailors, who are often able to see it over the edge of the ocean. When a newspaper article tells Helena Campbell, whose impending arranged marriage is less than a love match, that seeing the green ray is an indication of true love, she refuses to marry anyone until she has seen it. Her quest to view the green ray takes her on an island-hopping tour of the Hebrides that nearly costs her her life, and Helena must ask herself – is seeing the green ray worth it? With which of her suitors will Helena see the ray? Will she ever see it at all?

The Green Ray has all the hallmarks of a Verne classic – danger, romance and of course a tale of marvellous adventure. This new translation of Jules Verne's 'lost' Scottish novel recaptures the spirit of the original French text.

Details of these and other books published by Luath Press can be found at:
www.luath.co.uk

Luath Press Limited

committed to publishing well written books worth reading

LUATH PRESS takes its name from Robert Burns, whose little collie Luath (*Gael.*, swift or nimble) tripped up Jean Armour at a wedding and gave him the chance to speak to the woman who was to be his wife and the abiding love of his life. Burns called one of 'The Twa Dogs' Luath after Cuchullin's hunting dog in Ossian's *Fingal*. Luath Press was established in 1981 in the heart of Burns country, and is now based a few steps up the road from Burns' first lodgings on Edinburgh's Royal Mile.

Luath offers you distinctive writing with a hint of unexpected pleasures.

Most bookshops in the UK, the US, Canada, Australia, New Zealand and parts of Europe either carry our books in stock or can order them for you. To order direct from us, please send a £sterling cheque, postal order, international money order or your credit card details (number, address of cardholder and expiry date) to us at the address below. Please add post and packing as follows: UK – £1.00 per delivery address; overseas surface mail – £2.50 per delivery address; overseas airmail – £3.50 for the first book to each delivery address, plus £1.00 for each additional book by airmail to the same address. If your order is a gift, we will happily enclose your card or message at no extra charge.

Luath Press Limited
543/2 Castlehill
The Royal Mile
Edinburgh EH1 2ND
Scotland

Telephone: 0131 225 4326 (24 hours)
Fax: 0131 225 4324
email: sales@luath.co.uk
Website: www.luath.co.uk